珞珈法学论坛

第六卷

LUO JIA JURISTS' FORUM

武汉大学法学院主办

WUHAN UNIVERSITY PRESS
武汉大学出版社

目　录

·法学专论·

当代中国司法本质与均衡初论 …………………………………… 廖　奕(1)
论我国立法权配置体制及其修缮 ………………………………… 江国华(21)
我国当代行政应急管理体制之建构 ……………………………… 戚建刚(50)
民族区域自治权的宪法维度 ………………………… 秦前红　姜　琦(70)
我国当前职务犯罪的现状及特征 …………………… 莫洪宪　叶小琴(84)
商号权制度之探讨 …………………………………………… 陈本寒(130)
论资产证券化的法律意义及其规范架构 ………………………… 甘　勇(145)
论税与费的法律界限 ………………………………………… 王桦宇(168)
证明妨碍之比较研究 ……………………………… 占善刚　刘显鹏(183)
论诉讼信托 ………………………………………………… 刘学在(199)
论我国投资合同专属管辖权 ………………………………… 何其生(207)
证券间接持有体制及冲突法的变革 ………………………… 乔雄兵(223)
论外国法的查明与适用 ……………………………………… 郭玉军(240)
论《巴塞尔新资本协议》中的法律风险 ……………… 李仁真　刘　铁(254)
中国人民币汇率制度的国际法探讨 ………………………… 林　念(265)
后 TRIPS 时代知识产权保护的国际协调 …………………… 古祖雪(285)

·外国法译评·

英国法上的允诺禁反悔 ……………………………………… 朱广新(307)
美国联邦税务诉讼的特色与启示 …………………………… 熊　伟(325)

·法学杂谈·

法律与文学初论 …………………………………………… 张万洪(340)

法学专论

当代中国司法本质与均衡初论

■ 廖 奕*

目 录

一、当代中国司法本质的理论检讨
二、司法过程的均衡分析
三、当代中国司法的非均衡
四、回归均衡本质的当代中国司法

现代性司法对于当代中国的法治战略具有重要意义。均衡的司法权运行对于当代中国这样一个各地政治经济文化发展都很不平衡的大国更是至关紧要。“司法权存在的目的，一方面是给那些受到损害的个人权利提供一种最终的、权威的救济，另一方面也对那些颇具侵犯性和扩张性的国家权力实施一种中立的审查和控制。”① 本文从司法本质的理论检讨开始，系统勾勒了当代中国司法权运行的均衡模式，希望对当代中国法治建设和司法改革有所帮助。

一、当代中国司法本质的理论检讨

（一）司法本质的功能论

这类观点主要从功能主义的视角界说司法的本质，比较有代表性和影响力的是“判断说”（“裁判说”）。

“判断说”（“裁判说”）认为，司法权是法院享有的，对当事人提请的解决涉及其人身及财产法益的纠纷作出裁断，对法律释义并宣告之的终局权。②“司法权是法院享有的

* 武汉大学法学院教师，在职博士研究生。

① 陈瑞华：《司法权的性质——以刑事司法为范例的分析》，载《法学研究》2000 年第 5 期。

② *Blakc's Law Dictionary* (fifth edition). West Publishing Company. pp. 761-762.

独立于行政权并对其进行制约的、依照成文法和判例法决定案件的终局权。”①司法的本质是判断，司法权的本质是判断权——这是司法区别于行政、司法权有别于行政权的关键。②“作为一种实质的国家活动，司法是指依法判断具体案件事实并且对法律主体（争议）的权利义务作出决定的活动。”③“司法本质上就是由司法机关代表国家对各类纠纷进行的居中的裁判，此种裁判对争议的双方都有拘束力。”④

这种观念由来已久。100 多年前，托克维尔就曾将司法权视为“判断权”。⑤ 更早时候，汉密尔顿那段关于“司法部门既无强制，又无意志，而只有判断”的经典论述更是使“司法即判断”的观念深入人心。⑥ 基于这些，《布莱克维尔政治学百科全书》对“司法”下了一个功能型定义：“法院或者法庭将法律规则适用于具体案件或争议。”⑦ 但诚如詹宁斯所言，“要准确地界定‘司法权’是什么从来都不十分容易，从功能主义的视角，‘司法与行政’在本质上是没有区别的”。⑧ 在我国，也有学者认为，“司法从广义的理解就是执法。广义是同立法机关的立法活动相对而言的，是指国家行政机关、司法机关及其公职人员，以及国家权力机关授权的组织，严格依照法定职权和程序，针对具体法律事实，运用具体法律规范的活动”。⑨ 这种观点提倡从广义上理解司法，主张将司法与立法进行比较，而不是在司法与行政之间寻找差别。

无论将司法理解为裁判、法律适用或是执法，这些论说的功能主义色彩都是非常浓厚的，它们对于当下司法改革的阶段性目标的确定发挥着相当重大的作用，但在理论上也存在许多难以自圆其说的困境，面临诸多有力诘问。比如美国法官哈奇逊（Hutcheson）就曾坦率指出：“法官作出决定，的确是通过感觉而不是通过判断，通过预感，而不是通过三段论推理，这种三段论推理只出现在法庭意见中。作出决定的关键冲动是在特定案件中对于正确或错误的直觉；精明的法官，在已经作出决定的前提下，劳其筋骨，苦其心志，不仅要向自己说明直觉是合理的，而且还要使直觉经受住批评苛责。”⑩ 此外，依我国学者的观点，“法律判断是应用法律所产生的具有约束力的结论性判断，它最终表现为法院判决和裁定、公安机关和检察院的法律决定、行政决定、行政处罚决定、行政复议决定、仲裁裁决，在应用法律的不同阶段，也不停地发生着判断问题，如对事实的判断，选择何种规范的判断”。⑪ 可见，如果将司法定性为判断，显然无法与其他的法律判断形式相区

---

① Dhavan. *Judges and the Judicial Power*. London ：Sweet&Maxwell. 1985. pp. 3-4.

② 参见孙笑侠：《司法权的本质是判断权——司法权与行政权的十大区别》，载《法学》1998 年第 8 期。

③ ［德］汉斯、沃尔夫等著：《行政法》（第一卷），高家伟译，商务印书馆 2002 年版，第 176 页。

④ 王利明著：《司法改革研究》，法律出版社 2000 年版，第 8 页。

⑤ ［法］托克维尔著：《论美国的民主》（上卷），董果良译，商务印书馆 1993 年版，第 110 页。

⑥ 参见［美］汉密尔顿等著：《联邦党人文集》，程逢如等译，商务印书馆 1980 年版，第 392 页。

⑦ 《布莱克维尔政治学百科全书》（中译本），中国政法大学出版社 1992 年版，第 6 页。

⑧ ［英］詹宁斯著：《法与宪法》，龚祥瑞、侯健译，三联书店 1997 年版，第 165 页。

⑨ 王勇飞、张贵成主编：《中国法理学研究综述与评价》，中国政法大学出版社 1992 年版，第 425 页。

⑩ ［美］博西格诺等著：《法律之门》，邓子滨译，华夏出版社 2002 年版，第 29 页。

⑪ 郑永流：《法律判断形成的模式》，载《法学研究》2004 年第 1 期。

别，无法凸显司法内在的本质特性。

（二）司法本质的价值论

这类观点的特点在于：不从行为的功能特征确定事物本质，而从事物的价值目标确定行为标准。这类观点包括：(1) 理性说。有学者通过比较司法与民主，得出结论："司法的本质是理性，法律推理是一种理性过程，裁决者不能有利益、感情牵涉，中立是最基本的要求。"① 在"理性"这一价值目标的指引和确定下，司法的最高使命就是"独立实施法律"，而不是其他的政治目的。(2) 正义说。"公正"一词暗示着相关的语境中存在着某种制度性因素，而在可以合理地、自然地使用"正义"一词的语境中，制度性因素可能存在，也可能不存在。因而，"正义"一词的使用范围可以覆盖并超过"公正"一词的使用范围。② 使"司法"等同于"正义"，这是千百年来人类的理想。尼采，这个柏拉图最激烈的批判者，曾一语道破古希腊律法和司法的精髓，那就是：正义！正义意喻"给同样的人以同样的东西，给不同的人以不同的东西"，决不把不平的东西抹平。③ 在英文中，"justice"就兼有"司法"与"正义"的双重含义。"寻求司法正义"、"通过司法实现正义"是法治社会公民的惯有观念与基本意识。这些均是司法本质正义说的有力证明。(3) 权威说。此种观点明确反对将司法仅仅视为国家权力的物理强制，主张将司法的本质定义为"一种权威"。"如果将司法视为直接的国家权力，这种权力司法的状况虽然也能带来一定的权威，但这种权威是暂时的、不可靠的和难以长久的。"④ 司法权威说在当今中国法学界愈来愈流行，为越来越多的人士服膺。⑤

相对于司法价值权威说而言，司法本质正义说更能体现司法价值的内在特色。一般认为，"司法公正是法律之内的正义，这意味着它是以方法性的形态存在着的正义，同时，也意味着它具有法律性质的制度伦理上的正义"。⑥ 值得特别指出的是，司法正义与"司法的正义"存在微妙区别。在性质上，司法正义实际上是双语重义，以强调正义的法理性及法理的正义性，解释方式类似于中国古语的"互文"。而司法的正义"乃是一种以司法独立为先决条件，以实现矫正正义为基本目标的程序正义"。"司法正义不仅是一种形式化的正义，而且更应该是一种实质性的正义。"⑦

理性说、正义说和权威说从不同侧面揭示了司法的价值追求，但它们也存在着显见的问题：就理性说而论，它看到了司法与理性的重大关联，但未能对"理性"加以人文层面的科学定位和哲学升华，忽略了"理性"背后同样深刻的"感性"与"知性"，湮没了"法官造法"过程中最精彩的非理性创造；就正义说而论，由于法律与正义在某种意义上是一对血肉融合器官共用的"连体婴儿"，正义是法律的内质，法律是正义的载体，

① 陈端洪：《司法与民主：中国司法民主化及其批判》，载《中外法学》1998年第4期。

② 参见郑成良著：《法律之内的正义》，法律出版社2002年版，第19页。

③ 参见林国荣：《论世界帝国——从观念史截面的理性思考》，载《战略与管理》2001年第5期。

④ 贺日开：《司法改革：从权力走向权威——兼谈对司法本质的认识》，载《法学》1999年第7期。

⑤ 季金华的《司法权威论》（山东人民出版社2003年版）就是一部这方面的力作。

⑥ 郑成良著：《法律之内的正义》，法律出版社2002年版，第91页。

⑦ 杨一平著：《司法正义论》，法律出版社1999年版，第4、5页。

所以正义应当是一切“涉法机关”的共同追求。举例而言，司法机关行使司法权彰显的正义可能叫“司法公正”，行政机关行使行政权呈现的正义可能叫“行政公平”，但不论具体表达如何，公平和公正显然同属正义的范畴——司法与行政在“正义”这一性征上无法根本区别，或许它们本就不应存在什么根本区别；就权威说而论，由于权威实质上是一种信仰，司法权威的确立离不开公民对法官、法院和法律的信任。“就司法的社会控制本质而言，能不能充分发挥规范力，一如宗教或伦理，关键还是在于其决定的‘被信赖’而被接受，不在于其‘正确性’。故当信赖不足时，决定的质与量再改善，也是徒劳无功。”① 因此，与其将司法的本质归于一种政治权威的实体，不如将其定性为一种法律信仰的流程。

（三）司法本质的系统论

这种观点将司法的本质视为一个价值整体加以系统分析。此种分析在国内学界对司法本质的研讨中并不少见，其中比较引人注目的是蒋惠岭先生的观点。蒋先生在《司法制度改革的目标》一文中指出，“公正、独立、权威是司法的本质特性”。“司法的本质是公正，而独立和权威是实现司法公正的保证。”对此，他的分析是：“司法的本质特征，是指那些使司法之所以能成为司法而不至于混同于其他国家职能的特点。司法的本质可以从两个层面上理解：一是目的，二是实现该目的的手段。”② 第一，司法的目的是“以公正的态度、方式和表现实现正义”。这是由司法职能的地位决定的。这可以完整地体现已经被广泛接受的公正概念，即公正不仅是实际存在的，而且还应当让人看见并相信它是存在的。第二，手段层次上的本质特征，主要包括四个因素：一是独立性，即司法不受来自任何方面的干扰；二是程序性（或称司法工作方法），即任何司法职能都必须经过特定的司法程序实现；三是权威性（或公信力），即司法活动与裁判结果必须受到尊重，这不仅靠国家强制力建立权威，更重要的是靠公众对司法的信任并维护司法的权威；四是职业性（或称法官胜任性），即法官应当有充分的司法知识、能力、技能以履行其职责。应当指出，系统论虽然是一种比较全面、科学的理论范式，但由于缺乏社会历史的宏观视野，因而仍然将司法简单地定性为一种“国家职能”，难以摆脱司法国家主义阴影的纠缠。

不同的司法制度都有几近相同的本质特性，那就是：公正、独立和权威。失去这三个特性，司法将不成其为司法，这一部分国家职能将被其他职能代替而不复存在。当然，没有一个现代国家明确取消其司法职能，但隐没、损害司法本质特性的情况在许多国家仍然存在。

（四）司法本质的结构论

此种观点认为，司法作为政治社会普遍政治现象，对其本质的抽象只有诉诸它在社会中最为普遍的结构性地位，才能得到科学的说明。这种观点主张从政治、经济或社会系统的结构和功能意义上解读司法，并且通过具体的分析后认为，对司法本质应有的概括是：

---

① 苏永钦著：《司法改革的再改革》，台北月旦出版社 1998 年版，第 14 页。

② 蒋惠岭：《司法制度改革的目标》，载《人民司法》1995 年第 1 期。

"司法是通过向社会拓展正义促生社会秩序及其变迁的张力结构。"① "司法全然不仅仅是一个国人心中的'打官司'概念，在现实性上它至少是由相关的价值、制度、组织、角色构成的一个与社会互动着的结构。"② 将司法本质定位于一种系统的结构，在方法论意义上的确可以有效兼容价值论和功能论，视野宏大，概括全面，但在理论上仍存在两个缺陷：一是太过理想主义，很难不让人联想到一种人工设计的完美结构；二是太过静态化，只强调结构整体与社会互动，并未指出司法内部非均衡的竞争性。

（五）司法本质的过程论

与前述的静态分析进路相比，过程论是一种研究司法本质的动态性理论进路。毕竟，事物的本质不同于事物的性质，前者除了像后者一样是决定事物存在的根本属性外，还是决定事物发展、变化的根本属性。因此，对司法的本质研究除了需要全面的静态分析，还需要宏观的动态把握。站在过程论的视角，我们既可以把司法的本质看做是一个确定结构的功能发挥或价值实现，也可将司法的本质视做一个层级分明变动有序的运行整体。有学者认为，"司法的本质在于它是一个基本既定的程序规则和实体规则对当事人间的争议进行公正、最终的裁判过程。司法的本质应体现在裁判公正性和最终性，司法的目的在于解决纠纷，而不是寻求所谓的绝对正确的答案"。③ "司法权的展开过程，实质上是凭借制度塑造社会正义的过程，其实质是为社会运行与发展提供网络模式。"④ 这种对司法本质的界说便是"过程论"的初步运用，它兼容了功能论、价值论与结构论，也展现了系统论的理论优势，尽管在许多具体观点上有待商榷，但在思想方法上无疑是较为可取的。

"过程"这个哲学语词能够将司法的本质包容，虽然，司法过程充满繁复的争斗和多元的角力。近代哲学教父康德即反对长期以来西方哲学的一种流俗，即认为把握实在的方式就是通过意识的深入到灵魂的拷问甚至心灵的自白达到观察认识事物本质的目的。他将之称为"哲学和人类理性的耻辱"。他认为"我之外事物的实际存在"只能由这个事实证明：即变化和恒常有同样的基本性，都属于时间的本质，有一个确定的时间特性，就预设了某种恒常的东西的实际存在。

康德还认为，只有"在我之内"才能体验到时间，而时间又支持着这个证明。对于康德这种"在我之内"与"在我之外"的区分，海德格尔反应激烈。他不无尖刻地指出"如果人们看到这个证明所预设的'内部'和'外部'之间的全部区别和全部联系的话，如果本体论也对待这个假设中的假设的东西，那么就完全不可能坚持一个'我之外的事物的实际存在'的证明还有待给予，是必要的"。海德格尔认为，如果把"实在问题"理解为外部世界的客观存在，那么这样实在无法证明。相信"外在世界"的实在无论对错，证明这种实在无论深浅，预设这种实在无论清混，这些企图都没有充分明确地掌握它们自

---

① 程竹汝著：《司法改革与政治发展》，中国社会科学出版社 2001 年版，第 21 页。

② 程竹汝著：《司法改革与政治发展》，中国社会科学出版社 2001 年版，第 22 页。

③ 何兵、潘剑锋：《司法之根本：最后的审判抑或最好的审判?》，载《比较法研究》2000 年第 4 期。

④ 徐显明：《司法权的性质》，载《人民法院报》2003 年 6 月 23 日。

已的基础，都预设了一个与整体世界近乎对立的绝缘主体。① 人天生群活，人面对这个世界，自生而始。人无法证明世界的存在，但人可以理解世界的过程，对于宇宙大世界如此，对于司法本质的“小宇宙”，同样如此。

法学巨擘庞德认为，法律有三种意义的解释：一是工具意义的法律，二是根据意义的法律，三是过程意义的法律。他说，“如果我们把法律当作法律秩序来看，我们可以说它已经成为维护和推进文明生活最直接而实际的工具。但法律这一名词另有第二种意义。照此意义它也可以理解为解决争议之权威的根据或指导，其作用在调整人与人之间的关系并使人类的行为正常。法律的第三种意义是裁判过程，即凭借上面这种权威的根据或指导而平定争端、解决纠纷，以维护所谓法律秩序的一种程序”。② 近代中国法理学大师吴经熊说：“法律是理想与现实的契合点，就仿佛莲花，它的根深深地植入泥土，而花苞和花瓣向天空伸展。法律是一种把物质利益的摩擦转化为理想物之光的艺术。” 庞德还说：“司法的真正危险在于对合理改革的胆怯抵制，对法律陈规的顽固坚持。”③司法的本质正在于衡平艺术过程的展现。

将司法的本质看做一种均衡的过程，在当代法官眼里也并非什么新鲜事物。在马伯里诉麦迪逊一案中，马歇尔大法官便将法官依照宪法解释法律的过程视为“司法的本质所在”。④ 这虽然更多地是一种政治修辞，但其中蕴涵的政治斗争的法律技艺是不容抹杀的。⑤ 卡多佐大法官的名著《司法过程的性质》中虽然没有明确提出司法过程的理念本质，但字里行间的确从始至终贯彻着“均衡司法”的法理关切。

司法过程论的提出，“归根结底不过是对‘现实中使审判制度运作的都是活生生的个人’这一自现实主义法学以来已成为常识的命题的再次确认。法律学和法社会学以前的优秀成果，都是以这一命题为默示的前提而积累起来的。不过，为了今后进一步推进关于纠纷解决过程的实证研究，必须更加自觉地把握这种观点。而且还有必要把政治学、人类学、社会学、社会心理学等社会科学为了分析过程而精心构成的分析工具（行为科学、意思决定模型、网络分析、象征互动论等）积极地导入纠纷解决过程的研究领域”。⑥ 这种过程分析的司法本质探究进路实质上正是我们倡导的“司法均衡”分析方法，在某种意义上，它还只是司法均衡分析的雏形，并非其原型。

强调司法的过程与过程的司法对当代中国具有特殊意义。“法律上的公正虽然包括了实体方面的公正和程序方面的公正，而且程序公正是实现实质性公正的必要前提和保障，

---

① 邓晓芒教授评论：“近年我国哲学界讨论‘关系实在论’或‘场有哲学’，那着眼点就只在与西方个别形式实体（如原子论）相对立，却不知从何处获得‘关系’或‘场有’的个体能动性（‘权能’），基本上未跳出中国传统思维的框架。” 相关引用见吴根友、邓晓芒、郭齐勇主编：《场与有——中外哲学的比较与融通（四）》，武汉大学出版社 1997 年版，第 130 页。

② 转引自［美］庞德：《近代司法的问题》，杨兆龙译，重刊于王健（编）：《西法东渐——外国人与中国法的近代变革》，中国政法大学出版社 2001 年版，第 426 页。

③ 转引自欧阳爱辉：《人民陪审制在当前有存在的必要吗?》，载《民主与科学》2004 年第 6 期。

④ 徐炳：《美国司法审查制度的起源》，载《外国法译评》1995 年第 1 期。

⑤ 参见［日］棚濑孝雄著：《纠纷的解决与审判制度》，王亚新译，中国政法大学出版社 2004 年修订版，第 6 ~7 页。

⑥ 强世功：《司法审查的迷雾》，载《环球法律评论》2004 年冬季号。

但在司法活动中，程序性公正是必须首先实现的状态。程序覆盖了司法的全过程，或者说司法活动就是由程序构成的，所以，程序性公正在各国都成为司法公正的核心内容甚至是唯一内容。公正是否存在，取决于程序的设计和运转。”①“程序正义的原则主要有两个，即‘任何人都不应当成为自己案件的法官’和‘当事人有陈述和被倾听的权利’。这两个在绝大部分文明社会和许多世纪以来被广泛认同的自然正义的基本原则，与其说是共识，不如说是司法科学。”② 长久以来，我们都非常强调司法的目的性和结果性，忽视了司法权运行的程序建设，这与我们缺乏“过程司法观”是脱不了干系的。司法过程本身是在一定的矛盾和冲突存在的情况下，通过适当的程序将各种矛盾和纠纷化解为技术问题。强调司法的过程性实质上就是强调司法权的正当运行和合理运用。

二、司法过程的均衡分析

（一）静态分析

1. 司法过程的结构性特点

在严格的传统意义上，司法仅指与立法、行政相对应的法院审判活动。而在现代意义上，司法是指包括基本功能与法院相同的仲裁、调解、行政裁判、司法审查、国际审判等解纷机制在内，以法院为核心并以当事人的合意为基础和国家强制力为最后保证的以解决纠纷为基本功能的一种法律性活动，在较宽泛的意义上，司法还包括与上述法律性活动具有密切联系的其他各种活动。

作为过程的司法权运行在结构上有两点值得注意：一是它的功能位置，二是它的层次划分。日本法学家谷口安平指出：“以裁判所进行的诉讼、审判活动为中心，包含着法的规范、法的程序、法的解释以及从事这些法的生产活动的法学家主体等要素，司法又意味着一个有独立性的自律的所谓法的空间得以形成和维持。这个法的空间既相对独立于国家和社会，同时又将这两者有机地结合起来，发挥着一种媒体的作用。”③ 在国家和社会的二元构架中，现代司法似乎更注重国家成文法（制定法）对非正式制度（民间法）和非制度行为的权威性。但从司法本身的功能位置而言，它中立地处于国家与社会之间，发挥均衡国家法与民间法的重大功用。

2. 司法过程的价值性特点

（1）保障人权。英国有句法谚，“法为人而设，人非为法而活”，意喻法律非目的，却是一种手段。“手段的好歹，全视它的功效怎么样而定。法律既是手段，它的目的究竟是什么呢？简单说来，法律应当以人类的目的为目的。”④ 那么人类的目的又应是什么呢？法哲学家认为，人类之目的莫出于“保障人权”四字。保障人权即捍卫人之存在、发展的内容及意义；保障人权即谋求人际社会良性沟通的制度和环境；保障人权即实现最通常的正义——人际的正义与个体的尊严。保障人权对司法过程提出了直接而苛严的规诫，那

---

① 蒋惠岭：《司法制度改革的目标》，载《人民司法》1995年第1期。

② 徐亚文著：《程序正义论》，山东人民出版社2004年版，第10页。

③ 转引自王利明著：《司法改革研究》，法律出版社2000年版，第20页。

④ 何勤华、李秀清主编：《民国法学论文精粹》（基础法律篇），法律出版社2003年版，第32页。

就是，司法权的行使者、拥有者及追求者并非是“运用强制制裁方法的裁决者，而是设法恢复众多‘请求者’权利的管理者”。① 他们必须将“人权至上”这个基本理念融入自己的血液，并通过具体的司法行为系统传播之沸腾之，使其成为真正的法治强音，而非虚假的口号文饰。

（2）接近正义。如同在理论上给“正义”下一个公认的定义是不可能的一样，在实践中实现全然无争议的正义亦不可能。于是，“接近正义”成为近年来各国司法改革共擎的一面价值论大旗，学者们对它作出了相当浩大的研究，但许多核心问题仍未得到解决。② 虽然如此，“接近正义”理论还是确凿无疑地告诉我们，随着福利国家和新型社会权的出现，司法的功能位置发生了巨大改变，其原有的“核心—外围”层次势必也会发生重大调整，原有的法官裁判中心主义业已很难适应日益复杂的社会化纠纷及权利要求。以前的“准司法”和“非正式社会控制手段”在“接近正义”的大旗下地位日显重要，它们不再是传统上的司法外围，而有望成为一种介于核心与外围之间的“第二中心”。

（3）捍卫法律。“法律不只是一整套规则，它是在进行立法、判决、执法和立约的活生生的人。它是分配权利和义务，并据以解决纠争，创造合作关系的活生生的程序。”③ 尽管“保障人权”和“接近正义”要求社会力量参与司法过程，但脱离了良法保障的“人权司法”与“正义司法”必将成为空洞的教条和盲目的跃进。因此，在倡导保障人权和接近正义的同时，我们决不能忘了在司法权运行过程中捍卫法律权威，尤其是人权法的权威。④ 因为这才是真正的司法之根，正义之魂。

3. 司法过程的功能性特点

（1）权威裁判。“纠纷当事者之间存在对立，具有中立性的第三者应一方当事者的要求针对这一对立作出某种权威的判断，这就是审判。”⑤司法裁判不同于一般裁判的特点在于它是以一种权威的方式宣告和出现。这种“权威”有可能是自封的，但更多时候是基于法律受信仰的程度和司法者的自身威信。蒙田有言，“法律受信用并不因为它公正，因为它是法，这就是法律权威不可思议的基础”。司法裁判也是这样，它的权威并不在于其他，而在于它出于一个公认的司法过程，在这一过程中，没有明显的违规，没有对法律的蔑视与践踏，根据法定程序客观地适用现行的客观法，对一般人的权威认知而言，就足够了。

（2）理性决策。司法决策是指法院在审理案件的过程中对可能对诉讼当事人的权利

---

① ［英］罗杰·科特威尔著：《法律社会学导论》，潘大松等译，华夏出版社1989年版，第242页。

② 参见［意］莫诺·卡佩莱蒂编：《福利国家与接近正义》，刘俊祥等译，法律出版社2000年版，第1～2页。

③ ［美］伯尔曼著：《法律与宗教》，梁治平译，三联书店1991年版，第38页。

④ 有学者曾对人权法的权威作出如下评述：“人权在法律领域的登台应该说是一个进步，甚至可以说是一个‘哥白尼革命’：法律没有以国家为中心，而是围绕着基本人权，这使得法律居于国家之上，并且可以以法律的名义谴责国家，如同欧洲人权法院所做的那样。”参见［法］米海依·戴尔马斯－玛蒂：《当代中国依法治国进程：进展与阻力》，石佳友译，载《中外法学》2003年第2期。

⑤ ［日］棚濑孝雄：《纠纷的解决与审判制度》，王亚新译，中国政法大学出版社2004年修订版，第1页。

义务产生重大影响的各种可选择的法律或条款进行选择，或在法律没有规定的情况下对所涉利益进行理性地权衡，从而得出最符合宪法性要求的法律规定的过程。① 与一般的判断不同，理性的司法决策是一个价值判断的过程，涉及决策主体的价值追求，其目的是制定司法政策，其实质是“对资源的权威性分配”。② 这样就可以有效保障公民、组织尤其是少数群体和弱势群体的法定权利。司法决策是对近代法治理论下机械司法模式的突破，是一种适应现代法治社会要求的能动司法样式。

(3) 解决纠纷。我们经常说，法官除了法律，就没有别的上级。法律首先是一种规则，因此，司法者必须尊重规则。但“事实上，任何一个人都不可避免地要关注纠纷或争议如何处理，即使是以法律审为主的上诉审法官也不会完全不考虑纠纷的实际解决，而仅仅顾及规则”。③ 尤其在中国的基层司法运作实际中，解决纠纷甚至成为司法过程的“帝王功能”。“中国基层法院的法官面临的问题就不仅是如何决定更为公正、更符合规则的问题，而且要考虑决定之后如何才能得到实际贯彻落实的问题。他就不得不将这些就制定法的规则上看似非常齐整但实际处理起来极其复杂的问题尽可能地以某种并不一定符合法律规则和法官的制度角色但能够化解纠纷的方式解决。”④ 纠纷的解决过程实际上是权利冲突的化解与协调、权能资源的调整与再分配过程。当一个纠纷通过司法过程得以真正顺利解决，在某种程度和意义上，司法的核心功能也就实现了。

(4) 形成规则。司法除了可以解决纠纷，它还能够通过权威裁判和纠纷解决为国家和社会确立新的行为规则。现代性的司法过程为了应对不断紧张的公权—私权冲突，必须强调制度性的预防。司法不仅要面对已出的纠纷，更要面对未然的隐患，这就要从法律上堵塞制度的漏洞。“司法”从而具有了一项新的功能，那便是审查法律，维护法律的统一和权威。“现代社会对规则的确认并不是或仅仅是一种规范性要求，而是一个实践的问题，是一个过程。”⑤ 在对法律进行清理、纂、立、改、废的过程中，司法裁判是最有权威性的调整，它是规则形成的制度化凭据。

（二）动态分析

从动态的视角看，司法过程实际上就是司法权的运行过程。司法是公权正当运作的保障。公权力对社会的管理、服务及对其滥用的控制最终都离不开司法。不同公权之间的权限纠纷也离不开司法的裁决和评断。同时，司法权也是人权保障的基石和社会公正的最后防线。正当的司法过程必须中立、权威均衡公权和人权两者内部及相互之间的关系。虽然学界从未怀疑过司法权的公权性质，但学者们同样也从未否定过司法权的人权关怀。⑥ 因

---

① Harold J. Spaeth. *Supreme Court Policy Making*. W. H. Freeman and Company. 1979, p. 1.

② Harold J. Spaeth. *Supreme Court Policy Making*. W. H. Freeman and Company. 1979, p. 1.

③ 苏力著：《送法下乡——中国基层司法制度研究》，中国政法大学出版社 2000 年版，第 184 页。

④ 苏力著：《送法下乡——中国基层司法制度研究》，中国政法大学出版社 2000 年版，第 189 页。

⑤ 苏力著：《送法下乡——中国基层司法制度研究》，中国政法大学出版社 2000 年版，第 196 页。

⑥ 如陈瑞华教授认为，“只有为司法改革注入人权保障的因素，只有将司法权与普遍意义上的公民权利甚至政治权利联系起来，也只有使司法机构更加有效地为那些受到其他国家权力侵害的个人权益提供救济，司法权的存在和介入才是富有实质意义的”。参见陈瑞华：《中国刑事司法制度的主要问题》，http：//www. civillaw. com. cn/weizhang/default. asp？ id = 15461。

此，这里的“司法权”不是一般意义上的国家司法权力，而是一种包含了司法公权和司法人权及二者良性互动的广义司法权。①

必须说明的是，一般而论，司法权在总体上应当是一项公权，其主体是国家，隶属于国家权力系统，与人权的主体是大相径庭的。我们此处将司法人权摄入司法权概念，主要是基于，在政治国家与市民社会二元互动的法治模式下，司法权的运行包含了对人权的关注和保护，所以，不能将司法人权从司法公权中完全排斥掉。司法人权是渗透、浸润在司法公权中的价值理念。

1. 司法公权的三个阶段

自俄狄浦斯破解了狮身人面女怪的隐谜以来，三分法的逻辑锐力似乎未被任何宏论取代。现代中国著名哲学家庞朴最近还出了一本名为“一分为三”的文集。俄狄浦斯面对斯芬克司的问题：谁早晨用四条腿走路，白天用两条腿走路，晚上用三条腿走路？他猜到了答案：是人。因为他聪明地领悟到，人生的三分法：幼年、成年、老年正好对应着女怪的三个隐喻：早晨、白天和晚上。要解析“司法公权”这一人本概念，我们最好还得选择三分法：

（1）司法权力。司法公权首先以司法权力的形式出场。所谓司法权力，是法律权力和事实权力在具体个案中的伸展运用，它在内容上渊源于事实权力，但在形式上又依靠于法律权力。马克斯·韦伯认为，权力乃是“这样一种可能性，即处于某种社会关系内的一个行动者能够不顾抵制而实现个人意志的可能性，而不管这一可能性所依赖的基础是什么”。② 在现代国家，司法权力的拥有者一般是公权的享有者，它不容被随意分配或割裂。司法权力内在地具有垄断性，不容许其他公权力对它的逻辑和利益动手动脚。享有司法公权力的不仅只有法、检等国家官员，还有律师、仲裁员等公共利益的代表和代理。在美国的对抗制下，律师不仅仅是积极代表顾客利益的辩论士，而且也是“法庭的官员”。仲裁员虽然是民间解决纠纷组织的官员，但也行使着特定的司法公权力。

（2）司法权威。权力是反映主体—客体、命令—服从关系的影响力，表现为对社会资源的支配和调动以及强制性地影响他人行为的能力。任何权力都具有外在的公共性和内在的排他性。“权力，在米尔斯那里，被看作是即使在面临反对的情况下也能实现自己意志的能力。权力精英就是那些处于能做出重要影响的决定位置的人，那些处于可以改变一般人的一般环境的位置的人。”③当司法权力制度化地为一个集团或群体垄断，我们便称，这个团体具有“司法权威”。权威指的是为其他人所服从的权力人士具有的被信任度和能力。司法权威是司法权力合法垄断主体的外界肯评，根据韦伯的经典界定，可分为神异权

---

① 关于司法权的性质，我国学者多从消极、中立、公开等现象性视角论述，大同小异。他们基本上都忽略了对“司法权”这一语词本身的本体分析，从而简单地将司法权理解为司法权力。有学者认为，“权”是很有中国特色的一个语词，在英文中很难找到对译词，因此只能拼译为“QUAN”（参见童之伟著：《法权与宪政》一书的自序，山东人民出版社 2001 年版）。如此看来，如果我们对司法权这个概念加以“中国语境”新析，起码要看到，司法权不能简单地和司法权力画等号，除了司法权力，司法权还可能包括很多要素，比如司法权威和司法权能。更进一步讲，除了司法公权，还有司法人权。

② ［美］E·博登海默著：《法理学——法律哲学与法律方法》，邓正来译，中国政法大学出版社 1999 年版，第 357 页。

③ 谢立中主编：《西方社会学名著提要》，江西人民出版社 2001 年版，第 194 ~ 195 页。

威、传统权威和科层权威三种纯粹理想形态。具体而言，司法神异权威指的是行使司法权利/权力的个人利用创造对众人的福利获得声望，从而具有强大的宗教般的支配力量和尊严。司法传统权威指的是司法制度在长期的存在中，逐步获得公众的承认，成为正义象征、行为伦理约束力的存在。与前二者不同，司法科层权威的力量来自于正式的官府以及工作单位上级的任命，以行政等级为存在基础，涉及制度的建制，因此是官僚制的。在现代法治国家，司法权威的主体角色在通常由专业的法律职业集团充当。法治正是这样一种司法权威的统治，“既与历史英雄无关，也与神圣的传统无关。它不能像前者那样‘突发’，也不能像后者那样持续”。① 司法权威通常与法律信仰紧密关联。

（3）司法权能。当司法权力为一个主体制度化占有、行使、形成法律上的习惯，我们就称“司法权能”出现了。司法权能是司法权力与司法权威理性契合的产物，它兼具权力和权威的特色，维持着利益与主体的制度均衡。因此，它主要体现为一套均衡博弈后形成的规则体系，而不仅仅是一种力量或一个主体。在司法权能的视野中，均衡的制度是权力运行及权威统治的根基支持，是“社会主体成员一致同意的行为规则，这些规则具体规定了在特定的反复出现的情境中的特定行为”。② 司法权能是政治结构形成的法理标志，因为，“政治结构总是与一定的权力和权威相对应的。政治结构能反映一定的权力状况和权威性质”。这又是因为，“权力和权威都是社会中部分人对他人的控制能力。尽管权力和权威的表现形式不一样，它们的社会根源不一致，但如果从社会结构的角度看，权力和权威都是一个人社会地位的标志”。③ 当人与人的法理时空位置得到制度化均衡，纠纷也就不复存在了，规则凝成后司法的价值功能也就顺利实现了。

2. 司法人权的两项内容

司法人权虽然可以精分出权力、权威与权能的三个阶段，但它与司法公权不同，它本身是一个内在原发的短时过程，就像引发爆炸的火星，亦如带来甘霖的风信，辉煌及时却也瞬息即逝。司法人权必须得到司法过程的精心呵护才能得到保存，必须受到公民社会细心护养才可茁壮成长。它是公权之源，司法之魂。

（1）作为基本人权的“公正审判权”。“公正审判权”，即公民获得法院公正审判的权利，是现代民主法治社会中公民所享有的一项基本人权。它旨在保障公民能够通过司法途径并经法院的公正审判维护自身的合法权益。对于现代刑事司法制度而言，公正审判权是其中的核心概念。联合国通过一系列国际性文件所确立的刑事司法国际标准，主要围绕着对公民公正审判权的保障而展开。国际人权法的研究还表明，“公正审判权”是一项与生存权、发展权并列的基本人权。它被视为由一系列确定的相互关联的权利组合而成的一项权利，是英美普通法中的一个传统概念，意指公民的生命、自由、财产等权利面临被国家剥夺或限制的危险时，其享有接受法院公正审判的权利。对公正审判权的保障主要有两方面的内容：组织性保障—独立和不偏袒的法庭和程序性保障—公正和公开的审判。④ 作

① ［美］莱因哈特·本迪克斯：《马克斯·韦伯的思想肖像》，刘北成等译，上海人民出版社 2002 年版，第 419 页。

② Schotter. Andrew. *The Economic Theory of Social Institutions*. Cambridge University Press. 1981. p. 9.

③ 转引自于建嵘著：《岳村政治》，商务印书馆 2001 年版，第 48 页。

④ 参见熊秋红：《解读公正审判权》，载《法学研究》2001 年第 6 期。

为基本人权的公正审判权在国际人权法中已历经了40余年的风雨，历久弥新。可以说，“公正审判权”是司法人权传统的一项基本权，是现代法治社会的最高宪章纷纷加以制度化确认的基本人权。

（2）作为新兴人权的“获得司法正义权”。与传统的公正审判权相比，“获得司法正义权”（Access to Justice）无疑是一项新兴的司法人权。时至今日，“获得司法正义权”的概念为何，学界和法律界都未能达成共识。长期以来，这项重要的司法人权受到了国际人权公约和国际人权法教材的忽视和冷遇。但随着福利国家的兴起和法律社会化浪潮的突进，人们日益认识到，旨在解决贫困和边缘化群体在面对法律和权力时所遇到的困难与障碍的“获得司法正义权”如同“公正审判权”一样也是一项必不可少的基本人权，并且它与公正审判权一道共同构成法治的根本要素之一。因为“在现代法治社会，虽然人权保障的形式多种多样，但司法救济应该是最基本和最重要的方式，因为当个人权利受到他人，尤其是国家公共机构政府官员的侵犯时，只有通过独立和公正的法庭，才可能得到确定和有效的补救”。① 司法救济的根基并非法官权力的张扬，而是当事者双方权利的均衡，尤其是处于正义边缘的弱势群体的权利保障，这正是“公正审判权”和“获得司法正义权”共同致力的对象。

个人在司法过程中享有的天赋权利及那些体现人之为人的尊严的权利构成了司法人权的核心部分，根据这些权利，个人有权判断自己的事务，甚至决定法律在具体己身问题上的适用性。除了自己被说服而确信以外，谁都没有义务按照那种方式服从另一个人的劝诫和指定。在这一点上，每个人都享有至高无上的自我判断的权威。尽管个人司法人权在权力和权威上都是天然平等的，但一个不可否认的事实是：“在自然状态下，所有的人在权利上都是平等的，但是在权能上并不平等，弱者无法抵御强者。”（洛克语）正是这种司法权能的不平等使得司法人权必须要借助司法公权的力量才能得到真正实现。个人必须把权利存入社会的公股中，形成司法过程中的公权系统，然后作为社会的一分子，一个股东，行使自己的权利，支取自己作为司法人权“股东”的收益。

与有些论者不同，笔者并不同意司法公权天然优于司法人权，尽管司法人权必须通过理性、正义的司法公权运行发挥效用。司法人权对公权的优位是不可动摇的一项法治原则，人们并不是为了优裕生活而需要人权，而是为了人权尊严而优裕生活。正如《世界人权宣言》所说：人权产生于“人自身固有的尊严”。司法过程中的公权只有以人权为圭臬才有可能正当运行，才不至于“权力导致腐化，绝对权力绝对腐化”。

总之，司法的均衡性本质要求它无时无刻不能不位居中立于国家和社会之间的独立场域，实现和发挥着保障人权、接近正义、捍卫法律、权威裁判、理性决策、解决纠纷、形成规则的均衡性价值功能。在符合司法均衡本质的司法权运行过程中，司法权力正当运行、司法权威理性塑造和司法权能分配完美统一，司法公权与司法人权高度契合，司法本身的独立与权威得以制度性地维护，作为法治文化与政治文明的理性司法成为可即的现实。

---

① ［加］威廉·夏巴斯：《获得司法正义的权利——从国内运动到国际标准》，赵海峰译，载《环球法律评论》2003年冬季号。

三、当代中国司法的非均衡

就当代中国司法权的运行目标模式的均衡化设计而言，“司法均衡”具有双重意义：一是外部的均衡，即司法权运行必须着眼于中国整体发展的均衡性。比如，“在民主发展的同时，启动司法程序的发展，从而实现民主与宪政法治的均衡”。① 具体对法官而言，其必须具有整合性思维，善于运用社会学方法平衡各种利益冲突，使事物回复均衡状态。二是内部的均衡，即司法权自身运行过程中必须协调各种权力关系、权力与权威关系、公权与人权关系等。只有保证了内部均衡，司法权才有机会构建属于自己的制度体系和文化空间，才能免受外部力量的非法干涉。

必须指出的是，当代中国社会整体均衡出现危机，这与司法权自身运行的非均衡紧密相关，甚至可以说是一个主导性因素。从法理上讲，司法权是一种均衡国家公权与社会私权的中立的权威裁判权，是社会团契的支撑性力量，当国家公权越过法律界限，采取强制的手段破坏社会均衡时，司法权会出面调整；当社会私权破坏公共利益，通过非法方式逃避法定义务时，司法权更不会坐视不理。“尽管司法程序的公正应用于个人直接与法律打交道的场合，但是社会成员对于法律实施的平等和公正的普遍认识是一个更为全面的过程产品，它有助于促进人民的安全感和可预见感，使其非常有信心地行使自由和权利。”② 司法权的“人民性”决定了司法权不能为某个地方或部门垄断，更不能为某种意识形态的教条操控。③ 它必须是集中行使的，是统一的，是灵活多变的，不然它就无力承载均衡国家与社会的重大使命，也无法发挥保障人权、接近正义、捍卫法律的价值目标。

但我国的实际情况是，“中国社会变迁过程中所产生的不平衡突出表现为司法结构不能满足整个社会的功能性需求”。④ 也就是说，司法权运行的自身结构问题已成为中国整体发展不均衡的突出表现和主要症结。“传统的社会治理方式和社会治理结构发生了重大变化，社会治理过程对司法的依赖空前加重，而司法难以承载这样的社会使命。”⑤ “这一方面在于中国司法机构自身尚不具备解决各种社会矛盾和社会冲突的实力（直观上表现为需要处理的各种类型的案件超出了司法机构的负荷）；另一方面更在于，司法在国家制度结构中（特别是在制度实践中）以及全社会的权威体系中并不具备法治社会所具有的，与实施社会治理的实际要求相吻合的地位。”⑥ 前者是司法权的权能不足，突出表现在法院权力的高度行政化、官僚化和受制化以及法院裁判权威严重匮乏等方面；后者属于司法权的结构位置的偏失。我国一向将“司法”归属于国家权力的范围，而忽略了司法的社会功能与社会性，因而很难认同司法介于国家与社会之间的中立第三者位置。“定位”的不准使司法结构一开始就出现了根本的偏差，自然无法达到它在法治社会中应有的地位。

---

① 毛寿龙：《托克维尔论民主与法治的制度均衡》，http：//www. wiapp. org/fbook/fbook06. html。

② ［美］阿尔蒙德著：《比较政治学》，曹沛霖等译，上海人民出版社 1987 年版，第 468 页。

③ 关于对司法权人民性的详论，可参阅张恒山：《论司法权的人民性》，载《法学家》2003 年第 6 期。

④ 程竹汝：《司法改革：建构中国政治发展的张力结构》，载《政治与法律》2000 年第 3 期。

⑤ 顾培东：《中国司法改革的宏观思考》，载《法学研究》2000 年第 3 期。

⑥ 顾培东：《中国司法改革的宏观思考》，载《法学研究》2000 年第 3 期。

除了上述两大方面的原因，当代中国司法权运行还有许多其他阻滞因素。比如，司法权的条块化、地方化、行政化、工具化、官僚化、功利化等。但归根结底，这些因素都与司法权运行的非均衡性有关，主要表现为：

第一，重国家，轻社会：司法结构的非均衡。黑格尔认为，司法是市民社会的一个重要部分，并非政治国家的构成要件。① 但长期以来，我国司法权都被定位为一种不容质疑的国家权力，这与近代废除领事裁判权、收回司法主权的历史记忆有关，但更与计划经济时代“大国家、小社会”的结构性特点相联。随着市场经济体制改革的深入推进，民间力量的多元勃兴，呼唤与国家权力对峙而协和的社会权利成为当今中国的一大时代主题，从前仅仅作为国家代表的司法权如若继续轻视社会的力量，势必会导致自身结构问题的不断恶化。作为司法权运行中心环节的法官裁决，如若再不脱离国家化的阴影，势必会失去在“法律多元”时代的竞争势能，成为徒有其名的“权威裁判”。

第二，重威权，轻协和：司法功能的非均衡。权威本是一种使人心服的力量，但在国家化的司法权运行中，极易流变为倚仗国家强力的“威权”。我国各级司法机构在裁判过程中即普遍存在这种以国家威权为恃有，轻视通过裁判使当事人关系重复协和的行为倾向。即使在基层司法调解中，法官也会带上民警，开上警车，浩浩荡荡地奔赴当事人的田间炕头。这种权力技术的运用具有极大的不确定性，并与中国传统司法及现代法治社会的协和精神根本违背。② 威权裁判的后果有二：一是纠纷解决的表面化，二是规则形成的不可能性。只有从威权走向协和，法官裁决才能真正发挥权威裁判、理性决策、化解纠纷、形成规则的理想功能。

第三，重传统，轻现代：司法价值的非均衡。尽管近代型司法机构建立至今尚仅百年，但我国司法权运行的价值理想的确立却历史悠长。司法为民、司法廉洁、司法公平等理念都曾是我国历朝历代司法官吏的行为标准。许多传统的司法价值至今仍有借鉴意义。但如果以传统抗拒现代，以旧瓶贩卖新酒，恐怕就不合时宜了。由于历史和现实的诸多原因，我国司法权运行过程中备受青睐的公正、效率等价值主题仍然逃不脱传统内容的局限，其中本应具有的人权至上、法律权威等现代性司法理念被长年遮蔽直至变形扭曲。比如“司法为民”的口号就极易流变为“民意至上论”，所谓的人权、法律都可能在不确定的民意下失去确定力。中国正处于转型时期，传统价值与现代价值之间的矛盾和互克决定了司法不会是一个令人愉快的过程。如果没有对现代司法价值标准的高度依靠，“在纵横交错的价值目标之间，面对各种理直气壮的利益需求，司法自是疲于应付而暴露出固有的限度，出于全局性的需要，它不得不经常地做出扼杀一些合理价值的痛苦抉择。与之相随的不良后果是，司法因价值目标的难以均衡而导致人们对司法的非议和误解”。③

第四，重权力，轻权威：司法公权内部的非均衡。司法公权在现代社会主要表现为国

① 参见［德］黑格尔著：《法哲学原理》，范扬、张企泰译，商务印书馆 1995 年版，第 217～229 页。

② 这并不意味着中国传统司法的和谐主义就完全没有问题。在传统司法官看来，司法过程最重要的功能是解决纠纷，而不是企图通过具体纠纷的解决来建立一套旨在影响当事人和其他人的未来行为规则。

③ 夏锦文、徐英荣：《现实与理想的偏差：论司法的限度》，载《中外法学》2004 年第 1 期。

家行使的那部分司法权。国家司法权并不仅仅是一种影响力、作用力，它也是一种说服力、论证力，只有当国家司法权的物理强制与法理说服达到一个完美的均衡点时，国家司法权才能获得最有效、最可靠的规则保障，进而获得最持久、最显著的能力增进，即国家司法权能的出现。但我国司法公权一向强调军事化作风，对物理强制力的重视远远超过了法理说服力。这一点正在得到有效的改革（如各地法院普遍推行的判决书改革），但从总体来看，司法公权内部重权力、轻权威的倾向仍然存在并相当严重。对此，有学者锐利地指出："依权力作出的裁判，人们或许慑于权力的威胁而服从，但权力有趋于腐化的天然弱点，容易被滥用，而被滥用和腐化了的权力将严重损害裁判的权威，使人无法产生对司法的信仰。"① 司法权一旦不能为公众信赖，法治的根基也就坍塌了。因为，"法治取决于甚至可以说等同于法院的公信力。……摧毁公众对法院的信任，也就摧毁了法治的基础"。②

第五，重公权，轻人权：司法公权与人权之间的非均衡。现今对中国司法权运行的讨论多数集中在司法公权尤其是司法权力层面，这是我们对司法权认识不完整性的反映，也是司法权实际运行中人权问题长期得不到应有重视的结果。"人权标明了国家权力的边界，对立法机关的权力设置了一种限制，要求政府尊重人的尊严，即使这样做使政府不高兴。这种义务——这正是人权的基本内容——应当得到独立司法保障。"③ 通过司法保障人权是法治社会的共识，但如何将司法与人权制度化地连接起来？司法权有无此种功能？回答是肯定的，司法权不仅能够，而且应当如此。因为，司法人权本身就是广义司法权运行过程的重要价值支撑。

没有了司法人权的内在支撑，司法公权就无法正当运行，这个道理是浅显而深刻的。但我们恰恰没有看到这一点，将司法与人权分离开来，将司法权狭义化为国内审判权，将人权片面化为国际外交工具，从而使人权的司法保障陷于制度的困境，"司法人权"的概念和理念更是无从形成。现在是改变这种"重公权、轻人权"状况的时候了。随着全民人权意识的增进，特别是人权条款入宪所带来的人权宪法地位的提高和宪政保障的加强，人权司法化将成为一股不可阻挡的法治潮流。"公正审判权"和"获得司法正义权"这两大司法人权，也将日益受到人们的关注和依赖，成为法治中国的重要支撑。

四、回归均衡本质的当代中国司法

（一）司法场域的体制性确定

"司法场域是争夺法律决定权的场所。在司法场域内发生了行动者之间的直接对抗，他们都拥有某种技术性的资格能力（technical competence），这种能力不可避免地是社会

---

① 贺日开：《司法改革：从权力走向权威——兼谈对司法本质的认识》，载《法学》1999 年第 7 期。

② ［澳］杰勒德·布伦南：《是"为人民的法院"，不是"人民的法院"》，载《人民司法》1999 年第 3 期。

③ ［瑞士］托马斯·弗莱纳著：《人权是什么》，谢鹏程译，中国社会科学出版社 2000 年版，第 3～4 页。

性的，而且实质上就在于由社会所认可的解释一整套文本的能力（capacity），这一文本确认了一个正确的或合法化了的社会世界之图景。"

司法场域作为一种体制性的存在，虽在现实生活中难以找到实体与之对应，但它是与各种生活事件密切对应的。有法则存在的地方就有它的存在。这个世界充满了法则，应然的、实然的、法律的、道德的，总之对人类有约束力的规范都可称为"法"。

司法中的"法"是广义的"法"，而非狭义的"法律"（尤其是那种由国家制定颁布的成文法）。成熟的国家固然为公众提供正式的司法上层建筑，自发的个人司法已无存在的必要，更没有实施的余地。"然而一个与自由主义理论有关的事实是，让强制执行成为公共事业而不是私人事业，绝对不是确保契约可信和可靠性的途径。一个令人感兴趣的证据是在传统的罗马法实践中，民事诉讼只有判决由法庭做出，而那种由国家法庭的垄断也只是一个特殊事例。历史上有许多私人判决的例子，判决由受到信赖的同等人和对争执比较了解的半专业仲裁人作出。没有什么理由断定，这些私人安排不如后来的国家垄断来得公平和高效。"① 中世纪的商法就完全是"无国家"的，基本上是靠社会同等阶层的力量合作执行的。

当然，在现代国家业已成型，国家的工具性日益让位给制度性的大局下，我们不能继续幻想无国家司法的永恒高效，只能在观念上将"司法"本身看作是一种在特定场域内各种主体力量博弈均衡的制度化过程。在国家和社会之间，在它们各自的内部及摩擦相撞的地方都有"司法"的存在，因为，司法在结构上就是一种均衡国家与社会的体制性力量。司法场域的出现和成型是现代国家与市场社会良性互动的必然要求。

布迪厄认为，所谓权力场域，是一种包含许多力量的领域，由各种权力形式或不同资本类型之间诸力量的现存均衡结构决定。同理，所谓司法场域的体制性确定无非也是由不同司法主体涸销司法权源不同而生发的资本利益博弈均衡的结果，均衡博弈与博弈的均衡始终会贯穿整个司法过程，会随时发生在整个司法场域。只不过，争斗的最后是有输赢的，均衡却是没有定局的博弈。

（二）法官裁决的观念性扩张

尽管从理论上讲每个人都有权成为自己或他人的法官，但能够成为法官的人只是少数，因为法官是法律的解释者甚至是操控者，是法治之精英，有着独特的技能伦理要求，而一般大众是无法达到这些要求的。但另一方面，法官亦非我们通常认定的法院中的官员，它有一种功能性定义，即凡是具有解决纠纷能力的人都可称为"法官"。权威的《牛津法律大辞典》就隐约地认为法官是"裁判纠纷的人"。② 因此，法官裁决也最好不要机械定性为法官依凭法院权威作出的强力判断，它更应是一种协商和智慧的产物。法官裁决是一种有效率的资源配置方式，其好处"不仅是解决了当下的纠纷，而且为新的潜在纠

① ［英］安东尼·德·雅赛著：《重申自由主义》，陈茅升译，中国社会科学出版社1997年版，第85页。

② 《牛津法律大辞典》（中译本），光明日报出版社1988年版，第482页。

纷提供了谈判的参照系，使得未来的纠纷有可能通过谈判解决”。① 因此，我们不仅应在主体上扩张法官裁决的范围，而且更应在功能上扩张法官裁决的意义。通过对法官裁决的观念性扩张，我们有望将原属于司法外围的裁决方式纳入法官裁决这一司法中心区，增加权威司法裁判的制度容量，使司法与社会的紧张关系得以缓解。

（三）司法的和谐与权威

相对于“威权司法”而言，“和谐司法”强调司法权功能的充分发挥，而不仅仅是作出一个“依法”的裁判。毕竟，司法本质上是一种过程，既然是过程，就不能只看重某个环节。司法的协和性要求法官裁决在化解纠纷的过程中既要协和当事人之间已经破裂或正在破裂的关系，尽可能使其恢复到一个比较理想的均衡点，同时还要协和各种法律与规则，使它们不至于在同一个司法过程中相互冲突彼此龃龉，维护法的统一与权威。司法的和谐功能是司法权威性的必要保障，将协和司法变成现实，实际上就是将司法权解决纠纷、形成规则的功能发挥到位，并且集中体现为司法裁判的权威性，从而有效避免那种“假权威、真威权”的司法强力主义。

（四）法治传统资源的创造性转化与现代司法理念的中国式彰显

自古以来，我国虽然没有近代西方的那种法治，但并不意味着法治资源的一无所有。事实上，传统的儒家思想、仁政理念及权力策论都是非常引人注目的治国思想，其中虽然夹杂有大量的人治成分，但通过价值的创造性转化，这些资源是有益于当代中国的法治进程与司法权运行的。尤其在司法方面，“法贵严明，令在必行；法不阿贵，刑无等级；处断平允，量刑得当；教刑相辅，奖惩并用”等古训至今仍不失其真理美意。② 这些传统的法治价值资源在过去虽未落实成具体的法治制度，实属历史的遗憾与悲哀，但在当今，它们对于现代司法理念的彰显的确具有重大功用。因为，保障人权、接近正义与捍卫法律这些理念都非我国本产，只有在本土思想环境中才能生根发芽。作为借鉴者的我们自然应当努力改造本土环境，将传统中的那些适应现代司法理念者重新开掘出来，并积极赋予其新的内涵，达到传统与现代在司法权价值确立上的均衡。

（五）司法公权力主体的均衡与司法公共体与公共域的形成

在我国，究竟由谁行使司法权力，理论上和法律中均未明言。学者们一般认为，国际上通行惯例是由法院行使司法权力，中国也应该这样，因而很多人主张将警察权和检查权排除于司法权力之外。宪法中，我国规定，人民法院独立行使审判权，人民检察院独立行使检察权。与行政机关一样，它们都对人大负责，受其监督并向其报告工作。而这一切，都应在党的领导下开展。对于司法工作，多数党委还专设有政法委加以具体的指导和协

① 盛洪：《法官裁决和公共选择》，载北京天则经济研究所编《中国经济学—1996》，上海人民出版社 1997 年版，第 101 页。

② 关于这些观念的详细例证，可参阅梁振中、张锦城主编：《中国历代治国思想要览》，中共中央党校出版社 1998 年版，第 191~222 页。

调。① 均衡各种司法权力主体之间的制度关系，对当代中国司法权合理运行而言，已成了刻不容缓的首要问题。“中国司法所面临的矛盾和问题（至少是主要矛盾和主要问题）都同司法与其他主体权力边界不清，或权力关系不合理相关。重新合理配置权力是解决中国司法现实矛盾和主要问题的根本出路。”② 从近年来的司法改革实践来看，均衡司法权力主体关系，重新合理配置司法权力资源一般遵循两个规则：一是不涉及“两院”（法院、检察院）与执政党、人大以及政府之间的关系调整，二是不涉及“两院”系统之间的权力调整。这种状况固然与当今中国司法机构的权力不足与地位偏低有关，但从深层看，这是一种“先内后外”的改革技巧。在轰轰烈烈的司法改革热潮中，各地法院和检察院都在着力整饬自身的权力系统，然后有尺度、有规则、有计划地对外部权力主体提出法治化的建议和要求。这是一种避免违法改革与墨守成规的折中选择，也是确保司法共同体顺利形成的渐进智慧。从长远看，我们应当逐步承认党委、人大、政府在司法场域内的合理权力并予以制度化的规范，这并不会必然妨碍司法权的正当运行，相反，只会为司法权的运作带来动力和福音。我们相信，在共同法治精神的凝聚下，在公共法治体系的制约下，在透明法治过程的监控下，执政党、人大、政府、公检法各机构会遵循司法权运行目标模式的安排，发挥各自的权力效用，充分竞争，为司法权威和权威司法的出现，为司法共同体的制度化形成尽心竭力。

（六）协调司法权力与权威的矛盾冲突，健强司法权能

在我国，司法权力与权威存在四对显见的矛盾：（1）司法权力行政性与司法权威终局性的矛盾。这主要表现在现行体制下司法权力的配置主要考虑的是行政管理的便利，而非司法公正的最终实现。而司法权威终局性要求的是高效的权威裁判和无限的接近正义。（2）司法权力多元性与司法权威超脱性的矛盾。这主要表现为我国司法权力主体多元、内容庞杂，因此对司法过程的非法干涉力量也就显得特别强大。而司法权威的超脱性是不允许有过多的权力主体参与司法的，不然就无法保证司法裁判的不偏不倚和公正无私。（3）司法权力工具性与司法权威神圣性的矛盾。这主要表现为现行体制将许多本不属于司法负责的职能配置于司法机构，使其沦为政治的附庸和工具。这与司法权威的神圣性显然是背道而驰的。（4）司法权力公益性与司法权威实证性的矛盾。这主要表现为现行体制非常强调司法权力的获益主体是国家和人民，从而非有意地造成了公民个体的权利保障在司法过程中的脆弱。这与司法权威的实证性要求——“公正必须以看得见的方式实现”发生了激烈冲突。司法权力与权威之间的这些矛盾和冲突如若得不到及时的制度化解和长远均衡势必会严重影响国家司法权能的健强。

---

① 政治学学者胡伟对当代中国司法权力主体之间的关联作了如下分析：“在当代中国的司法执行系统中，就体制而言，分别由政府的公安部门和司法系统的检察院、法院分工负责，公、检、法三者既相互配合，又相互制约，以防止权力的滥用。然而，公、检、法三个机构都统一接受同级党委的领导，在各级党组织中，都设有专管政法工作的书记或副书记，还设有专门的机构如政法委员会或政法工作领导小组，重大的司法问题，都要由党的组织作出决定，然后由公、检、法分别执行。尽管这有协调作用的一面，但另一面却使不同国家机构之间的制度化权力制约有可能因党的一元化领导而消解。”参见胡伟著：《政府过程》，浙江人民出版社 1998 年版，第 115 页。

② 顾培东：《中国司法改革的宏观思考》，载《法学研究》2000 年第 3 期。

在对司法权力主体关系作出了有效的均衡安排后，我们紧要的任务就是塑造“权威司法观”，改变以前许多有违司法权威要求的体制和做法，使司法权力的主体均能作出符合司法权威的决策，使司法产品更能彰显现代司法的权威裁判理念，使以前作为“刀把子”的司法机构真正成为国家与社会之间均衡权能的有生力量，最终使司法公权内部均衡规则的形成成为现实。

（七）强化国际司法人权理念，实现国家司法权能与公民司法权利均衡

“近代革命以来的司法乃是以主权国家的治理和管辖为前提。随着国际交往与合作增多，区域一体化和全球化加快，这种司法体制从原则规则到知识技术都面临强烈冲击。”①尤其是随着我国日益卷入新时代的全球化进程，司法人权与国际司法的理念必将在司法权运行中占据日益显要的位置。新时代全球化在政治上的重要特点表现为全球治理的要求日益强烈，在文化上则表现为全人类的共同价值和共同意识日益增长，带有超地域、超民族、超国家意识的全球主义观念空前普及。在此情势下，我们应当正视全球化冲击下国家主权弱化的现实，应当有条件地承认当代国家主权的相对性并对之重新加以新的准确定位。② 对司法权运行而言，这就要求我们正视司法人权的存在，并积极运用国际司法机制和国内司法制度将司法人权和国内司法保障的人权及时切换为受国内宪法、法律保障的公民权利，使司法人权与司法公权保持衔接，使国家司法权能和公民司法权利达成均衡，使司法人权的国际保障与司法人权的国内保障均衡无间。

（八）强化法官理性建设，实现司法权运行的外部均衡

在实现了司法权内部均衡这一本体性目标后，启动“法官理性”建设工程，提倡法官强化司法方法的均衡性与整合性，积极运用衡平的司法技能矫正中国发展的诸多不均衡弊端，并从制度上维持整体社会的均衡与协调。面对政治与经济的发展不均衡，理性的法官应当有意识强化“公法优位”的观念。③ 虽然我国法官在民事审判中不能直接依据公法，但他们可以在公法尤其是在宪法的预先指导下选择私法的适用，如若还是发生了公权与私权的严重冲突，负责宪法审查的法庭和法官会对之加以根本的纠正，这有助于推进我国的政治法治化，解决政治发展滞后于经济发展这一难题。面对城市与农村的二元结构及非均衡发展，理性的法官应以制度变迁的宏观走向为司法理念基准，积极保护农民迁徙的权利、合法收益的权利及各种在现代化进程中容易遭受侵犯的人身与财产权利。面对传统与现代在当代中国的断裂，理性的法官应当懂得历史的延续性，既不盲目信古也不全盘西化，运用自己的知识积累，在各种传统习俗与现代规则之间寻找均衡。“强调知识的重要性”和“历史感”应成为法官规则的核心内容。面对富人和贫民的社会差距，理性的法官应当既怀有正义之神的怜悯，又不能流于滥情，将法律援助的制度性力量纳入对贫民的悲悯，同时决不能以无理损伤富者合法权利为代价。总之，在中国特定社会条件下，司法

---

① 夏勇：《改革司法》，载《环球法律评论》2002 年春季号。

② 参见周穗明：《不要拒绝全球化——新时代全球化的性质、特点、核心问题及对策》，载《经济社会体制比较》2001 年第 1 期。

③ 参见汪习根：《公法法治论》，载《中国法学》2002 年第 3 期。

在处理社会变革中的矛盾和冲突时受到并顾及多方面的压力，从而难以坚守形式主义的法治立场。“社会各阶层，各个不同社会主体在社会变革中所反映出的利益要求都具有一定的合理性，在这些利益要求的相互冲突中，各主体都能够从中国社会的政治原则和经济规则中不同程度地找到支撑自己利益主张的依据。特别是不同社会阶层和不同主体都有条件以其在意识形态上的某种优势，借助于大众传媒的渲染，对司法机构形成一定的压力，以谋求司法对其利益的特别保护。在此情况下，司法所面临的任务与其说是法律规则的适用，毋宁是在不同利益之间寻求平衡。”这就需要司法权内部均衡的预先达成。没有“均衡司法”就没有“司法均衡”。

论我国立法权配置体制及其修缮

■ 江国华*

目　录

一、立法权在中央层面的平行配置体制
二、地方立法权配置体制及其修缮
三、部委规章制定权配置体制及其修缮
四、立法之解释权配置体制及其修缮

所谓立法权配置体制，是由宪法和有关法律形成的一种制度规范体系，其内容包括享有立法权的国家机关依照宪法和法律，对各自负责的事务确定立法范围，以及据此所确立的行使立法权的方法。又称为立法权的行使或立法权限的划分，它是一个国家政治体制的重要组成部分，是由这个国家的国体、政体、国家结构形式、历史传统、经济文化发展水平及民族情况等因素决定的。

当今世界各国，但凡制定有成文宪法的国家，其立法权的配置体制，大多由宪法予以明确规定，如美国、法国、德国、俄罗斯等国宪法都对立法权的配置体制作了比较具体的规定。由于各国的政治、经济、文化不同，各国宪法对立法权的配置模式也不尽相同。

一、立法权在中央层面的平行配置体制

所谓中央层面的立法权配置是指国家立法权在特定的中央政权机关中进行分配及其相互关系的机制。这里所谓特定的中央政权机关，首先是指议会或代表机关，自近代以来，几乎所有国家的宪法均明确规定，代议机关是国家立法权的最高掌理者，比如美国宪法第1条规定“本宪法所授予的立法权，均属于由参议院和众议院所组成的合众国国会”；法国宪法第34条规定“所有法律均须议会通过”；意大利宪法第70条规定，“立法职能由两院集体行使”，等等。①

* 江国华，法学博士，武汉大学法学院副教授。

① 参见戚渊著：《论立法权》，中国法制出版社2002年版，第135页。

（一）立法权在中央层面平行配置的基本模式

在习惯上，我们通常将依照宪法和法律分配给中央机关行使的立法权称之为中央立法权。它是相对于地方立法权而言的，有地方立法权存在的国家，才有中央立法权；它是所有中央机关所行使的各种立法权的总称，即中央立法权的行使主体除了议会或者权力机关外，也包括中央行政机关，有的国家的中央司法机关和其他有关机关也可以行使某些立法权。据此，立法权在中央各国家机关之间的配置体制大致有三种模式：

1. 立法权配置的垄断模式

所谓“立法权配置的垄断模式”，即立法权由一个专门的立法机关所垄断的立法权配置模式，如日本宪法规定：“国会是最高国家权力机关，是国家唯一立法机关。”菲律宾宪法规定：“立法权属于菲律宾国会。”①

2. 立法权配置的复合模式

所谓“立法权配置的复合模式”，即立法权由议会和总统共同行使，如芬兰宪法规定：“立法权由议会和共和国总统共同行使。”有的则由议会和国王共同行使，如比利时宪法规定：“立法权由国王、众议院和参议院共同行使。”丹麦宪法规定：“立法权同时属于国会和议会，行使权属于国王，司法权属于法院。”

3. 立法权配置的制衡模式

所谓“立法权配置的制衡模式”，即立法权原则上由立法机关行使，但政府首脑对立法有较大的发言权，甚至司法机关对立法也有一定的制衡作用。美国、法国、奥地利等都可以称之为制衡立法体制。如美国，国会通过的法律，需送总统签署公布才能生效。总统可以签署也可以不签署。但总统不签署的，经国会上下两院以 2/3 的多数再次通过，则不需总统签署而直接生效。最高法院对国会通过并经总统签署公布的法律有司法审查权，如认为某法律与宪法相抵触可以宣布其无效。②

但是，不管哪种模式，处于中央层面的立法权相对于地方立法权而言具有恒定的优位性，并且这种优位性必须得到地方立法权的尊重，即中央立法的效力可以溯及全国所有管辖范围，由特定中央政权机关所立之法具有仅次于宪法的效力等级，地方立法不得与中央立法相抵触。当然，在其现实性上，由于中央机关所立之法未必都与全国有关，因而并非所有的中央立法都在全国实施，如全国人大制定的《香港特别行政区基本法》的效力范围就不能也不必及于全国，但是，这并不妨碍地方立法不得与中央立法相抵触原则的适用。

（二）立法权在中央立法机关内部的配置

在两院制议会中，国家立法权首先在议会两院之间进行配置。如美国国会由参议院和众议院组成，参议院由各州选出的两名代表组成，共 100 人，任期六年，每两年改选 1/

① 乔晓阳：《关于立法体制的含义》，载《人民日报》（网络版），http://www.people.com.cn/item/lifafa/bj05.html。

② 参见乔晓阳：《关于立法体制的含义》，载《人民日报》（网络版），http://www.people.com.cn/item/lifafa/bj05.html。

3；众议院在各州按比例代表制选出，由于各州人数不等，选出的议员人数也不等，目前总数共 435 人，任期两年，届满全部改选。美国宪法在其第 1 条第 1 款开宗明义地规定："本宪法授予的全部立法权，属于由参议院和众议院组成的合众国国会。"根据宪法第 1 条第 8 款的规定，国会的立法权主要包括：课征税金、关税、输入税；借款；管制同外国、各州间的通商；制定归化法和破产法；铸造货币、规定其价值及伪造货币的罚则；规定度量衡的标准；设立邮局和建立邮政道路；向发明家和作者颁发专利证和版权证；设立低于最高法院的法院；确定和惩罚在公海上所犯的海盗罪以及违反国际法的犯罪；宣战；招募和保持陆军和海军，制定统辖陆海军的条例；成立民兵；对于联邦政府所在地行使专有立法权，对合众国购置用于修建要塞、武器库、兵工厂和海军造船厂以及其他必须的建筑物的地方行使同样的权力——这些为宪法所明确列举的权力通常称为"授予的权力"。此外，宪法第 1 条第 8 款最后 1 项规定：国会有权"为了行使上述各项权力，以及行使本宪法赋予合众国政府或其各部门或其官员的种种权力，制定一切必要的和适当的法律"。此即所谓"默示的权力"。①

根据宪法的规定，参众两院的地位和权力基本是相等的：立法权由两院共同行使，任何一院通过的法案必须送交另一院通过，任何一院对另一院通过的法案拥有绝对的否决权。两院通过的文本如发生分歧，只能通过协商，由两院同等数量的议员组成协商委员会，提出妥协方案经两院通过；但两院在某些方面有所分工：众议院有提出财政议案的优先权，参议院有权批准总统与外国缔结的条约、同意总统提名的高级官员；当发生弹劾时，由众议院提出弹劾，由参议院审判。如果总统选举中没有候选人获得选举人团多数，由众议院选举总统，由参议院选举副总统。

长期以来，社会主义国家立法理论和立法实践都坚持认为立法权只能由最高权力机关一个机关来行使。如前苏联 1936 年宪法第 32 条规定："最高苏维埃是行使苏联立法权的唯一机关。"斯大林在《论苏联宪法草案》的报告中认为："立法权在苏联只应当有一个机关，即由苏联最高苏维埃来行使，不由某一机关而由许多机关立法的情形必须铲除才是。"在这种理论指导之下，新中国成立之初，在 1954 年宪法中确立了类似的立法体制，是一种典型的集权模式，即国家立法权由全国人大所垄断，全国人大是国家的唯一立法机关，作为常设机关的全国人大常委会没有立法权，因此，也就无所谓立法权在立法机关内部之间的配置问题。

以 1982 年宪法为分水岭，我国立法权配置模式实现了由集权型向分权型转化的历程。在 1982 年宪法体制下，国家立法权不仅有中央和地方之分，也有人大立法与行政立法之别，更为重要的是还有全国人大与全国人大常委会之间的分工与协作问题。就中央层次的代议机关内部分权形式而言，我国最高立法权的行使是在全国人大和全国人大常委会之间进行分配的，二者权力范围分别由宪法第 62 条和第 67 条明文规定，② 其中宪法第 62 条规定，"全国人民代表大会制定和修改刑事、民事、国家机构的和其他的基本法律"；第

---

① 韩大元主编：《外国宪法》，中国人民大学出版社 2000 年版，第 402 页。

② 这在相当程度上可以说是我国立法权配置的一大特色。我们看到，西方国家实行两院制的议会体制中，宪法并没有对两院之间的权限作具体的规定，而我国宪法却对全国人大和全国人大常委会的立法权限分别作出列举。

67 条规定："全国人民代表大会常务委员会制定和修改除应当由全国人民代表大会制定的法律以外的其他法律；在全国人民代表大会闭会期间，对全国人民代表大会制定的法律进行部分补充和修改，但是不得同该法律的基本原则相抵触。"但是 2000 年通过的《立法法》除了对宪法第 62 条和第 67 条的内容作了转述之外，并没有对全国人大和全国人大常委会的立法权作分别列举，而是采用将全国人大和全国人大常委会的立法权范围笼统列举的立法体例，这实际上是对两院制议会法的某种程度的借鉴。

（三）立法权在中央行政机关的配置

1. 立法权在我国的中央行政机关的配置原则

从我国宪法和《立法法》关于立法权在中央立法机关与行政机关之间的配置的规定中，可以抽象出我国立法权在中央层面配置的两项基本原则，即所谓"议会优越"与"法律保留"的原则。

其一是议会优越原则：基于人民主权的宪法原则，立法权的配置应当遵循人民之意志，并以保障公民之权益为旨归，因此，立法资源应当向民意机构倾斜，即便在情势所迫而不得不给行政机关配置立法权的时候，也应当遵循议会优越的理念，以及由议会优越的原则派生出法律优越的原则，即议会立法因其制定主体相对于行政机关的优越地位而对行政立法具有恒定的约束力，行政机关制定行政法规的权力必须接受法律的约束，议会对于行政法规享有合法性审查权。我国宪法第 67 条对此作了明确规定，即全国人大常委会有权"撤销国务院制定的同宪法、法律相抵触的行政法规、决定和命令"。

议会优越原则并不一般地排斥行政机关立法职权的存在，相反，它认可行政立法权的必要性，并在法律缺位的条件下，允许行政机关通过制定行政法规来代行法律的职能。它只是强调，在任何情况下，议会立法权必须占据主导地位，行政立法权不得擅自僭越其固有的界限，而侵蚀议会立法权。这一原则在我国立法法中得到贯彻，其第 8 条明确列举了全国人大及其常委会的专有立法事项，除此而外任何事项，国务院都可以不经全国人大的同意而只根据现实需要就可以制定行政法规。

其二是法律保留原则：基于议会优越同样的理由，在国家生活中某些领域的规则创制权只能配置给代议机关，而不能配置给代议机关以外的任何组织。因此，法律保留原则实际上是关涉行政立法权禁区的规则。

如何确定法律保留的范围是一个比较复杂的问题，保留范围过窄，势必危及议会立法的主导地位；但保留范围过宽，又有导致议会事实上无法恪尽对保留事项行使之立法职能的可能。对此，学界曾对"保留"提出了许多不同的学说，包括侵害保留说、全部保留说、重要事项保留说和机关功能说，等等。①但无论是侵害保留说抑或全面保留说，都存在着一个共同的缺陷，那就是"保留"的范围过于宽泛，以至于议会难以就保留事项妥善履行立法职责，而行政立法的空间却过于狭窄，以至于不得不常常僭越界限方可恪尽职守。因而，许多学者逐渐倾向于接受重大事项保留说的观点。

所谓重大事项保留说，即凡是涉及一国范围内的重大、重要或决定性事务的规则创制权只能配置给由人民选举产生的议会。至于何谓"重大事项"，尽管存在不同理解，且

① 参见翁岳生编：《行政法》（上册），中国法制出版社 2002 年版，第 180～181 页。

“重大”又因时因地因势的不同而具有不确定性，但是，从各国立法经验来看，还是存在某些可供参依之共性的，如各国都普遍地把主权、公民基本权利、刑罚、税制等视为重大事项而将其规则创制权保留给议会。我国《立法法》第8条将法律保留的范围以列举的方式予以规定，但其第9条又将第8条所列举之事项作了进一步划分，将犯罪和刑罚、对公民政治权利的剥夺和限制人身自由的强制措施和处罚、司法制度等事项的规则创制权规定为不得转授的事项，即对于这三列事项的立法权，无论何种情况下都只能由全国人大及其常委会“亲自”行使，而不得委由他人代劳，① 有学者称之为绝对保留事项；除此三列事项以外的其他各列事项的立法权均可以通过议会立法的形式转授国家最高行政机关，故有学者称之为相对保留事项——相对保留事项的立法权原则上属于全国人大及其常委会，但根据实际情况需要时可以由全国人大及其常委会通过立法的方式将这种规则创制权转授给国务院行使。《立法法》作这样的规定，应松年先生认为是因为“在中国目前的法律覆盖面还与实际需要相差甚远，而中国的社会状况又处于急剧变化之中。即使是《立法法》中规定的法律保留的10项，要全部依靠权力机关制定法律，也仍无法适应现实的迫切需要，因此，在法律保留的这部分立法权限中，有一部分不能不授权给其他国家机关，但有一部分权限则不能授权，必须由立法机关行使”。②

2. 立法权在我国的中央行政机关的配置状况

理论上而言，在严格实行三权分立的国家是不存在立法权在中央行政机关配置的问题，在中央层面上，立法权归议会独掌，正如同行政权归行政机关总揽一样。我国虽然不实行三权分立，但权力的分工和制约却是客观存在的。在人大体制下，立法权曾经一直被认为是代表机关所独有的职权。根据“五四宪法”，国家的一切立法权都归属于全国人民代表大会，其第22条规定：“全国人民代表大会是行使国家立法权的唯一机关。”国务院只有“规定行政措施，发布决议和命令”的权力，而不享有任何形式的立法权。“七五宪法”和“七八宪法”基本上恪守“五四宪法”关于权力配置的主体原则。但是，“八二宪法”却打破了这一传统，其第89条明确规定了国务院制定行政法规的权力。这一条被许多学者认为是我国最高行政机关享有职权立法的依据。既然是宪法授予的权力，国务院的行政立法权就应当具有了与全国人大及其常委会的立法权在某种程度上的平等性。正因如此，对人大立法权和国务院立法权二者行使的范围和界限作出更为具体的划分就显得非常必要。但是，我们的宪法和法律在这一问题上显然并没有任何积极的作为。在法律界限相对模糊的情势下，人大立法权和国务院立法权二者却能够保持一种相对的和谐运行，应当归结为双方对立法实践过程中逐渐形成的各自的立法范围的尊重，也是由我国特有的党政关系决定的。这种在实践过程中逐渐衍生的并且受到尊重的权限规则，大致可以作这样的归纳：

其一，凡涉及刑事、民事、国家机构组织等方面的事项，涉及国家诉讼制度和司法制度方面的事项，涉及普遍确定公民的权利和义务以及公民基本权利的保护和基本义务履行方面的事项，涉及基本的行政管理体制和制度方面的事项，涉及基本的经济制度和管理体制方面的事项，涉及国防、外交的基本制度方面的事项以及宪法明确规定应当由法律规定

---

① 参见翁岳生编：《行政法》（上册），中国法制出版社2002年版，第183页。

② 应松年：《〈立法法〉关于法律原则保留的规定》，载《行政法学研究》2000年第3期。

的事项和全国人大及其常委会认为应当立法的事项，在实践中都由全国人大或其常委会以法律的形式予以规范。

其二，凡涉及保证法律实施的事项，涉及确定所属各部门任务和职责方面的事项，涉及行政管理体制和制度中某一方面的具体规定以及操作运转方面的事项，涉及经济管理体制和制度中某一方面的具体规定以及操作运转方面的事项，涉及制定法律的时机和条件尚不成熟，而经济与行政工作又迫切需要予以规定的事项，以及全国人大及其常委会的授权事项在实践中多由国务院以行政法规的形式予以规范。①

2000年颁布实施的《立法法》对我国立法实践过程中所形成的上述规则作了原则上的确认。根据《立法法》第8条之规定，凡涉及国家主权事项，各级人民代表大会、人民政府、人民法院和人民检察院的产生、组织和职权，民族区域自治制度、特别行政区制度、基层群众自治组织，犯罪与刑罚，对公民权利的剥夺、限制公民人身自由的强制措施和处罚，对非国有财产的征收，民事基本制度，基本经济制度以及财政、税收、海关、金融和外贸的基本制度，诉讼与仲裁制度以及必须由全国人大及其常委会制定法律的其他事项只能制定法律。其第9条规定：对于第8条所列举之事项“尚未制定法律的，全国人民代表大会及其常委会有权作出决定，授权国务院可以根据实际需要，对其中的部分事项先制定行政法规，但是有关犯罪与刑罚，对公民政治权利的剥夺限制人身自由的强制措施和处罚、司法制度等事项除外”。《立法法》第56条进一步对国务院的立法权作了规定：“国务院根据宪法和法律，制定行政法规。行政法规可以就下列事项作出规定：（一）为执行法律的规定需要制定行政法规的事项；（二）宪法第八十九条规定的国务院行政管理职权的事项。应当由全国人民代表大会及其常务委员会制定法律的事项，国务院根据全国人民代表大会及其常务委员会的授权决定先制定的行政法规，经过实践检验，制定法律的条件成熟时，国务院应当及时提请全国人民代表大会及其常务委员会制定法律。”

从《立法法》的上述规定来看，国务院的行政立法权在《立法法》的框架内和在宪法的框架内的地位略有不同。如前所述，在宪法的框架内，国务院的立法权和全国人大及其常委会的立法权具有大致平行的地位；而在《立法法》的框架内，国务院的立法权相对于全国人大及其常委会的立法权而言，具有明显的补充性和前置性。所谓补充性，即指国务院立法权的功能主要在于补充全国人大及其常委会立法权能之缺漏，保证人大立法的执行；所谓前置性则是指国务院可以对本应由全国人大及其常委会制定法律的某些事项先行制定行政法规，在行政法规实施后，条件成熟时，再行提请全国人大及其常委会制定法律。而专有立法事项之外的其他事项，国务院都享有自主制定行政法规的权力，即便是法律保留内的诸种事项，除犯罪和刑罚、对公民政治权利的剥夺和限制人身自由的强制措施和处罚、司法制度之外，国务院也可以根据全国人大及其常委会的授权而获得立法权。

3. 立法权在我国中央行政机关配置的修缮路径

一般地说，就一国立法权配置状况，大致可以从两个方面来考察：一是从其渊源上观察，即从宪法和法律的规定上来观察；二是从其实际作用范围上来观察。就我国而言，议会立法权的配置采行“法律保留”原则，通过宪法和法律明确列举的方式予以规定，其

① 参见许安标：《关于立法权限的划分——关于〈立法法〉起草工作研讨会观点综述之一》，载《行政法学研究》1994年第3期。

权力固然很大，但是起作用范围却是有限的；而行政立法权的配置采行的是“剩余权力说”，即宪法和法律明确列举的由全国人大及其常务委员会保留的权力之外的剩余空间，都可以成为行政立法权的作用范围，因而，从法律规范上看行政立法权的效力显然是低于人大立法权的，但在事实上，其作用范围却是无限的。

对此，有学者认为，行政立法在其本质上应当是授权立法，其权力来源只能由议会通过立法的方式授予，而不应当是职能立法，即由宪法直接配置。因此，我国宪法第89条对国务院的行政立法权的配置存在着瑕疵，有必要在适当的时候予以修改或者废除。①还有学者对行政立法权的配置采行“剩余权力说”提出批评，认为在现行体制下，中央行政机关立法权的作用范围涉及的事项几乎到了无所不包、无所不在的程度（宪法、法律明确规定的由人大行使的少数事项的职权除外），②而且其职权立法范围的法律约束也缺乏必要的刚性，除非“对法律、行政法规、地方性法规、规章的各自权限范围作出明确、具体的列举，以便遵循”，③否则，势必难以避免陷入行政立法膨胀和专制的局面。另外，在宪法对立法权的配置上，除了宪法明确列举归属于全国人大及其常委会和国务院的事项而外，那些未作明确列举的所谓模糊（灰色）区域内的事项和剩余事项的立法职权应当由“最高国家权力机关行使”，而不应当以“剩余权力说”为理论依据笼统地下放给国务院行使。

笔者以为，这两种思路都值得商榷。就前者而言，立法作为一种机能，其制度载体“立法权”由宪法直接在代议机关和行政机关实行统一配置，与近代以来的宪政主义精神并无冲突。相反，在中国现行体制之下，国务院的立法权直接由宪法配置，既可以保持立法权在宪法层面上的统一，同时也有助于提升国务院行政法规的权威。废除宪法对国务院立法权的直接配置，全部改为由全国人大及其常委会实行授权，表面看似恢复了代议机关对立法权在形式上的垄断地位，但从行政法规对国家法治秩序的建构和维持所占据的地位和所起到的实际功效角度来看，这种更改行政法规创制权来源的主张，实际上是贬损行政立法的地位和权威，对国家法治建设并无益处。就后者而言，实际上只能算是纸上谈兵，因为，相对于法律保留而言，行政立法之范围实际上就是剩余空间，对于保留事项的列举固然不难，因为其在数量上是有限的，并且是比较固定和可以穷尽的。但对于剩余空间的行政立法范围来说，通过具体的列举显然是不可能穷尽的，而且这个不可穷尽的范围中的事务也是变动的，具有明显的时势色彩。世界各国对于行政立法权的作用范围一般不采取具体列举的方法，即使列举也仅是指导性的，如我国宪法第89条即规定了国务院的立法职权，但这只是一种参照式的列举，不应当认为国务院的立法事项就仅限于此列举条款。

因此，我国宪法和立法法在行政立法权的配置上采行“剩余权力”之原则，即将国家重大事项的立法权明确列举规定为专属全国人大的立法事项，其他的事项均可以由国务院制定行政法规，实际上具有相当的现实性和合理性。因为我国实行的是“议行合一”的政治体制，全国人大不是单纯的立法机关，而是最高国家权力机关，国务院是由全国人

---

① 参见胡加祥：《关于授权立法问题的探讨》，载《浙江大学学报》（人文社会科学版）1999年第5期。

② 参见李林：《关于立法权限划分的理论与实践》，载《法学研究》1998年第5期。

③ 陈斯喜：《〈立法法〉起草工作研讨会综述》，载《中国法学》1997年第3期。

大决定产生并对全国人大及其常委会负责，因此，国务院对于全国人大及其常委会的从属地位是显而易见的。由此，国务院的行政立法权与全国人大及其常委会的立法权在位阶上的差异也是客观存在的，即国务院的行政立法权相对于全国人大及其常委会的立法权而言，要低一个位阶。正因如此，全国人大不仅可以就一切国家重大事项行使立法权，而且对保留以外的其他事项，只要全国人大认为是重大事项而且有必要制定法律，就可以行使立法权，从而不定期地打破国务院对“剩余事项”行使立法权的垄断局面。倘若颠倒过来，将“剩余事项”或者所谓“灰色区域”的立法权归属于全国人大，势必导致最高立法机关疲于应付各种新问题新事物，因为转型时期新问题新事物层出不穷，而且许多问题是需要紧急处分的，鉴于最高立法机关的有限精力和繁琐的立法程序，实际上对这类事务是力难从心的，这非但无助于全国人大对“剩余事项”的规制，而且势必分散全国人大对保留事项行使立法权的注意力，其后果是可想而知的。

当然，鉴于我国全国人大及其常委会的立法权和最高行政机关的行政立法权都是由宪法所直接授予的事实，在我国的宪法体制上，人大立法权和国务院的行政立法权在法源上具有相当的平行性，加之在实际运作过程中诸多因素的影响，长期以来我国实际上存在着强势行政的客观现实，为此，加强对中央行政立法权的规控，不仅是法治建设的需要，也是人权保障的需要。诸如建构和完善行政法规的合法性审查制度、强化行政法规的备案审查职能等措施，都是制约行政立法权的有效机制。其中，当务之急在于进一步完善人大保留事项的规定，特别是应当进一步扩大绝对保留事项的范围，立法机关在授权立法中也因此必须坚持节制原则，以防止强势行政的趋势进一步地强化，打破人大体制下权力结构的基本平衡；同时应当着力建构行政立法的合法性审查机制，以加强对行政立法权的制约和规控。

从《立法法》的现有规定来看，人大保留事项中，相对保留的事项太广，而绝对保留事项则太窄，使得全国人大真正发挥立法权的领域过于狭小，从而在实际上限缩了最高代表机关对国家重大事项的控制范围。如《立法法》第8条中的（1）、（2）、（3）、（6）、（7）、（8）各项，即有关国家主权、国家机构的组织法、民族自治、对非公有财产的征收、民事基本制度和税收制度等，在原理上都应当属于绝对保留的不可授权的事项，却均列入一般保留即相对保留的范围。比如其中的第（8）项关于税收制度，在原理上属于代议机关的固有权力，因此，世界上许多国家在税收问题上都信守税收法定的原则，而税收立法的权力无一例外并且理所当然地专属于议会，而且议会控制税收立法也是制约行政权、有效保障纳税人合法权益的古老机制和传统。而我国长期以来，在事实上将本应当由代议机关行使的税收立法权赋予给最高行政机关行使，《立法法》又沿袭了这一不恰当的做法，进一步将之法律化和制度化，将税收制度的立法权规定为相对保留，这在相当程度上，削弱了民意机关对征税权的掌控和监督。事实上从20世纪80年代中期至今，国务院制定有关税收的暂行规定、条例达50多项，而全国人大及其常委会制定的税收方面的法律和决定却只有4项。1994年实行新税制后，国家共有24个税种、23个税收行政法规和有效税法（包括海关法）出台，其中全国人大及其常委会制定的税法在全部规范性文件中所占比重不足15.2%，而国务院制定的税收行政法规却超过了84.8%。①

① 参见姚锐敏：《依法行政的理论与实践》，法律出版社2000年版，第84页。

另外，在公民权利与自由的限制和剥夺方面的立法权，《立法法》第 8 条仅将“剥夺公民政治权利”和“限制公民人身自由”两项列入绝对保留范围，其他诸如财产权、宗教信仰自由、言论自由、受教育权等重要权利的规制全都列入相对保留的范围，① 特别是其中第（6）项将“对非国有财产的征收”的立法权置于相对保留的范围，对于公民财产权的保障显然是非常不利的。因为，对非国有财产的征收在本质上是通过强制手段剥夺公民财产权的行为，直接关涉公民财产权的安全和行使，社会影响极大，从公平的角度考虑，应当将对非公有财产权的征收立法权列入全国人大或其常委会绝对保留的事项中。

二、地方立法权配置体制及其修缮

地方立法权是相对中央立法权而言的，即地方国家机关依据宪法、法律的规定或授权，依照法定权限和程序，制定、修改和废止本行政区域具有法律效力的规范性文件的职权。研究地方立法权的配置，首先要解决的问题是地方立法权的来源，为此，必然涉及地方立法权与中央立法权之间的关系问题。就我国现行体制而言，地方立法权与中央立法权一样，都源自于宪法和法律的授予，因此，地方立法权和中央立法权在法源上具有相当的平行性。而且在法律上，地方立法机关具有相对独立于中央立法机关的地位。

（一）我国地方立法权的配置概况

1. 地方立法权配置的一般模式

就地方立法权与中央立法权之间的关系而言，地方立法权的配置体制大致可以划分为两种基本模式：一是所谓中央垄断模式，即立法权由中央统一行使，地方不享有立法权。在传统上，单一制国家大多习惯于实行该体制。但在现代，绝对的中央垄断模式已经没有市场了，大多逐渐转变为相对中央集权模式，即立法权主要由中央行使，在一定程度上，允许地方根据法律或中央授权行使立法权或在宪法中规定地方享有立法自治权，同时规定地方的立法权要受制于中央的立法权，日本、比利时、挪威等大致采行类似模式。二是所谓分权模式，即立法权在中央与地方之间进行合理分配，其主要特征在于，立法权由中央与地方共同行使，通过宪法或者法律明确规定某些事项以中央立法为主，某些事项则由地方行使，或者将中央的立法权明确列举出来，属于中央专有，中央未列举的事项，则可以由地方自主立法。联邦制国家一般都倾向于实行分权体制，如美国、德国、加拿大等都采行这种模式——尽管其中可以细分为很多类型——各国都在宪法中对联邦和州（各联邦成员）的立法权限作出明确划分，凡属联邦管理的事务和跨州的事务，服从联邦法律；凡属于州管理的事物和属于州范围内的事物，则服从州法律；联邦和州都有各自的立法体系。

2. 我国地方立法权配置模式之演变

我国立法权在中央与地方之间的配置模式经历了中央绝对垄断到中央相对垄断的演进。中华人民共和国成立初期，根据五四宪法的规定，我国实行的是中央绝对垄断模式，

---

① 参见湛中乐、杨君佐：《立法法若干问题质疑》，载周旺生主编：《立法研究》（第二卷），法律出版社 2001 年版，第 29 页。

全国人大是国家唯一的立法机关，地方不享有立法权。20 世纪 70 年代末，我国逐渐打破中央绝对垄断模式，走向中央相对垄断模式。1979 年，全国人大制定《地方各级人民代表大会和地方各级人民政府组织法》，实现了立法权在全国人大和省级人大之间的分立；1982 年宪法彻底打破了全国人大绝对垄断立法权的格局，明确规定了省级人大及其常委会制定地方性法规的权力；1986 年，全国人大对《地方各级人民代表大会和地方各级人民政府组织法》进行修订，立法权延伸至省级人民政府及其特定的地方人民代表大会和地方人民政府。到目前为止，我国已经形成了较具特色的地方立法体制：

就一般行政区划地方的立法权而言，省级人民代表大会、省会城市以及国务院批准的较大的市人民代表大会有制定地方性法规的权力；省级政府和省会城市以及国务院批准的较大的市政府有权制定地方性规章。就特殊行政区划地方的立法权而言，民族自治地方的人民代表大会有权制定自治条例，其常委会有权制定单行条例；经济特区享有比普通行政区更为宽泛的立法权；特别行政区则享有独立的立法权。①

鉴于我国地方立法权是由宪法或者法律所直接规定，而非中央立法机关授予，而且，普通行政区、民族区域自治地方、特别行政区、甚至直辖市等不同性质的行政区划，其所享有的地方立法权限亦有明显差别，因此，我国立法权在中央和地方之间的配置模式存在着分权模式的某些特征。但是，我们的这种分权模式是在尊重国家法制统一的前提下的分权，因此，地方立法权必须受制于中央立法权，一切与中央立法相抵触的地方立法应当自始无效。我国宪法第 67 条授权全国人大常委会，对地方立法行使审查权。规定全国人大常委会有权"撤销省、自治区、直辖市国家权力机关制定的同宪法、法律、行政法规相抵触的地方性法规和决议"。《立法法》第 88 条对此作了进一步的规定。

3. 我国地方立法权配置模式之特征

从上述分析可知，我国地方立法权的特征是明显的：其一，地方立法的主体具有法定性，在我国现行体制下，地方立法的主体必须是宪法、法律明确规定或授权的，法律没有明确规定或授权的地方机关没有地方立法权。其二，地方立法的效力位阶具有从属性，一切地方立法都不得与中央立法相抵触，地方性法规、地方政府规章不得与宪法、法律和行政法规相抵触，如有抵触，全国人大常委会和国务院有权予以撤销。民族自治地方以及授权立法地方的地方立法内容不能违背宪法、法律的基本原则，否则，应自始无效。其三，地方立法的范围具有限制性，一般地说，除特别行政区的立法外，地方立法所涉及的范围大多是贯彻实施法律和行政法规，或者纯属地方性事务的事项，属于国家主权、刑事法律制度、基本的民事法律制度、公民的基本权利和人身自由权利、国家机构的制度、司法制度、税收制度方面的事项只能由中央统一立法，地方立法无权涉及。其四，地方立法的效力溯及范围具有区域性，一般地说地方立法只适用于本行政区域或经济特区，在本行政区域或经济特区以外不具有法律效力。其五，地方立法的自主性，地方立法作为一国立法体制的一部分，也有相对独立的地位。地方立法存在的主要原因就是要以地方立法的形式调整地方社会关系、解决地方问题。它可以在不与中央法律、法规相抵触的前提下，独立自主地立法，积极地解决应当由自己解决的问题，也可以根据本地实际情况，自主地形成自

① 参见周旺生：《立法论》，北京大学出版社 1994 年版，第 408 ~411 页。

己的风格。①

应当说，我国的这种地方立法权的配置体制是符合中国国情的，而且实践证明，也是非常有效的。一方面，有助于打破中央集权的格局，在立法领域实现了中央和地方之间的适度分权，从而实现了在中央统一领导下，充分发挥地方的主动性和创造性。另一方面，有助于因地制宜，各地根据当地实际进行制度建设和创新。我国地域辽阔，地理环境比较复杂，由于地理、历史和自然环境等原因，我国各地的经济、文化和社会发展水平很不平衡，赋予地方一定的立法权来解决各具特色的地方事务尤为必要，尤其是在我国推进实施西部大开发战略、振兴东北老工业基地和中部崛起战略过程中，依靠地方立法权推进制度创新成为摆脱政策依赖症的良方。② 再者，采取此种地方立法权配置体制也是我国特殊国情决定的。我国是多民族国家，解决民族问题的基本制度是实行民族区域自治制度。赋予民族自治地方制定自治条例和单行条例是自治权在立法权配置上的体现。此外，我国实行"一国两制"，香港和澳门两个特别行政区是享有高度自治权的地方行政区域，依据基本法的规定享有自己的立法权，这属于其高度自治权的应有之义。

（二）地方立法权在普通行政区域的配置

1. 我国普通行政区域地方立法权的来源

所谓普通行政区域，是相对于民族区域自治地方和特别行政区而言的，在这里是指省和直辖市。我国宪法第 100 条规定："省、直辖市的人民代表大会和它们的常务委员会，在不同宪法、法律、行政法规相抵触的前提下，可以制定地方性法规，报全国人民代表大会常务委员会备案。"《中华人民共和国地方各级人民代表大会和地方各级人民政府组织法》第 7 条规定，"省、自治区、直辖市的人民代表大会根据本行政区域的具体情况和实际需要，在不同宪法、法律、行政法规相抵触的前提下，可以制定和颁布地方性法规，报全国人民代表大会常务委员会和国务院备案"，"省、自治区的人民政府所在地的市和经国务院批准的较大的市的人民代表大会根据本市的具体情况和实际需要，在不同宪法、法律、行政法规和本省、自治区的地方性法规相抵触的前提下，可以制定地方性法规，报省、自治区的人民代表大会常务委员会批准后施行，并由省、自治区的人民代表大会常务委员会报全国人民代表大会常务委员会和国务院备案"。《立法法》第 63 条规定："省、自治区、直辖市的人民代表大会及其常务委员会根据本行政区域的具体情况和实际需要，在不同宪法、法律、行政法规相抵触的前提下，可以制定地方性法规。较大的市的人民代表大会及其常务委员会根据本市的具体情况和实际需要，在不同宪法、法律、行政法规和本省、自治区的地方性法规相抵触的前提下，可以制定地方性法规，报省、自治区的人民代表大会常务委员会批准后施行。省、自治区的人民代表大会常务委员会对报请批准的地方性法规，应当对其合法性进行审查，同宪法、法律、行政法规和本省、自治区的地方性法规不抵触的，应当在四个月内予以批准。省、自治区的人民代表大会常务委员会在对报

① 参见周旺生著：《立法学》，法律出版社 2004 年版，第 216 页。

② 我国学者将改革开放以来形成的地方发展靠中央给优惠政策的现象称为"政策依赖症"，参见张先国、胡靖国、顾立林：《中部崛起需防"政策依赖症"》http://news.xinhuanet.com/newscenter/2005-04/01/content_2773263.htm。

请批准的较大的市的地方性法规进行审查时，发现其同本省、自治区的人民政府的规章相抵触的，应当作出处理决定。本法所称较大的市是指省、自治区的人民政府所在地的市，经济特区所在地的市和经国务院批准的较大的市。”《立法法》第 73 条规定“省、自治区、直辖市和较大的市的人民政府，可以根据法律、行政法规和本省、自治区、直辖市的地方性法规，制定规章”。

从我国宪法和相关法律的规定来看，我国普通行政区域的地方立法权除了少量由相关法律的授权之外，主要是直接来自于宪法和法律的规定。因此，在类型划分上，我国的地方立法主要是职权立法，授权立法只是特例。对于授权立法，总体而言是比较明确的，法律在授权的同时，也对被授权主体的立法范围和目的等作了相应限制，如《义务教育法》规定，省级人大常委会可以根据该法制定实施办法，其中授权的有关事项就属于被授权主体的立法范围。

2. 我国普通行政区域地方立法权之作用范围

就其职权立法部分，我国法律对于普通行政区域地方立法权之作用范围的规定并不明确，在实践中我们一般是从两个方面来考察其作用范围，其一是所谓排除法，即凡是宪法和法律明确规定为中央专属的立法事项，如宪法和立法法明确规定全国人大有权制定和修改刑事、民事和国家机构的基本法律，即视为地方立法的当然界限。其二是地方权力机关的自律。应当说，为规范地方立法权的运行，自 20 世纪 80 年代以来，绝大多数省级人大常委会都先后出台了“制定地方性法规的程序规定”之类的自律性规则，在这些规则中，原则上框定了地方立法权的作用范围。

但是这两个方面都存在着致命的问题。所谓排除法实际上就是“剩余权力”法，即中央立法权由宪法和法律明确列举，未明确列举的所有涉及地方事务方面的立法权均由地方行使，这显然将导致地方立法权的无限膨胀。而地方自律也难免会导致地方各自为政，且其自律效果值得怀疑。因此，应该对《立法法》作相应的修改，将地方立法权的运行程序和作用范围纳入《立法法》的统一规控体系。具体而言，必须理清两个方面的问题：

其一，是地方立法权在地方人民代表大会及其常委会之间的合理配置问题。在我国现行立法体制内，有立法权的地方权力机关包括省级人民代表大会及其常委会、省会城市所在地的市人民代表大会及其常委会和国务院批准的较大的市人民代表大会及其常委会。我国宪法和《立法法》对这些地方权力机关的立法权只有笼统规定，并没有在地方人民代表大会和其常委会之间作出明确界分。地方组织法也未像宪法规范全国人大及其常委会的立法权限那样对地方人大及其常委会的立法权限作出明确划分。除了法律明文授权之外，在更为广泛的自主立法范围内，地方人大及其常委会的立法权限实际上是非常模糊的。这在实践中给地方人大常委会强占地方立法市场提供了借口，并因此严重侵蚀了地方人民代表大会在地方立法中的主导地位，降低了地方立法的民主含量。事实上，迄今为止，在我国的地方立法中，由地方人民代表大会制定的地方性法规的比重极低，并存在逐步下降的趋势。据统计，北京、天津、上海、江苏、浙江、安徽等 13 个省市 1979～1989 年 10 年间所颁布的 563 个法规中，由人民代表大会亲自制定的只有 16 个，所占比重仅为 2.8%；1992～1994 年间所颁布的 713 个法规，由地方人民代表大会直接制定的仅有 4 个，所占比重仅为 0.56%。甚至其中有些省市的地方人民代表大会在这两个时段内根本就没有行使过立法权，其立法职能概由其常委会统揽。①

其二，是地方立法权在地方人民代表大会及其常委会和地方行政机关之间的合理配置问题，其实质是地方性法规和地方性规章的创制权配置问题。从理论上说，凡涉及地方行政管理事务方面的地方立法权，应当赋予地方的代议机关；而有关涉及国家规范性文件和地方立法实施方面的某些立法事项则可以酌情配置给地方行政机关。对此我国《立法法》虽有规定，但比较笼统。如第 64 条规定："地方性法规可以就下列事项作出规定：（一）为执行法律、行政法规的规定，需要根据本行政区域的实际情况作具体规定的事项；（二）属于地方性事务需要制定地方性法规的事项。除本法第八条规定的事项外，其他事项国家尚未制定法律或者行政法规的，省、自治区、直辖市和较大的市根据本地方的具体情况和实际需要，可以先制定地方性法规。在国家制定的法律或者行政法规生效后，地方性法规同法律或者行政法规相抵触的规定无效，制定机关应当及时予以修改或者废止。"第 73 条规定："地方政府规章可以就下列事项作出规定：（一）为执行法律、行政法规、地方性法规的规定需要制定规章的事项；（二）属于本行政区域的具体行政管理事项。"

从《立法法》的规定来看，我国地方性法规的创制权和地方性规章的创制权在配置原则上是有区别的。对地方性法规的创制权配置实行的是弹性授权，并采行"不抵触原则"。比如我国《立法法》关于省级人大和有关市的人大及其常委会"根据本行政区域的具体情况和实际需要，在不同宪法、法律、行政法规相抵触的前提下，可以制定和颁布地方性法规"的规定，这就是一个典型的弹性授权。据此，地方人大及其常委会只要不违背"不抵触原则"，即有权根据本地实际需要制定地方性法规。而且，由"不抵触原则"可以合理地推论：对于国务院行政法规没有规定的事项，只要是地方实际需要，在不同宪法、法律相抵触的前提下，地方人大及其常委会就有权制定地方性法规；对于法律、行政法规都没有规定的事项，只要地方实际需要，在不同宪法相抵触的前提下，地方人大及其常委会就有权制定地方性法规。② 由此观之，我国地方人大及其常委会地方性法规的创制权作用范围非常宽泛，在缺乏有效的合法性审查机制的条件下，这种宽泛的地方立法权势必对中央立法产生负面影响。

对地方性规章创制权的配置实行的是羁束性授权，采行"依法原则"。如地方组织法和立法法关于省级政府和有关市的政府"可以根据法律、行政法规和本省、自治区、直辖市的地方性法规，制定规章"的规定就是典型的羁束性授权条款。根据这一条款，地方性规章的创制权实际上是一项消极的权力，地方政府不可以根据本地实际需要自主地创制地方性规章，而只能根据既有的法律、行政法规以及本省的地方性法规的明确规定来行使这项权力；在法律、行政法规和地方性法规没有明确规定的情况下，地方政府无权根据宪法径行制定地方性规章。

法律上的这种规定尽管不甚明了，却还是可资依凭的。然而，在地方立法实践中，我们却基本上没有依凭这种法律上的规定。地方政府往往在法律没有明确规定的情况下，颇

---

① 有关数据根据中国经济出版社 1991 年出版的《地方性法规选编》和中国法律年鉴社 1995 年出版的《中华人民共和国地方性法规汇编》统计（未计入民族自治地方的情况）。

② 这两种情况在地方立法中较常见，前一种情况更为普遍，第二种情况如上海、浙江等地在《义务教育法》颁布前就已根据《宪法》制定了《义务教育条例》。

为积极地“根据本地实际”创制所谓超前型、开拓型和试验型的地方性规章，将本应当属于同级权力机关地方性法规创制权的作用范围擅自划为自己的“自留地”。不仅如此，由于绝大多数的地方性法规都是由同级政府草拟，政府利用地方性法规的草拟权，将部门利益掺入其中；甚至实际上，有时地方政府干脆用地方性法规的草拟权取代了地方人大及其常委会的立法权，在这种情势下，如若有关人大或其常委会缺乏积极抵抗意识和能力，则其立法权就很可能沦为一种摆设。因此，有必要进一步完善相关法律条款，对同一行政区域内人民代表机关和行政机关地方立法权的作用范围（包括草拟权的范围）作出进一步明确的划分。

（三）地方立法权在民族自治地方和特别行政区的配置

1. 地方立法权在民族自治地方的配置

相对于普通行政区而言，民族自治地方行使地方立法权的历史更为悠久，其权限也要大得多。我国首部宪法即规定了民族自治地方的立法权。根据1954年宪法第70条规定，自治区、自治州、自治县的自治机关可以依照当地的民族政治、经济、文化的特点，制定自治条例和单行条例，报请全国人民代表大会常务委员会批准。1982年宪法沿袭了1954年宪法的传统，其第116条规定：“民族自治地方的人民代表大会有权依照当地民族的政治、经济和文化的特点，制定自治条例和单行条例。自治区的自治条例和单行条例，报全国人民代表大会常务委员会批准后生效。自治州、自治县的自治条例和单行条例，报省或者自治区的人民代表大会常务委员会批准后生效，并报全国人民代表大会常务委员会备案。”从条文的规定来看，1982年宪法对1954年宪法关于民族自治地方制定自治条例和单行条例的规定基本一致，只是对自治条例和单行条例的制定机关和批准机关作了更改。

除了宪法直接规定了民族自治地方的自治条例和单行条例的创制权外，相关法律还给民族自治地方配置了地方性法规的创制权。但不管是宪法，还是相关法律，对民族自治地方立法权的配置都是采取弹性授权的方式，并奉行“不违背原则”。从宪法和法律的弹性规定中，我们可以将民族自治地方的立法权概括为这样几个方面：对属于民族自治地方性事务，并关涉当地民族的政治、经济、文化特点，有权制定自治条例和单行条例；有权制定少数民族语言文字条例和少数民族教育条例；除《立法法》第8条明确规定由法律保留的十个方面的重大事项外，其他事项国家尚未制定法律或者行政法规的，自治区根据本地方的具体情况和实际需要，可以先制定地方性法规；为执行国家已经生效的法律或者行政法规，依照当地民族的特点和实际情况，民族自治地方的立法机关既可以将这些法律、行政法规的原则规定具体化，增加可操作性；也可以作补充规定，增加覆盖面；根据《立法法》第66条规定，“自治条例和单行条例可以依照当地民族特点，对法律和行政法规的规定作出变通规定”，使之适合民族自治地方的民族特点和实际情况，但是变通必须遵守立法规定的原则，且“不得违背法律或者行政法规的基本原则，不得对宪法和民族自治法的规定以及其他有关法律、行政法规专门就民族自治地方所作的规定作出变通规定”。

由于民族自治地方的条例创制权和法规创制权配置途径上的差异，二者的作用方式、效果以及对其规控的方式亦有所差别。

其一，民族自治地方的自治条例和单行条例的创制权直接来源于宪法授予，而且是对自治区、自治州和自治县三个行政级别不同的自治区域实行无差别的平等配置，本质上是一种自治性的权力。①而其地方性法规的创制权则是源自于普通法律的规定，而且配置对象仅限于自治区，法律没有给自治州和自治县配置地方性法规的创制权，不具有自治性。另外，自治条例和单行条例的创制权由自治地方的人民代表大会所独掌，而地方性法规的创制权则由自治区人大和其常委会共享。

其二，民族自治地方的人民代表大会可以通过行使自治条例和单行条例的创制权，变通与本自治区不相适宜的法律和行政法规。而自治区的地方性法规的创制权的行使是以“不同宪法、法律、行政法规相抵触”为前提条件的，因此，自治区的人大及其常委会不能通过地方性法规来变通法律或行政法规。

其三，由于民族自治地方的自治条例和单行条例具有变通法律和行政法规的权能，因此宪法和相关法律设置了条例创制权和批准权分立的机制，使得制定机关和批准机关分别享有“半个立法权”，②以确保这种权力的慎重行使。如自治区的自治条例和单行条例的创制权由自治区人大享有，其所创制的自治条例和单行条例的批准权则在全国人大常委会。而对自治区的地方性法规的创制权，则没有另设批准程序，只规定了备案程序，自治区人大及其常委会一经制定地方性法规，即可生效，只报全国人大常委会和国务院备案即可。

其四，正因为民族自治地方的自治条例和单行条例可以变通法律和行政法规，又是经过全国人大常委会批准生效的，而且，在实践中是以中华人民共和国主席令的形式公布的，③因此它们具有国家法律的性质。④因此，它们的效力不限于本自治区的范围，而且对自治区的上级国家机关也有约束力，上级国家机关也有遵守和执行、保证其实施的职责。而自治区的地方性法规则不具有国家法律的性质，因而只适用于本自治区的范围。

2. 地方立法权在特别行政区的配置

根据基本法的规定，香港和澳门特别行政区享有独立的立法权，除外交、国防以及其他属于中央政府管辖范围内的事务不能立法外，其立法机关有权对特别行政区高度自治范围内的一切事务立法，但须报全国人大常委会备案，由中央监督其是否越权。

特别行政区的立法权主要由民主选举产生的立法会行使。但特别行政区政府可以拟订并提出法案、议案和附属法规，行政长官可以决定政府政策和发布行政命令。易言之，为确保在特别行政区实施的全国性法律和特别行政区立法会通过的法律得到有效实施，基本法赋予特别行政区政府以发布行政命令、制定地方性法规的权力。

就其性质而言，通过基本法配置给特别行政区的立法权当然属于中国地方立法权的范畴，但是它与配置给民族自治地方和普通行政区的地方立法权有着明显的不同，主要体现

---

① 参见敖俊德：《论民族自治地方立法在我国立法体制中的地位》，载《西南民族大学学报》2003年第6期。

② 宓雪军：《半个立法权辨析》，载《现代法学》1991年第6期。

③ 1955年至1966年，民族自治地方制定的全国人大常委会批准的共48件民族自治地方的组织条例和选举条例，都是以中华人民共和国主席令的形式公布的，无一例外。

④ 1987年11月24日《中华人民共和国全国人民代表大会常务委员会关于批准法制工作委员会关于对1978年底前颁布的法律进行清理情况和意见报告的决定》，将上述48件民族自治地方的组织条例和选举条例作为法律同其他失效的111件法律一起废除的。

为：在通常意义上，除了自治条例和单行条例的创制权以外，民族自治地方和普通行政区的地方立法权，多为执行性权力，即主要是为执行国家法律而存在和活动，因此，必须以国家的宪法、法律、行政法规为依据；而特别行政区的立法权却不仅仅是执行性的，而是一种自主性权力。根据“一国两制”的原则及《基本法》的相关规定，特别行政区保留原有的法律制度基本不变，全国性法律除有明文规定外，不在特别行政区实施，因此，特别行政区的立法权不以执行国家法律和行政法规为基础，而且其直接活动准则也不是普通法律，而是作为特区“小宪法”的《基本法》。

就其范围而言，《基本法》在配置特别行政区的立法权时充分体现特别行政区“高度自治”的原则，规定了特别行政区广泛的独立自主的立法权。在授权方式上，采取“剩余权力说”，即将特别行政区立法禁止的事项予以明确列举，剩余范围即其自由立法的领域。根据《基本法》规定，只要是特别行政区自治范围内的各种事项，在维护国家统一和主权所必不可少的范围之外的立法权力，不是非中央行使不可的立法权力，都由特别行政区行使。香港、澳门特别行政区《基本法》分别在第 13 条和第 14 条规定了中央管理的事务，即中央人民政府管理与香港、澳门特别行政区有关的外交事务和防务。这就意味着与特别行政区有关的外交事务和防务不属于特别行政区的立法范围。因此，特别行政区立法禁止的事项可以概括为两类：其一是与特别行政区有关的外交事务，主要包括关于国家的象征和标志、国籍、外交、领事特权与豁免、领土的事务。其二是特别行政区的防务，主要应该是包括国界和边境管理、边界武装冲突、宣战和发生危及国家统一或安全的动乱时的事务。当发生危及国家统一或安全的动乱时，全国人民代表大会常务委员会据此可以宣布特别行政区进入紧急状态。除此两类事项而外，特别行政区的立法权作用范围在法律上是不受限制的。此外，《香港特别行政区基本法》的有关条文还明确规定了特别行政区立法会就某些具体事项的立法权。如根据其第 23 条之规定，香港特别行政区有权“自行立法禁止任何叛国、分裂国家、煽动叛乱、颠覆中央人民政府以及窃取国家机密的行为，禁止外国的政治性组织或团体在香港特别行政区进行政治活动，禁止香港特别行政区的政治性组织或团体与外国的政治性组织或团体建立联系”。根据其第 24 条和第 42 条之规定，香港特别行政区有权就香港居民的基本权利和义务方面的一系列事项立法。

三、部委规章制定权配置体制及其修缮

在现行宪法颁布之前，我国不存在部委规章制定权的配置问题。1982 年宪法确定国务院所属部委可以发布规章，以根本大法的形式赋予国务院所属部委以制定规范性法律文件的权力。宪法第 90 条规定：国务院“各部、各委员会根据法律和国务院的行政法规、决定、命令，在本部门的权限内，发布命令、指示和规章”。《立法法》对这一规定加以发展，将“发布”变为“制定”，将“部委”变为“各部、委、中国人民银行、审计署和具有行政管理职能的直属机构”。根据《立法法》第 71 条之规定，国务院各部、委员会、中国人民银行、审计署和具有行政管理职能的直属机构，可以根据法律和国务院的行政法规、决定、命令，在本部门的权限范围内，制定规章。部门规章规定的事项应当属于执行法律或者国务院的行政法规、决定、命令的事项。

（一）部委规章制定权的合法性基础

就其性质而言，部委规章制定权属于行政立法权的范畴。“行政立法权”这个词本身就意味着矛盾。“行政”和“立法权”都是一种结构主义的词汇，其中“行政”是相对于“立法”和“司法”而言的，“立法权”则是相对于“行政权”和“司法权”而言的。按照结构主义的原则，各种权力的行使主体是有严格限制的，不同主体只能行使由法律所明确授予它本身的权力，而不得行使其他主体的权力。而且，法律授予给某一主体的权力也不得转委托或者再授予其他主体。立法权也是如此，此即所谓“立法权转让禁止原则”（doctrine against delegation of legislative power），也可以译为“反对授权立法原理”。①

立法权转让禁止原则的理论渊源与分权主义的理论渊源是一致的，即社会契约论。如洛克就明确主张：“立法权不仅是国家的最高权力，而且当共同体一旦把它交给某些人时，它就是神圣的和不可变更的。如果没有得到公众所选举和委派的立法机关的批准，任何人的任何命令，无论采取什么形式或以任何权力作后盾，都不能具有法律效力和强制性。因为如果没有这个最高权力，法律就不能具有法律效力，即社会的同意。除了基于他们所授予的权威，没有人能享有对社会制定法律。”②“立法机关不能把制定法律的权力转让给任何他人。因为既然它只是来自于人民的一种委托权力，享有这种权力的人就不能把它让给他人。只有人民才能通过组成立法机关和指定由谁来行使立法权，决定国家的形式。当人民表示愿意服从规定，受那些人所制定的和采取那些形式的法律的支配时，别人也不能主张其他人可以替他们制定法律。他们除了只受他们所选出的并授以权力来为他们制定法律的人们所制定的法律约束外，不受任何其他法律的约束。”③

但是，随着社会发展对于立法需求的急剧增加，特别是对于应急立法需求的急增，在立法机关不可能详尽制定所有的法律来应对社会的这种立法需求的情势下，立法机关在实践中通过明示或者默示的方式授予行政机关以某种范围的立法权便成为不可避免。面对实践中出现的新问题，一种对结构主义的功能主义解释理论应运而生，这种对分权原则的功能主义的解释在相当程度上缓解了行政立法权的正当性危机。比如美国联邦宪法关于分权原则的规定，如果采用传统的结构主义即形式主义的解释理路，那么美国宪法所设定的立法、行政和司法三个部门只能分别行使法律明确授予其自身的权力，除非宪法有特别规定，否则任何一部门都不得行使由法律明确授予其他部门的权力。但是，功能主义从权力功效的角度来考察分权制度，主张通过观察权力在每个具体问题上的作用效果，来考察权力的属性和分权原则的适用；强调权力的属性不取决于其所属的政府部门的性质，而取决于功能上的需要，因此，分权制度不是一种主观的结构上的设计或者安排，而正是一种功能上的需要——迄今为止，所有的分权学者，无论是三权分立抑或是五权分立，无不强调分权体制的正当性恰在于防止政府权力过分集中而导致权力的滥用，从而违忤民主政体的基本宗旨。也正因如此，倘若分权影响到权力功能的充分发挥，我们仍机械地固守分权原则的教条，势必导致权力的不作为，亦有违民主政体的本意。为此，在坚持分权制衡原则

① 曾祥华：《论行政立法权来源的正当性》，载《学习与探索》2005年第4期。

② ［英］洛克著：《政府论》（下册），叶启芳、瞿菊农译，商务印书馆1964年版，第82页。

③ ［英］洛克著：《政府论》（下册），叶启芳、瞿菊农译，商务印书馆1964年版，第88页。

的前提之下，允许某种形式的权力混合，以便更有助于权力功能的发挥，更有效地保障人权，便成为民主政体的一种内在需要，也为新宪政论者所倡导。易言之，国家在总体上坚持分权的前提下，通过立法授予下级机关的权力时，只要不破坏宪法规定的最上层机构之间的权力分立与平衡，就不应当受权力不能混合的机械分权主义的制约。事实上，在一般情况下，下层机构中的权力混合是很难有机会破坏最上层机构之间的权力分立与平衡的，因为，下层机构的职务范围是由法律明确规定的，而且它们的活动同时受到中央行政机关、立法机关和最高法院的监督和控制，即便因为权力混合而出现某种程度的权力集中，也是在法律控制之下的集中，远不至于对国家整体上的权力结构产生实质性的影响——根据这种观点来考察，美国的行政机关，不论是隶属于总统的行政机关，还是独立于总统的行政机关，一般都兼有行政、立法、司法三种权力。

所以，行政立法权基础在于立法机关的授予，而这种授权的基础则在于这样一个事实，那就是现代社会的发展对立法产生了急迫的客观需要，但立法机关有限的精力和能力却无法满足这种需要。但是，授权立法是以坚持分权制衡原则为前提的，而且这种授权的目的在于更好地保障人权，因此，授权立法有着严格的界限。为防止委托立法权的滥用，降低行政立法侵犯人权和立法偏私的风险，应当避免一揽子授权或批发式授权，而只能授予行政机关以某些具体事项的立法权。即便是这种具体事项的立法权，也应当遵循严格程序，立法机关在进行授权时必须对授出之立法权的权限范围和期限，以及行使原则、目的和程序等予以明确规定，以防止授出的权力被滥用而形成行政专断，以致侵犯人权和公民自由。

当然，为防止授权立法权力的滥用，单凭授权法的规制是远远不够的。因为立法机关本来就是因为立法能力有限才进行授权，而且立法机关也不可能完全预料授权立法所产生的后果。指望一个精力和能力两不足的立法机关对一个本来就无暇顾及并且又无法估计后果的行政立法进行有效监督，显然是牵强的。为此，有必要借助其他制约机制，如批准、备案以及违宪审查等。

（二）部委规章制定权的配置对象及其作用范围

1. 部委规章制定权的配置对象

从现行宪法的规定来看，宪法第 90 条只赋予国务院所属各部委行使的规章制定权，而没有赋予除此以外的国务院所属其他部门规章制定权。而《立法法》第 71 条超越了宪法第 90 条的规定，将规章制定权授予了国务院所属各部委之外的其他部门。因此，我国规章制定权的配置对象就可以分为国务院组成部门和直属机构两大类，具体包括国务院各部、委员会、中国人民银行、审计署和具有行政管理职能的直属机构。

从其权源上看，国务院所属部委规章制定权直接源自于宪法的配置，而国务院其他部门规章制定权则是由《立法法》所授予的。因此，二者在位阶上应当存在差异。但在实践中这种差异基本上被忽略，二者都被认定为规章制定权，其所制定的行政规章在效力上也是平行的。

2. 部委规章制定权的作用范围

部委规章的制定权本质上是一种执行性权力，《立法法》对其作用范围作了原则性规定。其第 71 条规定：“部门规章规定的事项应当属于执行法律或者国务院的行政法规、决定、命令的事项。”第 72 条规定，超越一个国务院部门规章制定权限的，是涉及两个以上国务院部门职权范围的事项。对此有两个解决办法：其一是提请国务院制定行政法规。它一般适用于以下情形：需要规范的事项涉及两个以上国务院部门的职权，但是对它们的职权范围尚有待于国务院作出明确划分；规章中欲规定的措施只能由国务院规定或者采取的；法律规定应当由国务院作出规定的；国务院认为应当由国务院制定行政法规的。其二是由国务院有关部门联合制定规章。它一般适用于以下情形：需要规范的事项涉及两个以上部门职权，国务院已经对它们的职权划分作出了明确规定；涉及两个以上国务院部门职权的事项，法律规定由国务院有关部门作出规定的。涉及国务院两个以上部门职权范围的事项，制定行政法规条件尚不成熟，需要制定规章的，国务院有关部门应当联合制定规章，有关部门单独制定的规章无效。

（三）部委规章制定权的法律规制

在《行政诉讼法》颁布之前，人们对于部委规章的性质曾经产生过争议。但 1989 年行政诉讼法规定人民法院审理行政案件可以参照国务院部门规章和地方政府规章后，对于行政规章属于法的范畴则逐渐少有异议。考虑到部委规章在行政管理中所发挥的重要作用，《立法法》明确将规章纳入其的规制范围，从而最终确立了规章的法律地位。

正因为部委规章在法制实践中发挥着非同一般的作用，并具有普通立法的相当地位，可以作为司法裁判的参照依据，因此，对部委规章的制定权实行有效规制便显得非常必要。为此，宪法第 89 条明确赋予国务院以“改变或者撤销各部、各委员会发布的不适当的命令、指示和规章”的权力，《立法法》重申“国务院有权改变或者撤销不适当的部门规章”。此外，国务院早在 1990 年就制定了《法规规章备案规定》，2002 年又对《法规规章备案规定》作了修改，更名为《法规规章备案条例》，并颁布了《规章制定程序条例》。

根据国务院 2002 年颁布的《法规规章备案条例》相关条款之规定，国务院所属各部委制定的规章，应当于发布之日起 30 日内，由本部门报国务院备案；几个部门联合制定的规章，由主办部门负责报国务院备案。报送国务院备案的部委规章，由国务院法制机构负责就下列几个主要方面进行审查：(1)是否超越权限；(2)下位法是否违反上位法的规定；(3)地方性法规与部门规章之间或者不同规章之间对同一事项的规定不一致，是否应当改变或者撤销一方的或者双方的规定；(4)规章的规定是否适当；(5)是否违背法定程序。国家机关、社会团体、企业事业组织、公民认为部门规章同法律、行政法规相抵触的，可以向国务院书面提出审查的建议，由国务院法制机构研究处理。经审查，部门规章与地方性法规之间对同一事项的规定不一致的，由国务院法制机构提出处理意见，报国务院依照《立法法》第 86 条第 1 款第(2)项的规定处理；①规章超越权限，违反法律、行政法规的规定，或者其规定不适当的，由国务院法制机构建议制定机关自行纠正；或者由国务院法制机构提出处理意见报国务院决定，并通知制定机关；部门规章之间、部门规章与地方政府规章之间对同一事项的规定不一致的，由国务院法制机构进行协调；经协调不能取得一致意见的，由国务院法制机构提出处理意见报国务院决定，并通知制定机关。

① 《立法法》第 86 条第 1 款第(二)项规定：地方性法规与部门规章之间对同一事项的规定不一致，不能确定如何适用时，由国务院提出意见，国务院认为应当适用地方性法规的，应当决定在该地方适用地方性法规的规定；认为应当适用部门规章的，应当提请全国人民代表大会常务委员会裁决。

根据国务院2002年颁布的《规章制定程序条例》的规定，部委规章制定权的运行必须严格遵循立项、起草、审查、决定、公布等的正当程序。国务院所属各部委可以依照职权及时修改或者废止与新公布的法律、行政法规或者其他上位法的规定不一致的，或者与法律、行政法规或者其他上位法相抵触的部门规章。其中审查程序是对送审稿进行修改形成部门规章草案的规定，较诸《备案条例》更为严谨。根据相关条款之规定，规章的审查程序如下：其一，规章送审稿由法制机构负责统一审查。法制机构主要从以下方面对送审稿进行审查：(1)是否符合本条例所规定的基本原则和要求；(2)是否与有关规章协调、衔接；(3)是否正确处理有关机关、组织和公民对规章送审稿主要问题的意见；(4)是否符合立法技术要求；(5)需要审查的其他内容。其二，规章送审稿有下列情形之一的，法制机构可以缓办或退回起草单位：(1)制定规章的基本条件尚不成熟的；(2)有关机构或部门对规章送审稿规定的主要制度存在较大争议，起草单位未与有关机构或部门协商的；(3)上报送审稿不符合本条例规定的送审稿的要求的。其三，法制机构应当将规章送审稿或规章送审稿涉及的主要问题发送有关机关、组织和专家征求意见。其四，法制机构应当就规章送审稿涉及的主要问题，深入基层进行实地调查研究，听取基层有关机关、组织和公民的意见。其五，规章送审稿涉及重大问题的，法制机构应当召开由有关单位、专家参加的座谈会、论证会，听取意见，研究论证。其六，规章送审稿直接涉及公民、法人或其他组织切身利益，有关机关、组织或公民对其有重大意见分歧，起草单位在起草过程中未向社会公布，也未举行听证会的，法制机构经本部门或本级人民政府批准，可以向社会公布，也可以举行听证会。举行听证会的，应当依照本条例所规定的程序组织。

该条例规定，规章送审稿由法制机构负责统一审查。法制机构主要从以下方面对送审稿进行审查：(1)是否符合本条例第三条、第四条、第五条的规定。即制定规章，应当遵循《立法法》确定的立法原则，符合宪法、法律、行政法规和其他上位法的规定；制定规章，应当切实保障公民、法人和其他组织的合法权益，在规定其应当履行的义务的同时，应当规定其相应的权利和保障权利实现的途径；制定规章，应当体现行政机关的职权与责任相统一的原则，在赋予有关行政机关必要的职权的同时，应当规定其行使职权的条件、程序和应承担的责任；制定规章，应当体现改革精神，科学规范行政行为，促进政府职能向经济调节、社会管理和公共服务转变；制定规章，应当符合精简、统一、效能的原则，相同或者相近的职能应当规定由一个行政机关承担，简化行政管理手续。否则即为‘不当’。(2)是否与有关规章协调、衔接。(3)是否正确处理有关机关、组织和公民对规章送审稿主要问题的意见。(4)是否符合立法技术要求。(5)需要审查的其他内容。规章送审稿有下列情形之一的，法制机构可以缓办或者退回起草单位，即制定规章的基本条件尚不成熟的；有关机构或者部门对规章送审稿规定的主要制度存在较大争议，起草单位未与有关机构或者部门协商的；上报送审稿不符合本条例第17条规定的。①

① 《规章制定程序条例》第17条规定：起草单位应当将规章送审稿及其说明、对规章送审稿主要问题的不同意见和其他有关材料按规定报送审查。报送审查的规章送审稿，应当由起草单位主要负责人签署；几个起草单位共同起草的规章送审稿，应当由该几个起草单位主要负责人共同签署。规章送审稿的说明应当对制定规章的必要性、规定的主要措施、有关方面的意见等情况作出说明。有关材料主要包括汇总的意见、听证会笔录、调研报告、国内外有关立法资料等。

《立法法》对部委规章也规定了专门的审查条款。规定国务院所属各部委规章应当经部务会议或者委员会会议决定，并由部门首长签署命令予以公布后方可生效；并规定部委规章签署公布后，须在规定的时效内在国务院公报或者部门公报和在全国范围内发行的报纸上刊登。其第88条规定，有下列情形之一者，国务院有权依法予以改变或者撤销，即有超越权限的；下位法违反上位法规定的；规章之间对同一事项的规定不一致，经裁决应当改变或者撤销一方的规定的；规章的规定被认为不适当，应当予以改变或者撤销的；违背法定程序的。

备案机制是具有我国特色的立法监督模式，尤其是全国人大设立法规备案室之后，该制度越来越引起理论界和实务界的关注。遗憾的是，全国人大尽管设立了法规审查室，但却没有建立相应的制度规范，目前的备案制度主要存在于《立法法》和国务院颁布的行政法规中。《立法法》第89条明确规定了备案审查制度，国务院制定的《法规规章备案条例》（以下简称《条例》）对该条进行了细化。“备案”制度不仅仅是一种登记、存档形式上的备份，还应该对备案的法律法规进行形式和内容上的审查。

根据我国《立法法》第89条的规定，行政法规、地方性法规、自治条例、单行条例和规章在公布后30日内依法向有关国家机关备案。《条例》进一步规定，国务院法制机构对报送国务院备案的法规、规章，就下列事项进行审查：（1）是否超越权限；（2）下位法是否违反上位法的规定；（3）地方性法规与部门规章之间或者不同规章之间对同一事项的规定不一致，是否应当改变或者撤销一方的或者双方的规定；（4）规章的规定是否适当；（5）是否违背法定程序，并详细规定了审查后发现相互抵触的处理办法。可以说，通过《立法法》第89条和《条例》，我国对低效力层级立法的审查规范体系已经基本建立起来，从实际运行情况来看，目前多数法律法规存在只备案不审查的现象。排除对实际运行情况的考察，仅就现已建立的备案审查体系而言，也存在较多弊端。

第一，进入立法审查的法规和规章层级较低。《立法法》第89条仅将行政法规、地方性法规、自治条例、单行条例和规章纳入到审查体系中，而在根本上影响公民权利和义务的法律排除在外，不能不说已经是一个重要的缺憾。而《条例》则进一步将行政法规也排除在外，使得受审查的规范性文件效力层级普遍较低，很多规范性文件即使不合理，但却有上位法作为依据，有关机构也不能对之予以相应的处理，这样的立法审查徒具形式，不能在根本上起到立法审查的作用。建议由全国人大常委会建立相应的工作机构，对法律和行政法规进行审查。目前，全国人大常委会已经成立了法规审查备案室，但仅仅进行审查前期的准备和研究工作，并无审查法规的实际权限，相关的工作机制也没有建立起来，审查的对象也局限在行政法规上。成立该类性质的机构，能否对建立中国特色立法审查制度起到奠基作用尚需观察。

第二，审查主体的正当性不足。《立法法》第89条仅仅规定了备案的基本原则和时限，对备案程序进行细化的是《条例》第2～6条。《条例》第5条规定，国务院法制机构依照本条例的规定负责国务院的法规、规章备案工作，履行备案审查监督职责。根据各国的一般经验，立法审查要么是立法机关审查模式，要么是司法机关审查模式，由行政机关来担任主要的立法审查工作，是否合适，是一个值得怀疑的问题。况且，地方性法规、自治条例和单行条例等由地方国家权力机关制定的规范性文件，也要由行政机关来进行审查，与民主原则大大地相背离。

第三，沿袭层级制的审查体制，不适应法治国家的要求。根据《立法法》第89条和《条例》的规定，行政法规、地方性法规、自治条例、单行条例和规章的备案需要经过层层上报，沿袭了行政层级制的管理模式。对有待处理的规范性文件的处理上，也是层层上报，绝不可越级处理。这样的制度规定无疑是我国长期以来官本位思想和人治理念的体现，与法治国家的要求不相符合，也影响了立法审查工作的效率，同时也分散了本应集中的立法审查权。科学的立法审查机制应将立法审查的权力集中于一个具有高度权威性的机关，无论是受理、审查、处理均由该机关负责，排除其他一切机构的干扰。

第四，将普通公民、法人和其他组织排除在立法审查提起主体之外，有悖于民主原则。《立法法》第90条第2款和《条例》第9条规定公民、法人和其他组织有权对违反上位法的规范性文件提起立法审查，然而，并没有规定有权机关有义务对这些建议所针对的规范性文件进行审查，即，在我国私主体并非是立法审查提起主体，我国目前的体制将私主体排除在立法审查提起主体之外。民主原则的一个重要方面就是民主参与原则，普通公民作为国家权力的来源被排除在对国家最为核心的立法权审查之外，不能不说对于民主原则是一个莫大的讽刺。

且不论实际运行效果如何，仅就制度本身而言，我国的立法备案制度的诸多缺陷就足以使该制度不能发挥监督立法机关合法开展工作的作用，应以民主原则为指导，贯彻有限政府的理念，对备案制度进行全面的改革。

近年来随着部委规章在数量上的增多，对其规制的法律漏洞也日益彰显，许多学者对目前的规章备案审查制度提出批评，主张将规章纳入司法审查的范围。我以为现有的备案审查制度虽存有缺陷，但若充分运用这一制度资源，应对当前部委规章所出现的问题还是绰绰有余的。另外，在司法机关对具体案件的审查尚且能力欠缺的条件下，将规章的合法性审查权配置给司法机关，其效果或许还要逊于现行的备案审查制度。

四、立法之解释权配置体制及其修缮

在广义上说，立法的解释权乃立法权的当然组成内容。立法之解释权的作用不仅仅体现在立法完善阶段，而且，从法案提出到法的实施全过程及其每一个阶段，都可能留下立法之解释权的作用痕迹。比如在对法案的审议阶段有关主体就法案的相关内容所作的说明，就是立法之解释权作用的一种形式。当然，相对于其他任何一个阶段而言，立法之解释权在立法完善阶段的作用更为显著和关键，因此，学术界在通常意义上所说的立法之解释权主要是指法律所明确规定的立法主体所专有的依照法定程序对自己制定的法律或者宪法和法律明确规定的其他主体所制定的法律之内容和含义进行阐释、说明和解析的权力。如我国宪法就明确规定全国人大常委会对宪法和全国人大所制定的法律之解释权。就立法解释的目的和任务而言，主要在于，进一步明确立法中相关条款或者有关内容的含义，或者是重新确定或赋予其中某些条款以新的含义，以弥补原有立法之不足或促使原有立法更好地适应新情况。①

① 参见周旺生著：《立法论》，北京大学出版社1994年版，第146页。

（一）立法之解释权的配置原则

立法之解释权是构成立法权的重要成分，立法解释是立法活动不可或缺的内容。从目前我国相关法律的规定来看，广义的立法之解释权大致可以划分为宪法解释权、法律解释权、法规解释权和规章解释权等几种类型。我国宪法和立法法根据中央统一领导、多级并存、多类结合的原则，对各类立法之解释权实行有序配置。这一原则与我国立法权的总体配置原则是一致的，其基本特征就在于：立法之解释权主要集中在中央，在坚持中央统一领导的前提下，地方享有一定的立法之解释权。其中，中央立法之解释权包括全国人大常委会的立法解释权和国务院的立法解释权，地方立法解释权包括享有立法权的地方人大常委会和地方人民政府的立法解释权。正因如此，从垂直方向考察，我国立法之解释权配置是多级并存的格局，即由于其主体存在着上下等级上的差异，不同级别主体所行使的立法解释权的效力位阶也因此而存在相应的区别。其中，全国人大常委会享有的立法解释权具有最高的法律效力。而这些在效力上具有不同位阶的立法解释权，又引起实际的解释对象在类别上的差异，而呈现出多类并存的格局，其中全国人大常委会享有对宪法和法律的解释权、地方权力机关享有对一般地方性法规的解释权、民族区域自治地方的立法机关享有对特殊地方性法规即自治条例和单行条例的解释权，等等。

（二）立法之解释权的表现形式及其作用范围

从理论上而言，立法之解释权的表现形式可以有多种定义方式，其中最为重要的一种是从其解释的对象上进行定义，即将立法之解释权的表现形式定义为各种立法之解释权因其解释对象在类型和位阶上的差异而在程序、内容和效力上所呈现出来的固有特征和存在方式。从宪法、立法法和有关组织法的规定我们可以将我国立法之解释权的表现形式概括为宪法解释、法律解释、行政法规和行政规章解释、地方性法规和地方性规章以及自治条例和单行条例的解释等四种基本形式，并且每一种形式都有其特定的作用范围。

1. 宪法解释权

宪法解释权就其功能和本质而言是违宪审查权的一部分权能，然而，根据我国宪法第67条之规定，全国人大常委会是我国宪法解释权的唯一配置对象，在我国，宪法解释权属于立法之解释权的范畴。对于这种宪法解释权的配置模式一直为我国学者所诟病，其理由在于通过宪法解释所进行的吸纳性判断的主要对象是立法机关所制定的法律，我国宪法将这种判断权专断性地配置给立法机关，就无异于要立法者做自己立法的裁判，显然有违法治原理。① 的确，将立法之解释权全部交由立法机关掌理，存在着难以调和“自己做自己案件法官”的悖论，但是，由代议机关行使解释宪法权的历史并非肇始于我国宪法的创造，而是萌生于英吉利王国的传统之中，具有悠久历史。在我国的宪政体制内，全国人大及其常委会不是单纯的立法机关，同时也是国家的最高权力机关，在国家权力体系中居于最高地位，其他国家机关都由其产生，受其监督，因此，从理论上讲，也只能由立法机关来行使宪法解释权，才具有足够的权威。若果真能行之有效，则是最理想的一种方

① 参见苗连营：《中国宪法解释体制反思》，载《中国法学》2002年第6期。

法。① 目前我国的宪法解释工作固然存在不少问题，但是我们不能简单地将这些问题的根由全部归咎于宪法解释权的配置体制，而应当检讨束缚这种机制发挥其健全功能和作用的相关条件和制度环境。

就其内容而言，宪法解释权包括宪法含义之解释权与规范性文件的合宪性解释权。

所谓宪法含义之解释权，即为了使宪法的内涵明确清晰，以便于遵守，由宪法所直接授予给特定主体的专门用于对宪法条文的含义作出具有法律效力的阐述、说明和解析的权力。这种宪法解释权具有主动和被动的双重属性。宪法解释主体既可以基于社会现实的需要而主动行使这种权力，也可以基于宪法适用机关的申请就适用宪法所发生疑虑之事项作出解释。在我国，宪法将这一权力配置给了全国人大常委会，全国人大常委会既可以不以特定主体的申请解释为程序要件，主动对宪法含义加以解释和说明，承担宪法“指导者”的功能；也可以基于宪法适用机关在适用宪法发生疑义之际的申请，就申请所涉及的条款之含义行使解释权，从而扮演宪法“咨询者”之角色。②

所谓规范性文件的合宪性解释权，是指专门用于就法律及其他规范性文件与宪法是否存在抵触作出有法律效力的解释的权力，由宪法直接授予给特定主体。这一权力基本上是一种被动性的权力，即以相关主体的申请为启动的前置条件。在我国，宪法将这一权力配置给了全国人大及其常委会。全国人大及其常委会根据相关主体的申请，有权就被申请的法律或者其他规范性文件的合宪性作出有法律效力的解释或者说明。相对应的，有关主体在具体应用法律、法规之际，如果对其合宪性产生合理怀疑，就不应当勉强适用，而应主动申请全国人大及其常委会通过解释宪法，进行法律法规的违宪审查。③ 根据宪法和《立法法》相关条款之规定，全国人大有权就全国人大常委会制定的法律合宪性问题作出有法律效力的解释；全国人大常委会有权就行政法规、行政规章和地方性法规和规章等规范性文件的合宪性问题作出有法律效力的解释。如《立法法》第 88 条第（2）项规定：“全国人民代表大会常务委员会有权撤销同宪法和法律相抵触的行政法规，有权撤销同宪法、法律和行政法规相抵触的地方性法规，有权撤销省、自治区直辖市的人民代表大会常务委员会批准的违背宪法和本法第六十六条第二款规定的自治条例和单行条例。”

2. 法律解释权

从效力层次上而言，法律仅次于宪法，而高于各种法规和规章之上，它的这种地位决定了对法律解释的重要性。对于法律解释权之配置体制，我国大致经历了由绝对一元到多元化的转变。在 1979 年《人民法院组织法》通过之前，根据我国宪法的规定，全国人大常委会是唯一的法律解释权主体，立法之解释权的配置是一种绝对一元化的模式。而且立法之解释权的作用范围仅限于对全国人大所制定的法律作出解释。1979 年通过的《人民法院组织法》（1983 年修订）首次打破了立法之解释权配置绝对一元化的格局，规定最高人民法院就审判过程中如何具体应用法律、法令的问题，有权作出有效力的解释。当然，

① 参见李步云主编：《宪法比较研究》，法律出版社 1998 年版，第 392 页。

② 参见李建锋：《试论我国宪法解释程序》，载法制现代化网（南京师范大学法制现代化研究中心主办），http：//www. modernlaw. com. cn/。

③ 参见李建锋：《试论我国宪法解释程序》，载法制现代化网（南京师范大学法制现代化研究中心主办），http：//www. modernlaw. com. cn/。

这种解释只能是一种应用性的解释，其作用范围仅限于司法适用过程之中法律的具体应用问题，因此，其效力也仅限于司法适用领域，绝对一元化的解释模式没有在根本上发生改变。1981 年通过的《关于加强法律解释工作的决议》进一步打破了全国人大常委会对于立法之解释权的垄断模式，在立法之解释权的配置问题上实现了分权与多元化的转变，①并对不同主体的法律解释权作用范围作了明确规定：（1）关于法律、法令条文本身需要进一步明确界限或作补充规定的，由全国人大常委会进行解释或者用法令加以规定；（2）凡属于法院审判工作或检察院工作中具体应用法律法令问题，分别由最高人民法院和最高人民检察院进行解释，两院解释如果有原则分歧报请全国人大常委会解释或决定；（3）不属于审判和检察工作中的其他法律法令如何具体应用的问题，由国务院及主管部门进行解释。宪法和《立法法》在立法之解释权的配置问题上，基本承袭了《决议》的精神：一方面法律解释权的主体进一步走向多元化，另一方面法律解释在方式上也呈现多样化的趋势——除了传统的法律含义之解释和应用之解释外，还增加了审查性解释等方法。如根据现行宪法第 62 条以及《立法法》第 88 条的规定，全国人大常委会对全国人大所制定的法律行使审查性解释权。

因此，从宪法和《立法法》的规定来看，我国法律解释权主体就包括审查性解释主体、说明性解释主体和应用性解释主体三种基本类型，其中全国人大即所谓审查性解释主体，国务院以及最高人民法院和最高人民检察院即所谓应用性解释主体，全国人大常委会则是说明性解释主体。据此，法律解释的形式也可以分解为审查性解释、说明性解释和应用性解释三种。其中，说明性解释即为我们传统上所理解的法律解释，这种权力由全国人大常委会行使。在通常情况下，全国人大常委会如认为必要，有权对法律具体含义作出有法律效力的说明和阐释；倘若在法律制定后出现新的情况，全国人大常委会有权对适用法律依据等问题作出有法律效力的阐释和说明。另外，全国人大常委会也有权就最高人民法院和最高人民检察院在适用法律问题上的分歧以及如何具体应用法律等问题作出有法律效力的解释——最高人民法院和最高人民检察院，甚至国务院及其主管部门虽然也可以对具体应用法律的问题进行有效解释，但是其效力要低于立法解释，也即具体应用法律的解释的内容不得与立法解释的精神和原则相抵触。

立法之解释权的运行必须遵循正当程序原则。根据《立法法》的规定，法律解释程序大致包括提议、草拟、审议和通过四个基本环节。第一个环节即由国务院、中央军事委员会、最高人民法院、最高人民检察院和全国人民代表大会各专门委员会以及省、自治区、直辖市的人民代表大会常务委员会向全国人民代表大会常务委员会提出解释法律的要求；第二个环节即由常务委员会工作机构研究拟订法律解释草案，由委员长会议据以列入常务委员会会议议程；第三个环节即所谓审议程序，法律解释草案经常务委员会会议审议，由法律委员会根据常务委员会组成人员的审议意见进行审议、修改，提出法律解释草案表决稿；第四个环节即法律解释草案表决稿由常务委员会全体组成人员的过半数表决通过，由常务委员会发布公告予以公布。

① 参见李闽：《立法解释若干问题研究》，载周旺生主编：《立法研究》（第一卷），法律出版社 2000 年版，第 367～368 页。

3. 法规、规章和自治条例、单行条例的解释权

我国现行法律对于法规、规章以及自治条例和单行条例的解释权的配置基本上遵循着“谁制定谁解释”、①“上级有限审查”以及“对上级规则的适用性解释”这三重原则。

所谓“谁制定谁解释”，意指规则制定机关对其所制定规范具有解释权；所谓“上级有限审查”，是指与规则制定机关有隶属关系的上级主管机关对其所属下级所制定规则的合法性有审查性的解释权，但这种解释权不具有终局性，因而是“有限”的；所谓“对上级规则的适用性解释权”，则是指为贯彻上级所立之规则，下级机关在遵循立法原意的前提下，有权对规则作出适用性解释。根据上述原则，国务院承担着三种性质的规则解释任务：一是对自己制定的行政法规或行政规章所作的解释，这是立法解释；二是对全国人大及其常委会制定的法律中不属于审判和检察工作中的具体应用问题进行解释，这是具体应用解释；三是对其所属的各部委以及地方各级行政机关制定的规范性文件的合法性解释，这是审查性解释。

在我国现行的法律体系中，法规、规章和自治条例、单行条例所调整的社会关系和规定的事项，远比全国人大及其常委会的法律调整的社会关系和事项广泛、具体，特别是行政法规在法的效力等级中处于低于宪法、法律而高于一般地方性法规的地位，它是联结地方性法规与宪法和法律的一个重要的纽带。因此对行政法规和行政规章的解释权实际上是一项非常重要的权力。地方性法规、地方性规章以及自治条例和单行条例是目前我国地方立法的主要形式，它的地位低于宪法、法律和行政法规。这些规范性文件的解释对于实现地方立法的作用是同等重要的，也是我国整个立法解释体系的重要组成部分。

综上所述，就其作用方式而言，我国现阶段的立法之解释权主要由宪法解释权、法律解释权、法规、规章和自治条例、单行条例的解释权等四种基本形式；就其作用性质而言，有审查性解释权、说明性解释权和应用性解释权等三种类型。就目前的权力配置状况来看，说明性解释权和应用性解释权的配置基本到位，但是审查性解释权有待进一步完善。因此，有必要重视对审查性解释权配置的研究和改革。另外，鉴于我国立法之解释权主体的多元化的现实，我们还有必要进一步规范不同解释权主体之间的权限范围和效力范围，确保立法之解释权主体内部的协调与和谐，在遵循国家法制统一协调的前提下，充分发挥立法之解释权的应有效用。

（三）法律的司法解释权

目前绝大多数国家都将法律的解释权主要配置给法院。中国实际采行的则是全国人大常委会和最高司法机关两者解释法律的二元化体制，前者是法律上的首要法律解释主体，后者则是实践中最主要的法律解释主体。考察我国的立法解释实践，可以清楚地得出结论，司法解释比立法解释重要多得多，范围也广得多。当然，这一现象是与司法解释针对法的具体应用问题有关，而立法解释主要针对需要进一步明确法律规定的具体含义和法律制定后出现新的情况，需要明确适用法律依据的问题。

如果全国人大及其常务委员会和最高人民法院的法律解释权能够和谐共处，各司其

① 李步云：《关于起草〈中华人民共和国立法法（专家意见稿）〉的若干问题》，载《中国法学》1997年第1期。

职，也不会引发过多争议。但是，问题在于有些司法解释文件的内容明显超出了“具体应用”的范围，而立法解释机关对此不置可否；对于现实中急需由立法解释明确界限的问题，立法解释机关常常是无动于衷。因此，就出现了所谓“司法解释越权，立法解释空置”的现象，并由此引发了学界关于如何正确看待立法解释与司法解释关系的争论。

其中，有两种观点比较具有代表性：一种观点认为，该现象是由于对立法解释不够重视、对立法解释和司法解释权限范围的划分不够明确以及对司法解释权行使的立法监督不够造成的。因此，今后应加大立法解释的力度，加强对司法解释的监督，从而使之符合我国现行法律有关立法解释权与司法解释权的规定，协调立法解释与司法解释的关系，完善我国的法律解释制度。另一种观点则认为，立法机关没有必要和可能承担法律解释的任务，因此应改革我国现有的法律解释体制，取消立法机关的立法解释权。①

笔者认为，后一种观点是有失偏颇的。首先，立法权是一种综合的权力体系，立法之解释权是与其他立法权能相并列的一种立法权，并具有与其他立法权能不同的内容，而且立法解释的作用也不能通过其他立法权能的行使来实现。其次，立法解释是立法机关在对法律进行“立、改、废”过程中的必然行为，是立法机关行使其基本职权的题中应有之义，是立法活动本身的要求。再次，从1981年《决议》的各条款的前后关系来看，应将“进一步明确界限”作为与“具体应用”相对应的解释内容来理解。立法权是一种为社会成员设定权利和义务的权力，因此，立法解释的“明确界限”是界定权利和义务的原则界限，具有普遍意义。而法律实施者的解释则应在法律和立法解释所明确的界限内，针对个案明确具体的权利和义务，所以“明确界限”与“具体应用”有根本性区别。另外，立法解释的内容范围包括司法解释的内容，因为当立法机关对“两高”解释中的原则性分歧进行解释时，立法解释的内容就是具体应用的问题，但司法解释不可侵犯立法解释的权限范围。

1. 司法解释权与“法官造法”

“法官造法”是英美法系的显著特色，英美法系素有“法官法”之称。在英美法系漫长的历史中，精通法理、经验丰富的法官们通过一个个经典的判例，确立了英美法系的基本模式，造就了英美法系独特的个性，并不断推进法律的改革和进步。根据普通法系的“法官造法”原则（judge-made law），司法判例或案例不仅是指对过去案件的判决，而且在某些情况下，是以后的案件可以或者应当、甚至必须适用的规则。这意味着承认法官可以像议会或者其他立法机关那样制定法律这一事实，尽管其立法的方式、立法的范围以及在与这些机构制定的法律之间发生冲突时效力并不一样。例如，一项原则或者规则，即使是由上议院提出的，如果它与某项制定法的规则发生了冲突，该原则或规则便不具有任何效力。②

英美法系实行遵循先例的原则，对法官通过司法判例创立和发展起来的法律非常推崇和尊重，造成法官在法律体系中占有重要的地位。进入现代社会以来，美国制定法的数量和作用不断增强，英国也已确立了制定法的效力优于判例法的原则，但是制定法往往是对于判例法的重申和整理，制定法也必须通过在审判实践中适用并发展为判例，才能被真正

① 参见丁戊：《法律解释体系问题研究》，载《法学》2004年第2期。

② 参见《牛津法律大词典》，光明日报出版社1988年版，第483页。

纳入英美法的体系。对制定法的理解和适用自然离不开法官的解释，法官对于制定法的理解也具有法律的效力。但当制定法有悖于法官所认为的正义时，制定法对法官的约束力有多大？正如丹宁勋爵在《法律的训诫》中所言：“法官应该向自己提出这么一个问题：如果立法者自己偶然遇到法律织物上的这种皱折，他们会怎样把它弄平呢？很简单，法官必须像立法者们那样做。一个法官绝不可以改变法律织物的编织材料，但是他可以，也应该把皱折熨平。”① 法官作为法律的创造者、解释者和执行者，在英美法系发展中扮演着主角。难怪著名的戴维林（Davlin）法官断言：“法官说法律为何物，法律便为何物。”亚里士多德也说公众视法官为“活生生的正义”，即人格化的法律程序。②

英美法系中，似乎没有哪个学者愿意耐心地解释一下遵循先例原则的具体内涵。但一般认为，遵循先例原则的内核可以概括为：下级法院必须遵循上级法院的判决中所宣示的法律，而不得自己造法。除了受上级法院的判决的拘束以外，有时法院还必须受自己先前判例的拘束。遵循先例不仅是指遵循那些案件事实与之完全相当的案件的判例——因为这样的案件是极少的；更主要的是指遵循那些案件事实本身要求适用上级法院判决的案件中相同的法律原则。当然，需要特别强调的是，判例法来自于法官的决定，而非陪审团的决定。

在英国，法官传统上只承认他们不过是在宣示法律或者发现法律，而不是创造法律，并且经常将立法是议会的特权之类的话挂在嘴边。英国法律评论家 William Blackstone 申明：法官并非造法，而仅仅是按照遵循先例的规则，发现并宣告既存的法律。③ 但在现代英国学者看来，这种观点是不切实际的。如果先例的运作程序如此，那么高级别的法院中的大部分案件根本就不会发生。有关的律师只需要看一下相关的判例法就可以预见法院可能的判决，从而就哪一方当事人会输掉官司提出建议，而无需再提起诉讼。

按照遵循先例的原则，无论法官多么不喜欢某一先例，他们都不能违反遵循先例的原则，除非他们能够通过研究发现，这一有拘束力的判决确实与本案的事实不同，从而不予适用。此时，法官要么在没有其他先例的情况下自创一个新的判例，要么适用另外的更适合本案案情的先例。当然，如果当事人都没有意见，说明法官的意见得到了认同，案件没有上诉。但如果任何一方有异议，特别是对法官作出的先例有错误的判断存在异议的一方，可以将该案上诉直至上议院。而无论上诉至哪一级，最终得出的终审判决中肯定包括该先例正确与否的结论。而这一结论总是可以由任何一级有权推翻原有先例的法院作出的。

对于法官是否造法的问题，对于英美法系的法官来说是比较敏感的问题。一方面，传统上法官认为他们只是在宣示法律或者发现法律，而不是创造法律，即他们只遵循先例，并不造法；另一方面，遵循先例原则本身又存在着大量可以规避的借口，并且一直为法官所采用。由此产生的问题就是法官是否造法的问题，或者说是法官在适用先例时的自由裁量问题。对此，英国学者认为，法官确实在许多领域制定法律。其具体论据是：

---

① ［英］丹宁勋爵著：《法律的训诫》，杨百揆、刘庸安、丁健译，法律出版社 1999 年版，第 13 页。

② 参见［古希腊］亚里士多德著：《政治学》，吴寿彭译，商务印书馆 1981 年版，第 408 页。

③ 参见张越著：《英国行政法》，中国政法大学出版社 2005 年版，第 106 页。

其一，无论是判例法还是制定法，在将其适用于某一特定的案件时，都不是可以自动完成的事。法律表述的语言可能含糊不清、社会生活的发展也需要引起足够的关注、司法程序要求在法律适用的同时予以解释等。司法先例并不总能保障为某一案件的判决提供明确的指引或者强制法官适用的义务：不但存在相互冲突的先例，而其先例如何适用也并不十分明确，并且还有绕过某一可能产生不想得到的结果的先例的方法。

其二，即便是既有的先例也没有明确告诉法官在某一案件中应当怎么做，法官仍要作出决定，而不能简单的说法律规定的不清楚而推给议会了事，虽然在某些案件中，法官确实指出他们所判决的案件如果交给由选举产生的议会在改变了的法律的基础上作出决定也许结果会更恰当，但绝不能因此而拒绝作出判决。

其三，法官们被置于自己决定自己所扮演的角色的境地，而且无论法官是否喜欢，法院的角色总是处于政治体系之中。例如，法官们已经赋予了自己审查任何公共机构的决定的权力，即使议会已经明确表示这些决定不可以审查。也就是说，即使议会已经通过了法律排除了法院对某一事项进行审查的可能，但法院仍会将此解释为法院有权对其是否属于排除的范围进行审查或者说法院仍对虽属于排除范围但违法的行为进行审查。

从司法与议会的关系的角度看，法官造法还有另一层含义，即在议会推诿或者政府方面不积极提议议会立法的情况下当仁不让的法官立法。

2. 司法解释权与立法解释权

立法解释与司法解释都是我国法律解释制度的重要组成部分，都属于有权解释，但它们之间存在着本质区别，也正是这种区别的存在，才需要它们互相补充，互相配合。

我国立法解释与司法解释的区别主要体现在以下几个方面:① 其一是解释的主体不同。立法解释的主体是全国人大常委会，司法解释的主体是最高人民法院和最高人民检察院，在实践中主要是最高人民法院的司法解释。其二是解释的内容不同。这首先表现在全国人大常委会可以解释宪法，而“两高”无权解释宪法；其次，立法解释主要是针对“条文本身需要进一步明确界限”的问题，而司法解释是针对“具体应用”的问题；再者，全国人大常委会还可以针对“两高”解释的原则分歧问题进行裁决，行使立法解释权。其三是解释的效力等级不同。立法解释具有与所解释的法律同等的法律效力。因此，立法解释的效力高于司法解释的效力，它是司法解释的依据之一，司法解释的结果不得与立法解释文件的内容和原则相抵触。其四是解释的程序不同。立法解释是一种立法活动，其在程序上的要求与制定、认可、变动法的程序相似，较为复杂和严格。相比而言，司法解释的程序就要简单和灵活一些，以适应个案的需要。

也正是这些区别决定了立法解释和司法解释的不可相互替代。它们只有相辅相成，相互配合，在各自权限范围内做好法律解释工作，才能不断促进我国法律解释制度的发展和完善。

① 参见李闽：《立法解释若干问题研究》，载周旺生主编：《立法研究》（第一卷），法律出版社2000年版，第391页。

我国当代行政应急管理体制之建构

■ 戚建刚*

目　　录

一、问题的提出
二、行政应急管理体制的科学内涵
三、我国传统行政应急管理体制主要之不足
四、我国当代行政应急管理体制建构之原则
五、当代行政应急管理体制的基本构造

一、问题的提出

协调、高效和规范的行政应急管理体制之缺失，① 已经成为当下制约我国政府平稳、及时和合法的应对各类突发公共事件的"阿喀琉斯之脚踵"。② 从学术界对该问题的现有研究成果来看，虽然不乏真知灼见，但也存在一些值得商榷的主张：如有的学者认为应急管理的体制是与应急管理的运作机制相并列的概念。③ 也有的学者却将应急管理的体制作为应急管理机制的下属概念。④ 这些观点显然模糊了应急管理体制的科学内涵。而在实践

＊ 清华大学公共管理学院博士后研究人员，法学博士，中南财经政法大学法学院副教授。

本文在写作过程中，许多思想得益于合作导师于安教授的指导，我的学术助手清华大学公共管理学院的张洋研究生也提出了许多宝贵意见，一并表示感谢，但文章责任由本人负责。

① 一个典型的例子是，我国的环境保护部门在处置2005年11月12日发生的"松花江水污染事件"的前期工作中暴露出预警监测不准确、应急信息通报不及时、应急储备不充足和应急措施缺乏法律依据等弊端。戚建刚、杨小敏：《"松花江水污染"事件凸显我国环境应急机制的六大弊端》，载《法学》2006年第1期。

② 希腊神话里的英雄王子阿喀琉斯，因为脚后跟中了阿波罗神的一箭而断送了性命，比喻致命因素。

③ 柯志雄：《一案三制　应急管理总动员》，载《21世纪经济报道》，2006年1月11日，第2版。

④ 中国现代国际关系研究所危机管理中心与对策研究中心编：《国际危机管理概论》，时事出版社2004年版，第23页。

中，许多地方政府将应急管理体制的建构主要视为是政府机构的设置，这其实裁剪了应急管理体制建构的复杂性。① 实践层面的错位以及理论研究的相对落后，都要求我们重新思考当代中国行政应急管理体制的建构问题。本文将要研究行政应急管理体制的科学内涵、传统行政应急管理体制的主要不足、行政应急管理体制的基本构造等涉及当代我国应急管理体制建构的重要问题，以期引起学界和实务界的进一步关注。

二、行政应急管理体制的科学内涵

毛泽东同志曾经明确讲过，事物的内涵，已经不是事物的现象，不是事物的各个片面，不是它的外部联系，而是事物的本质和内部联系。② 因此，能否科学界定行政应急管理体制的内涵取决于是否能够把握住它的特有属性。我们认为，全面揭示行政应急管理体制的特殊的矛盾应当从三个角度入手：第一，分析它的基本构造；第二，与战争体制、动员体制等紧急状态体制相区别；第三，与政府的常态管理体制相区别。

（一）行政应急管理体制的基本构造

从形式逻辑上讲，由于行政应急管理体制是行政管理体制的下属概念，而行政管理体制则是体制的下属概念，因而，揭示行政应急管理体制的基本构造必须从“体制”和“行政管理体制”这两个基本概念的内涵入手。何为体制？根据《辞海》的释义，它是国家机关、企事业单位在机构设置、领导隶属关系和管理权限划分等方面的体系、制度、方法、形式等的总称。③ 而《现代汉语词典》的释义则是“国家机关、企业、事业单位等的组织制度”。④ 据此，体制是特定主体内部的组织制度。那么何为行政管理体制？学界的主流观点认为，它是政府的机构设置、职能配置、与职能相应的事务管理制度及权力运行机制的总称。⑤ 据此，行政管理体制是由机构、职能与运行机制等要素所构成的。我们认为，根据行政应急管理体制的上述两个上位概念的基本含义，可以将其界定为由应急性行政机关、应急性行政权力和应急性机制所组成的制度体系。这三个要素，也就是行政应急管理体制的基本构造。

应急性行政机关是指具有行政主体资格，根据国家宪法、法律、法规或规章的规定处置突发公共事件，行使应急性行政权力的政府机构，主要指中央和地方政府及其职能部门。例如美国的联邦紧急事务管理署、澳大利亚的应急管理中心和我国的国家防汛抗旱指挥部，等等。应急性行政权力是指应急性行政机关在应对各类突发公共事件过程中，依法

① 自2005年7月，温家宝总理在全国应急管理工作会议上提出要建立应急管理体制，特别是2006年1月，国务院颁布《国家突发公共事件总体应急预案》以来，地方政府已经将建立地方应急管理体制作为其一项重要的行政任务来处理。然而，令人遗憾的，许多地方政府却将设立应急管理机构作为建立应急管理体制的主要内容。参见中新社：《上海成立突发公共事件应急管理委员会》，载http：//news. 163. com/domestic/（2006年2月10日访问）。陈韩晖等：《广东应急指挥中心即将挂牌》，载http：//www. southcn. com/news/gdnews/（2006年2月10日访问）。

② 参见《毛泽东选集》（第1卷），人民出版社1991年版，第284页。

③ 参见夏征农主编：《辞海》，上海辞书出版社1999年版，第643页。

④《现代汉语词典》，商务印书馆1985年版，第1130页。

⑤ 参见鄢圣华著：《中国政府体制》，天津社会科学院出版社2002年版，第5页。

享（负）有并行使的各类抽象的或具体的职权（职责）。如发布紧急命令、制定应急性法规或规章，以及实施应急行政征用或征收，等等。应急性运行机制是指应急性行政机关能够依法、高效行使应急性行政权力以便处置突发公共事件，从而恢复社会正常秩序的机理。如应急响应机制、预警机制、信息公开机制，等等。

这三个基本要素在行政应急管理体制中都具有相对独立的功能或地位，相互之间不能代替。应急性行政机关是享有并行使应急性行政权力的载体，是区别应急性行政管理体制与常态下的行政管理体制的形式要件。如果应急性行政机关设置不科学，例如，应急性机关臃肿或重叠，则必然造成人浮于事，应急处置效率低下等负面效果；再如，应急性行政机关缺失，则将错失处置突发公共事件的良好时机，造成应急处置的被动局面（SARS 事件已经给我们提供了恰当的例证），① 从而都将影响应急管理体制整体功能的有效发挥。应急性行政权力是应急性行政机关处置突发公共事件，保障国家、社会和公民利益以及恢复正常社会秩序的手段，是体现应急性行政管理体制的实质要件。如果应急性行政机关没有被授予足够强大的应急性权力，或者只行使常态下的行政权力，那么应急性行政管理体制根本就无法发挥其应有功能，也就无所谓有效应对突发公共事件。应急性运行机制是应急性行政管理体制启动、运作和结束的标杆。通过应急性运行机制，应急管理体制的各个环节才能够被有机地联结起来，应急性行政机关才能有效实施各类应急性权力。如果应急性运行机制缺损，那么应急管理体制的各个环节就会断裂。由此可见，只有应急管理体制的三个基本要素正常运作，作为整体的应急管理体制才能发挥其应有功能，缺乏上述三个要素之一，应急管理体制要么名不符实、要么陷入瘫痪状态。

从行政应急管理体制的基本构造中，我们可以发现行政应急性机构设置只是当代我国应急管理体制建构的一个方面而已，而将应急管理的机制与体制加以并列或者认为应急管理的体制是应急机制的下属概念的观点也是极为错误的。

（二）行政应急管理体制不是战争、动员和戒严等紧急状态体制

行政应急管理体制虽然与战争、动员和戒严等紧急状态体制②在基本构造的形式上存在相似之处，但是它们的属性却极为不同。这主要体现为以下三个方面：

1. 军事机关的地位不同。在行政应急管理体制中，行使应急权力、处置突发公共事件的主导主体是国家行政机关，军事机关只是处于协助或配合地位，而且军事机关能否介入，一般情况下，取决于行政机关是否提出请求，没有行政机关的请求，军事机关不会主动参与。并且，军事机关即便介入，其主要功能也不是行使强制性的军事权力，而是实施救援或者抢险工作，国家宪政的基本构造不会变动。如根据《核电厂核事故应急管理条例和处理决定》第 4 条、第 5 条和第 8 条的规定，国务院指定的部门或者核电厂所在地的省人民政府指定的部门是处置全国或本行政区域内核事故应急的机构，而中国人民解放军只是在核事故应急响应中作为有效的支援力量出现的。又如，根据《中华人民共和国防

① 参见白钢：《“非典”危机呼唤行政体制改革》，载《中国社会科学院研究生院学报》2003 年第 4 期。

② 笔者是从广义上来理解紧急状态，即包括战争状态、动员状态、戒严状态以及其他因特别重大的公共事件，国家宣布进入紧急状态。

洪法》第39条和第43条第2款的规定，国务院设立的国家防汛指挥机构负责领导和组织全国的防汛工作，而中国人民解放军则是执行抗洪抢险任务的主体。

但是，在战争、动员和戒严等紧急状态体制（特别是在战争体制）中，军事机关则一跃成为应对紧急危机的主导主体，立法机关和司法机关的权力往往会转移到军事机关，从而集决策、执行和裁判权力于一身，从根本上改变国家的宪政构造。从历史的角度进行分析，战争、动员等体制属于军事统治体制。其滥觞于古罗马共和时期（约公元前510年）的"独裁官制度"。① 近代较为典型的军事统治体制是英国的戒严制度②和法国的围困状态制度。③ 我国在民国时期的戒严制度④以及新中国成立初期的军事管理制度也属于军事统治体制。⑤

根据我国目前关于战争、动员和戒严方面的法律规定，在战争、动员或戒严状态下，军事机关的地位都将极大提高，甚至超出了行政机关的地位。虽然根据《中华人民共和国国防法》（以下简称《国防法》）第14条的规定，在战争或动员状态下国务院和中央军委都是领导机关，但是从该法第12条和第13条关于国务院和中央军委的职权规定来看，无论是对武装力量的统一指挥，还是对军事战略和武装力量的作战方针决定以及向全国人大提出议案等方面，都属于中央军事委员会的职权。⑥ 而国务院的主要职权则是：（1）编制国防建设发展规划和计划；（2）制定国防建设方面的方针、政策和行政法规；（3）领导和管理国防科研生产；（4）领导和管理拥军优属工作和退出现役的军人的安置工作，等等。显然，国务院的作用只是为战争或动员做准备的。当国家宣布进行战争或动员状态时，中央军委是主要的领导机关。根据《中华人民共和国戒严法》（以下简称《戒严法》）第3条的规定，我国的戒严状态分为两种：一种是全国或者个别省、自治区和直辖市的戒严；另一种是省、自治区和直辖市的范围内部分地区的戒严。对于第一种戒严的决定，是由最高国家权力机关决定的。而第二种戒严的决定，则是由国务院决定的。但无论是哪一种戒严，军事机关的地位都将增强。根据《戒严法》第8条和第10条的规定，在戒严期间，戒严实施机关应当成立戒严指挥机构，统一部署和实施戒严措施。戒严任务由人民警察、人民武装警察执行。必要时由中央军委指派的人民解放军协助执行。

2. 公民权利克减的程度不同。无论在行政应急管理体制中，还是在战争、动员和戒

---

① ［意］朱塞佩·格罗索著：《罗马法史》，黄风译，中国政法大学出版社1994年版，第160页。

② 参见［英］戴雪著：《英宪精义》，雷宾南译，中国法制出版社2001年版，第326～327页。

③ 参见陈新民著：《德国公法学基础理论》（下册），山东人民出版社2001年版，第653～654页。

④ 参见王世杰、钱端升著：《比较宪法》，商务印书馆2002年版，第136页。

⑤ 参见莫纪宏、徐高著：《紧急状态法学》，中国人民公安大学出版社1992年版，第173～174页。

⑥ 参见《国防法》第13条规定了中央军委的10项权力，即（一）统一指挥全国武装力量；（二）决定军事战略和武装力量的作战方针；（三）领导和管理中国人民解放军的建设，制定规划、计划并组织实施；（四）向全国人民代表大会或者全国人民代表大会常务委员会提出议案；（五）根据宪法和法律，制定军事法规，发布决定和命令；（六）决定中国人民解放军的体制和编制，规定总部以及军区、军兵种和其他军区级单位的任务和职责；（七）依照法律、军事法规的规定，任免、培训、考核和奖惩武装力量成员；（八）批准武装力量的武器装备体制和武器装备发展规划、计划，协同国务院领导和管理国防科研生产；（九）会同国务院管理国防经费和国防资产；（十）法律规定的其他职权。

严等紧急状态体制中，伴随着行政机关或军事机关权力的扩张，公民权利都将受到不同程度的克减。美国联邦最高法院大法官霍姆斯曾经说过："当国家元首决定有关国家存亡之事情时，个人的普通权利必须向其所认为的必要让步。"① 但是，就公民权利的克减程度而言，两者则不可同日而语。在行政应急管理体制中，应急性行政机关对公民权利的限制，不论在种类，还是在数量上都是极为有限的，公民的基本权利，诸如获得公正司法审判的权利、获得国家赔偿或补偿的权利、获得人身保护的权利等是不能被克减的。这一点，从我国的突发公共事件应急预案中能够得到说明。观察国家突发性公共事件总体应急预案、国家专项应急预案、国务院部门应急预案或者省级总体应急预案，可以发现涉及公民权利克减的条款相当有限。这说明，虽然应急预案是作为各类行政机关应对各种突发性公共事件的一种总体的规划，是明确它们在处置突发公共事件过程中的职权与职责、权利和义务的工作方案，② 但并没有过多授予其限制公民权利的权力。但是，在战争、动员和戒严体制中，公民权利的克减则是大规模的，甚至是彻底的。正如有学者恰如其分地指出，战争状态是民主政治所代表之一切的反面，公民基本权利的范围取决于战争所需。③在英国的戒严制度下，军事机关可以不经审判直接逮捕及拘留实施暴动的公民，并处罚他们（即中止人身保护令）；可以不需要搜捕令就进行搜查及逮捕；禁止公众集会、自由表达言论；同时设立戒严法庭以审判犯罪。而根据德国《威玛宪法》（1919）第 48 条第 2 项规定，当德意志帝国内公共安宁与秩序遭受重大扰乱或危害时，为恢复公共安宁及秩序起见，帝国总统得取必要之措施，必要时更得使用兵力。为达此目的容许其使宪法第 114 条（人身自由）、第 115 条（住所不可侵犯）、第 117 条（秘密通讯）、第 118 条（意见表达自由）、第 123 条（集会自由）、第 124 条（结社自由）和第 153 条（财产权）规定的基本权利全部或部分暂时失效。我国《国防法》第 48 条则规定，国家根据动员需要，可以依法征用组织和个人的设备设施、交通工具和其他物资。《戒严法》第 4 条也规定，国家可以依照本法在戒严地区内，对宪法、法律规定的公民权利和自由的行使作出特别规定。

3. 实施条件不同。行政应急管理体制的启动条件是某行政区域内发生了突发公共事件。所谓突发公共事件是指突然发生，造成或者可能造成重大人员伤亡、财产损失、生态环境破坏和严重社会危害，危及公共安全的紧急事件，主要包括自然灾害、事故灾难、公共卫生事件和社会安全事件。④ 而战争、动员和戒严体制的启动条件则是国家发生了为宪法或法律所认定的紧急状态。从学理上分析，紧急状态与突发公共事件在严重程度、可控性和影响范围等方面都是极不相同的概念。只有当发生了对国家政权、社会公共利益、人民的基本权利造成十分严重，甚至是毁灭性的破坏的特别重大的突发公共事件时，国家立法机关才可能宣布进入紧急状态。从实定法上分析，为世界许多国家的宪法或法律所明确

① Merer v. Peabody, 212 U. S. 78, 85 (1938)。

② 参见于安：《制定紧急状态法的若干问题》，载《法学杂志》2004 年第 5 期。

③ Wiley Rutledge. *in a foreword to "A Symposium on Constitutional Rights in Wartime"*. *Iowa Law Review*. xxix. p. 379.

④ 参见《国家突发公共事件总体应急预案》第 1 条第 3 款之规定。

认定的紧急状态主要限于全国或局部战争，大规模的动乱、暴乱和叛乱，严重的恐怖活动。① 我国《戒严法》第2条规定："在发生严重危及国家的统一、安全或者社会公共安全的动乱、暴乱或者严重骚乱，不采取非常措施不足以维护社会秩序、保护人民的生命和财产安全的紧急状态时，国家可以决定实行戒严。"《国防法》第44条也规定："中华人民共和国的主权、统一、领土完整和安全遭受威胁时，国家依照宪法和法律规定，进行全国总动员或者局部动员。"

从形式逻辑的角度考察，能够造成国家宣布紧急状态的事件，只是属于特别重大的突发公共事件，也就是《国家突发公共事件总体应急预案》第1条第3款第3项所规定的Ⅰ级（特别重大）突发公共事件。但从宪法和法律的规定来看，即使发生了为《国家突发公共事件总体应急预案》所规定的Ⅰ级突发公共事件，也并不意味国家就进入紧急状态。根据《中华人民共和国突发事件应对法（草案）》（以下简称《突发事件应对法（草案）》）② 第2条第2款的规定，发生或者即将发生特别重大突发事件，对人民生命财产安全、国家安全、公共安全、环境安全或者社会秩序构成重大威胁，采取本法和其他有关法律、法规、规章规定的应急处置措施不能消除或者有效控制、减轻其严重社会危害，需要进入紧急状态的，由全国人民代表大会常务委员会或者国务院依照宪法和其他相关法律规定的权限和程序决定。也就是说，当发生了特别重大的突发公共事件，特定国家机关认为需要进入紧急状态时，国家行政应急管理体制就自动让位于国家紧急状态体制了。

（三）行政应急管理体制不是政府的常态管理体制

行政应急管理体制的任务虽然与政府的常态管理体制的任务存在部分重合之处，如对突发公共事件的预防和信息监测工作，应急资源的储备工作，在这两种管理体制中都可以完成，③ 但是它们之间的差异也是相当明显的。这主要体现为以下三个方面：

1. 存续的时间不同。从学理上分析，行政应急管理体制与政府的常态管理体制是占据两种交替性的、互不隶属的时间结构，即短暂的时间结构和连续的时间结构。常态管理体制先于应急管理体制，当突发公共事件发生时，应急管理体制取代常态管理体制，当突发公共事件结束时，常态管理体制重新恢复，应急管理体制退居幕后。应急管理体制是对政府常态管理体制的打断，是一种短暂的、临时的时间结构。应急性紧急权力只适用于突发公共事件存续期间，当应急的时间结构转变为正常状态的时间结构时，应急性行政权力将不再适用。从实定法上分析，世界各国的宪法或法律都明确规定应急体制的存在具有暂时性和自我毁灭性。④ 如德国1968年的《基本法》第115条规定，联合委员会通过的非常法律以及凭这些法律所颁布的具有法律效力的命令，在防御状态结束后6个月内停止生效。我国的《突发事件应对法（草案）》第39条第2款也明确规定，有关情况证明不可

① 参见徐高、莫纪宏编著：《外国紧急状态法律制度》，法律出版社1994年版，第1～5页。

② 由于《中华人民共和国突发事件应对法》已列入第十届全国人大常委会立法规划。国务院法制办于2003年11月，分别委托上海市人民政府法制办公室和清华大学公共管理学院承担紧急状态法的起草工作。本文所引用的草案是国务院法制办于2006年4月所提供的版本。

③ 参见宋功德著：《行政法的均衡之约》，北京大学出版社2004年版，第461页。

④ 参见法治赋著：《宪法专论》（二），台北月旦出版社1994年版，第108页。

能发生突发事件的，发布警报的人民政府应当立即宣布解除警报；已经宣布进入预警期的，应当立即宣布终止预警期，解除已经采取的有关措施。

2. 行政权力所需遵循的程序要件不一样。与常态管理体制下的行政权力所需要遵循的程序相比，在应急管理体制中，应急性行政权力所需要遵循的程序将大为简化。① 这是因为，应急行政权力需要处置的是一种突发公共事件。它们具有突发性、无序性、破坏性等特点。与常态下的行政机关相比，应急状态下的行政机关在行使权力的目标和条件上有重大不同。前者的目标是以一种相对理性的方式发现需要处理的行政事务的真相，而后者的目标是控制突发公共事件的蔓延；在条件方面：就时间而言，前者在最终做出行政决定之前可以有充足的时间反复修改，而后者由于事件的突然爆发，只有极为有限的反应时间；就信息而言，前者可以通过民主协商、开展听证会等方式获得较为充分的材料，而后者，行政机关不可能在极为有限的时间内掌握和控制所要处理的事件的充分信息，有时，突发公共事件发展迅速，而信息传递需要过程，最高行政决策机关所掌握的信息又是滞后的，甚至是不准确的。因此，行政紧急权力的程序与正常状态下的行政权力行使程序有很大不同，它极为强调简便、高效。就以我国制定《突发公共卫生事件应急条例》（以下简称《条例》）的过程为例。2003 年 4 月初，中共中央政治局委员、国务院副总理吴仪到中国疾病预防控制中心调研，就加强疾病预防控制、建立突发公共卫生事件应急处理机制与卫生部官员和疾病控制中心的专家、技术人员座谈；4 月 14 日，卫生部会同国务院法制办正式立项，并组织各方有关专家开始起草《条例》。4 月 24 日晚，《条例》基本完成了起草和征求意见工作。5 月 7 日，国务院法制办公室将《条例》提交国务院常务会议讨论，国务院于当天就通过。也就是说《条例》从其 4 月 14 日正式立项到最后出台用时不超过一个月。这种快捷的立法方式，充分体现出“应急”二字。②《联邦德国行政程序法》（1997 年）第 95 条第 1 款则规定，根据对国防或紧急情况所作的确定，国防事项可不遵守就一行政行为对参与人的听证（第 28 条第 1 款）、书面证明（第 37 条第 2 款）、书面说明理由（第 39 条第 1 款）的规定。在有些情况下，无需遵守第 41 条第 4 款的规定，行政行为在公布后的翌日视为已作公布。

3. 行政权力的强度不同。与常态管理体制下的行政权力强度相比，应急管理体制中的行政权力将通过各种不同方式的集中而得以强化。尤其是在发生特别重大的突发公共事件的情况下，应急性行政权力的集中趋势更为明显。在现代民主宪政国家，国家机构的职权在水平方向上一般可以分为立法、行政和司法三权。这三权分工负责，相互制约和合作。在垂直方向上，则根据国家机关等级不同，分为中央国家机关的权力和地方国家机关的权力，它们之间也是分工负责，相互制约和合作的关系。这样一种权力安排在国家发生特别重大的突发公共事件时，则会被打破。不论在水平方向，还是垂直方向，我们总可以看到行政机关的权力在增强：立法机关和司法机关的权力转移到行政机关，而地方国家行政机关的权力转移到中央国家行政机关，分权机制无法发挥作用。这是因为分权机制的特色在于：“不是积极地增进效率的原理，而是消极地防止滥用权力的原理。就是说，它的

① 参见戚建刚：《行政紧急权力的法律属性剖析》，载《政治与法律》2006 年第 2 期。

② 参见段文：《“应急条例”趁势而至　紧急状态法接踵而来》，载《21 世纪经济报道》2003 年 5 月 10 日，第 5 版。

目的不是为避免权力之间的摩擦，而是想通过不可避免的权力摩擦，使国民从专制下解放出来。"① 这是分权制约的积极价值，但是这种积极价值在应对突发公共事件中却无法充分实现。因为，在处置重大的突发公共事件过程中，行政机关，特别是中央行政机关必须通过必要的集权来恢复正常的社会秩序，分权妨碍了行政机关采取迅速的紧急应对措施。正如罗斯特教授所说的："一个民主国家政府权力的集中是它在面临紧急危机中对分权理论所潜在的反应迟钝的改正。"② 应急性行政权力的集中，可以通过以下不同种方式来实现：（1）委任立法，即立法机关将制定法律的权力自愿移交行政机关，意味着立法机关坦白承认有许多突发公共事件，它无能或无力通过制定应急性法律来解决。如《阿拉伯联合酋长国临时宪法》（1976 年）第 113 条规定，在最高委员会闭会期间，如因刻不容缓的紧急情况，必须立即颁布联邦法律，联邦总统和部长会议可以以法令形式共同颁布具有法律效力的必要的法律，但是内容不得和本宪法的规定相抵触。（2）增设新的应急性行政机构。从世界突发公共事件应对较为成熟的国家的经验来看，每一次大的突发公共事件的发生，往往伴随着新的应急性行政机构的设立，这些机构将政府相关职能部门的权力集中于一身从而行使着相当广泛和综合性的权力。如日本的"中央防灾会议"的办事机构。③

以上分析表明，行政应急管理体制的科学内涵应当包括这些内容：它的基本构造是由应急性行政机关、应急性行政权力和应急性运行机制所组成。在与紧急状态体制和政府常态管理体制的比较中，它体现出这样一些特点：（1）行政机关为主导；（2）旨在应对突发公共事件；（3）应急性行政权力的强度将增强；（4）应急性行政权力所需要遵循的程序简化；（5）公民权利将适度克减；（6）存续时间具有暂时性。

三、我国传统行政应急管理体制主要之不足

由于我国传统的行政应急管理体制脱胎于计划经济时代，加之长期以来，我国各级政府的处置突发性公共事件的观念没有完全确立等原因，致使我国的应急管理体制存在诸多不足，概括言之，主要表现为以下几个方面。

（一）应急性行政机关设计之不足

1. 偏重于分散型和专业型的应急机关，却轻视综合性和协调性的应急机关。考察目前我国应对突发公共事件方面的法律和法规对应急性行政机关的规定，可以发现主要包括四大类：一是应对重大突发性自然灾害的应急机关。如承担抗洪救灾职责的防汛指挥部。④ 二是应对重大灾难事故的应急机关。如抗震救灾指挥部、⑤ 核事故应急机构、⑥ 防

① ［日］佐藤功著：《比较政治制度》，刘庆林、张光博译，法律出版社 1984 年版，第 1 页。

② Clinton Rossiter. *Constitutional Dictatorship*. Princeton University Press. 1963. p. 288.

③ 参见薛澜等著：《危机管理——转型期中国面临的挑战》，清华大学出版社 2003 年版，第 236 ~ 238 页。

④ 参见《中华人民共和国防汛条例》第 6 条之规定。

⑤ 参见《破坏性地震应急条例》第 7 条之规定。

⑥ 参见《核电厂核事故应急管理条例和处理规定》第 4 条之规定。

火总指挥部。① 三是应对突发传染病的应急机关。如政府卫生行政部门，等等。② 四是应对社会安全的应急机关。如国家公安部。③ 这些应急机关是根据突发公共事件的类型进行设置的，属于一种以条为主的分行业、分部门、分灾种的分散型防御体系。④ 其优点是专业性比较强，有利于发挥专业优势，并做到各司其职。但是，从应急管理的有效性方面来看，分散型的应急行政机关却存在重大缺陷：一是功能有限。它们主要应对单一的突发公共事件，对于复合型的突发公共事件的应对则效率低下，因为这受制于各专业性应急主体的知识和经验。二是各自为政、部门利益保护倾向严重。由于不同的应急机关之间的权限、目标、专业知识等不同，它们之间的沟通往往梗塞不畅，以致无法有效整合其资源和信息，无法形成合力和发挥整体优势。

2. 偏重于临时型的应急机关，却轻视常设型的应急机关。回顾我国政府近年来应对几次特大突发公共事件的经验，⑤ 可以发现每当突发公共事件发生并造成一定的灾难后，国家最高决策机关就根据相关的法律或法规的规定紧急宣布成立一个临时性的指挥部。该指挥部在中央国家机关层面一般由国务院有关部门和军队有关部门组成，国务院主管领导担任总指挥。在地方国家机关层面则由省、自治区和直辖市政府的主要领导人担任总指挥。指挥部根据国家法律、法规或政策的授权，统一领导、监督和处置突发公共事件。待突发公共事件处置完毕，就撤销解散，相关人员各自回归原单位。以后再遇到重大的突发公共事件，就如法再次炮制一遍。但始终没有建立一个常设性的突发公共事件综合协调机关。这种临时性的指挥部自然有自身的优点：一是比较灵活，较少受制于行政组织法以及编制政策的刚性约束；二是运行成本比较低，指挥部只是为了应对突发公共事件，当突发公共事件处理完毕，其使命也就结束了，不必支付平时的维持费用。

但是从应急管理的规范化和科学性角度来看，临时性的指挥部也暴露出许多不足：一是法律责任的承担机关缺位，无法严格实现“问责”制。我们以《突发公共卫生事件应急条例》对应急处理指挥部的规定为例进行分析。根据该条例第 2 条、第 4 条的规定，当突发事件发生后，国务院和省级人民政府分别设立全国突发事件应急指挥部和地方突发事件应急指挥部。同时，该条例在第 33 条、第 34 条规定，突发事件应急指挥部可以根据突发事件应急处理的需要，有权紧急调集人员、储备物资，有权对人员进行疏散或者隔离，并对疫区进行封锁，有权对食物和水源采取控制措施，等等。就理论上而言，应急指挥部实施限制人身自由等限制性或控制性措施也可能存在违法的情况，因而也可能面临被起诉从而成为行政诉讼被告，或者被申请复议从而成为行政复议被申请人。然而，当突发公共事件处理完毕后，指挥部就被撤销了，相关人员又回到原机关，而此时正是相对人提起行政复议或诉讼的时候，那么谁是合适的被告或被申请人呢？又如何追究有关责任人的法律

① 参见《中华人民共和国森林防火条例》第 6 条之规定。

② 参见《中华人民共和国传染病防治法》第 5 条之规定。

③ 参见《中华人民共和国消防法》第 4 条之规定。

④ 马丽：《专家论坛：城市急需一件综合“防灾服”》，载 http：//www. people. com. cn/GB/keji/index. html。（2006 年 2 月 10 日访问）

⑤ 主要是 1998 年的长江抗洪，国务院成立国家防洪抢险指挥部和 2003 年抗击“SARS”事件，国务院成立全国防治“非典”指挥部。

责任呢?① 在法理上存在诸多难题。二是不利于突发公共事件应急处理的经验积累。由于临时机构是针对特定突发公共事件而成立的，其编制、人员不具有固定性和连续性，等待突发公共事件一结束就解散，事件处理的分析报告等随之分散进入相关机关的档案，由此突发公共事件处理经验难以有效保留，无法为以后的临时机构提供借鉴。三是人治色彩、实用主义取向浓厚，规则意识淡薄。由于临时机构的组成人员往往不是突发公共事件处理的专业人员，缺乏对应急运作规则的了解，同时事先又没有一个有效地应急处理计划，迫于应急处理的形势和压力，往往通过下指示、立军令状、特事特办或全民动员的方式来处理，短期内的确能够起到立竿见影的效果，但是对法治的冲击的负面影响却是长远的。这正如美国大法官白兰迪斯（Brandeis）在欧姆斯德诉美利坚合众国（Olmstead v. United States）案中所指的："公开、安全和自由同时要求政府官员与普通民众服从于同样的行为规则……我们的政府是一个强大的、无所不在的教师。通过自身的行为，它将教导全体人民善良的或邪恶的。犯罪具有传染性。如果政府成为违反法律者，这就会滋养人民轻视法律……产生专制。"②的确，如果在某些情况下政府可以偏离法治原则，那么在其他场合它们难道不会实施同样的行为？而一旦法治不再为人们视为是绝对的和不可动摇的原则，进一步破坏法治的情况就会发生，整个社会也会滋长"无法"的态度。

（二）应急性行政权力配置之不足

1. 侧重突发公共事件处置阶段的应急权力之配置，却轻视突发公共事件预备和预警阶段的应急权力之配置。突发公共事件的预备和预警阶段以及处置阶段是根据突发公共事件发生和发展演变过程为标准所作的分类。③ 从我国现有法律和法规或规章对应急性行政机关的权力的规定来看，主要侧重于突发公共事件处置阶段的应急权力，较少规定预备和预警阶段的应急权力。我们可以以突发性事件的报告为例，在2003年5月7日的《突发性公共卫生应急条例》颁布实施之前，无论是1989年的《传染病防治法》，还是1991年的《传染病防治法实施办法》，对于突发性事件的报告主体、报告时间、报告方式等程序性问题都没有作出明确的规定。虽然以20多天的时间，出台了《突发性公共卫生应急条例》，但距广东大面积暴发"非典"已有3个多月，错过了应对"非典"的最佳时机。虽然《突发性公共卫生应急条例》吸取了"非典"教训，详细规定了行政机关的报告和信息发布程序，但此行政法规适用范围毕竟有限。对于其他领域④的预备和预警权力的配置

---

① 《突发公共卫生事件应急条例》没有规定。

② Olmstead v. United States. 277 U. S. 438. 485（1928）.

③ 从学理上讲，还包括第三个阶段，即突发公共事件的恢复阶段。有学者根据危机发展演变的过程将危机管理分为四个阶段，即前兆阶段：危机发生前各种危机先兆出现的阶段；紧急阶段：关键性的事件已经发生，时间演变迅速，出人意料；持久阶段：事件得到控制，但没有彻底解决；危机解决阶段：事件得到完全解决。这种分类，对本文的分析具有一定借鉴意义。薛澜等：《危机管理——转型中国面临的挑战》，清华大学出版社2003年版，第56页。

④ 悲剧在2005年11月12日的中国石油吉林石化公司爆炸事件导致松花江水域被大面积污染中得到重演，主要表现为两个方面：第一，能够除去苯类等有害物质的活性炭纤维毡等过滤器材严重不足。第二，哈尔滨饮用水资源储备明显不足。戚建刚、杨小敏：《"松花江水污染"事件凸显我国环境应急机制的六大弊端》，载《法学》2006年第1期。

也存在同样的问题。

这种失衡的权力配置方式的消极后果是极为明显的。因为这种应急处置模式是以被动适应、撞击式反应为特点，缺乏主动性和灵活性。立法者注重于应急主体在处置阶段的权力的强度或力度，本质上是一种简单的叠加式的思维方式，或者说是一种只做加法、减法，不做乘法和除法的思维方式。无法将突发公共事件的应对作为一个整体来考虑，不能将常态管理与应急管理进行有机结合，结果是应急行政机关虽然疲于奔命，但也只能头痛医头、脚痛医脚，东一榔头、西一棒槌，治标不治本，留下许多后遗症，只好针对后遗症又出台一系列的政策和方案，循环往复，以至问题没有得到根本解决。①

2. 某些领域存在授权不足的情况。以传染病防治为例，我国卫生行政部门和防疫机构行使应急措施的依据是《传染病防治法》、《传染病防治法实施办法》（1991 年颁发）。SARS 爆发以后，与传染病防治有关的各种法律、行政法规、部门规章及其他规范性文件逐渐见诸报端。据粗略统计，截止 2003 年 5 月 1 日，与传染病防治有关的法律文件共有 43 个，其中只有 2 个是“旧的”，即《传染病防治法》和《传染病防治法实施办法》；其他 41 个则是 2003 年 4 月 4 日至 5 月 1 日之间颁发的。② 在表面上，这虽然说明 SARS 带来了大量新的问题，以及有关部门面对这些问题采取了相应措施，但在实质上它更说明了已有传染病防治“法律文件”没有全面授予行政机关应有的权力以有效应对 SARS。《传染病防治法》及其《实施办法》对行政机关的授权明显存在着内容不够完整和规范过于粗略的问题。新增的 41 个“法律文件”中，就其所授予行政机关及公共医疗卫生机构的权力而言，主要包括两大部分：其一是防治 SARS 的特殊性权力，它是过去所没有，也不应苛求其有的规范，例如关于 SARS 的临床诊断标准、推荐治疗方案和出院参考标准等的规定。其二是防治传染病的一般性权力，它是过去所没有、却不应没有的规范，例如救灾防病与突发公共卫生事件信息报告管理，预防交通工具传播疾病，社区防治管理，药品监督、管理和快速审批，等等。如果说，前一种情形属于正常增加而无可厚非，那么，后一种情形就昭示了已有法律规范在授予行政机关紧急权力方面存在欠缺。法律和法规没有授予行政机关充分的应急性处置权力将会产生一系列消极后果：如面对突发公共事件缩手缩脚，从而错过防治的最佳时机，或者违法违规，侵害公民、法人或其他组织的合法权利。虽然《突发性公共卫生应急条例》吸取了“非典”教训，详细规定了行政机关的应急权力，但此行政法规适用范围毕竟有限，对于其他领域的应急行政权力的授予也存在同样的问题。③

① 参见薛澜、钟开斌：《转型期中国风险管理面临的挑战和对策》，载《科技中国》2005 年第 10 期。

② 主要有《国家救灾防病与突发公共卫生事件信息报告管理规范》（2003 年 4 月 4 日颁发）、《关于严格预防通过交通工具传播传染性非典型肺炎的通知》（2003 年 4 月 12 日颁发）、《关于加强防治非典型肺炎药品监督和管理工作的紧急通知》（2003 年 4 月 21 日颁发）、《关于传染性非典型肺炎药品快速审批有关事项的通知》（2003 年 4 月 29 日颁发）、《公共场所、学校、托幼机构传染性非典型肺炎预防性消毒措施指导原则》（2003 年 5 月 1 日颁发），等等。

③ 参见戚建刚：《西方主要国家紧急权体制的演进——兼论我国紧急权体制的建构》，载罗豪才主编：《行政法论丛》（第 9 卷），法律出版社 2006 年版，第 115 ~ 147 页。

（三）应急性机制设置之不足

我国目前的应急机制也存在不少缺陷，对此问题学者们作了一些概括，如侧重于事后型的应急，对于事前的预防和储备等不够重视，有效和完整的应急机制尚未建立。① 对此，笔者不作赘述。现以我国政府处置松花江水污染事件为例，来分析我国环境应急机制的缺陷，从中可以窥探我国应急机制的面貌。这主要体现为：

1. 预警监测不准确。预警监测是整个环境突发性事件处置的首要环节，其目的是为了有效地预防和避免环境突发性事件的发生或发展。然而，我国政府在处理此次污染事件时，早期的预警监测机制存在严重错误，从而错过了防治的最佳时机。2005 年 11 月 15 日，也就是中国石油吉林石化公司（以下简称吉林石化）爆炸事件后的第三天，《哈尔滨日报》上就刊登一篇题为《吉林石化大火扑灭　未造成松花江水质污染》的文章。文章指出，经吉林市环保部门连续监察，整个爆炸现场及周边空气质量合格，松花江水体也未发生变化，水质未受影响。② 也就是说，松花江的水质经过作为环境保护责任主体的吉林市环保部门的连续监察没有受到影响。然而，这一结论在 11 月 23 日就被国家环境保护总局（以下简称环保总局）推翻了。环保总局将此次污染事件定性为“重大环境污染事件”。就在同一天，黑龙江省环境保护科学研究院经过鉴定得出了松花江水受到污染的直接原因是消防人员用水冲洗爆炸现场时，制造苯原料的硝基苯与其他有机物一起被冲刷出来，并被当成污水排放，流入松花江。③ 从媒体关于松花江水污染的预警监测的简要报道中，我们就不难得出这样一个结论，吉林市环境保护部门对此次污染事件的早期预警监测严重失职。也许我们会感叹，当 2005 年 11 月 13 日吉林石化爆炸时，如果我们的环境保护应急专业人员能够对爆炸现场的污染物进行检测，并阻止污染物流入松花江，那么就能够在源头上消除此次污染事件！

2. 应急信息通报不及时、不充分甚至存在隐瞒的情况。众所周知，松花江水体在 2005 年 11 月 13 日就被污染了，处于下游的哈尔滨市政府在 11 月 21 日上午 9 时才接到报告。而国家环保总局却是在哈尔滨宣布停水时才记录松花江污染情况的。④ 随着污染带步步紧逼，哈尔滨市停水已经不可避免，但该市的政府因为担心宣布停水的真相会引起市民的“恐慌”，就在 11 月 21 日上午发布的第一份停水公告中称“因管网设施检修，停水 4 天”。可是，哈尔滨市民不相信这一公告，却相信了哈尔滨停水的原因是将要发生的地震引起的，于是不少市民纷纷外逃，哈尔滨市内的交通秩序一度出现混乱状态。当天晚上，哈尔滨市政府不得不发布第二份停水公报，称“据环保部门监测，近期有可能受到上游

① 参见薛澜、钟开斌：《转型期中国风险管理面临的挑战和对策》，载《科技中国》2005 年第 10 期。

② 参见刘治宇：《吉林石化大火扑灭　未造成松花江水质污染》，载 http：//www. hlj. xinhuanet. com/xw/2005-11/15/content_ 5585916. htm - 17k -（2006 年 1 月 26 日访问）。

③ 参见吕剑波：《冲洗爆炸现场时苯类物质流入江中》，载 http：//www. 10jqka. com. cn/modules. php？ op = modload&（2006 年 1 月 26 日访问）。

④ 参见程凯等：《解振华辞职前后　松花江污染引发问责第一波》，载 http：//env. people. com. cn/GB/1072/3915768. html（2006 年 1 月 26 日访问）。

来水的污染，市人民政府决定市区供水管网临时停止供水”。① 一天之内，两份内容不同的停水公告让许多哈尔滨市民深感困惑。抢购矿泉水之风越演越烈，不少市民还急忙采购食物储藏，甚至带着帐篷到户外过夜。11 月 23 日下午，黑龙江省政府召开新闻发布会分别就哈尔滨停水事件及松花江水域污染情况向与会的全国 50 余家媒体进行了通报，同时对地震事件进行辟谣。但对于哈尔滨市民来说，这些消息都已经晚了。11 月 24 日，哈尔滨市市长在接受媒体采访时也表示出遗憾，“11·13” 吉石化双苯厂爆炸事故发生后，公开的消息报道中并没有松花江水质已受到污染的消息，这就给下游城市造成了被动。② 在 12 月 1 日的环保总局电视电话会议上，国家环保总局副局长王玉庆一番评论，点破了此次污染事件由于应急信息的通报不及时所造成的严重后果。“11 月 14 日至 17 日，在松花江污染事故发生后的若干天里，国家环保总局没有接到吉林省环保部门任何关于这起重特大环境污染事故的信息，导致错过了将此次污染事故控制在萌芽状态的机会。”③

四、我国当代行政应急管理体制建构之原则

以上分析表明，我国的应急行政管理体制存在诸多不足，并且已经成为当前有效应对突发公共事件的严重掣肘。然而，摆脱“困境”的途径不是对现有的体制进行修修补补，而是需要重新设计。但必须首先揭示体制重构的基本原则。笔者认为，这些基本原则主要有以下三个：

1. 虚、实结合原则。该原则其实就是在充分考虑特别重大突发公共事件发生概率的基础上，为克服临时性应急性行政机关的种种弊端而设计的。从理论上讲，克服临时性应急机关的弊端的途径就是成立常设性的应急机关，通过法律授予其决策、协调和指挥等的权力，并配备相应的国家公务员编制。然而，由于大部分的突发公共事件的处置在现有的部门应急主体框架内就能解决，常设性应急机关的维持和运作成本过高。基于这两方面的考虑，就应当遵循虚、实结合原则。所谓“实”，就是成立类似于应急委员会（应急指挥部）的组织，有法定的名称，并设置相关的办公室。办公室负责日常的工作，如应急信息的收集、监测、报告等。所谓“虚”，就是指此类应急委员会（应急指挥部）的领导集体就是各个行政机关在常态下的领导集体，当突发公共事件的危害性超出现有的部门应急行政机关的处置能力时，常态下的领导集体就转化成应急委员会（应急指挥部）的领导集体，并行使法定的职权和职责。

2. 平、战结合原则。该原则其实就是要合理分配应急性行政机关在预防和预警阶段的权力与处置阶段的权力的问题。灾害经济学提出一个正在被政府日益重视的“十分之一”法则：在灾前投入“一分”资金用于灾害的防范，通过降低灾难发生的概率或者避免灾难的发生，人类可以降低“十分”的损失。从机会成本角度看，降低“十分”的损

---

① 亓树新：《哈尔滨两份内容不一的停水公告出台内情》，载 http：//politics. people. com. cn/GB/14562/3888864. html（2006 年 1 月 26 日访问）。

② 参见于津涛等：《松花江污染危机检讨：应清理以前经济建设问题》，载《瞭望东方周刊》2000 年 11 月 28 日。

③ 杨磊：《环保总局突兀的人事变动 局长解振华黯然去职》，《21 世纪经济报道》2005 年 11 月 25 日，第 2 版。

失就是有“十分”的收益。① 由此可见，突发公共事件的预警和预防比单纯的某一特定事件的解决显得更重要。如果能够在突发公共事件没有产生或造成实质性危害之前而将之及时根除，不但可以有效保障社会秩序，而且还可以节约大量的人力或物力成本。国外也有学者精辟的指出政府管理的目的是使用少量的钱预防，而不是花大量的钱治疗。② 根据此原则，应急体制的建设应当注重我国应急行政机关在预防和预警阶段的职权和职责之配置。

3. 统一领导，分级、分类原则。它是指根据突发公共事件的不同类型和不同级别，确定由哪一级别的行政机关统一领导，哪一级别的行政机关具体负责实施，以便既发挥专业部门的资源和技术优势，又能够整合分散的资源。其实就是要解决综合性和协调性的应急行政主体与分散性和专业性的应急行政主体的关系。所谓“分级”，就是《国家突发公共事件总体应急预案》第 1 条第 3 款第 3 项所规定的Ⅰ级（特别重大）突发公共事件，Ⅱ级（重大）、Ⅲ级（较大）和Ⅳ级（一般）突发公共事件。所谓“分类”，就是《国家突发公共事件总体应急预案》第 1 条第 3 款所规定的自然灾害事件、③ 事故灾难事件、④ 公共卫生事件⑤和社会安全事件。⑥ 据此，对于技术性强，同时是特定种类的单一突发公共事件，结合危害程度，分别由各级人民政府的相应职能部门具体负责，人民政府及其应急委员会予以领导和协调。对于专业性、技术性不强，或者是复合型的突发公共事件，结合危害程度，分别由不同级别的人民政府的应急委员会处理，人民政府是领导机构，相关的职能部门予以协助。简要的示意如下表：

类型 级别	自然灾害、事故灾难、公共卫生事件及社会安全事件	
	单一型、技术型	复合型
Ⅰ级（特别重大）	国务院各职能部门	国务院应急委员会（指挥部）
Ⅱ级（重大）	省级人民政府各职能部门	省政府应急委员会（指挥部）
Ⅲ级（较大）	普通市政府各职能部门	普通市政府应急委员会
Ⅳ级（一般）	县政府各职能部门	县政府应急委员会

分类和分级原则

① 参见任生德著：《危机处理手册》，新世界出版社 2003 年版，第 178 页。

② 参见［美］戴维·奥斯本、特德·盖布勒著：《改革政府——企业精神如何改革着公营部门》，周敦仁等译，上海译文出版社 1996 年版，第 205 页。

③ 主要包括水旱灾害、气象灾害、地震灾害、地质灾害、海洋灾害、生物灾害和森林草原火灾等。

④ 主要包括工矿商贸等企业的各类安全事故、交通运输事故、公共设施和设备事故、环境污染和生态破坏事件等。

⑤ 主要包括传染病疫情、群体性不明原因疾病、食品安全和职业危害、动物疫情以及其他严重影响公众健康和生命安全的事件。

⑥ 主要包括恐怖袭击事件、经济安全事件和涉外突发事件等。

五、当代行政应急管理体制的基本构造

（一）应急性行政机关之建设

1. 综合性和协调性的应急行政机关的设计。根据我国行政管理体制的特点，综合性和协调性应急行政主体应当包括四个层次，即国务院、省（直辖市、自治区）、市和县。它们分别是国务院应急委员会、省政府（直辖市、自治区）应急委员会、市政府应急委员会和县政府应急委员会。根据《国家突发公共事件总体应急预案》第1条第3款所规定的突发公共事件类型，在国务院和省级人民政府（直辖市、自治区）的应急委员会内可以再设立四个应急指挥部。它们是自然灾害应急指挥部、事故灾难应急指挥部、公共卫生事件应急指挥部和社会安全事件应急指挥部。① 这些应急委员会和指挥部分别设有相应的应急办公室。其示意图如下：

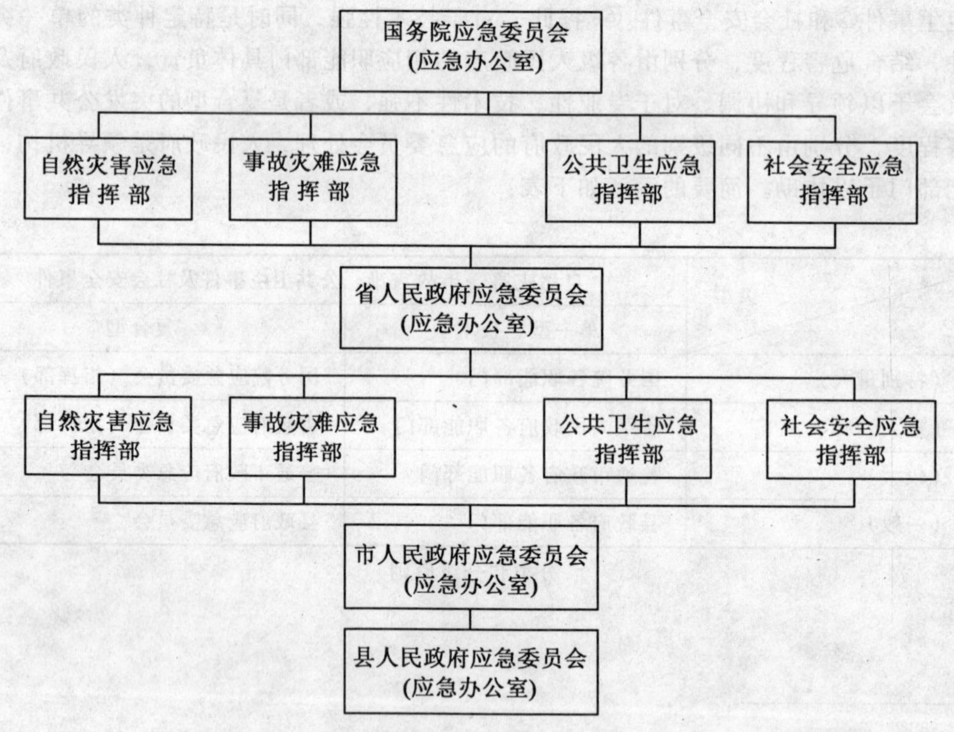

综合性和协调性应急行政主体

从行政法学理论上讲，国务院（省人民政府、市人民政府、县人民政府）应急委员会以及中央和地方层次的不同类型的应急指挥部都是享有法定的行政权力、能够独立承担法律责任的行政主体。国务院应急委员会的领导集体由国务院总理和国务院常务会议成员组成，国务院总理为主任。该领导集体是一个相对“虚”的集体，即只有出现了需要由

① 在普通市与县级人民政府层次上，则无需再设立。

该委员会处理的特别重大的突发公共事件（通常是超出了中央层面的各个应急指挥部所能承担的能力）时，常态下的国务院常务会议组成人员才转变为应急领导集体，其主要权力是最高决策权、指挥权、领导权和协调权。委员会设有应急办公室。应急办公室是常设机构，具有一定的经费并配备相应的编制。它不是一个独立的行政主体，主要权力是负责各个应急指挥部的年度联系会议，履行值守应急信息汇总和综合协调，发挥运转枢纽作用、负责国家总体应急预案的更新和维护，对自身权限范围的突发事件进行事后评估，等等。①

中央层面的四种类型的应急指挥部的领导集体根据国务院工作分工原则，一般由一位在国务院总理领导下的主管副总理和国务委员以及国务院相关部门及军队的首长组成，副总理任总指挥。该领导集体也是一个相对“虚”的集体，即只有出现了需要由该指挥部处理的特别重大的突发公共事件（通常是特别重大的、复合性的、超过了国务院单个部门应对能力，例如SARS事件）时，常态下的国务院及其相关职能部门和军队的领导才转变为应急领导集体，其主要权力是最高决策权、指挥权、领导权和协调权。应急指挥部设有相应的办公室，其职权与国务院应急委员会的办公室的职权相类似。中央层面的应急指挥部的重要功能是突破传统应急主体的分散性和分割性的局限性，同时整合不同职能部门的专业优势。② 在应对SARS事件中，国务院成立了以副总理为总指挥并由10多个部门和军队所组成的防治“非典”指挥部，统一管理“非典”疫情的防治工作与信息发布工作，这已被实践证明取得了积极的效果。③ 示意图如下：

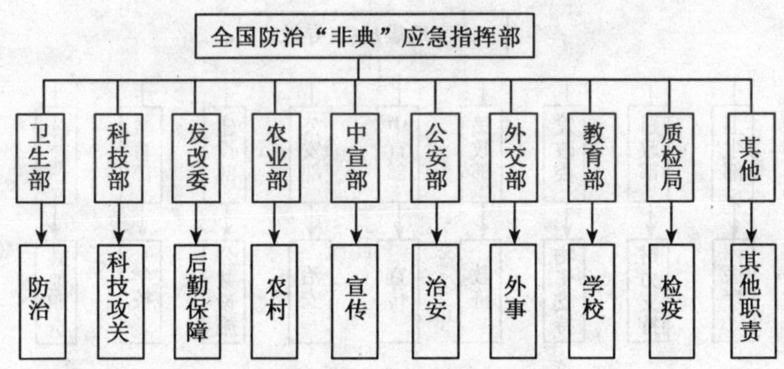

综合性应急行政机关与专业性应急机关之间的关系

2. 专业性和技术性的应急行政机关之设计。为充分尊重和利用现有应急行政机关的资源，此类应急机关就是中央和地方人民政府的各个职能部门，也就是我们所说的“条

① 省（自治区和直辖市）人民政府、普通市人民政府的应急委员会具有与国务院应急委员会类似的功能、组成人员和职权与职责，在此不作赘述。

② 地方层次的应急指挥部具有与中央层次的应急指挥部类似的功能、组成人员和职权与职责，在此不作赘述。

③ 参见仲大军：《“非典”疫情的前景预测及对北京灾情的反思》，载《经济与社会观察》2003年第1期。

条”的行政机关。如公安部（厅、局）、卫生部（厅、局）、教育部（厅、局）、建设部（厅、局）、交通部（厅、局），等等。它们根据国家现有法律、法规以及各部门规章和应急预案的规定，在各自的权限范围内应对专业性、技术性强的单一类型的突发公共事件。为了与常态下的管理相区别，这类应急机关在内部可以设立相应的应急领导机构、应急办事机构和应急工作机构，在处置突发公共事件的不同分阶段分别履行相应的权力。不过，这类机构只是属于应急机关的内部工作单位，对外不能独立行使行政权力以及承担法律责任。

特别需要指出的是，虽然此类应急机关的功能是应对技术性和专业性强的单一灾种的突发公共事件，但是在对突发公共事件处置过程中，不可避免地需要其他职能部门协助。例如根据《突发公共卫生事件应急条例》第 44 条规定：“在突发事件中需要接受隔离治疗、医学观察措施的病人、疑似病人和传染病病人密切接触者在卫生行政主管部门或者有关机构采取医学措施时应当予以配合；拒绝配合的，由公安机关依法协助强制执行。”根据此条规定，我们可以确定卫生行政部门是主导性应急行政机关，而公安机关是协助性应急行政机关。它们各自根据法律和法规的规定行使相应的职权和职责。由此可见，专业性应急行政机关在处置单一灾种的突发事件过程中，并不是单枪匹马或单打独斗，而是根据不同的应急行政机关的职能和专业优势形成以某一部门为主导，其他相关部门为协助的“三角形”的结构。我们以《国家地震应急预案》所规定的发生了特别重大地震时的国家应急机关之间的分工与合作关系为例，加以说明。示意图如下：

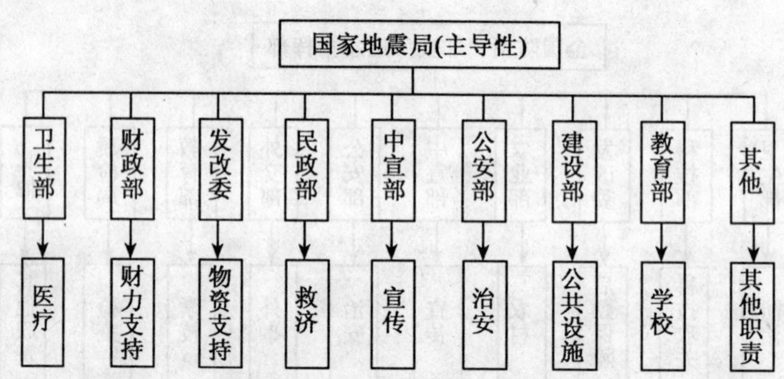

专业性和技术性应急机关之间的关系

（二）应急性行政权力之配置

从总体而言，应急性行政权力之配置需要与突发公共事件的不同阶段——预警期、发生期和缓解期——相适应，特别要明确在突发公共事件的发生阶段与公民权利相关的应急性权力的类型及应当遵循的基本程序。①

1. 预警阶段的应急措施。进入预警期后，法定的应急机关可以根据预警级别与实际需要采取下列应急性措施：立即启动应急预案；调集所需要应急物资和设备；命令各类应

① 参见于安：《行政机关紧急权力和紧急措施的立法设计》，载《中国司法》2004 年第 4 期。

急救援人员进入待命状态；及时向社会发布可能受到突发公共事件危害的警告或劝告，宣传应急和防止、减轻危害的常识；转移、撤离容易受到突发公共事件危害的人员和重要财产；确保通讯、交通、供水、供电、供气等公共设施的安全和正常运行；对公共设施进行维护和检查；加强对进入预警区域人员证件的检查；增加对动物及其制品的检疫次数；加强防险物资的购置、储备和对应急志愿人员的培训；以及法律、法规或规章规定的其他措施。

2. 发生阶段的应急措施。在突发公共事件危害发生阶段，法定的应急机关应当立即调动应急救援队伍和社会力量，根据实际情况采取下列措施：

第一，应急性救助措施。应急救助措施的功能是减少和避免损失。在法律上的要求是：（1）作为授益性措施，必须及时提供和公平对待。（2）作为法定的应急机关必须履行的应急义务，禁止拖延和不作为。在实现方式上，主要是直接提供，例如对面临生命危害威胁的人员提供医疗救助，对流离失所的受灾人员提供住宿、提供饮食等挽救和维持生命健康的基本需要，疏散、撤离、安置受到威胁的人员；也可以进行间接提供，如应急机关组织社会自愿性帮助和鼓励进行自救，等等。

第二，应急性保护措施。应急性保护措施是指对国家机关、公共机构、公共设施和私人财产的保护。在紧急情况下，国家机关、公共机构、公共设施和私人财产，应当由法定的应急机关提供比平时更为严格的保护。由于国家资源的有限性，对于上述目标的保护应当有轻重缓急之分。保护顺序是国家机关、公共机构、公共设施和私人财产。在实现方式上，主要有迅速消除突发公共事件的危害和危险源，划定危害区域、维护社会治安；针对突发公共事件可能造成的损害，封闭、隔离或者限制使用有关场所，中止可能导致损害扩大的活动；抢修被损坏的公共交通、通讯、供水、供电、供气等基础设施，等等。

第三，应急保障措施。应急保障措施是克服财力、物力和人力不足的措施。法律性质是增加公民负担和限制公民权利的混合措施。主要有三类：（1）国家物质保障方面的措施。法定的应急机关可以实施的应急措施主要有：修改财政预算，即国务院和突发公共事件发生地的人民政府应急委员会，在应急处理期间发现原来预算开支不足以支持控制和克服突发公共事件时，可以决定修改预算，增加相关项目的开支。在突发公共事件发生期结束后，报请当地人民代表大会及其常委会批准追认；进行紧急采购，即法定的应急机关为保障实施应急措施而采购货物、工程和服务时，可以启动使用《中华人民共和国政府采购法》规定的紧急采购程序；启用国家储备，包括急救物资和设备、应急专项资金，等等。（2）动员社会资源方面的保障措施。法定的应急机关可以实施的应急措施主要有：对动产或不动产的征用和征收，即法定的应急机关依照相关国际条约或者协定和法律的规定，可以临时征用和征收国家机关和军队以外的社会组织或者个人的交通工具、设备、用地、房屋、设施和企业，并给予补偿；对人员的征调和征召，即法定的应急机关有权在全国和地方人民政府的管辖区域内，征调执行应急措施所必须的专业技术人员，征召从事公务的临时人员和志愿人员。征调和征召单位应当为应征人员的生命安全提供必要的保障和工作条件，支付与其工作危险性相当的报酬；要求特定主体提供生产和服务的应急行政命令，即法定的应急机关可以下达强制性生产和工作命令，要求有关企业和事业单位生产、运输应急所需要的货物，提供医疗、预报、检测、科学研究和其他公共服务。（3）普遍适用的应急行政调整措施，即法定的应急机关有权发布命令，对生活必需品和工农业产品实行价格管制或者配给供应，对某些货物和技术实行进出口管制和其他适用于所有公民和商业机构的应急行政措施。

第四，应急限制和禁止措施。应急限制和禁止措施主要是损益性的行政行为，涉及对公民、组织的权利的剥夺。法定的应急机关在采取这些措施时，应当依据法律和行政法规所规定的程序和权限实施。特别需要指出的是，为了兼顾法治原则和应急效率原则，当法律没有规定或发生不可预见的突发公共事件时，法定的应急机关可以采取限制和禁止措施程序。应急限制和禁止措施主要分四类：

（1）对公民人身自由、财产权利和政治自由等权利的限制或禁止措施。法定的应急机关应当以法律或紧急法律的规定为依据实施，当法律或紧急法律对其限制公民基本权利的应急措施没有规定，或者为了控制不能预见的突发公共事件需要立即采取限制公民基本权利措施的，法定的应急机关应当报请国务院批准后采取临时限制措施。国务院应当将采取临时限制措施的情况报告全国人大常委会，全国人大常委会有权要求国务院作出报告和说明。

（2）对重大社会冲突事件的应急行政措施。法定的应急机关应当依据《中华人民共和国治安管理处罚法》等法律和法规的规定依法实施。

（3）对危害经济安全事件的应急行政措施。在应急处理期间，需要对银行业、保障业和证券业采取特别应急管理措施，或者对某一行业实行国家接管、国家专营的，应当由法定应急机关依照法律作出决定。法律没有规定或者法律规定的措施不足以控制突发公共事件对经济安全造成的严重损害的，由国务院应急委员会作出采取特别应急措施的决定并立即向全国人大常委会报告。

（4）应急行政处罚、行政处分、行政复议、行政诉讼与行政赔偿。在突发公共事件处置阶段，法定的应急机关对相对人实施行政处罚或行政处分，可以依照全国人大常委会的紧急法律或国务院的紧急规章简化程序。但是当事人保留行政复议、行政诉讼和行政赔偿的权利。行政复议机关、人民法院和行政赔偿义务机关认为在应急处理期间受理和审理有困难的，可以延期受理或审理。

3. 缓解阶段的措施。在缓解阶段，法定的应急机关可以实施的措施主要是：巩固应急处置成果，防止发生次生或衍生事件；立即组织受影响地区开展生产自救工作，减轻突发公共事件造成的损失，尽快恢复生产、生活和工作秩序；立即组织对突发公共事件造成的损失进行评估，制定重建恢复计划；及时组织交通、铁路、民航、邮电、建设等有关部门采取措施，尽快修复被破坏的交通、通讯、供水、排水等基础设施；及时总结突发公共事件应急处置工作的经验教训，并向上一级人民政府和同级人大常委会报告，等等。

（三）应急性运行机制之设计

应急性运行机制之设计的关键是要解决常态管理体制与应急管理体制，以及应急管理的不同阶段之间转换问题，以便应急性行政措施与突发公共事件的危害程度相适应，同时应当与突发公共事件发生、发展以及消灭的生命周期相适应。具体言之，包括以下几方面：

1. 预测与预警机制。预测与预警机制是常态管理体制向应急管理体制转变的节点，也包含应急管理体制启动的起点。此项机制由以下几部分组成：

第一，预警级别。预警级别是依据突发公共事件可能造成的危害程度、紧急程度和发展势态，一般划分为四级：Ⅰ级（特别严重）、Ⅱ级（严重）、Ⅲ级（较重）和Ⅳ级（一般），依次用红色、橙色、黄色和蓝色表示。

第二，预警期的决定。它是指有事实表明公共事件对社会的危害正在临近或者对社会的威胁已经出现，不采取预警措施不足以防备或者阻止这种危害和威胁，享有法定权力的应急性行政机关决定并宣布进入预警期。预警期的决定应当规定并公布预警期的开始时间、持续期限、实施区域和政府可能采取的预警措施。

第三，预警信息及其发布、调整和解除。预警信息包括突发公共事件的类别、预警级别、起始时间、可能影响范围、警示事项、应采取的措施和发布机关等。预警信息的发布、调整和解除可通过广播、电视、报刊、通信、信息网络、警报器、宣传车或组织人员逐户通知等方式进行，对老、幼、病、残、孕等特殊人群以及学校等特殊场所和警报盲区应当采取有针对性的公告方式。对于不宜向社会公布的预警信息，应当有法律、行政法规的依据，并得到上级人民政府或者国务院主管部门的批准。

2. 应急处置机制。应急处置机制是应急管理体制的核心机制，此项机制由以下几部分组成：

第一，危害发生期的决定。它是指突发公共事件对一定区域的社会危害已经不可避免，或者一定区域的社会已经开始遭受危害并向更大范围发展蔓延，不采取发生期应急措施不足以控制危害和危害的蔓延，享有法定应急权力行政机关决定并宣布进入危害发生期，并采取应急措施。

第二，先期处置。它是指突发公共事件发生后，事发地的应急行政机关在向上级应急行政机关报告特别重大、重大突发公共事件信息的同时，要根据职责和规定的权限启动相关应急预案，及时、有效地进行处置，控制事态。在境外发生涉及中国公民和机构的突发事件，我驻外使领馆、国务院有关部门和有关地方人民政府要采取措施控制事态发展，组织开展应急救援工作。

第三，信息报告。特别重大或者重大突发公共事件发生后，各级各类应急行政机关要在法定的时间内立即报告。同时通报有关相关的行政机关。应急处置过程中，要及时续报有关情况。报告可以采取逐级报告和越级报告的方式。

第四，应急响应。它是指对于先期处置未能有效控制事态的特别重大突发公共事件，要及时启动相关预案，由国务院或省级相关应急委员会或指挥部统一指挥或指导有关应急机关开展处置工作。应急委员会或指挥部负责现场的应急处置工作。需要多个国务院相关部门共同参与处置的突发公共事件，由该类突发公共事件的业务主管部门牵头，其他部门予以协助。

3. 危害发生期的解除机制。危害发生期的解除机制表明突发公共事件已经从危害发生期向缓解期转变，应急管理体制逐渐向常态管理体制过渡。当突发公共事件的社会危害性明显降低，危害范围缩小并不会继续蔓延，决定进入危害发生期的应急行政机关就当依法决定和宣布进入危害缓解期，解除和停止使用只能在危害发生期使用的限制性或者禁止性应急措施，并启用与缓解期相适应的恢复措施。如果该应急行政机关没有及时决定进入缓解期的，上级人民政府或者国务院可以直接决定和宣布进入缓解期。

民族区域自治权的宪法维度

■ 秦前红* 姜 琦**

目 录

一、民族区域自治权的基本范畴
二、宪法变迁中的民族区域自治权
三、民族区域自治权的宪法学分析
余论

一、民族区域自治权的基本范畴

民族自治地方的自治权及其实现是民族区域自治制度的核心内容，但从实践中人们对民族区域自治权的关注来看，并没有得到精准的定性分析。胡耀邦同志就曾说过，自治州和自治县可以给哪些自治权，我看几十年来我们都没有弄清楚，要谈，就是空空洞洞的几条或几句话。① 如果不从宪法的高度来思考，最终难以走出这个困境。民族区域自治权的实质是自治权在国家权力与公民权利的二维空间之中的体现问题。要清楚地认识民族区域自治权的相关问题，我们首先必须厘清民族区域自治权之下自治权利与自治权力。

（一）自治权

广义上的自治权是一种在社会团体内，经过团体内多数人认可或默示的，合法的、独立自主行使具有约束力和支配力的一种权力。简而言之，是一种体现在社会团体内的具有约束力和支配力的，自主合法的行为。② 它的本质属性是：团体内的合法自主的权力。

民族区域自治制度中的自治权是，民族自治地方的自治机关，在宪法和民族区域自治

* 秦前红，武汉大学法学院教授，博士生导师。

** 姜琦，武汉大学法学院宪法与行政法系 2005 级博士研究生。

① 《王连芳民族工作回忆》，云南民族出版社 1996 年版，第 300 页。转引自郭锐：《民族区域自治理论中自治权与自决权的区别》，载《云南民族学院学报（哲社版）》2002 年第 4 期。

② 参见张文山：《论自治权的法理基础》，载《西南民族学院学报（哲社版）》2002 年第 7 期。

法及其他法律授予和规定的权限内，结合当地民族政治、经济和文化的特点，自主地行使管理本地方、本民族内部事务的一种特定的国家权力、民族权力，并反映为区域自治民族的民族权利。同时，自治权是民族区域自治的核心，只要实施民族区域自治，就必须有自治权，而且必须保障它的充分行使。只有充分行使民族自治权，才能保证我国各少数民族当家作主，自主的管理本民族和本地区的内部事务，才能保证各民族以平等参与国家事务管理的权利。我国民族自治地方享有的自治权包括自主管理本民族、本地区的内部事务；享有制定自治条例和单行条例的权力；使用和发展本民族语言文字；尊重和保障少数民族宗教信仰自由；保持或者改革本民族风俗习惯；自主安排、管理、发展经济建设事业；自主发展教育、科技、文化等社会事业①等几个方面。可将之解析为自治权力与自治权利。

（二）自治权力与自治权利

民族区域自治制度中的自治权是法律规定的由自治机关行使的国家权力和民族自治权利的统一。自治权首先是一种国家权力，只有一定的兼具国家机关与自治机关身份的特殊主体，才有依法行使的资格和能力，即只有自治机关才有资格和能力行使；民族区域自治地方的自治权，是由全国人民代表大会通过法律授予各级自治机关行使的特定权。民族自治地方的人民代表大会是国家的权力机关，它们的法律行为也能反映国家的意志，因此，自治权是国家权力的组成部分，是国家权力在民族自治地方的具体体现，所以，自治权具有国家意志的体现和具有强制性的特点，这说明“权力”显然是自治权所包含的属性。

自治权还包含了“权利”的属性，国家通过法律授予民族自治地方自治机关的权利，不仅包括可以在本行政区域内有行使自治权的权利，享有自治权本身所含的各方面的权利，而且具有通过行使自治权要求上级国家机关帮助和保障民族自治地方各项事业加快发展的权利，还产生了履行自治权的义务和请求上级国家机关帮助和保障民族自治地方各项事业加快发展的义务。民族自治地方自治机关行使自治权，请求上级国家机关作出相应的享有权利和履行义务的行为，都应当在自治权权利的支配下实现，只有在这种权利和义务关系完整实现的情况下，作为自治权所包含的权利属性，才能推动自治权的权利效力的完全发挥。

同时，从宪法和民族区域自治法以及被国际社会确定的国际法准则来看，自治权是国家赋予实行民族区域自治的一项特有的权利，同时也是一项少数民族的基本人权。② 在学界的一般性解释中，自治权是一种集体的权利而不是一种个体的权利。但在婚姻问题、计划生育问题、文字使用、教育等自治权利重要的内容上，少数民族人民作为个体成为自治权利的受众，也能成为自治权利的主体。

所以，自治权可以是权力，也可以是权利。作为权力，自治权更多的是强调它独立支配和指挥民族自治地方事务的能力，同时也强调它在支配和指挥民族自治地方时所应承担的职责。作为权利，自治权更注重法律所赋予权利的范围以及所承担的义务。权利是法律法规所赋予的，而权力则是这个权利范围内所能支配和指挥的民族区域自治制度所包含的内容。

---

① 参见《中国的民族区域自治》白皮书，2005 年 2 月 28 日。

② 参见张文山：《论自治权的法理基础》，载《西南民族学院学报（哲社版）》2002 年第 7 期。

二、宪法变迁中的民族区域自治权

中国的民族区域自治自诞生之日起，经历了飞速发展，也曾陷入低谷，而后又迎来了复兴和更高层次的发展，这个轨迹是完全契合中国的宪法变迁过程的。而民族区域自治权是以宪法为最高效力准则的，认识宪法变迁中民族区域自治权的演进过程，理解其发展轨迹，总结经验教训，才能推动其发展。

1. 共同纲领时期

具有临时宪法性质的《中国人民政治协商会议共同纲领》专章阐述了新中国的民族政策，把民族区域自治确定为一项基本国策。并明确将民族政策的原则确认为“民族平等”、“民族团结”和“区域自治”。1952 年，按《共同纲领》第 51 条规定的民族区域自治政策，全国建立了 130 个包括省、专区、县和县辖区等不同级别的民族自治地方。① 但是由于《共同纲领》的规定过于简单，难以解决当时民族工作中不断出现的具体问题，因此中央人民政府于 1952 年批准了政务院通过的《中华人民共和国民族区域自治实施纲要》。它是我国第一部关于民族区域自治的专门法律，由 7 章 40 条组成，对民族自治地方自治机关的自治权利作出明确规定。

回顾《共同纲领》时期，此时虽然是民族区域自治制度发展的起点，但当时所关注的民族区域自治权的重心定位何在？仅仅通过立法就能直接引向推动民族平等，实现民族区域自治的目标？答案是否定的。1953 年，在毛泽东同志的主持下，中国共产党中央委员会制定了党的民族工作的总任务，即逐步地发展各民族的政治、经济、文化，消灭历史上遗留下来的各民族间事实上的不平等，使落后民族得以跻身于先进民族的行列，过渡到社会主义。② 当时的背景是，在各少数民族地区，还有3 000万人口的地区由封建地主统治着，400 万人的地区保持农奴制度，100 万人生活在奴隶制度下，60 万人在处于原始社会的阶段。而在部分汉族地区还存在大汉族主义，排斥少数民族的现象。1952 年政务院制定的《关于保障一切散居的少数民族成分享有民族平等权利的决定》，在其解释性内容中作了如下说明：“由于各种的历史原因，国内某些少数民族成分，在好多年以来，甚至在好几代以来，即星散地居住在汉族地区。他们大多居住在城市和集镇。他们曾经在反动统治下长期地忍受着民族的压迫和歧视，有的因此不得不隐瞒自己的民族出身，改变自己的民族成分，遮盖自己的民族特点，以求生存。”③ 因此，《共同纲领》时期要实现的民族区域自治权，一方面是在完全空白的基础上加紧细化《共同纲领》的规定，政务院短短三年内出台了近十部行政法规，对民族区域自治权进行初步的系统规定；另一方面，民族区域自治权首先就是生存权，中央政府采取稳妥的步骤开始逐步解决少数民族地区人民的生存权的实现问题和客观上的不平等的问题。

2. 五四宪法时期

五四宪法以《共同纲领》为基础，总结了《共同纲领》时期推行民族区域自治的成果和经验，规定了我国民族区域自治的性质和在国家中的地位，系统地确定了我国民族区

---

① 参见何作庆:《中国共产党关于民族区域自治理论的创新》,载《青海社会科学》2003 年第 3 期。

② 参见王天玺著:《民族法概论》，云南人民出版社 1988 年版，第 150 页。

③ 该文件详细内容见 http：//218. 83. 152. 125/policy/38529132004314261080283556093. html。

域自治权的基本内容。刘少奇同志在《关于中华人民共和国宪法草案的报告》中说：我们坚定地认定，必须让国内各民族都能积极地参与整个国家的政治生活，同时又必须让各民族按照民族区域自治的原则自己当家作主，有管理自己内部事务的权利。①“宪法草案通过各种规定，保证各少数民族在聚居的地方，都能真正行使自治权。”② 以此为指导，五四宪法以国家立法的形式明确肯定“各少数民族聚居的地方实行区域自治”的总原则。在其指导下，通过对民族区域自治制度的完整定位，破除部族社会的落后的、阻碍自治权实现的结构组织和权力系统，以实现各民族间的政治平等为首要目标。

在制度设计中，各民族自治地方的行政级别，在共同纲领时期，按照人口的多寡和区域的大小，区分为相当于乡、区、县、专区或专区以上的五级，五四宪法则划分为三级。共同纲领时期，名称一律为自治区。五四宪法将之前行政地位相当于乡、村、区的自治地方划为民族乡，不再是民族自治地方，但拥有较大的权力。民族自治地方立法的层次结构的显著特点在于，凡实行民族自治的地方，无论其行政区划是大是小，都行使地方立法权。中华人民共和国成立初期的一段时间里，从人口最少、级别最低的乡一级民族自治地方起，都有权制定单行法规。当时这样规定有三个原因：一是《共同纲领》确立了各少数民族聚居的地区均应当实行民族区域自治的原则。按照这一原则，《民族区域自治实施纲要》规定从最低的乡一级民族聚居区起，都建立民族自治区。既然都是民族自治区，就要实行权利平等，就应当人无分多寡、地无分广狭，都行使包括民族自治地方立法权在内的民族自治权。二是当时情况异常复杂，各民族聚居区都能行使地方立法权，有利于它们掌握自己的命运，以免被别的民族聚居区所控制、干预或欺压。三是在民族区域自治刚开始时，规定哪一级应当有地方立法权尚无把握，因而权且规定所有民族聚居区都是自治地方、都有自治立法权。

但这样规定不宜作长久制度，连人口很少的民族聚居区也都实行区域自治行使立法权，显然不妥。五四宪法改变了乡一级的少数民族聚居区也是自治地方的制度，将民族自治地方分为自治区、自治州、自治县三级，规定它们可以制定自治条例和单行条例。这意味着自治县以下乡一级的少数民族聚居区不再享有立法权。但五四宪法赋予了自治机关制定自治条例的权力，共同纲领时期只有变通的权力。这在理念上是一个进步，虽然到了1985年才有民族自治地方制定了第一个自治条例。

到1956年底，就已经依照宪法先后建立自治地方86个，其中自治区2个、自治区筹委会1个、自治州30个、自治县（旗）53个。全国民族区域自治制度体系框架的基本建立，保障了少数民族实现当家作主的权利。③

3. 七五宪法、七八宪法时期

此段时期，在错误路线的指引下，党和国家在处理民族问题上，偏离了民族区域自治制度的核心价值，认为阶级斗争高于一切，提出“民族问题的实质是阶级问题”的错误论断。民族自治地方的自治机关被撤销，或陷于瘫痪，根本无法行使自治权；自治权的范

① 转引自王天玺著：《民族法概论》，云南人民出版社1988年版，第101～102页。

② 白明政：《试论自治权的归属和行使》，载《贵州民族学院学报（社科版）》1994年第3期。

③ 参见何作庆：《中国共产党关于民族区域自治理论的创新》，载《青海社会科学》2003年第3期。

围也被缩小。极左路线的推行，彻底破坏了少数民族内部的传统关系和初步建立的社会主义民族关系，将国家高度统一的政治——行政（国家政治、行政社会）体制贯彻到了每个少数民族地区。

七五宪法虽然大致沿用了五四宪法的体例，但是对民族区域自治权的行使产生了很大的不利影响，使其无法发挥应有的功能。七五宪法在“民族自治地方的自治机关”一节中，只保留了自治机关“可以依照法律规定的权限行使自治权”的内容，虚化了作为民族区域自治制度核心的自治权，许崇德先生对此条的评述是，“一言而蔽之，至于自治权的内容是什么，则无人知晓了”；① 该宪法删除了五四宪法逐一列举的民族自治地方享有的很多自治权利，只在总纲中提出“各民族都有使用自己的语言文字的自由”并淡化了上级国家机关所具有的职责，在其第 24 条规定，“各上级国家机关应当充分保障各民族自治地方的自治机关行使自治权，积极支持各少数民族进行社会主义革命和社会主义建设”，客观上导致了部分国家机关对保障民族自治地方权利的漠视。

七八宪法对民族区域自治权有所恢复。该宪法虽力图恢复五四宪法的精神，但“文革”刚结束不久，作用有限。在“民族自治地方的自治机关”一节中，重新规定了自治权的两项内容，“民族自治地方的自治机关可以依照当地民族的政治、经济和文化的特点，制定自治条例和单行条例，报请全国人民代表大会常务委员会批准”，“民族自治地方的自治机关在执行任务的时候，使用当地民族通用的一种或几种文字”。在上级机关如何履行职责方面，提出要“充分考虑各少数民族的特点和需要，大力培养少数民族干部，积极支持和帮助各少数民族进行社会主义革命和社会主义建设，发展社会主义经济和文化”。

民族区域自治权在七五宪法、七八宪法期间出现的弱化甚至是虚化，充分地暴露了本身缺乏活性的民族区域自治权在面对危机时会出现的情况，为八二宪法期间建立一个比较健康的民族区域自治权运行体系提供了宝贵经验。

4. 八二宪法时期

八二宪法全面恢复了五四宪法关于民族区域自治制度的规定。1981 年《关于建国以来党的若干历史问题的决议》指出：“必须坚持实行民族区域自治，加强民族区域自治法制建设，保障各少数民族地区根据本地实际情况贯彻执行党和国家政策的自主权。”② 1982 年 12 月，彭真同志在第五届全国人大第五次会议上所作的《关于中华人民共和国宪法修改草案的报告》中说：“草案关于民族自治地方自治权的规定，体现了国家充分尊重和保障各少数民族管理本民族内部事务的民主权利的精神。”③在这些科学认识的指导下，八二宪法在总结 30 多年来实行民族区域自治正反两方面经验教训的基础上，从当时民族自治地方的实际情况出发，作出了一系列重要的修改和补充。主要包括：自治区、自治州、自治县的自治机关行使《宪法》第三章第五节规定的地方国家机关的职权，同时依照宪法、民族区域自治法和其他法律规定的权限行使自治权，根据本地方实际情况贯彻执

① 许崇德著：《中华人民共和国宪法史》，福建人民出版社 2003 年版，第 493 页。

② 敖俊德：《民族区域自治法中两种变通权之间的联系和区别》，载《中央民族大学学报（哲社版）》2005 年第 1 期。

③ 白明政：《试论自治权的归属和行使》，载《贵州民族学院学报（社科版）》1994 年第 3 期。

行国家的法律、政策等新的补充规定，使八二宪法关于民族区域自治权的规定更加完善。八二宪法与1984年制定的《民族区域自治法》，以及一大批其他法律法规关于民族区域自治的规定和民族地区制定的有关地方性法规和地方性自治法规，规范了现存的比较完善的民族区域自治权。其中有《立法法》等20部法律对实现民族区域自治权的相关内容做出了规定。截至2003年底，民族自治地方共制定自治条例133个、单行条例384个，民族自治地方根据本地的实际，对婚姻法、继承法、选举法、土地法、草原法等法律的变通和补充规定有68件。① 还有四川、湖北、海南等12个辖有民族自治地方的省都先后制定了实施民族区域自治法的地方性法规和规章，19个省制定了23个有关散杂居地区少数民族工作的条例或地方性法规。② 目前，中国共建立了155个民族自治地方，其中包括5个自治区、30个自治州、120个自治县（旗）。③

在2001年《民族区域自治法》修订以前，由于历史积累的多方面的原因，民族自治地方的落后，更多地表现为经济发展落后于其他地区，这不利于保持和谐稳定的社会主义民族关系，因此，此时民族区域自治权的重心定位以实现民族自治地方的经济价值为主要目标，自治权的相关法规倾斜于经济水平的提高。但从民族自治地方的全面发展来说，民族区域自治权还未被正确定位，其整体运行效果受中央决策影响过大，缺乏自行完善的力量。在先后经历了修宪和修改《民族区域自治法》之后，恰逢全面小康社会、和谐社会、社会主义政治文明、以人为本的科学发展观等科学思想的出现和指导，会使民族区域自治权能在这些与时俱进的理论指导下日渐完善以发挥其应有效力。

三、民族区域自治权的宪法学分析

周恩来同志有过这样的论断：“我国的民族区域自治是民族自治与区域自治的正确结合，是经济因素与政治因素的正确结合，不仅使聚居的民族能够享受到自治权利，而且使杂居的民族也能享受到自治权利。从人口多的民族到人口少的民族，从大聚居的民族到小聚居的民族，几乎都成了相当的自治单位，充分享受了民族自治权利。”④ 但我国的民族区域自治权在国家权力与公民权利的二维空间中，不可避免地存在冲突与融合，不可避免地会在运行过程中运转不灵，其原因是多方面的。

（一）权力与权力——权力间的协调难题

1. 自治机关与上下级国家机关：自治权力权域的整合

宪法第112条规定：“民族自治地方的自治机关是自治区、自治州、自治县的人民代表大会和人民政府。”那么当自治区、自治州、自治县的人民代表大会和人民政府作为自治机关时，与上下级的国家机关关系如何？上级国家机关对自治机关行使自治权承担怎样

① 见《中国的民族区域自治》白皮书，2005年2月28日。

② 相关数字见敖俊德：《新世纪初我国民族法制建设的新成果》，载《民族研究》2001年第4期。

③ 见《中国的民族区域自治》白皮书，2005年2月28日。

④ 《关于我国民族政策的几个问题》，《周恩来选集》下卷，人民出版社1984年版，第258页。转引自全国人大常委会秘书组、国家民委政法司编：《中国民族区域自治法律法规通典》，中央民族大学出版社2002年版，第119页。

的责任？这与厘清自治机关与上下级国家机关的关系，遵守宪法和地方国家机关组织法关于处理上下级关系的原则规范，明确自治权力的行使范围，实现自治权力的权域整合有至关重要的关系。

就与上级国家机关的关系而言，两者在一般情况下为帮助、指导与被帮助、被指导、要求帮助、要求指导的关系，在特定情况下，自治机关对上级国家机关还有反制作用，能约束上级国家机关的某项权力的行使范围，具有极强的互动性。如自治机关行使自治权制定的自治条例不像地方性法规那样仅限适用于规范本行政区域内的主体的行为，它还能对自治机关的上级机关的特别行为进行规范，甚至还可以对该民族区域自治地方之外的地方的行为进行特别规范。“一切国家机关，包括国务院及其有关部委在内，都必须遵守全国人大常委会批准生效的自治区的自治条例，国务院的行政法规也不得同它相抵触。”① 对自治州、自治县而言，其自治立法在得到批准后，同样能对上级国家机关的行为产生约束，上级国家机关必须在其活动中尊重自治机关的变通行为。

就与下级国家机关的关系而言，自治区的自治机关同辖区内市、县国家机关之间的关系，自治州的自治机关与辖区内县、县级市的国家机关的关系，自治县的自治机关与辖区内乡镇国家机关之间的关系等，这些关系是自治机关在其辖域之内行使自治权必须考虑到的问题。总的来说，自治机关与下级国家机关的关系为部分领导关系，下级国家机关就本地区内的民族区域自治事务受自治机关的领导，这与民族自治地方的人口地域构成有很大联系。一般来说，建立民族自治地方的时候，少数民族人口一定要达到相应的比例。但由于历史以及人口迁徙等原因，各民族自治地方的人口比例差别很大，5 个自治区中西藏自治区的少数民族比例最高，占 95%。人口比例最低的是内蒙古的鄂伦春自治旗，现在少数民族人口不到全县人口的 1%，但在 1951 年建立自治旗的时候，少数民族比例高达 90% 以上，后来由于对这块地区的开发，进入了大量的其他民族的居民，从而改变了这里的人口结构。② 而自治机关所保障的某些自治权利有严格的身份限制，其辖区内的非自治民族居住区域并不能在所有问题上都享受“搭便车”的好处。

就上级国家机关的职责而言，涉及很多方面。根据法律，特别是 2001 年修订的《民族区域自治法》，将上级国家机关对民族自治地方所承担的职责进行了规范，即上级国家机关对民族自治地方有帮助和指导的职责。从民族自治地方的实际出发，制定和发布有关民族自治地方的决议、决定和指示，是上级国家机关对民族自治地方履行职责的主要方式。上级自治机关尊重、保证自治机关的自治权，给予民族自治地方符合其特点、具有可行性的照顾和优惠政策等实际措施是履行职责的主体内容。如人才方面的帮助，就要高度重视少数民族人才队伍的建设。如发展文化教育事业方面的职责体现在帮助民族自治地方加速发展教育事业，提高当地各族人民的科学文化水平，等等。

然而，上级国家机关在履行对自治机关的职责方面，还存在很多问题。江泽民同志曾说过，中央有关部门和各级政府都要制定实施自治法的规定或措施。李鹏同志在 2001 年底全国人大民委等单位召开的学习宣传实施修订后的《民族区域自治法》座谈会上强调

① 史筠：《关于制定自治条例的几个问题》，载《民族研究》1993 年第 6 期。

② 《西部民族自治地方的若干特点》，见 http://www.e56.com.cn/minzu/xibu/xibu_content.asp?xibu_content_ID=301。

指出，国务院要尽快制定和颁发《民族区域自治法》的实施细则，国务院各部委也要制定相应的行政规章。① 但是，由于种种主客观原因，保障自治机关行使自治权、明确规范上级国家机关职责的法规、规章的欠缺，影响了自治权力的权域整合，其表现在以下几个方面：第一，国务院细化民族区域自治制度的行政法规在2005年5月才出台。国务院制定过两个针对民族问题的专门行政法规，即《民族乡行政工作条例》和《城市民族工作条例》，但是其侧重于民族权利的实现，对自治权力的实现是毫无裨益的。而与民族区域自治制度建设有关的1987年的《中共中央、国务院批转〈关于民族工作几个重要问题的报告〉的通知》和1991年的《国务院关于进一步贯彻实施〈中华人民共和国民族区域自治法〉若干问题的通知》，这两个文件，时至今日，还有多大的时效性，是值得追问的。相关行政法规的滞后可能有多方面原因，行政改革过程中的不确定因素使行政法规规范难以定型可以视为其中的一个主要方面。第二，能具体落实民族区域自治制度的部门规章至今缺位，一些行政机关习惯用政策文件，而不是行政规章来处理职权范围内的民族事务，而无规章约束的行为甚至可能干扰自治权的行使。以广西壮族自治区的自治条例的提请批准为例，自治区报批的第18稿，由全国人大常委会送国务院各部委征求意见，只有几个部委同意或基本同意，不同意的部委分别提出了6～13条否定意见，有的部委认为"与我部有关政策相冲突"，有的认为"根据我部……暂行条例办"，更有的部委认为"广西要价太高"。② 而这些征求意见对全国人大常委会的批准产生了决定性的否定性评价。第三，部分民族自治地方特别是五大自治区的自治条例尚未批准颁布。自治条例是规范和保障居住在相当于县级以上聚居区的少数民族的平等权利和自治权利的综合性自治法规。自治条例的质量高低直接影响自治权的实现。而部分民族自治地方自治条例的缺失，或是立法目的与立法技术定位错误的质量不高的自治条例大量存在，也是当前民族区域自治制度的隐患所在。

只有真正处理好权力与权力的关系，扭转这些不利局面，才能实现自治权力的权域整合。

2. 自治机关与地方国家机关身份的转换：权力行使身份的选择

民族自治地方的人民代表大会和人民政府身兼自治机关与地方国家机关的身份，行使自治权时为自治机关，管理非自治性事务时为普通地方国家机关，应该说两种身份的共存并不矛盾，我所关注的是，民族自治地方的人民代表大会和人民政府的行使公权力时，如何切换或运用这两种身份。目前，最主要的矛盾是，民族自治地方的人民代表大会和人民政府容易放弃自治机关的身份。

从权力的行使来讲，民族自治地方的人民代表大会和人民政府更愿意以普通地方国家机关的身份实现少数民族权利。以制定行使自治权的重要内容的自治条例与单行条例为例。宪法第100条规定：省、直辖市的人民代表大会和它们的常务委员会，在不同宪法、法律、行政法规相抵触的前提下，可以根据本地区的实际情况，制定灵活性的地方性法规，报全国人民代表大会常务委员会备案。而民族自治地方却不能够自主地完成立法，除

① 参见吴仕民主编：《新时期民族区域自治制度与法制建设》，民族出版社2002年版，第91～92页。

② 戴小明、黄木：《论民族自治地方立法》，载《西南民族学院学报（哲社版）》2002年第7期。

需本级人大表决通过，还需事前征询国务院职能部门意见并获同意，事后报上级人大常委会批准后才能生效，通过程序更为复杂、严格。① 以自治区的人大行使权力为例，自治区的人大既有权制定自治条例，又可以作为省一级人大制定地方性法规，所以，自治区的人大可以在一个宽松的选择环境中比较自由地转换自身角色。权衡比较之下，自治区的人大制定的自治条例需报全国人大常委会批准，而制定的地方性法规只需报全国人大常委会备案，不存在批准的问题。② 在效率的选择上，自治区人大自然倾向于制定程序更简单的而且也具有一定的变通性的地方性法规。实际上就形成了一种矛盾的局面，即：立法前提严格的一般地方可以自主地完成立法，制定地方性法规，只需本级地方人大或常委会表决通过即可生效。与之对比，民族自治地方行使自治权的积极性很难有正面的反应。五大自治区的自治条例至今不能出台，在某种程度上可以为这种状态所形成的不利局面提供佐证。

从实现民族权利的身份来讲，民族自治地方更愿意选择行政区划中的更高建置。如现在部分自治县积极的申请进行县级市改制，改制后仍然保留了原民族自治地方的待遇。在一些民族自治地方，陆续改建了一批地级市、县级市，这些设立市的建置的地方，既享受民族自治地方的自治权利和优惠政策，又享受国家关于城市建设的政策。具体地有，1988年海南建省，调整了省内的行政区划，撤销海南黎族自治州，新建7个自治县，还有三亚和通什市享有民族自治优惠待遇，民族自治地方占全省面积的一半多，具有经济特区和民族自治地方的双重身份，享有双重优惠政策。又如重庆直辖市将黔江土家族自治县改为黔江区，市辖区内有石柱、秀山等四个自治县。③ 这些改制在不考虑其是否符合民族区域自治制度的精神的情况下，一方面反映了民族自治地方对发展的渴望和对城市化的向往；另一方面又真实反映了民族自治地方所享有的自治权空心化的实际状况。这种状况反映了一种尴尬的现实，即民族自治地方可以选择放弃民族自治地方的身份，而其真实权力并没有减少。

3. 自治机关与非自治机关：如何防止地方保护主义

自治机关在行使自治权上，可以选择很多倾斜性优惠政策，这使得自治机关与其相邻行政区域的政权组织处于政策竞争的状态，如果没有一个很好的调节措施，可能会加剧地方保护主义的滥觞。

自治机关为了改变本地区落后的面貌，充分行使自治权之时，由于可以利用的国家财政资源和社会经济资源是有限的，相邻的地区为了保持本地区的活力，必然与民族自治地方展开争夺。从经济发展来讲，竞争是有益的，但是如果没有行之有效的措施的约束，不能避免可能性很大的地方保护主义的发生。其发生机理是，自治机关有责任在维护国家统一的基础上实现民族自治地方利益的最大化，而相邻的地区在分取国家资源的同时，还要防止本地区资源的流出，以免影响本地利益，这是相邻非自治机关的理性选择。而这种微观理性的行为现在缺乏有效约束，很可能会演变为宏观不理性的恶果，陷入地方主义的泥

① 参见朝丽：《对民族自治地方自治机关立法权的思考》，载《西南民族学院学报（哲社版）》2002年第7期。

② 参见秦前红、姜琦：《论我国民族区域自治的立法监督》，载《浙江学刊》2003年第6期。

③ 参见吴仕民主编：《新时期民族区域自治制度与法制建设》，民族出版社2002年版，第8～9页。

沼。与之对应，为了尽可能减少宏观环境的恶化对民族自治地方的不良影响，民族自治地方的自治机关也会被迫采取地方保护主义的措施。

要防止这种宏观不理性的出现，一方面要完善民族区域自治制度，在制度上确立和加强中央政府的权威，通过奖惩机制促进自治机关与非自治机关的行为自觉不走向地方保护主义的泥沼，而是充分的合作，实现优势互补，更多地通过内生机制将本地的资源做大，创设一个双赢局面；另一方面在地方性、民族性事务上充分保障自治机关行使自治权的同时，在涉及全局性的事务上保持中央政府的干预力量，集中管理具有全局性影响的事务，从而改善民族自治地方发展的宏观环境，防止自治机关与非自治机关的冲动，促进国家整体发展。

4. 自治机关之间：同质权力的力量比较

我国的民族自治地方，即自治区、自治州、自治县，按行政区划相当于省、设区的市、县；民族自治地方的其他地方国家权力机关和行政机关作为普通地方国家机关时，按照宪法和地方组织法分别行使省、设区的市、县级地方国家机关的职权；作为民族自治地方的自治机关时，虽然在批准程序上有所不同，但是所享有的自治权则是平等的、不分级别的。也就是说，自治州、自治县的自治机关所享有的自治权同自治区的自治机关所享有的自治权是一样的，没有等级差别，只是自治权的实施范围因行政区划大小不同而有所不同。

（二）权利与权力——自治权实现的困境

1. 自治权力的不当行使：作为与不作为

民族区域自治制度中的自治机关行使《宪法》第三章第五节规定的地方国家机关的职权，同时依照宪法、民族区域自治法和其他法律规定的权限行使自治权。但是关于自治权的规定缺少具体的授权规范和限权规范，同时，自治权的相关规范比较原则，而自治权的内容必须实行法定解释制度，既限权，又要保障和鼓励权力行使。如果自由裁量的幅度过大，容易出现滥用权力或是自治权行使不作为的现象，目前，自治权力不作为或是不有效作为是自治权行使中的主要缺陷。自治权的不作为表现为自治机关不积极主动地行使自治权，制定自治法规，以实现自治民族权利。自治权的不有效作为表现为僵化的反复重申上位法的相关规定，不将自治权细化以落到实处。

以 1985 年被批准实施的第一部自治条例——《延边朝鲜族自治州自治条例》为例。从结构上看，“总则”中的 9 条有 7 条是原文重申了宪法和民族区域自治法中的抽象规范。在“自治州自治机关”这一节中有 15 条，37 款，其中有 6 条 10 款重申宪法和民族区域自治法的原则或规定；在关于“自治州的教育科学文化卫生体育事业”的 18 条规定中，只有 2 条重申了宪法和民族区域自治法的原则或规定，而其他条目都对上位法的规定作了展开。由此看来，自治权的作为与不作为实际上是具体民族权利的实现问题。从以上看出，自治机关在经济建设和文化教育建设上的自治权之所以被应用得较细，因为这完全是怎样组织建设，怎样管理的问题；但涉及利益分配问题时，情况就不同了。特别是关于经济建设、财政管理等规定，完全涉及中央和地方经济利益的划分，尽管有对民族自治地方进行倾斜的经济、财政政策，也允许自治机关进行变通，但这种倾斜性保护和变通权难以实现。这一点与利益之协调是密切联系在一起的，因为倾斜性保护与变通的任何细微偏斜都会牵涉民族自治地方与条块部门权益的比量，这也影响了一条法定化的轨道的形成。所以，在以《延边朝鲜族自治州自治条例》为代表的自治法规中，涉及该民族自治地方经济、财政管理的内容，只是对上位法规定进行机械的转述，对这些原则性的规定如何进入操作层面执行，自治机关是缺乏为实现民族权利而行使自治权的勇气的。

2. 权利的实现状态，如何保障个体的权利

自治权行使的终极目标是少数民族人民人权之实现，人权之主体既包括作为整体的民族，又可分解为作为个体的少数民族成员。但是，我国民族区域自治制度目前的重心在于作为整体的民族权利的实现。这是因为目前的主导意识形态认为，如果作为整体的人权得不到切实保障，个人人权也不可能得到应有的重视。

实行区域自治的民族如何行使自治权利，自主管理本民族内部事务问题。民族区域自治法序言规定的原则为："实行民族区域自治，体现了国家充分尊重和保障各少数民族管理本民族内部事务权利的精神，体现了国家坚持实行各民族平等、团结和共同繁荣的原则。"可举例说明。一方面通过自治机关的人员组成形式来体现，民族区域自治法第16条、第17条、第18条详细规定了少数民族人民参与自治机关的方法，培养了一大批少数民族干部。毛泽东同志认为，在一定条件具备的时候，干部就是决定的因素，如果没有大批少数民族出身的共产主义干部，我国的民族问题是不能解决的。① 另一方面，宪法和民族区域自治法等法律法规都规定了关于国家机关必须维护、保护公民的合法权利和自由，特别要保障民族群众的宗教信仰自由，以利于在和谐的氛围中展开工作。最后，民族属于历史范畴。历史上各少数民族都曾经有用"习惯法"来管理本民族的内部事务，至今在边远的少数民族村落还有一些影响。在统一的多民族国家和现代法制文明中，民族习惯法已经不属于其法律渊源。国家通过立法程序或法律授权方式，如制定自治条例和单行条例，法律授权制定变通规定和补充规定，一定程度上满足了自治民族对习惯法的情感归属，就是体现民族权利的一个重要方面。

但作为个体的少数民族人权如果没有得到民族区域自治制度的明确、充分肯定，那么作为民族的权利会流于形式，沦落为无指向的空谈。

（三）权利与权利——权利保护的难题

民族区域自治制度内权利与权利关系反映为民族自治地方内实行区域自治的民族和非自治民族的关系，自治民族之间的关系，自治民族公民和其他民族公民的关系。这些权利与权利的关系具体表现如何，权利之间是否有位阶或是优位性？我国宪法第4条规定，"中华人民共和国各民族一律平等。国家保障各少数民族的合法的权利和利益，维护和发展各民族的平等、团结、互助关系。禁止对任何民族的歧视和压迫"，第33条规定"中华人民共和国公民在法律面前一律平等"。结合这些规定分析权利之间的关系，得出的结论是：民族区域自治制度中的这些权利在法律上没有位阶，不能因民族的不同而获得法律以外的特权或者作为限制权利的借口使公民受到歧视。但在制度运行的实际中，还是客观的存在权利的规范和实现得不到平等保护的情况，而出现权利有位阶的假象。其主要原因是处理民族权利之间关系的法律法规的失位。如调整实行区域自治民族和非自治民族的关

① 参见王天玺著：《民族法概论》，云南人民出版社1988年版，第103页。

系、自治民族之间的关系的是民族区域自治法，调整自治民族公民和其他民族公民的关系以及调整权利与权利之间关系的具体的法律法规还留有很大的空白。

由于我国民族分布上的特点，权利与权利之间还存在着民族差异和矛盾，少数民族权利保护的法律形式和范围还有待明确，必须规定处理的原则、措施和办法。如海北自治州自治条例有这样一个原则性的规定："自治州的自治机关在处理民族之间和地区之间的一切纠纷时，本着有利于团结，有利于生产和互谅互让的原则，通过协商，妥善处理，禁止挑拨、煽动民族之间和地区之间纠纷的行为。"但对有两个以上的自治民族的民族自治地方，如何处理好两个或多个自治民族之间的关系？虽然可以认为处理自治民族和非自治民族关系的原则，同样适用于自治民族之间的纠纷的调解，但还需具体的措施和办法来落实。

从作为个体和限制语义范围的小集体的权利保护来讲，我国有2 700多万散居少数民族人口，约占少数民族人口总数的1/4；此外，自治民族与非自治民族中还有与民族内主要族群关系松散的具有独立性的族群，① 保障这些少数民族的权利，同样是民族区域自治制度处理权利之间关系的需要。我国第八届人大常委会就曾把起草《散居少数民族权益保护法》列入了立法规划。各民族公民杂居在一起，促进了各民族公民之间的交往，有利于不同民族的公民互相学习、共同进步，同时客观上也增大了各民族公民之间发生摩擦的可能性，给调整散居地区的民族关系带来了复杂性。目前，我国已有 15 个省市制定了有关散居少数民族工作的地方性法规和规章，为制定保障散居少数民族权益的条款奠定了基础。② 但是具有整合性的全国性法律法规的缺位，不能从根本上保障权利的实现。

另外，《宪法》规定通过设立民族乡的办法，以期使这些少数民族也能行使当家作主、管理本民族内部事务的权利，国务院制定了《民族乡行政工作条例》和《城市民族工作条例》，以保障民族乡制度的实施。截至2003 年底，中国在相当于乡的少数民族聚居的地方共建立了1 173个民族乡。11 个因人口较少且聚居区域较小而没有实行区域自治的少数民族中，有 9 个建有民族乡。③

民族区域自治权的体系中对权利之间关系处理的关注，其核心是为了保障少数民族权益。既强调在民族自治区域内自治民族自己管理自己的事务，以实现自己的合法权益，又

① 中华人民共和国成立初期，中国境内有 400 多个族群，他们将各自的族称上报政府，希望被政府识别为独立的民族。中国政府对这些族群进行了规模空前的民族识别。1953 年，首先确定了 37 个少数民族，1954 年到 1965 年，又先后确认了 17 个民族，1979 年确定基诺为单一民族，至此已确认 55 个少数民族，加上汉族，共有 56 个民族。但是，根据 1990 年第四次人口普查结果，尚有749 341人尚未识别民族。（参见《中国民族统计》（1949～1990），中国统计出版社 1991 年版，第 42 页。转引自巫达：《中国少数民族的族群问题》，载《学说连线》，时间：2004 年 5 月 16 日。）这就是说，中国的至少 400 个族群，现分别划分在 56 个民族里面，势必造成某些民族里有数个甚至数十个族群成分，而且还有一些还未确定族属。使得自治民族行使的某项权利并不代表自治民族人民都有此意愿，因为其内部缺乏一个自发的意愿形成机制，起作用的还是选举人民代表，但主要处于农村地区的族群每个人民代表代表的人口数要四倍于城市人口，很多族群和散居少数民族人民实质上并没有从保护中受益。

② 参见杨静：《论民族问题的宪法保障》，载《四川师范大学学报（社会科学版）》2002 年第 3 期。

③ 见《中国的民族区域自治》白皮书，2005 年 2 月 28 日。

强调作为个体的少数民族成员特殊权益的保障问题。就是说，处理好权利之间关系的本质是对少数民族的权益实行特殊保障。其责任主体从公民讲，既有自治民族公民，也有汉族公民，还有其他少数民族公民。从国家机关讲，既有自治机关，也有中央国家机关，还有其他地方国家机关。

余　论

在新的历史时期，民族区域自治的宗旨和目标是通过少数民族人民对本地方、本民族的特定事务的当家作主，实现少数民族人民的全面发展。宪法作为“母法”，其作用不仅是将民族区域自治中的民族区域自治权予以法定化，作出宣示，为民族区域自治权提供基本的制度构架，而且应该通过对权力权域的限定将国家干预限制在合理的限度内，充分发挥民族自治地方的自主性和自律性，在维护国家统一的基础上，扩大民族自治地方事务，强化民族自治地方的自治权，为民族权利的实现提供制度保障，使制度的运行最终符合民族区域自治之目的，最后还要通过违宪审查机制为保证民族区域自治权的正确运转提供最后防线。只有在此基础上，弘扬民族区域自治权中体现的“人本精神”，强化其人文关怀，推进有关主体的多元互动，增进民族区域自治中的自生自发秩序，唤醒少数民族人民的权利意识，才能促成民族区域自治权最终的完美实现。邓小平同志在1980年的《党和国家领导制度的改革》一文中就指出，要使少数民族真正实行民族区域自治。“真正的民族区域自治”在现代语境中应该是对绝对国家主义的克服，在全面实现自治权的基础上，积极帮助个人自由等体现人的全面发展的“以人为本”的价值观在民族自治地方的体现。要达成上述目标，应从三个方面入手：

其一，实现民族区域自治权，必须注重国家权力的有效介入，不仅包括创造有利环境，还包括加强对民族区域自治权的监督。2005年5月19日公布的《国务院实施〈中华人民共和国民族区域自治法〉若干规定》，进一步明确了上级人民政府对民族自治地方的责任，如其第30条规定：各级人民政府民族工作部门对本规定的执行情况实施监督检查，每年将监督检查的情况向同级人民政府报告，并提出意见和建议。这就设置了一个明确的主体负责对各级政府维护民族区域自治权的情况进行评估，从而有利于民族区域自治权的实现。

监督机制是民族区域自治权运行过程中不可或缺的贯穿性机制，是权力制约体系的有机组成部分，是现代民主和法治的基本运作机制。建立健全监督机制的重要性在于，民族区域自治权必须受到严格的和实际的监督，这是现代国家权力运作的基本规则的要求，更是民族区域自治能在其权域范围内正常运行的需要。其理由是：民族区域自治制度中的监督机制担负着完善甚至是支撑民族自治区域制度的重要使命，授予的权力越大，相应的监督力度也应该越大，这样才能使权力与权力之间保持制约与平衡。① 应该从多维的制度层面上的安排，分清监督机制中的主体与内容。江泽民同志曾在1992年的中央民族工作会议上指出：到本世纪末，要形成比较完备的社会主义民族法规体系和监督机制。②

---

① 参见吴高盛主编：《立法法条文释义》，人民法院出版社2000年版，第118页。

② 转引自方慧：《十一届三中全会以来我国民族法学研究回顾与展望》，载《思想战线》2000年第2期。

其二，民族区域自治权可以视为是为实现、主张、确定一定的利益关系而存在的，是少数民族人民参与自治权实现过程的利益需求的综合表达的过程，少数民族人民参与自治权实现过程的要求是自治机关实施立法活动的原动力和目标。但是，这种参与权是一种稀缺的社会资源，在衡量、取舍诸多有差异、有冲突的情况的时候，没有很强的意愿表达能力，没有畅通的意愿表达渠道，其参与自治权实现过程的要求很难实现。因此，从实现少数民族人民当家作主的角度看，民族区域自治权的实现，急需提高少数民族人民参与自治权实现过程的能力，即实体化少数民族人民参与自治权实现过程的能力。人在社会政治结构中始终应是目的，而不是手段。

其三，加强民族区域自治制度中的程序设计。在注重所有人有效参与公共生活中来讨论少数民族的自治问题，通过借鉴近代以来形成的政治文明规范——国际标准来设计国内的处理民族关系的规范，在程序的设计中来制定少数民族权利的保护制度，在尊重所有人的人权实现的目标追逐中来安排少数民族权利的实现等，① 这对深入理解民族区域自治权，完善和发展我国的民族区域自治理论，具有非常重要的参考意义。

① 《隆德建议书》是欧共体为少数民族有效参与公共生活制定的纲领性文献，它所建议的制度与我国的民族区域自治制度非常相近。参见刘惊海：《从人权和有效参与视角来理解少数民族自治》，载《广播电视大学学报（哲社版）》2002 年第 4 期。

我国当前职务犯罪的现状及特征

■ 莫洪宪* 叶小琴**

目 录

一、职务犯罪的现状
二、职务犯罪的特征

一、职务犯罪的现状

阐明犯罪现状，数字最能说明问题。固然我国目前的职务犯罪统计资料并不全面，但以此为基础，笔者相信仍然可以窥豹一斑。修订后的《中华人民共和国刑法》已经自1997年10月1日起施行，由于刑事法律依据的变化，1997年以前与1998年以后的犯罪统计不具有可比性。因此，笔者对职务犯罪现状的数据统计，是以1998年以后公布的统计资料为基础展开的。笔者所利用的主要是官方公布的统计资料，资料主要来源为：中国法律年鉴社1999~2004年出版的《中国法律年鉴》、1999~2005年最高人民法院院长每年在全国人民代表大会上所作的《最高人民法院工作报告》、1999~2005年最高人民检察院检察长每年在全国人民代表大会上所作的《最高人民检察院工作报告》，1999~2005年国家统计局每年发布的《国民经济和社会发展统计公报》、公安部发布的《2004年全国公安机关打击刑事犯罪维护社会治安情况通报》、《2003年以来全国公安机关打击犯罪、民警伤亡和整肃警风警纪等情况通报》等。

所有的官方统计资料笔者均编制成了表格。为了保持官方统计资料的原貌，避免因过度加工性编排而有损统计资料的客观性，笔者对表格的编制采取了以下原则：第一，官方统计资料表格中的数据全部提取自资料原文，没有进行诸如总和、增长率之类的进一步计算。在采用表格对官方统计资料进行分析时，分析结果均制成了单独的表格。第二，为了便于对照，表格的总体编制是尽量将不同年份的数据编制在同一表格中。第三，为了更客

* 武汉大学法学院教授、博士生导师，武汉大学国家安全研究所所长，中国犯罪学研究会副会长。
** 武汉大学法学院刑法学博士研究生。

观的保持数据的原貌并保持数据衡量标准的统一，同一个官方统计资料表格的数据来源尽量采用同一种数据源。即使采用另外一种数据源，也只是补充一个年度的数据，在同一年度的数据统计中未将不同数据源的数据混编。所以，有个别项目的数据会在不同的表格中重复。第四，《中国法律年鉴》和部分《国民经济和社会发展统计公报》的统计资料原本就是表格形式，笔者只选取了与职务犯罪分析相关的统计资料编制成表格，最大限度的保持原表格的标题行、数据排列顺序、数据表现形式。增加的标题栏主要有两类，一是“年度”；二是在删节了原表格的部分标题栏后为了避免误读表格而必须增加的标题。这类表格的标题被冠以“……统计表”。第五，其他根据叙述性文本制成的表格，标题尽量采用报告原文的词语，这类表格的标题被冠以“……一览表”。这类表格中不同年度的数据不对称，有的数据某一年度有，但另一年度可能没有。此外，根据《最高人民法院工作报告》编制成的表格，由于数据量小，笔者就将1998～2004年的数据合编成同一个表格；而根据《最高人民检察院工作报告》编制的表格，由于数据量大，而且数据不对称的情况比较多，就采取了分年度编制表格的形式。

表格在文内是连续编号的。由于同一个表格中的数据会在文中不同部分重复利用，为了行文简洁并保持逻辑层次，笔者就先将这些表格全部列明，下文进行分析时，通过引用表格编号来指明数据源。而且，这些数据统计表格本身就揭示了大量事实，是对职务犯罪现状最直观的体现。

（一）法院有关职务犯罪的数据统计表

表1　**1998～2003年全国法院刑事一审案件情况统计表**　（单位：件）

年度	合计		其中			
			贪污贿赂罪		渎职罪	
	收案	结案	收案	结案	收案	结案
1998	482 164	480 374	18 604	18 468	1 340	1 366
1999	540 008	539 335	18 946	18 889	1 250	1 246
2000	560 432	560 111	21 431	21 249	1 473	1 445
2001	628 996	623 792	21 800	21 681	1 839	1 789
2002	631 348	628 549	19 192	19 019	1 541	1 558
2003	632 605	634 953	20 765	20 933	2 082	2 053
2004	—①	735 535②	—	—	—	—

注：结案中含上年旧存。

① 本文表格中此类标记表示没有相关数据。

② 参见2005年《最高人民法院工作报告》。

表 2　**1998 ~ 2004 年全国法院刑事一审职务犯罪案件一览表①**

<table>
<tr><th rowspan="6">年度</th><th colspan="7">结　案</th><th colspan="4" rowspan="2">判处犯罪分子</th></tr>
<tr><th colspan="2" rowspan="2">合　计</th><th colspan="5">其　中</th></tr>
<tr><th colspan="5">贪污贿赂罪</th><th rowspan="2">合计</th><th rowspan="2">县处级</th><th rowspan="2">地厅级</th><th rowspan="2">省部级</th></tr>
<tr><th rowspan="3">件</th><th rowspan="3">判处犯罪分子</th><th rowspan="3">件</th><th colspan="4">判处犯罪分子</th></tr>
<tr><th>合计</th><th colspan="3">其　中</th><th rowspan="2">人</th><th rowspan="2">人</th><th rowspan="2">人</th><th rowspan="2">人</th></tr>
<tr><th>人</th><th>县处级</th><th>地厅级</th><th>省部级</th></tr>
<tr><td>1998</td><td>—</td><td>—</td><td>18 468</td><td>15 670</td><td>434</td><td>54</td><td>3</td><td>—</td><td>—</td><td>—</td><td>—</td></tr>
<tr><td>1999</td><td>—</td><td>—</td><td>—</td><td>15 748</td><td>367</td><td>65</td><td>2</td><td>—</td><td>—</td><td>—</td><td>—</td></tr>
<tr><td>2000</td><td>—</td><td>—</td><td>—</td><td>17 931</td><td>350</td><td>52</td><td>3</td><td>—</td><td>—</td><td>—</td><td>—</td></tr>
<tr><td>2001</td><td>—</td><td>20 120</td><td>—</td><td>—</td><td>—</td><td>—</td><td>—</td><td>513</td><td>419</td><td>89</td><td>5</td></tr>
<tr><td>2002</td><td colspan="2">1998 ~ 2002 年这 5 年共判处犯罪分子 83 308 人</td><td>—</td><td>—</td><td>—</td><td>—</td><td>—</td><td colspan="4">1998 ~ 2002 年这 5 年共判处县处级以上公务人员 2 662 人，比前五年上升 65%</td></tr>
<tr><td>2003</td><td>22 986</td><td>—</td><td>—</td><td>—</td><td>—</td><td>—</td><td>—</td><td>537</td><td>458</td><td>73</td><td>6</td></tr>
<tr><td>2004</td><td>24 184</td><td>—</td><td>—</td><td>—</td><td>—</td><td>—</td><td>—</td><td>772</td><td>668</td><td>98</td><td>6</td></tr>
</table>

① 根据 1999 ~ 2005 年最高人民法院院长在全国人民代表大会上所作《最高人民法院工作报告》中公布的统计数字编制本表。报告依次参见最高人民法院官方网站：

1999 年《最高人民法院工作报告》，http：//www. court. gov. cn/work/200302120013. htm，2005-06-18；

2000 年《最高人民法院工作报告》，http：//www. court. gov. cn/work/200302120014. htm，2005-06-18；

2001 年《最高人民法院工作报告》，http：//www. court. gov. cn/work/200302120015. htm，2005-06-18；

2002 年《最高人民法院工作报告》，http：//www. court. gov. cn/work/200302120016. htm，2005-06-18；

2003 年《最高人民法院工作报告》，http：//www. court. gov. cn/work/200303280001. htm，2005-06-18；

2004 年《最高人民法院工作报告》，http：//www. court. gov. cn/work/200403110010. htm，2005-06-18；

2005 年《最高人民法院工作报告》，http：//www. court. gov. cn/work/200403220012. htm，2005-06-18。

表 3　　**2002～2003 年全国法院审理刑事被告人判决生效情况统计表**（单位：人、件）

			合计		贪污罪	渎职罪
			2002 年	2003 年	2002 年	2003 年
本期生效判决	件		493 500	513 816	13 517	944
	人		706 707	747 096	15 806	1 144
生效判决被告人处理情况	宣告无罪		4 935	4 835	261	66
	免予刑事处罚		11 266	11 906	1 169	253
	给予刑事处分		690 506	730 355	14 376	825
	五年以上有期徒刑至死刑		160 324	158 562	3 536	41
	五年以下有期徒刑		345 351	357 991	3 084	282
	拘役		45 438	53 092	124	20
	有期徒刑、拘役缓刑		117 278	134 927	7 579	474
	管制		9 994	11 508	14	5
	单处附加刑	总计	—	14 275	—	—
		罚金	11 980		39	2
		剥夺政治权利	116		—	1
		驱逐出境	25		—	—

（二）检察院有关职务犯罪的数据统计表

表 4　　**1998-2003 年全国检察机关直接立案侦查案件情况统计表**

年度	受案	立案				结案	
		合计		其中 大案	要案		
	件	件	人	件	人	件	人
1998	108 828	35 084	40 162	9 715	1 820	34 081	38 883
1999	103 356	38 382	43 533	13 059	2 200	34 806	39 396
2000	104 427	45 113	50 784	16 121	2 872	40 770	45 720
2001	97 240	45 266	50 292	19 004	3 013	41 390	45 910
2002	86 187	43 258	47 699	18 496	2 925	40 776	44 777
2003	71 032	39 562	43 490	18 695	2 728	37 042	40 639

注：①

（1）受案：指本年度新受理的案件。

① 本文其他涉及检察机关的统计表，行标题各项含义同本注。

（2）立案：指检察机关对直接立案侦查案件的犯罪线索进行初步调查后，认为存在犯罪事实并需要追究刑事责任时，依法决定作为刑事案件开展侦查的诉讼活动，是追究犯罪的开始。

（3）结案：指侦查程序的结束。

（4）大案：贪污贿赂犯罪案件大案是指贪污、贿赂案数额在5万元以上，挪用公款案数额在10万元以上；2001年（包括2001年）以前其他案件数额在50万元以上的案件，2002年（包括2002年）以后集体私分、巨额财产来源不明、隐瞒境外存款数额在50万元以上以及按照《人民检察院直接受理立案侦查的渎职侵权重特大案件标准（试行）》认定的案件。

（5）要案：指县、处级以上干部。

表5　**1998～2003年全国检察机关直接立案侦查贪污贿赂案件情况统计表**

年度	案件类别	受案	立案				结案	
			合计		其中		合计	
					大案	要案		
		件	件	人	件	人	件	人
1998	合计	89 544	30 670	34 405	9 715	1 674	29 661	33 239
	贪污	46 219	12 909	15 199	3 657	456	11 891	14 044
	贿赂	23 046	8 759	9 255	1 847	909	8 321	8 785
	挪用公款	14 977	8 283	9 056	3 885	289	7 869	8 544
	集体私分	476	91	147	78	11	84	139
	巨额财产来源不明	262	20	21	19	2	19	19
	其他	4 564	608	727	229	7	1 477	1 708
1999	合计	83 555	32 911	36 703	13 059	2 019	30 063	33 534
	贪污	44 383	14 372	16 737	5 173	570	13 105	15 304
	贿赂	20 299	8 192	8 606	2 552	983	7 565	7 932
	挪用公款	15 895	10 056	10 976	5 244	432	9 026	9 803
	集体私分	747	198	275	61	21	171	252
	巨额财产来源不明	294	28	29	15	9	21	21
	其他	1 937	65	80	14	4	175	222
2000	合计	83 461	37 183	41 377	16 121	2 556	34 085	37 868
	贪污	44 874	16 765	19 428	6 736	683	15 129	17 553
	贿赂	20 771	9 872	10 367	3 658	1 279	9 082	9 530
	挪用公款	14 958	10 170	11 068	5 623	540	9 472	10 258
	集体私分	901	277	393	70	43	257	365
	巨额财产来源不明	281	30	32	23	8	30	30
	其他	1 676	69	89	11	3	115	132

续表

年度	案件类别	受案	立案		其中		结案	
			合计		大案	要案	合计	
		件	件	人	件	人	件	人
2001	合计	76 530	36 447	40 195	16 637	2 670	33 900	37 401
	贪污	41 511	16 362	18 718	6 932	696	15 099	17 349
	贿赂	19 688	10 347	10 785	4 248	1 378	9 503	9 896
	挪用公款	12 562	9 283	10 095	5 082	504	8 865	9 573
	集体私分	962	341	470	331	73	315	427
	巨额财产来源不明	251	25	27	25	10	21	24
	其他	1 556	89	100	19	9	97	132
2002	合计	67 935	34 716	38 022	16 582	2 546	33 085	36 142
	贪污	36 821	15 785	17 953	7 199	732	14 858	16 851
	贿赂	18 698	10 725	11 165	4 871	1 391	10 179	10 561
	挪用公款	10 028	7 740	8 302	4 348	359	7 569	8 100
	集体私分	988	369	488	128	51	354	478
	巨额财产来源不明	214	33	37	26	10	26	30
	其他	1 186	64	77	10	3	99	122
2003	合计	55 333	31 953	34 922	16 805	2 389	29 986	32 707
	贪污	29 276	14 161	16 162	7 191	632	13 172	14 979
	贿赂	16 476	10 553	10 922	5 424	1 378	9 861	10 197
	挪用公款	8 272	6 754	7 249	4 010	289	6 472	6 936
	集体私分	1 023	419	515	150	76	414	512
	巨额财产来源不明	193	32	32	24	12	18	19
	其他	93	34	42	6	2	49	64

表6 **1998～2003年全国检察机关直接立案侦查渎职案件情况统计表**

年度	案件类别	受案	立案				结案	
			合计		其中		合计	
					大案	要案		
		件	件	人	件	人	件	人
1998	合计	19 284	4 414	5 757	—	146	4 420	5 644
	滥用职权	1 752	376	435	—	14	270	311
	玩忽职守	3 387	1 224	1 440	—	73	1 483	1 690
	徇私舞弊	6 571	1 288	1 500	—	47	1 176	1 367
	其他	7 574	1 526	2 382	—	12	1 491	2 276
1999	合计	19 801	5 471	6 830	—	181	4 743	5 862
	滥用职权	2 600	779	910	—	42	641	745
	玩忽职守	3 975	1 851	2 073	—	94	1 638	1 818
	徇私舞弊	6 314	1 247	1 407	—	31	1 077	1 196
	其他	6 912	1 594	2 440	—	14	1 387	2 103
2000	合计	20 966	7 930	9 407	—	316	6 685	7 852
	滥用职权	3 808	1 620	1 788	—	83	1 347	1 456
	玩忽职守	4 497	2 625	2 914	—	188	2 213	2 440
	徇私舞弊	6 593	1 791	2 048	—	33	1 492	1 678
	其他	6 068	1 894	2 657	—	12	1 633	2 278
2001	合计	20 710	8 819	10 097	2 367	343	7 490	8 509
	滥用职权	4 592	2 168	2 392	649	90	1 833	2 003
	玩忽职守	4 669	2 881	3 153	1 117	188	2 513	2 760
	徇私舞弊	6 578	2 052	2 323	318	41	1 663	1 860
	其他	4 871	1 718	2 229	283	24	1 481	1 886
2002	合计	18 252	8 542	9 677	1 914	379	7 691	8 635
	滥用职权	4 408	2 177	2 375	540	120	1 908	2 070
	玩忽职守	4 118	2 720	2 978	826	172	2 506	2 698
	徇私舞弊	5 754	1 963	2 174	319	59	1 759	1 926
	其他	3 972	1 682	2 150	229	28	1 518	1 941
2003	合计	15 699	7 609	8 568	1 890	339	7 056	7 932
	滥用职权	4 047	2 049	2 208	581	141	1 873	2 014
	玩忽职守	4 029	2 545	2 743	772	126	2 402	2 595
	徇私舞弊	4 354	1 509	1 656	264	39	1 434	1 587
	其他	3 269	1 506	1 961	273	33	1 347	1 736

表7 1998～2003年全国检察机关审查批准逮捕、决定逮捕犯罪嫌疑人和提起公诉被告人情况统计表

年度	案件类别	批捕、决定逮捕合计		决定起诉合计	
		件	人	件	人
1998	合计	14 422	15 981	22 700	26 834
	贪污贿赂案	13 409	14 658	20 571	23 887
	渎职案	1 013	1 323	2 129	2 947
1999	合计	16 284	17 886	21 408	24 927
	贪污贿赂案	15 143	16 434	19 530	22 456
	渎职案	1 141	1 452	1 878	2 471
2000	合计	17 780	19 568	23 743	27 582
	贪污贿赂案	16 522	18 055	21 585	24 854
	渎职案	1 258	1 513	2 158	2 728
2001	合计	17 145	18 678	24 219	27 827
	贪污贿赂案	15 826	17 123	21 782	24 909
	渎职案	1 319	1 555	2 437	2 918
2002	合计	14 814	16 161	22 176	25 340
	贪污贿赂案	13 830	14 986	19 980	22 676
	渎职案	984	1 175	2 196	2 664
2003	合计	14 749	16 020	22 761	26 124
	贪污贿赂案	13 591	14 656	19 848	22 631
	渎职案	1 158	1 364	2 913	3 493

注：

（1）决定逮捕：是指检察机关对直接受理、自行侦查的案件，认为需要逮捕犯罪嫌疑人时，依据法律作出的逮捕决定。

（2）批准逮捕：是指检察机关对公安机关、国家安全机关、监狱管理机关提请逮捕的犯罪嫌疑人进行审查，根据事实和法律作出批准逮捕决定。

（3）决定起诉：是指检察机关对公安机关、国家安全机关、监狱管理机关和检察机关侦查部门移送起诉的刑事犯罪嫌疑人进行审查，认为应当追究刑事责任，根据事实和法律向人民法院提起公诉。

表 8 **1998 年全国检察机关查办职务犯罪情况一览表①**

<table>
<tr><th colspan="5">类别</th><th>合计</th><th>单位</th></tr>
<tr><td rowspan="12">立案</td><td colspan="4" rowspan="2">合计</td><td>35 084</td><td>件</td></tr>
<tr><td>40 162</td><td>人</td></tr>
<tr><td rowspan="5">大案要案</td><td colspan="3">50 万元以上大案</td><td>1 773</td><td>件</td></tr>
<tr><td rowspan="4">要案</td><td colspan="2">合计</td><td>1 820</td><td>人</td></tr>
<tr><td rowspan="3">其中</td><td>县处级</td><td>1 714</td><td>人</td></tr>
<tr><td>厅局级</td><td>103</td><td>人</td></tr>
<tr><td>省部级</td><td>3</td><td>人</td></tr>
<tr><td rowspan="5">查办重点</td><td colspan="3">国有企业、金融系统、房地产领域中发生的贪污贿赂、渎职犯罪案件</td><td>18 601</td><td>件</td></tr>
<tr><td colspan="3" rowspan="2">司法人员和行政执法人员索贿受贿、徇私舞弊等犯罪案件</td><td>5 811</td><td>件</td></tr>
<tr><td>7 067</td><td>人</td></tr>
<tr><td colspan="3">在经济活动和重大工程建设中严重不负责任，造成国家财产重大损失和人员伤亡的渎职犯罪案件，共立案侦查玩忽职守、滥用职权犯罪案件</td><td>1 590</td><td>件</td></tr>
<tr><td colspan="3">国家机关工作人员非法拘禁、刑讯逼供、报复陷害等犯罪案件</td><td>1 467</td><td>件</td></tr>
<tr><td colspan="5" rowspan="2">侦查终结</td><td>34 081</td><td>件</td></tr>
<tr><td>38 883</td><td>人</td></tr>
<tr><td colspan="5" rowspan="2">提起公诉</td><td>22 700</td><td>件</td></tr>
<tr><td>26 834</td><td>人</td></tr>
<tr><td colspan="5">通过办案挽回直接经济损失</td><td>43.8</td><td>亿元</td></tr>
</table>

① 根据 1999 ~ 2005 年最高人民检察院检察长在全国人民代表大会上所作《最高人民检察院工作报告》中公布的统计数字编制本表。报告依次参见最高人民检察院官方网站：

1999 年《最高人民检察院工作报告》，http：//www. spp. gov. cn/site2005/scripts/pageRead. asp？d_id = 199903101343378030，2005-06-18；

2000 年《最高人民检察院工作报告》，http：//www. spp. gov. cn/site2005/scripts/pageRead. asp？d_id = 200003101343375747，2005-06-18；

2001 年《最高人民检察院工作报告》，http：//www. spp. gov. cn/site2005/scripts/pageRead. asp？d_id = 200103101343375253，2005-06-18；

2002 年《最高人民检察院工作报告》，http：//www. spp. gov. cn/site2005/scripts/pageRead. asp？d_id = 200203111343376734，2005-06-18；

2003 年《最高人民检察院工作报告》，http：//www. spp. gov. cn/site2005/scripts/pageRead. asp？d_id = 200303111343370260，2005-06-18；

2004 年《最高人民检察院工作报告》，http：//www. spp. gov. cn/site2005/scripts/pageRead. asp？d_id = 200403101343379684，2005-06-18；

2005 年《最高人民检察院工作报告》，http：//www. lianghui. org. cn/chinese/zhuanti/2005lh/813712. htm，2005-03-17/2005-06-18。

表 9　　**1999 年全国检察机关查办职务犯罪情况一览表**

<table>
<tr><th colspan="5">类　　别</th><th>合计</th><th>单位</th></tr>
<tr><td rowspan="10">立案</td><td colspan="4">合　　计</td><td>38 382</td><td>件</td></tr>
<tr><td colspan="4">比 1998 年增加</td><td>9.4%</td><td>—</td></tr>
<tr><td rowspan="7">大案要案</td><td rowspan="2">贪污大案</td><td colspan="2">合计</td><td>7 725</td><td>件</td></tr>
<tr><td colspan="2">比 1998 年增加</td><td>40%</td><td></td></tr>
<tr><td rowspan="2">挪用公款大案</td><td colspan="2">合计</td><td>5 244</td><td>件</td></tr>
<tr><td colspan="2">比 1998 年增加</td><td>35%</td><td></td></tr>
<tr><td rowspan="3">要案</td><td colspan="2">合　计</td><td>2 200</td><td>人</td></tr>
<tr><td rowspan="2">其中</td><td>厅局级</td><td>136</td><td>人</td></tr>
<tr><td>省部级</td><td>3</td><td>人</td></tr>
<tr><td>查办重点</td><td colspan="3">涉嫌贪赃枉法、徇私舞弊的司法人员</td><td>4 592</td><td>人</td></tr>
<tr><td colspan="5">通过办案挽回直接经济损失</td><td>40.9</td><td>亿元</td></tr>
</table>

表 10　　**2000 年全国检察机关查办职务犯罪情况一览表**

<table>
<tr><th colspan="5">类　　别</th><th>合计</th><th>单位</th></tr>
<tr><td rowspan="12">立案</td><td colspan="4">合　　计</td><td>45 113</td><td>件</td></tr>
<tr><td rowspan="2">案件类别</td><td colspan="3">贪污贿赂犯罪</td><td>37 183</td><td>件</td></tr>
<tr><td colspan="3">渎职侵权犯罪</td><td>7 930</td><td>件</td></tr>
<tr><td rowspan="5">大案要案</td><td rowspan="2">贪污受贿大案</td><td colspan="2">合　计</td><td>18 086</td><td>件</td></tr>
<tr><td colspan="2">100 万元以上的特大案件</td><td>1 335</td><td>件</td></tr>
<tr><td rowspan="3">要案</td><td colspan="2">合　计</td><td>2 680</td><td>人</td></tr>
<tr><td rowspan="2">其中</td><td>厅局级</td><td>184</td><td>人</td></tr>
<tr><td>省部级</td><td>7</td><td>人</td></tr>
<tr><td rowspan="3">查办重点</td><td colspan="3">查办厦门特大走私案中，检察机关立案侦查国家工作人员受贿、滥用职权等职务犯罪嫌疑人</td><td>169</td><td>人</td></tr>
<tr><td colspan="3">刑法新立罪名的徇私舞弊不征少征税款罪、放纵走私罪、放纵制售伪劣商品罪等渎职案件</td><td>3 360</td><td>件</td></tr>
<tr><td colspan="3">国家机关工作人员利用职权实施的侵犯公民人身权利、民主权利犯罪案件</td><td>1 793</td><td>件</td></tr>
<tr><td colspan="5">抓获携款外逃的贪污贿赂犯罪嫌疑人</td><td>300</td><td>人</td></tr>
<tr><td colspan="5">通过办案挽回直接经济损失</td><td>47</td><td>亿元</td></tr>
</table>

表 11　　**2001 年全国检察机关查办职务犯罪情况一览表**

<table>
<tr><th colspan="4">类　　别</th><th>合计</th><th>单位</th></tr>
<tr><td rowspan="10">立案</td><td colspan="3">合　　计</td><td>45 266</td><td>件</td></tr>
<tr><td rowspan="3">案件类别</td><td colspan="2" rowspan="2">贪污贿赂犯罪</td><td>36 447</td><td>件</td></tr>
<tr><td>40 195</td><td>人</td></tr>
<tr><td colspan="2">渎职侵权犯罪</td><td>8 819</td><td>件</td></tr>
<tr><td rowspan="3">贪污贿赂大案要案</td><td colspan="2">犯罪数额百万元以上大案</td><td>1 319</td><td>件</td></tr>
<tr><td rowspan="2">要案</td><td>合　　计</td><td>2 670</td><td>人</td></tr>
<tr><td>其中：省部级</td><td>6</td><td>人</td></tr>
<tr><td rowspan="3">查办重点</td><td colspan="2">查办在国有企业转制、重组过程中私分、侵吞、转移国有资产的贪污贿赂犯罪嫌疑人</td><td>17 920</td><td>人</td></tr>
<tr><td colspan="2">涉嫌贪污贿赂犯罪的党政领导机关、行政执法机关、司法机关和经济管理部门工作人员</td><td>9 452</td><td>人</td></tr>
<tr><td colspan="2">涉嫌非法拘禁、刑讯逼供、暴力取证、报复陷害等犯罪的国家机关工作人员</td><td>1 983</td><td>人</td></tr>
<tr><td colspan="4">抓获在逃贪污贿赂犯罪嫌疑人</td><td>3 046</td><td>人</td></tr>
<tr><td colspan="4">追缴贪污贿赂犯罪嫌疑人赃款</td><td>6.8</td><td>亿元</td></tr>
<tr><td colspan="4">通过办理贪污贿赂案件挽回直接经济损失</td><td>41</td><td>亿元</td></tr>
</table>

表 12　　**1998～2002 年全国检察机关查办职务犯罪情况一览表①**

<table>
<tr><th colspan="3">类　　别</th><th>合计</th><th>单位</th></tr>
<tr><td rowspan="7">立案</td><td colspan="2">合　　计</td><td>207 103</td><td>件</td></tr>
<tr><td rowspan="2">大案要案</td><td>贪污、贿赂、挪用公款百万元以上大案</td><td>5 541</td><td>件</td></tr>
<tr><td>要　案</td><td>12 830</td><td>人</td></tr>
<tr><td rowspan="4">查办重点</td><td>贪污、受贿、挪用公款、私分国有资产犯罪的国有企业人员</td><td>84 395</td><td>人</td></tr>
<tr><td>国家机关工作人员滥用职权、玩忽职守等渎职犯罪案件</td><td>27 416</td><td>件</td></tr>
<tr><td>利用职权侵犯公民人身权利、民主权利的犯罪案件</td><td>7 760</td><td>件</td></tr>
<tr><td>充当黑恶势力后台和“保护伞”，涉嫌职务犯罪的国家工作人员</td><td>554</td><td>人</td></tr>
<tr><td colspan="3">2000 年以来，共捕获在逃职务犯罪嫌疑人</td><td>5 115</td><td>人</td></tr>
<tr><td colspan="3">通过办案挽回直接经济损失</td><td>220</td><td>亿元</td></tr>
</table>

① 2003 年《最高人民检察院工作报告》对 1998～2002 年这五年期间的工作进行了总结。

表 13　　**2003 年全国检察机关查办职务犯罪情况一览表**

<table>
<tr><th colspan="5">类　　别</th><th>合计</th><th>单位</th></tr>
<tr><td rowspan="14">立
案</td><td colspan="4" rowspan="2">合　计</td><td>39 562</td><td>件</td></tr>
<tr><td>43 490</td><td>人</td></tr>
<tr><td rowspan="8">大案要案</td><td rowspan="2">大案</td><td colspan="2">合　计</td><td>18 515</td><td>件</td></tr>
<tr><td colspan="2">涉案金额 1000 万元以上的</td><td>123</td><td>件</td></tr>
<tr><td rowspan="4">要案</td><td colspan="2">合　计</td><td>2 728</td><td>人</td></tr>
<tr><td rowspan="3">其中</td><td>县处级</td><td>2 557</td><td>人</td></tr>
<tr><td>地厅级</td><td>167</td><td>人</td></tr>
<tr><td>省部级</td><td>4</td><td>人</td></tr>
<tr><td colspan="3">占立案总数</td><td>53.7%</td><td>—</td></tr>
<tr><td colspan="3">同比上升</td><td>4.5%</td><td>—</td></tr>
<tr><td rowspan="4">查办重点</td><td colspan="3">涉嫌贪赃枉法、徇私舞弊等犯罪的行政执法人员和司法人员</td><td>9 720</td><td>人</td></tr>
<tr><td colspan="3">贪污、受贿、挪用公款、私分国有资产的国有企业人员</td><td>14 844</td><td>人</td></tr>
<tr><td colspan="3">利用职权非法拘禁、刑讯逼供、破坏选举等侵犯公民人身权利、民主权利犯罪的国家机关工作人员</td><td>1 408</td><td>人</td></tr>
<tr><td colspan="3">玩忽职守、滥用职权，导致重大安全事故，给国家和人民利益造成严重损失的国家机关工作人员</td><td>7 160</td><td>人</td></tr>
<tr><td colspan="5" rowspan="2">提起公诉</td><td>22 761</td><td>件</td></tr>
<tr><td>26 124</td><td>人</td></tr>
<tr><td colspan="5">抓获携款外逃的犯罪嫌疑人</td><td>596</td><td>人</td></tr>
<tr><td colspan="5">通过办案挽回直接经济损失</td><td>43</td><td>亿元</td></tr>
</table>

表 14　　**2004 年全国检察机关查办职务犯罪情况一览表**

<table>
<tr><th colspan="3">类　　别</th><th>合计</th><th>单位</th></tr>
<tr><td rowspan="4"></td><td colspan="2">合　计</td><td>43 757</td><td>人</td></tr>
<tr><td colspan="2">比 2003 年 增 加</td><td>0.6%</td><td>—</td></tr>
<tr><td rowspan="2">案件类别</td><td>贪污贿赂犯罪</td><td>35 031</td><td>人</td></tr>
<tr><td>渎职侵权犯罪</td><td>8 726</td><td>人</td></tr>
</table>

续表

<table>
<tr><th colspan="5">类别</th><th>合计</th><th>单位</th></tr>
<tr><td rowspan="12">立案</td><td rowspan="7">大案要案</td><td rowspan="2">贪污贿赂、挪用公款百万元以上大案</td><td colspan="2">合计</td><td>1 275</td><td>件</td></tr>
<tr><td colspan="2">比2003年增加</td><td>4.9%</td><td>—</td></tr>
<tr><td rowspan="5">要案</td><td colspan="2">合计</td><td>2 960</td><td>人</td></tr>
<tr><td rowspan="4">其中</td><td>县处级</td><td>2 751</td><td>人</td></tr>
<tr><td>厅局级</td><td>198</td><td>人</td></tr>
<tr><td>省部级</td><td>11</td><td>人</td></tr>
<tr><td>已提起公诉</td><td>1 980</td><td>人</td></tr>
<tr><td rowspan="4">查办重点</td><td colspan="3">公路建设、房屋拆迁、药品购销、土地征用中涉嫌贪污、受贿等犯罪的国家工作人员</td><td>4 414</td><td>人</td></tr>
<tr><td colspan="3">企业改革和经营活动中侵吞、挪用、私分国有资产涉嫌犯罪的国有企业人员</td><td>10 407</td><td>人</td></tr>
<tr><td colspan="3">滥用职权、玩忽职守、索贿受贿、徇私舞弊的行政执法和司法人员</td><td>9 476</td><td>人</td></tr>
<tr><td colspan="3">严重失职渎职造成交通、煤矿、环境污染等重大安全责任事故的国家机关工作人员</td><td>2 892</td><td>人</td></tr>
<tr><td colspan="5">提起公诉</td><td>30 788</td><td>人</td></tr>
<tr><td colspan="5">抓获携款外逃的犯罪嫌疑人</td><td>614</td><td>人</td></tr>
<tr><td colspan="5">通过办案挽回直接经济损失</td><td>45.6</td><td>亿元</td></tr>
</table>

表15 **1998～2003年全国检察机关出庭公诉情况统计表** （单位：件）

<table>
<tr><th rowspan="3">年度</th><th rowspan="3">案件类别</th><th rowspan="3">适用简易程序</th><th colspan="5">出庭公诉</th><th rowspan="3">再审</th></tr>
<tr><th rowspan="2">合计</th><th rowspan="2">一审</th><th colspan="3">二审</th></tr>
<tr><th>合计</th><th>上诉案</th><th>抗诉案</th></tr>
<tr><td rowspan="4">1998</td><td>合计</td><td>68 591</td><td>294 086</td><td>288 970</td><td>4 482</td><td>2 974</td><td>1 508</td><td>634</td></tr>
<tr><td>贪污贿赂案件</td><td>1 171</td><td>17 099</td><td>16 273</td><td>724</td><td>356</td><td>368</td><td>102</td></tr>
<tr><td>渎职案件</td><td>121</td><td>1 528</td><td>1 394</td><td>111</td><td>36</td><td>75</td><td>23</td></tr>
<tr><td>公安、安全案件</td><td>67 299</td><td>275 459</td><td>271 303</td><td>3 647</td><td>2 582</td><td>1 065</td><td>509</td></tr>
</table>

续表

年度	案件类别	适用简易程序	出庭公诉					再审
			合计	一审	二审			
					合计	上诉案	抗诉案	
1999	合计	85 565	316 840	309 546	6 600	5 140	1 460	694
	贪污贿赂案件	995	15 182	14 171	852	517	335	159
	渎职案件	63	1 198	1 071	116	46	70	11
	公安、安全案件	84 507	300 460	294 304	5 632	4 577	1 055	524
2000	合计	95 487	319 433	310 859	7 984	6 536	1 448	590
	贪污贿赂案件	1 211	16 749	15 570	1 056	724	332	123
	渎职案件	118	1 365	1 228	125	64	61	12
	公安、安全案件	94 158	301 319	294 061	6 803	5 748	1 055	455
2001	合计	129 301	347 469	338 279	8 562	7 195	1 367	628
	贪污贿赂案件	1 531	16 456	15 267	1 062	735	327	127
	渎职案件	134	1 638	1 501	125	73	52	12
	公安、安全案件	127 636	329 375	321 511	7 375	6 387	988	489
2002	合计	48 289	331 542	323 569	7 434	6 341	1 093	539
	贪污贿赂案件	1 555	14 036	13 105	818	593	225	113
	渎职案件	164	1 240	1 129	87	49	38	24
	公安、安全案件	46 570	316 266	309 335	6 529	5 699	830	402
2003	合计	158 623	264 396	260 401	3 857	3 552	305	138
	贪污贿赂案件	1 906	11 986	11 559	396	327	69	31
	渎职案件	279	1 381	1 330	42	30	12	9
	公安、安全案件	156 437	251 027	247 510	3 419	3 195	224	98
	军人违反职责案	1	2	2	—	—	—	—

表16 **1998～2003年全国检察机关办理刑事案件抗诉情况统计表**

年度	案件类别	提出抗诉		撤回抗诉	合计	改判小计		维持原判	发回重审	指令再审	
		件	人	件	件	件	人	件	件	件	人
1998	合计	3 791	5 309	444	1 104	530	759	436	138	—	—
	二审小计	3 440	4 858	417	992	472	678	401	119	—	—
	贪污贿赂案件	814	1 018	108	213	91	115	96	26	—	—
	渎职案件	148	198	9	44	21	23	21	2	—	—
	公安、安全案件	2 478	3 642	300	735	360	540	284	91	—	—
	再审小计	351	451	27	112	58	81	35	19	—	—
	贪污贿赂案件	97	112	5	21	11	13	8	2	—	—
	渎职案件	31	34	1	4	3	4	1	—	—	—
	公安、安全案件	223	305	21	87	44	64	26	17	—	—
1999	合计	3 759	5 456	494	1 176	550	812	437	189	—	—
	二审小计	3 414	4 929	432	1 085	503	736	416	166	—	—
	贪污贿赂案件	702	873	96	214	87	115	96	31	—	—
	渎职案件	147	208	3	40	17	24	18	5	—	—
	公安、安全案件	2 565	3 848	333	831	399	597	302	130	—	—
	再审小计	345	527	62	91	47	76	21	23	—	—
	贪污贿赂案件	83	110	27	18	8	10	4	6	—	—
	渎职案件	25	31	3	7	2	2	3	2	—	—
	公安、安全案件	237	386	32	66	37	64	14	15	—	—
2000	合计	3 798	5 462	566	1 210	534	775	498	—	178	—
	二审小计	3 438	5 009	490	1 096	475	696	468	—	153	—
	贪污贿赂案件	774	951	114	214	83	103	90	—	41	—
	渎职案件	110	135	15	38	14	19	19	—	5	—
	公安、安全案件	2 554	3 923	361	844	378	574	359	—	107	—
	再审小计	360	453	76	114	59	79	30	—	25	—
	贪污贿赂案件	99	122	14	19	9	15	7	—	3	—
	渎职案件	23	24	13	1	1	1	—	—	—	—
	公安、安全案件	238	307	49	94	49	63	23	—	22	—

续表

年度	案件类别	提出抗诉		撤回抗诉	合计	改判		维持原判	发回重审	指令再审	
						小计					
		件	人	件	件	件	人	件	件	件	人
2001	合计	3 875	5 853	486	1 199	522	713	489	—	—	188
	二审小计	3 518	5 315	446	1 060	456	621	463	—	—	141
	贪污贿赂案件	740	948	108	231	84	99	112	—	—	35
	渎职案件	149	197	9	45	20	21	19	—	—	6
	公安、安全案件	2 629	4 170	329	784	352	501	332	—	—	100
	再审小计	357	538	40	139	66	92	26	—	—	47
	贪污贿赂案件	84	98	12	24	15	20	4	—	—	5
	渎职案件	13	20	—	8	2	4	5	—	—	1
	公安、安全案件	260	420	28	107	49	68	17	—	—	41
2002	合计	3 146	5 004	419	993	417	619	428	—	148	—
	二审小计	2 870	4 542	373	921	383	562	414	—	124	—
	贪污贿赂案件	583	764	82	177	56	76	85	—	36	—
	渎职案件	104	139	13	23	7	9	13	—	3	—
	公安、安全案件	2 183	3 639	278	721	320	477	316	—	85	—
	再审小计	276	462	46	72	34	57	14	—	24	—
	贪污贿赂案件	63	106	14	16	9	13	4	—	3	—
	渎职案件	20	30	4	2	—	—	—	—	2	—
	公安、安全案件	193	326	28	54	25	44	10	—	19	—
2003	合计	2 906	—	721	1 059	432	604	464	—	163	—
	二审小计	2 518	—	620	929	368	515	433	—	128	—
	贪污贿赂案件	482	—	100	208	84	97	97	—	27	—
	渎职案件	98	—	27	45	11	13	32	—	2	—
	公安、安全案件	1 938	—	493	676	273	405	304	—	99	—
	再审小计	388	—	101	130	64	89	31	—	35	—
	贪污贿赂案件	75	—	32	28	10	14	5	—	13	—
	渎职案件	15	—	2	5	4	5	1	—	—	—
	公安、安全案件	298	—	67	97	50	70	25	—	22	—

二、职务犯罪的特征

（一）犯罪总数大，增长快

根据表1和表4提供的详实数据，首当其冲的结论就是：职务犯罪的绝对数量很大。同时，根据表4、表13、表14，以及根据表1所计算的全国法院1998～2003年的职务犯罪收案总数分别为19 944件、20 196件、22 904件、23 639件、20 733件、22 847件，可以进一步全面了解职务犯罪总数的变化：

表17 **1999～2004年职务犯罪总数变化统计表** 单位：%

年份	相对于1998年的增长率						
	刑事一审收案总数变化	检察机关立案总数变化					
		案件数量变化			人数变化		
		合计	贪污贿赂案件	渎职案件	合计	贪污贿赂案件	渎职案件
1999	1.26	9.40	7.31	23.95	8.39	6.68	18.64
2000	14.84	28.59	21.24	79.66	26.45	20.26	63.40
2001	18.53	29.02	18.84	99.80	25.22	16.83	75.39
2002	4.0	23.30	13.19	93.52	18.77	10.51	68.09
2003	14.56	12.76	11.62	55.37	8.29	—	—
2004	—	—	—	—	8.96	1.82	51.57

表18 **1999～2003年全国检察机关立案侦查的贪污贿赂案件总数变化统计表** 单位：%

年份	相对于1998年的增长率					
	贪污	贿赂	挪用公款	集体私分	巨额财产来源不明	其他
1999	11.33	-6.47	21.41	117.58	40.00	-89.31
2000	29.87	12.71	22.78	204.40	50.00	-88.65
2001	26.75	18.13	12.07	274.73	25.00	-85.36
2002	22.28	22.45	-6.56	305.49	65.00	-89.47
2003	9.70	20.48	-18.46	360.44	60.00	-94.41

表19　**1999～2003年全国检察机关立案侦查的贪污贿赂案件犯罪嫌疑人总数变化统计表**　单位：%

年份	相对于1998年的增长率					
	贪污	贿赂	挪用公款	集体私分	巨额财产来源不明	其他
1999	10.12	-7.01	21.20	87.07	38.10	-89.00
2000	27.82	12.02	22.22	167.35	52.38	-87.76
2001	23.15	16.53	11.47	219.73	28.57	-86.24
2002	18.20	20.64	-8.33	231.97	76.19	-89.41
2003	6.34	18.01	-19.95	250.34	52.38	-94.22

表20　**1999～2003年全国检察机关立案侦查的渎职案件总数变化统计表**　单位：%

年份	相对于1998年的增长率							
	案件数量变化				人数变化			
	滥用职权	玩忽职守	徇私舞弊	其他	滥用职权	玩忽职守	徇私舞弊	其他
1999	107.18	-36.36	-3.18	4.46	109.20	43.96	-6.2	2.43
2000	330.85	114.46	39.05	24.12	311.03	102.36	36.53	11.54
2001	476.60	135.38	59.32	12.58	449.89	118.96	54.87	-6.42
2002	478.99	122.22	52.41	10.22	445.98	106.81	44.93	-9.74
2003	444.95	107.92	17.16	-1.31	407.59	90.49	10.40	-17.67

整体来看，1998年以来职务犯罪总数大且不断增加，不过增长率呈起伏状态；2000～2002年处于犯罪高峰，峰顶是2001年；2002以后增幅有所下降，但仍然保持增长势头，这只是高速增长期之后的低速增长期而已，从绝对数量上看，职务犯罪呈滋长和蔓延之势。

第一，根据表1，从1998～2003年，全国法院共收案贪污贿赂罪案件120 738件，平均每年20 123件；共收案渎职罪案件3 855件，平均每年643件。根据表1、表17，1998～2003年，相对于1998年，职务犯罪刑事一审的收案总数一直稳定增长，逐年增加，而且在2000～2001年期间增幅显著，呈高峰状态，2001年收案总数最高。2002年，收案增幅有所下降，但2003年又显著增加，2004以后很可能继续这种增长势头。

第二，根据表2、表11、表12，1998～2003年，全国检察机关立案侦查的职务犯罪案件共246 665件，平均每年41 111件；1998～2004年，全国检察机关立案侦查的职务犯罪嫌疑人共319 717人，平均每年45 674人。根据表17，1998～2004年，相对于1998年，检察院的职务犯罪立案总数无论是案件数还是人数基本稳定增长，案件数量和犯罪嫌疑人总数的动态是一致的，但犯罪嫌疑人的增长率略低一些。就案件数量而言，1999～2001年期间犯罪总数逐年增加，处于一个高速增长期；此后在2002年、2003年均较上年有所减少，但相比1998年仍然增幅很大，而且2004年犯罪总数又较上年增加，立案侦查的犯罪嫌疑人总数比上年增长0.6%；总体来看，2000～2002年处于高峰状态，峰顶是2001年。从犯罪嫌疑人人数来看，也是2000～2002年处于高峰状态，不过峰顶是2000年。总而言之，以发案数作为依据，职务犯罪在2000～2002年处于犯罪高峰，峰顶是2001年。

第三，具体而言，贪污贿赂案件、渎职案件的犯罪总数变化与职务犯罪的整体动态不尽相同。根据表18、表19，贪污贿赂案件中出现了不少负增长，集体私分案件的数量相对于1998年的增长率最大，而且是成倍的增长，传统的贪污、贿赂、挪用公款三强中贿赂一直呈稳定增长，而贪污和挪用公款则与职务犯罪的整体动态相同，但高峰期的峰顶在2000年。与此相对应，渎职犯罪则呈现强劲的增长态势，滥用职权案件的数量到2002年已经比1998年翻了四番还要多，玩忽职守罪的在2000年开始也较之1998年翻倍。

（二）犯罪比重基本呈负增长

要了解职务犯罪的犯罪比重，首先必须了解公安机关刑事立案的情况。

表21 **1998～2004年全国公安机关立案的刑事案件统计表** （单位：起）①

年度	立案合计
1998	1 986 068
1999	2 249 319
2000	3 637 307
2001	4 457 579
2002	4 336 712
2003	4 393 893
2004	4 718 000②

再根据表1、表4、表13，可以整体了解职务犯罪案件在刑事案件的比重：

---

① 根据1999年至2003年中国法律年鉴社出版的《中国法律年鉴》中公布的统计资料编制本表。下文未指明出处的数据均引自《中国法律年鉴》。

② 参见公安部：《公安部通报2004年全国公安机关打击刑事犯罪维护社会治安情况》，http://www.mps.gov.cn/webpage/showNews.asp? id = 1424&biaoshi = bitGreatNews，2005-02-03/2005-06-22。

表22　**1998～2003年职务犯罪案件比重统计表**　单位：%

年份	职务犯罪刑事一审收案案件占法院一审刑事案件收案总数的比重				职务犯罪立案侦查案件占公安机关立案的比重	比上年增长	占立案的刑事案件比重	比上年增长
	合计	比上年增长	其中					
			贪污贿赂罪	渎职罪				
1998	4.14	—	3.86	0.28	1.77	—	1.74	—
1999	3.79	-0.35	3.51	0.23	1.71	-0.06	1.68	-0.06
2000	4.08	1.01	3.82	0.26	1.24	-0.47	1.23	-0.45
2001	3.76	-0.32	3.47	0.29	1.02	-0.22	1.01	-0.22
2002	3.28	-0.48	3.04	0.24	1.00	-0.02	0.99	-0.02
2003	3.61	0.33	3.28	0.33	0.90	-0.10	0.89	-0.10

从上表中可以看出，在刑事发案节节攀升的趋势中，职务犯罪案件的比重呈负增长趋势。1998～2002年，除了2000年外，职务犯罪占法院一审刑事案件的比重逐年降低，2003年的比重才又开始增加；1998～2003年，职务犯罪占公安机关立案所有案件及立案的刑事案件的比重也逐年降低，呈现负增长趋势。为什么会出现这种情况？我们看看表21就明白了。1998～2004年，公安机关的刑事立案数节节攀升，2000年就比1998年增长了83%，2004年已经增长了137.55%。职务犯罪滋长和蔓延的背后正是当前中国社会正处于一个犯罪高峰，而且峰顶目前还难以确定。

（三）人犯率、发案率不高，发案率不断增长

犯罪状况即犯罪率，是指一定时空范围内的犯罪人数或者刑事案件数与该时空范围内的人口总数对比而计算的比率，通常用万分比或十万分比来表示；包括人犯率和发案率两种表现形式，前者是一定时空经法定程序确认的犯罪人数与人口总数的比率，后者是一定时空由公安、检察机关和法院直接受理的刑事案件数与人口总数的比率。①

① 参见莫洪宪主编：《犯罪学概论》（修订本），中国检察出版社2003年版，第43页。

根据中华人民共和国国家统计局发布的《国民经济和社会发展统计公报》,① 笔者编制了 1998 ~2004 年全国人口统计表。

表 23　**1998 ~2004 年全国人口统计表**　单位：万人

年　度	总　人　口
1998	124 810
1999	125 909
2000	126 743
2001	127 627
2002	128 453
2003	129 227
2004	129 988

1. 人犯率

计算职务犯罪的人犯率，需要一定时空范围内法院判决有罪的职务犯罪人数和总人口数。根据表 2、表 3、表 23，可以得到如下人犯率的指标。

第一，2001 年的职务犯罪人犯率。2001 年职务犯罪人数为 2. 012 0 万人，人口为 127 627万人，两者比率为 0. 000 015 8，即十万分之 1. 58。

第二，1998 ~2002 年的职务犯罪人犯率。1998 ~2002 年职务犯罪人数为8. 330 8万人，人口为633 542万人，两者比率为0. 000 013 1，即十万分之 1. 31。

第三，2002 年的职务犯罪人犯率。没有 2002 年的职务犯罪人数总和，但从表 3 可以获知 2002 年贪污贿赂罪、渎职罪的犯罪人数总和，在数据不足的情况下，笔者认为使用

① 1998 ~2000、2001 ~2004 年人口统计数据依次参见国家统计局官方网站：

国家统计局综合司：《中华人民共和国 1998 年国民经济和社会发展统计公报》，http：//www. stats. gov. cn/tjgb/ndtjgb/qgndtjgb/t20020331_ 15393. htm，2001-10-22/2005-06-22；

国家统计局综合司：《中华人民共和国 1999 年国民经济和社会发展统计公报》，http：//www. stats. gov. cn/tjgb/ndtjgb/qgndtjgb/t20020331_ 15394. htm，2001-10-22/2005-06-22；

国家统计局综合司：《中华人民共和国 2001 年国民经济和社会发展统计公报》，http：//www. stats. gov. cn/tjgb/ndtjgb/qgndtjgb/t20020331_ 15396. htm，2002-02-28/2005-06-22；

国家统计局：《中华人民共和国 2002 年国民经济和社会发展统计公报》，http ：//www. stats. gov. cn/tjgb/ndtjgb/qgndtjgb/t20030228_ 69102. htm，2003-02-28/2005-06-22；

国家统计局：《中华人民共和国 2003 年国民经济和社会发展统计公报》，http：//www. stats. gov. cn/tjgb/ndtjgb/qgndtjgb/t20040226_ 402131958. htm，2004-02-26/2005-06-22；

国家统计局：《中华人民共和国 2004 年国民经济和社会发展统计公报》，http ：//www. stats. gov. cn/tjgb/ndtjgb/qgndtjgb/t20050228_ 402231854. htm，2005-02-28/2005-06-22。

2000 年的人口总数，《中华人民共和国 2000 年国民经济和社会发展统计公报》载明“人口数据待第五次全国人口普查公报正式公布”。根据《中华人民共和国 2001 年国民经济和社会发展统计公报》提供的数据，2001 年年末全国总人口为127 627万人，全年净增人口 884 万人，笔者计算出 2000 年的全国总人口数为126 743万人。

贪污贿赂罪、渎职罪的合计数据替代职务犯罪的数据，精确度应该比较高。原因在于，一则，目前，职务犯罪在官方统计中一般指狭义的职务犯罪，包括贪污贿赂罪、渎职罪、国家工作人员利用职权实施的侵犯公民人身权利民主权利的犯罪这三类，前两类即指《中华人民共和国刑法》第八章、第九章规定的犯罪，第三类指国家工作人员利用职权实施的非法拘禁罪、非法搜查罪、刑讯逼供罪、暴力取证罪、虐待被监管人罪、报复陷害罪、破坏选举罪。二则，从表1可以看出，在刑事一审结案的案件中，1998、1999、2000、2001、2002年渎职罪案件与贪污贿赂罪案件的比率分别为7.40%、6.60%、6.80%、8.25%、8.20%，平均只有贪污贿赂罪案件的7.45%左右；从表3可以看出，2002年渎职犯罪的有罪判决人数（1 144 - 66 = 1 078人）只有贪污贿赂犯罪的有罪判决人数(15 806 - 261 = 15 545人)的6.93%，第三类案件的结案数量更少，犯罪人数也不多，以贪污贿赂罪的有罪判决人数与渎职罪的有罪判决人数之和作为职务犯罪案件的总数，误差不会太大。而且，人犯率中，因为作为人口总数的分母特别大，这些误差也基本可以忽略不计了。因此，根据表3，2002年的职务犯罪人数约为1.6623万人(15 806 + 1 144 - 261 - 66)，人口数为128 453万人，职务犯罪人犯率基本为十万分之1.29。

综上所述：

表24　**1998～2002年职务犯罪的人犯率**　单位：十万分比

年　份	人　犯　率
2001	1.58
2002	1.29
1998～2002	1.31

2. 发案率

计算职务犯罪的发案率，需要一定时空范围内的总人口数和检察机关立案侦查的职务犯罪案件数。表4可以提供1998～2002年的案件数据。至于2003、2004年的数据，可以使用表13、表14的数据作为补充。虽然这涉及了两种不同的数据源，但比较表8～13与表4，可以发现其在立案统计的数据上是完全一致的，所以两种数据源的标准是一致的。

不过还有一个问题，表14只提供了职务犯罪的立案人数，没有案件数。如何处理？笔者认为，已知2004年全国检察机关职务犯罪的立案人数为43 757人，可以根据检察机关立案的案件数占人数的比重，来大致估算2004年检察机关立案侦查的案件数。因为，一则立案的人数与相应的案件数是对同一事实的不同计算数据，相互之间有个大致的比重；二则，根据同一年的一种计算数据估算另外一种计算数据，依据的估算基数是准确的；三则，这一估算值是用来计算发案率，其中存在的误差会因为总人口数非常大而被大大缩小。

根据表4、表13，全国检察机关职务犯罪的立案案件数与人数的比重为：

表 25 **1998～2003 年全国检察机关职务犯罪的立案案件数与人数的比重统计表** 单位:%

年份	立案的案件数占人数的比重	比上年增长	备注
1998	87.36	–	—
1999	88.17	0.81	5 年平均增幅为 0.722%
2000	88.83	0.66	
2001	90.01	1.18	
2002	90.69	0.68	
2003	90.97	0.28	
2004	91.692①	0.722	采用前 5 年的平均增幅估算

这样，2004 年检察机关立案的职务犯罪数可以估算为 40 122 件。因此：

表 26 **1998～2004 年职务犯罪的发案率** 单位：（起/十万人）

年份	发案率
1998	2.81
1999	3.05
2000	3.56
2001	3.55
2002	4.33
2003	3.06
2004	3.099（估算值）

可以看出，我国职务犯罪的人犯率与发案率绝对值都不高，但发案率呈增长趋势，在 2000～2002 年期间呈高峰状态。因为我国人口总数这一基数非常巨大，这并不能说明我国的职务犯罪情况不严重。具体来看，人犯率在 2001 年较高，没有体现明显的趋势。相对于 1998 年，发案率一直呈增长趋势，1999 年缓慢增长，2000～2002 年则出现高峰期，2002 年出现峰顶，之后两年又回落到了 1999 年的水平。

（四）犯罪黑数大

职务犯罪黑数是对潜伏职务犯罪总量指标的估计值，是相对于已经被检察机关处理的犯罪明数而言的。可以分为绝对职务犯罪黑数与相对职务犯罪黑数两类，前者是指实际已经发生但未被检察机关发现的职务犯罪数；后者是指职务犯罪发生后被检察机关所觉察，但犯罪人不能查明、已经发现犯罪嫌疑人而没有起诉、被告人被审判但因证据不足而被宣

① 对于小数点后的保留位数，为了更加精确，本章表格采用以下原则：一般保留两位小数；但对于能够除尽而结果超过三位小数的数据则照录。

布无罪的案件。对于研究犯罪状况而言，相对犯罪黑数的意义比较重要。一件职务犯罪案件从发生到检察机关提起公诉，要经过发现犯罪线索、立案、审查起诉、审判等多个环节。在这些环节中，大量的职务犯罪线索都被损耗了。

因此，对于职务犯罪黑数，编制检察院的受案、立案、起诉以及法院收案案件的统计表，是一个重要的手段。至于法院判决职务犯罪被告人有罪的案件数量，笔者没有列入统计表。一来，缺乏数据；二来，有罪判决的情况一般都根据生效判决被告人的人数来统计，很难统计有罪判决的案件数量，如果将其列入也将因为衡量标准不一致而无法计算比重；三来，根据表3，2002年全国法院审理刑事被告人的有罪判决率为99.30%，职务犯罪刑事被告人的有罪判决率约为98.07%。所以，在我国，法院收案以后对职务犯罪案件的有罪判决情况对职务犯罪黑数的影响不甚大。

根据表1、表4、表7可以得知1998～2002年职务犯罪的受案、立案、起诉、收案的案件数量，根据表13可以得知2003年的立案与提起公诉的案件数量。但是，表1只能提供法院2003～2004年的职务犯罪结案数量，表14只能提供2004年立案、提起公诉的人数。如何处理？笔者认为，首先，对于2004年立案、提起公诉案件数量可以进行估算。2004年全国检察机关立案的案件数在上文根据表25已经估算为40 122件。根据表14，已知2004年立案、提起公诉的职务犯罪人数为43 757人、30 788人，可以根据1998～2003年的检察机关立案、起诉的职务犯罪案件数占立案、起诉人数的比重来估算。

起诉中案件数与人数的比重统计表如下：

表27　**1998～2003年全国检察机关职务犯罪的起诉案件数与人数的比重统计表**

年份	起诉的案件数占人数的比重（%）	比上年增长%	备注
1998	84.59	-	—
1999	85.88	1.29	平均增幅为0.508%
2000	86.08	0.20	
2001	86.71	0.63	
2002	87.51	0.80	
2003	87.13	-0.38①	
2004	87.638	0.508	采用前5年的平均增幅估算

这样，2004年全国检察机关起诉的案件数可以估算为26 982件。

其次，对于2004年全国法院职务犯罪收案数，已知结案数，可以根据现有的收案与结案的数据关系进行大致的估算。

① 该类数值表示负增长。其他表格中同类数值的含义同。

表 28　　1998～2003 年全国法院职务犯罪结案率统计表

年份	收案（件）	结案（件）	结案率（%）	比上年增长(%)	平均值
1998	19 944	19 834	99.45	—	1998～2003 年的平均结案率为 99.245%；1999～2003 年的结案率平均增幅为 -0.05%；
1999	20 196	20 135	99.70	0.25	
2000	22 904	22 694	99.08	-0.62	
2001	23 639	23 470	99.29	0.21	
2002	20 733	20 577	99.25	-0.04	
2003	22 847	22 986	99.40	0.15	

因此：根据表 28，由于法院职务犯罪结案率的增幅非常小，所以可以根据前 5 年的平均结案率 99.245% 估算 2004 年法院职务犯罪的收案案件数。根据表 4，2004 年法院结案的职务犯罪案件为24 184件，所以收案数可以估算为24 001件。

表 29　　1998～2004 年职务犯罪受案、立案、起诉、收案比重统计表

年份	检察院受案	检察院立案		检察院提起公诉			法院收案			
	件	件	占受案的比重（%）	件	占受案的比重（%）	占立案的比重（%）	件	占受案的比重（%）	占立案的比重（%）	占提起公诉的比重（%）
1998	108 828	35 084	32.24	22 700	20.86	64.70	19 944	18.33	56.85	87.86
1999	103 356	38 382	37.14	21 408	20.71	55.78	20 196	19.54	52.62	94.34
2000	104 427	45 113	43.20	23 743	22.74	52.63	22 904	21.93	50.77	96.47
2001	97 240	45 266	46.55	24 219	24.91	53.50	23 639	24.31	52.22	97.61
2002	86 187	43 258	50.19	22 176	25.73	51.26	20 733	24.06	47.93	93.49
2003	—	39 562	—	22 761	—	57.53	—	—	—	—
2004	—	*40 122①	—	*26 982	—	*67.25	*24 001	—	*59.82	*88.95

另外，根据表 5、表 6，可以得知以下数据：

① 数字前面标注“*”的，表明该数字为估计值。

表30　**1998～2003年全国检察机关贪污贿赂案件立案率统计表**　单位:%

年份	合计	贪污	贿赂	挪用公款	集体私分	巨额财产来源不明	其他
1998	34.25	27.93	38.01	55.30	19.11	7.60	13.32
1999	39.39	32.38	40.36	63.26	26.51	9.52	3.35
2000	44.55	37.36	47.53	67.99	30.74	10.68	4.12
2001	47.62	39.42	52.55	73.90	35.45	9.97	5.72
2002	51.10	42.87	57.36	77.18	37.35	15.42	5.40
2003	57.75	48.37	63.93	81.65	40.96	16.58	36.56

表31　**1998～2003年全国检察机关渎职案件立案率统计表**　单位:%

年份	合计	滥用职权	玩忽职守	徇私舞弊	其他
1998	22.89	21.46	36.14	19.60	20.15
1999	27.63	29.96	46.57	19.75	23.06
2000	37.82	42.54	58.37	27.17	31.21
2001	42.58	47.21	61.70	31.19	35.27
2002	46.80	49.39	66.05	34.12	42.35
2003	48.47	50.63	63.17	34.66	46.07

根据上述三份表格，不难发现职务犯罪在检察院立案、提起公诉环节的漏网较多，犯罪黑数大。1998～2002年，检察院立案占受案的平均比重为41.864%，检察院提起公诉占受案的平均比重为22.99%，法院收案占检察院受案的平均比重为21.634%，法院收案占检察院立案的平均比重52.078%，法院收案占检察院提起公诉的平均比重为93.954%，1998～2003年，检察院提起公诉占立案的平均比重为55.90%。关于被告人被判决有罪的比重，现在没有更全面的数据。不过根据表3，2002年贪污贿赂罪的有罪判决率为98.35%，渎职罪的有罪判决率为94.23%。整体来看，在我国的刑事审判中，100件职务犯罪线索，约42件被立案侦查，约23件被提起公诉，约22件被进行审判，约95%的被告人会被判有罪。具体来说，贪污贿赂案件的立案率高于渎职案件，贪污贿赂案件中，挪用公款案件的立案率最高，贿赂和贪污紧随其后；渎职案件中，玩忽职守案件的立案率最高，滥用职权次之。

可以看到，职务犯罪在从职务犯罪线索到行为人被判有罪的过程中，在受案、立案、提起公诉、审判、判决被告人有罪这一系列环节中，立案占受案和提起公诉占立案的比重不太高，其间所消耗的案件线索最多。当然，不是说这其间消耗的案件线索都是职务犯罪。但是，由于职务与身份的掩饰效应、侦查与反侦查能力的较量悬殊，使得收集充分的职务犯罪的证据成为非常困难的事。在大量的被消耗的职务犯罪线索中，职务犯罪的比例应该是非常高的。

而且，统计中存在误差是再所难免的。我国幅员辽阔，人口众多，再加上统计方法的不科学、统计体制的不完善，统计监督的缺失，一些正常的误差很可能被放大许多倍。例如，有学者自行进行了调查统计，发现“某市有十个基层检察院，十年间立案查处的职务犯罪案件中，线索来自于举报的占55.01%，但消化举报成案数与当年受理举报总数之比（消化举报成案率），年均率仅为7.87%，且呈逐年下降的趋势。1991～1997年年均率为9.74%，九七新刑法实施之后的1998～2001年年均率下降为4.58%。也就是说，100条举报线索中只有不到5条追究了行为人的刑事责任，有95条多一点没有成案；五年间消化举报成案率下降了一倍多”。① 虽然职务犯罪的线索还有报案、控告、自首、自行发现，虽然这只是一个小范围的调查统计，虽然这不能作为典型；但是，十个基层检察院十年的消化举报成案率数据应该能使我们确定这样一个事实，当前职务犯罪的立案率非常之低，而且一直处于下降趋势。

另外，参考公安机关侦查的刑事案件的犯罪黑数，也无法让我们对职务犯罪的犯罪黑数持乐观态度。如，“1987年公安部调查得知当年浙江省、福建省、湖北宜昌三个地区的刑事案件平均立案率只有23.7%，就是说76.3%的犯罪没有纳入警方犯罪统计而成为隐案。1998年公安部在全国范围内再次对刑事犯罪的立案不实情况进行调查，发现统计上报的刑事案件数字，仅为实际发案数的20%左右”。②

同时，对于公安机关侦查的案件，还有学者根据多种指标，对于犯罪黑数进行了全面的研究。第一，根据典型调查所获数据推算。作者根据1999年5月到部分县（市）调查，在派出所和刑警中队接到的报警案件中，据报案人口述情况达到立案标准的占90%左右，经过现场勘查等工作，认为可以立为刑事案件的在60%～70%之间，报到县（市、区）刑警大队的占50%左右。在这些由派出所或刑警中队上报的案件中，县（市、区）刑警大队实际立为刑事案件的约占80%，立案后统计上报的约占70%。这就是说，由县（市、区）刑警大队统计上报的案件数量，一般约占群众报警案件的30%左右，约占按报案人口述达到立案案件数的37%左右，约占经现勘查达到立案案件数的60%左右。另据接受调查的一些派出所长反映，群众上报给公安机关的案件，也一般只占实际发案数的35%～50%。这样，一般县（市、区）刑侦部门统计上报的案件数量，大多只有实际发案数的18%～25%左右。第二，根据破获的团伙案件和隐案估算。现在各地公安机关每年都要破获大批团伙犯罪案件，经过审讯每个团伙都能交代大批案件。而从多年情况来看，其中群众报案只有40%左右，公安机关实际立案的只有20%左右，个别地方甚至只有15%左右。考虑到团伙犯罪分子可能还有余罪没有交代，实际立案数占全部案件数的比重可能还要再低一些。同时，现有各地公安机关每年年终上报的破获年前隐案数，一般都是当年案件的2～3倍。由于破获的年前隐案不仅仅是上一年度的，而年年都要破获以前各年度的隐案，因此各年破获的年前隐案，也都可以理解为仅是上一年度的隐案。考虑到上年度破获的当年案件加上本年度破获的上年隐案，也只是上年实际发案数的一小部分，而上年的立案数一般只有当年破获案件和次年破获隐案数的30%左右，由此推断每

---

① 皇甫觉新：《“职务犯罪预防指数”的构想与设计》，载《中国刑事法杂志》2002年第4期。

② 易军：《论职务犯罪黑数问题》，载《山东公安专科学校学报》2001年第6期。

年的统计立案数恐怕都不会超过实际发案数的15%。第三，根据重大和特大盗窃犯罪案件立案数量递减规律推算。在现行的盗窃案件立案标准中，特大盗窃案件立案起点是重大盗窃案件的10倍，重大盗窃案件立案起点是一般案件的6倍。从犯罪统计报表上看，在人均收入年约3 000元人民币的地区，重大盗窃案件的立案数量约是特大案件的30～50倍。由于重特大盗窃案件立案相对较实，大多数城乡居民家庭都仅是小康或获得温饱，以及绝大多数盗窃犯罪分子都是随机侵害一般家庭等情况，而盗窃案件又有随立案起点降低而成倍增加的明显规律，可以认为一般盗窃案件的实际发生数量，至少应为重大盗窃案件的15～20倍左右。而实际上，一般盗窃案件的立案数量，只有重大案件的2倍左右。据此，也可以推断一般盗窃案件的立案数量，只有实际发案数的6%左右。第四，根据大多数西方国家杀人案件和盗窃案件的比例推算。据有关资料介绍，在西方国家，每发生一起杀人案件，一般都要发生150起左右的盗窃案件。即杀人案件和盗窃案件的比例约为1:150。我国的民族构成以及由此带来的文化冲突，并不比大多数西方国家显得复杂和严重，我国盗窃案件立案标准相对于人均收入而言远比发达国家要高，杀人案件的外延也比西方国家要小。以上因素综合起来，我国盗窃和杀人案件的比例，也不应低于大多数西方国家。而我国大多数地区的盗窃案件立案数量，只有杀人案件的15倍左右。从这个意义上说，我国盗窃案件的实际立案数量，不会高于10%。根据以上情况，笔者认为，现在许多地方统计上报的案件数字，只在实际发案数的15%～25%之间，个别县（市）的上报案件数甚至只有实际发案数的10%多一点。也就是说，我国这几年的犯罪黑数，仍然占实际发案数的80%左右，甚至更高一些。其中，按案件等级分类，重大和特大案件最为真实，估计要占实际发案数量的80%以上，一般案件较低，估计只有实际发生数的15%；按案件性质分类，杀人案件统计数字最为真实，估计要占实际发案数量的95%以上；爆炸、抢劫、投毒、强奸、诈骗案件次之，估计要占实际发案数量的60%～80%；盗窃案件最低，估计不到实际发生数的10%。①

（五）要案增多，高级官员的比重稳定增长

第一，根据表4～6、表8～14，可以对全国检察机关立案的职务犯罪要案比重作一个全面了解：

表32 **1998～2004年全国检察机关立案的职务犯罪要案比重统计表** 单位:%

年份	占立案的人数比重	比上年增长	贪污贿赂案件占要案的比重	渎职案件占要案的比重	县处级占要案的比重	厅局级占要案的比重	省部级占要案的比重
1998	4.53	—	91.98	8.02	94.18	5.66	0.16
1999	5.05	0.52	91.77	8.23	93.68	6.18	0.14
2000	5.66	0.61	89.00	11.00	92.87	6.87	0.26

① 参见王勇哲：《谈谈我国的犯罪黑数问题》，载《山东公安专科学校学报》2001第1期。

续表

年 份	占立案的人数比重	比上年增长	贪污贿赂案件占要案的比重	渎职案件占要案的比重	县处级占要案的比重	厅局级占要案的比重	省部级占要案的比重
2001	5.99	0.33	88.62	11.38	—	—	0.22
2002	6.13	0.14	87.04	12.96	—	—	—
2003	6.27	0.14	87.57	12.43	93.73	6.12	0.15
2004	6.76	0.49	—	—	92.94	6.69	0.37

表 33　**1998～2003 年全国检察机关立案的贪污贿赂要案比重统计表**　单位:%

年份	占检察院立案的要案比重						占检察院立案的贪污贿赂要案比重					
	贪污	贿赂	挪用公款	集体私分	巨额财产来源不明	其他	贪污	贿赂	挪用公款	集体私分	巨额财产来源不明	其他
1998	25.05	49.95	15.88	0.60	0.11	0.38	27.24	54.30	17.26	0.66	0.12	0.42
1999	25.91	44.68	19.64	0.95	0.41	0.18	28.23	48.68	21.40	1.04	0.45	0.20
2000	23.78	44.53	15.04	0.73	0.31	0.14	26.72	50.04	21.13	1.68	0.31	0.12
2001	23.10	45.74	16.73	2.42	0.33	0.30	26.07	51.60	18.88	2.73	0.38	0.34
2002	25.03	47.56	12.27	1.74	0.34	0.10	28.75	54.64	14.10	2.00	0.39	0.12
2003	23.17	50.51	10.59	2.79	0.44	0.07	26.45	57.68	12.10	3.18	0.50	0.09

表 34　**1998～2003 年全国检察机关立案的渎职要案比重统计表**　单位:%

年份	占检察院立案的要案比重				占检察院立案的渎职要案比重			
	滥用职权	玩忽职守	徇私舞弊	其他	滥用职权	玩忽职守	徇私舞弊	其他
1998	0.77	4.01	2.58	0.66	9.59	50.00	32.19	8.22
1999	1.91	4.27	1.41	0.64	23.20	51.93	17.13	7.74
2000	2.89	6.55	1.15	0.42	26.27	59.49	10.44	3.80
2001	2.99	6.24	1.36	0.80	26.24	54.81	11.95	7.00
2002	4.10	5.88	2.02	0.96	31.66	45.38	15.57	7.39
2003	5.17	4.62	1.43	1.21	41.59	37.17	11.50	9.74

第二，根据表 2，可以对法院判处的要案比重作一个整体了解：

表 35　**1998 ~ 2004 年全国法院判处的职务犯罪要案比重统计表**　单位：%

年份	县处级占要案的比重	地厅级占要案的比重	省部级占要案的比重	其中：贪污贿赂犯罪分子					
				县处级		地厅级		省部级	
				占犯罪分子的比重	占要案的比重	占犯罪分子的比重	占要案的比重	占犯罪分子的比重	占要案的比重
1998	—	—	—	2.77	88.39	0.34	11.00	0.000191	0.61
1999	—	—	—	2.33	84.56	0.41	14.98	0.000127	0.46
2000	—	—	—	1.95	86.42	0.29	12.84	0.000167	0.74
2001	81.68	17.35	0.97	—	—	—	—	—	—
2002	1998 ~ 2002 年，要案占职务犯罪分子的比重为 3.20%								
2003	85.29	13.59	1.12	—	—	—	—	—	—
2004	86.52	12.70	0.78	—	—	—	—	—	—

总体来看：（1）根据表 2、表 8 ~ 14，已经可以很清楚地看到，检察机关立案侦查的要案的人数已经从 1998 年的 1 820 人增长到 2004 年的 2 960 人，而且法院 1998 ~ 2002 年间判处的县处级以上公务员也比前五年上升了 65%；其中涉嫌职务犯罪的省部级高官已经从 1998 年的 3 人，剧增到 2004 年的 11 人，要案的涉案人数不断增多，而且涉案官员的级别越来越高。（2）根据表 32，1998 ~ 2004 年间，职务犯罪的要案比重直线上升；其中，渎职案件在要案中所占的比重越来越高；就要案的具体构成来说，县处级所占比重整体呈下降趋势但略有波动，厅局级所占比重稳定增长但也略有波动，省部级所占比重则直线增长。（3）根据表 33、34，要案中比重最高的是贿赂案件，其次是贪污、挪用公款案件；渎职案件要案比重的上升主要体现在玩忽职守和滥用职权案件。这主要是一段时期以来，人们对渎职侵权犯罪的危害性认识不够，认为其只是不履行或不正确履行应有的职责。现在已经充分认识到渎职侵权犯罪与贪污贿赂犯罪同属职务犯罪，都是权力腐败的极端表现形式。渎职案件，不仅侵害了国家机关的正常管理秩序和职务职责的廉洁性，而且侵害了公共财产的所有权、公民的人身民主权利等。（4）根据表 2，表 35，可以大致看出，法院判处的要案与检察院所立案侦查的体现出了不同的趋势。1998 ~ 2004 年间，县处级的涉案人数越来越多，占要案的比重也是逐年上升；被判处贪污贿赂罪的省部级高官也越来越多。1997 ~ 2005 年省部级职务犯罪分子的名单，即使不完全列举，也是一长串，如：原贵州省政协副主席常征，原北京市人大常委会副主任铁英，原海南省第一届人民代表大会常务委员会副主任辛业江，原中国交通银行副行长鲁家善，原中共中央政治局委员、北京市委书记陈希同，原广西壮族自治区副主席徐炳松，原广东省人大常委会副主任、曾任广东省副省长的于飞，原河北省人大副主任姜殿武，原湖北省政府副省长、曾任海南省副省长的孟庆平，原江西省副省长胡长青，原全国人大副委员长成克杰，原神华集团有限责任公司副董事长李大强，原十五届候补中央委员、中共浙江省委常委、宁波市委书记许运鸿，原电力工业部副部长、中国华能集团公司副董事长查克明，原沈阳市市长、曾任辽宁省副省长的慕绥新，原中共湖北省委委员、省政府秘书长焦俊贤，原公安部副部长李纪周，原中共福建省委副书记石兆彬，原中共广西壮族自治区常委、自治区政府副主席刘知炳，原海关总署副署长王乐毅，原重庆市人大副主任秦昌典，原重庆市政协副主席

王式惠，原交通部副部长、中国交通企业管理协会会长郑光迪，原湖南省政府副秘书长唐见奎，原山东省政协副主席、山东省工商联合会会长潘广田，原河北省省委常委、常务副省长丛福奎，原云南省省长李嘉廷，原辽宁省高级人民法院院长田凤歧，原贵州省副省长刘长贵，原河北省省委书记程维高，原浙江省副省长王钟麓，原辽宁省副省长刘克田，原中国建设银行行长王雪冰，原广东省委政法委副书记、省高级人民法院院长麦崇楷，原安徽省副省长王怀忠，原中共江苏省委常委、组织部长徐国健，原贵州省省委书记刘方仁，原国土资源部原部长、曾担任过黑龙江省省长的田凤山，原中共黑龙江省委副书记韩桂芝，原中共湖北省委副书记、湖北省省长张国光。而且，这个名单还在不断被拉长：原四川省副省长李达昌，原河南省政府副省长吕德彬……①

（六）重刑不能遏制职务犯罪的上升趋势

根据表3，可以对于职务犯罪被告人的判决情况作一个简单了解：

表36　　**2002年全国法院审理职务犯罪刑事被告人判决比重统计表**　　单位：%

		贪污贿赂罪	渎职罪
占职务犯罪生效判决被告人的比重	宣告无罪	1.65	5.77
	免于刑事处罚	7.40	22.12
	给予刑事处分	90.95	72.11
	五年以上有期徒刑至死刑	22.37	3.58
	五年以下有期徒刑	19.51	24.65
	拘役	0.78	1.75
	有期徒刑、拘役缓刑	47.95	41.43
	管制	0.09	0.44
	罚金	0.25	0.17
	剥夺政治权利	—	0.09
	驱逐出境	—	—

① 本文所引案例事实，主要根据以下政府官方网站的资料综合整理：

最高人民检察院（最高人民检察院主办）：《（刑事）案例摘选》，http：//www.spp.gov.cn/site2005/scripts/alzx.asp，2005-07-03；

最高人民检察院（最高人民检察院主办）：《反腐报道》，http：//www.spp.gov.cn/site2005/scripts/ffcl.asp，2005-07-03；

最高人民法院（最高人民法院主办）：《典型案例》，http://www.court.gov.cn/popular/，2005-07-03；

法制网（法制日报社主办）：《反腐档案》，http：//www.legaldaily.com.cn/ajbb/node_ 4774.htm，2005-07-03；

正义网（检察日报社主办）：《反腐频道》，http：//www.jcrb.com/zyw/tgda/index.htm，2005-07-03；

人民网（人民日报社主办）：《贪官档案》，http：//politics.people.com.cn/GB/8198/41975/41982/，2005-07-03；

新华网（新华通讯社主办）：http：//www.xinhuanet.com/，2005-07-03。

从上表也可以看到，除了缓刑之外，贪污贿赂罪中五年以上至死刑的比重最高，渎职罪则五年以下有期徒刑的比重最高。根据当前人民法院对省部级官员的定罪量刑情况，贪污贿赂类职务犯罪的量刑较重，被判处死刑的省部级高官就有成克杰、胡长清、王怀忠，被判处死刑缓期执行的省部级高官还有李纪周、李嘉廷、丛福奎、潘广田、唐见奎等，刘方仁、田凤岐等被判处无期徒刑，其余的绝大多数也被判处10年以上有期徒刑。总体来看，贪污贿赂罪一向都是职务犯罪的打击重点，现在量刑比以前更重了，省部级高官也被判处死刑了；以前对渎职罪不太重视，现在也非常注意打击了。总体来看，当前国家对于职务犯罪分子采取了严厉打击，重刑主义的政策。不过，从前文的犯罪比重、贪官档案都可以看出，职务犯罪的歪风邪气并没有因此有所收敛，反而愈演愈烈。

（七）窝案、窜案不断增多，职务犯罪呈群发性

根据表25，可以看出1998～2000年，检察机关立案的案件数大约只占犯罪嫌疑人数88%，2001～2004年，也大约只占90%，这还不包括因为同一案由事发但被分别立案侦查的犯罪嫌疑人，但已经足以表明不少职务犯罪都牵涉多人，职务犯罪的群发性特征明显。窝案、窜案的典型就是厦门特大走私案，根据表10，此案中169名职务犯罪嫌疑人被立案侦查，厦门市委、市政府原领导班子中的七名成员，以及福建省和厦门市的一大批厅局级干部被查出了严重的腐败问题，原公安部副部长李纪周，原福建省委副书记石兆彬，原厦门海关关长杨前线，原福建省公安厅副厅长、福州市公安局局长庄如顺、原厦门市委副书记刘丰收等就是倒在这个案件中。

另外，还有如：2000年侦破的"慕马案"，涉及副省级干部1名，副厅级4名，正处级11名，县处级7名，非法所得2亿多元人民币。

金华税案："从1995年3月至1997年3月，只有56万人口的金华县，全县共有218户企业参与虚开增值税发票，开出发票65 536份，价税合计63.1亿元。案件涉及全国36个省、市、自治区，造成中央和其他地区损失近10亿元。涉及此案的金华市原市委常委、宣传部长叶国梁因受贿罪一审判处有期徒刑15年；原金华县县委书记王新根因玩忽职守罪被一审判处有期徒刑3年；原金华县宣传部长周建平、原县财政局局长王金余、原国税原局长虞新法和副局长吴樟贤、原县检察院税检室副主任戴明利等被判有期徒刑；原县财税局稽查大队大队长杨尚荣被一审判处死刑。另外，虚开增值税专用发票数额巨大的犯罪分子胡银峰、吴跃冬、吕华明被一审判处死刑。这是共和国成立以来发生的全国第一大税案。"①

1998年，哈尔滨国际贸易商城行贿案。此案中，有61人被依法刑事立案，涉及厅局级干部8人，处级干部13人，另外还涉及违纪行为的干部94名。②

浙江省检察院透露，在侦查耿永祥和位保国（浙江省边防总队政治委员）这两件领导干部职务犯罪要案的过程中，检察机关还深挖和发现了5起相关案件，包括舟山海关关长陈立钧受贿80余万元案、舟山市普陀区边防大队长郦月建受贿37万余元并帮助走私罪

---

① 徐舒：《断头交易——评说金华惊天税案》，http://www.jingqi.com/book/DB3A6271/427F/4863/9075/99DBB691C29E.html，2005-07-02。

② 参见林喆、马长生、蔡雪冰主编：《腐败犯罪学研究》，北京大学出版社2002年版，第117页。

犯逃跑案、舟山市水产联合总公司总经理马震洲受贿走私案、杭州海关调查处副处长朱微受贿案、浙江海警第一支队业务处副处长黄军华受贿案等案件。

（八）贪污贿赂案件仍一枝独大，但比重开始下降

根据表4～6，表14，可以发现职务犯罪行为结构的若干特点：

表37 **1998～2004年全国检察机关立案的职务犯罪案件比重统计表** 单位：%

年份	贪污贿赂案件占立案的比重				渎职案件占立案的比重			
	案件比重	比上年增长	人数比重	比上年增长	案件比重	比上年增长	人数比重	比上年增长
1998	87.42	—	85.67	—	12.58	—	14.33	—
1999	85.75	-1.67	84.31	-1.36	14.25	1.67	15.69	1.36
2000	82.42	-3.33	81.48	-2.83	17.58	3.33	18.52	2.83
2001	80.52	-1.90	79.92	-1.56	19.48	1.90	20.08	1.56
2002	80.25	-0.27	79.71	-0.21	19.75	0.27	20.29	0.21
2003	80.77	0.52	—	—	19.23	-0.52	—	—
2004	—	—	80.06	—	—	—	19.94	—

具体到贪污贿赂案件和渎职案件，由于人数比重意义不大，就只统计了案件的比重。

表38 **1998～2003年全国检察机关立案的贪污贿赂案件比重统计表（一）** 单位：%

年份	占检察院立案的案件比重					
	贪污	贿赂	挪用公款	集体私分	巨额财产来源不明	其他
1998	36.79	24.97	23.61	0.26	0.06	1.73
1999	37.44	21.34	26.20	0.52	0.07	0.17
2000	37.16	21.88	22.54	0.61	0.07	0.15
2001	36.15	22.86	20.51	0.75	0.06	0.20
2002	36.49	24.80	17.90	0.85	0.08	0.10
2003	35.79	26.67	17.07	1.06	0.09	0.09

表 39　**1998～2003 年全国检察机关立案的贪污贿赂案件比重统计表（二）**　单位：%

年份	占检察院立案的贪污贿赂案件比重					
	贪污	贿赂	挪用公款	集体私分	巨额财产来源不明	其他
1998	42.09	28.56	27.01	0.30	0.07	1.97
1999	43.67	24.89	30.56	0.60	0.09	0.19
2000	45.09	26.55	27.35	0.74	0.08	0.19
2001	44.89	28.39	25.47	0.93	0.07	0.25
2002	45.47	30.89	22.30	1.06	0.10	0.18
2003	44.32	33.03	21.14	1.31	0.10	0.10

表 40　**1998～2003 年全国检察机关立案的渎职案件比重统计表**　单位：%

年份	占检察院立案的案件比重				占检察院立案的渎职案件比重			
	滥用职权	玩忽职守	徇私舞弊	其他	滥用职权	玩忽职守	徇私舞弊	其他
1998	1.07	3.49	3.67	3.80	8.52	27.73	29.18	34.57
1999	2.03	4.82	3.25	4.15	14.24	33.83	22.79	29.14
2000	3.19	5.17	3.53	3.73	20.43	33.10	22.58	23.89
2001	4.31	5.73	4.08	3.42	24.58	32.67	23.27	19.48
2002	5.03	6.29	4.54	3.89	25.49	31.84	22.98	19.69
2003	5.18	6.43	3.81	3.81	26.92	33.45	19.83	19.80

从上面的三个统计表中可以非常明显地看出，无论是案件数量，还是涉案人数，贪污贿赂案件在职务犯罪中的比重逐年下降，而渎职案件则稳步上升。当然，在职务犯罪总数持续增长的情况下，这并不是说贪污贿赂案件的绝对数量少了，而只是说明职务犯罪中虽然贪污贿赂案件仍然一枝独大，但渎职案件的发案同时也有所增加了。在所有的案件中，贪污案件一直独占鳌头；随后的贿赂上升明显，已经取代了挪用公款案件位列第二，而挪用公款案件不仅失去了第二的位置，差距也被逐渐拉大。三者之间的差距并不太大，说明三类案件并发的比例很高；再往后就是渎职案件中的玩忽职守、滥用职权、徇私舞弊案件。尤其是玩忽职守、滥用职权，比重上升迅猛，渎职案件比重的上升，主要体现在这两类案件中。

（九）贪污贿赂罪中官商结合，组成政经腐败联盟

贪污贿赂罪中，大部分官员的背后都与企业有着千丝万缕的联系，权钱交易大行其

道，官员握着权力寻租，由受贿至索贿，欲壑难填，企业则将行贿当作投资，千方百计寻找投机机会，双方一拍即合，结成利益共同体，为祸甚烈。如，李嘉廷受贿案的涉案企业为香港焕德有限公司、云南人和实业（集团）公司、云南俊发房地产股份有限公司，王乐毅受贿案的涉案企业为辽宁奔驰汽车维修有限公司、深圳惠威工贸有限公司、大连万国物流中心有限公司、哈尔滨市新恒基建设有限公司，慕绥新受贿案的涉案企业为辽宁高明房地产开发有限公司、沈阳市客运集团，李纪周受贿、玩忽职守案的涉案企业为厦门远华公司、广东开平建安公司、广东新英豪公司，等等。近年来，破产的政经联盟为数不少，在这些政经腐败联盟中，官员将追逐权力的利益最大化看作为官之道的根本。在这些官员心中，有官就有权，有权就有利，手中掌握的公共权力和公共资源就是交易的筹码，许多官员明目张胆的将公共权力资源明码标价。如今，请客吃饭已经不能打动他们，逢年过节收点礼金也只是被认为属于“正常”的灰色收入，要想与他们进行权钱交易，成本是很高的。与此同时，许多经商者则把贿赂官员与谙熟上层路线当作生意成败的关键元素，平时就不惜投入大量资金进行所谓“感情投资”，逢年过节更是到处拜年“进贡”，争取业务时红包开路，业务支出中人情费用的比例居高不下。

此外，权力与金钱这两种社会资源正出现合流的趋势。许多在职官员的家属、朋友可以凭借官员掌控的政治资源合法经商、轻松敛财；部分官员则利用自己在官场摸爬滚打多年，熟谙官场文化和行业潜规则的优势步入商界，辞职“下海”经商；不少退休官员继续“发挥余热”，利用在任时积累的经验及人脉，或是自己亲自经商，或是担任其他经商者的“顾问”，投入少，产出高。同时，某些商界要人在出资收买官员的同时，也出资直接给自己买官，金钱开路，仕途前景光明，商业经营也大获成功。

（十）重大事故背后往往挖出渎职案件

近年来随着我国经济建设的发展，在经济活动、重大工程建设中严重不负责任，还有滥用职权、玩忽职守导致发生重大安全事故，导致重大人员伤亡、财产损失的案件不断增多。根据表8、表13、表14，1998年涉嫌工程建设的渎职案件就有1 590件，2003年涉嫌重大安全事故的渎职人员就已经有7 160人，2004年涉嫌造成交通、煤矿、环境污染等重大责任事故的国家机关工作人员就有2 892人。例如，2001年南丹“7·17”特大透水事故中，严重失职的原河池地委书记莫振汉，被南宁市中级法院一审以受贿罪、玩忽职守罪数罪并罚，依法判处有期徒刑十四年；2004年3月19日，原河池地区行署专员、地区安全生产管理委员会主任晏支华犯玩忽职守罪，被判处有期徒刑一年，缓刑二年。

（十一）腐败意识开始泛化，职务犯罪的主体层次和发案领域不断扩散蔓延

1. 职务犯罪主体层次的扩散蔓延

第一，职务犯罪分子级别层次向高级和低级两个方向扩散蔓延。一方面，腐败犯罪干部的级别越来越高，职务犯罪的人员中，中高级干部的人数越来越多，虽然他们绝对人数少，所占比例也很低，但犯案人数不断攀升，特别体现在省部级高官的职务犯罪情况上。具体情况上文已经提及，就不再赘述，另一方面，腐败职务犯罪开始普遍化，继续从高级官员层面下落到一般国家工作人员，乃至企事业职工层面，除了基层一般党员干部或公务员外，甚至连医院里的挂号或收银员、企事业单位的会计、出纳都能利用手中的权力营私

舞弊，侵吞国家或集体财产。例如，辽宁省大连市酒厂销售中心销售业务员郝文魁，侵吞公款1 139 059.76元，因贪污罪被判处死刑，剥夺政治权利终身，并处没收财产人民币 20万元；中保财产保险有限公司宁明县支公司出纳员李平，贪污本单位公款3 199 155.31元，挪用公款447 171.36元，1999 年因贪污罪、挪用公款罪被判处死刑，剥夺政治权利终身，并处没收财产人民币1 000元；中国工商银行重庆市九龙坡区支行杨家坪分理处会计陈新，贪污公款4 000万元，用于炒股，因贪污罪被判处死刑，剥夺政治权利终身；天津铁路公安处唐山车站公安派出所乘务民警张继刚，接受了吴海军等人的吃请，向李向东、郭建宾、明今成通风报信，致使吴海军逍遥法外，郭建宾未被抓获归案，因徇私枉法罪被判处有期徒刑二年。

第二，职务犯罪主体的职位层次从副职向“一把手”蔓延。这里，我们看看要案的情况就非常明显。新刑法施行以前，职务犯罪要案牵涉的多是副职，正职多半还能坚守阵地。据不完全统计，1997 年 10 月 1 日以前，职务犯罪涉及的省部级高官多是副职，如原民航总局副局长边少斌、原北京市政协副主席、曾任市长助理的黄纪诚，原海南省人大常委会党组副书记、副主任韦泽芳，原北京市副市长王宝森，原湖北省副省长陈水文，原国家科委副主任李效时，原铁道部副部长张辛泰，原山西省副省长李振华，原青海省副省长、人大常委会副主任韩福才，原铁道部副部长罗云光，原新疆维吾尔自治区人民政府副主席托尔提·沙比尔；正职只有原海南省省委副书记、省长梁湘因。但现在，从陈希同开始，正职的省部级高官已经有吴文英、李嘉廷、程维高、高严、刘方仁、田凤山等人了。如江苏省 2002 年的十大贪官中有 80% 以上是“一把手”，他们都或多或少地有着封建传统的家长制遗毒。不管多么严的规章制度、党纪国法，到他们这些“一把手”手中都成一纸空文。① 在厅局级上，“一把手”腐败也非常明显。近年来，倒下了不少臭名昭著的市长、市委书记，如原安徽省阜阳市市长肖作新，原沈阳市委副书记、市长慕绥新，原湖北省天门市委书记张二江，原江苏靖江市长、市政协主席王新民，原广东湛江市委书记陈同庆，等等。

第三，职务犯罪主体的年龄层次开始向低龄蔓延。现在，50 岁以上职务犯罪现象仍然严重，如 1999 年以来，湖北省检察机关共立案查处涉嫌贪污贿赂等职务犯罪的县处级干部 161 人，其中 50 岁以上的多达 67 人，占 42%；但同时据《羊城晚报》报道，据统计，1997 年至 2001 年，广州市 35 岁以下青年国家工作人员职务犯罪总数达到 292 人，发案率约占查办案件总数的 1/5。② 职务犯罪的“59 岁现象”方兴未艾，又出现了所谓的“30 岁现象”，少壮派官员腐败开始增多。如果说前者多是因为大权在握，缺乏监督，晚节不保，“在退休前捞一把”、“不捞就没有机会捞”的思想在引诱着自认为“为党辛勤工作一辈子”的贪官们，有些被拉下水的意味；后者则是不少高学历的年轻人利用管理漏洞，寻求职务犯罪的机会，主动跳下水。

2. 职务犯罪发案领域的扩散蔓延

我国腐败犯罪的发生领域，以往主要出现在管钱管物的岗位和经济管理部门。但 20

---

① 参见最高人民检察院：《江苏列出 2002 年十大贪官厚黑榜 呈现出五大特点》，http://www.spp.gov.cn/site2005/scripts/pageRead.asp? d_ id = 200301170828130400，2003-01-10/2005-07-03。

② 参见朱兴有著：《预防职务犯罪问题研究》，中国检察出版社 2004 年版，第 12 ~ 13，15 页。

世纪90年代末以来，职务犯罪的浊流已经侵入了权力活动的各个领域。不仅在经济领域有职务犯罪，在政治、科学、教育、文化艺术等领域，都有职务犯罪现象的发生。一些过去被人们称为“清水衙门”的部门，如今也出现腐败，只要存在利用职务进行权力活动的空间，就有可能发生职务犯罪。具体体现在以下几个方面：

（1）司法腐败

从表8、表13、表14，可以看出，司法机关的人员越来越多的卷入了职务犯罪。本来，司法机关是法律正义的代言人，司法公正是法治的最后防线，打击职务犯罪，司法机关是主力军。但现实是严峻的，近年来，司法系统领导干部的职务犯罪增多。“2002年至2003年6月，湖北检察机关共立案查办涉嫌职务犯罪的法官91人，其中高级法院副院长1人，中级法院院长2人，副院长4人，基层法院院长2人，副院长1人；涉嫌贪污贿赂犯罪51人，涉嫌循私舞弊、枉法裁判等渎职犯罪40人。”① 原沈阳市中级人民法院院长和二位副院长的集体腐败事件是法院腐败的典型，这使得2000年沈阳中院的工作报告未获通过。

司法腐败是对国家公信力的严重损害，其结果会使社会公众对司法公正和正义失去信任。我们现在正在建设社会主义法治国家，试想，如果作为正义代言人的司法人员都让人失去信任，那还拿什么理由让公民遵纪守法？整体来说，法官职务犯罪一般多于检察官职务犯罪，有关调查表明，法官已经面临信任危机。北京零点调查公司于2001年在北京、上海、广州、武汉等11个城市，对5 673位18岁以上的城市居民进行多段随机入户访问得出的一个结论是：整体上赋予法官消极形象的人占了约四成。2001年“两会”期间，一项针对504名网上人士的调查表明，法官是所有4个法律职业中最不受欢迎的。被调查者对4个法律职业及其欣赏率分别为：律师为59.7%，检察官为22.6%，警察为8.9%，法官为8.7%。其中给予法官高度消极评价，包括混乱的、低素质的、徇私的、官僚的等，占被访人总数的40.7%，本次调查的上网人士85%为企业管理人士、办公室白领、教育科研文化卫生人士和在校学生。零点调查公司的研究人员认为，目前中国法官在公众中的整体形象偏低，同时法官的公正品质、专业能力方面的形象要点不够突出。②

（2）国有企业职务犯罪

国有企业职务犯罪的表现之一就是国有企业改制过程中的职务犯罪现象突出。据表11、表14，2001年查办的国有企业转制、重组过程中私分、侵吞、转移国有资产的贪污贿赂犯罪嫌疑人就有17 920人，2004年也有10 407人。北京市检察机关的有关资料显示，当前国企中贪污贿赂等职务犯罪的数量出现了“四个”不断上升。突出表现为：案件数量不断上升，从5年前的169件增加到2002年的242件；企业“一把手”犯罪的数量不断上升；超过百万元的大案不断上升；犯罪造成的损失不断上升，从5年前的不足亿元增加到去年的4.7亿元。高检院渎检厅有关负责人坦言，与其他贪污贿赂案件相比，此类案件的涉案人员绝大多数是企业高管人员，财会、销售人员及与改制有关的主管部门负责人

① 《一份关于法官犯罪的报告》，http：//www.chinanewsweek.com.cn/2004-04-23/1/3430.html，2004-04-19/2005-06-05。

② 参见章敬平：《〈中国新闻周刊〉：法官面临信任危机》，http：//news.xinhuanet.com/world/2001-11/28/content_137242.htm，2001-11-28/2005-07-24。

等，其涉案数额虽然较大，造成国资流失的危害性更为严重，但因为对国企界定、职务犯罪行为认定等存在模糊认识和争议，还是有一些当事人最终很难受到处理。从已查处的案件不难发现，在分食“最后晚餐”的欲念下，一些国企经营者侵吞国有资产，“化公为私”花样翻新：第一，恶意减损、隐匿国有资产。原陕西亚西光电仪器厂总经理刘某通过做假账、办假手续等手段虚增债务，将1 537万余元国有资产层层剥离，审计事务所凭借报表只评估出该厂净资产 161 万元，其余1 300余万元全部流入其个人腰包。第二，非法转移国有资产。原福建厦门市汽车股份有限公司董事长黄某趁国企改制之机，采取更名、变更股东及股权等手段，将公司在香港的子公司嘉隆集团有限公司变成自己控股的私人公司，侵吞公司股权及红利3 700余万元。第三，巧列名目，私分国有资产。如四川金堂县酒类实业公司董事长陈朝兴，在公司改制前与他人合伙炮制一套“引资奖励”政策，将本单位由承建方垫支的工程款视为引资，擅自决定为自己发放奖金 7.5 万余元。此外，公司主管部门决定用公司门面房和土地使用权折抵企业贷款本息 173 万元，陈借口这是“创收行为”，擅自动用公款 12 万余元为包括其本人在内的所谓“有功”人员发奖。第四，暗箱操作，攫取国家给予改制企业职工的优惠。四川成都市双流燃料建材公司改制时，管理人员故意抬高门槛，要求每位职工最少投入 5 万元才能成为新企业职员，故意夸大风险，使大部分职工不敢入股。管理人员买断该企业后，将企业出卖，获增值 200 余万元。第五，相互勾结，共同作案。浙江金华市某饮食服务公司领导班子在公司改制时，集体决定将公司价值1 700余万元的房产不报评估，后变更产权共同予以贪污。①

同时，近年来，随着市场经济改革的深入，政企分开，国有企业成为独立经营的市场主体，但市场经济体制尚不完善，企业内部监督机制非常脆弱，某些企业负责人的权力已经出现失控滥用现象，成为产生职务犯罪的温床，头戴光环的国企负责人和要害部门管理人员腐败犯罪活动突出。2004 年 12 月 30 日，内蒙古自治区检察院决定逮捕此前因涉嫌职务犯罪被刑事拘留的原内蒙古伊利实业集团股份有限公司党委书记、董事长兼首席执行官郑俊怀，原集团公司副董事长兼首席知识运营官杨桂琴，原集团公司财务负责人兼董事会秘书张显著，原董事会办公室主任李永平，原公司证券业务代表、原奶事业部总经理、奶业公司董事长郭顺喜等 5 名伊利集团高层管理人员。该 5 名伊利集团高管因利用职务便利，挪用巨额公款用于个人营利活动，涉嫌挪用公款罪被检察机关查处。

整体来看，在国有企业职务犯罪中，涉案人员一般学历都比较高，有高智商、高学历的趋势，而且逐渐低龄化；同时，涉案人员职位较高，党政领导干部和财务人员职务犯罪现象仍然十分突出；作案手段也越来越狡诈、诡秘，由单一向复杂、隐蔽、智能化的方向发展，贪污、挪用公款犯罪手段已从过去简单的以权谋私和监守自盗转向运用专业知识，利用相关业务程序、制度漏洞进行作案，犯罪的隐蔽性逐步增强；上千万元的特大案件已经屡见不鲜，涉案金额也越来越高。

（3）清水衙门腐败

近年来，职务犯罪渗透到了文化、科技、教育等“清水衙门”。“清水衙门出巨贪”、“众人皆穷独其富”的现象屡见不鲜，出现了一批“穷庙富方丈”，这在贫困县中体现尤

① 参见陈芳、丁建刚、丛峰：《国企改制的阵痛：职务犯罪造成国有资产大量流失》，http://www.southcn.com/news/china/zgkx/200412200368.htm，2004-12-20/2005-06-05。

为明显。具体的案例，如：河北省保定市曲阳县本是一个省级贫困县，但原教育局长郝成学因大搞权钱交易，于2003年6月10日被当地检察机关刑事拘留。案发后从“小庙”、“穷庙”里的这位“富方丈”郝成学家中共搜出五粮液360瓶，精品五粮液39瓶，茅台酒46瓶，精品茅台酒48瓶，洋酒36瓶，此外还有各种名烟、摄像机、照相机、金银首饰、名人字画等，总共价值高达人民币60余万元，据说仅查出郝成学的大小存折就有61个。①洛阳市检察机关2002年共立案查处企业中的职务犯罪案件350件，通过办案为国家挽回经济损失2 000余万元；春都食品股份有限公司中，原特种包装材料分公司经理石应顺涉嫌贪污公款8万元案、原副经理刘序军涉嫌贪污公款7万元案均已起诉至法院，另有12起案件正在展开初查，4起案件移交公安机关侦查；洛阳中昊化工有限公司中，检察机关共在该公司立案查办贪污贿赂案件5起，该公司供应处一科原科长、财务科原科长等6名犯罪嫌疑人相继落网。②

同样，被誉为“清水衙门”的教育系统逐渐成为职务犯罪的高发地。教育界本来是教书育人的，但现在也并非一方净土，踩了职务犯罪地雷的也大有人在，如天津市教育招生考试中心中专处处长张洪斌，侵吞公款计523 453元，收受贿赂29 750元，案发后追缴赃款45.8万余元，1997年底因贪污罪、受贿罪，被判处无期徒刑剥夺政治权利终身，没收财产人民币2万元。

（4）组织人事腐败

现在，组织人事部门中也出现了职务犯罪问题。在干部任用的过程中，跑官要官、任人惟亲的现象很严重。被称为中国“跑官”第一人的原徐州市市长（正厅级）陈耀南为步步高升，到处“筹款”，收受贿赂260余万元，另有90余万元巨额财产说不出其来源。

更有甚者，有的领导将组织人事权视为“摇钱树”，借安排人事任免之机，大肆受贿卖官，聚敛财富。最典型的莫过于原黑龙江省绥化市市委书记（正厅级）马德卖官受贿一案。马德案是中华人民共和国成立以来查处的最大卖官案，牵涉原国土资源部部长田凤山、原黑龙江省政协主席韩桂芝等众多高官和绥化市一大批官员。据悉，共有265名官员涉案，其中包括绥化市下辖10个县市的众多处级以上干部，仅绥化市各部门的一把手就有50余人。

而且，当前组织人事职务犯罪，已经渗透到组织人事工作的许多工作领域、几乎涉及组织人事工作职务行为的方方面面。如考试招干、考核评职、职务升迁、奖励惩处、人事交流、干部培训、出国考察、子女安排、甚至离职退休、班子调整、扩充编制、部门升格、非领导职务、工资待遇调整等，凡涉及干部切身利益的组织人事工作，都可能有说情者、行贿者、受贿者，以及介绍贿赂者的情形发生。并且为了捞钱，一些组织人事工作的决策者，还预设行贿陷阱，无限扩大组织人事工作的“有价资源”。例如，原吉林省白山市政协副主席、统战部长李铁成，在任靖宇县委书记期间，6年期间调整干部840人次，全县平均每个干部被调整了两次。向其行贿的均是县内科局以上的领导干部，其中县处级

① 参见赵晨光：《找准“穷庙富方丈”的新闻看点》，http：//www.jcrb.com/zyw/n155/ca85790.htm，2003-07-04/2005-07-03。

② 参见宋安明、张保定：《不让“穷庙富方丈”逍遥》，http：//www.jcrb.com/n1/jcrb87/ca53277.htm2003-03-27/2005-07-03。

以上干部行贿就多达33人，几乎在靖宇县没有他受贿的“空白”点，在一个几万人的贫困县，受贿总额达144万元。他还为行贿者提供了许多“理由”。李铁成供认说，“我受贿的途径，主要是在逢年过节、三个子女结婚、我手术住院、老母亲去世等家中的重要日子”，“这样的日子来送钱物，理由比较充分，形式上也顺理成章，话题似乎也很好找”。一些群众反映说，这些捞钱干部一般都有几多：周游列国多、生日多、家庭红白喜事多、自己生病住院多。总而言之，挖空心思寻找敛财之道。①

（十二）职务犯罪重灾区明显

近年来，职务犯罪的发案领域在不断扩散的同时，也出现了发案非常集中的领域，形成了重灾区。这其中，交通厅、海关表现得最明显，各地官员频频落马，而且还多是大案要案；其他的，如公安、税务、金融领域发案也比较多。有关资料显示，检察机关查处的与黑恶势力刑事犯罪、严重经济犯罪相交织的，充当其后台和“保护伞”的国家工作人员职务犯罪案件，从犯罪主体上看，司法干警多，海关、工商、税务人员多，县、市政府主要负责人多；据对随即抽取的83件黑恶势力刑事犯罪与严重经济犯罪背后的“保护伞”案件进行分析，83起个案的犯罪嫌疑人中，公安干警31人，占总数的37%，海关、工商、税务工作人员23人，占总数的27%，地方政府部门负责人11人，占总数的13%，其他行政执法部门工作人员8人，占9%，检察人员8人，占9%，法院1人，狱政1人。②

第一，交通系统的职务犯罪。“从1998年开始，中国交通基础设施建设进入快速增长期，投资大幅攀升，占全社会固定投资的比重接近10%，创新中国成立以来最高水平。如此大的投资规模，其资金来源主要依靠地方自筹。财政部的官员介绍，在公路交通基础设施建设的投资结构里，国家（包含中央与地方专项资金）投入占7%左右，车购税投入也在7%左右，国内贷款40%至50%，地方自筹25%至35%，剩下的为外资或其他投资。交通部有关专家指出，这一阶段，除中外合资或合作经营的高速公路公司管理比较规范外，地方为提高筹资力度，普遍采取‘政企合一’的方式进行建设，大多数高速公路公司的管理方式是主管部门与公司两位一体，政府直接参与企业经营。”③ 在这个过程中，交通厅厅长往往兼任高速公路开发总公司总经理这类职务，政府直接参与投资建设与不完善的制度结构相结合，权力失去制约、加上交通建设中利润空间大，领导干部经手巨额建设资金，面临的腐蚀诱惑大，地方交通部门成为滋生腐败的温床，一些地方交通厅长因此而纷纷落马，河南省交通厅三任厅长还“前腐后继”，以致形成了引人注目的“交通厅长落马现象”。

1997年以来，已经有16位交通厅长落马了，这些交通厅长的腐败，是工程招投标中职务犯罪泛滥的一个缩影，以致于现在“工程上马，干部落马”已经成为了我国工程建

① 参见：《全国组织人事职务犯罪呈四大特点 查处更为艰巨》，http：//news.sohu.com/20050529/n225744068.shtml，2005-05-29/2005-07-24。

② 参见陈正云、苗春瑞：《“保护伞”职务犯罪剖析》，载《人民检察》2001年第9期。

③ 何云江、石新荣、苗俊杰：《又一地方交通厅长受审 政企合一投资模式亟待改变》，http：//news.xinhuanet.com/newscenter/2004-03/21/content_1376235.htm，2004-03-21/2005-07-03。

设中的一种宿命。虽然我国已经于 1999 年 8 月正式颁布了《中华人民共和国招标投标法》，但是在工程建设领域，很多招投标活动并不规范，给职务犯罪留下了可乘之机。如，第一，招标文件与合同签订脱节，造价难以控制，给职务犯罪者留下了讨价还价的空间；第二，专业人才缺乏，调查论证不细，给职务犯罪者造成了可乘之机；第三，监督制约措施不力，既当“裁判员”又当“运动员”的招投标运作方式，给职务犯罪者滥用职权提供了方便；工程建设高利润的诱惑，发现查处难度的增大，助长了职务犯罪者的侥幸心理。①

第二，海关的职务犯罪。由于走私犯罪巨大经济利益的诱惑，走私分子不惜顶风而上，铤而走险，以身试法。而要想大规模走私，海关则是犯罪分子必须攻克的堡垒。不少海关官员倒在犯罪分子的糖衣炮弹下，走私分子和腐败分子肮脏交易也没有停止，触目惊心的走私大案、要案、特大案仍在继续发生，这在海岸线沿线的海关中体现得尤为明显。而且，由于走私的保驾护航需要多个部门共同协作，海关的职务犯罪群发性特征明显，每一个“走私大鳄”的背后往往形成一个职务犯罪的链条，在海关内部往往是海关关长领衔，监管科室领导、具体监管人员紧随其后；海关外部，口岸的边防、公安、海警、商检、港务、船务等重要部门的一些人也往往纷纷下水，成为走私犯罪分子的“保护伞”。厦门远华特大走私大案就是其中的典型。

第三，公安系统的职务犯罪。在目前的政府部门中，公安机关的权力极大，既有行政执法权，又有刑事侦查权。从办理户口、身份证等证件，到打击违法犯罪行为，公安机关与公民日常生活的联系的密切程度是其他国家机关不能相提并论的。广泛的自由裁量权给了职务犯罪分子以可趁之机，有的公安人员将本该为人民服务的权力当作杀威棒来大肆索贿，有的公安人员贪污罚没的款物，有的公安人员收取贿赂充当犯罪集团的保护伞，还有不少公安人员滥用权力，刑讯逼供，侵犯公民人身权利和民主权利。厦门远华案中的李纪周、庄如顺就是典型。

第四，税务系统的职务犯罪。一方面，税务机关具有直接收取并掌管国家税收的权力，税额的计算，税基的确定，税票的开具，税款的保存等都由税务机关全程掌握；另一方面，税务机关还握有减税、免税、退税的权力。在这一系列环节中，每一个税务人员都握有一定的权力，同时却又面对巨大的诱惑，不少工作人员滑入职务犯罪的深渊。税务部门职务犯罪主要表现形式有：一是超越权限，擅自减免税。这种情况直接发生在税款征收过程中。或擅自降低税率，改变税目，或给纳税人开具发票而不征税款。二是积压、截留国家税款。发现较多的是一些基层税务所（分局）负责人伙同会计人员违反国家关于税款征解入库规定，收税不解税，将本年（月）度实际已征收的税款积压转下年，冲抵下年度税收任务而“卯吃寅粮”，造成国家对税款暂时失控。三是贪污税（公）款。违法违纪者有的分联填开完税证，大头小尾贪污差额；有的对已收税填开而纳税人没有取走的税票进行涂改，一票重用再次收税，贪污税款；有的白条收税，对纳税人假称完税证填开完或没带在身上先打白条收了税，之后见纳税人不再来催要，便不再开税票，将所收税款占为已有；有的利用纳税人不懂税收有关规定，收税不开票；还有的收费不上缴、罚款不入库，胡支乱花、挪用贪污。四是以各种名义、借口，向所管辖的纳税户借钱借物，借占交

① 参见蒋洪军：《工程招投标中职务犯罪的成因及对策》，载《人民检察》2004 年第 3 期。

通工具和通讯工具；暗示或公开要求纳税人提供吃喝玩乐；收受或索要纳税人礼品、礼金和证券；五是挪用税（公）款及公物。从挪用的具体对象来看，主要是挪用税款、纳税保证金及办公经费；从挪用的手段来看，主要有涂改完税证存根联、报查联的开票日期；跳号开票，不按税收票款"限期限额"的双限规定结报入库，结报一部分票款，挪用一部分税款等。六是收关系税、人情税。任意降低税率，缩小征收范围或擅自不加收滞纳金，特别是对个体和临商的征税过程中，将有证户按无证户对待，以集体代替个体，从而在税收上照顾熟人亲友或为行贿人在税收上谋取非法利益。七是利用职务或职权的影响，为配偶、子女和亲属经商办企业提供便利条件，谋取非法利益。八是私设"小金库"，奢侈浪费，私分公共财产。九是与不法分子相勾结，虚开发票，买卖发票，骗取国家税款。①

第五，金融系统的职务犯罪。一方面，中国的银行迄今为止尚未建立起现代银行制度，尤其是国有银行治理结构缺陷导致内部控制机制难以完善，缺少有效的风险约束和自律机制，巨额的资金并没有被严密监控；另一方面，金融系统内的各种业务又是非常专业的，不具有专业知识的人士很难介入这个领域，专业的金融系统工作人员面对不专业的管理制度，职务犯罪就容易被诱发。近年来通过金融票证诈骗银行巨款的案件频发，几乎都牵涉到金融机构的内部工作人员；金融工作人员侵占、窃取银行客户资金的案件也屡禁不止，金融系统已成为职务犯罪的高风险行业。这些案件的发生充分暴露了当前金融系统不良竞争加剧、监管不严等问题；同时，这些案件智能化的特征非常明显，计算机等高科技手段在犯罪的实施过程中扮演了重要角色。

（十三）职务犯罪大案多，危害后果日益严重

根据表4～6、表14可以对职务犯罪的案件比重作一个全面了解：

表41　**1998～2003年全国检察机关立案的职务犯罪大案比重统计表**　单位：%

年份	占立案的比重	比上年增长	贪污贿赂案件占大案的比重	渎职案件占大案的比重
1998	27.69	—	100.00	0.00
1999	34.02	6.33	100.00	0.00
2000	35.73	1.71	100.00	0.00
2001	41.98	6.22	87.54	12.46
2002	42.76	0.78	89.65	10.35
2003	47.25	4.49	89.89	10.11

① 参见查建国：《对税务部门预防职务犯罪的思考》，http://www.ah-n-tax.gov.cn/sssy/ssfz/t20040924_83105.htm，2004-03-09。

表 42　1998～2003 年全国检察机关立案的贪污贿赂大案比重统计表（一）　单位：%

年份	占检察院立案的大案比重					
	贪污	贿赂	挪用公款	集体私分	巨额财产来源不明	其他
1998	37.64	19.01	39.99	0.80	0.20	2.36
1999	39.61	19.54	40.16	0.47	0.11	0.11
2000	41.79	22.69	34.88	0.43	0.14	0.07
2001	36.48	22.35	26.74	1.74	0.13	0.10
2002	38.92	26.34	23.51	0.69	0.14	0.05
2003	38.46	29.01	21.44	0.80	0.13	0.03

表 43　1998～2003 年全国检察机关立案的贪污贿赂大案比重统计表（二）　单位：%

年份	占检察院立案的贪污贿赂大案比重					
	贪污	贿赂	挪用公款	集体私分	巨额财产来源不明	其他
1998	37.64	19.01	39.99	0.80	0.20	2.36
1999	39.61	19.54	40.16	0.47	0.11	0.11
2000	41.79	22.69	34.88	0.43	0.14	0.07
2001	41.67	25.53	30.55	1.99	0.15	0.11
2002	43.41	29.38	26.22	0.77	0.16	0.06
2003	42.79	32.28	23.86	0.89	0.14	0.04

表 44　2001～2003 年全国检察机关立案的渎职大案比重统计表　单位：%

年份	占检察院立案的大案比重				占检察院立案的渎职大案比重			
	滥用职权	玩忽职守	徇私舞弊	其他	滥用职权	玩忽职守	徇私舞弊	其他
2001	3.42	5.88	1.67	1.49	27.42	47.19	13.43	11.96
2002	2.92	4.47	1.72	1.24	28.21	43.16	16.67	11.96
2003	3.11	4.13	1.41	1.46	30.74	40.85	13.97	14.44

首先，从上述三个统计表中可以看出，职务犯罪大案的比重逐年上升，而且 2001 年以前这些大案全部都是贪污贿赂案件，2001 年以后才出现渎职大案。起初是挪用公款案件比重最大，但后来贪污、贿赂案件的比重逐渐上升，玩忽职守紧随其后，这说明职务犯罪的危害性越来越严重了。一方面是因为相对来说，贪污案件是将公款据为己有，贿赂案

件涉及权钱交易，危害性比挪用公款要大。虽然贪污案件、贿赂案件的大案标准是5万元，挪用公款案件是10万元，但现在的职务犯罪案件，涉案金额通常都很高，10万元是非常容易突破的，所以这应该不会对大案的比重造成太多影响；另一方面是因为渎职案件的大案的比重显著上升，而渎职案件通常不仅造成巨额经济损失，还会导致重大的人身伤亡、或侵犯公民人身权利，而这些损失显然是金钱所不能计算的。

其次，从表8、表14可以看出，仅仅是检察机关每年通过办案挽回的经济损失就有40多亿元，职务犯罪所造成的经济损失非常巨大。

再次，职务犯罪的危害性不仅仅体现在造成的经济损失上。更重要的是，职务犯罪败坏了社会风气，破坏了社会公众对政府的信任，严重影响了市场经济秩序的建立、经济决策以及政策的制定和执行，影响了对通货膨胀的有效控制；影响了社会财富的合理分配和社会稳定。尤其是农村干部的职务犯罪问题，非常容易激起民愤，造成党群干群关系紧张，引发群众性上访，甚至出现集体上访、越级上访，严重影响农村的社会稳定。例如，在河北省大厂县检察院查办的28位农村干部职务犯罪案件的调查看，28名农村干部中，有18名农村干部经济犯罪问题引发了群众上访，占64%。①

而且，很多职务犯罪分子案发前，在台上摆出一副“廉政”的脸谱，假扮朴素装廉洁，大讲预防职务犯罪，结果自己其实是个大蛀虫。这样的案件屡见不鲜，表明我们目前的制度看似严密，但其实没有实质效果，被职务犯罪分子玩弄于鼓掌之间。这是一个危险的征兆，如果再不能采取实质措施，职务犯罪就离制度性腐败不远了。

（十四）职务犯罪人员外逃、资金外流严重

从表8～14可以看出，抓获的携款在逃尤其是外逃的犯罪嫌疑人逐年上升。这固然是一种成绩，但最高人民检察院的工作报告每年都谈到这个问题，这种事实本身其实就足以表明，大量犯罪嫌疑人携款潜逃，无法被抓捕。例如，2002年4月6日，原河南省烟草专卖局局长、烟草公司经理、党组书记蒋基芳在无任何迹象的情况下，外逃至美国；2001年5月，原河南省豫港公司董事长程三昌从香港不辞而别，携巨款和情妇到新西兰定居；原中国银行广东开平支行前行长余振东、许国俊和许超凡在监守自盗近5亿美元之后都潜逃至国外。据一位曾供职于最高人民检察院外事部门的人透露，近期以来，每年惊动高检外事部门的职务犯罪出逃案件为20～30件，引渡回国者为5名左右，但这只是冰山一角，因为另外一大部分案件并不是通过检察院办理的。外逃贪官的去向主要由三处，一是就近避难，潜入中国的邻国，二是逃往处于转型期或者法制不很健全的国家，如拉丁美洲国家，三是逃往发达国家，如加拿大、澳大利亚等。②

前几年，职务犯罪者往往是罪行败露后被动潜逃，但现在，职务犯罪分子更加狡猾，往往“未雨绸缪”，“防患于未然”，在任职期间将资产转移到国（境）外，将子女送到国外学习、定居，让亲属加入他国国籍，制定好妥善的“外逃预案”，一旦有“风吹草

---

① 参见王金利、吴丽、汤龙江：《当前农村干部职务犯罪现象透视及预防对策》，载《贵州法学》2003年第6期。

② 参见莫洪宪、王明星；《论职务犯罪的特点、原因及其刑事对策》，载《犯罪研究》2003年第2期。

动”就实施“战略转移”。例如，根据中山市检察院披露的资料，近年来共立案查处涉及向国（境）外转移非法资产的职务犯罪案件有15件26人，而且从发案的时间规律看，还有增加的趋势。其特点主要是：一是非法资产通过套汇转移到国（境）外；二是用内地的贪污挪用的赃款偿还境外赌债；三是内地进行犯罪交易，境外收受赃款；四是利用管理、经营境外公司之机，直接贪污挪用公款。①

有学者还总结了港澳回归后跨境职务犯罪的表现形式，② 一是与不法外商勾结损公肥私；二是工作时间携公款出国豪赌；三是截留货款在境外以自己的名义投资；四是将贪占的钱财向境外置业；五是把赃款移送境外亲朋处存放；六是由情妇在境外置买房产物业。

另外，福建省的检察官发现，很多腐败分子知道自己迟早有一天会案发，因此提前做好外逃准备。很多人“狡兔三窟”，事先办好护照，拿好“绿卡”，把妻子儿女先安排到国外工作或留学，在国外安好家，一有风吹草动就出逃。据统计，2003年1月至2005年7月，仅福建省就有69名职务犯罪嫌疑人外逃，其中案值在100万元以上外逃的职务犯罪嫌疑人有6人。福州市有6名“落马”高官的子女均在国外留学。原福州市公安局局长徐某、副局长黄某，在“福州首富”——带黑社会性质组织犯罪团伙首犯陈凯案发后，先后携巨款外逃，其中黄某带着数千万元和情妇逃到了美国。③

（十五）犯罪具有隐蔽性

这个主要体现在两个方面：第一，“红与黑”交织，④ 犯罪分子的光环很多。职务犯罪分子中，在企业的，许多都被冠以“人大代表”、“政协委员”、“劳动模范”、“优秀企业家”等一系列光环和头衔；在机关的，很多都在台面上高举反腐倡廉大旗，平素摆出一副平易近人，清廉执政的模样。这些光环，不仅仅在案发前是职务犯罪分子身上高明的伪装，而且其影响非常恶劣。本来，国家授予荣誉称号，公众选举人大代表，是要社会公众树立一个正面典型。但这些人，人前人后两张皮，揭开他们的面纱，一个个都是反面的职务犯罪教材，结果是严重削弱了公民对于社会公众人物的信任，影响了年轻干部的信仰，使大家质疑现行的干部选拔机制和人事制度。最后，就会影响广大人民群众对党的信任。

第二，职务犯罪手段日益多样、狡猾、隐蔽，犯罪分子的反侦查能力越来越强，潜伏期变长。检察官张恒立曾经总结了南昌市职务犯罪案件的特点，他吃惊地发现贪污的手段竟有侵吞、私分、侵占等36种手段，受贿有28种手法，挪用公款有40多种方法。他还列举了腐败分子的几个新招数：有的犯罪分子钻法律空子，走政策边缘，制造模糊行为，犯罪手段从非法型向“合法”型转变。如挪用公款时不直接将公款给个人，而是存进银行，然后以公款存单作抵押并由银行贷款给个人；有的犯罪分子在贿赂时坚持“四不

---

① 参见中山市检察院：《当前职务犯罪人员向国（境）外转移非法资产的特点及对策》，载《当代检察官》2002年第1期。

② 参见马进保：《港澳回归后跨境职务犯罪的特征与应对策略》，载《当代检察官》2002年第2期。

③ 参见张金文：《福建职务犯罪特点：高官增多 贪官外逃多有准备》，http://news.rednet.com.cn/Articles/2004/09/611403.HTM，2004-09-12/2005-06-05。

④ 参见张旭著：《犯罪学要论》，法律出版社2003年版，第383页。

要”：第三人在场不要，不信任的不要，事没有办成的不要，物品不要；有的为防录音采取正话反说、写字条、打手势等方式索贿。另外，一些犯罪分子的犯罪手段越来越智能化，利用计算机等高科技手段作案，而这种作案手段，据美国商务部统计，100例计算机犯罪中仅有一例能被发现，而被发现的犯罪中仅有70%被披露，至于面临起诉的风险就更小了。这使得部分智能化程度较高的职务犯罪在短时间内很难被发现。①

例如，北京市交通局副局长毕玉玺的贪污受贿手法就非常高明，以“合法”形式进行权钱交易；如：（1）介绍工程、暗提佣金。这是毕玉玺在腐败之初常用的手段：把工程包给熟人，自己拿好处也方便。随着权力越来越大，毕玉玺手中控制的工程投资多达百亿元，佣金也成为毕玉玺最大的一只金鹅。有这样一个数字，当年北京建设四环路的时候，平均每公里造价1.07亿元，而标准差不多的五环路，在毕玉玺手里，每公里造价1.38亿元，审计部门发现，五环路的工程造价明显高于合理标准。（2）变卖礼品、折成现金。每逢过年过节，给毕玉玺送礼的人都排成长队，以至于各种礼品多得没地方放，他就让手下的人把礼品变卖成钱。就这样，5年时间，毕玉玺光靠变卖礼品，就有40多万元进账。而在平时，他也能随时敛到钱。（3）只赢不输的牌局。毕玉玺还有一个敛财的手段，那就是打扑克牌，找几个熟人，开桌牌局，钱就进来了。行贿人周某说，他一个月得玩十次八次的，要一天赢一两万块钱。

（十六）与家属共同犯罪的多

现在，职务犯罪中，特别是贪污贿赂案件中，许多官员都是和配偶、子女一起上阵，案发以后也全家身陷囹圄。而且，许多行贿人就是从官员的家属这里突破官员的防线，逐渐使官员欲罢不能，逐渐卷入权钱交易。上文曾经提及的原深圳海关关长赵玉存受贿案就是一个典型。赵玉存的大女儿赵莹一直在一家公司做文员，公司的效益很差，杨改清就在惠威公司成立后安排赵莹进去，安排“总经理助理”的头衔。杨的这家公司其实就是一皮包公司，根本没有什么实质性的业务，但赵莹每个月都领到四千多的工资，还有补贴、年终奖等加起来一个月超过8000元。后来，杨还以年终奖金的名义给赵莹100万元，在香港送给赵莹价值400万港币的豪宅，在深圳罗湖购置了一套价值90万元的房子送给赵莹，并送了一辆奔驰C280小汽车给她。赵玉存的小女儿赵萍要自费去英国读书，杨知道后又拿出一张面额100万港币的支票以表示支持。1998年下半年，赵的妻子贾某和赵莹带着外孙女去香港体检。杨接待了她们，并把一早准备好的8万港币给了贾。杨改清后来交待说：“我送钱给赵玉存及其家属，不是无缘无故的，如果赵玉存不能帮我解决问题，我也不会白送给他及其家属。关于这一点，我想，赵玉存及其家属都很清楚。”

① 参见林世钰：《腐败新动向：潜伏期变长 原因 如何缩短（组图）》，http：//news. xinhuanet. com/legal/2003-08/26/content_ 1045248_ 1. htm，2005-07-03。

商号权制度之探讨

■ 陈本寒*

目 录

一、商号的概念和特征
二、商号与相关概念的区别
三、商号的选定与登记
四、商号权的性质
五、商号权的法律保护

商号制度的起源，可追溯到欧洲中世纪地中海沿岸诸城市的商事组织所使用的名称。当时的公司组织在从事营业时，抽去每一位股东的姓名，合而为一，组成公司的名称，表明是以团体而非以个人的身份对外从事交易。这可以说就是近代商号之嚆矢。① 随后，在近代大陆法系国家的商法典中，均以专章规定商号制度，② 其目的在于在商事活动中，向相对人表彰其身份。特别是在以团体名义对外进行交易时，商号的使用，更成为区别团体行为与团体成员个人行为的重要标志。在大陆法系民商合一的国家中，由于没有商法典的存在，商号制度是通过特别法的形式加以规定的。不过，欧洲国家的商号制度立法与亚洲国家商号制度的立法存在不同的特点。欧洲的商号，是起源于公司的名称，后来随着商业的发达，商号制度才从公司企业扩展适用于独资企业和合伙企业。与此相反，亚洲的商号，却是起源于独资企业或者合伙企业，后来因为公司制度从欧洲输入，于是商号也适用于公司组织。③ 在我国的现行法律中，并没有使用“商号”这一概念，而是以“字号”或“企业名称”取而代之。我国立法最先使用“字号”的，是 1986 年颁布的《民法通则》；使用“企业名称”的，则是 1991 年国家工商管理局颁布的《企业名称管理规定》。

---

* 法学博士，武汉大学法学院教授，博士生导师。

① 参见张国键著：《商事法论》，台湾三民书局 1987 年修订版，第 97 页。

② 参见《德国商法典》第一编第三章，《日本商法典》第一编第四章之规定。

③ 参见林咏荣著：《商事法新诠》，台湾五南图书出版公司 1984 年版，第 86 页。

随后在1993年颁布的《公司法》、1994年颁布的《公司登记管理条例》、1997年颁布的《合伙企业法》、1999年颁布的《个人独资企业法》和1993年颁布的《反不正当竞争法》中，先后使用了“字号”或“企业名称”的概念。笔者认为，用字号或企业名称的概念取代商号概念的做法是值得商榷的。因为：1. 立法将字号与企业名称区别开来，如果认为字号等同于商号，那么企业名称又是什么？它与商号在功能上又有何区别？2. 如果将企业名称等同于商号，那么，商事主体并不局限于企业，我国《民法通则》明确承认个体工商户的商事主体地位，那么，这些不具有企业组织形式的商事主体，对外从事营业时使用的字号又是什么呢？事实上，字号也好，企业名称也好，都是商事主体在营业时，为了与其他商事主体的营业相区别而使用的代号，其功能是完全相同的。为了避免在交易实践中产生歧义，立法上应当取消“字号”与“企业名称”的称谓，而一律代之以“商号”的概念。

一、商号的概念与特征

笔者以为，商号是商事主体在营业上所使用的名称。商号在法律上具有以下特征：

1. 商号具有可识别性。商号是商事主体用以代表其营业的名称。① 自然人用姓名相互区别，而作为商事主体，为了使自己的营业与他人的营业区别开来，各国法律都要求商人必须有自己的商号。而作为商事主体间营业相互区别的最重要标志，各国立法均规定，商号应当具有可识别性的特征，如《德国商法典》第30条就规定：“任何一个新的商号均须与在同一地点或在同一乡镇已经存在的和已经登入商业登记簿或登入合作社登记簿的一切商号明显区别。一名商人与另一名已经登记的商人具有同一之名和同一之姓，并且其欲将该姓名用作其商号的，必须在商号上附加能够使该商号与已经登记的商号明显区别的内容。”《日本商法典》第19条也规定：“在同一市镇村内，不得因经营同一营业，而登记他人已登记的商号。”我国1991年颁布的《企业名称登记管理规定》第6条规定：企业只准使用一个名称，在登记主管机关辖区内不得与已登记注册的同行业企业名称相同或者近似。上述规定表明，可识别性是各国立法一致认可的商号的最重要特征之一。正是基于这一特征，商品经济活动中，成千上万商事主体的营业才得以特定化。

2. 商号具有专有性。所谓专有性，是指商号只能由依法获准登记的特定的商事主体在营业过程中加以使用，而不得随意转让各其他商事主体使用；其他商事主体在未办理合法转让登记手续之前，也不得以任何方式使用他人已登记的商号。《德国商法典》第37条就规定：“对于使用依本章的规定不属于自己的商号的人，登记法院应通过科处罚款，促使其停止使用商号。因他人窃用商号而使其权利受到侵害的人，可以请求此人停止使用商号，并要求其赔偿损害。”《日本商法典》第20～22条也规定，商号权的拥有者对于以不正当竞争为目的而使用其商号者，可以请求登记机关责令其停止使用，并请求法院叛令其对由此造成的损害承担赔偿损失的责任。我国《企业名称登记管理规定》第26条第（三）项规定：擅自转让或者出租自己企业的名称的，没收非法所得，并处以1 000元以上

① 《德国商法典》第1条第2款规定：“营业指任何营利事业。但企业依种类或范围不要求以商人方式经营的，不在此限。该法第344条第1款规定：“如无其他规定，由商人所为的法律行为，视为属于经营其营业。”由此，可以将“营业”理解为一个“经济实体”。

1 万元以下的罚款。第 27 条规定：擅自使用他人已登记注册的企业名称或者有其他侵犯他人企业名称专用权行为的，被侵权人可以向侵权人所在地登记主管机关要求处理。登记主管机关有权责令侵权人停止侵权行为，赔偿被侵权人因该侵权行为所遭受的损失，没收非法所得并处以5 000元以上 5 万元以下的罚款。对侵犯他人企业名称专用权的，被侵权人也可以直接向人民法院起诉。

商号的专有性，是由商号的支配权属性所决定的。在大陆法系国家的民商法理论上，一直主张商号是一种具有排他性质的无形财产权。因而，一个商号只能由一个商事主体独占使用，而不得由多个商事主体共用，对商号的出借、出租或盗用、仿用行为，都被认为是对商号权支配性的违反，应承担相应的法律责任。

3. 商号是商事主体在营业中使用的名称，它依附于特定的营业而存在。这一特征包括两层含义：

（1）商事主体在营业活动中必须使用商号，而且只能在营业中使用其商号。强调这一含义是因为，商事主体的成员在社会生活的活动大体分为两个部分，一部分是为他自己及家庭的日常生活所实施的行为；另一部分是为商事主体的营利而实施的行为。前者称为“家计”；后者称为“营业”。家计与营业无论就其性质还是就其内容都有明显的不同，因此应将营业行为与非营业的家计行为加以区分。商事主体在营业上的行为应使用商号，但在营业外的行为，则不应使用商号。这样，就有利于与之交易相对人准确地确定交易行为所产生的权利义务的享有者和承担者，但在立法上，由于允许商人用自己的姓名作为其营业的商号，这就不可避免会出现营业上使用的商号与在非营业行为中使用的姓名相重合的情况。为了解决这一问题，《德国商法典》第 19 条规定，对于独资商人、无限公司、两合公司的商号，应当包含表明商人组织形态的字样或该字样的字母缩写。这就可以将商号与自然人的姓名有效的区别开来。《日本商法典》第 17 条和第 18 条也规定，公司的商号，应当按照其种类，使用无限公司、两合公司或股份公司等字样；非公司者不得在其商号中使用标示公司的字样。

（2）商号是商事主体营业的标志，商事主体使用其商号来表示其营业的统一性、独立性和继续性，商号与商事主体的营业紧密相连，构成一个有机的整体，不容分割。离开了商事主体的特定营业，商号也就没有独立存在的价值。因此，各国立法均规定，商号依附于商事主体的营业而存在，不得与营业相分离而单独转让。①

二、商号与相关概念的区别

（一）商号与姓名

姓名是自然人之间相互区别的符号，它通常由文字所构成。受法律保护的姓名，不仅仅是指身份证上所记载的姓名，还应包括曾用名、笔名、艺名以及所谓的“字”、“号”等。姓名与商号的主要区别在于：1. 姓名是自然人之间相互区别的标志；而商号是商事主体间营业相互区别的标志。2. 姓名是依附于自然人人身之上的，是自然人人格利益的

---

① 《德国商法典》第 23 条规定：“商号不得与使用此商号的营业分离而让与。”《日本商法典》第 24 条第 1 款规定：“商号只能和营业一起转让或在废止营业时转让。”

体现，因而是自然人人身权中人格权的客体；而商号是依附于商事主体的营业之上的，是商事主体商业信誉的体现，因而是商事主体财产权中无形财产权的客体。3. 姓名不得转让与继承；而商号可以转让与继承。不过由于商号与特定的营业紧密相连，因而，在转让或继承商号时，必须与其表彰的营业一并转让或继承。

（二）商号与商标

商号与商标有着密切的联系，它们都具有区别功能，符合商标法规定条件的商号中的字号部分也可以作为商标注册。如日本的“索尼”、“松下”，美国的“可口可乐”，它们既是商标，又是商号。但是商号和商标之间也存在明显的不同：1. 商号是区别和辨认不同商事主体营业的标志，而商标是区别和辨认商事主体所生产的不同商品或所提供的服务的标志。2. 商号只能以文字形态存在，而商标则可以通过文字、图形及其组合等多种形态来表现。3. 商号是每个商事主体的营业都必须具有的标志，商标或注册商标并非每个商事主体都具有。4. 商号依附于商事主体的营业而存在，通常没有时间限制；注册商标是有期限的，但可续展。5. 商事主体只能在登记主管机关辖区内对商号行使专有权，而注册商标在全国范围内受法律保护。

（三）商号与商誉

所谓商誉，又称商业信誉，是指社会公众对商事主体经营状况的总体评价。它包括商事主体的经营实力、资信状况、商品与服务质量等多方面。对商事主体的商誉评价，直接涉及该主体在商事活动中的知名度，从而对其商业利益产生直接的影响。从这个意义上讲，商誉也是商事主体的无形财产。但是，商誉与商号却存在着明显的区别：1. 二者的取得方式不同。商事主体对商号享有专有权，以履行一定的法律程序（申请登记并经核准）为前提；而商誉的产生无须经过法定程序。2. 二者存在的形态不同。商号以特定的文字形态存在，是具体的、看得见的、具有相对稳定性的；商誉是一种社会评价，始终处于信息的状态，并且可以“通过内在的、外在的多种形态来反映”。① 因而，商誉是抽象的，且富于变化的。3. 使用价值实现的方式不同。商号通过被直接用于商事交易活动即可为商事主体带来一定效益而不需要经过中间媒介；商誉的使用价值却必须借助于商号这一载体，并通过具体的商事行为来实现。4. 法律保护方式不同：商号具有特定的表现形态，法律采用直接禁止在同一登记地域内同行业的其他商事主体使用同一商号的方法来保护商号权；而法律对商誉的保护，只能通过禁止他人散布有关商事主体的商业道德、资信情况、商品或服务质量的不真实信息的方法，来保护商事主体的商誉权。

三、商号的选定与登记

（一）选定商号的不同立法例

商号是商事主体在营业上所使用的名称，使用什么样的名称来代表商事主体的营业，本属商事主体的自由，但商号又与特定的营业紧密相连，不同的商号表彰不同的营业。如

① 梁上上：《论商誉和商誉权》，载《法学研究》1993年第5期。

果允许商事主体任意选择商号，又有可能出现商号的雷同与近似，从而造成第三人的误认，从而对交易安全构成威胁。因而，在商号的选择问题上，大陆法系国家的商事立法由于对上述问题的认识不同，在允许商事主体选择商号时所采取的立法主张也不相同。大体说来，有商号真实主义与商号自由主义两种立法例。

1. 商号真实主义

所谓商号真实主义，是指商事主体在选择商号时，必须与其姓名和营业种类相一致，做到名实相符。采用商号真实主义的国家主要有德国、法国、瑞士等。其中最典型的是德国商法。

《德国商法典》对不同商事主体的商号有不同的要求：对于独资商人，由于其投资人仅为一人，经营规模较小，且完全是以其个人财产信用为基础来承担民事责任的，因此，独资商人的商号必须含有其本人真实的姓氏和名字。商号中可以使用表明业务性质的字样，但不得构成对公众的欺骗；对于人合公司（主要是指无限责任公司、两合公司和股份两合公司）与独资商人一样，商号也必须有人名，其商号可由全体无限责任股东的姓氏或只由一名无限责任股东的姓氏再加上表明公司性质的附属文字或其缩写组成;① 对于资合公司（主要是指有限责任公司和股份有限公司）的商号是否应当包含人名，法律对此不作要求，但应当在公司商号中包含“有限责任公司”或者“股份有限公司”的字样，或者通常可以理解的该字样的缩写。②

在德国法上，为了保证商事主体经营带来的商誉的传承，往往还有一项原则，即“商号连续原则”。即当一个人因购买、继承或者根据租赁合同而承受他人营业的，在征得原业主或其继承人同意的情况下，可以继续保留并沿用原来的商号。③ 通过这种方式，新的业主可以从原来的商号所具有的商业信誉中获利，同时，他也必须承受原商号所有人在经营过程中所产生的一切不利风险。《德国商法典》第25条就明确规定：“以原商号、附加或不附加表示继受关系的字样继续生前所取得的营业的人，对原所有人在营业中所设定的一切债务负责任。原所有人或其继承人已同意继续使用商号的，对于债务人而言，在营业中设定的债权视为已移转于取得人。”由此可见，商号真实主义的立法例强调的“商号真实”，实际上是针对特定的营业而言的，而不是针对营业所有人而言的。只要商号真实地反映了特定的营业状况，就应当认为符合商号真实主义立法的要求，至于营业所有人的姓名与商号中的人名是否一致，则可以不必过多考虑。

2. 商号自由主义

所谓商号自由主义，即商人选用任何商号，原则上法律不加限制，商事主体选用什么样的商号，该商号与商事主体的姓名及其营业种类是否有关，法律一般也不过问。故学者称之为“商号自由主义”。大陆法系国家中，采此立法例的主要有日本和我国台湾地区。④ 如《日本商法典》第16条规定：“商人可以以其姓、姓名或其他名称作为商号。”我国台湾地区“商业登记法”第28条也规定：“商业之名称，得以其负责人姓名或其他

① 参见《德国商法典》第19条之规定。

② 参见《德国有限责任公司法》第4条和《德国股份法》第4条之规定。

③ 参见《德国商法典》第22条之规定。

④ 参见张国键著：《商事法论》，台湾三民书局1987年修订版，第98页。

名称补充之。”从上述条文表述来看，立法对商号的构成要求并不严格，人名或者其他事物的名称均可以。在商事实践中，由于立法上的宽松规定，商人们常常选择一些吉祥的字样作为商号来使用。

当然，商号选择自由，并不是说在商号选定问题上，立法就不设任何限制。从采此主张的国家和地区的立法规定来看，在允许商事主体选择商号的同时，也存在如下限制：

（1）个人商号的限制。营业非采用公司形式者，不得在其商号中使用“公司”的字样。《日本商法典》第 18 条第 1 款明确规定：“非公司者不得在其商号中使用标示公司的字样，虽受让公司营业者，亦同。”第 20 条第 2 款规定：“在同一市镇村内，因经营同一营业而使用他人已登记的商号者，推定其为以不正当竞争目的使用者。”我国台湾地区立法也有类似的规定。① 不过，如果商事主体选择的商号名称与公司名称相同或相似，则不受此规定的限制。②

（2）公司商号的限制。营业采用公司形式者，应当在其商号中，依照公司的种类，标示“公司”的字样，以表明公司的性质。《日本商法典》第 17 条就规定：“公司的商号，应按照其种类，使用无限公司、两合公司或股份公司等字样。”不仅如此，我国台湾地区的立法还规定，同类业务的公司，不论是否同一种类，也不论是否在同“行政”区域内，均不得使用相同或类似的名称。③ 之所以如此规定，依照我国台湾学者的解释，是因为公司经设立登记后，有专用其名称的权利，为防止他人的仿冒影射，利用相同或类似之名称，谋取不法利益，破坏公司之信誉，故予以限制。④

从上述两种立法主张对商号选定的要求中，我们不难看出，商号真实主义与商号自由主义对于资合公司的商号选定的要求，实际上差异不大。二者的差异主要体现在对个人商号与人合公司的商号选定上，即在这两类主体的商号中，是否要求必须以营业主或股东的真实姓名或姓名缩写作为商号的构成要素，持肯定答案的即为商号真实主义立法，持否定答案的，即为商号自由主义立法。

（二）我国立法在商号选定问题上的态度

如前所述，我国已有多部法律、法规涉及字号与企业名称问题。在字号与企业名称的选择问题上，我国的立法规定究竟是采何种立法例？学者们观点很不一致。有认为采商号真实主义者；⑤ 也有认为采商号自由主义者。⑥ 从我国现有立法规定来看，在商号选定问题上，我国立法是采商号自由主义的立法主张的，其依据在于：

1. 在个人商号的选择上，我国 1986 年颁布的《民法通则》第 26 条和第 33 条均允许个体工商户和个人合伙起字号，但对选择的字号是否应当包括营业主的真实姓名，法律并

---

① 参见我国台湾地区“商业登记法”第 30 条之规定。
② 参见我国台湾地区“商业登记法”第 30 条之规定。
③ 参见我国台湾地区“公司法”第 18 条之规定。
④ 参见张国键著：《商事法论》，台湾三民书局 1987 年修订版，第 99 页。
⑤ 参见江平著：《法人制度论》，中国政法大学出版社 1996 年出版，第 176 页。
⑥ 参见覃有土著：《商法学》，中国政法大学出版社 1999 年版，第 31 页。

未作出强制性规定。① 最高人民法院1988年下发的《关于贯彻执行〈民法通则〉若干问题的意见》第41条和第45条中，对个体工商户和个人合伙的字号选择，也未作出任何限制。此外，1999年颁布的《个人独资企业法》第11条只是要求个人独资企业的名称与其责任形式及从事的营业相符合，也并未对企业名称中是否必须包含投资者的真实姓名作出强制性规定。因此，从法律上讲，对于个人商号，当事人完全有权自由选择。

2. 在公司商号的选择上，我国1994年颁布的《公司登记管理条例》第11条只是规定公司只能使用一个名称，公司名称应当符合国家有关规定，并未涉及公司名称如何选定的问题。而1991年国家工商行政管理局颁布的《企业名称登记管理规定》从第7条到第15条，虽然对企业名称的选择作了一系列的限制，如企业名称的构成、企业名称应当使用的文字和不得使用的文字、企业名称应当包含的内容等，但也未硬性规定企业名称中必须使用营业主的真实姓名作为字号。由此，我们不难看出，在公司商号的选定上，我国立法也是采用商号自由主义立法例的。

3. 从我国商号登记制度的实践看，无论是个人商号的选定，还是公司商号的选定，都采用自由主义的态度。在我国，既有采用地名作为商号的，如汉阳商场、武汉钢铁公司等；也有采用人名作为商号的，如羽西化妆品有限责任公司；还有采用其他吉祥文字作为商号的，如联想集团、方正集团、长城集团，等等。上述商号在我国均已得到登记。

与采自由主义立法例的国家一样，商号的选择自由，并不是说立法对此毫无限制。为了维护交易安全，我国立法在以下几方面，对商事主体的商号选择自由进行了必要的限制：

1. 商号单一性的要求。为了防止对交易第三人形成商业欺诈，多数国家立法规定商事主体只准使用一个名称，禁止其采用复数名称。但也有少数国家和地区考虑到交易的便利和某些商事主体（如公司）社会功能的复杂化，允许公司在从事商业经营活动时采用其他商号，从而使该商事主体拥有两个以上的名称。如英国公司法规定，一个公司在经营业务时，所使用的名称不是由法人组织的名称组成时，必须在开始营业后14天内以书面的形式登记。

我国立法贯彻商号单一性的要求。在《公司登记管理条例》第11条中明确规定：公司名称应当符合国家有关规定。公司只能使用一个名称。经公司登记机关核准登记的公司名称受法律保护。

2. 商号构成的要求。我国《企业名称登记管理规定》第7条规定，企业名称应当由以下三部分依次构成：字号、行业或者经营特点、组织形式，并在企业名称前，冠以企业所在行政区划的名称。但经国家工商管理局核准设立的三类企业可以例外：一是全国性公司、国务院或其授权机关批准的大型进出口企业或大型企业集团；二是历史悠久、字号驰名的企业；三是外商投资企业。该《规定》第10条同时规定，企业可以选择字号，但选择的字号应当由两个以上的字所组成。

3. 商号使用文字的要求。依照《企业名称登记管理规定》第8条和第9条的规定，

---

① 《民法通则》第26条规定："公民在法律允许的范围内，依法经核准登记，从事工商业经营的，为个体工商户。个体工商户可以起字号。"第33条规定："个人合伙可以起字号，依法经核准登记，在核准登记的经营范围内从事经营。"

企业名称应当使用汉字；民族自治地方的企业名称可以同时使用本民族自治地方通用的民族文字；企业名称也可以使用外文名称，但其外文名称应当与中文名称相一致，并报登记机关登记。企业名称不得含有下列内容与文字：（1）有损国家、社会公共利益的；（2）可能对公众造成欺骗或者误解的；（3）外国国家（地区）名称、国际组织名称；（4）政党名称、党政军机关名称、群众组织名称、社会团体名称及军队番号；（5）汉语拼音字母、数字；（6）其他法律、行政法规禁止使用的；（7）县级以上行政区划的名称，但自然地理名称除外；（8）“中国”、“中华”、“国际”的字样，但全国性公司、国务院或其授权机关批准的大型进出口企业或企业集团除外；（9）在企业名称中使用“总”字的，必须下设三个以上的分支机构。

4. 商号对营业形式的要求。《企业名称登记管理规定》第12条规定，企业应当根据其组织结构或者责任形式，在企业名称中标明组织形式。企业的分支机构，能够独立承担民事责任的，应当使用独立的企业名称；不能独立承担民事责任的，其企业名称应当冠以其从属企业的名称，并缀以“分公司”、“分厂”、“分店”等字样。联营企业不得使用联营成员的名称，并应在其企业名称中标明“联营”或“联合”的字样。我国《公司法》第8条也规定：“依照本法设立的有限责任公司，必须在公司名称中标明有限责任公司的字样。依照本法设立的股份有限公司，必须在公司名称中标明股份有限公司或者股份公司字样。”上述规定均表明，我国立法对商号在表述企业营业形式时，是有明确的要求的。

5. 商号对行业或者经营特点的要求。在各国的商事实践中，商事主体在登记商号时，在其商号中标示其经营种类与经营方式的，虽然不乏其例，但作为法律的强制性要求，则未曾见到。而我国《企业名称登记管理规定》第11条却明确规定：企业应当根据其主营业务，依照国家行业分类标准划分的类别，在企业名称中标明所属行业或者经营特点。所谓“所属行业”就是指传统意义上的工业、农业、商业等，如果进一步细分，还可分为钢铁、煤炭、石油、化工、电力、纺织等；所谓“经营特点”就是指经营方式，如制造业、加工业、运输业、销售业、服务业，等等，如果进一步细分，还可分为许多种类。以服务业为例，可进一步分为餐饮业、电信业、证券业、保险业、行纪业、居间业，等等。在立法上明确要求在商号中标示商事主体的经营种类或经营特点，可以说是我国商号制度的一大特色。笔者以为，在市场经济日益发达的今天，商事主体为了适应激烈竞争的市场环境，经营多种行业，采用多种经营方式，是常有的现象。特别是从国内外大型企业的发展来看，在多个领域寻找发展的机会，更是企业适应市场变化，降低经营风险不得不采取的策略。而企业的商号一旦核准登记后，就如同商品的商标一样，形成品牌效应，是不宜频繁变更的。如果立法强制规定在商号中必须标示企业的所属行业或经营特点，就等于限制了企业的经营领域，僵化了企业的经营方式。这种规定虽然有利于登记机关对企业的管理，却不利于企业的生存与发展，是不符合市场法则的，因而，是否合理，值得商榷。值得欣慰的是，立法者似乎已经意识到这一问题，因而，在后来颁布的有关法律、法规中，对于企业名称的规定，均未提出应当反映行业或经营特点的要求。

（三）商号的登记

商事主体选定了商号后，并不意味着就取得商号专用权。要取得商号专用权，必须办理商号登记手续。事实上，不仅商号的取得应当办理登记，商号的变更、商号的废除与丧失，也应办理相应的变更登记或注销登记手续。由于商号登记只是商事登记一项内容，而非商事登记制度之外的一项独立制度，笔者仅就商号登记中的几个特殊问题作一讨论。

1. 商号登记的预先核准

在大陆法系国家的立法中，商号登记与其他商事事项的登记是同时进行的，特别是采商号真实主义的国家，商号的选定与商事主体的营业紧密相连，脱离了营业，登记机关就无法审查商事主体选择的商号，是否与其营业相符，因而，不会发生商号的审查与对其他商事事项的审查分别进行的问题。即使在采商号自由主义的国家，虽然允许自由选择商号，但法律明确规定商号中必须标明营业的形态，因而，脱离商事主体的营业来审查商号合法性，也是不可能的。惟有我国立法将对商号的审查与对其他商事事项的审查割裂开来，分别进行。如我国《公司登记管理条例》第15条和第16条就规定，设立有限责任公司，应当由全体股东指定的代表或者共同委托的代理人向公司登记机关申请名称预先核准；设立股份有限公司，应当由全体发起人指定的代表或者共同委托的代理人向公司登记机关申请名称预先核准。公司登记机关在收到申请人提交的申请书和相关的文件后10日内，应当作出核准或驳回的决定。公司登记机关决定核准的，应当发给《企业名称预先核准通知书》。预先核准的公司名称保留期为6个月，在保留期内，该名称不得用于从事经营活动，也不得转让。在《企业名称登记管理规定》第16~19条中也规定，外商投资企业的企业名称应当预先核准；其他企业有特殊原因的，可以在开业登记前预先单独申请企业名称的登记注册。这里的“企业”当然就不局限于公司类的企业，也包括不采用公司形式的其他类型的企业。但在《合伙企业法》和《个人独资企业法》关于企业名称的相关规定中，却并无关于企业名称预先核准的规定。笔者以为，这种相互矛盾的规定是不妥的。导致这一现象的原因，是由于我国的立法者割裂了商号与商事主体的营业之间的内在联系，将商号单纯地看成商事主体的符号，否定商号具有的表彰商事主体营业的功能。由此可能出现的尴尬情况是，一方面，立法要求企业名称中应当标示企业的组织形式（如合伙企业、独资企业、有限责任公司、股份有限公司等），另一方面，登记机关在预先审查企业名称时，却又无法审查申请人创办的企业，是否具备与企业名称中所标示的组织形式相应的法定条件，因而，一旦企业名称被预先核准后，在随后对该主体的其他登记事项进行审查时，发现其名称与企业的组织形态不符，将不得不要求申请人对企业名称予以变更。这种徒增繁琐手续的做法，除了使人产生商号登记与其他商事登记不是一回事的错误观念外，还有什么意义，笔者不得而知。笔者以为，应当纠正这一错误做法，取消商号的预先核准，将商号登记纳入商事登记中，与其他商事登记事项一并审查核准和登记。

2. 商号登记的类别

商号登记的类别与其他商事事项登记的类别一样，按照登记的目的不同，大体分为设立登记、变更登记、转让登记、注销登记等几种。由于商号权是一种无体财产权，各国立法均允许在商号专用权人死亡时，由其继承人加以继承。这样，对于商号权的继承是否应当办理登记？就成为立法者关注的一个问题。一般说来，在采商号真实主义的国家，由于强调商号中的人名必须与营业主的姓名保持一致，因此在营业主死亡，由其继承人继承其营业时，应当办理商号继承登记。而在采商号自由主义的国家，由于并不强调商号与营业主姓名之间的联系，因而，不发生商号的继承登记问题。如前所述，我国是采商号自由主义的国家，因而，在商号的登记类别中，并未规定继承登记问题。

3. 商号登记的效力

商号权是一种排他性的支配权，因此一经登记，即产生如下几方面的效力：

（1）自登记并公告完毕之日起，商号申请人即取得商号专用权，该权利受法律的保护，任何人擅自使用他人已登记的商号的，均构成对他人商号权的侵害，应当依法承担相应的民事责任和接受相应的行政处罚。对此，各国商法典均有明文规定。① 我国《企业名称登记管理规定》第27条也规定：擅自使用他人已经登记注册的企业名称或者有其他侵犯他人企业名称专用权行为的，被侵权人可以向侵权所在地登记主管机关要求处理，登记主管机关有权责令侵权人停止侵权行为，赔偿被侵权人因该侵权行为遭受的损失，没收非法所得并处以五千元以上、五万元以下罚款。对侵犯他人企业名称专用权的，被侵权人也可以直接向人民法院起诉。

（2）商号一经登记，就具有排斥他人为同一商号登记的法律后果，这称为商号权的排他性。由于我国在商事登记问题上，采强制登记主义的主张，他人不能就同一商号进行登记，也就意味着在交易实践中，同一商号不得由两个以上的商事主体来使用。不过，应当强调的是，商号权的排他性并不是绝对的，它要受到登记机关管辖地域的限制。换言之，获准登记的商号只在登记机关辖区范围内具有排他性，在该辖区内，其他商事主体不得登记或使用该商号；但超出这一辖区范围的，就不再具有排他效力。《日本商法典》第19条规定："在同一市镇村内，不得因经营同一营业，而登记他人已登记的商号。"第20条第2款规定："在同一市镇村内，因经营同一营业而使用他人已登记的商号者，推定其为以不正当竞争目的而使用者。"我国台湾地区"商业登记法"第30条规定："商业在同一县市，不得使用相同或类似他人已登记之商业名称，经营同类业务。"上述规定事实上都是在强调商号权排他效力的地域性特征。我国《企业名称登记管理规定》也采此主张。② 因而在商号登记实践中，不应将商号登记的排他效力绝对化。

商号登记的排他效力还体现在商号登记上的先申请原则上。依照我国《企业名称登记管理规定》第24条的规定，两个以上企业向同一登记机关申请登记相同企业名称的，依照申请在先原则核定；同一天申请的，应当由企业协商解决；协商不成的，由登记主管机关作出裁决。两个以上企业向不同登记机关申请相同企业名称的，依照受理在先原则核定；属于同一天受理的，应当由企业协商解决；协商不成的，由各该登记主管机关报共同的上级登记主管机关作出裁决。企业间因登记注册的商号相同或者近似而发生争议时，登记机关依照注册在先原则处理。

商号登记排他效力的一个例外是"连锁店"商号的使用。按照"连锁店"的一般做法，允许各连锁店采用同一商号，而不管其是否在同一市、县。这主要是考虑到"连锁店"的经营应当看作是一个集团，该集团对外使用同一商号，理应允许。

---

① 如《德国商法典》第37条规定："对于使用依本章规定不属于自己的商号的人，登记法院应通过科处罚款促使其停止使用商号。因他人窃用商号而使其权利受到侵害的人，可以向此人请求停止使用商号，依其他规定设定的损害赔偿请求权，不因此而受妨碍。"《日本商法典》第20～22条也有类似的规定。

② 《企业名称登记管理规定》第6条规定：企业只准使用一个名称，在登记主管机关辖区内不得与已登记注册的同行企业名称相同或者近似。

四、商号权的性质

（一）关于商号权性质的争议

所谓商号权，是指商事主体对其商号依法享有的支配权利。这种支配，既包括对商号的独占使用，也包括依商号权人的意思，对商号依法处分（如转让、继承、抛弃等）。由于民法上属于支配权性质的权利很多，商号权属于哪一种性质的支配权？就成为学者们争议的热门话题。归纳起来说，大体有以下三种主要学说：

1. 人身权说。该学说认为，商号既然是商事主体用于与其他商事主体相区别的名称，那么商号权也就是商事主体人格权的象征。在持此种观点的学者中，有将商号权直接等同于自然人的姓名权的；① 也有将商号权泛泛解释为人格权的；② 还有将商号权解释为身份权的。③ 尽管解释的理由各不相同，但他们的共同之点就在于：强调商号权的专属性、排他性和对商事主体的依附性。

2. 财产权说。该学说认为，商号在登记之后，虽然由特定的商事主体取得了专用权，但这种专用权的客体是可以转让与继承的。而人格权只能由特定的自然人享有，不能转让与继承，因而，不能将其解释为人格权的延长。商号权与一般的财产权确有不同，其给付的标的为无体物，因而将其解释为财产权中的无体财产权较为合适。④

3. 混合权利说。该学说认为，商号权兼有人格权和财产权的属性。一方面它有姓名权的排他效力，可以专用；另一方面，它有财产权的创设效力，可以转让或继承，因而，商号权兼具人格权与财产权双重属性。我国有学者甚至直接将商号权称之为“兼人身权与财产权于于一体的混合权利”。⑤

（二）商号权性质的正确定位

笔者以为，人身权说和混合权利说，从各国的立法实践和法理上讲，均有值得商榷之处。理由在于：

1. 商号权虽然与所附属的商事主体密切相连，具有专属性的特征，但不能以此就认定专属性的权利就是人身权。在民法上，具有专属性质的权利很多，人身权具有专属性，某些财产权也可以具有专属性。如继承权只有与被继承人之间具有特定身份关系的继承人才能享有，但各国立法均承认继承权是一种财产权，而非人身权。因此，仅凭商号权的专属性与排他性特征，就认定商号权是人身权，理由难以成立。

2. 商号是商事主体从事营业活动时，与其他商事主体相区别的标志，从这一角度看，确有与自然人的姓名相同的功能，但自然人的姓名是附着于自然人的人身之上的，是自然人人格利益的体现。而商号是附着于商事主体的营业之上的，营业是一种财产，而非商事

---

① 参见孟玉著：《人身权的民法保护》，北京大学出版社 1988 年版，第 8 页。

② 参见杨立新著：《人身权法论》，中国检察出版社 1996 年版，第 98 页。

③ 参见吴汉东、胡开忠著：《无形财产权制度研究》，法律出版社 2001 年版，第 492 页。

④ 转引自张国键著：《商事法论》，台湾三民书局 1987 年版，第 101 页。

⑤ 范健主编：《商法》，高等教育出版社 2000 年版，第 60 页。

主体的人身。因而，商号是商事主体财产利益的体现，而非人格利益的体现。虽然各国立法均允许以自然人的姓名作为商号，但同一符号在不同的场合使用，就会具有不同的法律意义。这是持姓名权说的学者不应忽略的问题。

3. 将商号权解释为商事主体的人格权，将无法回答商号权的继承与转让问题，因为民法上没有任何一种人格权是可以被转让或继承的。同时，将商号权解释为一种身份权，也不符合民法关于身份权的理论。民法上的身份权是基于民事主体的特定身份而享有的一种支配权，这种权利同样只能由特定身份的人才能享有，不发生转让与继承的问题。仅仅因为商号可以起到对外表彰商事主体身份的作用，就认为它是一种身份权，在法理上是站不住脚的。

4. 将商号权解释为兼具人身与财产属性的混合权利，虽然可以左右逢源，从不同角度解释商号权的不同特征，但这种解释，首先，在法律上毫无意义。因为自罗马法以来，财产权与人身权的分类，就是各国民商事立法的最基本分类，各国立法也是按照这一分类来确定对不同民商事权利的调整方法的。迄今为止，在各国立法中，还未见到将民事权利以是否具有财产内容为标准，分为财产权、人身权与混合权的立法例。其次，对商号权混合权利的界定，在法理上也无法解释商事主体终止营业或主体资格消失以后，仍可以将商号单独转让的事实。① 因而，主张商号权是兼人身权与财产权于一体的混合权利的主张，只是部分学者脱离立法实际而提出的一种观点，根本谈不上学术界的通说。

笔者以为，将商号权界定为财产权，是财产权中的一种无形财产权，更符合商号权的属性和各国的立法实践。理由在于：

1. 人类社会的财富分为有形财产与无形财产两大部分，如果说，在传统农业社会，人类社会财富的构成，还主要以土地等有形财产为主的话，那么，在现代社会，随着科学技术的不断发展，无形财产大量涌现，商标、专利等同样构成社会财产的重要组成部分，则是不争的事实。商号是一种由文字所构成的名称，单纯从有体财产的角度看，无法衡量其价值，但将它附着于特定的营业之上，却可表彰商事主体的商业信誉，体现商事主体的财产利益，商事主体对商号的支配，事实上体现的是商事主体对其财产利益的支配，而非人身利益的支配。正是在这个意义上，我们说商号与商标、专利一样，是一种无形财产。法律对此类财产的调整所形成的权利，应属与有形财产权相对应的无形财产权。但由于各国民法典编纂时，无形财产在社会经济生活中的重要地位尚未显现，因而，并无调整无形财产权的专编规定。这也是导致习惯于民法典思维的学者，总是试图将商号权之类的无形财产权解释为人身权的一个重要原因。事实上，各国立法者已经注意到在传统民法的框架内，很难解决对无形财产权的调整问题，因而，纷纷通过单行立法的方式对之加以规范。不仅如此，由于商号的使用没有地域的限制，为了协调各国之间对商号权的保护问题，1883 年《保护工业产权的巴黎公约》正式将商号权作为一种工业产权来保护。该条约第 1 条第 2 款规定："工业产权的保护对象有专利、实用新型、外观设计、商标、服务标记、厂商名称、货源标记或原产地名称以及制止不正当竞争。"② 1967 年签署的《世界知识产

---

① 《日本商法典》第 24 条第 1 款就规定："商号只能和营业一起转让或在废止营业时转让。"

② 该条文中的"厂商名称"即为"商号"的同类称谓。

权组织的公约》第2条规定的知识产权定义中，也将商号权列入其中。① 由于世界上大多数国家均加入了该公约，而该公约第16条明文规定："对本公约，不得作任何保留。"因而可以认为，世界上大多数国家是接受商号权为无形财产权的界定的。

2. 从各国立法的规定来看，商号确实具有依附性，这是它与其他无形财产权的不同之处所在。但这种依附性不是针对特定的商事主体而言的，而是针对商事主体所从事的特定营业而言的。各国立法通常只是规定，商号不得与其营业相分离而单独转让，而并没有规定商号不得与享有其专用权的商事主体分离而转让，如果是那样，商号就决无转让的可能了。因而，商号是依附于商事主体所从事的营业而存在的，而不是依附于特定的商事主体而存在的。将商事主体与商事主体所从事的营业混为一谈，是我国部分学者无法对商号权的性质作出正确解释的最主要原因。笔者以为，正是由于商号依附的是营业，而营业是一种财产，因而，商号与营业才有一并转让的可能。

3. 我国1985年颁布的《民法通则》第99条第2款将商号权与自然人的姓名权同等看待，主张其为一种人身权。② 但我国又分别于1980年加入了世界知识产权组织，缔结了《世界知识产权组织公约》，1985年又缔结了《保护工业产权的巴黎公约》。上述两个公约均将商号权作为工业产权看待，而且《世界知识产权组织公约》第16条明确规定，对公约的内容不得保留。基于条约应当信守的原则，我们认为，我国国内立法在此问题上的规定，应当加以调整，否则就与其成员国的义务相违背。

五、商号权的法律保护

（一）商号权的保护模式

商号权的保护模式大体分为两种：一是国内法保护模式，二是国际法保护模式。

1. 商号权的国内法保护，是指通过国内立法的方式对商事主体的商号权予以保护。各国国内立法大都按照权利设立、权利界定、侵权的惩罚与救济方法对商号权施加法律保护。这种保护从保护方法的角度讲，可分为两种：一是对商号权的民法保护。由于商号权性质上是一种支配权，因而，当该权利受到不法侵害时，适用民法关于侵权责任的规定予以救济。有关商号权民法保护的条款，被分散规定在民法典、商法典及相关的民商事特别法中。二是对商号权的行政法保护。即有关机关在对商事主体的营业行为进行监督时，如果发现有以不正当竞争为目的，不法使用他人商号者，将依法认定其为不正当竞争行为，并依照有关行政法规的规定，追究不法行为人的行政责任。有关商号权的行政法保护条款，主要规定在商业登记法和反不正当竞争法等行政法规的相关条文中。当然，这不是绝对的。由于各国商法均有公法化的趋势，因而在私法性质的商法典中，出现一些关于追究不法行为人行政责任的条款，也在情理之中。

---

① 按照世界知识产权组织2000年1月14日发表的统计数字，该组织的成员已有173个，几乎占全世界国家的90%；稍逊于联合国185个成员国的数字。

② 《民法通则》第99条共有两款，第1款是关于自然人姓名权的规定，第2款是关于企业法人、个体工商户和个人合伙的名称权的规定。将这二者放在一条中，一并在该法第五章第四节"人身权"中加以规定，显示了当时的立法者对商号权与自然人姓名权在性质上的差异并未意识到。

就我国的立法情况来看，由于我国采民商合一体制，因而，对商号权的民法保护是通过《民法通则》的相关规定和一系列民事特别法（如《公司法》、《合伙企业法》和《个人独资企业法》等）来完成的。而对商号权的行政法保护，在《公司登记管理条例》、《企业名称管理规定》和《反不正当竞争法》等行政法规和行政规章中均有规定。但我国立法关于商号权的民法保护与行政法保护的分野并不十分清晰，将二者混合规定，甚至以行政处罚取代民事侵权责任的承担，是我国在商号权保护立法问题上的一大特色。

2. 商号权的国际法保护，是指对于跨国从事营业的商事主体，依其所在国的国内法规定而取得的商号权，要想在其他国家获得同等的法律保护，就应当通过各国间缔结双边条约或多边国际公约的方式来加以解决。对商号权的国际保护起源于1883年3月由法国、比利时、意大利、西班牙、瑞士等21个国家发起缔结的《保护工业产权巴黎公约》。该公约不仅首次提出了商号权的国际保护问题，也为各成员国制定本国的保护规则划定了一个基本框架。《巴黎公约》第1条第（2）款明确规定，工业产权的范围包括"厂商名称"；第8条明确提出了保护商号权的最低限度要求——商号权的使用取得主义；第9条、第10条则规定了一系列的保护措施。《巴黎公约》之后，另一个涉及商号权保护的国际组织文件是由世界知识产权组织为发展中国家制定的《商标、商号及不正当竞争示范法》。该文件第47条至第49条对商号权的保护规定得比《巴黎公约》更加全面和清晰。这部示范法加大了商号权保护的力度，从而使具有良好声誉的商号可以获得类似于驰名商标的特别保护。

（二）商号权的保护方法

1. 民法保护方法。如前所述，商号权是一种具有支配权性质的无体财产权，因而，在商号权的民法保护方法方面，对于以不正当竞争为目的，不法侵害他人商号权的行为，各国立法均认定为侵权行为，规定可以采用追究民事侵权责任的方式，对商号权人受到的侵害予以救济。如《德国商法典》第37条第2款就规定："因他人窃用商号而使其权利受到侵害的人，可以向此人请求停止使用商号，依其他规定设定的损害赔偿请求权，不因此而受妨碍。"《日本商法典》第20条和第21条也规定："已登记商号者，对于以不正当竞争为目的使用同一或类似商号者，可以请求其停止使用该商号。但是这种请求不妨碍损害赔偿请求。在同一市镇村内，因经营同一营业而使用他人已登记的商号者，推定其为以不正当竞争目的而使用者。""任何人不得以不正当目的，使用使人误认为他人营业的商号。对违反前款规定使用商号者，因其使用而有利益受损之虞者，可以请求其停止使用。但是，这种请求不妨碍损害赔偿请求。"就我国立法来看，由于我国《民法通则》第99条第2款对法人、个体工商户和个人合伙的名称权的性质界定错误，从而导致在该权利受到侵害时，所采取的保护方法也不完全正确。依照《民法通则》第120条第2款的规定，法人的名称权受到侵害的，适用关于保护公民姓名权的规定，即受害人"有权要求停止侵害，恢复名誉，消除影响，赔礼道歉，并可以要求赔偿损失。"这里的"法人"当然包括"企业法人"。笔者以为，商号权与姓名权，虽然同为支配权，但一个是财产权，一个是人格权，性质不同，民法的保护方法也不相同。对于人格权侵害，重在维护受害人的人格尊严，因而采用一些非财产责任形式是适宜的。而对于财产权侵害，重在恢复权利的原始状态，并不涉及受害人的人格尊严问题，因此，将一系列非财产责任形式适用于财产权的保护，就没有什么意义。因此，笔者主张，应当借鉴德、日立法例，对侵害商号权的行为，只要求侵权人承担停止侵害，赔偿损失的责任即可。

2. 行政法保护方法。商号权作为一种附着于营业上的无体财产权，不仅受民法的保护，而且也受行政法的保护。这是因为商事主体对自己或他人商号的不当使用，从行政法的角度看，就是一种不正当的竞争行为，而这种不正当竞争行为的实施，必然会损害正常的社会经济秩序。为了维护正常的社会经济秩序不受损害，各国通常在其商法典、商业登记法或反不正当竞争法中，对商事主体的不当使用商号的行为进行必要的干预，其干预的手段就是追究不当使用人的行政责任，包括科处罚款、撤销商号登记等。如《德国商法典》第 37 条第 1 款就规定："对于使用依本章规定不属于自己的商号的人，登记法院应通过科处罚款促使其停止使用商号。"第 31 条第 2 款规定："对登记商号的消灭负有申报义务的人不能以第 14 条所称的方式促成申报的，法院应依职权撤销登记。"《日本商法典》第 22 条也规定："对以不正当竞争为目的使用第 20 条第 1 款的商号者，处 20 万日元以下的罚款。"

我国商号权的行政法保护，不仅在行政法性质的《公司登记管理条例》和《反不正当竞争法》中有规定，而且在民事特别法性质的《公司法》、《合伙企业法》和《个人独资企业法》中也有规定。① 从这些规定来看，追究商号不当使用人的行政责任的方法主要包括：（1）责令改正；（2）科处罚款；（3）情节严重者，吊销营业执照或予以取缔。但却无关于登记机关依职权撤销商号登记的规定。

此外，对于商号权的保护，除了上述二种方法以为，我国《公司登记管理条例》第 72 条还规定：未依法登记为有限责任公司或者股份有限公司，而冒用有限责任公司或者股份有限公司名义的……构成犯罪的，依法追究刑事责任。用刑事的手段保护商号权人的商号专用权，在各国立法中尚不多见，这至少显示了我国立法对不当使用商号权行为的严厉态度。

---

① 参见我国《公司登记管理条例》第 69 条、第 72 条；《反不正当竞争法》第 5 条第 3 款、第 21 条；《公司法》第 224 条、第 225 条第 2 款；《合伙企业法》第 66 条、第 67 条；《个人独资企业法》第 34 条、第 35 条和第 37 条之规定。

论资产证券化的法律意义及其规范架构

■ 甘 勇*

目 录

一、资产证券化的法律意义
二、资产证券化的规范架构
三、结论

2005年是中国资产证券化元年。2005年4月，人民银行和银监会正式颁布《信贷资产证券化试点管理办法》，随后又公布了相关的资产支持证券登记交易和信息披露规则；2005年11月银监会又出台了《金融机构信贷资产证券化试点监督管理办法》；12月建设银行和国家开发银行分别发行了“建元”、“开元”两支资产证券化产品，并取得成功。中国的国内资产证券化开始进入实践运作与法制发展良性互动的时代。但是《试点办法》无疑还只是一个试验性质的规定，在效力层次上还只是部门规章，从规范内容上仅涉及信贷资产，从资产证券产品的发行范围上只限于银行间债券市场，从相关配套法规上看，有关会计、税收、证券登记结算等规定还不完善。因此，试点办法还期待着实践能够进一步丰富其内容。

本文试图结合资产证券化比较发达的相关国家的实践，对资产证券化的法律意义及其规范架构进行探讨，并就管见所及，对我国的《试点办法》略加评论，以为未来资产证券化的更高层次立法提供参考。

一、资产证券化的法律意义

资产证券化是起源于20世纪70年代美国的一种新型的直接融资方式，经历了一个长期的发展过程，其内涵也在不断的变化中。进行资产证券化立法必须对其法律意义有一个明确地认识，而这依赖于“资产”、“证券”、“证券化”含义的分别阐明。

* 甘勇，武汉大学法学院讲师，法学博士。

（一）资产证券化之“资产”

作为资产证券化的标的，“资产”（Asset）也被称为“基础资产”（Underlying Asset），具有经济学上以及法学上的两种意义，二者略有不同。

经济学意义上的“资产”主要说明资产是一种能够在未来获得收益的经济资源。如国际评估委员会①在《国际资产评估标准》中对资产的定义是：“资产是指投资者所拥有或者由投资者控制的资源，可以合理地预计未来可获取的经济利益。”事实上资产证券化中的资产必须是具有未来现金流的经济资源，而资产证券化这一名称也是基于经济学上的意义来加以使用的。

法学意义上的资产与财产相同。财产这一概念，无论在私法上还是在公法上都具有重要地位，但是法律并没有对财产这一概念给予明确的界定，因为“对财产进行概括性的规定，包括对其进行定义和对其法律后果进行规定都是没有必要的”。② 概括地说，财产是指主体所有的具有金钱价值的各种权利的总体构成。具体说来，财产的含义主要有以下特点：

首先，财产是各种权利的综合体，和特定的人相联系，财产权利的客体与财产是两个不同的概念。“任何财产的直接组成部分都不属于财产的权利客体；财产是指权利人对它所有物的所有，财产并不是物本身；财产是指债权，而不是根据债权可以提出请求的给付标的。”因此，从权利出发，财产还包括企业，因为企业作为财产有金钱上的价值，并且可以作为权利转移的客体。

其次，只有具有金钱价值的权利才属于财产。无体财产权、物权、债权这些具有金钱价值的权利都属于财产。此外股票债券以及其他有价证券，也具有金钱价值，也应该属于财产。

再次，法律上的财产仅仅指“积极”财产（所有者权益），而不包括“消极”财产（负债），而一般意义上财产指的是“总的财产”，而不是“净财产”。③

总之，经济学上的“资产”侧重表明资产的本质特征是能够产生未来现金流量；而法学上的“资产”侧重表明资产是一种财产权利的组合。“资产证券化”的“资产”总是具有未来现金流的资产，而可以证券化的财产权范围是逐渐扩大的。

从资产证券化的实践来看，最初证券化的资产是房屋抵押贷款债权，随后，证券化的资产扩大到具有未来现金流的各项资产如：④ 汽车贷款债权、信用卡应收债权、商业应收

---

① 国际评估委员会，原名国际资产评估标准委员会，成立于 1981 年，该委员会总部设在伦敦，是一个全球性的资产评估行业自律机构。引自 http：//www. china-appr. com/zc-international. html。

② ［德］迪特尔·梅迪库斯著：《德国民法总论》，邵建东译，法律出版社 2001 年版，第 889 页。

③ ［德］卡尔·拉伦茨著：《德国民法通论》，王晓晔等译，法律出版社 2003 年版，第 410 ~ 414 页。

④ 参见张超英、翟祥辉编著：《资产证券化——原理、实务、实例》，经济科学出版社 1998 年版，第 68 页。

账款债权、大型设备租金债权、甚至著作权的版税收入①等各种合同债权,② 以及商业房地产等不动产物权；后来甚至扩及到证券化时并不存在的未来债权。因此，实务上进行证券化的资产可以分为债权与物权。

债权资产又称为金融资产，包括以下几种：1. 不动产抵押贷款；2. 汽车销售贷款、各种个人消费贷款、学生贷款；3. 计算机租赁、办公设备租赁、汽车租赁、飞机租赁；4. 商品制造商和销售商的应收账款；5. 信用卡应收账款、转账卡应收账款；6. 中小企业贷款债权。简要介绍如下。

1. 不动产抵押贷款债权

不动产抵押贷款债权，是指以土地或者建筑物等不动产为抵押担保的贷款债权，不动产抵押贷款债权证券化就是将以土地或者建筑物为抵押担保的贷款债权中贷款数额、清偿期、利率等指标相近的汇总后，将这些债权转变为投资型的证券形态，通过证券承销的方式卖给投资人，使债权人的贷款债权不到清偿期届满就可以转移出资产负债表而获得现金。

美国资产证券化始于不动产抵押贷款债权，乃因为 20 世纪 70 年代美国贷款利率上升，且利率波动幅度巨大，资金流向短期资本市场和债券市场，导致主要住宅贷款金融机构流动性不足而面临经营困难。政府为了振兴住宅金融市场以及改善储蓄金融机构的流动性不足的问题，于是由联邦国民抵押贷款协会（Federal National Mortgage Association FNMA）、政府国民抵押贷款协会（Government National Mortgage Association GNMA）以及联邦住宅抵押贷款公司（Federal Home Loan Mortgage Corporation FHLMC）三大政府机构，收购住宅金融机构的住宅贷款后加以标准化、群组化，辅以政府的信用保证，而得发行不动产抵押贷款债权证券，公开出售给投资者，是为抵押贷款证券（Mortgage-backed Security）。

2. 汽车贷款债权

汽车贷款债权是融资人提供给汽车购买人的信用，同其他债权比较具有如下优点：第一，本息固定支付并且偿还计划完整；第二，坏账率低、信用强、投资风险小；第三，汽车贷款债权证券的报酬率高；第四债权数量多、金额小、同性质高，证券化的成本低。

汽车贷款债权证券化一般采取信托方式,③ 先由银行、汽车贷款公司等金融公司作为委托人，将汽车抵押贷款债权加以汇总，信托移转给受托人（通常为债权创设人设立之子公司），受托人就其受托管理的信托财产，依照委托人的指示，为受益人的利益，发行

---

① 关于版税收入的证券化，有的也称之为“知识产权的证券化”。1997 年，大卫·普曼通过为音乐人大卫·博伊安排了一次 550 万美元的资产证券化债券私募活动，其发行的证券就是博伊证券。后来博伊证券成了知识产权证券化的代名词。See H. John Jackson. *Royalty Securitization Taking CABS to Bankruptcy Court*. 21 Thomas Jefferson L. Rev 209. 1999. pp. 209-210。

② 在本文中，除非明确说明，一般所说的债权是指合同债权。有关未来债权资产证券化的具体论述，请参见郭玉军、甘勇：《未来应收账款证券化的比较法研究》，载《武汉大学学报》（社会科学版）2004 年第 3 期，第 408 页以下。

③ 参见藏大年、谢哲胜、郑惠佳：《我们实施不动产抵押债权证券化法令制度配合之研究》，载《证券市场发展季刊》1998 年第 10 卷第 1 期，第 62 页。

表征信托财产受益权份额的汽车贷款债权证券，并通过证券承销的方式出售给投资人。汽车贷款债权证券在证券化资产中占有很大比例。

3. 租赁债权

租赁债权证券化是以租金债权为担保发行的中期债券。其证券化一般也通过信托的方式来进行，即母公司将持有的租金债权让与子公司，并以此租金债权为担保发行债券出售给投资者。以 Sperry 电脑公司在 1985 年 9 月公开发行电脑租金债权担保的租金担保债券为例，租金担保债权证券化的结构是这样的。电脑公司将电脑租金债权转售给 Sperry Lease Finance 子公司（该公司由 Sperry 公司全资拥有），由子公司将该租赁债权信托给商业银行（即受托人），受托人就其受托管理的信托财产，依照委托人的指示，为受益人的利益，发行表征信托受益权份额的租金债权证券（Lease-Backed Notes，简称 LBNs），通过证券承销出卖给投资者，为确保本金以及利息的支付，并由瑞士联合银行给予保证。①

4. 企业应收账款债权

企业应收账款债权是企业在日常经营活动中对外赊销所产生的债权，证券化可以使这项债权具有更大的流动性，为企业经营带来更多的现金流量，有助于改善企业的经营环境。企业将优质应收账款债权转化为证券，一般是通过中介机构来进行的。发起人将债权设定担保，向中介机构借款取得现金。中介机构将这些具有担保权的新债权汇总以后，由信用增强机构增强其信用，发行有优良信用评级的应收账款证券并出售给投资者。

5. 信用卡贷款债权

信用卡贷款债权，在不同的国家有一定的差异。如在日本，持卡人利用信用卡购物，是由银行在账户上每月自动扣账；美国的信用卡则事先约定最低基准额，在此基准额之上可以自由决定应该偿付的金额，这种形态的贷款称为循环额度贷款。此类债权的证券化要债权发起人汇总数十万户以上的信用卡账户，组成贷款债权组群后采用信托方式将该债权转让给受托人，由受托人发行表征受益权份额的证券（Credit Card Receivable-Backed Securities）。

6. 中小企业贷款债权

美国中小企业厅（Small Business Administration，简称 SBA）的职责是为中小企业贷款，或对中小企业的银行贷款给予保证，以使一般的中小企业能够得到充分的资金。以中小企业厅保证的对中小企业贷款为担保而发行的证券称为 SBA 贷款担保证券。由于中小企业保证支付 85% 的本息，所以 SBA 债券具有安全性高的优点。

金融债权本身是有风险存在的，这种风险就是债务人迟延履行（或者称为迟延给付）或者债务人不能履行时风险，应收账款的债务人迟延履行其金钱债权，或者是债务人因为破产或者对债务主张抗辩权而履行不能时，SPV 所发行的证券的持有人按照债券应该得到偿付的利息或者本金也将会被迟延给付甚至不能给付。为了应对这种危险，有必要对金融资产本身设定一定条件以减少这种风险。资产证券化发达国家的实践表明，资产证券化的

---

① Philip L. Zweig. *The Asset Securitization Handbook*. Homewood. Illinios：Dowjones-Irwin. 1989. p. 23.

债权资产必须具有能够产生稳定的未来现金流并且违约率和损失率较低，担保物价值高，债务人分布地域较广，合同的标准化程度高等特征。①

随着资产证券化在世界各国的发展，未来应收账款债权如人寿、健康保险单；航空公司机票收入、公园门票收入、俱乐部会费收入、公用事业费收入；各种有价证券组合也成为了资产证券化的标的。②

不动产主要是商业不动产和生地。为了满足不动产融资的需要，美国通过不动产投资信托（REITs）和土地信托（Land Trust）以及不动产有限合伙等发行股票或者信托受益凭证，将不动产证券化。③ 就不动产投资信托而言，主要是通过不动产投资信托管道投资于各种与不动产有关的证券，包括前面所说的不动产抵押贷款证券。就土地信托而言，有土地开发融资、公寓经营管理模式、土地分割出售等。主要是直接就不动产如土地而且一般是生地（Raw Land）开发以及不动产经营如房屋建筑后进行租赁或者其他经营活动。总的说来，美国不动产证券化的范围也非常广泛。

中国人民银行和银监会颁布的《信贷资产证券化指导管理办法》是中国目前关于资产证券化业务的第一部法规，从该法的规定来看，我国国内的资产证券化还仅限于对于金融机构的金融债权进行证券化，对于金融机构以外的应收账款债权以及不动产还没有涉及，就该法的试验性质而言，这种态度无疑是审慎的、合理的。同时，中国人民银行和银监会颁布的《金融机构信贷资产证券化监督管理办法》第19条对可以证券化的资产进行了规定，该规定和许多亚洲国家和地区的资产证券化立法不同，它没有具体列举可以证券化债权的种类，而是概括规定了证券化资产所必须具备的三个条件，即（1）具有较高的同质性；（2）能够产生可预测的现金流收入；（3）符合法律、行政法规以及银监会等监督管理机构的有关规定。从内容上看，后面的规定毋宁说更像业务指导规范，而且这一指导规范规定尚不够完全，比如可以证券化的资产的债权人从地域行业分布上还应该比较广泛等。但由于《管理办法》只适用于《监督管理办法》第3条所说的金融机构，事实上已经明确或者也可以说是极大的限制了可以证券化债权的范围，所以这一条规定作为对从事资产证券化业务的金融机构来说是一种较好的指导，同时还有利于金融监管当局在实践中拥有比较大的自由裁量权，以行政力量推动实务发展，出现问题则可以及时加以调整。

（二）资产证券化之“证券”

资产证券化之所以对许多企业有吸引力，就在于这种融资方式能够将不具有流动性的

---

① Philip L. Zweig. *The Asset Securitization Handbook*. Homewood. Illinios：Dowjones-Irwin. 1989. p. 33. 并参见张超英、翟祥辉编著：《资产证券化——原理、实务、实例》，经济科学出版社 1998 年版，第 20 页。

② 参见张超英、翟祥辉编著：《资产证券化——原理、实务、实例》，经济科学出版社 1998 年版，第 21 页。

③ 参见谢哲胜：《不动产证券化之研究》，载《台大法学论丛》1997 年第 1 期，第 274～279 页。

资产转化为能够在市场上销售、具有流动性的证券，同时还能够降低筹资成本。① 如果资产支持证券不能成为证券法上的证券，那么提高流动性的目的就不会得到实现，或者至少会受到限制。而如果资产支持证券也和其他证券一样要满足许多信息披露的要求，就会加大资产证券化的成本。所以确定资产支持证券的证券性质并豁免有关信息披露的规定，对于资产证券的发展具有极为重要的意义。

从实务上看，资产支持证券作为证券法上的证券得到承认经历了一个较长的时期。

美国法上关于证券的种类及范围，分别规定于 1933 年《证券法》第 2 条第 1 项、1934 年《证券交易法》第 3 条第 1 项第 10 款、1935 年《公用事业持股公司法》第 2 条第 1 项第 16 款、1940 年《投资公司法》第 2 条第 1 项第 36 款以及《投资顾问法》第 202 条第 1 项第 18 款。上述法律规定，对证券的表述有所不同。

美国资产证券化实务上所发行的资产支持证券主要分为过手证券（Pass-through Securities）和转付证券（Pay-through Securities）两种，抵押担保债务证券（Collateral Mortgaged Obligations，CMO）是最为典型也是市场占有量最大的转付证券，② 其他资产证券如纯本金债券或者纯利息债券都是以这三种证券为基础发展而来的。理论和实务对于这些证券能否构成证券法上的“证券”有不同看法。实务上承认资产支持证券和抵押证券为证券法上的证券经历了一个过程，甚至到目前为止在法院判例中这种承认似乎还缺乏一致性。最初资产支持证券是否构成“证券”一般由美国证券监管委员会根据 1933 年《证券法》第 2 条第 1 项来进行判断，1958 年美国证监会专门发布一个规则，确定代表抵押贷款部分利益的票据构成证券法上的投资合同。而美国最高法院在 SEC v. W. J. Howey Co. ③ 一案中

① 资产证券化是否能够降低筹资成本，学者们的意见并不一致。有的学者认为资产证券化实际上是通过损害无担保债权人的利益来使融资者获利，因此资产证券化不过是零和游戏中的胜利者，并没有从整体上降低筹资者的成本；有的学者认为，资产证券化增加了筹资者规避破产法的可能性。但是美国资产证券化方面的权威学者斯蒂芬·苏瓦茨教授对此并不认同，他认为资产证券化确确实实降低了筹资者的成本。See Paul M. Shupack, Boundaries and Definitions: A Commentary on Dean Baird, 80 Va. L. Rev. 1994; Chase W. Ashley, Comment: When a Company Securitizes, Its Creditors Face Higher Risks, Am. Banker, May 7, 1993, p. 4; Steven L. Schwarcz, the Alchemy of Asset Securitization, 1 Stan. J. L. Bus. &Fin. 133, 1994, pp. 140-145. 下面的表格是美国 3 年时间的统计资料，从中可以看出来，资产担保商业票据的利率一直都低于银行贷款的利率：

	1992	1993	1994
Commcial Paper（1-month）	3. 71	3. 17	4. 65
Commcial Paper（1-month）	3. 75	3. 22	4. 84
Commcial Paper（1-month）	3. 80	3. 30	5. 19
Prime Rate	6. 25	6. 00	7. 51

资料来源：Steven L. Schwarcz. *The Alchemy of Asset Securitization*, 1 Stan. J. L. Bus. &Fin. 133. 1994. p. 140.

② 参见陈文达、李阿乙、廖咸兴著：《资产证券化理论与实务》，台湾智胜文化事业有限公司 2002 年版，第 58～59 页，第 94～96 页。

③ 328 U. S. 293 (1946)

已经确认投资合同构成证券法上的证券，从而为判断资产证券是否是证券确立了新的规则。在这些案件中，法院确立了判断某种合同、交易或者计划是否构成证券法上所规定的“投资合同”的四个标准，分别是：（1）它是一项投资；（2）投资在一个普通的企业中；（3）投资者有理由期待利润回报；（4）这种回报完全依赖于发行人或者第三方的努力。

但是在具体运用这些标准时还存在不确定性。在考虑权益类的资产证券时，法院一般使用 Howey 规则来判断其是否构成 1933 年证券法的投资合同，但在运用该规则时，不同的法院得出的结论并不相同。1987 年的 First Financial Federal Savings &Loan Association v. D. F. Hutton Mortgage Corp. 案中，一个资深的储蓄机构通过经纪人在二级市场上购买了抵押贷款票据被法院认定不构成证券；而在 1991 年的 Zolfaghari v. Sherkholeslami 案中，一些没有经验的小投资者直接从发起人 First American Mortgage Corporation 那里购买了抵押贷款票据，第四巡回法庭认定这些票据构成证券；而在 In re National Mortgage Equity Corp. Mortgage Pool Certificates 中，法院认为，按照前述的四个标准，抵押支持证券不构成投资合同，有四个方面的原因：首先是投资者投资与贷款而不是发行人的经营活动；其次是投资者不承担企业的一般经营风险；第三是投资合同中一般有追索权条款；第四是除了在投资之前已经选好的投资组合之外，投资者不依靠其他人的努力获利。① 总之，美国法院在这方面的判例并不是非常确定。

在适用 1934 年的《证券交易法》决定资产支持证券是否享有该法规定的登记注册豁免时，美国证监会允许资产证券的暂搁注册（Shelf-registration）或者在满足一些较其他证券更为宽松的条件时就可以进行注册。在决定资产证券的性质时，美国证监会将转付证券作为股权类的证券来对待，同时又不要求其适用股权类证券的限制条件。② 应该说美国资产证券化的发展，得益于其证券性质之认定以及某些信息披露要求之豁免。

由于确认资产支持证券的证券性质的重要意义，大陆法系国家在进行资产证券化的专门立法时往往都对此加以明确，或者对证券法的相关条款进行修改，将资产支持证券也包括在证券的范围之中，以便能够真正达到资产证券化促进流动的目的。如日本通过修改其《证券交易法》将资产支持证券规定为可以在二级市场上交易的证券。③

在我国，证券有广义与狭义之别。广义的证券，又称为证书，指的是私法上和权利义务有关的文书。根据它们在法律上的效力，可以分为三类。第一类是证书证券（简称为证书），用来证明特定的权利义务关系或法律事实的存在及其内容的文书，并不直接影响特定权利义务关系的发生、转移和行使，如结婚证书、收据等。第二类是资格证书，是一种法律效力虽不同于证书而本质上还是证书的证券。如商店寄存物品的牌子，这种证券从债务人的角度来说是免责证券，而从债权人的角度来说是资格证券。第三类是有价证券，是指表彰有财产价值的私权的证券，其权力的发生、转移或行使，必须依照证券来进行。又可以分权利与证券完全不可分，权利的发生、转移和行使均与证券相结合的完全有价证

---

① 参见彭冰著：《资产证券化的法律解释》，北京大学出版社 2001 年版，第 33～37 页。

② See Tamar Frankel. *Securitization*: *Structured Financing*, Financial Assets Pools, and Asset-Backed Securities. Vol. 2. Little. Brown and Company. 1991. pp. 51-57.

③ 参见［日］河本一郎、大武泰南著：《证券交易法概论》（第四版），侯水平译，法律出版社 2001 年版，第 33～35 页。

券和不完全证券。①

狭义的证券，就是证券法上的证券，仅指资本性证券。有价证券按经济性质可以分为货币性证券、财货性证券和资本性证券三类。货币性证券作为信用、支付手段，是记载对于某特定数额货币的请求权的有价证券，如汇票、本票、支票等；财货性证券则是为了财货容易处分，记载对于特定财货请求权的证券，例如提单、仓单等；资本性证券则是基于筹措资金、投资目的而记载对于特定部分的资金、利润请求权之有价证券，例如股票、公司债券、受益凭证等。有价证券属于商法上的证券，证券法上的证券，则是资本证券，是狭义的证券。

证券交易法的目的在于保障投资，具有投资型的证券才是证券交易法所规范的对象，所以证券交易法的规范对象应该只限于资本性证券，并且具有：（1）投资性，证券限于资本性证券。（2）书面性。证券是私法上和权利义务有关的文书，因此一般都必须是书面的。（3）可转让性。证券法上的有价证券应该具有可转让性。（4）公开性。证券法上的有价证券必须是对于不特定人或公众发行或通过公告认购等方式来发行的证券。如果不是公开发行就不是证券法上的证券。②

《中华人民共和国证券法》（下文简称《证券法》）所称的证券依照该法的第2条指的是股票、公司债券和国务院依法认定的其他证券。很显然，这一条规定所包括的证券范围是比较小的，到底应该包括多大范围内的证券，学者之间的看法并不相同。

我国要进行资产证券化立法，必须明确资产支持证券的证券性质，或者在资产证券化法中予以规定，或者通过修改证券法来加以明确。③中国人民银行所颁布的《管理办法》第3条第1款和第2款分别规定："资产支持证券由特定目的信托受托机构发行，代表特定目的的信托的信托受益权份额。资产支持证券在全国银行间债券市场上发行和交易。"从而使"资产支持证券"能够在银行债券市场上流动。未来我国进行资产证券化更高层次的立法，无疑要进一步扩大资产支持证券的流通范围，进一步明确其证券性质，甚至能够在全国范围内的证券二级市场上流通将是立法的最终目标。

（三）资产证券化之"证券化"

资产证券化，是发起人将能够产生未来现金流的资产从资产负债表上分离出去，并以这些资产为担保发行证券进行融资的过程；它不同于以企业整体风险衡量为基础发行证券融资的过程；相反，它使资产拥有者的风险与资产的风险脱离，使资产的风险报酬可以单独衡量与定价。资产证券化也不同于传统的间接融资方式，传统的融资方式无论贷款和存款都由单一的金融中介机构来完成，无论贷款受理、信用、抵押品的审查还是接受存款，属于一个企业的活动；证券化从资产发起、信用加强到信用评级、承销服务都分别有不同的专业机构来进行，实际上是将传统融资过程结构化，利用市场机制来实现每个资产证券

---

① 参见谢怀轼著：《票据法概论》，法律出版社1990年版，第3~4页。

② 参见姚正吾：《论资产证券商品之法律性质》，载《全国律师》20001年11月号，第33~34页。

③ 根据2006年1月1日开始实施的《证券法》，我国证券的种类有所增加，证券投资基金等加入证券品种之中。同时规定了国务院可以根据实际情况认定应该适用证券法的证券商品。

化流程的价值创造，所以又称为“结构融资”（Structured Finance）。①

美国的资产证券化是以“风险隔离”为核心任务，受科技发展推动、为满足市场需要、以及因应相关法律、会计、税收方面的制度变迁，而逐渐发展起来的，这一法律结构以设立特殊目的机构（Special Purpose Vehicle，SPV）为核心要素，以发行具有不同风险特征证券为目标，首先运用于抵押贷款证券化，并扩及运用于其他各种债权资产的证券化，特殊目的机构可以说是资产证券化的核心所在。

资产证券化实务中设立的 SPV，往往以风险控制和费用节约为目的，大致可分为三种型态，即“临时 SPV 资产证券化”（One-Off Securitization）、“常设 SPV 资产证券化”（Multi-Seller Securitization）以及双层 SPV 资产证券化（Two-tier Securitization）。

1. 临时 SPV 资产证券化

临时 SPV 资产证券化是指在资产证券化交易中，SPV 乃是为每一次特定的交易和特定的发起人而设立的，其最大的优点在于，它为发起人在资产证券化交易结构选择和发行的资产证券的类型选择上提供了最大的灵活性。实务上临时 SPV 资产证券化的构造方式是多种多样的，以发行资产证券的方式可以分为两类：一是发行私募证券的临时 SPV 资产证券化；二是发行公募证券的临时 SPV 资产证券化。②

采私募发行的临时 SPV 适用于发起人向资本市场筹集长期资金，它能够发挥“临时 SPV 资产证券化”的优点，因为有关私募的要求主要由投资者来确定，而投资者一般也积极地参与到发起人对资产的分析和交易结构的谈判中来；投资者本身的成熟理性为创造性地使用交易结构和应收账款提供了条件。而机构投资者对于资产支持证券的评级要求也不高，对于有些机构投资者尤其是保险公司来说，评级主要是为了满足保险法和其他相关法律有关适格投资标的的规定。③

临时 SPV 公募发行适用于拥有优质应收账款，信用评级在投资级以上，或者能通过信用增强获得投资级评级的发起人，它们能在资本市场上公开发行长期证券。公开发行的资产支持证券能够自由的买卖，从而以较低成本为发起人提供长期融资。公募发行成本高于私募发行成本，就是因发起人不仅要为特定的交易创造 SPV，而且还要在美国证券交易委员会进行登记，而登记所需时间长达数月，比私募发行所需几个星期要长得多；此外，特殊目的公司还要满足联邦证券交易法有关信息披露的各种规定。④ 一般说来，采公募发行的交易额度一般都要达到 1 000 万美元。⑤

为了确保通过一次型交易结构发行的证券的清偿，SPV 通常还要由第三方提供部分或

① See Lois R. Lupica. *Asset Securitization: the Unsecured Creditor's Perspective*. 76Tex. L. Rev. 595. pp. 599-600. 1996.

② See Jason H. P. Kravitt ed.. *Securitization of Financial Assets*. Aspen Law & Business. 1988. §4.

③ 保险公司能够签发的新的保险单一般都被限制其合格投资的数量内，这种合格投资都被限定在至少是投资级的证券以及其他资产上。See N. Y. Ins. Law §1404 (b) (Consl. 1993).

④ See, Securities Act of 1933, 15 U. S. C. §§77a-77b (1988); Securities Exchange Act of 1934, 15 U. S. C. §§78a-78k (1988). 此外还有各个州的证券法的有关规定。

⑤ 后来，美国证券交易委员会改革了其有关注册的规定，对于公开发行的资产证券实行了所谓的“暂搁登记”制度。See Steven L. Schwarcz. *Structured Finance: a Guide to the Principle of Asset Securitization*. New York: Practising Law Institute. 2001. p. 62 n. 156.

者全部的担保，比如银行或者担保公司，第三方一般也会为其提供的信用增强措施收取一定的费用。尽管信用增强措施增加了交易的费用，但是资产证券因为信用增强也能够获得较高的信用评级，因此最后的结果依然是使得整个交易的成本较低。

一次型SPV资产证券化也有其不足之处，最主要表现在由于这种资产证券化的SPV是为特定的交易而设置的，其交易成本较高，难以取得规模效益；而为了避免使发起人为SPV承担责任，税法和会计法都要求SPV必须具备最低的资本额，一般为发行证券面值的1%～3%，也增加了交易成本。

2. 常设SPV资产证券化

常设SPV资产证券化又称为“多卖方型的资产证券化”，① 是指在资产证券化交易中有一个固定由商业银行或者投资银行来管理的SPV，不同发起人可以向该SPV出售应收账款，这样可以借助规模效应来达到减少成本的目的；而且“常设SPV”仅仅需要名义资本，因为卖方的多样性减少了SPV被看作是卖方的“另一个自我”的可能性。

起初，常设SPV只受让具有投资级别之发起人资产。这种对受让资产的选择可以减少通过破产隔离本来就已经减少了的风险——即单个发起人破产可能对SPV造成的负面影响。② 但是，后来有一部分常设SPV也开始接受债务证券评级在投资级以下的发起人的应收账款，这样就使得有更多的企业可以利用资产证券化的规模效应。

常设SPV也由信用增强措施来提高其证券的信用评级。但是由于常设SPV发行的是短期证券如商业票据。评级机构对这种短期票据的评级的要素不仅包括SPV发行证券的违约风险，还有SPV的及时支付风险。因此信用评级机构常常坚持要由第三方提供及时支付的担保。这种流动性保证常常由银行来提供，以保证根据应收账款收取的款项不足时，SPV可以有足够的流动资金来支付到期的商业票据。多数情况下，发行人能够以应收账款上收到的款项或者再发行票据的收入来支付到期的短期票据。只有当这些资金都不足以支付发行人的债务时才由保证人提供流动性的支持。③ 因此，在常设型SPV资产证券化结构中不仅有信用增强措施，同时还有流动性便利的提供。流动性便利的提供者通常要求常设型SPV应该获得信用增强，因为它们只是提供及时支付的保证，是并不对最终的损失进行保证。如果它们对某一结构的担保不满意，那么也会要求发行人提供信用担保。

3. 双层SPV资产证券化

资产证券化成本不仅包括设立SPV费用，还包括间接费用如律师、投资银行家以及提供信用增强和流动性保证等费用，以及为了确保“真实买卖”而付出的费用。如果真实买卖在交易构造中非常重要，那么如何将交易机构造成真实买卖又不会增加太多的费用，就会变得非常重要。

---

① 多买方的资产证券化结构一般发行短期商业票据或者中期票据来获得从发起人购买应收账款的资金。See Mark H. Adelson. *Asset-backed Commercial Paper*: *Understanding the Risks*. Moody's Investors Service. Structured Finance. Special Report. Apr. 1993.

② 通过限制导管体接受的应收账款也可以减少交易的成本，因为应收账款的从发起人到特殊目的的机构的转让就不必要构造成“真实买卖”。See Steven L. Schwarcz. Structured Finance. *A Guide to the Principle of Asset Securitization*. New York: Practising Law Institute. 2001. p. 35.

③ 评级机构常常要求提供流动性支持的机构通常由至少和发行人发行的商业票据具有相同的债务评级。

资产证券化交易中，SPV 要确保对资产支持证券持有人履行支付义务，那么他获得的应收账款的价值应该超过其支付义务，对发起人来说，这就是所谓的超额担保；超额担保必然导致 SPV 在履行了证券的支付义务后，还会有一部分剩余利益（Residual Interest）；而为了将交易构造成真实买卖，发起人如不放弃它对出售给 SPV 的应收账款的剩余利益，则至少要限制这种利益。超额担保的数量对于 SPV 和发起人来说会发生冲突，因为这一部分支出构成发起人的间接成本。

超额担保的成本控制有许多方法，如果发起人的信用评级是投资级的，那么只需要将资产转让构造成会计上的真实买卖，并不一定需要这种交易同时也构成破产法上的真实买卖。在 SPV 完成对债券持有人的支付以后，剩余的应收账款及所收到的款项就重新归发起人所有，同时也不需要改变对于资产转让在会计上的真实买卖的定性。

但如果发起人的信用评级在投资级以下，那么将资产转让构造成真实买卖就对使投资者隔离于发起人的破产风险具有重要的意义。规避这种破产风险同时又降低发起人的过渡担保的方法就是将资产证券化交易构造成具有两个 SPV 的结构，这种结构就是“双层 SPV 资产证券化结构”（two-tier securitization），又称为“财务公司结构”（Finance Company，FINCO）。在这种交易结构中发起人首先将应收账款转让给有其全资拥有的SPV，这一次的转让构成破产法上的“真实买卖”；然后由该特殊目的公司将应收账款再次转让给一个独立的 SPV，这次转让只需在会计上构成“真实买卖”，而是否构成破产法上的“真实买卖”并不是最重要的。独立的 SPV 发行证券向资本市场上筹集转让所需要的资本，在偿还了其发行的证券收益后，将剩余的应收账款以及收到的款项再转给全资拥有的 SPV，这不会影响到会计上的“真实买卖”。嗣后发起人全资拥有的 SPV 合并进入发起人，或者将收到的剩余应收账款以及款项作为分红转给发起人。这种结构使发起人能够得到任何因为超额担保所支付的过多的应收账款及款项。①

通过设立特定类型的 SPV 将发起人所拥有的资产转让给 SPV，然后由 SPV 以该资产为担保，并采取其他的信用增级的方式，向市场发行可以在证券市场上流通的资产支持证券，从而取得融资，这正是资产证券化的法律意义和结构。

二、资产证券化的规范架构

资产证券化的规范架构是资产证券化立法的核心内容，从资产证券化的实践来看，资产证券化的规范架构涉及金融资产的风险隔离和转让登记制度、SPV 的破产区隔和注册监管以及相关法制的配合规范，所有这些规范，都以减少和消除法律风险，降低融资成本促进资产证券化直接融资为目的。

（一）金融资产的风险隔离和“真实买卖”

如前所述，资产证券化制度是通过将特定资产的风险与其所有人的风险隔离，从而使

① 后来，又有所谓的“两面追索权”的理论，使发起人向 SPV 的转让成为“真实买卖”，从而使 SPV 能够直接将剩余的应收账款上所收的款项转给发起人。See Steven L. Schwarcz. *A New Theory of Recourse. ASSET SALES REP.. Feb.* 14. 1994. p. 8; Steven L. Schwarcz. *The Parts are Greater Than the Whole: How Securitization of Divisible Interests Can Revolutionize Structured Finance and Open The Capital Markets To Middle-Market Companies.* 1993 Colum. Bus. L. Rev. 139 (1993).

该资产的风险能够单独地衡量与定价。金融资产的风险受发起人影响主要是在发起人破产的情形下，发起人破产则会产生资产转让被“重新定性”以及未来应收账款债权终止履行的风险。应收账款的转让如果被重新定性为“担保交易”而不构成破产法上的真实买卖，法院就会将应收账款上的现金流归入破产财团，从而影响 SPV 收取应收账款款项的权利；如果转让的应收账款是未来的应收账款债权时，发起人破产时，一方面债务人可能提出不安抗辩，另一方面这种未来债权的履行可能会被法院任命的破产管理人终止从而导致债务人提出同时履行抗辩，中止合同的履行。① 特许权使用费合同就是这一种合同，② 发起人破产也会使合同的履行终止。

要控制上述风险，达到“风险隔离”的目的，实务上常常碰到的问题就是资产转让的“真实买卖”问题。

1. “真实买卖”的法律效果

“真实买卖”是指发起人对应收账款的所有权已经有效的转让给了 SPV，根据确认“真实买卖”的目的可以分为会计准则规定的“真实买卖”和破产法规定的“真实买卖”，两者的标准并不一致。

会计准则上的“真实买卖”对发起人有两方面的意义：一是交易反映在资产负债表上是资产的出售而不是担保交易（后者将会加重公司的财务负担）；二是如果发起人在订立债务契约时有限制负债或者担保条款，而对于买卖抑或担保的解释按照美国的普通会计准则来进行时，转让构成会计上的买卖既能使发起人获得融资，又不会违反债务契约关于限制担保的条款。

破产法上的“真实买卖”的意义在于能够使 SPV 获取应收账款现金流的权利不受发起人破产的影响。如果转让基于破产的目的不被视为买卖，而被视为 SPV 向发起人的担保贷款，③ SPV 对于应收账款就没有所有权而是只有担保利益，这时会产生三种不利情形：一是根据美国联邦破产法第 362 节的规定，发起人破产将自动地导致所有债权人要求强制执行获取破产人财产的诉讼中止（Stay），SPV 直到中止被修正时都不能够取得应收账款上所收到的款项；④ 二是根据联邦破产法第 363 节的要求，在发起人或者其破产管理

---

① *See In re Grayson-Robinson Stores. Inc.*. 321 F. 2d 500 (2d Cir. 1963); *In re Streets and Beard Farm Partnership*. 882 F. 2d 233 (7th Cir. 1989).

② See Rosenthal Paper Co. v. Nat'l Folding Box & Paper Co.. 226 N. Y. 313. 123 N. E. 766 (1919); Isquith v. N. Y. State Thruway Authority. 215 N. Y. S. 2d 393. 27 Misc. 2d 539 (1961); Gerry v. Johnston. 85 Id. 226. 378 P. 2d 198 (1963). 即使是在履行义务不甚明显的情况下，很多合同还是被视为待执行的。例如，一项租赁被认定为待执行合同，虽然出租人的义务只是不能影响承租人对于租赁物进行使用的权利。*See In re O. P. M. Leasing Services. Inc.*. 23 B. R. 104. 117 (Bankr. S. D. N. Y. 1982)

③ 与此相关的一个问题是，如果 SPV 支付的买价明显低于该应收账款的合理的价格，应收账款的真实买卖可能被当作“欺诈性转让”。但是，在典型的资产证券化中这种风险实际上是比较小的，因为应收账款的买价一般是在一个较为宽松的基础上确定的（如果发起人是一个财务有危机的公司时，买价的公正性要受到更加严格的监督）。有关欺诈性转让的探讨一般不会产生在资产证券化交易中。See Steven L. Schwarcz. *The Impact of Fraudulent Conveyance Law on Future Advances Supported by Upstream Guaranties and Security Interests*. 9 Cardozo L. Rev. 729. 1987. p. 654-656.

④ 联邦破产法第 362 (d) 节规定了法官判断是否予以终止的标准。是否予以终止取决于每个案件的事实。*See In re Comcoach Corp.*. 7 C. B. C. 2d 1191. 1983; *In re Springwater*. 11 B. C. D. 1220. 1984.

人对于 SPV 在应收账款上的利益给予“充分保护”（adequate protection）后，法院就会命令 SPV 将应收账款上所收到的现金交由发起人作为流动资本使用；① 三是根据联邦破产法第 364 节规定，如果特殊目的公司已经获得了充分保护，在发起人没有其他方法获得信用时，允许发起人将从应收账款所收到的现金向新的贷款人设定与 SPV 同等的留置权，或者在同等的留置权不能吸引新的融资时，设定优先于 SPV 的留置权。②

2. “真实买卖”的判断标准

从美国的实务看，判断是否构成破产法上的“真实买卖”的判断标准主要有以下几种：

首先是追索权（Recourse）。确定转让是真实买卖还是担保交易最为重要因素就是受让人对转让人的追索权的程度。随着追索权程度的提高，法院判定转让为真实买卖的可能性就降低。追索权的存在并不必然意味着将交易重新定性为真实买卖，关键在于追索权的性质和交易性质使得合同在权利的确定和经济后果上是更加接近于担保交易还是买卖。③

出售者有限制的陈述和保证以及赔偿义务并不与交易真实买卖性质相冲突。

其次是赎回权（retained right）和对剩余价值的权利（right to suplus）。美国《统一商法典》第 9-507 条和一些州的担保法规定，在担保物被担保方最终处置以前，债务人有权赎回担保财产。如果没有这种权利的存在，那么就有利于交易被认定为真实买卖。如果存在着转让人对受让人收回了它的投资和预定利息后资产的剩余价值，有些法院会把它视为担保交易的表征；④ 与此相反的是，即使是在受让人已经收回其投资和预期的收益如果它仍旧保留了所有应收账款上收取的款项的权利，则有利于应收账款的交易被认定为真实买卖。

再次是定价机制（Pricing Mechanism）。如果交易是以商业贷款合同中的浮动利率指数定价，如以一个基准利率定价；或者如果对应收账款的定价是追溯的反映应收账款的实

---

① 联邦破产法典并没有定义“充分的保护”，但是该法的第 361 节给出了几个有关充分保护的例子，如分期向债权人支付现金或者是在债务人的破产财产中其他没有债务的资产上设定留置权，具体采用哪一种方式应该留待法院根据每个案件的具体情况来决定怎样才构成“充分的保护”。*See In re O. P. Held. Inc.*. 74 B. R. 777 (1987); *In re AIL Industries. Inc.*. 83 B. R. 774 (1988). 有关“充分保护”的详细的讨论已有判例法。*See In re Timbers of Inwood Forest Associates.* Ltd. 808 F. 2d 363 (5th Cir. 1987). aff'd. 484 U. S. 365. 108 S. Ct. 626 (1988).

② 破产法第 364 节规定：(d)(1) 法庭在通知并且进行听证以后，只能在下列情况下可以授权债务人获得信用或者负担债务，并在已经设定留置权的破产财团中的财产上设定优先的或者同等的留置权：(A) 破产管理人非此不能获得这种信用而且 (B) 对于破产财团中的财产上的留置权所有人的利益能够进行充分的保护，在这些财产上能够授予优先的或者同等的留置权。实际上，在破产程序中，担保贷款人达成一项安排，在法院经过通知和听审以后同意，借款人能够再次预付它收到的现金作为一项破产申请后的贷款，并由公司的未来应收账款进行担保。

③ See Major's Funiture Mart. Inc. v. Castle Credit Corp.. 602 F. 2d 538. 3rd Cir. 1979. p. 544.

④ See In re Evergreen Valley Resort. Inc.. 23 B. R. 659 (Bankr. D. Maine 1982); In re Hurricane Elkhorn Coal Corporation. 19 B. R. 609 (W. D. Ky. 1982); In re Nixon Machinery Co.. 6 B. R. 947 (E. D. Tenn. 1980).

际可以收到的款项而不是预期可以收到的款项，将被视为担保交易；① 最接近于真实买卖的情况是，SPV 以一定的折扣购买应收账款，这个折扣正好是融资的成本（包括但不仅限于损失的风险），这项折扣对每一项交易来说都是固定的，并且不能够追溯调整从而不能够反映实际的融资成本。

最后是账户的管理和款项收取（Administration and the Collection of Accounts）。应收账款账户的款项收取如果是由保理商来管理和控制，这一点经常被法院提及作为判断是买卖还是担保的标准。如果是一项真实买卖，受让人应该有权对账户的款项实施控制。② 这种权利包括：（1）受让人拥有所有与购买的资产有关的账册、记录和磁盘；（2）受让人还享有下列的权利，（a）控制收款代理人的活动，并且可以随时地任命另外的收款代理人或者自己作为收款人；（b）确定应收账款的信贷和收取政策；（c）在任何时候通知债务人应收账款被出卖。

在实务上，应收账款的转让人实际上常常被任命为收款代理人。这一点并不必然与转让的真实买卖的重新定性相冲突，只要符合下列条件：（1）转让人和其他的服务人或者收款代理人一样，都按照受让人规定的标准，作为受让人的代理人；（2）受让人收到了收款代理费，其收费符合这种服务的通行的收费标准；（3）受让方有权在任何时候任命其他人或自己亲自担任收款代理人。

有时，根据应收账款收取的款项支付给了发起人或者和发起人的资产相混合（commingling），这种情况经常发生在发起人每天收取款项的情形，但是只能定期地将收取的款项转给 SPV。这种混合，不仅带来了《统一商法典》上的完善的问题，而且如果是得到 SPV 的允许，就会与真实买卖的交易实质不相一致。这种不一致常常是由发起人将款项分离并交由信托持有，等待转给 SPV。③

此外还有其他因素也对转让的性质判断产生影响。这些因素不能归入上面的任何一类因素里面去，但是它们将会影响法院将交易视为担保交易。

（1）在应收账款转让时或之前，发起人是 SPV 的债权人；

（2）SPV 在应收账款中的权利可以因为发起人对其支付一定的款项进行回购或者通过从其他根据应收账款获得的款项支付而消灭；

（3）发起人对 SPV 在收取迟延履行或者不能履行的应收账款中发生的费用有补偿义务的；

（4）转让文件中使用把转让"当作债务担保"的用语；

（5）当事人通过其行为或者它们之间的法律文件表明当事人将交易视为担保交易的意图，此外当时在会计账簿上如何对于交易进行核算和计量以及如何进行税务处理也对确定交易性质具有重要性。

---

① See Home Bond Co. v. McChesney. 239 U.S. 568 (1915); Dorothy v. Commonwealth Commercial Co.. 278 Ill. 629, 116 N.E. 143 (1917). 比较传统的做法就是在一定折扣的基础上确定卖价。折扣在每次买卖前通过谈判来确定，部分给予买方的资金使用成本以及出卖的应收账款的预期的收入状况。一旦折扣谈判妥当后就不能再改变或者调整，不管实际和预期的资金成本以及应收账款的收入的状况。这种定价方法将有助于将应收账款的交易定性为真实买卖。

② See People v. The Service Institute. Inc.. 421 N.Y.S. 2d 325 (N.Y. Sup. Ct. 1979)

③ 实务上 SPV 能够将收入通过借款给发起人，但这种方法还没有相关的法院判例。

在资产证券化的交易中，很少出现所有的因素都有利于该交易被视为真实买卖的。因此在这些因素之间必然存在一种平衡。

后来的资产证券化立法对于金融资产的风险隔离问题都给予明确规定，和美国司法实务上的不确定的态度不同的是，采取资产证券化成文立法的国家对这个问题的规定是明确的；同时由于每个国家的情形不同，成文立法国家在风险隔离上采取的方法不一而足，主要有特殊目的信托和特殊目的公司两种方式。在特殊目的机构采取信托（SPT）模式的情况下，通过信托财产独立性的法理，使得金融资产能够取得独立的财团地位；在采取特殊目的公司（SPC）模式的情况下，通过明确规定 SPC 的独立法人地位和禁止 SPC 和发起人之间的关联关系来达到不受发起人破产的影响。① 中国人民银行颁布的两个办法采取了特殊目的信托的方式来达到风险隔离的目的，为了隔离发起人和资产的风险，明确规定了特殊目的信托只能由信托投资公司和银监会批准的其他机构担任，从而既明确了防止发起人和受托人具有关联公司关系的立法意图，又能够以较大的行政裁量来推动一些新的机构参与进来。

（二）金融资产的多重转让和登记"完善"

如果发起人将金融资产转让给两人以上，就形成了金融资产的多重转让。美国《统一商法典》第 9 章所规定了完善（perfection）制度来解决这一问题，在应收账款转让给 SPV 之后，SPV 必须要将相关的财务报告进行登记，才能使转让能够对抗第三人的请求，这种登记措施就称为完善。

正是为了规范资产证券化的目的，修正后的美国《统一商法典》第 9 章（1999 年修正）适用于应收账款、动产票据、无形的金钱给付与本票（Payment Intangible and Promissory Notes）的担保与买卖，同时它将应收账款的定义予以扩充，使其不仅包括信用卡应收账款、健康保险应收账款而且包括"任何获得支付的权利，此种权利的产生是因为财产被授予或转让或处分"，实际上这就意味着可以适用于因为特许经营和技术转让而形成的应收账款；"无形的金钱支付"则包括贷款参与和商业贷款。②

关于完善的方式，修正前的《统一商法典》第 9 章规定通过在债务人和担保资产所在地登记财务报告来进行。由于债务人和担保物的所在地往往难以确定，修正后的《统一商法典》第 9 章规定了两种方法来解决这个问题：一是规定在大多数的案件中由债务人所在地，而不是由担保物所在地的法律来决定完善应该采取的方式。二是规定如果债务人的所在地难以确定时，通过推定的方法来加以确定。根据修正法第 9-307 条的规定：注册的法人，其注册地视为该公司的所在地，无论发起人的资产或业务在哪一个州；如果发起人是外国公司，则其所在地为发起人的主要营业所在地，如果该外国公司只有一处营业地那么该地即为其所在地，但同时要求上述各该地都有公共的登记制度。如果外国公司的所在地没有登记制度，那么其所在地应该视为在哥伦比亚特区。当然在哥伦比亚特区登记

---

① 如台湾地区《金融资产证券化条例》第 54 条第 2 项的规定，第 73 条第 2、6 两项。

② Steven L. Schwarcz. *The Impact on Securitization of Revised UCC Article* 9. 74 Chicago-Kent Law Review 947. 1999. pp. 947-961.

根据外国法是否取得完善的效果又是该外国法的问题。①

在资产证券化中的第一个完善问题是保证应收账款的转让能够对抗第三人的请求以及在破产程序中受到保护。美国《统一商法典》在第9-102条中规定，在应收账款和动产契据上的利益的转让，无论是为了担保的目的还是为了转移所有权，都必须根据该法规定的程序进行完善（常常是通过登记UCC-1财务报告来进行）。② 该条的官方评论解释说起草人觉得非常难以确定某一项转让是买卖还是担保的标准，所以对这两种情况都规定了相同的登记制度。登记的目的是为了使第三方知道应收账款上的利益的转让，以便它们在同发起人交易或者对发起人提供信用的时候不会被误导。③

另一个问题是资金混合时的完善问题，具体地说，就是根据应收账款收取的款项支付给了发起人或者与发起人的一般营业资金相混合时的如何完善的问题。在当事人没有根据《统一商法典》的要求进行完善的情况下，如果后来的担保权人或者受让人就其权利进行了登记，那么后来权利人的权利将优先于原来的权利人，而且当发起人破产时，受让人也不能够对破产托管人主张自己的权利。④《统一商法典》第9-306条（4）款规定在发起人破产的情况下，应收账款债务人支付的款项同发起人其他资金混合的，就不再具有经过完善的法律地位，发起人的债权人和破产管理人对此都有请求权，解决资金混合问题的办法就是要求应收账款债务人直接将款项支付给独立的闭锁账户（Lockbox）；或者通知债务人直接将款项支付给SPV。

关于资产转让后的对抗效力问题，后来的资产证券化立法并未作出规定，在笔者看来乃是因为后来的资产证券化除了有明文规定外，尚有金融监管机构有力的行政督导在起作用，这种行政督导具有较高的法律效力；而美国的一切行政行为都要受到法院的监督，所以他们较为注重无论是成文法还是判例法的观点。关于资金混合的问题，在资产证券化的成文立法国家，大都明确规定了债权服务机构要设置独立的账户管理证券化资产上的现金流。中国银行颁布的《管理办法》第28、29条就资金设立专门账户进行了规定，而没有就资金的混合问题进行规定。笔者认为，虽然从理论上说，就资金设立专门账户固然减少了资金混合的可能性，但由于我国的资金保管机构一般都是金融机构，同时还从事其他方面的业务，而且根据该法第30条的规定，该资金保管机构还可以运用资金进行投资，资金混合问题实际上还是会大量存在，所以有必要加以规定。

（三）SPV的破产防范和登记监管

1. SPV的破产防范

SPV的破产风险包括SPV自愿破产和被申请破产、以及公法上请求权对SPV的影响。

---

① Spiro V. Bazinas. *An International Legal Regime for Receivables Financing*: *UNCITRAL's Contribution*. 8 Duke J. Comp. & Int'l L. 315. 1998. pp. 315-330.

② 动产票据也能由担保方或者占有买受人来完善。UCC § 9-305.

③ 有人主张只要根据统一商法典进行登记就意味着当事人意图将交易构造成担保交易，而不是买卖；但是这种主张并不正确，因为只要当事人在财务报告上声明它们意图进行的交易是买卖，登记是因为统一商法典有这样的要求才这样进行的，这样就可以避免以上述依据被认定为担保。

④ See Bankruptcy Code § 544 (a); *In re Communication Company of American*. Inc.. 84 B. R. 822 (Bankr. M. D. F1. 1988); *In re Kambourelis*. 8 B. R. 138, 141 (Bankr. N. D. N. Y. 1981).

根据美国的实务，在发起人或者第三方拥有或者控制 SPV 的情况下，根据联邦破产法第 303 节的规定，控制方有权力让 SPV 自愿申请破产，对于自愿申请破产法律没有任何限制条件。① 为了防止这种风险，美国资产证券化实务上一般通过 SPV 的章程、成立规章或者其他公司组织文件限制甚至取消控制方让 SPV 申请自愿破产的权力，② 如 SPV 的章程可以规定其不能自行申请破产，或者需要满足一定的程序或者实质要件才能够破产。后来的资产证券化立法往往都通过规定程序性或者实质性条件来限制控制方操纵 SPV 破产。SPV 也可以构造成破产程序规范以外的机构，比如信托，一般不会成为破产程序的对象。③

债权人要申请 SPV 破产虽然要满足一定的条件，④ 这些条件包括债务人不能履行到期债务，或者有财产管理人或者接受人或者代理人为了执行对于特殊目的公司财产的留置权而被授权接管公司所有的或者实质性的财产，并且它们已经实际占有该财产。⑤ 保护 SPV 免于非自愿破产的一个方法就是限制该机构发行债务和贸易债权人的数量（债权人的数量限制可以通过对 SPV 的权利能力范围的限制来实现），这种限制也可以规定在公司的章程或者公司的其他的组织文件当中；此外，还可以通过使任何与 SPV 交易的当事人放弃申请公司破产的权利来防止债权人申请 SPV 破产。

第三，根据美国实务，政府对于发起人公法上的请求权也有可能对 SPV 来加以主张。一是税收请求权，根据美国的国内税收法典（Internal Revenue Code），税收可以向合并报税集团的任何一个成员征收。如果 SPV 是发起人合并报税集团的成员，或者是发起人的分支机构，国内税务署就可以将对发起人主张的税收请求权对 SPV 来主张。二是养老金请求权，根据国内税收法典和 1974 年的职工退休收入保障法（the Employee Retirement Income Security Act of 1974），政府可以对某个控股集团控制下的营业活动主张某些与收益养老金计划有关的特定政府请求权。⑥ 政府的请求权一般具有比普通请求权优先的效力。实务上应对公法上请求权的方法是 SPV 将其拥有的应收账款对证券持有人设定质权，使证券持有人对特殊目的公司的请求权优先于政府的请求权。⑦

在美国，SPV 可以采取特殊目的公司、特殊目的信托甚至合伙等形式。⑧ 为了规避上

---

① 联邦破产法典并没有对公司申请自愿破产规定特别的程序，公司应该自己来作出破产申请的决定。除非在公司的章程或宪章中作出限制性的规定，公司一般通过董事会的投票就可以决定是否申请破产。

② 如果完全取消一个公司自行申请破产的权力有可能构成对公共秩序的违反。See Fallick v. Kehr, 369 F. 2d 899（2d Cir. 1966）; *In re Weitzen*. 3 F. Supp. 698（S. D. N. Y. 1933）; *In re Tru Block Concrete Products*. Inc.. 10 B. C. D. 106（S. D. Cal. 1983）.

③ 现在，商业信托业可以成为破产的对象，商业信托是指为了赢利的目的经营业务的信托，它与非商业性的信托专门为持有和保存信托财产是不一样的。See Hecht v. Malley. 265 U. S. 144（1924）.

④ 破产法典第 303（b）条也对债权人的数量和提起非自愿性破产请求的请求权类型进行了规定。

⑤ 美国破产法典第 3003（h）条。

⑥ 一般来说，控股集团包括母子集团和兄弟集团公司两种形态，它们有 80% 的共同所有权，因此包括了一个 80% 的控制 SPV。参见 1974 年的《雇员退休收入保障法》第 4001（b）条。

⑦ *See In re National Financing Alternatives*. Inc.. 96 B. R. 844. B. C. N. D. Ill. 1989.

⑧ 参见郭玉军、甘勇：《论我国资产证券化中特殊目的机构的法律构建》，载《武汉大学学报》（社会科学版）2003 年第 3 期，第 262 页。

述破产风险，后来资产证券化立法都规定SPV采取特殊目的公司形式或者特殊目的信托形式，对于合伙，因为大陆法系国家的合伙一般不具有法人地位，承担无限责任，这种形式较少采用。基于上述资产证券化的经验，特殊目的信托和特殊目的公司除了按照公司法和信托法的要求进行架构外，还要受到一些特殊规定的制约。为了防止特殊目的公司被债权人申请破产，往往限制特殊目的公司的权利能力，如特殊目的公司不能从事其他业务、不得负债、不得提供保证等；并对其自有资金及闲置资金的投资运用范围进行限制。①

2. SPV的登记监管

美国实务中，特殊目的机构要受到美国1940年的投资公司法的规范；② 1940年《投资公司法》的主要目的是遏制美国证券市场上的滥用权力、保护公众不受欺诈、保证对市场的足够控制和信息的充分披露，该法规定的注册报告书制度、经营活动的报告与披露义务等内容，加诸投资公司以繁重的负担，以至于达到该法登记注册的要求成本高昂。③

根据1940年法的第3（a）条的规定，投资公司被定义为：（1）“主要是从事证券的投资、再投资或者是证券的买卖”的实体；或者是（2）拥有或者获得投资证券的价值超过其总资产价值40%（不包括政府债券和具有流动性的现金项目）。“证券”的含义根据第2节（a）（36）项的规定包括票据、股票、债券、债务凭证、可转让的股份、投资合同以及“任何一般被当作证券的票据与利益”。④ 根据该条的规定，资产支持证券都构成1940年法所规定的证券，而发行资产支持证券的SPV都构成投资公司，应该适用该法有关投资公司登记的规定，但是SPV作为投资公司进行登记，如前所说，其成本高昂，从经济上来说不具有可行性，因此在资产证券化交易中往往力图把SPV构造成符合1940年法规定的各种登记豁免的投资公司，从而能够免于在美国证券监管委员会进行登记。

根据1940年的《投资公司法》，有以下几种投资公司的注册豁免可以适用于SPV。

第一种豁免是“第3（c）（5）（A）条豁免”。根据该条规定，该条规定将“主要从事”收购、持有构成“票据、汇票、承兑、公开的应收账款账户、以及其他表征商品、保险或服务的购买价格的债务”的应收账款的任何“实体”从投资公司的定义中排除出去了。⑤ 有许多应收账款如贸易应收账款——因为它们代表的是商品的购买价格——都属

---

① 参见台湾地区“金融资产证券化条例”第86、87、88、89条之规定。

② 15 U. S. C. section 80a 以下。

③ 例如，1940年法对注册的投资公司有下列的要求：（1）对资本结构的限制，比如禁止发行债务证券；（2）对董事会和其他管理机构的组成的限制，如限制相关利益人担任董事或者高级管理人员的数量；（3）对投资活动的限制，如限制对于其他投资公司的投资；（4）对于法律意见的规范；（5）要求股东在一定问题上的赞同；（6）报告和披露的要求；（7）对于投资公司其他方面的控制。

④ 根据第3（a）条的规定，“投资证券”被定义为除政府债券、雇员证券公司发行的证券以及子公司发行的债券以外的所有的债券。

⑤ 根据第3（c）（5）条的规定，同样豁免主要从事向制造商、批发商、零售商或特定商品保险或者服务的购买者进行贷款业务的实体。根据第3（c）（5）（C）条的规定，主要从事购买或者获得抵押贷款或者不动产上的留置权利益的实体也被排除在投资公司的定义之外。最初在抵押贷款资产证券化中使用的豁免条款就是后面的这一条。

于第3（c）（5）（A）条规定的例外。①

第二种豁免是“不起诉意见信”的豁免。如果某一应收账款的转让不是明显地属于第3（c）（5）（A）条所规定的例外，那么在某些情况下，有可能通过从美国证监会获得“不起诉意见信”（No-Action Letter）来获得豁免。

第三种豁免是“私人投资公司的豁免”。对于一些性质未知的应收账款，1940年法规定了“私人投资公司的豁免”。如根据该法的第3（c）（1）条规定：“任何发行人，如果其所发行在外的证券（而不是短期票据）的持有人不超过100人，而且它现在没有发行且现在也没有准备进行公开发行的，该发行人不是本法所称的‘投资公司’。”这种所谓的“私人投资公司”豁免常常和1933年法规定的私募豁免一起适用，将SPV的利益给予一定数量的机构投资者和其他的持有人。②

第四种豁免是证券监管委员会的“命令豁免”。如果没有明确的法规豁免可以援用，1940年法的第3（b）（2）条以及第6（c）条规定SPV可以向证监会申请颁发豁免其注册的命令，这种豁免需要两个条件：（1）SPV主要从事的业务不是证券的投资、持有和买卖业务活动；（2）豁免对公共利益是必要和适当的，并且与保护投资者利益以及1940年法的其他目的相一致。

从美国资产证券化的实务可以看出，SPV要有效运作一方面要能够限制其权利能力特别是负债的范围，另一方面在特殊目的公司的成立、注册登记等方面都要采取较一般公司简易的方式以降低其成本。

SPV的规范无疑是资产证券化立法中的核心问题之一，后来的资产证券化立法无一不把SPV的规范作为立法重点所在，有的国家如泰国干脆就单独地对SPV进行立法。SPV立法的内容既包括其组织结构，还包括其设立成本的问题。根据公司法关于能够发行证券的公司的注册资本的规定，关于公司治理结构的规定等显然都不适用于特殊目的机构。我国颁布的两个《管理办法》重点也在于SPV的立法上，尽管如此《管理办法》的规定依然是不尽完善的。首先它回避了特殊目的机构以公司形式设立的问题，只规定了特殊目的信托制度；对于特殊目的信托采用了常设SPV的形式。和美国资产证券化实务上力图规避投资公司法的登记注册不一样，在以行政主导资产证券化业务的国家，SPV的设立以专门法加以规定，凡可能加重SPV设立负担的组织法的一般规定都为特殊规定所代替，如关于公司资本的规定，关于公司人数、治理结构等的规定都有不同于普通公司之处，应该说是吸收美国资产证券化实务经验的立法。考虑到我国的法律传统和立法实践，我国未来资产证券化更高层次的立法应该借鉴这些国家的经验来进行。

① 美国证券监管委员会强调了第3（c）（5）（A）和（B）条规定的历史，它们表明这一条规定是将买卖融资公司、保险公司或者类似的公司排除在1940年投资公司法之外的。在第3（5）（B）规定的情形下，证监会对这种豁免进行了狭义的解释，并且拒绝签发不起诉意见书给从事贷款的公司。

② 在将机构投资者或者其他实体置于“不超过100人的豁免”时要同时注意遵守确定根据第3（c）（1）（A）条所规定的受益人所有权的规则。根据该规则，公司所享有的受益权一般被视为某一个人所享有的所有权。这一规则的重要例外，就是要调查投资公司并确定它的证券的持有人，如果公司拥有SPV发行的证券的10%或者更多，除非这样的公司所拥有的所有证券的价值根据第3（c）（1）条豁免。发行人所有的证券的价值如果不是因为受益人规则不超过投资公司总资产的10%。

（四）相关法制的配合

由于资产证券化的法律结构所涉及的全部问题非常复杂，相关法制的配合不可或缺。美国实务上，证券法、金融特别法的规定对资产证券化也有重要的作用。

1. 证券法规定之信息披露及豁免问题

美国的资产证券化实务中，SPV 发行证券以及应收账款从发起人转让给 SPV 要受到美国 1933 年证券法规范。SPV 获得 1940 年《投资公司法》规定的注册豁免并发行非豁免证券以后，还要受 1933 年的证券法和 1934 年的证券交易法的约束。1934 年法规定的一系列披露标准和对某些种类转让的欺诈性不实陈述的法律责任，以及证券发行人的注册和持续披露的义务；1933 年法也规定了一些披露的标准，并要求在公开发行非豁免证券时在证监会进行注册声明的登记。

为了与 1933 年法的规定保持一致，SPV 选择的是在证监会将注册声明进行登记并且将发行其自己的证券作为公开发行的部分。虽然这种登记将花费几个月的时间，因此是既费时成本又高，但是 SPV 发行的证券将能够在公开市场自由流通和交易。

如果 SPV 采私募方式发行证券，可以享受下列豁免。

第一是"私募发行豁免"。SPV 可以选择通过 1933 年法的第 4（2）条规定的私募方式来发行证券，该条豁免了"发行人的任何非公开发行活动"。如果私募发行只是在几个比较大的投资人之间进行，如保险公司或者养老基金则要求专门披露文件的可能性比较小；这些投资者一般被认为具有成熟的认识以及谈判力量，它们能够从发行人以及发起人那里获得信息以进行理性的投资选择。

如果私募发行是针对大量的投资者，尤其是没有机构投资者参与时，SPV 应该慎重地遵守证监会所发布的规则 D 的安全港条款。根据该规则，SPV 一般可以将其证券卖给最多 35 个"非认证的投资者"（Non-Accredited Investor）以及无数量限制的"认证投资者"（Accredited Investor）。① 如果有非认证的投资者包括在内，一般就有必要准备和发表一项私募发行的备忘录，列举根据规则 D 需要具备的财务和其他信息。

私募发行的证券一般被视为"限制证券"，除非符合 1933 年法的注册要求或者是规则第 144 条或者是第 144（A）条的豁免要求，一般不能再进行买卖。② 规则 144 条规定，除非证券在另一次私募交易中进行了买卖，在一般情况下其持有的期限必须是 2 年（在这种情况下证券依然被限制在持有人手中）。③

第二是"信用证担保豁免"和"现在交易豁免"。1933 年法对希望公开发行证券但又希望避免登记注册声明的成本与时间的 SPV 还规定了上述的两种豁免。所谓"信用证担保豁免"，是指如果证券由银行的信用证担保，该证券得豁免 1933 年法的第 3（a）

---

① 根据规则 D，除了银行、保险公司和其他机构投资者以外，认证的投资者还包括拥有资产 100 万美元以上的个人和资产超过 500 万美元的合伙和公司。17 C. F. R. § 230. 501（a）.

② 17 C. F. R. § 230. 144.

③ 证管会已经采纳了规则第 144A 条。它对于将限制证券出售给合格的机构投资者规定了非排他性的安全港豁免规则，只要买方总共拥有超过 1 亿美元的资金，并且投资于证券。这一规则有望增加私募发行市场的流动性与有效性。

(2) 条的登记;①“现在交易豁免”是指在经常使用的第3（a）(3) 条商业票据豁免中，如果票据的到期日不超过9个月，其收入将用于“现在的交易”，也可以不必满足1933年法的登记要求。②

有关第3（a）(3) 条豁免的唯一的问题是，所谓的“现在交易”在1933年法中没有任何明确的定义，这个问题往往有必要通过证监会颁发的各种不起诉意见信所作的关于在不同的情况下是或者不是“现在交易”的解释来找到答案。一般说来，这些意见信认为“现在交易”是一种由发行人在普通的商业活动中进行的交易，其存续期间比较短。③

还要注意的是，不管SPV在豁免交易中或者是登记的公开发行中发行的证券是豁免证券还是非豁免证券，1934年法的反欺诈条款和证监会的规则10b-5都要适用于这项交易。相应的SPV将承担与发行和证券交易相关的责任，如果它采用了“任何进行欺诈的工具、项目或者设计”，或者“关于任何事实作了不真实的陈述，或者省略陈述实质事实，而这一事实对于在该情况下所作的陈述不产生误导是必要的”。④

从美国实务的经验来看，资产支持证券不论公开发行与否，都要受到证券法有关信息披露制度的规范；为了降低信息披露对资产证券化业务成本攀升的影响，需要得到法定的豁免才能达到目的。后进资产证券化国家都采用特别立法方式对资产支持证券的信息披露问题进行规定。我国《信贷资产证券化指导管理办法》颁布以后，有关资产证券化的信息披露规则也有了相应的规定，这些规定是资产证券化配套立法不可或缺的一部分。

2. 金融监管法规对资产证券化的影响

美国的实务中，如果发起人是特定行业法人，那么特别适用于发起人行业监管法律也适用于资产证券化交易。如果发起人是银行，将它的资产转让给SPV，或者是进行资产支持证券的承销业务，格拉斯-斯蒂格尔法案⑤将对银行的活动产生限制作用。在美国1929年的金融危机以后，银行承销基础资产上面的利益的权力问题直到20世纪80年代末才得以解决 。货币委员会的审计长在1987年认为，买卖安全太平洋国家银行的抵押过手证书，该证书代表的是该银行抵押贷款资产池的部分共同权益，并不违反格拉斯-斯蒂格尔法关于银行业务的限制的规定。审计长的理由是，银行关于自己资产的买卖不属于法案所

---

① 该条规定豁免了所有的特定种类证券的登记要求。这些证券包括“……任何银行担保的证券”，这里的银行指的是“任何国家银行，根据任何州、领土或者哥伦比亚特区的法律规定所组成的银行，其业务限于银行业务，并且收到银行委员会或者类似的机关的监督”。这种豁免在资产证券化中很少运用，因为在资产证券化中通过银行信用证来担保证券发行的情况是比较少的。

② 第3（a）(3) 条对“因为某一项现在的交易而引起的任何票据汇票、支票或者是银行的承兑，或者为了现在的交易已经或即将使用的收入，发行时到期日不超过9个月的”给予豁免。商业本票根据1933年法第4（2）条的规定可以不经登记进行私募。但是这种方式采用的并不是很多。

③ 例如，西屋信用公司（Westinghouse Credit Company），其收入用于设备融资、通过强制执行担保物取得动产、短期的商业贷款、应收账款账户等都构成“现在的交易”。

④ See 17 C. F. R. section 240. 10b-5.

⑤ 就是美国“1933年的银行法”，基于1929年开始的经济危机所带来的深刻教训，美国反省了金融体制存在的严重问题，并在1933年通过了《银行法》，由于该法是国会议员格拉斯和斯蒂格尔两人促成的，所以又称为《格拉斯－斯蒂格尔法》。该法对商业银行和投资银行的业务进行了区分，不让商业银行受到投资银行活动如证券承销等风险的影响。该法适用所有国家银行和属于联邦储备系统的州立银行。

禁止的承销活动，因为它不过是银行对自己资产的买卖。这种证书的买卖实际上是在实施一种允许的银行活动，并被授权作为银行的一种新的附带权力。资产通过重新组合的方式被出卖的事实并不能改变这一活动的本质。

审计长的决定受到了证券业联合会的质疑。1988 年联邦地区法院在 Securities Industries Ass'n v. Clarke① 一案中拒绝了审计长的观点。但是在 1989 年 9 月，第二联邦上诉法院废弃了地区法院的判决，采纳了审计长的观点。② 法院的理由是，银行的活动是由法规所明确的授权的，“所有对于执行银行业务必要的附带权力”都应该允许银行行使，而不论这些活动到底是构成了承销或者其他投资银行的活动。法院追随另一个联邦上诉法院认为任何方便或有利于执行某一银行根据明示的权力得以进行的活动，都包括在银行的“附带的权力”中。法院认为安全太平洋使用抵押过手证书实际上是方便和有利于它出卖自己的抵押贷款这一明示权力的。

联邦储备委员会最近将银行的权力扩张到通过非银行的分支机构（有被称为第 20 节“分支机构”，因为这个分支机构是由格拉斯-斯蒂格尔法案的第 20 节③所授予的权力创造的）承销和交易附属银行或者非银行的证券，只要这些证券是由独立的全国公认的评级机构进行评级的。因此，银行控股的第 20 节分支机构能够进行由抵押贷款或者消费应收账款所担保的证券承销和交易。④ 但是，联邦储备委员会同时也施加了一项限制，即银行分支机构从承销和交易业务中获得的收入最多不能超过总收入的 10%。证券业联合会一直对联邦储备委员会授权银行附属机构在收入限制内从事公司债或者权益证券的承销或交易进行质疑。在 1990 年 4 月，美国哥伦比亚特区联邦上诉法院禁止证券业协会对美国联邦储备委员会提起诉讼，理由是担保禁反言（Collateral Estoppel）排除了证券业协会重新提起格拉斯-斯蒂格尔法下的诉讼。⑤

在中国，一项资产证券化交易的成功进行，需要多个主管部门的协调配合。在我国已有的资产证券化交易中，外汇管理部门、国有资产管理部门、国家发展与改革委员会、商务部、中国银行监督管理委员会、国家税务总局等都曾介入该交易，此外，如果发起人是特定行业的公司，其转让资产的行为还要受特定主管部门的监督。中国人民银行的两个办法并不需要在这个方面作出太多的规定，因为它本是以特定行业主管部门的身份发布的部门规章。但在未来更高层次的资产证券化立法中，则有必要将特定行业的主管部门考虑进来，从而使资产证券化交易的风险降到最低限度。

三、结论

从 1970 年起算，资产证券化在长达 30 多年的发展中，积累了丰富的经验，集聚了大量资本，并逐渐成为了金融现代化的潮流和象征，要很好的利用资产证券化这种方式，我

---

① 703 F. Supp 256 (C. S. D. N. Y. 1988).

② Securities Industries Ass'n v. Clarke. 885 F. 2d 1034 (2d Cir. 1989).

③《格拉斯-斯蒂格尔法案》第 20 节，1988 年修正。

④ 联邦储备委员会开始赋予第 20 节分支机构承销由第三方发起的应收账款支撑的证券，后来这种权力扩张到由银行或者其分支机构作为发起人的应收账款所支撑的证券的承销。

⑤ See Securities Industries Ass'N v. Board of Governors. Fed. Reserve Sys.. 900 F. 2d 360 (D. C. Cir. 1990)

们要借鉴资产证券化发达国家尤其是美国的经验，把握资产证券化的基本法理，立足中国金融市场实际，保护相关各方利益并实现融资目的，在实践发展与法制完善的良性互动中实现立法层次的提升，立法内容的完善。

从我国目前的两个指导办法和相关法制发展来看，我国资产证券化立法还有许多值得进一步研究完善的地方，参考资产证券化立法、实践比较发达的相关国家的法制，我们还要在特殊目的机构立法、资产支持证券的流通、配套法规的制定和完备等方面做出进一步努力。

论税与费的法律界限

■ 王桦宇*

目 录

一、税与费的概念界定
二、税与费的理论框架分析
三、税与费的实践样态比较
四、税与费的法律规制探讨
五、结语：税与费的秩序重构

税与费的界定与区分是财政学研究的重要内容，它可以说明公共收入与支出之间的普遍性和特定性。在我国经济体制转型的时期，税与费的关系也一直是理论界非常重视的话题。从财政学的角度来看，税与费尽管在征收方式、征收时间、征收目的和成本收益原则等诸多事项上存在不同，但作为政府财政收入的主要方式，两者都具有筹集财政资金、提供公共产品和克服市场缺陷和外部性的功能。就此而言，税与费在财政理论的实质层面依然是统一的。然而从法学的角度来看，由于税与费的概念差异以及理念阻隔，无论是从理论框架的产生和构建来看，还是从实践样态的表现和发展来看，税与费之间都存在着明显的法律界限，这也使得立法对于税与费的规制，体现为不同的基本原则和差别化的具体制度。

一、税与费的概念界定

（一）税的两种定义方式

关于税的概念，② 历来学者们观点不一，但大致可以从财政学和法学两个角度归纳。

* 王桦宇，法学硕士，上海江三角律师事务所主任助理。

② 也有称租税、赋税、税捐、税收的，如日本和我国台湾地区称租税，台湾地区也称赋税、税捐，我国大陆地区则约定俗成称税收。不同的称谓与各国各地区对税的不同角度理解和历史用语的承继有关，但实际上并无大的概念上的差异。

站在财政学分析的立场上，有的学者从财政收入取得原因和途径的思路出发，将税界定为"是国家为实现其公共职能而凭借其政治权力，依法强制、无偿地取得财政收入的一种活动或手段"。① 有的学者从分配关系的本质出发，将税定义为"是为了满足一般的社会共同需要，凭借政治权力，按照国家法律规定的标准，强制地、无偿地取得财政收入的一种分配关系。在这种分配关系中，其权利主体是国家，客体是人民创造的国民收入和积累的社会财富，分配的目的是为了满足一般的社会共同需要"。② 还有的学者借鉴交换说和公共需要说的观点，认为税"是人民依法向征税机关缴纳一定的财产以形成国家财政收入，从而使国家得以具备满足人民对公共服务需要的能力的一种活动"，③ 等等。

我国法学界对税的理解大多遵从财政学的思路，仅仅从财政收入的角度观察税收的特点，将其定性为国家的权力或者纳税人的义务。例如有的学者认为，"税收是国家为实现其公共职能而凭借其政治权力，依法强制、无偿地取得财政收入的一种活动或手段"。④ 还有的学者认为，"税收是为了满足一般的社会共同需要，凭借政治权力，按照国家法律规定的标准，强制地、无偿地取得财政收入的一种分配关系"。⑤ 不过近些年来，也有学者从法学的角度对税进行界定和描述，如日本学者北野弘久站在宪法的角度和纳税人权利保护的立场上，认为税的含义在于国民基于宪法的规定，"对符合宪法（福利目的）理念所使用的，遵从合宪的法律所承担的纳税义务"。⑥ 这种将收入和支出相结合的税收定义，明显取自宪法的立场。它从国家权力来源及纳税人权利保障的层面展开辨析，对公平正义的法理在税收领域的运用进行理论重构，是税法学意义上的大胆革新和有益尝试。

税的理解在于人们对税采取何种角度去认识。财政学研究的基本点在于资源的有效配置和效用最大化，优先考虑效率理念和成本的降低。而法学研究的基本点在于公权力和私权利的冲突和整合，优先考虑公平正义和私权利的保护。与此同时，财政学的定义中也强调"依照法律的规定"和"强制性"，法学中的归纳中也突显税的分配作用和福利目的，两组概念既相互借重，又相互区分。从税的学科研究产生先后来讲，财政学上税的概念是对税进行法学抽象的基础，脱离税的财政学特征而自创定义，既不可能也没有必要。从整合的角度讲，税是公权力依据宪法和法律规定，在保护私财产权和满足公共效用最大化的前提下，通过对符合法定要件的主体施加强制性的无对价金钱给付义务，从而对私人财产权进行再次分配的过程。

（二）费的概念和分类

费或收费，一般被定义为"是政府行政职能部门，在授权范围内，依照合理的规章制

---

① 张守文著：《税法原理》，北京大学出版社 1999 年版，第 10 页。

② 严振生编著：《税法》，北京大学出版社 1999 年版，第 1 页。

③ 李刚：《国家、税收与财产所有权》，载刘剑文主编：《财税法论丛》（第 4 卷），法律出版社 2004 年版，第 136 页。

④ 张守文著：《税法原理》，北京大学出版社 1999 年版，第 10 页。

⑤ 严振生编著：《税法》，北京大学出版社 1999 年版，第 1 页。

⑥ ［日］北野弘久著：《税法学原论》（第 4 版），陈刚、杨建广等译，中国检察出版社 2001 年版，第 19 页。

度，因提供特定的公共服务而征收形成的财政收入”。① 按照公共财政学的理论，费可以分为两种，一是按照市场经济法则由政府主体提供劳务性商品时的收费，这种费实质上是劳务商品的市场价格，只是习惯上称为费，但它不是财政学意义上的费，也不是财政学研究的对象。二是财政学所研究的政府公共部门的收费，作为财政收入形式的非税收入。对于后者而言又可分为三类：第一类是规费，即由于利用政府提供的劳务所付的费用，包括行政规费、使用规费和特许金规费。第二类是工程受益费，即在特定地区为满足新建公共设施的资金需要而由该地区居民所支付的费用。第三类是各种政府性基金，即基于特定政策目的，针对特定或不特定的人而征收的一种费用。②

在财税实务中，我国在市场化的不同时期各有特别的分类方法，大致可以归纳为以下几种：第一种观点是1981年辽宁省在整顿“乱收费”工作时提出来的，认为收费包括行政性收费、事业性收费、经营性收费三大类。③ 第二种观点是原国家计委在《关于费改税的几点建议》中提出的分类方式，把我国的收费划分为五类。④ 第三种观点是原国家计委起草的《国家机关收费管理暂行条例》中提出的按收费主体进行的分类方法，该条例取消了行政事业性收费的提法，代之以“国家机关收费”、“中介机构收费”、“公益服务收费”。第三种分类方法即为现行收费体系的理论依据，尽管此种分类方法在理论上无法廓清公共收费与市场收费的界限，但在费的主体界定和实务操作上，在现阶段仍有一定指导意义。

我国台湾地区财税理论和实务均采德国的学说观点，将财政收入统称为公课，公课则分为租税公课和非税公课，非税公课又可分为规费、受益费和特别公课。规费是行政当局或其他公法人团体以特别公务服务为前提，为满足财政需求，依据公权力所课征的对等金钱给付义务。受益费则是公权力机关为满足财政需求，对建造、改良、增建营造物或公共设施的全部或部分费用，基于统治权而向受益者课予的金钱给付义务。特别公课目前还没有准确的概念界定，学理上一般指根据行政当局实施一定政策目标的需要，对于有特定关

① 曹雪琴著：《新编财政与税收》，立信会计出版社2003年版，第194页。

② 我国学者有不同分类。有学者分为特许金、规费、使用费和工程受益费四类，参见曹雪琴著：《新编财政与税收》，立信会计出版社2003年版，第195页；也有学者分为规费和受益费两种，参见许建国：《地方政府收费的制度分析》，载高培勇主编：《费改税——经济学界如是说》，经济科学出版社1999年版，第237页。两种分类的分歧在于，特许金和使用费是否为受益费。

③ 在当时的历史条件下，这种观点是一种理论上的创新，目前这种观点被大多数人接受。但这种划分由于存在着自身的缺陷，随着改革开放的深入，已越来越成为收费制度改革的理论障碍。行政性收费相当于西方国家的规费，而我国的行政性收费概念本身并不能反映它与规费的区别，也没有反映行政性收费的范围。由此，行政性乱收费以此为借口，使收费更加难以监督管理。事业性收费与经营性收费划分不妥当，事业性收费与经营性收费，有时存在着“上层关系”，“等同关系”，即经营性收费也是事业性收费。

④ 这五类分别是：一类是以国家机关为特征对象提供专门服务，费用不该由全社会纳税人负担的证照工本费、注册登记费、环境补偿治理费和诉讼费等。二类是国家机关进行公共管理、提供公共服务时，为弥补机关经费不足时收取的管理费。三类是公益服务收费，包括教育、医疗、卫生等方面的收费。四类是中介服务收费，包括评估、鉴定、检验、代理、公证、律师的服务费。五类是以筹集建设资金为目的而设立的各种附加费、基金等。这种划分仅是描述了我国收费的现状，并非是收费的科学分类。

系的公民所课征的公法上负担，并限定其课征所得的用途。① 台湾地区的非税公课大体同于大陆地区费的概念，只是在分类上没有特别公课的说法，大陆地区相对应的是各种基金和一些概念模糊的费。

二、税与费的理论框架分析

（一）公共产品理论下的产生基础

公共产品（public goods）是经济学的一个概念，是指不具有经济利益可分性、所有权确定性及效用排他性的商品和劳务，是一种由公共部门②或政府提供的“集体性商品”，它不是指真正有形的货物，更主要的应该是一种行为或服务，以及通过这些活动所达到的效果。在现代社会经济生活中，政府的主要职能是提供公共产品以满足公共需要，由此政府必须占有和支配使用一部分经济资源。政府占有经济资源可以采用税和费两种形式，政府以何种形式占有经济资源，则是由其所提供的公共产品的性质决定的。

公共产品可分为纯公共产品和准公共产品两类。对于前者，萨缪尔森对纯公共产品作过界定，认为“每个人对这种产品的消费，并不能减少任何他人也对于该产品的消费”，③ 如国防、行政管理、立法、治安、司法等。纯公共产品具有效用的不可分割性、消费的非竞争性和受益的非排他性三个特征。但同时由于这三个特征，使得消费者自已不愿意去购买这一产品，而又可以享用别人购买的公共产品。这种不付任何代价，从别人购买中获得利益的行为，称之为“搭便车”。所以，纯公共产品不能像私人产品那样由市场去提供，否则会出现无效率和不公平的情形。

准公共产品是指兼有公共产品和私人产品性质的产品和劳务。这类公共产品可分为两类：一类是拥挤性公共产品，是指那些随着消费者人数增加而产生拥挤，从而会减少每个消费者从中获得效益的公共产品。这种产品虽然为整个社会成员所共享，但在消费数量上具有一定程度的竞争性，即在超过某一定点后，随着消费者人数的增加，边际成本不为零，如有一定车流量限制的高速公路。另一类是价格排他性公共产品，是指那些效益可以定价，从而可在技术上实现排他的公共产品。这类产品的特点是：一方面，它以效用名义向全社会提供，谁都可以享用；另一方面，它在受益上可以排他，即谁花钱谁受益。例如，政府兴建的公园、医院、学校，等等。准公共产品因为同时兼有公共产品和私人产品的性质，因此，它既可以由政府提供，也可以由市场提供，同时也兼顾了市场公平。

由于纯公共产品无法通过市场定价交换的形式予以供应，而以纯公共产品为提供对象的慈善活动毕竟规模太小，因此，只能以政府作为纯公共产品的提供者。政府提供纯公共产品时，必须获得充足的物质支持，而税收就是其中理想的财源。对于准公共产品而言，

① 参见葛克昌著：《行政程序与纳税人基本权》，台湾翰芦图书出版有限公司 2002 年版，第 62 ~ 77 页。

② 公共部门又称公共经济部门，是相对私人部门即私人经济部门而言的概念。一般认为，企业和家庭组成私人经济部门，而政府和提供公共产品的事业单位、国有企业及非盈利性组织组成公共部门。

③ ［美］保罗·萨缪尔森等著：《宏观经济学》，肖琛等译，华夏出版社、麦格劳·希尔出版公司 1999 年版，第 28 页。

则应考虑受益排他性方面的难易程度，和社会对这类准公共产品的需求弹性，而相应地选择税收或者收费作为收入来源。从经济分析的角度看，大多数准公共产品的提供，都可以依赖于政府收费。这是收费在市场经济条件下得以存在的重要理由。

在公共产品理论的指引下，以维克塞尔、林达尔为代表主张的“税收价格说”借用市场商品交换的原理，认为税是人们享受国家提供的公共产品而支付的价格。① 波斯纳也指出，“税收主要是用以支付的公共事业费。一种有效的税收应该是要求公用事业使用人支付其使用的机会成本的税收”。②同时大部分学者认为，费是介于价格和税收之间的范畴，是“价格与税收的结合体”。③ 通过对蕴涵特定群体利益的准公共产品的收费，并按公平的尺度来评估和界定收费价格，可以保证市场公平和公共产品提供的效率。从公共产品理论出发可以推知，无论是效用普遍化下的税还是效用特定化下的费，其比例结构和使用过程必然体现出税费来源的区分性。这种经济学基础和公平法理上的界分，体现了税费选择的自身制约性和内在规定性。

（二）公民社会理论下的观念透视

尽管国家与社会二元化理论受到诸多学者的批评和攻讦，但大多数学者还是认为，公民社会理论有其存在的现实土壤和理论基础。④ 公民社会理论包含三层含义：一是社会与国家是一对基本范畴，二是社会与国家之间体现出一种分离、对立和互动的逻辑关系，三是国家与社会在法治基础上得以重构和运行。⑤ 公民社会理论不仅是一种社会学上的解构，也不仅是一种法学和宪政层次上的评判，它更是一种社会科学研究的基本范式和理论模型。涉及私财产权与公权力的理论研究，宏观上不可能离开公民社会和国家的二元对立，微观上则不可能回避私权利和公权力的冲突与整合。

基于国家和社会的分野研究税费问题，一是可以从国家和社会利益互动的视野下，分析为什么是税而不是其他收入，作为社会对国家的基本强制负担；二是可以界定税费之间应体现怎样的界分原则。对于前者，无论是自由主义还是国家干预主义均认为，必须有一定的政府行为以维持基本的国家运作。而相应的国家权力的存在和延续，必须以一定的财政来源作为基础。在私权自由自足的社会中，政府财政收支本身不能得到平衡，只能通过一定形式从社会中获取。不过，这种行为应当体现公平理念，即对全体人以标准同一的尺度征收，并不得在给付上获得差异对待，满足这个条件的理想途径只能是税。这里有两个要点，一是私人财产的牺牲应当转化为社会整体的受益，税收必须以财政开支的合理化作

---

① 参见张馨著：《公共财政论纲》，经济科学出版社 1999 年版，第 596～600 页。

② ［美］理查德·A·波斯纳著：《法律的经济分析》（下），蒋兆康译，中国大百科全书出版社 1997 年版，第 625 页。

③ 伍世安、王万山：《收费补偿原理与优化机制》，载《财经研究》2002 年第 11 期。

④ 反对二元化的学者认为，现代福利国家的职能扩张和多元利益集团的形成，使得二元化已经过时。赞同者认为，现代国家与社会职能交叉并未影响国家与社会的结构形态和职能分野。参见葛克昌著：《国家学与国家法》，台湾月旦出版公司 1996 年版，第 10～12 页。又公民社会、市民社会和民间社会是 civil society 一词的不同译法。当其仅与国家对应时，也可简称为社会。参见俞可平等著：《中国公民社会的兴起与治理的变迁》，社会科学文献出版社 2002 年版，第 1 页。

⑤ 参见刘旺洪：《国家与社会：法哲学研究范式的批判与重建》，载《法学研究》2002 年第 6 期。

为目的，不得以课税为依托任意侵害私人财产权；二是私人财产的牺牲应当体现整体公平和人性化的理念，社会成员的负担是基于对社会全部的贡献，而不是在于仅仅对个体受益的期待和要求。

对于后者，由于行政行为的特别受益性、公共服务资源的容量限定性、经济社会的地域环境等，的确有一些给付会呈现机会不平等、资源差异性和发展动态性的特点。如果针对这些具体情事而向社会的全体课税，不仅造成对社会成员的不公平，也会导致私人财产权的分配失衡。此处姑且不论国家与社会的决定关系，① 单从国家与社会二元化的角度来看，国家不能仅依自己的主观愿望和判断，来对公民社会施加任何不必要的不利益，而应以相应的沟通渠道和制度设计，与公民社会达成良性互动的样态。公民社会首先应依其自身的规则调整内部冲突，但当私人之间的交易关系无法达到目的时，国家对社会成员的个体干预，则应尽量以等价有偿原则作为基础。费的意义和价值即在于，在国家与社会的二元交错体制中，建构一种既能保证国家以对待给付为基础，使社会成员得以受益的公平和理性，又同时使得社会自身成员之间的交易原则不被破坏。

在公民社会理论下，“国家的力量在于它的普遍性的最终目的和个人的特殊利益的统一”。② 一方面，在社会的普遍利益上，税以社会全体的负担作为前提，保障国家公权力的财政基础，提供社会自身无法实现的给付。同时，税突显社会整体利益，在课征上遵循“租税分担之正当性，只能从负担的平等性得出”的法理，③ 从而保证给付成本的公平分担和权利义务的宏观均衡。另一方面，在社会具体成员的特殊利益上，国家对部分受益者（包括现实的和可能的）收取对价，作为符合社会基本法则的公平交换。具体而言，按收费与否来区分社会中享有利益的特定群体，并参照社会中的缔约自由和市场交换规则，来评判和衡量收费的程度而保证相对公平。这里需要澄清的是，费的这种对价交易应是基于公权力与私权利交互而产生，否则国家行为即与社会成员的一般交易行为无异，而不属国家与社会二元架构下的范畴。

（三）抽象之债模型的法理评判

债是传统私法理论中的一个重要范畴，指“一方当事人得向他方当事人请求特定行为（给付）”。④ 债能否进入公法领域而成为调整公法关系之基本范畴？这里有两个问题，一是私法公法能否和应否承接，二是债能否成为一种抽象模型进入公法领域。对于前者，台湾地区学者葛克昌从体系思维作用、法律规范效力、适法要件以及不同法律工具之利用

---

① 即是洛克的社会决定（先于或外于）国家论，还是黑格尔的国家决定（高于）社会论的问题。参见邓正来：《市民社会与国家——学理上的分野与两种架构》、《中国发展研究的检视——兼论中国市民社会研究》、《国家与社会——中国市民社会研究的研究引论》、《市民社会理论的研究》，载邓正来著：《邓正来自选集》，广西师范大学出版社，2000 年版。

② ［德］黑格尔著：《法哲学原理》，范扬等译，商务印书馆 1996 年版，第 261 页。

③ 葛克昌著：《税法基本问题》，台湾月旦出版公司 1996 年版，第 13 页。

④ 王泽鉴著：《债法原理》，中国政法大学出版社 2001 年版，第 3 页。

等角度，考察了公法私法的连接关系，并对公私法的承接给予了肯定的判断；① 对于后者，可对税法律关系的认识作一透视。税之法律关系有两种主要学说，即权力关系说和债务关系说。② 日本学者北野弘久认为，“从法实践论的角度出发，将租税法律关系统一理解为债务关系，从法认识论的角度出发，则在整体上将租税法律关系把握成权力关系才是正确的”。③ 站在这一立场上，尽管债的概念源自于传统的私法理论，但可以认为债能够成为一种抽象契约模型进入公法领域。

广义上的税之债，是依照国家与人民间缔结的社会契约而成立的抽象的财产给付关系。这种财产转让关系的特点是，“集体在接受个人财富时并不是剥夺个人的财富，而只是保证他们自己对财富的合法享有，使据有变成为一种真正的权利，使享有变成为所有权”。④ 税可以视为发生在国家和人民之间的法定之债，其基本法渊则在于宪法的宣示。狭义上的税之债，是依据税法规定而产生的特定财产给付关系。这种债尽管与传统的私法之债“在基本结构上，确实存在某种程度的本质差异”，⑤ 也不存在意思自治和具体给付关系中的对价性，但却包含了债权法定和当事人地位平等的基本蕴涵。需要指出的是，尽管“民法之规定，可以补充税法规定的不足”，但税之债的基本价值取向在于税的法定性，故如类推适用等原则，“并非无限制地可一概加以适用，仍需视民法之规定，按其性质是否属于一般法律上共通的原则，而判断其能否适用于税法”。⑥

费之债，是指国家公权力机关和给付受益者之间在收费过程中发生的，具有权利义务内容的财产性法律关系。这种债是基于公权力机关提供行政给付，使特定主体受益或可能收益，并因此支付费用而产生的。从形式意义上看，这种费用已经构成对价给付之债。尽管这种债并不具备私法上的意思自治要件，但也表现为一种类似平权性质的契约主体之间的相互关系。这种关系可从两个方面来理解：一方面，这种债应当同一般私法之债相区分，其标准在于是否基于公权力而产生，而非仅在于公权力机关的参与；另一方面，这种债为财产之债，而“以财产的价值为内容的公法关系，除因公法关系的特别性质而不能适用私法原则外，在若干关系上都可以适用私法的规律”。⑦ 费之债虽然体现为横向的利益调整和权利义务配置，但是它并不完全适用等价交换的市场法则，而是体现为遵循费用

① 同时认为两者间有互补和分工，私法虽较公法适用在先，但并无评价之优先性；公法常尊重私法规范，在不损害其主要关怀之下，亦斟酌私法之目的，以最小损害方式为之。参见葛克昌：《公法对私法关系之承接和调整》，武汉大学 2004 年海峡两岸财税法研讨会论文。

② 参见［日］金子宏著：《日本税法原理》，刘多田等译，中国财政经济出版社 1989 年版，第 18～21 页；［日］北野弘久著：《税法学原论》，陈刚等译，中国检察出版社 2001 年版，第 158～167 页；刘剑文、李刚：《二十世纪末期的中国税法学》，载《中外法学》1999 年第 2 期。

③ 前者强调国家或地方公共团体在法律关系上相对人民有优先性，后者则强调国家或地方公共团体在法律关系上与人民是对等关系，和私法上的全权债务关系相类似的性质。［日］北野弘久著：《税法学原论（第 4 版）》，陈刚、杨建广等译，中国检察出版社 2001 年版，第 159、160 页。

④ ［法］卢梭著：《社会契约论》，何兆武译，商务印书馆 1996 年版，第 33 页。

⑤ 李建良：《论行政法上之意思表示》，载台湾《台北大学法学论丛》2002 年第 50 期。

⑥ 杨小强：《税收债务关系及其变动研究》，载刘剑文主编：《财税法论丛》（第 1 卷），法律出版社 2002 年版，第 164 页。

⑦ ［日］美浓布达吉著：《公法与私法》，黄冯明译，中国政法大学出版社 2003 年版，第 203、204 页。

抵偿原则的对待给付。在实质公平的意义上，这可以使公法上的特别给付效果最大化，因而具有存在的现实合理性。

税费之债的分析模型建立后，可以从不同的角度检视税费关系。从债的产生和性质来看，税不以一方或双方意思表示为要件，而基于法律的直接规定而产生，是一种法定之债；而费则以特定人的受益可能性为前提，并同时赋予相对人以自由选择权，是一种单方意定之债。从债的构成和内容来看，税的权利主体为国家，它虽然是公共产品的整体对价，但具体纳税人却不能从中直接受益，体现出课税权的法定单方性；费的权利主体是公共部门和地方政府，它与缴费人之间有对价补偿关系，体现出受益对象的特别限定性。从债的效力和实现来看，税具有请求力、执行力和确定力，其中执行力可由税务机关直接实现。从债权实现的角度讲，税具有优先于普通债权的效力；费也具有上述三种效力，但一般情况下，费必须借助于其他公力机关才能实现。从债权实现的角度讲，费也不具有优先于普通债权的效力。

三、税与费的实践样态比较

（一）外在表征与税费属性

我国学者对税的特征和职能有许多归纳，但一般都将税的特征概括为强制性、无偿性和固定性三性，并从财政、经济和监督三个方面来界定税的职能，① 此处不予赘述。与此相对应，费的特征对应则体现为相对非强制性（可以选择是否需要此项给付）、补偿性（成本补偿）和变动性（各部门各地标准不同）。其中费的补偿性又包含三个方面的内容：其一是成本补偿性，即费的标准应仅能涵盖行政特别支出的成本，甚或低于成本，这一特征来源于行政权的非盈利性和收费的补充地位。其二是直接受益性，即收取的费只能用于为付费人提供特别利益的支出，不同于税收那样可以进行统筹安排。其三是特别负担性，即费的产生基于部分行政主体的特别支出，所以费的负担也应归于特别的相对受益人。

由于费只针对具体的给付行为发生效力，其征收不介入付费人的日常财务，所以费没有财政监督职能。费的职能体现为两项，即财政功能和经济职能。与税相比，费只具有辅助性的财政效果，费的款项只是补偿特别行政和服务支出，国家并不以此作为供普遍性公共支出的财政来源。同时，与税的杠杆型的经济职能相比，费的效用仅在于对暂时和局部的拥挤性消费进行调节，并不具有宏观性和全局性的经济调控作用。

关于费的具体分类，又表现出区别于税的外在特征。例如，规费、工程受益费和政府性基金与税的区别主要在于：其一，在产生前提上，税以满足法定构成要件为前提，规费以依申请之特定行政行为而发生，受益费基于政府一定的工程行为和对于个人有可以衡量的特别利益存在政府性基金以特定政策及收入目的为基础。其二，在强制性上，税具有对不特定人的完全强制性，受益费和基金具有可选择的强制性，规费虽一般基于特定给付自愿申请，但申请人实际上别无其他的选择途径，因此实质上体现为半强制性。其三，在征收方式上，税可以运用累进课税的方式，规费依特定行政行为成本补偿为基准，受益费则根据其受益的大小而比例征收，基金依政策取向和公平法理而征收。其四，在款项用途

① 参见刘剑文著：《财政税收法》，法律出版社 1997 年版，第 141、142 页。

上，税除指定用途税外可以为一般支出，规费只能用于对应行政成本补偿且纳入政府一般预算中，受益费的运用限定在工程建设费用上，基金则实行基金账户专款专用。

税与费外在特征的诸多不同，是基于税费具有不同的属性。作为财政收入主要和根本的来源，税是维持国家运行和确保宏观调控的基础，所以必须有强有力的立法、行政和司法系统予以支持。费是国家财政收入的辅助性手段，其重要性和规制程度均逊色于税收，故在征收、使用和保障等也不如税收优越。不过在实践中，税费的分野与政府利益的分配息息相关。大多数国家划分税与费的法律原因，均是基于中央和地方财权的冲突和割裂。一般而言，税的设定权在国家一级，而财源依托于地方。地方若不能在财政分权中获得足够利益，其财力即会出现入不敷出的情形。收费的重要而基本的原因就在于，缓解各部门和地方政府收入不足的困境。由于费的财政归属级次不高，且法律没有设定严格的征收标准，故实践中出现很多以费挤税的现象，这又要求理论上对税费作进一步的界分。

另一方面，由于费的相对次位和内容的变动性，在特定的财政领域中，费与税的界限也呈现模糊的状态。如在工程受益费与税的区分中，若某项具体的工程是由国家投资并使社会之全体受益，按受益负担的原则由社会全体付费，这种受益费与税在特征意义上即很难辨明。又如在政府性基金与税的区分中，如基金本身是针对社会大部分和不特定人而征收，则其与税的差异点同样不是很清晰。① 尽管如此，由于收费本身存在理论体系和分类方法，大部分情况下，税费在表面特征上依然会有诸多不同点，两者的界限基本上能在这一基础上廓清。

（二）内在取向与税费本质

税与费作为一对交换和分配范畴，必然会涉及利益平衡的问题。税对居民的收入和财富进行二次调节和分配，“事实上，税法就是在各类主体之间进行财富分割的利器”。② 费作为财政收入的一种辅助方式，也有取得和分配上的公平性问题。如何使费与税在分配上合理区分，使费不侵蚀税基，需要进一步对税费的内在取向展开探讨。这里有三个问题，一是税费与利益平衡的关系如何，二是税费的利益交换和分配的本质是什么，三是这种利益平衡的实现方式如何。

关于税费与利益平衡的关系，一般可以认为，税在进行利益调整时更为注重纵向的衡平，③ 而费则只是在横向上强调不同主体利益的调整。尽管税在横向上也要求课税活动公平对待纳税人，但从纳税人的角度讲，由于纳税人的收入、财富及其取得方式相异，横向公平的标准很难掌握和界定。从另外一个层面来看，只有在纵向上针对具体纳税人，从质和量两个方面进行适度课税，才能充分彰显税的分配调节功能。同时，只有更好地贯彻纵向公平，针对具体纳税人进行实质课税，才能在横向上保证相对公平。相比之下，费的关

---

① 我国台湾地区学者辜仲铭也认为税、受益负担和特别公课之界限呈现一种“若即若离”的浮动状态，并且在若干特征上所体现的仅是一种特征密度高低不同的差异。参见辜仲铭著：《财政工具理性之研究——以特别公课课征界限为中心》，载台湾《财税研究》2002 年第 6 期，第 94 ~ 116 页。

② 张守文著：《财富分割利器——税法的困惑与挑战》，广州出版社 2000 年版，第 25 页。

③ 北野弘久认为，与财政学中有纵向公平（Vertical equity）和横向公平（Horizontal equity）的阐述相对应，税法学也考量纵向公平和横向公平，但应以确保纵向公平为课题。参见［日］北野弘久著：《税法学原论》（第 4 版），陈刚、杨建广等译，中国检察出版社 2001 年版，第 95 页。

系较为简单，即体现在横向的单一向度，具体而言又分付费人与公共团体之间，以及付费人与非付费人之间两个方面。前者是一种提供公共服务与支付相应费用的对价关系，满足这一基本含义即为公平。至于后者，付费人是公共服务的使用和受益人，非付费人则排除在此项利益之外。只要收费的标准和程序符合法律的规定，有偿受益的法理即能予以公平的阐释。

关于税费的利益交换和分配的本质，即在于税费基本原则的归纳和提炼。在既定法治秩序下，以法律规定本身不违宪为前提，税费征收最基本的原理就是法定主义，只是税收和费用的层级要求不同而已。而在这一原则下，就利益层面来探讨税费的正义性时，必须提及量能课税和受益者付费两个基本原则。量能课税的目的在于贯彻税法公平价值，① 它强调的是税收的人性因素，主张依据纳税人经济负担能力课税，以实现实质意义上的税收正义。受益者付费原则是指在费的法律关系中，行政行为和公共服务的利益效用，只是限定于付费者这一特定范围，从而使公共资源得到有效调节，同时也确保特定给付中权利义务的配置公平。

税费关系中利益平衡的实现方式，实践中又体现为不同的具体思路。量能课税原则要求的是，纳税人基于其经济收入和负担能力来课税。这其中包含两层相关意思：其一是实质课税原则。即是在课税过程中应当体现实质意义的立场，对名义上没有收益而实际上享用此项利益的人课税，以克服和控制税收规避现象。其二是量能负担原则。具体体现为最低生活费不课税原则、生存权财产不课税或轻课税原则等，同时在量的税负能力和质的税负能力方面均能反映和体现这一原则。② 受益者付费原则也细化为两个方面：首先是费用填补原则，即在具体受益人付费受益过程中，并不以一次或几次的准确对价作为付费基础，而是在一个相对量上进行成本回收。其次是品质评价原则。即一项费的负担是否合理，不仅应从受益本身去衡量，更应从该项给付的品质进行研判。从经济效率角度来看，“费应当反映服务的边际成本”。③ 而从法的对价理论和公平取向来看，“能否创设新的或提高旧的受益负担，完全在于其行政行为之品质而定”。④

（三）现代社会中税费的功能延展

国家职能的转化使得财政的收支形态相应变迁。自从 1918 年著名的经济学家熊彼得提出“税收国家”的概念以来，现代国家形态已从警察国家开始转向给付国家或福利国家。国家的重要职能之一则在于妥善筹措财政收入，而相应方式则有税收收入以及非税收入（主要是费）。但自 20 世纪 90 年代几次金融危机以来，国家财政的薄弱和无力开始为各国所警觉。一方面国家加强宏观调控，以此为契机，各种特定目的的税开始兴起和发展，

---

① 量能课税到底是税法的基本原则，还是一种财税思想，目前还有争论。但应该指出的是，基于纳税人保护的立场，量能课税在具体适用中应受到一定限制。参见刘剑文、熊伟著：《税法基础理论》，北京大学出版社 2004 年版，第六章。

② 参见［日］北野弘久著：《税法学原论（第 4 版）》，陈刚、杨建广等译，中国检察出版社 2001 年版，第 95 ~ 113 页。

③ 郭庆旺：《关于使用费的若干基本问题》，载高培勇主编：《费改税：经济学界如是说》，经济科学出版社 1999 年版，第 298 页。

④ 葛克昌著：《税法基本问题》，台湾月旦出版公司 1996 年版，第 94 页。

另一方面国家提高税的进项能力，除了加强税收征管外，也对中央税进行了扩张。相应带来的问题是：一方面税的社会政策性突显，税收的财政收入功能受到冲击，另一方面地方财政愈显困难，扩大地方财权也成为一个必然的趋势。在这种情势下，受制于一定社会经济生活条件的税费，其功能也开始出现延伸和发展，而不再仅仅作为财政收入方式和利益分配手段。

根据收入的目的是否特定，税可以分为一般目的税与特定目的税，前者的收入没有特定用途，用于满足政府一般性经费开支，后者则要求收入进入国库后必须用于特定项目。特定目的税的出现，适应了现代国家职能扩张的要求。它一方面使税源更加广泛，另一方面也使税的价值取向从注重个体公平，进一步过渡到经济良性发展的整体公平。具体而言，特定目的税又可分为经济诱导税和狭义目的税。前者的设置原因在于，对特定经济行为进行调节和诱导，以熨平经济周期；后者的设置原因在于，基于特定社会政策或纯粹技术上考虑（如环境污染税等）对不特定人进行征收，以达成整体上的税收正义。

特定目的税与行政收费、特别是政府性基金的界限，大致可以从以下三个方面尝试区分：其一，在外部特征上，前者仍是一种税，除具有特定政策目的外，还以取得财政收入为主要目的，且课征上仍具有普遍性（经济诱导税除外，针对特定人）；而后者毕竟只是一种费，不以财政收入为主要目的，其收取也主要针对特定人。其二，在实质取向上，前者基于给付能力而课征，以体现纵向和实质公平；后者则基于特定行政给付而课征，以体现横向公平以及政策调节目的。其三，在使用限制上，前者尽管要求用于特定项目，但一般仍是对不特定人的普遍性支出，后者则强调基金受益的群体性，只能针对特定人且在特定目的和范围内使用。应当指出的是，在不同政策取向和实务操作下，特定目的税和政府性基金也可能不易辨明，如社会保障税与社会保障费的判定等。

虽然中央和地方两级政府均能收费，但如前述，相对于中央的巨大财源而言，地方的主要财源只有地方税和收费，费的重要性越发突显。另一方面，诸多事项因仅涉及地方的团体福利，税的课征无法体现负担公平性。同时，由于费的许可权一般在地方代议机构，地方政府往往愿意采取费的方式筹措资金。鉴于地方上的财政潜力是一定的，费的深度挖掘必然会影响和干扰税的课征，故对税费除了在外部特征和实质取向上进行区分外，仍应进一步分析二者的核心界限点。一般认为，税费制度是与一国财税体制紧密相关。如果转移支付制度完善，或者地方税充足，地方以费筹措收入的可能性就小，反之则大。美国税费制度的发展即是这种推理的实践反映。① 因此，必须考察税费在法律上的标准和程序，同时选择有效的模式对其加以规制，以体现对公权力进行合理配置和限制。

① 美国税费制度有两个主要特点。其一，政府财政收入总体上以税收为主，税收中以所得税为主，收费等非税收入的比重很低。其二，各级政府分税制税种划分比较明确，联邦政府税收占总税收的比重比较大，主体税种的收入集中在联邦和州两级政府。同时，州和地方的收费逐级增多，而州和地方政府的收费占财政收入的比重，首先是取决于税收收入和上级政府转移支付占总收入的比重，其次则是取决于公用设施和服务的提供者是私营还是公营。参见中国国际税收研究会赴美税费制度考察团：《美国税费制度及启示》，载《涉外税务》1998 年第 12 期；财政部“税收制度国际比较”课题组编著：《美国税制》，中国财政经济出版社 2000 年版，第 262 页。

四、税与费的法律规制探讨

（一）规制理念：以什么为中心？

现代法治理论认为，公权力介入到私人财产权时，必须以宪法和法律作为依据，以保障私人财产利益不受公权力的侵害。当法治国的观念被引入财政领域后，公平正义思想也渗透到财政过程的每一环节。国家选择税费作为财政收入的主要方式，一方面受制于税费之间应然的区分和界限，另一方面也受制于税费赖以依存的特定经济社会环境。但不论是选择何种方式，均应体现对公权力的制约以及对私权利的保护。正如德国学者 Vogel 所言，公权力介入社会时，单纯公共利益的增进，不足以作为其正当化的基础。除此之外，还必须考量比例原则，即必须保证及时介入是必要的，且介入时须采用对人民侵害最小的手段。①

在这一前提下，法律对税与费的具体规制又体现出不同的理念。对税而言，基于纳税人权利保护的基本立场，强调税收法定主义。但对费而言，则必须考虑其范畴选择的公意性，② 强调费的理性主义。税的法定主义包含四层意思：一是法律优位，即税的取得、使用和持有均应符合形式意义上法律的规定，排除行政法规等下阶法源的越位适用；二是构成要件明确，即课税的各项要件均应明确具体，排除税法中概括条款和弹性规定；三是排除类推适用和溯及既往，在方法论上排除法律解释和法律补充的适用；四是法律保留，即税收法律中的特定事项须由法律予以规定，授权立法亦不得侵入此原则。税收法定主义体现对税及其课征机关的严格控制，目的在于更大限度地保护纳税人的基本权利。③

费的规制也首先体现为一种法定原则，即费的取得、使用和持有依然须在法律的规范内运行。但是这种法定原则有别于税收法定主义。税收法定主义强调税在实质和理念上的法律约束，而费只是在形式和制度层面上受到法律的约束。费在具体运行上包含有相当大的自主和弹性空间，如法律规定在特定地方事项上由地方机关决定，具体决定过程和结果则由此机关民主运作。费之法律规制体现为对其公意性理念的捍卫，也即突显费在确定和使用上的理性主义。这可从三个层面展开：一是法律的先决性。即费的产生以法律的规定为基本前提，任何费的产生和运行均应置于法律的秩序框架下，排除费的任意设定。二是费源的对应性。即基于费只是使特定人或群体受益，在征收上应体现对象的限定性，只针对受益者或可能受益者收取，排除费的搭便车效应。三是程序的公开性。即基于不可能每一受益者均参与决策，同时这些受益者也不可能被准确找寻，而费的决策者也并非完全是受益人的代表，故为保障收费制度运行的公正性，必然要求固定而公开的法律程序。

法律对税与费进行规制的理念核心，在于两种取向的价值整合：究竟是着意财政工具的理性选择，还是强调公权力的合理制约？前者偏重于从经济和财政角度看待财政工具的价值，在对税费进行成本收益分析的基础上，提炼出外于经济规律的法律蕴涵；后者则是

---

① 参见葛克昌著：《国家学与国家法》，台湾月旦出版公司 1996 年版，第 39 页。

② 此处是指费的确定和使用体现为一种公共意志性，而其规制又不同于规制税的立法高度，而是体现在对法授权的范围内自由裁量的约束，公意性是指这一层面上的理性和正义性。

③ 参见黄茂荣：《税捐法定主义》，武汉大学 2004 年海峡两岸财税法研讨会论文；葛克昌著：《税法基本问题》，台湾月旦出版公司 1996 年版，第 127 页。

从国家和宪政的角度出发，研判公权力和私权利的地位及其相互作用的法理，在工具性价值和目的性价值的对立中寻找契合点。然而，不论是财政工具的理性选择还是公权力的合理制约，也无论是强调税的法定主义还是突显费的理性主义，都体现出税费法律规制中的实体公平和程序正义。其中的要义即在于，既注重在保护私权利的同时，对个体效用进行分配和引导，又注重在约束公权力的同时，保证社会整体效用的取得和维持。

（二）立法层级：立宪还是一般法？

如前所述，基于在国家财政收入中的比例差异，税与费在财政层面上体现一种主次关系，但在法律层面上或是立法层面上，税与费又应当体现为何种关系？是体现为一种上下层级的立法关系，还是在同一立法层面上展开而强调不同的规制取向？如果是一种上下位阶的关系，税费立法的位阶又具体如何？如果不是，是否又会出现两类立法的竞合？如此这些，需要作进一步的分析和探讨。

检视税费法律关系的基本构成可以发现，前者是国家和纳税人之间私人财产的无偿转移与分配，后者则是公共团体与特定受益人之间特定受益的补偿与交换。税费主体和内容的对比和差异体现出，税涉及的层面比费更为宏观、广泛和根本。纳税人的基本权利与公民的基本权利尽管并不完全等同，但却大致重合和统一，在此基础上税的立法层次应处于更为根本和首要的地位。相比而言，费所体现的公共团体与特定受益人之间的对等负担，则显得较为微观、具体和局部化。同时，尽管费既没有私法契约那样完全私法自治，又没有行政契约那样较强的法定性，但毕竟也是一种公权力对私人财产权的介入。为保护私人权利不受非法侵犯，费的规制也应当体现对公权力的约束。基于此，也如同其在财政层面上的区分，税与费的立法位阶和序列也得以明晰，税收的立法层级应较收费立法为高。

税收立宪的基本理论来自布坎南（James. M. Buchanan）关于财政立宪的思想。布坎南认为，财政体制中税收收入可由预算先行决定，公共支出则只能在日常运行中反映；前者可以通过立法规制，而后者在技术上不可能。所以，税收立宪应是财政立宪的主要内容。布坎南的理论同时体现了个人选择对税收立法的影响，认为只有尊重纳税人——投票人——受益人的选择，才能促成征税方案的尽善尽美，实现帕累托最优。① 另一方面，税法学理论认为，公民或纳税人的基本权利源自宪法和税法的相关规定，而这些规定则体现为“保障纳税人在宪法规定的规范原则下征收与使用租税的实定宪法上的权利”。② 从税收法定主义层面来看，尤其强调国家征税权的行使，必须限定在法律规定的范围内，确定征纳双方的权利义务必须以法律规定的税法构成要素为依据，任何主体行使权利和履行义务均不得超越法律的规定，也使当代通行的税收法定主义具有了宪法原则的位阶。

税收立法应当上升到宪法的层次，但收费立法则属于行政法范畴。行政法的基本要义在于行政公权力在程序上的约束，费之法律规制的关键点也在于此。具体而言，收费立法的行政法属性表现在以下几个方面：一是对公权力约束的取向，以保护私权利不被肆意侵犯；二是法授权约束的取向，即在法授权的范围内方可为收费行为；三是程序约束的取

① 参见王鸿貌、李小明：《税收立宪论》，载《法学家》2004年第2期。

② ［日］北野弘久著：《税法学原论（第4版）》，陈刚、杨建广等译，中国检察出版社2001年版，第58页。

向，即不介入收费定价裁量本身。另外，作为行政法的特别组成，费的立法也有其区别于其他行政法的特殊点：一是裁量权的相对高阶性，即在职能团体或机关意欲对特定事项收费时，应交由其上一级政府决定，以保证利益的衡平化；二是费种设置的相对稳定性，即一旦某项收费被设定，尽管可能因情事而需变更，但还是应与人们的期望和信赖相适应，而保持其相对稳定性。

在税费立法位阶既定的情况下，自应不会出现税费立法冲突。但当税收立法权被授权行政机关行使时，税与费的立法是否会出现重合，则是我们需要考虑的问题。授权立法或曰委任立法，主要涉及两个方面：一是立法机关是否可以授权行政机关立法，二是立法机关如果可以授权，应如何授权。前者主要指的是国会保留的问题，在保持法的安定性和议会民主公开的前提下，可以把部分立法权委托行政机关。至于后者，一般认为授权规定在内容、范围及目的上已经足够明确时，可使行政机关适当分担立法负荷。① 这样，税收立法即便是授权立法的行政法规，也是来源于税的宪法层面上的授权，所以在税费立法上并无具体财源事项的冲突和重合。只要严格按照立法层级效力的高低不同，研判和选择存在位阶差异的税费立法，在法律适用上也不会存在界限模糊和守法失范。

（三）税费制度设计的思路与建议

税费制度设计的核心问题有三个：一是税费的界分和管理，二是税费比重和结构的配置，三是中央地方税费关系的处理。由于我国税收立法体系已相对完整，而收费方面连一个基本的管理条例都没有，因此，当前制度设计的重点在于费的立法规制。

关于第一个问题，主要有三个方面的设计取向。其一是对费的概念和分类在法律上进行厘定，明确费以使用者或受益者付费为基本原则，明确费是行政行为或公共服务的特定代价，以区别于性质迥异的税。同时在费的基本分类上，以规费、工程受益费和政府性基金，取代现存的国家机关收费、中介机构收费和公益服务收费，同时取消行政性、事业性和经营性收费的提法，对不同的费分别进行规定或制定单行法。其二是对收费的主管机关、征收机关及其权限进行规定。费的主管机关在中央一般为财政部，在地方依事项的归属权限为各级政府。同时费没有统一的征收机关，而是由各种职能或业务部门承担。其三是对费的价格形成机制进行规定。费的定价与税率的财政考虑不同，应体现成本补偿和费用回收原则，在程序上首先经由征收机关提出，再由主管机关同意并提交同级权力机关决定，经公告后方可执行。② 当然，费的缴纳、减免和罚则等也应在立法中予以体现，限于篇幅不予赘述。

关于第二个问题，税费比重和结构的配置涉及国家财政体制，需要考虑财政相关立法的衔接和配合，主要应由财政收支划分法和税收基本法予以规范。从理论上看，这可以从以下两个方面加以讨论：一方面，税与费的比重取决于一国的财源丰欠和法制健全状况。经济发展则税源基础丰厚，税的课征即可满足一般性财政支出。如果再辅以特定受益情形和公平取向下的费，财政运行即为正常；而经济不发达的国家，由于财政收入进项匮乏，往往会大量动用收费的形式，一般情况下其财政法制亦不健全。税费立法的一个基本思路是，综合考虑财政收支的政策取向，将税基和收费范围以及课征和收缴程序予以法定，缩

① 参见黄茂荣著：《法学方法与现代民法》，中国政法大学出版社 2001 年版，第 17～29 页。

② 参见廖钦福：《台湾地区“规费法”研究》，武汉大学 2004 年海峡两岸财税法研讨会论文。

小费的范围并规范费的运行。就税费结构本身而言，具体税费种类占各自组成中的大小，应依客观需要设计和调整。如所得税与流转税、直接税与间接税等，随经济发展程度的不同而有不同的配置取向。又如规费、工程受益费和政府性基金等，随着费的理论演化和实践发展，也应该有相应的规模调整，等等。

第三个问题是关于中央地方税费关系的处理。我国现行立法比较简陋，法律效力的层级也较低，只是对税费规范进行了基本的界定。我们认为，这方面可以借鉴日本肖普税制中关于地方税的思路，通过重构财源组成以及强调其专属性，着力强化地方财政。① 在中央地方财政收入划分中，重点对税费关系的交界领域进行处理，如特定目的税及政府性基金等。对专属于地方使用的特定款项，可以由地方以适当的方式征收，将受益负担的理念严格贯彻到财政收入和支出的过程，排除不公平的居民财政负担，避免破坏既定的财政体制格局。对属于地方使用但应由中央调控的特定款项，则应考虑由中央直接征收，然后通过适当方式返还给地方，以保证地方整体上的受益公平。需要说明的是，中央和地方的财政收支划分是一个宏观和整体的范畴，此处仅是在税费关系的基础上谈及，对其他方面的具体问题不予展开。

五、结语：税与费的秩序重构

税费关系不仅是财政学上的关键命题，也是财政体制改革的重要内容，同时还是政府体制改革的理论基础，因此应当成为公法学上研究的重点。税与费的共同之处在于，它们都是政府的收入形式，也是给付行为的财力支撑，都体现了公权力与私权利的互动。尽管由于费存在多种类别，使得税费的具体比较表现出差异性和浮动性，其在基本面上的抽象区分也难以准确厘定，尽管随着现代给付国家职能的扩张，税费又有不同程度的功能延展，这使税费的表面界限更进一步模糊化，但在理论上和实践中，税费之间依然体现出一定的界限。从税费的内在取向和基本精神出发，还是能找到两者差异的根本。

“历史表明，凡是在人类建立了政治或社会组织单位的地方，他们都曾力图防止出现不可控制的混乱现象，也曾试图建立某种适于生存的秩序形式。”② 财税法律制度本身也是体现这样一种秩序。将税费关系特别是税费界限准确把握和辨明，一是可以使财政收入制度更加科学和合理，并相应体现政府支出与收入之间的关联公平，二是可以在以法治国的大框架下，合理构建国家与公民、政府与市场、公共利益与特殊利益之间的契合。当前我国大力开展的农村税费改革活动，本身并不是以税费关系的实质变更为己任，而是在业已变异和错位的税费实务中，涤清和还原税费关系的本来面目，并从税费的基本法律界限入手，引导和推进不同财政形式的理性选择，以及中央和地方财政关系的法治化。由此可知，税费关系的法律界定，税费行为的合理规范，对我国公共财政的建立不无裨益。

---

① 肖普税制是基于 1949 年美国哥伦比亚大学卡尔·肖普博士的“肖普建议”，在战后美国对日本“破坏性思想”的指导下产生的，对稳定日本经济和保证财政健康具有重要意义。其报告方针可归纳为三个方面：一是建立公平税制，二是改善税收行政，三是强化地方财政。参见财政部《税收制度国际比较》课题组编著：《日本税制》，中国财政经济出版社 2000 年版，第 45 页；［日］金子宏著：《日本税法原理》，刘多田等译，中国财政经济出版社 1989 年版，第 37～46 页。

② ［美］E·博登海默著：《法理学——法律哲学与规律方法》，邓正来译，中国政法大学出版社 1999 年版，第 220 页。

证明妨碍之比较研究

■ 占善刚* 刘显鹏**

目 录

一、证明妨碍之内涵及形态考察
二、证明妨碍处治之法理
三、证明妨碍处治之域外立法例及相关学理
四、举证责任转换说与自由心证说之评析
五、现行证明妨碍制度之检讨

民事诉讼以解决当事人之间之私权争执为目的，这一目的的实现，端赖法院对事实的正确认定。由于民事诉讼采辩论主义之运作方式，当事人须对于己有利之事实主张负举证责任，故双方当事人为使案件之审理朝有利于自己的方向发展并最终促成己方胜诉判决之作出，均是极尽举证之能事。不过，在某些案件中，一方当事人往往试图通过非正当手段障碍或不协助他方当事人为举证行为以期法院作出于其有利之裁判。此种旨在妨碍他方正常举证、扰乱诉讼秩序常态之行为，即通常所谓之证明妨碍。

近年来，我国一直在厉行民事审判方式改革，改革的重点之一，即是弱化法院职权，增强当事人之间的对抗。然而，在诸多配套制度尚未健全甚或建立之情形下，增强当事人之间的对抗性，客观上则会催生更多的证明妨碍行为。这不仅会损害正当当事人的合法权益且有损法院裁判之权威。从目前情况来看，关于证明妨碍的研究在理论界并未引起足够之关注。① 与此相应，在规范层面，也未能建立较为完善的证明妨碍制度。现行民诉法第

---

* 占善刚，武汉大学法学院副教授，在职博士研究生。

** 刘显鹏，武汉工程大学政法学院教师。

① 从收集的资料来看，我国大陆学界多是在论及“举证责任倒置”时，间接涉及证明妨碍问题，即一般将其作为应适用举证责任转换的情形之一加以概述。仅有寥寥四篇专门论述证明妨碍的文章（按时间先后为序）：尚启明所著《举证妨碍制度研究》，贺秋平所著《析民事诉讼中的举证妨碍行为》，张卫平所著《证明妨害及对策探讨》和汤维建、许尚豪所著《建立举证妨碍制度，完善证据立法》。

102 条和《审改规定》第 30 条、《证据规定》第 75 条①虽有相关之规定，但由于过于粗陋，并不能有效杜绝司法实践中发生频仍之证明妨碍现象。因此，如何借鉴域外较为成熟之立法例及其学说，构建适宜于我国司法实践的证明妨碍制度乃亟待解决的课题。

一、证明妨碍之内涵及形态考察

（一）内涵

一般而言，所谓证明妨碍，乃指民事诉讼过程中，不负举证责任之当事人，因故意或过失，以作为或不作为，使负举证责任之当事人陷入举证不能之境地，从而产生于其不利之待证事实真伪不明的情形。早在二百八十多年前，英国法院即在著名的 Armony v. Delamirie 案中对该行为有所阐述，② 从而使之在日后的民事证据法中占有一席之地。

毋庸置疑，证明妨碍乃妨碍诉讼行为之一种，故应受到妨碍民事诉讼强制措施处理甚或刑事制裁（可称之为公法上之制裁）。但与其他种类之妨碍诉讼行为不同之处在于，只有该种妨碍行为是与案件事实的认定直接、紧密相关，故与其他种类妨碍诉讼行为相比，除通常之公法上的制裁外，还可直接将其与裁判结果相挂钩，对妨碍人实施妨碍行为所欲获得之诉讼上的利益予以消减，以此达到从根本上遏制证明妨碍行为发生的目的（此可谓之私法上之制裁）。

（二）形态考察

以大陆法系主要国家和地区③之现行立法及判例为基础，并依不同之标准，证明妨碍行为之形态主要可作如下两种分类：

1. 作为妨碍和不作为妨碍

作为妨碍行为是指当事人在诉讼中和诉讼外对各种证据所实施的灭失、损毁和隐匿等行为。此类行为需当事人通过一定的积极作为予以表现，故通常情况下当事人的主观心态应为故意。此种形态之妨碍行为主要又可细分为以下几种具体形式：（1）妨碍书证的使用。《德国民事诉讼法》第 444 条和《日本民事诉讼法》第 224 条第 2 款均对此有所规定。④（2）妨碍物证的使用。1955 年 4 月 16 日，德国联邦最高法院的判例将医师第一次

① 本处《审改规定》和《证据规定》乃最高人民法院分别于 1998 年和 2001 年颁布的《关于民事经济审判方式改革问题的若干规定》和《关于民事诉讼证据的若干规定》两司法解释之简称。为行文之简便，本文涉及该两项司法解释均用此简称。

② 参见黄国昌：《证明妨碍》，载台湾《月旦法学杂志》2005 年第 1 期。

③ 我国民诉立法素承大陆法系之立法例，故在相关制度之考察上似应以大陆法系为背景；英美法系之制度构建虽不乏先进之例，但终因立法根基迥异于我国，故鲜具可资借鉴之处。因此下文在对域外相关制度之评析中，均着重论述大陆法系主要国家和地区之理论及立法例。

④ 《德国民事诉讼法》第 444 条规定："一方当事人意图妨害对方当事人使用书证或者致使书证不堪使用时，对方当事人关于证书的性质和内容的主张，视为已得到证明。"《日本民事诉讼法》第 224 条第 2 款规定："当事人以妨碍对方当事人使用为目的，毁灭有提出义务的文书或致使该文书不能使用时，与前款规定相同（即法院可认定对方当事人所主张的关于该文书的记载为真实）。"

开刀把棉花纱布遗留在病人体内而于第二次将其取出并弃失之行为认定为证明妨碍行为。①（3）妨碍证人作证。德国联邦最高法院在判例中将负举证责任之当事人申请的证人被妨碍出庭或被隐藏及负证明责任之当事人的相对方明知目击者之住所或姓名但故意隐瞒等行为归入此类。②

不作为妨碍行为是指当事人在诉讼中持有证据无正当理由拒不提供的行为。此类行为乃以当事人消极的不作为表现出来，当事人的主观心态既可以是故意，也可以是过失。其主要以下列几种形式表现出来：（1）拒不提供书证。《德国民事诉讼法》第427条和《日本民事诉讼法》第224条第1款均为适例。③（2）拒绝核对笔迹。《德国民事诉讼法》第441条第3款和《日本民事诉讼法》第229条第4款即对此作出规定。④（3）拒绝接受讯问。此行为之规定可见诸《德国民事诉讼法》第446条和《日本民事诉讼法》第208条。⑤

2. 诉前妨碍和诉中妨碍

在诉讼系属中，基于证据法上的协力义务，当事人负有证据保存或提供义务，若其违反该义务，致使对方当事人难以使用相关证据时，即构成诉中证明妨碍，应承担相应的法律责任。

而此项诉讼法上的证据协力义务不仅发生于诉讼系属中，于诉讼系属前亦有之。⑥ 在

---

① 参见陈荣宗著：《举证责任分配与民事程序法》，台湾三民书局有限公司1984年版，第67页。

② 参见［韩］李时润、金玄卿：《论民事诉讼中的举证妨害行为》，载何家弘主编：《证据学论坛》（第三卷），中国检察出版社2001年版，第471页。

③ 《德国民事诉讼法》第427条规定："如果对方当事人不服从提出证书的命令，或者在第426条的情形（即进行了关于书证的讯问后，法院相信书证被对方当事人占有），法院相信对方当事人并未细心追究证书的所在时，就可以把拒证人提供的证书缮本视为正确的证书。如果举证人未提供证书缮本时，举证人关于证书的形式和内容的主张，视为已得到证明。"《日本民事诉讼法》第224条第1款规定："当事人不服从提出文书命令时，法院可以认定对方当事人所主张的关于该文书的记载为真实。"

④ 《德国民事诉讼法》第441条第3款规定："适于核对的笔迹在对方当事人手中时，对方当事人依举证人的申请有提出的义务。对方当事人不服从提出适于核对的笔迹命令，或者在第426条的情形（即进行了关于书证的讯问后，法院相信书证被对方当事人占有），法院相信对方当事人并未细心追究该项笔迹的所在时，就可以把该项证书视为真实。"《日本民事诉讼法》第229条第4款规定，若当事人无正当理由拒不服从法官命令其核对笔迹或印迹的裁定时，法院对于文书制作的真伪，可以认定举证人的主张为真实。如果伪造笔记体书写时，亦同。

⑤ 《德国民事诉讼法》第446条规定："对方当事人拒绝对他进行讯问，或者对于法院的要求不作表示，法院应考虑全部案情，特别考虑拒绝的理由，依自由心证，判断当事人所主张的事实可否视为已得到证明。"《日本民事诉讼法》第208条规定："在询问当事人本人的情况下，该当事人无正当的理由不出庭，或者拒绝宣誓或陈述时，法院可以认定对方当事人所主张的有关询问事项为真实。"

⑥ 如我国台湾地区现行"民事诉讼法"第368条规定："（第1款）证据有灭失或碍难使用之虞，或经他造同意者，得向法院申请保全；就确定事、物之现状有法律上利益并有必要时，亦得申请为鉴定、勘验或保全书证。（第2款）前项证据保全，应适用本节有关调查证据方法之规定。"即明示起诉前当事人亦有保全书证、协助鉴定、勘验之义务。

纠纷已经发生或诉讼将至之情况下，即使尚未进入诉讼系属，该义务亦应得到履行，否则即构成诉前证明妨碍，此时妨碍人在主观心态上为故意或过失均非所问。至于依法律规定、双方约定或交易习惯，当事人就特定证据负有保存的义务时,① 即使这些证据未必与将来的诉讼有关，但若因可归责于该当事人的事由而未予保存，从而导致在后来的诉讼中对方当事人无法提供该类证据，则就该义务违反行为所致不能查清事实、阻却推进诉讼之状态而言，其仍应承担相应的法律责任。同时，依笔者之拙见，实体法上的诚实信用原则与诉讼法上的诚实信用原则具有连续性，对诉讼系属前、后有一定的连接作用，故当事人在民事实体法律活动中，即使无法定、约定或俗定之保存相关证据的义务，但因其与双方之间的民事法律关系紧密相关，则依诚实信用原则，其仍应对该证据予以保存。②

二、证明妨碍处治之法理

从诉讼法理上讲，证明妨碍制度之确立乃基于下述原理：

（一）攻防手段平衡原则

民事诉讼乃当事人为保护私权利益，请求国家司法机关确定其权利存否的法定程序，故相应的民事法律关系即是一种平权型的权利义务关系。法院和民事纠纷主体，也即双方当事人在该关系中呈等腰三角形之形态：法院作为裁判者居于等腰三角形的顶点，当事人双方分居等腰三角形的底边和两腰的两个交点上——法院和双方当事人保持相等的距离，且当事人双方处于平等的对抗状态。无论是职权主义诉讼模式，还是当事人主义诉讼模式都十分强调双方当事人的平等对抗，将双方置于平等的地位，使双方的攻防手段得以平衡。攻防手段平衡原则，即是指在民事诉讼中，在保证双方当事人诉讼地位平等的基础上，使双方拥有平等的攻击和防御手段，从形式和实质上维护双方诉讼权利的平等。

基于攻防手段平衡之原则，法律必须赋予当事人双方平等的诉讼权利以进行攻击和防御，同时，作为裁判者的法官也应该保证双方能够得以平等地行使诸项诉讼权利:③ 一方面，双方都有提出于己有利之诉讼资料的权利，如双方都有权陈述案件的事实；另一方面，一方实施诉讼攻击时，他方则有进行防御的权利，如一方提出主张，另一方可对此予

① 此种义务显然是一种实体法上的义务，如我国《公司法》第 109 条规定：“股东大会应当对所议事项的决定作成会议记录，由出席会议的董事签名。会议记录应当与出席股东的签名册及代理出席的委托书一并保存。”第 169 条第 1 款规定：“公司发行公司债券应当置备公司债券存根簿。”

② 但此时相应的问题又随之而来：当事人保存证据的范围究竟为何，即一方面其保存行为应从何时开始、至何时结束；另一方面其保存的证据在数量和种类上又作何要求。如对于某生产商，不可能因日后可能出现的产品侵权诉讼而要求其永久地保存与所有产品研发、生产及销售等整个环节有关的一切资料，这是一笔任何生产商都无法轻易承担的巨大成本；而同时，也不能因此就忽略其保存的必要性和重要性，否则极易导致证明妨碍现象的出现。此矛盾之解决、取舍之平衡，仍需作进一步探讨。

③ 法律赋予双方当事人平等的攻防手段，可称之为静态的平等；于具体的诉讼中，法官对双方当事人的诉讼权利予以平等地保障，可称之为动态的平等。两者结合，始能保证案件诉讼进程和审理结果的公正性。

以反驳，而对于一方提出的证据，另一方则可提出反证。①

具体到证据的提供上，该原则不仅要求当事人对各自的主张应予提出相应证据加以佐证，而且要具体考虑各项证据在获取上的难易度。若一方证据的难以或不能提供是因另一方的妨碍、阻却行为所致，就不能径行裁判由其承担因此造成的不利益，而应反过来权衡是否应对阻碍方加以制裁，从而真正使攻防手段平衡原则得以切实的体现。

（二）真实义务

真实义务，是指当事人在民事诉讼中负有真实陈述的义务，不得主张已知的不真实事实或自己认为不真实的事实，并且不得在明知对方提出的主张与事实相符或认为与事实相符时，仍然进行争执。

真实义务之观念渊源于罗马法，罗马法不但设有真实义务之规定，而且对于故意违反者施以“虚言罚”。② 但现代意义上大陆法系的民事诉讼制度是以辩论主义和处分权主义为两大基石的，因而在构建伊始，除法律明确禁止外，任何攻防手段均可使用，一方当事人可以自由地毁灭或隐匿对其不利的证据和凭证，从而极易使对方当事人陷于举证不能之境地，实有违攻防手段平衡之原则。③ 为避免此类负面情况的屡次出现，罗马法上的真实义务逐渐被重拾，在部分大陆法系国家和地区的民事诉讼立法中得以确立。1895 年的《奥地利民事诉讼法》第 178 条首次规定：“当事人据以声明所必要之一切情事，须完全真实且正确陈述之。”1910 年的《匈牙利民事诉讼法》第 222 条第 1 款更明确规定：“当事人或代理人显系故意陈述虚伪之事实，对（他造）事实之陈述明显的为毫无理由之争执或其所提出的证据毫无必要者，法院得处以六百克鲁念以下之罚锾。”④ 1922 年旧中国的民事诉讼条例借鉴了上述立法体例，规定：“当事人故意陈述虚伪之事实，或对他造提出之事实或证据故意妄为争执者，法院得科以三百元以下之罚锾。”1926 年的《日本民事诉讼法》也有类似的规定，但范围比较狭窄，只规定当事人及其代理人因故意或重大过失违反真实义务，对相关文书的真伪加以争执的，可以科以一定数额的罚款。⑤ 1933 年的《德国民事诉讼法》也规定了真实义务，即“当事人关于事实上之状况，应完全真实

---

① 正是基于该原则的此项特点，在大陆法系国家和地区的民事诉讼理论上也将其称之为武器平等原则，即“当事人无论其在诉讼中为原告或被告，或诉讼外系高低阶层之关系，于诉讼中之地位一律平等”（姜世明：《论民事程序之武器平等原则》，载台湾《辅仁法学》第 23 期）。易言之，即指诉讼当事人“应有平等地适用诉讼制度之权利与机会，且平等原则之贯彻，不仅系为形式上之保障，亦应设法为有意主张权利而有障碍之人排除该等障碍，而为平等原则之实质保护”（邱联恭讲述、许士宦整理：《口述民事诉讼法讲义》，1999 年笔记版，第 8 页）。

② 蔡章麟：《民事诉讼法上的诚实信用原则》，载《民事诉讼法论文选辑》（上），台湾五南图书出版公司 1984 年版，第 17 页。

③ 相关实证不胜枚举，极端的例子如处于被告地位的生产商明知其产品存有瑕疵，并给作为原告的消费者造成了损害，但仍可在诉讼中肆意地主张其无责任。

④ 转引自蔡章麟：《民事诉讼法上的诚实信用原则》，载《民事诉讼法论文选辑》（上），台湾五南图书出版公司 1984 年版，第 21 页。

⑤ 参见石志泉：《诚实信用原则在诉讼法上之适用》，载《民事诉讼法论文选辑》（上），台湾五南图书出版公司 1984 年版，第 5 页。

陈述之"。① 往后便一直为大陆法系国家和地区的民事诉讼理论和立法所继承，并在内容和形式上得到不断地完善和发展。

一般来讲，在大陆法系国家和地区，法律不将不利于自身之事实的提出作为义务或责任强加给该事实的主张者，否则辩论主义便有完全被摒弃之虞，同时，要求当事人对于己不利之事实做出完全真实的陈述也实在强人所难、不近人情，因为真实义务虽说是对国家为之，但更主要是为对方当事人之利益以谋求双方攻防手段的平等。因此，真实义务并不要求当事人积极主动地陈述所有客观真实事实，而是仅限于消极地禁止其陈述其明知是虚伪的事实，即不得故意作违背主观真实的主张及陈述。② 同时，为了探究当事人是否违背真实义务，往往需要对其行为是否背离主观真实予以证明，而此种证明往往难以得到确切的结果，从而极易招致诉讼的迟延。实际上，进行此种证明不如直接对案件的真实加以证明来的直接和迅速，故在大陆法系国家和地区，无论是理论学说还是立法实践，对于当事人违背真实义务的行为，均无直接加以制裁的论述和规范。③ 不过，当事人不真实陈述的行为事实上影响着法官的心证，法官一般不会采信当事人违背真实义务所作的陈述或争执，同时，此种违背真实义务的行为也成为法官对该方当事人施以负面评价的基础，进而对审判的结果产生一定影响。

当然，从常理上来讲，真实揭露不利于自己的事实所产生的不利益往往会高于仅因违反真实义务而对法官心证造成的负面影响，因此，基于对诉讼效益这一简单的预测和权衡，一个"理性"的当事人很容易选择风险较小的方式，即违反真实义务，实施证明妨碍行为，使不利于自身的证据难以出现在诉讼中。可见，为使真实义务得以真正落实，推进诉讼的顺利进行，极有必要对证明妨碍行为施以一定的制裁。

（三）诉讼促进义务④

诉讼促进义务，是指大陆法系国家和地区为确保案件的集中审理，推进诉讼的高效进行，最终使民事纠纷得以迅速地解决而课以当事人的相应义务。

该义务有两种理解：一是狭义的诉讼促进义务，即指当事人在时间上负有迅速推进诉讼的义务，不可任意延滞程序的进行。如《德国民事诉讼法》第 282 条规定："（第 1 款）当事人各方都应该在言词辩论中，按照诉讼的程度和程序上的要求，在为进行诉讼所必要与适当的时候，提出他的攻击和防御方法，特别是各种主张、否认、异议、抗辩、证据方法和证据抗辩。（第 2 款）声明以及攻击和防御方法，如果对方当事人不预先了解就无从

① 转引自蔡章麟：《民事诉讼法上的诚实信用原则》，载《民事诉讼法论文选辑》（上），台湾五南图书出版公司 1984 年版，第 22 页。

② 此即客观真实和主观真实的区别，其牵涉哲学范畴，当事人因各方面条件所限，不可能对客观发生的事实作完全准确和真实的陈述，只可能就其主观上所认识到的事实负有真实陈述义务。

③ 参见陈荣宗、林庆苗著：《民事诉讼法》，台湾三民书局有限公司 1996 年版，第 691 页。

④ 诉讼促进义务，不仅独属于当事人，法院作为诉讼主体之一亦应负有。如《德国民事诉讼法》第 273 条第 1 款规定："法院应及时地采取必要的准备措施。在诉讼的任何阶段，法院都应该使当事人为及时而完全的陈述。"即法院有义务及时采取必要的准备性措施以便使争议能够在审理中得到迅速、圆满地解决。但哪些措施属于"必要"则由法院自由裁量，其最终目的是使庭审不因缺乏必要的材料而被推迟。

对之有所陈述时，应该在言词辩论前，以准备书状通知对方当事人，使对方当事人能得到必要的了解。”若当事人违反狭义的诉讼促进义务，逾期提出攻击或防御方法，法院有权予以驳回。可见，之所以将此种诉讼促进义务冠之以“狭义”，乃是因其仅从时间上对当事人的行为作了要求。二是广义的诉讼促进义务，即“协力解明事案义务”。① 这是指除时间上的要求外，当事人还应携手在其他各项诉讼指标上为案件真实的发现共同努力。在德国传统民事诉讼理论中，有否定广义诉讼促进义务、仅取其狭义的见解，② 认为民事诉讼中无论权利的主张还是举证责任的分配均系依据民事实体法的规范，而且针对当事人双方拥有证据资料不对等的状况，民事实体法已有不少关于一方可向持有相关资料的另一方请求开示的规定，③ 故无须另外承认诉讼法上的协力解明事案义务。但笔者认为，民事诉讼法和实体法在原理和操作上虽有共通或交叉的情况，但二者在创制目的和规范结构上均存在一定的差异：民事实体法规定的是民事关系的应然状态，不以双方之间存有纠纷为前提，具有一定的封闭性；而民事诉讼法却以定份止争为出发点，因无法预见具体程序进行的结果，故在规范上较具开放性。因而民事实体法上关于开示请求的规定并不排斥民事诉讼法上另就当事人之间的协力解明事案义务予以明确，此乃民事诉讼攻防手段平衡之原则使然。

无论从狭义上推敲，还是从广义上理解，一方当事人妨碍对方举证的行为都与诉讼促进义务之内涵不符，从而与现代诉讼最精髓的公正、高效之要求相悖，理应有相应的理论和立法对其加以纠正。

三、证明妨碍处治之域外立法例及相关学理

（一）域外立法例

1. 处理方式之一——以德国为代表

当一方当事人的行为符合法律规定的证明妨碍行为构成要件时，系属法院可以（或应当）认定另一方当事人关于被妨碍提出之证据的主张为正当和真实。前述《德国民事诉讼法》第441条第3款、第444条及第446条等皆即为适例。

2. 处理方式之二——以日本为代表

当一方当事人为证明妨碍行为时，法院不仅可以认定他方当事人关于相关证据本身的主张为真实，于一定情形还可对该证据所能证明之事实的真实性加以认定。如《日本民事诉讼法》第224条第3款规定：“在本条前两款规定的情况下（即当事人不服从文书提出命令和毁灭有提出义务的文书或致使该文书不能使用），对方当事人对于该文书的记载提出具体的主张并以其他的证据证明用该文书应证明的事实非常困难时，法院可以认定对

① 沈冠伶：《论民事诉讼程序中当事人之不知陈述——兼评析民事诉讼法中当事人之陈述义务与诉讼促进义务》，载《政大法学评论》2004年第1期。

② 参见沈冠伶：《论民事诉讼程序中当事人之不知陈述——谦评民事诉讼法中当事人之陈述义务与诉讼促进义务》，载《政法大学评论》2004年第1期。

③ 如《德国民法典》第260条、第402条、第444条、第713条、第716条及第799条等诸多规定。

方当事人对于该事实的主张为真实。"

我国台湾地区与日本在该问题之处理方式上大体同一，譬如其"民事诉讼法"第282-1条第1款规定："当事人因妨碍他造使用，故意将证据灭失、隐匿或致碍难使用者，法院得审酌情形认他造关于该证据之主张或依该证据应证之事实为真实。"但细析之，其与日本法之规定仍有些许差异，下文将予以详述。

从上述两种立法例不难看出，在德国，当出现证明妨碍之情形时，法院只能认定另一方当事人关于相关证据的性质、内容及其成立等涉及该证据本身的主张为真实；而日本和我国台湾地区则规定法院在此基础上尚可进一步认定另一方当事人所主张依该证据所能证明的事实为真实。但无论何种方式，大陆法系主要国家和地区的立法在规定证明妨碍的法律后果时，均贯彻了一条基本的经验法则，即若该主张（德国的主张仅指证据本身，日本和我国台湾地区还包括证据所能证明的事实）不真实，则当事人理应不致妨碍对方对该证据之使用。

（二）相关学理

一般认为，在对待证明妨碍法律后果之态度上，大陆法系国家和地区在理论上主要有两种主张：举证责任转换说和自由心证说。① 前者认为，当出现证明妨碍的情形时，法院应当将举证人所主张的事实之举证责任转换于妨碍人，从而使之陷于有败诉危险之境地，以此防止证明妨碍行为的发生；后者则认为，证明妨碍行为发生时，法院可以直接认定举证人的主张为真实，是否予以认定由法院综合考虑各项因素后予以自由裁量。而究竟应采何种学说作为相应制度确立之理论根基，学者间存有相当大之争议，而恰因这一理论上之分歧，导致了各国在司法实践中的不一致。笔者认为，从总体上讲，德国乃采举证责任转换与自由心证相结合之做法；日本是以自由心证为指导，但不尽彻底；而我国台湾地区则运用的是完全、彻底的自由心证。

1. 德国——举证责任转换说与自由心证说相结合

德国法上关于证明妨碍之规定极为复杂，从条文本身丝毫看不出其究竟采何种学说作为理论支撑。其一，德国法中既有适用举证责任转换之规定，亦有采取自由心证之情形。如《德国民事诉讼法》第427条和第444条，在对妨碍书证使用的后果加以规定时，均使用了"视为"这一提法，此显是一种法律上的推定，从而凸显出举证责任转换之特质。而在同法第441条第3款和第446条中，却使用了"可以"和"自由心证"等字眼，即将对当事人关于证据的主张真实与否的认定交由法院自由裁量，此无疑渗透出鲜明的自由心证色彩。其二，即使是适用自由心证的情况，从相关规定之措词上看，法院自由裁量的程度也不尽彻底，其心证之范围仅及于有关证据本身的主张，对证据所能证明之事实却并不适用，后者之认定仍需主张者展开新一轮的举证活动，从而促使法院心证之形成。

2. 日本——以自由心证说为指导，但不尽彻底

从有关证明妨碍的法律条文之规定来看，可以认为日本在对证明妨碍行为的制裁上乃采自由心证的做法。因为在其所有相关条文中均使用了"可以"一词。然细究之，并不能认定其乃采完整意义上的自由心证。原因有二：

---

① 参见骆永家：《证明妨碍》，载台湾《月旦法学杂志》2001年第2期。

其一，对于任何证据，法院都可在证明妨碍情形下认定当事人对该证据本身的主张为真实，但只有在妨碍书证提出之情形下才可在此基础上认定相关书证所能证明之事实为真实。

规定证明妨碍情形下法院可以认定证据所能证明的事实为真实，此与规定法院仅可认定当事人对证据本身的主张为真实相比，无疑具有相当大的进步，因其考虑到了“证据距离”这一因素。举证人与其所举证据之间客观上存在着一定的“距离”，当举证人参与了证据之作成时，此“距离”显然较近；反之，则较远。在“证据距离”不同的情况下，若法院皆仅能认定当事人关于证据本身的主张为真实，往往对未参与证据作成之举证人不公。因为相对于参与证据作成之举证人，未参与证据作成之举证人显然无法就证据之内容作特定、具体的描述，进而即无力证明应证事实之真实性。特别是随着经济、科技等社会生活各方面的迅猛发展，举证人无法参与证据作成之场合呈日趋增加之态势，其陷入举证困难之可能性也趋于增长。对于此种情形下的证明妨碍，只有规定法院可依自由心证认定相关证据所能证明之事实为真实，始能对违反证据协力义务的当事人发挥制裁之实效。而日本民诉法上的相关规定仅在对妨碍书证使用之制裁上考虑了“证据距离”之因素，此显然不够周全。

其二，日本法上，即使法院可对书证所证明的事实予以认定，但依然不够彻底，因为从其相关条文之规定（第224条第3款）可以看出，法院在证明妨碍情形下，若欲认定书证所证明的事实为真，必须具备两项前提条件：第一，举证人对于该文书的记载提出了具体的主张；第二，举证人须证明该文书所证明之事实由其证明有相当之困难。

3. 我国台湾地区——完全、彻底的自由心证说

从我国台湾地区“民事诉讼法”第282-1条第1款、第345条第1款及第367条①之规定可以看出，对于证明妨碍，其采取的是彻底的自由心证：一方面，对于所有的证据种类均区分对证据本身的主张之认定及对其所能证明的事实之认定；另一方面，对于证据所能证明的事实之认定不加任何限制性条件，完全交由法院自由裁量。②

四、举证责任转换说与自由心证说之评析

（一）举证责任转换说与自由心证说之比较

在对待证明妨碍制裁之态度上，究竟应采举证责任转换抑或自由心证，众说纷纭，各

① 我国台湾地区“民事诉讼法”第282-1条1款之规定前已述出，在此不予复列。同“法”第345条第1款规定：“当事人无正当理由不服从提出文书之命者，法院得审酌情形认他造关于该证据之主张或依该证据应证之事实为真实。”第367条规定，第345条之规定，于勘验准用之。

② 如我国台湾地区“民事诉讼法”第282-1条第1款之立法理由即为：“当事人以不正当手段妨碍他造之举证活动者，例如，故意将证据灭失、隐匿或有其他致碍使用之情事，显然违反诚信原则；为防杜当事人利用此等不正当手段以取得有利之诉讼结果，并顾及当事人间之公平，爰增设本条，于第一款规定，当事人有妨碍他造举证之行为者，法院得审酌情形，认他造关于该证据之主张或依该证据应证事实为真实，即法院得审酌当事人妨碍他造举证之态样，所妨碍证据之重要性等情形，依自由心证认他造关于该证据之主张或依该证据应证之事实为真实，以示制裁。”

执一词。① 依笔者拙见，似以采后者即自由心证说为妥。如前所述，采证明责任转换说的学者看到了举证责任转换直接、简便及可操作性较强等特点，但同时却忽视了转换之后的后果。而这正是比较而言采自由心证之优势所在。因为在举证责任转换情形下，败诉的风险虽应由妨碍人来承担，但此时妨碍人仍有提供相反证据（此时为本证）进行反击之机会。一般来讲，被妨碍人在举证活动中往往处于相对弱势之地位，而一旦给予妨碍人反驳之机会，其就极有可能利用自身所处的提供证据之相对优势地位使被妨碍人再次陷于举证不能之境地，进而影响法官心证之形成。易言之，举证责任转换的效果与法官心证的最终形成之间仍存在一个再次举证的过程，若采举证责任转换说，即不能对妨碍人产生直接的制裁效果，因为败诉之风险并不能直接等同于败诉之结果本身。而采完全的自由心证说则可避免举证责任转换在制裁上的相对乏力，法官一旦依自由心证对证明妨碍行为予以认定，即能确定举证人关于证据本身的主张或其所能证明的事实为真实，而基于此即可直接导致妨碍人败诉，此时妨碍人则无任何反驳之机会，② 因为法官之心证已告形成，妨碍人为二次妨碍之可能性即被完全杜绝。此一方面有利于保护在举证上处于相对弱势地位的举证人，另一方面也有利于纠纷的迅速解决，从而使无谓的循环举证得以避免。

（二）自由心证说之阐释

即便将自由心证确立为对证明妨碍处治之方式，但在如何立论上却存有分歧，进而衍生出不同的学说，其中尤以德国为典型。如有观点认为，应该采取可推翻的不利拟制说，申言之，若不负举证责任的当事人实施证明妨碍行为，即应将负举证责任当事人的主张视为被自认或视为已被证明，仅于法官对相应事实获得确信，或在实施较轻微妨碍行为的当事人能获得优越性的确认时，主要事实的拟制方被推翻。亦有观点认为，对于故意妨碍应进行证据评价，对于过失妨碍则应依《德国民法典》第 242 条诚实信用原则之规定，将证明度降低，从而减轻负举证责任当事人的举证责任。还有观点主张证明度分层理论，认为自由心证难免会赋予法官必要的裁量空间，从而在不同的个案中作适当的选择，但为增强可预测性，仍应寻找若干标准以定其分界。这可从可归责性出发，对于故意妨碍，法官可径行将负举证责任当事人的主张视为真实；对于轻微的过失妨碍，法官对负举证责任当事人所主张事实的认定应建立在达到优越盖然性之证明度的基础上；若属于重大过失，则仅要求低度盖然性即可。

依笔者拙见，上述各学说虽都有可取之处，但其种种观点只能对法官的心证起到参考作用，而不宜直接规定于成文法中，否则自由心证的特质即有被抹杀之虞。因为在对证明妨碍各项构成要件予以考察时，行为人的主观心态乃其中一项重要组成部分，该内容应由法官针对不同的个案具体加以把握，不便直接由成文法用两分法或三分法的方式加以一刀切，庶免于法官生不必要之羁束，阻碍心证之生成。不过，在采完全、彻底的自由心证之

---

① 采举证责任转换说的学者认为，举证责任转换说比自由心证说更具可操作性，其是由法律直接规定具体的处理结果，证明妨碍行为发生后将直接导致法律后果的发生；同时，在我国目前法院素质亟待提高之背景下，采自由心证说实难获得当事人和广大人民群众的认同。

② 本就不应给妨碍人留有再次反驳之余地，因为根据“若该事实非真，则当事人理应不致妨碍该证据之使用”的经验法则，一般情况下即能认定证据本身或证据所能证明之事实为真。

同时，也应对相关配套措施之完备予以重视：其一，应提高法官的专业素质和职业道德，因为在此问题上赋予法官的自由裁量权越大，对其各方面的要求自然就越高；其二，法官在裁判前必须给予当事人充分辩论之机会，① 其原因乃在于，法官自由裁量的权限越广，当事人在对不提出证据所导致的法律后果的预测上把握就越小，只有给予其充分辩论之机会，才能“防止突袭性裁判，确保当事人之辩论权、证明权”。②

从大陆法系主要国家和地区相关立法和实践的发展趋势来看，也似有向完全自由心证的做法靠拢（或曰过渡）之倾向。譬如日本，在其1996年修改民诉法之前，若当事人不服从文书提出命令或妨碍对方当事人正常使用书证，法院仅可认定对方当事人（举证人）关于该证据本身的主张为真实，不能在此基础上进一步对该证据所能证明之事实的真实性予以认定。③ 而1996年修订之后，现行《日本民事诉讼法》第224条第3款将对证据所能证明的事实的真实性之认定也纳入到法官自由裁量之范畴，从而使得法官在此问题上心证之界阈有所扩张。而我国台湾地区的变动则更为显著。其“民事诉讼法”在2000年修改前，仅规定当事人无正当理由不服从提供文书或协助勘验之命令时，法院可以认定对方当事人关于该文书或该勘验之主张为正当。④ 其经2000年之修订，一方面规定当事人无正当理由不服从提供文书或协助勘验之命令，法院不仅可以认定对方关于该文书或该勘验之主张为真实，进而还可认定依该文书或该勘验所能证明之事实为真实；⑤ 另一方面，当相关规定以第282—1条第1款（其处于“证据”节“通则”目）之面目出现时，法院可作前述认定之对象也由仅限于书证和勘验扩展至所有证据类型。⑥

同时应引起注意的是，对证明妨碍之认定，虽属法官内心裁量之范畴，但其并非通常意义上的自由心证，两者之间存有一定差异。通常意义上的自由心证乃针对作为认定讼争事实依据的证据，其彰显的是法官评价证据的直接性，即法官直接从证据本身认定讼争事实；而对证明妨碍之认定针对的则是妨碍他方正常举证的行为，其乃表明裁判者评价证据的间接性，即在因妨碍人的证明妨碍行为使得裁判者无法直接对作为认定讼争事实依据的

① 我国台湾地区“民事诉讼法”第282-1条第2款“若出现当事人因妨碍他造使用，故意将证据灭失、隐匿或致碍难使用之情况，法院在审酌情形做出他造关于该证据之主张或依该证据应证之事实为真实之裁判前，应令当事人有辩论之机会”及第345条第2款“前项情形（当事人无正当理由不服从提出文书之命者，法院得审酌情形认他造关于该证据之主张或依该证据应证之事实为真实），于裁判前应令当事人有辩论之机会”之规定即为著例。

② 许士宦：《文书之开示与密匿》，载台湾《台大法学论丛》2004年第4期。

③ 参见日本旧民事诉讼法第三章“证据”的第四节“书证”部分。其中第316条规定：“当事人不服从提出文书命令时，法院可以认定对方当事人所主张的关于该文书的记载为真实。”同法第317条规定：“当事人以妨碍对方当事人使用为目的，毁灭有提出义务的文书或致使该文书不能使用时，法院可以认定对方当事人所主张的关于该文书的记载为真实。”

④ 我国台湾地区2000年修改前的“民事诉讼法”第345条规定：“当事人无正当理由不服从提供文书之命者，法院得认他造关于该文书之主张为正当。”同“法”第367条规定，第345条之规定，于勘验准用之。

⑤ 我国台湾地区“民事诉讼法”之相关规定前已述出，在此不予复列。

⑥ 大陆法系国家和地区的证据理论中将此称为“证据方法”，其乃指可由受诉法院予以调查的客观载体。与之相对应的即所谓之“证据资料”，其指的是受诉法院经由证据方法之调查所获得的用以形成心证的事实。证据方法之作用在于受诉法院对其予以调查可获得相应之证据资料。

相关证据加以认定的情形下，通过对证明妨碍此行为本身加以判断，从而达到评价讼争事实之目的。

五、现行证明妨碍制度之检讨

（一）现行规定之概述

1.《民事诉讼法》第102条——公法上之制裁方式

观之我国，现行民诉法第102条对两类明显的证明妨碍行为及相应的制裁措施作了规定，即对于“伪造、毁灭重要证据，妨碍人民法院审理案件”和“以暴力、威胁、贿买方法阻止证人作证”① 的诉讼参加人或其他人，“人民法院可以根据情节轻重予以罚款、拘留；构成犯罪的，依法追究刑事责任”。从责任承担的方式上不难看出，民诉法对妨碍人设置了一些司法上的强制制裁措施和刑事上的制裁手段，期冀通过公法上的惩戒来消弭此类妨碍行为的发生。

2.《审改规定》第30条及《证据规定》第75条——私法上之制裁方式

毋庸置疑，与上述公法上的惩治方式相比，更具必要性的则是让妨碍人承担与实体权益紧密相关的诉讼上的不利益，即对其施以私法上的不利后果。1998年最高人民法院在《审改规定》第30条中规定：“有证据证明持有证据的一方当事人无正当理由拒不提供，如果对方当事人主张该证据的内容不利于证据持有人，可以推定该主张成立。”并在2001年发布的《证据规定》第75条中重申了此项做法。这便是将妨碍行为与裁判结果相挂钩，对妨碍人实施妨碍行为所欲获得的诉讼上的利益予以削减，以此达到从根本上遏制证明妨碍行为发生之目的。

3. 现行法与相关司法解释之比较

杜绝证明妨碍行为发生之关键并不在于“罚”，不能动辄冠以妨碍人诸如“妨碍司法”等罪名（此制度之备设更多地是起到一种威慑作用），依此草率行事往往事倍功半，于问题之根本解决并无多大助益。既然妨碍证明者之目的在于使对方当事人不能证明其主张之事实，我们即可通过相应制度之设置使该目的落空。与民诉法第102条相比，《审改规定》第30条与《证据规定》第75条直接将妨碍行为与裁判结果相挂钩，对妨碍人实施妨碍行为所欲获得的诉讼上的利益予以消减，相对而言较为妥当。

（二）对《审改规定》第30条及《证据规定》第75条之斟酌

《审改规定》第30条和《证据规定》第75条虽从规范层面上对证明妨碍行为之私法上的处治方式作了一定布设，但其中之缺陷与不足至为显明，有作进一步完善之必要。

1. 对证明妨碍行为的适用主体和前提应予以明确界定

（1）对证明妨碍行为之适用主体予以界定——对所持证据不负举证责任之一方

---

① 民诉法第102条在此两类行为之外，还规定了诉讼参加人或其他人“指使、贿买、胁迫他人作伪证”的行为，但比照证明妨碍行为之特质，该行为显然不应被归入证明妨碍之列。因为证明妨碍仅是针对证据本身施以毁灭、隐匿或不予提供等阻却行为，于证据内容，即其反映的案件事实本身则不加以改变，而指使、贿买或胁迫他人作伪证的行为则使证人证言这一证据形式所指向的案件事实发生了改变，从而直接改变了举证责任的内容和方向。

从《审改规定》第30条和《证据规定》第75条之规定来看，证明妨碍排除制度适用之主体乃持有证据无正当理由拒不提供的“一方当事人”。但“一方当事人”究竟应为哪一方，两司法解释均未对其作出界定。在笔者看来，根据民事诉讼证明责任分配之一般理论，该“一方当事人”应为对所持证据不负举证责任的一方，也即对被妨碍提出之证据负举证责任的当事人之相对方。若该“一方当事人”为对被妨碍提出之证据负举证责任之本人，则其拒不提出所持证据之行为只会直接导致其自身遭受败诉之风险，此显与诉讼常理相悖，因为一般情况下，任何人均不会为有损自身实体及诉讼利益之行为，故与证据提供相关之行为无疑也应被当然囊括于内。

(2) 对证明妨碍行为之适用前提应予以界定

① 对“正当理由”应予以明确

至于证明妨碍排除制度的适用前提，《审改规定》第30条和《证据规定》第75条均将其界定为“一方当事人持有证据无正当理由拒不提供”这一情形。但对于作为此种妨碍行为成立之前提要件的“正当理由”究竟为何，该两司法解释并未作进一步厘清，从而为当事人滥用该条款提供口实。

笔者认为，何谓当事人拒绝提出证据的正当理由，的确不易作出准确界定。惟一可行的办法，即是由法官在整体上作综合考量的基础上，对个案中是否存在正当理由加以判断。一般来讲，证据事关当事人的隐私或秘密应属于不被提出的正当理由之列，但并非绝对，应从攻防手段之平衡、事实真相之发现、审理之集中化及诉讼之促进与隐私或秘密的保护之间寻求最佳的平衡点。此过程中应对隐私、秘密、证据及其所能证明的案件事实的重要性加以仔细斟酌、慎重考量，从而确定孰轻孰重。只有当隐私和秘密的重要性大于证据及其所能证明的案件事实的重要性时，法官才能同意证据持有人拒绝提供，承认其隐匿相关证据的合理性。

当然，此种利益之权衡必定因案件类型及诉讼过程中具体情况之不同而有所差异，这可能危及程序的安定性，与此同时会使当事人不予提供相应证据的权利丧失确定性，从而因可预测性的降低影响其应有作用的发挥。但笔者以为，随着审判实际经验的不断增加及案件类型的大致固定化，法官会逐渐积累起关于不同类型案件如何把握衡量尺度的特定的判断标准，届时该问题应会迎刃而解。如对于前面提到的环境污染、产品缺陷致损、医疗事故及专利侵权等民事主体双方的平等性和互换性基本完全丧失的现代型案件，作为被侵害方的原告的举证能力往往大大弱于作为侵害方的被告，与案件裁判结果息息相关的证据资料绝大多数由被告所掌握，此时若过分强调重视被告的隐私和秘密，赋予其极大不予提供证据的权利，原告即无从利用该类证据，案件之胜负几无悬念，这显然是极为不公。故对于该类案件，法官即应将对被告隐私及秘密的考虑降至最低，更多的关注证据的提出及案件真实地发现。

当然，对于涉及持有人隐私及秘密的相关证据之提供与否，仍应由法官予以认定，即法官仍要接触这些证据，对相应内容加以审阅后才能决定是否进入诉讼程序。而对于经审查不应提出、即不得作为裁判基础的证据，对方当事人虽未得见，但法官已对其内容有所了解，尔后的心证不免会受此影响，为此，对法官于此类证据加以审查的权力应适当限制，只有在显具必要性之情形下才能为之。当根据证据持有者所提出的证据能够证明其拒绝提出的证据符合正当理由之要求时，法官即应对其不予提供的行为予以认定，此时即无再对涉及隐私及秘密的证据加以审查之必要；反之，若根据证据持有者提出的相关证据，法官的心证未能达到确信涉及隐私及秘密的证据可归入正当理由的程度时，则可以对该证据进行审阅。

② 有关证人拒绝作证之事项不应被纳入“正当理由”之范畴

在对“正当理由”予以界定时应明确，有关证人拒绝作证之事项不应被纳入“正当理由”之范畴。在大陆法系主要国家和地区，民事诉讼立法一般均规定了证人的“证言豁免权”（或曰“拒绝作证权”），即证人在特定情况下①可以拒绝作证。之所以将这些情形下证人的作证义务予以免除，乃基于保护证人合法权益之需要。因为证人证言之提供虽攸关本案之处理，但其毕竟不是本案的直接纠纷主体。若为他人民事争议之解决而损害具有特定身份之证人的自身权益，显然有违诉讼解决民事纠纷、维护社会稳定之本旨，同时也必会打击证人作证的积极性，从而对整个民事诉讼之真相发现机制产生消极影响。而对当事人则不然。因为民事案件的处理结果直接攸关双方当事人之实体权益，故若关于证人“证言豁免权”之事由对其也能予适用，则对双方争端之解决实属无益。而且，我国现行民诉法第120条规定，涉及国家秘密和个人隐私的案件，受诉法院应当不公开审理；离婚案件和涉及商业秘密的案件，若当事人申请不公开审理，则法院应当不公开审理。据此可至，凡涉及“证言豁免权”相关事由的案件，在我国均采不公平审理之方式，故双方当事人在提供相关证据时即无须有过多顾虑。退一步讲，在此基础之上，即使当事人仍旧担心因证据之提出会使对方当事人和法院知悉相关之国家秘密、商业秘密及个人隐私，基于民事诉讼当事人私权自治之原理，其通过权衡相关秘密之暴露与诉讼利益之取得两者孰轻孰重，大可借和解或调解之手段来求得两者之平衡，而无须由法律将诸类情形纳入当事人可不予提供证据的“正当理由”之列。

2. 对可适用证明妨碍排除制度的行为种类加以扩充

将证明妨碍行为与案件的裁判结果相挂钩，使妨碍人承担由此造成的诉讼上的不利益，即可有效地遏制证明妨碍行为的发生。但对于《审改规定》第30条和《证据规定》第75条所规定的能够适用此制度的妨碍行为之种类，则应作进一步的扩充。

《审改规定》第30条和《证据规定》第75条仅规定了一方当事人实施“持有证据无正当理由拒不提供”此种妨碍行为时，法院可以认定其所持有的证据能够证明对方当事人的主张，即只有在当事人消极不作为的情况下可适用此项制度之规定，尚未将种类更多的作为行为包纳于内，而仅是在民诉法第102条中对某些作为性质的妨碍行为（伪造、毁灭重要证据和以暴力、威胁、贿买方法阻止证人作证）设置了相关公法上的惩罚手段。

如前所述，在一定程度上，现行民诉法第102条对证明妨碍行为施以司法强制措施及刑事制裁手段之设置在我国现行民事诉讼框架之下无疑具有存在之必要性及合理性，但当

① 这些特定情形主要是关于国家秘密、商业秘密、个人隐私及特定亲属关系等。如《德国民事诉讼法》第383条和第384条规定证人有权拒绝作证的情况主要有：1. 与当事人一方有特定的亲属关系；2. 被当事人一方所告知一定事项的神职人员；3. 因编辑、出版或发行等职业原因知悉当事人相关情况的人。《日本民事诉讼法》上规定的证人有权拒绝作证的情况主要有：1. 与当事人一方有特定的亲属关系；2. 与当事人有监护与被监护的关系；3. 知悉特定职务秘密的公务员或曾任公务员的人；4. 医生、律师、公证人及神职人员等因职业原因知悉当事人隐私或秘密的人。我国台湾地区“民事诉讼法”第306条和第307条也有大致相同的规定。

妨碍人通过实施妨碍行为可能获得之裁判利益远大于因公法上之惩戒所遭受的损失时，此种制裁之威慑力即会有所降低。此时，私法上的制裁措施若不紧跟而上，不对其欲通过实施妨碍行为所可能获得之裁判利益予以削减，这些作为性质的妨碍行为便难以得到彻底的遏制，对方当事人合法权益之有效维护即沦为空谈。同时，《民事诉讼法》第 102 条也仅对两种作为性质的妨碍行为作了规定，① 但在司法实践中，仍存有诸多既不受《民事诉讼法》第 102 条、亦不受《审改规定》第 30 条和《证据规定》第 75 条规制的作为性质的妨碍行为，一方当事人实施这些行为时，必会对他方当事人的举证活动的正常开展产生实质性的负面影响。因此，应将可适用《审改规定》第 30 条和《证据规定》第 75 条规定的证明妨碍行为之种类加以扩充为诸如灭失、损毁、隐匿、无正当理由拒不提供所持有的证据及其他妨碍对方举证的行为等。

3. 对待证明妨碍制裁之态度应予以明确——采彻底的自由心证

从《审改规定》第 30 条及《证据规定》第 75 条本身并不能看出该两项司法解释对证明妨碍制裁采何种态度。但《证据规定》出台之后，从司法解释制定者的相关阐释性论述中可看出，其关于此项规定之出发点乃欲以推定之方式对证明妨碍之后果加以规制，即认定其实质为“根据已经被证明的一方当事人有证据拒不出示的事实，推定其持有的证据能够证明对方当事人的主张”，② 并认为“本条推定在客观效果上构成了举证责任倒置……利用推定实现了举证责任倒置”。③ 而依推定之一般原理，可将对证明妨碍之推定归入法律推定之范畴，其具有法律推定之特质，即据以推定之经验法则乃事先为法律④所确定，不容反驳，只要基础事实得以确证，即可直接依经验法则得出推定之事实。

虽然我国司法解释制定者的意图是欲用推定之方式规制证明妨碍行为的后果，进而自然可推出其在此问题上的态度乃采举证责任转换之结论，但从相关司法解释之条文本身来看，并不能当然地认为其采用的即为推定。因为《审改规定》第 30 条和《证据规定》第 75 条中使用的乃为“可以推定”，其中，“推定”是以有司法解释的明确规定为出发点的；而“可以”则是赋予法官自由裁量权的显著标志。将法律推定与法官自由心证并用，

---

① 而已有的规定也不尽完善，其与刑法的相关规定不完全配套，即二者在行为陈述及相应制裁上存有疏漏。因为对于伪造、毁灭证据的行为，刑法第 306 条和第 307 条虽然分别规定了辩护人、诉讼代理人毁灭、伪造证据罪和帮助毁灭、伪造证据罪，但这两个罪名适用的范围仅为刑事诉讼，其针对的犯罪主体也仅是辩护人、诉讼代理人和其他帮助当事人毁灭、伪造证据的人，对于当事人本身实施的此类行为仅是作为量刑的酌定情节。而依“法无明文规定不为罪”的刑罚基本原则，这两个罪名对于民事诉讼中当事人毁灭、伪造证据的行为显然无从适用，而现行刑法又未有别的相应罪名予以规制，故民诉法第 102 条所谓的对当事人的该类行为施以刑事制裁徒有其文。

② 最高人民法院民事审判第一庭编：《民事诉讼证据司法解释的理解与适用》，中国法制出版社 2002 年版，第 360 页。

③ 李国光主编：《最高人民法院〈关于民事诉讼证据的若干规定〉的理解与适用》，中国法制出版社 2002 年版，第 471 页。

④ 在我国，司法解释虽然不应被纳入法律之范畴，但在实际操作中，人民法院仍将其置于与法律具有同等效力之地位（相关依据乃《最高人民法院关于司法解释工作的若干规定》第 4 条“最高人民法院制定并发布的司法解释，具有法律效力”之规定），此做法虽有悖法理，但在现今特定的背景和语境下，也有其“合理性”。故将《审改规定》第 30 条和《证据规定》第 75 条所确认的对证明妨碍之推定纳入法律推定的范畴从某种意义上讲乃持论有据。

显然是疏于对两者各自内涵的准确把握所致。

如前所述，大陆法系主要国家和地区在对待证明妨碍法律后果之态度上大致有举证责任转换和自由心证两种。但通过前述分析可得出自由心证优于举证责任转换，且从大陆法系主要国家和地区相关立法发展之趋势来看，实际操作中也呈自由心证逐渐替代举证责任转换之态势。故为契合该发展之趋势（或曰潮流），我国在此问题上也似应采自由心证之做法，进而应在相关实际操作规则之修改与完善上有所体现。就近期来讲，似可将《审改规定》第30条和《证据规定》第75条中的“可以推定”更改为“可以认定”。此一词之异，从表征上看，使得自由裁量与法律推定之间的关系得以厘清，而实质上则体现出自由心证取代举证责任转换之深层蕴意。

但仅作如此改动并不完全契合自由心证之本旨，因为依《审改规定》第30条和《证据规定》第75条之现有规定，当出现证明妨碍情形时，法官仅可认定举证人关于该证据内容的主张为真实，即仅能作关于该证据本身是否为真实的认定，不能直接判断证据所能证明之事实是否为真——如前所述，此并非完整意义上彻底的自由心证。故在今后对其予以修订时，也应对法官所能认定之对象加以区分，即当举证人参与证据作成时，可以认定其对该证据本身的主张为真实；在其未能参与之情形下，法官就不仅可以认定举证人对该证据本身的主张为真实，还可对其所能证明的事实之真实性予以认定。

应提起注意的是，法官心证的重要内容之一，即要对证据的重要性加以考量。不能一出现妨碍证明之情形即认定举证人对证据本身的主张或其所能证明的事实为真实，此显然忽视了其他证据的存在并割裂了证据之间及证据与待证事实之间的内在联系。若完全仅凭证明妨碍此单一事实即对当事人关于该证据的主张及讼争事实的真实性加以认定，① 则其他详尽的认证规则存在之必要性即丧失殆尽，而整个民事诉讼证据体系也有被抽空之虞。② 同时，私法上证明妨碍之制裁效果，原则上使诉讼恢复至无此妨碍之状态即告成功，绝不能使当事人在受妨碍之情形下比无此情形时居于更为有利之诉讼地位，否则即僭越此制度设置初衷。循此而言，法院不能在任何情况下都对举证人的主张予以认定；在仅能对关于证据本身的主张加以认定时即不能考虑认定其所能证明之事实。此乃当事人双方攻防平衡、武器对等此民事诉讼之精髓使然。③

① 这也正是举证责任转换说的显著缺陷之一。因为若采举证责任转换说，法院即无法依据具体案件中证明妨碍在方式及程度上的差异来灵活地作出不同的处置。参见［日］高桥宏志著：《民事诉讼法——制度与理论的深层分析》，林剑峰译，法律出版社2003年版，第466页。

② 自由心证的“自由”绝非容许法官为恣意地判断。自由心证原则确立初期，其“内心确信”侧重于主观方面的证据评价标准，后来这些标准受到了各方的批评，由此有关国家在制度上和实务中为客观标准的确立开始了不断努力。现代意义上的自由心证不再是法官的自由擅断，而是一种辩证的“自由”，法官在自由心证过程中，必须遵循客观的认识规律，同时必须执行与自由心证相配套的一系列相关制度，尤其是不能逾越与之相适应的法律制度和规定的制约。故大陆法系国家和地区的立法一方面保障法官心证形成的自由，另一方面又设置了相应的、合理的制约措施。

③ 当然，笔者在此处仍有另一种考虑，即在对证明妨碍行为予以处治时，有一因素不应被忽略，即处治应能有效地预防该类行为的再次发生，故在制裁的力度上应比其不为妨碍行为、诚实提供相应证据所遭到的不利后果要严重一些，这样始能达到预防或制裁的效果，否则，当事人在考虑到为妨碍行为决不会导致比提出证据更不利、且有可能逃脱制裁的侥幸心理之诱惑下，大肆从事毁灭、隐匿或不予提供相关证据的行为，使证据调查陷入困境。

论诉讼信托

■ 刘学在*

目 录

一、前言
二、诉讼信托之界定
三、诉讼信托之容许性

一、前言

就具体的民事诉讼而言，诉讼标的之法律关系，究竟应在何人之间进行辩论并由法院作出判决才具有法律上的意义，乃当事人适格所要解决的问题。所谓当事人适格，是指就具体、特定的诉讼，能以自己的名义作为原告或被告并受本案判决的拘束之法律上资格。具有此种法律上资格的当事人，就是具有诉讼实施权的正当当事人；不具备此种资格，即为当事人不适格而不能成为正当的原告或被告，此际法院应以诉讼不合法为由驳回原告之诉。

对于当事人是否适格的判断，一般来说，诉讼标的之权利义务或法律关系所归属之主体，就涉及该权利义务或法律关系的诉讼，通常有进行诉讼的权能（即有诉讼实施权），而有当事人适格。但在某些情况下，基于权利人的意思或法律的规定，一些主体可就他人之间的法律关系，以自己名义起诉、应诉而成为适格的当事人。特别是随着现代科技的进步和工商业的发展，公害、药害、商品瑕疵或其他本于同一原因事实引发的受害事件，在实践中时有发生且其受害人往往人数众多，有时还超出私权保护的范围而涉及公益保护的问题。在此情况下，当事人适格的范围呈现出扩大化的趋势，出现了诉讼担当、诉讼信托、公益诉讼等新的当事人类型和诉讼形式。但从目前我国民事诉讼理论的研究来看，很多人对诉讼信托存在着误解，将诉讼信托与诉讼担当或某些基于其固有之诉权的公益诉讼混为一谈。在立法上，我国于2001年4月28日公布并于2001年10月1日实施的《信托

* 武汉大学法学院副教授，法学博士。

法》则对诉讼信托采取拒斥的态度，规定诉讼信托无效，但此种绝对化的禁止性规定实际上有欠妥当，其法理根据值得商榷。有鉴于此，本文拟对诉讼信托的有关问题予以初步探讨，以期完善我国的民事诉讼当事人制度。

二、诉讼信托之界定

（一）诉讼信托的含义

“诉讼信托”这一术语借用了实体法上的“信托”概念，因此考察“诉讼信托”的含义，首先必须了解信托的基本含义及其特征。我国《信托法》第2条对信托的含义进行了界定，即：“本法所称信托，是指委托人基于对受托人的信任，将其财产权委托给受托人，由受托人按委托人的意愿以自己的名义，为受益人的利益或者特定目的，进行管理或者处分的行为。”按照《信托法》的规定和学者的解释，信托关系中一般由委托人、受托人和受益人三方面的权利义务构成。信托一旦有效成立，受托人就取得了信托财产权，受托人可以像真正的所有权人一样，独立管理和处分信托财产，第三人也都是以受托人为信托财产的权利主体和法律行为的当事人，而与其从事各种交易。①但是，受托人管理和处分信托财产的受益权却不属于受托人，而应当属于受益人。②受托人在管理和处分财产时，要受信托目的的约束，必须为了受益人的利益行事。

设立信托，必须有合法的信托目的。由于信托事例具有多样性、无限性，因而信托目的也具有多样性、自由性，只要其不违反强行规定和公序良俗即可。在表现形式上，信托目的既可以是为了赚钱、也可以是保护子女或资助贫者，还可以出于宗教上的目的，等等。当为了诉讼的目的而移转财产权、设立信托时，理论上即可称为“诉讼信托”。换句话说，所谓“诉讼信托”，是指委托人出于诉讼的目的而设立信托，由受托人取得有关的财产权利并可以以权利人的地位（即以自己的名义）进行诉讼。③可见，“诉讼信托”实际上是指委托人基于让受托人进行诉讼的目的而将有关的财产权转移给受托人之行为。④这里所谓“出于诉讼的目的而设立信托”，在表现上包括两种情况：一是专以诉讼为目的而设立信托，二是除了出于诉讼目的外，还包括其他目的。因此，对“诉讼信托”的恰当理解是，这一概念首先强调的是实体法上的信托，而不是程序法上的诉讼，换言之，它强调的是在实体法上设立了信托关系，只不过是设立信托的目的在于让受托人为了委托人的利益而进行诉讼。

---

① 参见周玉华主编：《信托法学》，中国政法大学出版社2001年版，第16页。

② 按照我国《信托法》第43条的规定，受益人可以是委托人，也可以是第三人。受托人不能单独作为受益人，但可以与他人一起作为共同受益人。

③ 参见王甲乙等：《当事人适格之扩张与界限》，载民事诉讼法研究基金会：《民事诉讼法之研讨（六）》，台湾三民书局1997年版，第49页。

④ 类似观点，可参见陈荣宗、林庆苗：《民事诉讼法》，台湾三民书局1996年版，第243页；朱柏松：《诉讼信托无效之规定的适法性探讨》，载台湾《月旦法学杂志》2001年第8期，第95页以下；中野正俊、张军建：《信托法》，中国方正出版社2004年版，第64页；徐卫：《有关〈信托法〉存在的问题思考》，载《理论探索》2006年第1期，第146页。

（二）诉讼信托与诉讼担当之区别

诉讼担当，是指实体法上权利义务主体以外的第三人，以自己名义成为原告或被告而进行有关他人实体权利或义务的诉讼，法院裁判的效力及于原实体权利人或义务人的制度。①第三人依法律的明文规定，就他人的权利义务而当然具有诉讼实施权的，称为法定的诉讼担当，例如破产管理人就破产企业的债权债务而起诉或应诉；第三人基于实体权利义务主体的授权而取得诉讼实施权的，称为任意的诉讼担当，例如日本和我国台湾地区民事诉讼法中的选定当事人制度。

由于诉讼信托是信托的一种特殊表现，具有实体上转移财产权的基本特征，因而其当事人适格的基础与诉讼担当情形下的当事人适格显然不同。就诉讼担当来说，无论是法定的诉讼担当还是任意的诉讼担当，诉讼担当人仅仅是获得了诉讼实施权，其并不是实体权利义务的主体，被担当人的实体权利义务并没有转移给诉讼担当人。而在信托关系中，受托人就信托财产取得了管理与处分之权，也即受托人依信托行为而取得了信托财产权，其因信托财产而与第三人发生争执时，当然具有诉讼实施权，得以自己的名义进行诉讼而成为适格的当事人。换言之，受托人在形式上已经取得信托财产的财产权而成为其财产权的主体，因信托财产与第三人涉讼时，是以诉讼标的之法律关系主体的身份而成为民事诉讼的当事人，与通常情形下的当事人适格并无不同。而委托人因信托行为在形式上已非财产权的主体，受益人就受托财产亦无处分或管理权，故委托人和受益人均非适格之当事人。②

在诉讼信托之情形下，尽管其目的在于授予受托人诉讼实施权，但其仍然具有信托的外观和基本特征，委托人必须将实体上财产权转移给受托人，或者说须在实体上将信托财产的管理处分权授予受托人，否则不能构成诉讼信托。因而此种情形下受托人之当事人适格，仍然是基于对信托财产的管理处分权而当然的具有诉讼实施权，显然与诉讼担当情形下仅赋予诉讼担当人诉讼实施权而没有转移实体权利义务存在重大区别。

（三）诉讼信托与公益诉讼之区别

对于诉讼信托的内涵，我国有学者采取了与上述界定完全不同的另一种理解，将其与某些公益团体基于法律的规定提起“公益诉讼”等同起来，认为后者即为“诉讼信托”。例如，有学者认为，诉讼信托是指“法律规定某一公益团体对某些权益有诉的利益，该公益团体专门为此项公益权利受侵害或可能受到侵害时提起诉讼，而组成该公益团体的成员可以直接引用判决对有关的侵权人主张利益”。③并且认为，诉讼信托的最大特点是，“当事人不仅享有法律规定的实体利益，而且享有为实体利益提起诉讼的权利，并且诉讼信托的实体利益是一种公共利益，诉讼权利由法律规定的团体如消费者协会、环境保护协会等组织来行使。这些机构提起民事诉讼的权利由一国民事诉讼法或有关的单行法律专门

---

① 参见陈荣宗、林庆苗著：《民事诉讼法》，台湾三民书局1996年版，第168页。

② 参见杨建华著：《问题研析民事诉讼法（五）》，台湾广益印书局1998年版，第311页。

③ 肖建华著：《民事诉讼当事人研究》，中国政法大学出版社2002年版，第145页；齐树洁、苏婷婷：《公益诉讼与当事人适格之扩张》，载《现代法学》2005年第5期，第88页。

加以规定”。①基于这种理解，“诉讼信托”被认为是特定团体或机关（例如消费者保护团体、检察机关等）根据法律的规定，对涉及公益的事项所提起的民事诉讼。

笔者认为，对“诉讼信托”作这种定义值得商榷。首先，法律规定特定公益团体或机关为了保护公益而有权提起诉讼时，此种诉讼的提起既不需要实体上的信托行为的存在，也不需要程序上的诉讼实施权的授予，而是该公益团体或机关依照法律的直接规定而具有相应的实体权利，并且基于这种实体权利而具有诉讼实施权，换句话说，是该公益团体或机关对保护公共利益享有固有的诉权，因而此种诉讼既不属于诉讼信托，也不属于诉讼担当。上述将诉讼信托等同于某些公益团体所提起的涉及公益的诉讼之观点，往往以德国的团体诉讼制度作为论证的根据，认为德国的团体诉讼在性质上即属于其所谓的“诉讼信托”。②其实，德国的团体诉讼并非是诉讼信托问题。在德国，团体诉讼的含义是指，有权利能力的公益团体，依法律的规定就他人违反特定禁止或无效规定的行为，可以向法院请求命令其中止或撤回其行为的民事诉讼。③德国的团体诉讼在诉讼类型上属于不作为之诉。关于团体诉讼的原告的起诉权的性质问题，有的认为属于法定的诉讼担当；有的则认为，不作为请求权的主体即为团体本身，是其基于自身固有的实体权利而享有诉权，不具有诉讼担当的性质。④尽管存在争议，但“通说认为系团体自己权利之主张，亦即法律基于公共利益与消费者保护而赋予促进工商利益团体与消费者团体等之防卫请求权（不作为请求权）”。⑤而德国2002年新通过的《不作为诉讼法》亦明确规定，不作为请求权的权利主体乃法定的特定团体，该团体系基于权利主体的地位而享有诉讼实施权，从而终结了长久以来对德国法之解释上的争议。⑥因此，关于德国的团体诉讼的性质，无论从解释上还是从立法上来看，并不存在所谓的“诉讼信托”之认识问题。

其次，既然是“诉讼信托”，就应当具有“信托”的某些基本要件，例如应当有委托人和受托人，应当有设立信托的行为。对于信托的设立，我国《信托法》第8条明确规定：“设立信托，应当采取书面形式。书面形式包括信托合同、遗嘱或者法律、行政法规规定的其他书面文件等。采取信托合同形式设立信托的，信托合同签订时，信托成立。采取其他书面形式设立信托的，受托人承诺信托时，信托成立。”上述主张“公益诉讼”即为“诉讼信托”的观点，显然并不具备信托设立之要件。

最后，具有公益性质的团体或机关提起民事诉讼时，其诉讼的性质往往要视具体情形而定。该公益团体或机关依照法律的直接规定而具有保护公益的权责时，其所提起的诉讼

---

① 肖建华著：《民事诉讼当事人研究》，中国政法大学出版社2002年版，第145页。

② 齐树洁、苏婷婷：《公益诉讼与当事人适格之扩张》，载《现代法学》2005年第5期，第88页；单锋：《现代型民事诉讼中的原告资格和当事人适格》，载《南京社会科学》2005年第11期，第86页。

③ 参见陈荣宗：《诉讼当事人与民事程序法》，台湾三民书局1987年版，第71页。

④ 参见沈冠伶：《诉讼权保障与裁判外纠纷处理》，台湾元照出版有限公司2006年版，第186页；陈荣宗：《诉讼当事人与民事程序法》，台湾三民书局1987年版，第72页。

⑤ 姜世明：《选定当事人制度之变革——兼论团体诉讼》，载台湾《月旦法学杂志》2003年第5期，第11页。

⑥ 参见沈冠伶著：《诉讼权保障与裁判外纠纷处理》，台湾元照出版有限公司2006年版，第186页。

乃是基于其自身所固有的诉权，此种情形既非诉讼信托，也非诉讼担当，此点已如前述。该公益团体或机关为保护他人的权益（此种权益也可能在一定程度上涉及公益）而提起诉讼，则有可能是诉讼担当，也有可能构成诉讼信托。例如消费者保护团体基于法律的规定或消费者的授权而提起的有关诉讼，其诉讼的性质即要视具体情形而定。具体而言，依照德国《不作为诉讼法》的规定，消费者保护团体所提起的不作为之诉，即是基于其自身所固有之诉权，也即属于我国学者通常所说的公益诉讼的范畴，但却不属于笔者所界定的诉讼信托之范畴。而依照我国台湾地区“民事诉讼法”第44-1条第1款所规定的选定代表人制度，消费者保护团体提起的诉讼则属于任意的诉讼担当。①对于消费者保护团体依照台湾地区“消费者保护法”第50条所提起的损害赔偿诉讼，②很多学者认为即属于诉讼信托。③

三、诉讼信托之容许性

（一）现行《信托法》对诉讼信托之禁止

如前所述，诉讼信托乃是指以进行诉讼为目的而进行的信托，一般表现为由权利人（亦即委托人）将其对于第三人所享有的权利（特别是债权）让与他人（亦即受托人），使其为该权利的名义所有人，而由其依诉讼程序、强制执行程序或破产程序等而获得清偿给付，然后再由其将所得的给付交付与受益人。但对于此种诉讼信托行为，我国《信托法》第11条明确规定，“专以诉讼或者讨债为目的设立信托”的，其信托无效。由此可以看出，对于是否应当许可诉讼信托的问题，现行立法采取的是否定的态度。

立法上不允许诉讼信托的主要理由在于避免“兴讼”或“滥诉”，防止其与信托制度的立法本意相违背。从有关学者的解释来看，一是认为，“信托不得以诉讼为目的，是因为，设立信托的一个重要条件是信托财产必须是确定的，而诉讼或者讨债，其债权债务关系在未经裁决前并不确定”。④二是认为，“在我国目前情况下，委托人进行诉讼和讨债，可以通过聘请律师或者其他法律手段，不应采取设立信托的方式”。⑤禁止诉讼信托，可以防止发生以营利为目的，而替代律师承揽诉讼的社会滥诉现象。⑥三是认为，如允许诉讼

---

① 我国台湾地区“民事诉讼法”第44-1条第1款规定：“多数有共同利益之人为同一公益社团法人之社员者，于章程所定目的范围内，得选定该法人为选定人起诉。”

② 台湾地区“消费者保护法”第50条第1款规定：“消费者保护团体对于同一之原因事件，致使众多消费者受害时，得受让二十人以上消费者损害赔偿请求权后，以自己名义，提起诉讼。消费者得于言词辩论终结前，终止让与损害赔偿请求权，并通知法院。”

③ 参见陈荣宗、林庆苗著：《民事诉讼法》，台湾三民书局1996年版，第243～244页；姜世明：《选定当事人制度之变革——兼论团体诉讼》，载台湾《月旦法学杂志》2003年第5期，第18页。

④ 扈纪华、张桂龙主编：《〈中华人民共和国信托法〉条文释义》，人民法院出版社2001年版，第64页。

⑤ 全国人大《信托法》起草工作组编：《〈中华人民共和国信托法〉释义》，中国金融出版社2001年版，第45页。

⑥ 参见中野正俊、张军建著：《信托法》，中国方正出版社2004年版，第64页。

信托，会引发侵害债务人和债权人权益等其他问题。①四是认为，日本、韩国、我国台湾地区等都对此作了相类似的规定，即“以进行诉讼为主要目的的信托无效”，②因此禁止诉讼信托是一个惯例。③

笔者认为，不加区别地对诉讼信托予以一般性禁止之上述规定，是一种不合理的规定。需要禁止的诉讼信托，应当仅限于利用诉讼信托谋求不当利益和违背法律的强制性规定等少数情形，对于其他情形下的诉讼信托，立法上确实没有予以禁止的必要。

（二）诉讼信托之禁止的非合理性

1. 禁止诉讼信托，与公民诉讼权应受充分保障的基本法理相违

在现代法治国家中，诉讼权应当是宪法和法律所保障的一项基本人权，公民有权以诉讼方式实现其权利，立法上本不得因其可能增加讼源就出于抑制诉讼、避免滥诉等目的来对其予以否定。而且，公民究竟是选择自己诉讼、委托他人代理诉讼或信托他人代为诉讼，应有其自由决定的权利，立法上对于这种权利也应当予以认可和尊重。④在公民诉讼权应得到充分保障之法理下，允许诉讼信托的存在并由受托人进行诉讼，其实与权利人（即委托人）以自己为原告或权利人，而以相对之义务人为被告进行诉讼，以实现自己的权利之情形一样，均应当为法治国家的法律体系所容认。各国宪法和法律一般均明白揭示公民有诉讼之权，在此条件下，诉讼信托一概地被论断为无效，于人民权益应受法律秩序之保护的基本法理，显然无法自圆其说。⑤

2. 诉讼信托并不违背“信托财产的确定性”原则

设立信托的一个重要条件是信托财产必须是确定的。反对诉讼信托的观点的理由之一是，诉讼信托所要追讨的债权在未经裁判前并不确定，故不能设立诉讼信托。这种理由也是不能成立的。依据《信托法》第 7 条的规定，信托财产包括财产和财产权利。而所谓财产和财产权利，按照比较公认的解释，其种类包括：（1）货币（金钱）；（2）动产；（3）不动产；（4）有价证券；（5）知识产权；（6）其他财产和财产权利，主要是指除所有权以外的各种财产权利，包括抵押权、质权、地上权、承租权、受益权、继承权，以及除有价证券以外的一切以金钱给付为内容的债权等。⑥因此，债权和其他财产权一样，是可以作为信托财产的。在设立信托时，根据当时的情况，只要能够认定债权是存在的，就符合《信托法》第 7 条所规定的“设立信托，必须有确定的信托财产”之要件。所以，能不能设立诉讼信托，与债权是否经过了裁判确定没有关系。

---

① 参见中野正俊、张军建著：《信托法》，中国方正出版社 2004 年版，第 64 页。

② 《日本信托法》第 11 条，《韩国信托法》第 7 条，我国台湾地区“信托法”第 5 条。

③ 参见卞纪华、张桂龙主编：《〈中华人民共和国信托法〉条文释义》，人民法院出版社 2001 年版，第 64 页。

④ 参见赖源河、王志诚著：《现代信托法论》，中国政法大学出版社 2002 年版，第 64 页。

⑤ 参见朱柏松：《诉讼信托无效之规定的适法性探讨》，载台湾《月旦法学杂志》2001 年第 8 期，第 97 页。

⑥ 参见周玉华主编：《信托法学》，中国政法大学出版社 2001 年版，第 151 页；唐义虎著：《信托财产权利研究》，中国政法大学出版社 2005 年版，第 97 ~ 98 页；中野正俊、张军建著：《信托法》，中国方正出版社 2004 年版，第 74 页。

3. 诉讼信托不会导致诉讼泛滥的现象出现

反对诉讼信托的观点认为，如允许诉讼信托，则会助长“兴讼”，出现诉讼泛滥的现象。这种观点只是一种揣测，是没有根据的。正如有学者所指出的，“这种观点至少没有考虑以下两种制约性因素：一是委托人需要支付信托报酬，二是受托人要受到忠实义务和注意义务的限制。前者在一定程度上可以制约‘诉讼信托’的任意设立，后者在一定程度上能够避免受托人任意诉讼”。①事实上，基于诉讼成本、诉讼效率、时间与精力的投入等方面的考虑，纠纷发生之后，当事人一般并不愿意通过诉讼方式解决，或者说其首选的纠纷解决方式一般而言并非是诉讼，在此前提下，即使允许诉讼信托，也不会出现所谓的“诉讼泛滥”现象。诉讼信托禁止论关于“兴讼”、“滥诉”之担心，实际上是中国历史上的厌讼、耻讼、抑讼、息讼的传统文化和历代官方的主流政策导向的延续，并没有被现代社会的诉讼实践所证实。

另一方面，诉讼信托会助长“兴讼”、“滥诉”之论调，也是对日本信托法禁止诉讼信托之理由的“同声传译”，并非适合中国的现实国情。而日本信托法禁止诉讼信托的立法理由，在我国其实并不存在，至少是并不突出。日本信托法禁止诉讼信托的理由在于，为防止“无照讼棍挑拨诉讼”所发生之弊端，并为了防止无照讼棍回避日本民事诉讼法第79条（现为第54条）所规定的“律师辩护主义”以达到滥诉的目的，②同时亦在于通过这一规定，减少财产所有人（委托人）动辄以进行诉讼为目的使他人（受托人）去管理、追回或经营其财产的现象。③上述理由，最主要的可以总结为两点：一是防止回避“律师辩护主义”之规定而从事民事诉讼行为；二是防止兴讼、滥诉。这样的理由及其立法规定，在日本本来就受到了较多的反对和批评。就中国的现实情况来说，也很难将其作为禁止诉讼信托的理由。就第一点理由来说，由于中国不实行强制律师代理制度，当事人既可以自己进行诉讼，也可以委托他人作为诉讼代理人进行诉讼，且在委托代理人进行诉讼时，既可以委托律师，也可以委托其他公民，所以不存在回避“律师辩护主义”的问题。④另者，在允许诉讼信托的情形下，受托人基于法律知识的欠缺等原因，也不一定由其自己亲自去进行诉讼，而仍然可能委托律师进行诉讼，从这点上来说，也不存在回避“律师辩护主义”的问题。就第二点理由来说，其实，是由权利人自己进行诉讼还是在成立信托时由受托人进行诉讼，只是诉讼形式的不同而已，在本质上都是公民诉讼权的表现，都应当得到法治国家民事诉讼法的认可，因而由信托人进行诉讼，并不能认为属于“滥诉”；至于“兴讼”问题，虽然在承认诉讼信托制度的条件下可能会使诉讼案件在量上有所增加，但就中国的情况来说，这一点不仅不应受到抑制，相反，应当鼓励公民通过诉讼以及其他合法途径去主张和维护自己的权利。承认诉讼信托的有效性，显然有利于一般民众及消费者、劳动者维护自己的合法权益。所以，不应为了防止“兴讼”而禁止诉

---

① 徐卫：《有关〈信托法〉存在的问题思考》，载《理论探索》2006年第1期，第147页。

② 在我国，民事诉讼、行政诉讼中一般称“律师代理”，而在刑事诉讼中才称“律师辩护”。

③ 参见朱柏松：《诉讼信托无效之规定的适法性探讨》，载台湾《月旦法学杂志》2001年第8期，第97页。

④ 其实，即使在日本，“律师辩护主义”的维护与禁止与以诉讼为主要目的而成立信托这二者之间也并不具有任何实质的关联性，前者难以成为论证后者的理由。参见朱柏松：《诉讼信托无效之规定的适法性探讨》，载台湾《月旦法学杂志》2001年第8期，第97页。

讼信托。

4. 诉讼信托会侵害债务人和债权人权益的观点根本不能成立

如前所述，有人断言诉讼信托将会引发侵害债务人和债权人权益等问题。认为受让人（受托人）从债权人手中，把债权人难以回收的，或基本上回收无望的债权，转移至自己名下，然后以债务人或该债务人的保证人为对象提起诉讼，以强制的方法进行讨债，约定给原债权人即转让人（委托人）若干之利益，而债权受让人（受托人）意欲获取不正当所得，此种情形下的诉讼行为本身是合法的，但实际上身为被告的债务人将在经济、精神等方面承受极大的压力。并认为，这种情形下的信托不是为了债权人即委托人（受益人）的利益去管理财产，而是不当利用信托的行为，表现出很明显的反社会性。①这种观点是不能成立的。首先，债务人应当按照法律的规定和合同的约定全面地履行债务，其应当积极地去筹措资金、采取措施保证自己义务的履行，因此债务人因履行债务而在经济、精神等方面承受极大压力乃是自然而然的事情。无论是由受托人（即债权受让人）起诉还是由委托人（即债权转让人）起诉，债务人在经济、精神等方面都将承受极大压力。所以，在诉讼信托情形下，由受托人起诉债务人，不存在侵犯债务人的权益问题。其次，诉讼信托之情形下，须委托人与受托人双方自愿达成信托合同，委托人按照约定将债权信托给受托人并支付一定的信托报酬，亦不存在债权人的权益受到侵犯的问题。最后，所谓诉讼信托具有“明显的反社会性”之断言，是毫无根据的危言耸听。诉讼信托这种实际上有利于债权人之权益保护的制度为什么被论断为“明显的反社会性”？上述观点并未给出令人信服的理由和论证。

5. 诉讼信托之禁止并非是一个世界惯例

所谓禁止诉讼信托是一个国际惯例，实际上是一个伪命题。有学者对禁止诉讼信托的规定予以考察后指出，综观各国的立法例，禁止诉讼信托之规定，不但为信托法制的发源地即英美法系所没有，而且在实施信托法已有相当久远历史的印度等诸国信托法中亦未曾一见，此种规定显然系1921年的日本信托法所首创。韩国1961年制定的信托法系脱胎于日本占领时所颁布的“朝鲜信托法”，继受了日本法中关于禁止诉讼信托的规定。我国台湾地区1996年颁布的“信托法”第5条亦规定“以进行诉愿或诉讼为主要目的者”，信托无效。②从该条款的立法理由之说明来看，不论在哪一个阶段提出的草案，都明白揭示该条款之规定系参考日本信托法第11条和韩国信托法第7条之规定而成立的。③由此可以看出，禁止诉讼信托的始作俑者是日本信托法，其后主要是受其影响的韩国和我国台湾地区，并不具有普遍性，不能称之为是一项立法上的“国际惯例”。我国2001年制定的《信托法》关于禁止诉讼信托的规定系移植了上述几种立法例之规定，但显然不能据此认为禁止诉讼信托之规定是遵循了“国际惯例”。

---

① 参见中野正俊、张军建著：《信托法》，中国方正出版社2004年版，第64~65页。

② 在台湾地区，诉愿是指针对行政机关违法或不当的行政处分所为的行政救济程序。

③ 参见朱柏松：《诉讼信托无效之规定的适法性探讨》，载台湾《月旦法学杂志》2001年第8期，第96、101页。

论我国投资合同专属管辖权

■ 何其生*

目　录

一、投资合同专属管辖权的利弊分析及异议
二、国际社会确定投资合同管辖权的规定和走向
三、我国在投资合同争议解决上的管辖权规避和仲裁化引导
四、我国有关投资合同管辖权规定的改进与完善

投资合同①专属管辖权的规定在我国吸引外资过程中，作为保护我国当事人利益的安全阀，曾发挥过重要的作用。今天，我国在吸引外资方面取得了巨大的成功，② 在相关外资立法和对待外资的经验上也都日渐成熟，而且随着投资自由化的发展以及加入 WTO，我国在外国投资者的待遇、外资国有化、特许协议的法律性质以及国际投资争端的解决等方面向发达国家作出了不同程度的妥协。③ 在此背景下，继续维持投资合同专属管辖权规定的必要性和合理性受到了人们的质疑和关注。

一、投资合同专属管辖权的利弊分析及异议

投资合同作为一种涉外合同，其当事人一方是外国法人或自然人，另一方则为东道国

* 武汉大学国际法研究所副教授、法学博士。

① 投资合同的范围一直存在着较大的争议。本文出于行文的方便特指中外合资经营企业合同、中外合作经营企业合同和中外合作勘探开发自然资源合同。

② 截至 2003 年底，外商对华投资累计设立企业465 277家，合同外资金额9 431.30亿美元，实际使用外资金额5 014.71亿美元。目前来华投资的国家和地区已超过 180 个。全球最大的 500 家跨国公司已有 400 多家来华投资。资料来源于中华人民共和国商务部：《2004 年中国外商投资报告》。截止 2004 年 12 月底，全国共批准外商投资企业508 941个，合同外资10 966.08亿美元，实际使用外资5 621.01亿美元。资料来源于中华人民共和国商务部外国投资管理司：《2004 年 01-12 月份利用外资统计简表》。

③ 有关论述可参见徐崇利：《国际投资法中的重大争议问题与我国的对策》，载《中国社会科学》1994 年第 1 期，第 23～38 页。

的法人或自然人，有时甚至是东道国的政府机构。由于投资直接涉及经济利益的分配和一国经济的发展，在1991年进行民事诉讼立法时，我国将投资合同排除在普通的合同管辖标准之外，归入专属管辖之列。《民事诉讼法》第246条规定："因在中华人民共和国履行中外合资经营企业合同、中外合作经营企业合同、中外合作勘探开发自然资源合同发生纠纷提起的诉讼，由中华人民共和国人民法院管辖。"

（一）投资合同专属管辖权的积极性功能

一般来说，专属管辖权最重要的功能是：有关国家对特定范围内的民商事案件无条件地保留其受理诉讼和作出裁决的权利，从而排除其他国家法院对这类民商事案件的管辖权。世界各国一般都在其诉讼立法及其参与缔结的有关国际条约中，把标的与国家的公共政策密切相关的那些法律关系，或者是那些与国家的政治或经济问题密切联系的法律关系，隶属于内国的专属管辖权，从而排除其他国家法院的管辖。① 因此，我国民事诉讼法在投资合同争议上规定了专属管辖权，该争议就只能由中国法院管辖。

其次，如果外国法院不遵守中国法律关于投资合同专属管辖权的规定，而对有关争议行使管辖权，则其作出的判决将不会得到我国法院的承认与执行。在国际民事诉讼中，若一国不尊重他国的专属管辖权，其判决通常得不到他国的承认和执行。如2001年《欧盟理事会民商事件管辖权及判决的承认与执行规则》② 第22条和第35条的规定，如果判决违反一缔约国的专属管辖权，则该判决不应得到承认和执行。1971年海牙《民商事件外国判决的承认和执行公约》第12条中也规定："在下述情况下，被请求当局可以不承认原审法院有管辖权：（1）审理在国外已作出判决的诉讼，根据诉讼标的或当事人的协议，被请求国法律给予其法院以专属管辖权……"专属管辖权的这一功能间接地排除了外国法院的管辖权，保留了内国法院对相关案件专属管辖的权力。

再次，在我国，投资合同的专属管辖权还有排除当事人选择他国法院进行诉讼的功能，以防止一方当事人利用自己的优势地位强迫另一方当事人选择他国法院诉讼，从而规避我国法院对投资合同争议专属管辖的情况。根据1992年《最高人民法院关于适用〈中华人民共和国民事诉讼法〉若干问题的意见》第305条的规定，"属于中华人民共和国人民法院专属管辖的案件，当事人不得用书面协议选择其他国家法院管辖。但协议选择仲裁裁决的除外"。这一规定也为仲裁解决投资争议留下了空间。

（二）投资合同专属管辖权的消极性影响

投资合同专属管辖权尽管具有上述三种功能，能够很好地维护内国法院审理投资合同案件的特别权限，维护内国的利益，但投资合同专属管辖权也有消极性一面。通常，专属管辖权只能由一个国家管辖，是一种单方面的指引。这种规定首先在立法上留下了缺口。例如，在中国履行的中外合资经营合同由中国法院管辖，那么，对于在中国履行的外资企业合同以及在外国履行的由中国公司参与的合资经营企业合同，该由哪国法院管辖？法律

---

① 参见黄进主编：《国际私法》（第2版），法律出版社2005年版，第642页。

② 欧盟理事会2001年第44号规则（Official Journal L 12 of 16. 1. 2001），该规则已于2002年3月1日生效。除丹麦外，该规则替代了1968年订于布鲁塞尔《关于民商事件管辖权及判决执行的公约》。

没有明确的指引。实际上，在当今日益开放并讲究平等互利的国际社会中，各国通常严格限制专属管辖权的适用范围。在具体的立法上，各国通常采用双边性管辖权规则，通过相关管辖权根据的指引，即可能由内国法院管辖也可能由外国法院管辖，以保证它们能够适应当今世界频繁而复杂的国际经济、民事交往的需要。

另外，专属管辖权也凸显了对内国利益的保护。如我国对于投资合同专属管辖的规定，由于只能在中国进行诉讼，对于中外双方投资者而言，中方投资者无疑在法律制度、证据调取、语言文化、公共政策、价值观念、甚至人际关系上具有一定的优势，当然也并不排除法官在利益保护上的内倾趋向。这无疑是每个外国投资者所竭力避免的事情。

（三）投资合同专属管辖权的异议

《民事诉讼法》关于投资合同专属管辖权的规定是我国所特有的，在相关国家立法和国际条约中几乎找不出类似规定。从规定本身的内容来说，根据传统上我们对“合同争议”的理解，“凡是双方当事人对合同是否成立、合同成立的时间、合同内容的解释、合同的履行、违约的责任，以及合同的变更、中止、转让、解除、终止等发生的争议，均应包括在内”。① 那么单就字面来理解，《民事诉讼法》第 246 条容易产生如下歧义：因“履行”合营企业合同而发生的争议属于我国专属管辖，而对于合同的成立问题是否专属于我国法院管辖则不置可否。这种规定本身就存在一定的疏漏。而如果从法理上来推析，值得商榷的地方仍有不少。

首先，客观地说，随着我国市场经济的确立和发展，中外合资经营企业和中外合作经营企业作为市场的主体之一，与其他市场主体并没有太多的差异，因此，确立这类企业合同的管辖权也不应该有特殊性。如果说仅仅是因为它们涉及投资行为而具有特殊性的话，那么，实际上每一种涉外合同都具有特殊性，如买卖、金融、保险等合同，而且都涉及利益的分配。我们不能因为合同具有某些特殊性或涉及利益分配就将它们专属管辖。而且若加以比较就可以看出，中外合资经营企业、中外合作经营企业与外资企业除了主体不同，其他并无差别。它们成立的合同都可能涉及在中国的不动产以及企业的成立、有效或无效等问题。

其次，从契约自由的角度来看，根据我国《中外合资经营企业法》第 1 条和《中外合作经营企业法》第 1 条的规定，中外合资经营企业合同和中外合作经营企业合同（以下就这二者简称“合营企业合同”）的主体：一方是外国的企业和其他经济组织或者个人，一方是中国的公司、企业或其他经济组织。由此可以看出，这两类合同属于私人之间的契约行为，特殊之处可能在于它们处理的是投资行为。但在一个开放成熟的市场中，私人之间的契约行为就应该遵守私法自治原则。双方是否能够达成合意不仅决定着投资合同订立，而且双方合意的内容也决定着未来利益的分配、企业的发展走向，等等。但私人之间的自主行为却采用专属管辖权，似乎有违契约自由和私法自治的精神。

再次，作为直接投资的形式，除了中外合资经营企业、中外合作经营企业和中外合作勘探自然资源合同外，还有其他一些投资的形式，如外商独资企业、外商合资企业和外商投资股份制。而法律只就这前三种企业成立的合同规定了专属管辖权，对其他投资形式则

---

① 1987 年最高人民法院《关于适用〈涉外经济合同法〉若干问题的解答》第二部分。

未置可否，这本身就缺乏共同的法理学基础。另外，外资在中国从事企业投资及经营行为，不仅涉及利益的获取和税收问题，而且外资企业和外商投资股份制像中外合资经营企业、中外合作经营企业一样，有可能因投资涉及不动产或企业的成立、有效或无效，它们之间除了当事人有一方身份不同外，其他并无太大差异。因此，没有理由作出不同的管辖权规定。今天外资企业成为众多投资形式中最为活跃的一种，外资企业和外商投资股份制增幅迅速。相对而言，中外合资经营企业和中外合作经营企业在项目数量上开始出现负增长的现象，中外合作企业在2004年实际使用的外资上出现负增长。① 没有规定专属管辖权并没有给我们带来明显的利益损失。投资合同作为平等主体之间联合投资经营的一种形式，各方当事人都存在着一定投资风险，在市场已经比较成熟的今天，我们更应该以一种开放、平等、自由的心态来对待中外各方当事人。

对于投资合同的专属管辖权，理论界质疑的不少。有人认为，它是计划经济的产物并在特定时期具有价值，但在现代市场经济并特别强调契约自由的环境下不应该继续存在。② 有学者在早些时候谈及内地与香港区际管辖权冲突时就指出，随着香港的回归，中港合资经营企业合同、合作经营企业合同以及合作勘探开发自然资源合同纠纷等专属管辖权的规定应逐步放弃。③ 放弃投资合同专属管辖权的规定在司法实践中也引起了一定的共鸣。一些法官就认为我国专属管辖的范围不太合理，难以得到国际社会的承认。因此，“应对此加以限制，对中外合资和中外合作的合同纠纷可不纳入专属管辖范围，以适应加入世界贸易组织后的需要……”④

投资合同的专属管辖权不仅在理论上和实务中引起关注，在国际条约的谈判中也面临着这一问题。在早期海牙国际私法关于《民商事管辖权和外国判决公约》的谈判过程中，就曾涉及如何处理我国的专属管辖权问题。⑤ 在2005年6月海牙国际私法会议所达成的《法院选择协议公约》中，也面临着是否将“投资合同”排除在当事人协议管辖之外的问题。因此，在世界各国尤其是发展中国家都在修订本国的投资法、改善投资环境、放宽外资限制，我国在吸引外资上也面临着一定压力的情况下，⑥ 如何规定我国投资合同的管辖权问题？使其既能维护我国国家和当事人的利益，又不至于成为投资增长的窒碍，无疑是我们需要关注的问题。

---

① 参见中华人民共和国商务部外国投资管理司：《2004年01-12月份利用外资统计简表》，相关资料亦可参见中华人民共和国商务部外国投资管理司的网站。

② 参见彭奕：《论国际民事诉讼中的专属管辖权》，载《中国国际私法学会2004年年会论文集》（下卷），第709～710页。

③ 参见陈力：《内地与香港民事管辖权的冲突与协调》，载《中国国际私法与比较法研究》第4卷，法律出版社2001年版，第465页。

④ 广州市中级人民法院民三庭：《论内地与香港区际平行诉讼》，载《人民司法》2005年第8期，第11页。

⑤ 该公约因为各国之间分歧较大，而没有最终成文。海牙国际私法会议于2005年6月达成的《排他性法院选择协议公约》是该公约的一个延续。

⑥ 相关情况可参见联合国贸易和发展会议：《2004年世界投资报告》，第12～16页。也可参阅徐泉著：《国际贸易投资自由化法律规制研究》，中国检察出版社2004年版，第504页。

二、国际社会确定投资合同管辖权的规定和走向

在当前世界经济活动中，吸引外资已成为各国普遍采用的一种国际资金融通形式。发达国家由于经济及技术发展水平较高，对外国投资一般倾向于采取自由开放的政策。除少数例外，它们一般不对外国投资进行系列性的特别规定；其适用于内国投资的法规，往往同样适用于外国投资。①因此，这些国家很少对投资合同规定专属管辖。发展中国家为吸引投资，越来越淡化内国法院对外资的管辖，并对投资争议作仲裁化的引导。

（一）国际私法及民事诉讼法领域②

在国际民事诉讼中，英美法系国家通常将诉讼划分为对人诉讼和对物诉讼。对人诉讼的管辖权以有关诉讼的传票能否送达给被告人为基础；③ 对物诉讼的管辖权则以有关当事人的住所或习惯居所在法院国境内或有关标的物在法院国境内为基础。④ 实践中，不仅上述确立管辖权的标准极为弹性，而且法官也具有较大的自由裁量权。因此，这些国家无需规定专属管辖权，在它们的法律中也没有严格的专属管辖权的规定，就更不要说投资合同的专属管辖问题了。⑤

相对于普通法系国家，成文法国家的法官一般应按照法律的规定来严格行使管辖权，其自由裁量权较小。在发生管辖权竞合或者在某些领域该国有重要利益需要维护的时候，该国就可依专属管辖权条款审理该类案件。当他国不尊重该国的专属管辖权的时候，它就可以根据间接管辖权中的专属管辖权规定拒绝外国判决的承认与执行。但是当一国的专属管辖权过于宽泛，或者外国认为该国的专属管辖权与其本国或国际通行规则不一致或不合理时，该国的专属管辖权就不会得到尊重。从而在管辖权的确立以及判决的承认与执行方面也不会得到他国的认可。

对以大陆法系为主体的欧盟而言，2001 年《欧盟理事会民商事件管辖权及判决的承认与执行规则》关于专属管辖的事项有：以不动产物权或其租赁为标的的诉讼；以公司、其他法人组织、自然人或法人的集合体的有效成立、撤销或歇业清理，或以有关机构决议的有效性为标的的诉讼；以确认公共登记效力为标的的诉讼；有关专利、商标、设计模型或必须备案或注册的其他类似权利的注册或效力的诉讼；有关判决执行的诉讼。⑥ 该规则并没有将投资合同列入其中。

---

① 参见陈安主编：《国际经济法学》，北京大学出版社 1994 年版，第 287 页；姚梅镇：《国际投资法》，武汉大学出版社 1989 年版，第 43～57 页。

② 由于国际私法通常包括管辖权、法律适用、判决和仲裁裁决的承认与执行三个部分，一般情况下，一国关于涉外民商事案件专属管辖权的规定不是在国际私法的立法中，就是在民事诉讼法的涉外民事诉讼部分。

③ *See* J. H. C Morris. *The Conflict of Laws*. 4th ed. 1993. p. 60.

④ 参见［德］马丁·沃尔夫著：《国际私法》，李浩培等译，法律出版社 1988 年版，第 118～146 页。

⑤ 由于英国是欧盟的成员国，其在一定程度上可能要受 2001 年《欧盟理事会民商事件管辖权及判决的承认与执行规则》第 22 条的约束。

⑥ 2001 年《欧盟理事会民商事件管辖权及判决的承认与执行规则》第 22 条。

其他像秘鲁、瑞士、日本、俄罗斯、朝鲜、委内瑞拉、突尼斯、斯洛文尼亚、哈萨克斯坦、蒙古以及参加《布斯塔曼特法典》（Bustamante Code）的拉丁美洲15个国家等①均未规定对投资合同进行专属管辖。国际统一私法协会新近编纂的《跨国民事诉讼规则》（2004年最新草案）也没有对投资合同进行专属管辖。在2005年海牙《法院选择协议公约》的谈判过程中，我国投资合同专属管辖权的规定就曾经被认为不应纳入专属管辖权的范畴。

海牙国际私法会议1992年根据美国代表的建议曾试图达成一个"民商事管辖权和外国判决"的全球性公约。在草案的制定之初，专属管辖权条款的制定与否在制定公约的特别委员会中受到了广泛的争议，尽管相当数量国家的立法以及区域性条约中规定了这样的条款，但是，这仍不足以使起草公约的特别委员会确信需要在该公约中规定专属管辖权条款。由于专属管辖权条款实际上是在国家之间就某些类型的管辖权作了一个非常严格的划分，从而让人怀疑它的实际价值。不过，特别委员会最后在对专属管辖权的范围进行严格限制后还是对其作出了规定，但认为应尽量将它们限定在必须适用的情形中。② 在1999年海牙《民商事管辖权和外国判决公约（草案）》③ 第12条中关于专属管辖权规定如下：

（1）以不动产物权或不动产租赁为标的的诉讼，由该不动产所在地的缔约国法院专属管辖，除非在以不动产租赁为标的的诉讼中，承租人惯常居所在另一国；

（2）以法人的有效、无效、解散，或其机构决定的有效、无效为标的的诉讼，由支配该法人的法律所属的缔约国法院专属管辖；

（3）以公共登记项目的有效、无效为标的的诉讼，由登记保存地缔约国法院专属管辖；

（4）以专利、商标、外观设计或其他要求注册或登记的类似权利的登记、有效、[或] 无效 [或撤销或侵权] 为标的的诉讼，由注册或登记申请地、注册或登记地、或根据国际公约被视为注册或登记地的缔约国法院专属管辖。但本规定不适用于版权或邻接

① 参见1984年《秘鲁民法典》、1987年《瑞士联邦国际私法法规》、《日本新民事诉讼法》（白绿铉编译，中国法制出版社2000年版）、《俄罗斯联邦民事诉讼法》（张西安、程丽庄译，中国法制出版社2002年版）、1995年《朝鲜人民民主主义共和国涉外民事关系法》、1998年《委内瑞拉国际私法》、1998年《突尼斯国际私法典》、1999年《斯洛文尼亚共和国关于国际私法与诉讼法的法律》、1999年《哈萨克斯坦共和国民事诉讼法典》、2002年《蒙古民事诉讼规则》以及1928年《布斯塔曼特法典》等。

② Report on the Preliminary Draft Convention on Jurisdiction and Foreign Judgments in Civil and Commercial Matters (Prel. Doc. No 11 of August 2000), drawn up by Peter Nygh and Fausto Pocar, pp. 64-65, available at (visited 10th Oct., 2004) http: //www. hcch. net.

③ 该公约因各国分歧太大，而最终未能达成。但从该公约中关于专属管辖权的规定，能反映出国际上关于专属管辖权所适用的大致范围。

权，即使有可能对这些权利进行登记或注册。①

从上述的规定来看，该规则基本上采用了2001年《欧盟理事会民商事件管辖权及判决的承认与执行规则》的规定，与我国《民事诉讼法》的规定则相差甚远。我国所特别强调的投资合同的专属管辖权并没有被大多数国家所接受。

（二）投资法领域：争议解决的仲裁化趋势

上述国际私法和民事诉讼法领域，各国没有规定投资合同的专属管辖权。在投资法领域，各国在不否认本国管辖权的同时，更多地强调投资争议解决的仲裁化和自由化选择方法。

1. 多边和双边投资协定中争议解决的仲裁化

投资自由化的趋势不仅使发达国家将高标准的外资保护水平强加于发展中国家，而且由于发达国家传统上就对发展中国家的争议解决机制不信任，常常以此类争议具有“国际性”、发展中国家法制不健全、容易出现因无法可依而不能处断的现象、东道国司法或行政机构有偏袒本国政府以及歧视外国投资者的倾向等理由，反对东道国国内管辖，主张通过国际仲裁并适用国际法来解决国际投资争议。② 由于欠缺能为两类国家共同愿意接受的解决方法，因此在国际层面上就需要中立的形式来调和双方的分歧。1965年的《解决国家与他国国民间投资争议公约》（以下简称ICSID公约）就应时所需，创设了一个独立于各国的国际组织——解决投资争议国际中心（即ICSID）。对于一方为国家，另一方为他国国民的直接投资争议采用仲裁的方法解决。之后的国际条约几乎毫无例外地都确立了争议解决的国际化和仲裁化，如《多边投资担保机构公约》、1994年《北美自由贸易协定》（North America Free-Trade Agreement，简称NAFTA）、1994年广大的独联体成员国和

---

① 参见《中国国际私法与比较法年刊》第3卷，法律出版社2000年版，第697～698页。该规则很大程度上沿袭了2001年《欧盟理事会民商事件管辖权及判决的承认与执行规则》第22条：

第22条　下列法院将有专属管辖权而不问住所何在：

（1）以不动产物权或其租赁为标的的诉讼，专属财产所在地的成员国法院。

然而，以不超过连续6个月期限供私人临时使用的不动产租赁为标的的诉讼，被告住所地成员国法院也有管辖权，只要承租人为自然人，并且出租人和承租人在同一成员国有住所。

（2）以公司、其他法人组织、自然人或法人的集合体的有效成立、撤销或歇业清理，或以有关机构的决议的有效性为标的的诉讼，专属该公司、法人组织或集合体所在地的成员国法院。为决定所在地，法院将适用其本国的国际私法规则。

（3）以确认公共登记效力为标的的诉讼，专属保管登记簿的成员国法院。

（4）有关专利、商标、设计模型或必须备案或注册的其他类似权利的注册或效力的诉讼，专属业已申请备案或注册或已经备案或注册，或按照共同体法律文件或者国际公约之规定被视为已经备案或注册的成员国法院。

不影响根据1973年10月5日慕尼黑签订的欧洲专利授予公约建立的欧洲专利局的管辖权，每一成员国法院对授予该国的欧洲专利的注册或效力的诉讼具有专属管辖权，而不论住所之所在。

（5）有关判决执行的诉讼，专属已执行或将要执行判决的成员国法院。

参见《中国国际私法与比较法年刊》第5卷，法律出版社2002年版，第594～595页。

② 参见徐崇利：《国际投资法中的重大争议问题与我国的对策》，载《中国社会科学》1994年第1期，第31页。

东欧国家与主要西方发达国家缔结的《能源宪章条约》（Energy Charter Treaty，简称ECT）。后两个条约甚至给予了投资者对仲裁程序单方面发起的选择权，且不需要任何事先存在的仲裁协议。①

20世纪90年代以来，随着国际投资自由化程度的不断深入，双边投资保护协定（Bilateral Investment Treaties，以下简称BITs）的数量迅速增加，成为晚近国际法发展最快的领域之一。② 这些协议中包含了对外国投资者的承诺，保证其不受歧视，不会被无条件征收，会受到国际法的保护，等等。这些国家在做出承诺时是毫不犹豫的，但有些政府却认为这种承诺是不受国际控制的，而是由自己国家法院专属管辖。但反对者则认为这对外国投资者是不公平的。一个国家是否违背了国际承诺，不应由其自己的官员决定；一个国家的责任不应由其自己的法院做出认定。在国际法下，一国法院的地位同国内其他机构是一样的。如果一国既是法院，又是当事人，那么国际承诺就没有意义了。③ 因此，BITs中规定通过国际仲裁解决投资争议，也就自然而然了。据对1985年后缔结的880个BITs的研究表明，其中的绝大多数采用了强制提交国际仲裁的规定。④ 即一旦缔约一方的投资者提出要求，缔约另一方即应无条件地将投资争端提交国际仲裁。

2. 发展中国家外资立法的自由化改革

20世纪90年代以来，广大发展中国家为了发展民族经济，转而实行鼓励吸引外资的政策。为了改善投资环境，就国际投资的保护问题，发展中国家在法律包括争议解决机制上对发达国家作了不同程度的妥协。在1991～2002年期间的1641项外国直接投资政策修订中，95%的修订有利于外国直接投资。⑤ 在现代的外资立法中，发展中国家在主张东道国法院管辖权的同时，更多的笔墨用于投资争议的友好协商和国际仲裁。有一些国家的外资立法甚至只就国际仲裁做出规定。

首先，"当地救济"原则被越来越多地放弃。不言而喻，东道国对于国际投资争议具有司法管辖权。而且过去，拉美国家在此问题上长期奉行"卡尔沃主义"，主张国际投资争端应由东道国法院管辖，并以东道国的国内法为准据法，反对通过国际仲裁和国际司法途径解决。通过发展中国家的努力，"用尽当地救济"规则已经形成人们内心的确信，成为国际习惯法的一个重要原则。在1987年的Elsi案中，国际法院就明确指出，"用尽当地救济"为国际习惯法的一项重要原则，在缺乏有清晰的意图将予以放弃的措词时，不应

① 参见《北美自由贸易协定》第1116～1122条，《能源宪章条约》第26条。

② *See* K. J. Vandeveld. *the Economics of Bilateral Investment Treaties*. Harv. I. L. J.. vol. 41. 2000. p. 467.

③ 参见Jan Paulsson（巴黎富尔德律师事务所合伙人、世界银行行政庭法官）在第十七届国际商事仲裁大会上的发言《接受国际法不是一种牺牲，而是符合本国利益》，载《国际金融》2002年第7期，第30页。

④ *See* A. R. Parra. *Provisions on the Settlement of Investment Laws, Bilateral Investment Treaties and Multilateral Investment Treaties on Investment*. *ICSID Review—Foreign Investment Law Journal*. vol. 12. 1997. pp. 322-323.

⑤ 联合国贸发会议2003年世界投资报告：《外国直接投资政策促进发展：国家和国际透视》，第17页。

作默认放弃的推定。① 但晚近各发展中国家所签订的 BITs 却完全给我们一个相反的印象。越来越多的 BITs 明确放弃了“当地救济”的要求；或规定一旦双方磋商不成，外国投资者即可提起仲裁；或规定是否提请“当地救济”应由外国投资者决定。这些规定在一定程度上意味着东道国政府默示地放弃了对“当地救济”的要求。

据对 20 世纪 90 年代签订的 409 个 BITs 的统计，只有 5 个规定了“当地救济”要求。在其余的 BITs 中，有 20 个明确排除了“当地救济”要求；默示放弃的有 345 个。另有 28 个虽要求外国投资者寻求“当地救济”，但在一定的期限（一般为 6、12 或 18 个月）届满后，即可提请仲裁。而在大多数东道国（发展中国家），在上述期限内，外国投资者一般是难以拿到终审判决的。因此，这样的规定政治意义大于法律意义。②

其次，投资争议解决的仲裁化越来越明显。对于各国投资法中关于争议解决机制的规定，笔者尽可能地收集到了 20 世纪 90 年代之后的 42 个发展中国家的法律规定，各国规定的情况图表示例如下：

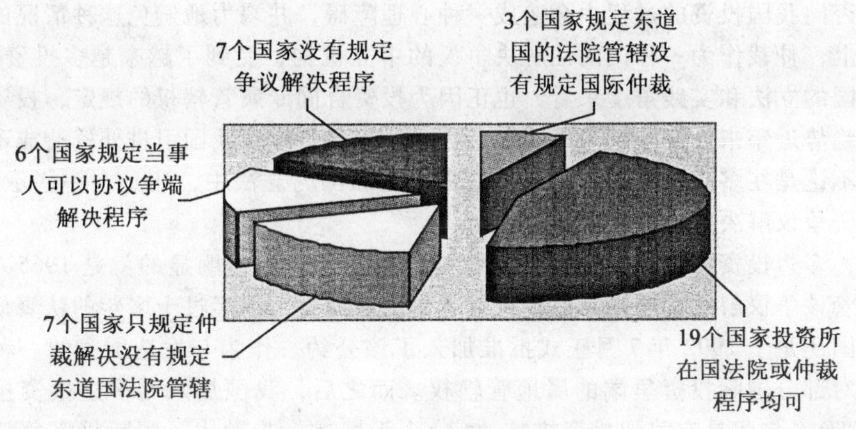

发展中国家争议解决方式图

从上述的统计，我们可以看出，发展中国家对于争议的解决机制，越来越持开放的态度，规定仲裁解决或当事人可以协议解决投资争议也占有较大的比重。尽管我们不能断然地说那些没有规定东道国法院管辖的国家放弃了本国的专属管辖权，但至少不像我国传统理论上所主张的那样，特别强调外资诉讼的专属管辖。1967 年在雅典召开的国际工业发展讨论会曾建议联合国工业发展组织，为建立合营企业进行双边或多边谈判的国家制定协议样本。在后来该组织制定的《发展中国家合营企业协议起草指南》“第九章 解决争端”中曾明确地建议：

---

① *See* P. Peters. *Exhaustion of Local Remedies: Ignored in Most Bilateral Investment Treaties. Netherlands International Law Review*. vol. 44. 1997. p. 237. 也可参见詹宁斯、瓦茨修订：《奥本海国际法》第 1 卷第 1 分册，中国大百科全书出版社 1995 年版，第 414 页。

② 引自徐崇利：《双边投资条约的晚近发展述评——兼及我国的条约实践》，载陈安主编：《国际经济法论丛》第 5 卷，法律出版社 2002 年版，第 306 页。

"几乎所有合营企业协议都明确规定，应通过仲裁解决那些悬而未决的争议。"①

"由于上述种种原因，用诉讼程序解决合营企业的争议是行不通的。但由于伙伴双方要'生活'在一起，以及因未能解决争议和由此产生的合营公司活动的混乱而导致的关系破裂，会使双方的共同生活更加困难，所以尽快解决争议是十分重要的。根据经验，一般合营企业的各方把他们同合营企业之间的争议，以及他们相互间的争议提交法院按诉讼程序解决，是不明智的。"②

可见，整个国际社会都在引导投资争议的非诉讼化解决，内国法院对投资争议管辖权的规定日渐淡化。像我国这样对投资合同进行专属管辖的规定，不仅没有因为其单方面的利益保护而得到其他发展中国家的认可，相反却成为国际社会法律规定的另类。

三、我国在投资合同争议解决上的管辖权规避和仲裁化引导

由于投资合同专属管辖权的规定不仅在立法上留下许多缺口，而且更明显的是强调内国单方面利益的保护，这对于发生纠纷后的外国投资者来说，无疑处于一种劣势。因此，在决定是否向我国投资的过程中会造成一种心理障碍，并竭力地避免这种情况的发生。在一定程度上，仲裁作为一种民间性解决争议的中立机构，受到了越来越多投资者的青睐。而且从我国的立法和实践角度来看，也正因为投资合同专属管辖权的规定，投资争议解决的仲裁化趋势近年来在我国越来越明显。为避免专属管辖对我国引进外资造成不必要的障碍，我国不论是在多边投资公约、双边投资协定和国内立法中，还是在一些示范合同中，都强调投资争议解决的仲裁化。

其一，多边投资协定与我国投资争议解决的国际化。最明显的就是 1965 年的 ICSID 公约，尽管该争议解决机制是为保护投资者的利益而生，但经过十多年的认真研究和反复考虑，我国还是于 1992 年 7 月正式批准加入了该公约。作为与发达国家的一种妥协，我国放弃了对部分国际投资争端的属地管辖权。而之后，我国加入《多边投资担保机构公约》和 WTO《与贸易有关的投资措施协定》，无疑进一步融入了国际投资争议解决的国际化进程。

其二，双边投资协定与我国投资争议解决方式的仲裁化。为适应对外开放的需要，吸引外国投资者来华投资，截至 2005 年初，中国已经与 100 多个国家签订了 BITs，其中半数以上已经生效。目前笔者总共收集到我国与外国缔结的 99 个 BITs，③ 关于缔约一方的国民或公司与缔约国的投资争端的解决方式主要规定有以下几类：

（1）争端双方友好协商解决，未能协商友好解决的，可以将争议提交"投资所在的缔约国"或"有权接受投资一方的法院"，也可将争议提交"ICSID"或专设的仲裁庭。与中国订立此类协定的有 77 个国家。

---

① 姚梅镇主编：《国际经济法教学参考资料选编》（中册），武汉大学出版社 1992 年版，第 523 页。

② 姚梅镇主编：《国际经济法教学参考资料选编》（中册），武汉大学出版社 1992 年版，第 526 页。

③ 其中有两个是与德国，1983 年中德关于促进和相互保护投资的协定应被 2003 年新的协定所取代，两个与芬兰，2005 年的新协定替代了 1984 年 9 月 4 日在北京签订的《中华人民共和国政府与芬兰共和国政府关于保护投资的协定》。与前苏联的协定因苏联的解体而未列入统计之列，实际上为 96 个。

（2）争端经双方磋商解决不成，外国投资者可将争端提交仲裁，没有要求事先应寻求“当地救济”：中国与西班牙、英国、菲律宾和瑞士双边投资协定。

（3）没有规定磋商要求，争端可直接提交国际仲裁：此类协定有13个。

（4）突出法院在争议解决中的作用：中国与泰国的双边投资协定。①

（5）没有规定投资争议解决方式：中国与瑞典的双边投资协定。

上述第二、三种情况无疑是趋向于投资争议解决的仲裁化。而就第一种情况而言，尽管一般的BITs都规定了三种解决方式，但有些不要求先寻求当地救济，如中国与塞浦路斯、波斯尼亚和黑塞哥维那、巴巴多斯、博茨瓦纳、朝鲜、圭亚那、塞拉里昂的BITs就没有强制性的规定。有些明显偏向于仲裁，如《中华人民共和国政府和拉脱维亚共和国政府关于促进和保护投资的协定》第9条第2款中规定：“一旦投资者已决定将争议提交相关缔约方的有管辖权的法院或‘解决投资争端国际中心’，对上述两种程序之一的选择应是终局的。但是，已将争议提交国内法院的投资者，如果在法院对争议事项作出判决前根据该缔约方法律撤诉的，仍然可以提交争议于本条第二款提及的仲裁庭。”而《中华人民共和国政府和新加坡共和国政府关于促进和保护投资协定》第13条第11款还规定：“仲裁应尽量在新加坡进行。”实际上，新加坡近几年在中国的投资一直居于前6位左右，通过BITs的形式规定仲裁应尽量在新加坡进行，不仅放弃了专属管辖权，甚至放弃了在中国仲裁的可能性。

而就可仲裁的“投资争端”的范围②而言，我国传统上比较强调“当地救济”，对于提交国际仲裁的范围常常集中于“征收补偿”的争端，但近年来可提交国际仲裁的争端范围越来越广。下表是笔者所考察的96个中外双边投资协定的情况。

可仲裁的争议	征收补偿争议	经双方同意的其他争端	就投资产生的任何争议	没有规定争议的范围	总数
数目	60	20	14	2	96
所占比例	62.5%	20.8%	14.6%	2.1%	100%

① 《中华人民共和国政府和泰王国政府关于促进和保护投资的协定》第5条第2款：“上述任何征收、国有化或类似措施的合法性，应由采取征收措施的缔约一方有管辖权的法院进行审查。”

② 国际上整体的趋势是国际仲裁庭可受理的投资争端范围越来越广。有的甚至超出了“投资”的通常含义，1982年《日本—斯里兰卡投资协定》允许投资者把“金钱请求权或具有商业价值的合同履行请求权”争议提交“中心”解决。*See* Jan Paulsson. *Arbitration without Privity. ICSID Review-FILJ*. vol. 10. 1995. pp. 238-239. 而且大多数BITs规定，“与投资有关联的”（in connection with the investment）争端、与“投资相关的”（related to the investment）争端、“与投资有关的”（in respect to the investment）争端或“涉及投资的”（concerning the investment）争端，应提交仲裁。丹麦、芬兰、法国、德国、荷兰、挪威、瑞典、瑞士和英国等对外签订的BITs中就有这样的条款。此类条款所确定的投资争端的范围最为广泛，哪怕争端与BITs无关，也可提交仲裁解决。*See* UNCTAD. *Bilateral Investment Treaties in the Mid-1990s*. UN. 1998. p. 90. 转引自徐崇利：《双边投资条约的晚近发展述评——兼及我国的条约实践》，载陈安主编《国际经济法论丛》第5卷，法律出版社2002年版，第310页。

从上述统计可以看出，仲裁解决投资争议已成为 BITs 最基本的内容之一，也是解决投资争议最核心的方式之一。而且我们可以从前述这 96 个协定中清晰地发现其发展的趋势：最早的 BITs 如 1983 年中国与前联邦德国等 BITs 都只规定了仅涉及"征收补偿"的争议方可提交国际仲裁；之后的一些 BITs 在提交国际仲裁的争议解决范围上有所松动。如 1985 年与科威特的 BIT 就规定外国投资者可将征收补偿额的争端提交仲裁，"经当事双方同意"，也可将与征收补偿额以外的任何"其他争端"提交国际仲裁。而 2001 年之后与波斯尼亚和黑塞哥维那、科特迪瓦、塞浦路斯、拉脱维亚、德国、贝宁、圭亚那等所达成的十多个 BITs 则持开放的态度，应投资者的请求，可以将"就投资产生的任何争议"提交仲裁。可见，我国整体上对国际仲裁越来越持认可的态度，渐趋放开了可仲裁争议的范围。

其三，国内法与投资争议解决的自由化选择。为避免专属管辖对我国引进外资造成不必要的障碍，我国在《中外合资经营企业法》、《中外合作经营企业法》、《对外合作开采海洋石油资源条例》、《对外合作开采陆上石油资源条例》等法律文件中都规定了允许仲裁解决投资争议的条文。① 如 2000 年修正的《中外合作经营企业法》第 25 条就规定："中外合作者履行合作企业合同、章程发生争议时，应当通过协商或者调解解决。中外合作者不愿通过协商、调解解决的，或者协商、调解不成的，可以依照合作企业合同中的仲裁条款或者事后达成的书面仲裁协议，提交中国仲裁机构或者其他仲裁机构仲裁。中外合作者没有在合作企业合同中订立仲裁条款，事后又没有达成书面仲裁协议的，可以向中国法院起诉。"这种有多种程序可供当事人选择的规定通常被人们称为自由化选择方法。

另外，我国政府在引进外资中，也通常在示范合同中列入仲裁条款。

中国的外商投资大多选择用仲裁来解决其争议，因为他们认为仲裁员是教授，是律师，是法官，是专业人士，而且有些仲裁人员本身就精通一定的商务专业知识。许多当事人认为，在中国，仲裁员是相对独立、相对公正的，不受外来影响，当事人信任他们，信任仲裁庭。在中国改革开放之初，刚刚吸引外资时，我们外经贸部曾为此做了一份示范合同，以后吸引的外商投资都是按照这一合同的范本来制订的，因此当出现合同纠纷时，大家就自然都来中国贸仲委仲裁了。开放以来的 20 多年间，出现过一些投资纠纷，当事人都是根据合同来中国贸仲委进行仲裁的。只是在最近，有些当事人开始选择香港、新加坡等地作为仲裁地。后来，在保护外国投资的双边协议中，我们又制定了一些仲裁条款。我们也曾为韩国、日本、德国以及欧洲的一些国家的外商投资作过示范合同，在合同中我们都建议一旦发生纠纷，应选择仲裁的途径来解决，这就是为什么中国大多数外商投资的争议都用仲裁解决的原因。②

就具体的投资争议而言，在我国，由于法院很少就合资、合作企业纠纷案件的审理量进行统计，笔者所能收集到关于法院受理案件的数据只有安徽省的统计，自 2002 年 4 月 1 日到 2003 年底，该省（三级）三个法院（合肥高新技术产业开发区法院、合肥市中级

---

① 现行的《中华人民共和国中外合资经营企业法》第 15 条、《中华人民共和国对外合作开采海洋石油资源条例》第 24 条、《中华人民共和国对外合作开采陆上石油资源条例》第 26 条都有类似规定。

② 张玉卿在第十七届国际商事仲裁大会上的发言《在中国，大多数外商投资的争议都用仲裁解决》，载《国际金融》2002 年第 7 期，第 30 页。

法院、省高级法院）受理合资合作合同纠纷案共为6件。① 但我国部分仲裁委员会受理的合资合作合同争议案却常常有一些统计：

中国国际经济贸易仲裁委员会②

时　　间	1998～2000	2001	2002
受案总数	1980	731	684
合资合作合同争议案（件）	621	200	192
所占当年受案比例（件）	31.3%	27%	28%

北京仲裁委员会2003年工作完成情况③

时　　间	2002年	2003年	增长	增长比例
受理案件总数	891	1029	138	15.49%
合资、合作案件所占比例	4.37%	4.67%	0.30%	6.86%

按照这个数字进行推算，投资合同专属管辖权的规定所能维护的利益并没有人们想像的那样重要，而仲裁解决投资争议似乎格外引人注目。这就在一定程度上降低了投资合同专属管辖这一规定的价值。

四、我国有关投资合同管辖权规定的改进与完善

关于投资合同专属管辖权的理由，除了前述所讨论的积极性功能外，我们认为主要在于主权因素和利益方面的关切。

首先，对于主权因素，作为发展中国家，我们一直比较注重对于主权的维护。投资因为涉及对外资管辖权的争夺，尤其是在征收、国有化等措施下更涉及主权问题，我们应该强调东道国对外资的管辖权。但对于将私人之间的投资合同争议规定为专属管辖，似乎值得商榷。东道国对外资的管辖权和私人之间投资合同争议的管辖权，是两个不同层面的问题，前者是一种立法管辖权，强调东道国对外资的管理、监督。后者则是一种司法管辖权，具体而言，是法院来判断当事人根据投资合同所享有和承担的权利义务。由于投资合同的主体，尤其是中外合资经营企业和中外合作经营企业的主体是一般性的企业、公司或其他经济组织，甚至是外方的自然人，它直接反映的是一般性利益的民商事关系，主体双方权利义务分配的方式和结果并不直接涉及国家主权问题。因此，双方在履行合同过程中产生的争议，应更多地借助于民商法的方法来解决，遵循当事人的合意，以任意性规范为主要的调整手段，而不能把这种争议与国家主权简单地并列，从而援引主权原则作出强制

① 资料来源于中国涉外商事海事审判网 http://www.ccmt.org.cn/，2005年1月16日访问。

② 本数据从中国国际经济贸易仲裁委员会所得，但亦可在其网站 http://www.cietac.org.cn/搜寻到该资料。

③ 本数据从北京仲裁委员会所得，但亦可在其网站 http://www.bjac.org.cn/搜寻到该资料。

性的规定。①

其次，利益方面的关切，主要是私人权利的主张会影响到国家的政治利益以及国家机构的利益大于当事人利益的案件中采用专属管辖权。② 或许上述内容能够构成一国规定专属管辖权的原因，但如果从契约自由、私法自治的角度，我们很难找寻合理的解释。因为我们很难说投资合同会直接影响到国家的政治利益以及国家机构的利益大于当事人利益。

再次，如果不规定专属管辖，很多人担心，外国投资方有可能利用自己的资金优势强迫中方同意选择外国法院管辖。对此问题，其一，合同是根据双方自愿协商而达成，中方有完全的自主权来决定是否签订合同。应该说，经过多年的经营和我国法制的不断完善，我国现在已经形成了良好的投资环境。同时，巨大的消费市场对外国投资者也有一定的吸引力。我们在吸引外资上还是有一定的选择性空间。因此，一般不可能存在强迫的情形。而且根据我国《合同法》第52条的规定，有下列情形之一的，合同无效：（1）一方以欺诈、胁迫的手段订立合同，损害国家利益；（2）恶意串通，损害国家、集体或者第三人利益；（3）以合法形式掩盖非法目的；（4）损害社会公共利益；（5）违反法律、行政法规的强制性规定。因此，中方完全有机会根据现有法律规定来维护自己的利益。

客观地说，即使在投资合同中，我国不规定专属管辖权，其诉讼也大都会在我国进行。一则，证据的取得、合同的签订和履行、当事人所在的位置等都可能位于中国境内；二则，如果在他国进行诉讼，不仅会增大诉讼成本，而且会涉及判决需要我国承认和执行问题，这无疑构成当事人进行诉讼时必须权衡的因素；三则，一般来说，合营企业合同不仅可能会涉及土地这类“不动产”问题，而且可能会涉及法人的成立、有效、无效、解散或我国有关机构决定其有效、无效等问题，因为中外合资经营企业在我国是以法人的身份进行运作，而且即使对于在我国设立的合作经营企业也几乎百分之百为有限责任公司。③ 与“不动产”有关的争议一般由不动产所在地法院专属管辖，这基本上已经成为国际上公认的惯例；而对于法人的有效、无效或解散等问题，由于法人设立并登记于我国，因此自然应属于我国法院专属管辖。也许对于在中国境内履行的投资合同在中国法院进行诉讼是一个自然而然的事情，但是，现有的法律规定不仅凸现了我国单方面的利益保护成为世界法律规定中的另类，而且反倒成为投资过程中，当事人故意规避的对象。因此，我们需要采取正确的策略，既能维护利益，又能为国际社会和投资者所认可。

（一）中外合作勘探开发自然资源合同

中外合作勘探开发自然资源合同既可能是两个平等的私人主体之间的合同，也可能是国家作为合同的主体。例如，在石油开采协议上，中国石油天然气总公司和中国海洋石油总公司是具有法人资格的国有公司，它们通过签订合同与外国投资者合作勘探开发；但在有些矿产和水资源的开发过程中，尤其是在BOT项目中，国家就可能成为其中的一方当

① 参见余华良：《关于中外合资经营企业合同强制法律适用的思考》，载《国际商务研究》1995年第4期，第37页。

② 参见李双元、谢石松著：《国际民事诉讼法概论》，武汉大学出版社1990年版，第166页。

③ 参见陈治东：《我国外商投资合同争议国内法适用抵触问题的思考》，载《法学》2002年第6期，第64页。

事人。

但不管是公司之间的合作，还是国家作为合同一方的当事人，中外合作勘探开发自然资源合同作为我国专属管辖权的对象，有着许多正当的理由。首先，合同涉及我国的自然资源，从政治利益上讲，根据国家对自然资源永久主权原则，此类合同直接关涉一国的主权权限，而主权是一个国家最高权力，无疑是不容剥夺的；其次，从经济利益上讲，自然资源诸如水、石油以及其他矿产资源等，与一个国家的经济发展紧密相连；再次，自然资源常常会涉及土地、矿山等一些不动产问题，根据不动产争议由不动产所在地法院管辖的惯例，中外合作勘探开发自然资源合同应由我国法院专属管辖。

不过，由于国家对自然资源永久主权原则实际上已经是国际公法的基本原则，它不仅体现在联大的一系列决议中，而且已得到各国的广泛认可。根据《各国经济权利义务宪章》的规定，每个国家对本国的全部财富、自然资源以及全部经济活动，都享有并自由行使完整的、永久的主权，其中包括占有、使用和处置的权利。因此，即使没有专属管辖权的规定，他国也没有理由来争夺我国对此类案件的专属管辖权，更何况此类案件还涉及不动产因素。出于此原因，我们认为不必对此种专属管辖权专门罗列。

（二）中外合资经营企业合同和中外合作经营企业合同

我国投资合同专属管辖权的规定，存在着特定的历史背景。客观上说，改革开放之初，对待外资经验不足，再加上没有相应法律的配合，作为保护我方当事人的利益而采取的特殊措施，这一规定无疑具有时代的必要性。经过 20 多年的改革开放和吸引外资，我国已成为仅次于美国之后的第二大外资流入国。在我国连续多年成为吸引投资的大国并不断融入国际投资自由化的今天，这种立法的方法则有些陈旧。我国法律规定在当今世界范围内明显的是一种另类。这种规定尤其凸现了我国法律的不足和对内国利益的片面保护。而实际上，我国在外资国民待遇、征收补偿和所获利润的汇出等方面，与发达国家如出一辙。出于对内国利益的维护，由中国法院专属管辖，其到底有多少偏袒的空间，尚无定数，而这种规定时下的不足却一目了然。我们在投资立法中也应注意立法方法和方式的灵活多样性，也即在强调内国利益保护的同时，注重保护方法和保护策略的中立性和灵活性。

这就要求我们在管辖权的立法上要考虑双边性管辖权根据，而这些管辖权根据又能够使绝大部分在中国境内履行的中外合资经营企业合同和中外合作经营企业合同在发生争议后，能够由中国法院管辖。从上述文章的分析可以看出，投资合同作为私法主体之间的一种争议，各国都尽量保留对该争议的管辖权，但很少国家明确规定为专属管辖。这不仅是因为国际上所通行的“不动产争议由不动产所在地法院专属管辖”和“以法人的有效、无效、解散，或其机构决定的有效、无效为标的的诉讼，由法人所在地法院专属管辖”的规定足以保证投资东道国对投资合同争议的专属管辖权，而且并没有彰显对内国利益的片面保护。因为三资合同基本上都要涉及土地、厂房或经营场所等不动产，而且在中国境内履行的中外合资经营企业合同、中外合作经营企业合同，基本上都是在中国成立相关法人企业。因此，上述两类管辖权规范就能够保证在中国境内履行的中外合资经营企业合同和中外合作经营企业合同，在发生争议后由中国法院管辖。

值得思考的是，投资合同专属管辖权的规定在自身规定存在问题的同时，也反映了我国配套制度的缺失。比如，在专属管辖权方面，我国《民事诉讼法》并没有采用为大多数国家所规定的专属管辖权范围，其不仅为我国采取硬性的单方面规定留下了现实必要性，而且使我国在国际公约谈判中关于专属管辖权的特别主张很难为其他国家接受。因此，在我们批判某一法律制度存在不足的同时，也应该意识到法律规则的完善实际上要依靠其他法律制度的配合和整体法律环境的提升。

证券间接持有体制及冲突法的变革

■ 乔雄兵*

目　录

一、引言
二、现代证券持有体制的沿革：直接持有向间接持有的嬗变
三、传统的证券交易冲突规则：困境与不足
四、间接持有体制下证券交易的冲突规则：回应与变革
五、全球化背景下证券交易的冲突规则：协调与统一
六、对中国的启示

一、引言

自从20世纪以来，随着计算机技术的发展，证券的持有体制发生了根本的变化。现在，绝大部分国家的证券持有体制已从传统的直接持有体制向间接持有体制发生了转变。在这些国家，证券都已经实现了无纸化交易，流通证券实行中央托管，证券不再由投资者直接持有，而证券的转让、抵押等交易也是通过金融中间机构来进行。证券间接持有体制的发展，极大地提高了交易效率，推动了证券市场国际化的发展。然而，由于各国涉及间接持有的冲突规则或者付之阙如，或者不够完善，使得证券交易的法律变得极不确定，带来金融和法律风险，因此，亟需变革各国证券交易的冲突规则，以保护投资者的合法权利，维护国际证券市场的健康发展。为此，本文拟就此问题作一些初步的探讨，希望能引起更多学界同仁对此问题的关注。

二、现代证券持有体制的沿革：直接持有向间接持有的嬗变

（一）证券的直接持有体制

传统的证券持有方式是直接持有体制。证券的直接持有体制是在证券实物化、登记和

* 乔雄兵，武汉大学国际法研究所讲师。

结算的分散化背景下出现的。在证券市场发展的早期，证券以实物券的形式发行和存在，每个发行人进行自己的证券持有人登记，登记是分散化的；证券交易也是分散化的，买卖双方可以直接进行交易，证券转让需要进行背书和实物券的交付。在直接持有体制下，证券发行人与所有人之间存在直接的法律关系，投资者要么直接持有有形证券，要么作为所有人将无纸化的证券直接登记在发行人的股东名册上。发行人可以很清楚地知道证券持有人是谁，投资者也享有直接的证券所有权。在直接持有体制下，发行人和持有人之间的关系非常简单，但是，证券的转让和结算变得十分复杂，因为此时投资者要么持有实物券去交易所进行交换，一手交钱一手交货，要么为了一笔证券交易而费力地在发行人的登记簿（这种登记可能在某些专门机构进行）上进行变更登记。这种交易结算方式在20世纪六七十年代以前还占主导地位。但是随着证券交易量的扩大，特别是证券交易的全球化发展，原有的证券结算、登记体系已经远不能适应巨大的交易量以及带来的记录变更工作，以至于在华尔街产生了所谓的纸面工作危机（paperwork crisis），① 在此情形下，间接持有体制应运而生。

（二）证券的间接持有体制

20世纪70年代，计算机技术的发展彻底改变了传统的证券市场结构，也改变了证券交易、结算方式。证券发行人不再发行实物证券，而是发行无形证券，这种证券通过在发行人的电子账簿上作记载来予以体现。在此情形下，投资者也不再直接持有和转让证券，而是借助金融中介机构的帮助来持有、交易证券。这样，证券持有体制从直接持有、交易转变为间接持有、交易体制。证券间接持有体制主要由众多中央证券托管机构（Central Securities Depositories，简称CSD）和国际证券托管机构（International Central Securities Depositories，简称ICSD）组成。此外，还包括大量的银行、经纪人（Broker）及其他通过中央证券托管机构（CSD）持有某种权利的各国金融中间机构，从而形成一个复杂的证券持有、交易网络体系。

目前，国际上最著名的两个国际证券托管机构是欧洲清算中心（Euroclear）和明讯银行（Clearstream）。欧洲清算中心是国际金融市场上最大的证券托管、清算组织。它由纽约的摩根担保信托公司（Morgan Guaranty Trust Company of New York，简称MGT）在布鲁塞尔的分支机构欧洲交易清算组织管理。② 目前，欧洲清算中心参与者大约有3000家银行和其他金融机构，这些银行和金融机构在欧洲清算中心拥有证券清算账户和现金账户。而明讯银行位于卢森堡，其前身是负责国际证券托管清算业务的赛德尔银行（Cedelbank），它在世界上94个国家和地区拥有2500多家客户。③ 此外，很多国家也都建立了本国的中央证券托管、清算机构，如美国的DTCC、法国的SICOVAM、荷兰的NECIGEF、

---

① Joseph H. Sommer. *International Securities Holding and Transfer Law*. 18 Aria. J. Int'l& Comp. Law 685 (2001).

② Rick Verhagen. *Book-entry securities and the conflict of laws*. *European Business Law Review*. March. 2000.

③ 参见梅世云、李鹏：《国际证券托管清算机构组织体系研究》，载《国际金融研究》2003年第10期。

德国的 DBC、比利时的 CIK 等。①其中，成立于 1999 年的全美证券托管清算公司 DTCC（The Depository Trust & Clearing Corporation）是目前世界上最大的中央证券托管、清算机构，截至 2005 年 12 月 31 日，其保管的证券价值已达 31.2 万亿美元。② 各国中央托管机构和欧洲交易清算中心以及明讯银行都建有直接的网络联系。任何证券跨国交易都只需在相关的电子账户作相应变更即可，大大减少了交易的成本和费用。

在证券间接持有结构中，处于最上端的是证券发行人。其发行的可能是单独的证券凭证，也可能是全球凭证，还可能是仅在其发行名册或专门的登记人处记载的无形证券。其次是中央证券托管机构（CSD）或国际证券托管机构（ICSD），在这里，各种有形的证券被固定地保存起来。而无形证券则以中央证券托管机构的名义在发行人的账户上作相应的记载。这样，任何种类证券的转让或抵押都只需在中央托管机构账户上作相应变更来完成，而证券的形式变得无关紧要。处于 CSD（或 ICSD）系统下端的是专业投资者、经纪人及其他金融中间机构。这些金融中间机构与 CSD（或 ICSD）通过直接合同享有 CSD（或 ICSD）账户上证券的有关权利。同时，中间机构转而又将其持有的有关证券权利转让给更下层的投资者、经纪人和其他金融中间机构。而最终的投资者和证券发行人之间可能存在更多的金融中间机构。CSD（或 ICSD）或其他中间机构一般以无形的形式持有绝大部分投资者的证券，投资者并不拥有任何单独的证券权利，而只享有一揽子对抗 CSD 或中间机构的权利。这种权利与其在 CSD 或中间机构托管的证券数额相等。虽然现阶段许多国家的立法对这种权利的性质没有明确规定，但是这一揽子权利可以通过合同而转让或抵押却是所有国家都认可的。

在证券间接持有体制下，当两个当事人通过一个中间机构进行转让或抵押证券时，惟一必须做的事是在直接中间机构的账户上作相应的变更记载，并不需要实际转移证券，也不需要在发行人或上一级中间人的账户上作有关记载。对发行人或上一级的中间人而言，证券的占有和所有权没有任何的变化。

证券间接持有体制适应了全球市场发展的需要，极大地提高了国内和跨国证券交易的效率。如通过引入证券间接持有体制，现在，许多国家证券跨国交易的交割、结算时间缩短为三天（T+3）或更短。而随之产生的各种衍生交易形式，如背对背交易、回购交易（repurchase agreement）、反回购协议（Reverse Repos）、买卖双向交易（Buy/Sell Transactions）、保证贷款协议（Secured Lending）、证券租赁（Securities Loans）等极大地促进了证券市场国际化的发展。③ 目前，证券间接持有体制及通过间接持有体制进行的交易已成为国际证券市场发展的不可逆转的潮流。

---

① Rick Verhagen. *Book-entry securities and the conflict of laws. European Business Law Review.* March. 2000.

② DTCC Website, http://www.dtcc.com/, (visited March 2, 2006).

③ Kern Alexander. *A Uniform Choice of Law Rule for the Taking of Collateral Interests: Using Private Law Approaches to Reduce Credit and Legal Risk in Financial System.* September. 2001. http://www.cbr.cam.ac.uk, (visited May 15, 2004).

三、传统的证券交易冲突规则：困境与不足

（一）传统的证券交易冲突规则

（1）物之所在地法

根据古老的“场所支配行为”的规则，许多国家在解决物权的法律冲突时，都主张不管是动产还是不动产都适用物之所在地法。不过，各国在适用物之所在地法时一般只针对不动产和一般的有形动产，对于无形动产，如股票、债券以及知识产权等则适用特殊的冲突规则。但是，仍有许多国家主张证券交易引起的法律冲突，也可以适用物之所在地法。例如，1992 年《罗马尼亚国际私法法典》第 53 条规定，不记名有价证券转让时的转让条件及效力适用证券所在地法律，此种法律同样适用于证券的后继所有人之间及其与第三人之间的关系。① 韩国 2001 年修正的《国际私法》第 21 条也规定，涉及无记名证券权利的取得、丧失和变更适用作为其原因的行为或事实完成时该无记名证券所在地的法律。② 英国学者也认为，作为一种无形财产权，涉及股票权利的问题，应该由股票所在地法支配。③ 而英国法院在司法实践中也有过类似的做法。1996 年英国法院审理的 Macmillian v. Bishopsgate Investment Trust 一案就是如此。该案原告马克里兰（Macmillian）公司是一家被罗伯特先生控股的特拉华公司，该公司拥有纽约伯利特兹（Berlitz）国际公司的 1060 万股的股票所有权。这些股票后来被转让给 Bishops gate 投资信托公司，该公司是罗伯特家族的另一家公司。股票证书也以 Bishops gate 公司的名义在纽约的全美证券托管公司（DTC）登记。但 Bishops gate 公司承认是为了马克里兰公司而受托。后来股票被罗伯特家族的公司抵押给债权人，而马克里兰公司，作为真正的所有人没有从中受益。三家银行（Lehmann Brothers , Swiss Volksbank and Credit Suisse）为抵押权人。其后，三家银行在 Berlitz 公司的登记册上取得了权利登记。马克里兰公司在英国起诉，主张股票转让违反了信托。在上诉法院，马克里兰进一步提出恢复原状的请求，认为应适用恢复原状请求的冲突规则，这样英国法将作为准据法。因为英国法对违反信托规定了较为广泛的范围，对原告更有利。但上诉法院否定了其请求，认为本案基本问题是谁拥有股票，是马克里兰还是银行？因此，冲突规则应为股票所有权的规则，上诉法院三名法官一致主张应适用物之所在地法，即纽约法。④

然而，在适用“物之所在地法”规则时，却面临一个颇为复杂的问题，那就是如何确定证券的“所在地”的问题。因为在绝大部分国家，物之所在地法的适用只针对有形财产而言，而证券中体现的权利和义务并没有一个物理上的位置。为确定证券的“所在

---

① 转引自邱永红：《证券跨国发行和交易中的法律适用问题初探》，载《福建论坛》（经济社会版）1998 年第 9 期。

② 参见沈娟译《韩国 2001 年修正国际私法》，载《中国国际私法与比较法年刊》第 6 卷，法律出版社 2003 年版，第 640 页。

③ Cheshire and North's. *Private International Law*. Thirteenth edition. Oxford university press. p. 969.

④ Hans Van Houtte. *The law of Cross Border Securities Transactions*. Sweet&Maxwell. 1st ed. . 1999. p. 23.

地”，一些国家和学者提出了一些新的规则。如加拿大国际私法规定，流通票据和所有可转让的有价证券的所在地为该票据的被发现地。①而戴西和莫里斯则认为，股票的所在地是股票能够被有效处置的地方。②依此观点，通过登记转移的股票通常位于登记册被保存的地方，这也在英国的许多案例中得到了体现。如 1925 年英国枢密院作出一个判决，判定在新斯科舍省的加拿大皇家银行登记的股票住所是新斯科舍省而不是皇家银行总部所在地魁北克省。③

（2）发行人属人法

在涉及证券交易的法律适用方面，我们显然不能忽视发行人属人法的重要地位，因为正是发行人属人法才授予了发行人法人地位，也正是发行人属人法才赋予了证券持有人一系列权利。因此，一些国家认为，涉及证券的转让性问题应受证券产生地法约束，也就是发行人属人法。然而，由于对发行人属人法的理解不同，两大法系对属人法的认定也不同。英美法系认为发行人属人法为发行人成立地法，而大陆法系则认为属人法应为发行人住所地法，同时一般认为公司住所地是主要管理机构所在地。如 1967 年《法国民法典国际私法法规（第三草案）》第 2306 条规定，股份依支配发放股份的法人法律。而美国特拉华州高等法院 1987 年审理的 McDermott Inc v. Lewis 一案也适用了属人法。该案涉及股票表决权问题。案中一个巴拿马母公司的股票被转让给一个特拉华州的子公司。根据特拉华州法规定，子公司不享有持有的母公司股票的表决权，但巴拿马法并没有对此禁止。特拉华州高等法院认为关于公司股票的表决权问题取决于巴拿马法而不是特拉华法，拒绝了适用特拉华法的建议。④ 另外，在早期的一些案例中，麻省高等法院也曾主张，股票是有限公司的一个部分，股票的产生和股票权利应受公司成立州法约束。

（3）交易地法

交易地法也就是行为地法，在涉及多个交易时通常就是最后交易所在地法。如 1979 年《匈牙利国际私法》第 27 条规定，通过交易所、投标或拍卖订立的合同，适用证券交易所、投标或拍卖所在地法。1974 年《阿根廷国际私法草案》第 45 条第 2 款也规定，债券和向持票人付款的票据，其转让，适用转让地国法。而美国也有类似的做法，根据美国判例，在没有某种文件代表无形财产的情况下，所涉及的无形财产权的转让性应受转让地法支配。⑤因此，如果美国出于某种需要对某国在美国的财产作出冻结决定，那么持有该国公司股票的美国投资者在美国转移该股票就会受到限制，即使股票发行人所属国承认转让是有效的。

（4）当事人意思自治

对于证券抵押等一些特殊的交易形式，少数国家主张适用当事人意思自治。如 1989

① 参见刘仁山著：《加拿大国际私法研究》，法律出版社 2001 年版，第 244 页。

② 参见［英］莫里斯主编：《戴西和莫里斯论冲突法》，李双元等译，中国大百科全书出版社 1998 年版，第 786 页。

③ Hans Van Houtte. *The law of Cross Border Securities Transactions*. Sweet&Maxwell. 1st ed.. 1999. p. 15.

④ Hans Van Houtte. *The law of Cross Border Securities Transactions*. Sweet&Maxwell. 1st ed.. 1999. p. 9.

⑤ 参见韩德培、韩健著：《美国国际私法冲突法导论》，法律出版社 1994 年版，第 202 页。

年《瑞士联邦国际私法》第105条就规定，债权、有价证券或其他权利的质押，适用当事人所选择的法律，此项法律选择不得对抗第三人。当事人未作选择时，债权和有价证券适用质押人的惯常居所地法；其他权利的质押，由适用于该权利的法律支配。

（二）传统冲突规则的困境与不足

综上所述，我们不难发现，尽管各国在证券交易的法律适用方面有着不同的规则，但是，在各国解决证券交易法律冲突的传统冲突规则中，占主导地位的还是"证券所在地法"规则。不容否认，传统的冲突规则对于解决直接持有体制下证券跨国交易的法律冲突，促进各国证券市场健康发展起到了不可或缺的作用。然而，随着证券直接持有体制在越来越多的国家被间接持有体制所取代，对于被中间人持有证券权益的转让、抵押的法律冲突问题，传统的冲突规则显得力不从心，比如，假设一个美国投资者将其拥有的荷兰政府债券转让给一个日本投资者。双方投资者都在纽约的经纪人处拥有账户，转让也是在账户上作相应变更进行的。该经纪人是欧洲清算中心的成员，债券本身被保存在荷兰的中央证券托管机构（NECIGEF）。此时，如果适用证券所在地法规则，那么决定证券转让的准据法是作为有形证券被保管地法——荷兰法？还是在欧洲清算中心所在地法——比利时法？或是双方投资者都拥有账户的纽约经纪人所在地法——纽约州法？或其他有关国家的立法？传统的冲突规则很难作出明确的答复。另外，当抵押、转让的多宗证券位于不同国家时，证券所在地法规则的适用也显得十分复杂，在此情形下，依据证券所在地法规则，证券抵押权人或受让人必须符合每一种证券所在国的法律。反之，当他提出请求时他必须尽力确定各种证券的地点，以便确信所有可能适用的法都遵守了。而且，每次当他买入新的证券时，他必须重复这样的行为，带来高额的交易成本，也增加了法律适用的复杂性和不确定性。

由于传统的冲突规则对现代证券持有体制下的证券交易缺乏专门的规定，由此导致的一个直接后果就是投资者或担保债权人不能提前预见支配他们权利义务的实体法，从而带来法律和金融的风险。证券交易法律的不确定，也提高了发行人的发行成本，也降低了证券的流通价值，阻碍了证券交易的进行，甚至会导致金融危机，因此，亟需变革相关法律规则，以适应证券市场发展的需要。

四、间接持有体制下证券交易的冲突规则：回应与变革

（一）对托管证券权利性质的重新界定

正如学者所言，要想确定物之所在地法规则如何适用到间接持有体制下被中间人持有证券的抵押或转让，首先必须解决对被托管证券的权利性质如何定性的问题。①在此方面，大陆法系国家一般认为，在金融机构托管证券的人将保留任何财产权，只要证券能从物质上和金融机构的财产分离。反之，如果该机构被允许将证券并入自己的财产，那么，当事人将丧失对个人证券的所有权。但仍然拥有要求返还同等数量和同类的托管证券的权利。

---

① Hans Van Houtte. *The law of Cross Border Securities Transactions.* Sweet&Maxwell. 1st ed.. 1999. p. 576.

这种权利是由于他与金融机构的合同而产生。大陆法系国家称第一种情形托管为“正式的托管（regular deposit）”，而将第二种情形的托管称之为“非正式的托管（irregular deposit）”。① 然而，传统立法关于托管证券权利性质的两种界定并不能达到真正保护投资者，提高交易效率，降低交易的成本和风险的目的，为克服传统的法律规则带来的弊端，一些国家在本国立法中对托管证券的法律性质作了重新界定，形成了一些新的立法模式。主要有：

1. 德国

重新定义这种证券权利性质的立法应首推德国的《托管法》。根据1995年德国《托管法》规定，如果证券被一个金融中间人持有，成为大宗的证券替代物，则证券持有人取得“大宗证券替代物的部分所有权”。可见，德国《托管法》已经将传统的对待托管股权只是一种人身或合同的请求权转变成为对托管证券替代物的一种共有财产权。但这种共有财产权在功能上和传统的财产权仍是相同的。因此，有学者认为尽管这种立法认识到了通过中间人持有的证券是一种财产权，但并没有完全适应现代间接持有证券体制发展的需要。因为投资者经常通过一个中间人的证券账户持有不同国家发行者发行的各种证券，而所谓的“对个人证券的可追溯的所有权”的概念并没有克服传统的法律规则带来的弊端。相反，这种法律选择方式必然会导致许多不相干地区法律的适用，产生许多人为的法律冲突。②

2. 比利时

比利时1967年11月通过的《皇家法令62号》（Royal Decree NO. 62）第10条规定，托管证券的账户持有人对替代证券享有“对物的无形权利”，这种权利只能对抗证券账户被保存的有关机构。账户持有人享有要求收复同种类型证券的一般权利，以帮助他们在中间人破产的时候能维护自己的权利。这种对替代证券享有“对物的无形权利”能在中间人的账户上通过账户记载转让给其他的当事人。因为要求恢复权优于托管机构的其他债权人的债权，所以，账户持有人享有的权利被认为是“物权”的范围，这也被该法的其他条文所确认。账户持有人仅凭在托管机构的账户上所作的账户记载即可取得新的财产利益。因为它既不同于“对个人的证券的追索权”，也不同于所谓“对托管机构所持有的基本证券的按比例的所有权”。账户持有人必须和其他的账户持有人共同分享替代证券的权利，但这种权利只是一种名义上的权利。所以，这种财产利益被定义为“对名义证券的共同所有权”。③

3. 卢森堡

为处理位于卢森堡境内的金融中间机构所持有的证券权益的抵押、转让等交易问题，1994年卢森堡制定了大公爵法（Luxembourg Grand-Ducal Decree）。该法将投资者通过位于卢森堡内的中间机构间接持有的证券权益界定为“对一定量的同类集合证券的所有权”

---

① Hans Van Houtte. *The law of Cross Border Securities Transactions.* Sweet&Maxwell. 1st ed.. 1999. p. 57.

② Hans Van Houtte. *The law of Cross Border Securities Transactions.* Sweet&Maxwell. 1st ed.. 1999. p. 58.

③ Rick Verhagen. *Book-entry Securities and the Conflict of Laws. European Business Law Review.* March. 2000.

(ownership in a given number of non-individual identified securities of the same type)。① 如同比利时皇家命令一样，卢森堡大公爵法也规定了投资者享有在中间机构破产时的返还请求权。

4. 荷兰

1998年荷兰国际私法立法委员会起草了一个《关于国际私法的立法草案》，其中包括有关财产权利的冲突规则。草案的起草显然受到了1996年《美国统一商法典》的影响，该草案将托管证券的权利界定为“一种特殊的人身的权利和财产权利”，这种权利和利益只能对抗与他签订有保管协议的托管机构，不能向其他有关机构提出。②

5. 美国

美国在此方面的立法主要是美国《统一商法典》（UCC），该法的立法内容经过了一个发展的过程。1977年美国《统一商法典》第八编界定这种权利为“对个人替代证券的法定的可追溯的共有权”。虽然该法同德国《托管法》一样，将传统的对待托管股权只是一种人身或合同的请求权转变成为对托管证券替代物的一种共有财产权，但并没有完全适应现代间接持有证券体制发展的需要。

1987年的股票危机加速了美国对1977年《统一商法典》进行修改的步伐。在美国法学会和统一州法委员会的努力下，1996年的《统一商法典》修改了有关内容，吸取了两种传统的权利分类的优点，形成了一种新的财产权利范畴——“证券权益（Security entitlement)”。美国《国库券储备自动登记规则》（Treasury/Reserve Automated Debt Entry System Regulations）也规定了类似的权利。③ 根据修订的《统一商法典》第八编的规定，证券权益是一种直接对抗托管机构的权利。但证券权利只能对抗与托管人有着合同关系的托管机构。同时，在托管机构破产的时候，托管人享有优先清偿权。正如《统一商法典》第八编修订的报告者罗格斯（Rogers）教授所说：“证券权益并不是对一种特殊的同一物的请求，它是某人享有的对抗其证券中间人及其财产的一揽子权利和利益”。④ 证券间接持有体制的最根本原则是权利持有人的保有账户的中间人有义务去保证权利持有人能得到证券中所包含的各种经济的和公司的权利。因此，持有人只可向该中间人要求履行义务，而不能向其他人（如其他的中间机构）直接主张权利。不同于传统的“可追溯财产权”或“部分所有权”的法律概念，修订后的美国《统一商法典》第八编并不包括“可追溯的所有权或共有权”，这种“证券权益”也不同于大陆法系国家所指的“非正式托管”。因为在此情形下，未经托管人的同意，证券中间人不能为了自己的利益而使用被托管证券。即使中间人破产，证券也不能作为破产财产来满足其他债权人的清偿请求，但可以为

① Modernizing Securities Ownership, Transfer and Pledging Laws, A Discussion Paper on the Need for International Harmonization , International Bar Association, 1996, www. dpw. com/iba/modernization. pdf/, (visited November 23, 2004) .

② Rick Verhagen. *Book-entry Securities and the Conflict of Laws. European Business* Law Review. March. 2000.

③ Hans Van Houtte. *The law of Cross Border Securities Transactions.* Sweet&Maxwell. 1st ed.. 1999. p. 58.

④ Hans Van Houtte. *The law of Cross Border Securities Transactions.* Sweet&Maxwell. 1st ed.. 1999, p. 59.

了权利持有人的利益而清偿。

（二）间接持有体制下的法律适用规则

如前所述，由于传统的物之所在地法规则适用于间接持有体制下的证券转让、抵押交易存在诸多困难，所以，越来越多的学者认识到，为保证支配被中间人持有的证券利益实体法的确定和稳定，一个新的法律连结点必须被采纳。而这个新的连结点，学者一致认为，应该为“相关中间人的账户保存地”。而实际上，已经有一些国家据此制定了新的冲突规则。这些立法中最典型的当数1996年的美国《统一商法典》。1996年美国《统一商法典》第八编第110条就规定，被中间人持有的证券权益（Securities entitlement）转让的法律，首先应由权利持有人和中间人选择。只有当事人未选择准据法时，才适用账户持有人的托管机构所在地的法律。同时，该条明确指出，在任何情况下，这种法律都不会是有形证券所在地法。① 1998年荷兰国际私法立法委员会起草的《关于国际私法的立法草案》也采取了类似的做法，该法第14条设计了有关账簿记载证券转让和有关权利的法律适用规则。该条规定，涉及账簿证券的转让，适用的法律为托管机构建立地法或证券账户被保管的托管机构办公机构所在地法。②

（三）破产对法律适用的影响

在证券间接持有体制下，中间人破产也会对法律适用过程产生影响。中间人破产时，对其投资者而言最重要的问题是他们的权利是否还存在。如果存在，这种权利是否可以对抗破产人的其他债权人，是否具有优先权等。如果投资者的权利只是被界定为对抗中间人的人身权，则在中间人破产时这种权利将变得毫无用处。但是，如果投资者拥有对被中间人持有证券的财产权利或证券利益，则情况将会发生根本的变化，投资者仍将享有对证券的财产权利。因此，当案件涉及多国时，最主要的问题是依据什么法律决定投资者权益的性质。在此方面，有学者认为，在间接持有体制下的大多数保管协议符合1985年《海牙信托法律适用及承认的公约》关于信托的标准，因此，在中间人破产时，对投资者在中间人托管的证券权利问题应该由信托准据法来支配。③ 而在信托的准据法方面，海牙信托公约第6条指出，如果一个信托属于第2条所指的信托，则适用的法律将是财产转让人自主地、明示或默示地选择适用于信托的法律。公约还规定了对信托承认的具体内容，包括：对信托的承认起码应包括承认信托财产构成独立的管理财产；受托人有权作为管理人起诉、应诉；可以在公证人处办理公证及其他事务；受托人的个人债权人不得请求该管理人以托管财产偿债；托管财产不构成受托管理人破产时的清算财产，也不构成受托人的婚后财产和死亡后的遗产等。不过，也有学者认为，公约第2条第1款所指的关于信托的定义排除了投资者和中间人之间所产生的信托。公约的信托是财产授予人所创造的一种法律

---

① Rick Verhagen. *Book-entry Securities and the Conflict of Laws. European Business Law Review.* March, 2000.

② Rick Verhagen. *Book-entry Securities and the Conflict of Laws. European Business Law Review.* March. 2000.

③ Maisie. *Shares and Other Securities in the Conflict of Laws.* Oxford University Press. 2003. p. 190.

关系，在此情况下，财产授予人的财产为了特殊的目的而处于受托人的控制之下。而投资者与中间人之间的信托根本不是由财产授予人所创造的，而是由管理人与受托人之间所创造的一种单位信托。① 其实，涉及破产问题，海牙国际私法会议早在第四届会议上就曾出过一个破产公约草案，但因各国分歧太大，最终没成功，所以，直到现在国际社会在破产方面仍缺乏统一的规则。而2002年通过的《经由中间人持有证券特定权利法律适用公约》也明确规定破产问题不在公约调整范围之内，留待各国国内法去确定。而在此方面，惟一存在相关规定的是2000年的《欧盟破产程序规则》。该规则第9条规定，在清算系统或金融市场中破产程序对当事人权利和义务的效力，由成员国支配该系统或该市场的法律调整。但是，根据规则第1条，涉及为第三人提供持有基金、证券等服务保险公司、金融机构、投资公司的破产，不适用规则的规定，显然，为投资者保管证券的中间人的破产也属于规则排除之列。综上所述，在破产的法律适用方面，国际社会还需进一步协调和努力。

五、全球化背景下证券交易的冲突规则：协调与统一

（一）海牙《经由中间人持有证券特定权利法律适用公约》的规定

在2000年，澳大利亚、英国、美国联合向海牙国际私法会议提出了一个议案，建议在海牙国际私法会议的主持下，制定一个公约，以统一间接持有体制下的法律适用规则，保护投资者的合法权利。海牙国际私法会议采纳了议案，并且迅速组成了一个工作小组。工作小组的主要成员由海牙国际私法会议的第一届秘书长贝鲁斯科尼（Christophe Bernasconi）教授、常设事务局的专家博多克（Richard Potok）教授以及来自世界各国的专家和学者组成。在随后的两年多时间里，先后有38个国家及24个国际组织参加了谈判。② 在起草小组及各国代表的努力下，2002年12月13日，海牙国际私法会议第19届外交会议通过了《经由中间人持有证券特定权利的法律适用公约》（Convention on the Law Applicable to Certain Rights in Respect of Securities Held with an Intermediary），同时对各国开放签字。

在法律适用规则方面，公约第4条第（1）款规定，本公约第2条第（1）款所列事项适用的法律应为账户持有人与相关中间人在账户协议中明确同意的国家的法律。或者账户协议明确指明的另外一个国家的法律。但必须满足，在协议签订时，相关中间人在该国有分支机构，且该分支机构符合：（a）单独或伙同其他中间人的分支机构或其他人充当中间人，并实施或管理证券账户登记的行为；或从事与持有证券有关的支付或公司行为；或从事另外保存证券账户有关的行为。（b）账号、银行密码及其他证明证券之工具被保存在该分支机构。但公约另外指出，如果一分支机构仅从事以下行为，将不被视为公约所指分支机构，包括：只是为保存证券账户或数据处理提供技术支持之场所；或只是与账户持有人进行通讯之场所；或只是证券账户有关的文件被保存之场所；或只是充当代理机构或管理机构，而不涉及开办和保管证券账户且无权签订任何账户协议之机构。

---

① Maisie ool. *Shares and Other Securities in the Conflict of Laws*. Oxford University Press. 2003. p. 190.

② Hcch website：http：//www. hcch. net，(visited May 6，2003）.

法律适用规则是公约的核心内容，也是起草组和各国最为关注的问题。在最初拟定公约草案时，起草组专家和常设事务局认为，应该抛开传统的物之所在地规则，寻找一个新的、稳定的连结点作为制定冲突规则的依据。最后，起草组专家和常设事务局一致赞同采用“相关中间人账户所在地”（The Place of Relevant Intermediary Account，简称 PRIMA）作为将来公约制定法律适用规则的连结点。①因此，在 2002 年以前的草案中，草拟的法律适用规则都是直接适用“有关中间人账户所在地法（The law of PRIMA）”。② 2002 年 5 月的草案作了一些变更，在采纳 PRIMA 原则的基础上，将有限制意思自治原则引入到证券交易的法律适用中来。③其主要原因是 PRIMA 原则提出之后，在其后召开的特别会议上，许多代表团和专家认为在间接持有体制下，如果证券的转让或抵押涉及多个中间人，则中间人账户所在地变得不易确定。一些专家认为应该对 PRIMA 原则作一些改进以确保法律适用的明确性。为此，他们提出，涉及多个中间人的证券交易，应该适用接受者的中间人的账户所在地法，并把它称之为“Super-PRIMA”方式。但是也有专家认为采用“Super-PRIMA”方式并不一定能简化法律的适用，相反，使得法律的适用更加复杂。④例如，如果受让人为多个，则可能会同时适用多个不同国家的法律。故 2002 年 5 月的草案和工作小组以前所制定的几个草案相比有了一些改进，在保留 PRIMA 原则的基础之上，将意思自治原则引入进来，形成了有限制意思自治原则，并形成了最终的公约文本。

（二）欧盟的立法

欧盟在此方面的立法主要体现在《欧盟清算指令》和《欧盟抵押指令》中。1998 年，欧盟通过了《最后清算指令》（The Settlement Finality Directive，简称 SFD）。该指令为规范支付和证券交易、清算提供了明确的法律框架，《最后清算指令》适用于欧盟内的跨国金融转让、抵押交易。该指令反对欧盟各成员国破产法对跨国交易施加影响，为欧盟中央银行及其他的中央证券托管机构提供了有限的保护。该指令第 9 条第 2 款规定了一条法律适用规则，被认为是指令的最重要的条款之一。该条规定，当证券（包括证券之中的权利）作为抵押物给抵押权人或成员国中央银行或将来的欧洲中央银行，并且他们关于证券的权利已经合法地在登记人账户或位于一个成员国的中央托管机构里登记。那么涉

① Preliminary Document No. 3 of July 2001, Tentative Text on Key Provisions for the Future Convention on the Law Applicable to Certain Right in Respect of Securities Held with an Intermediary p. 10 , http: //www. hcch. net/, (visited May 2, 2003) .

② Preliminary Document No. 3 of July 2001 , Tentative Text on Key Provisions for the Future Convention on the Law Applicable to Certain Right in Respect of Securities Held with an Intermediary , p. 10, http: //www. hcch. net/, (visited May 2, 2003) .

③ Preliminary Document No. 15 of June 2002 , Preliminary Draft Convention on the Law Applicable to Certain Right in Respect of Securities Held with an Intermediary, pp. 5-7 , http: //www. hcch. net, (visited May 2, 2003) .

④ Preliminary Document No. 10 of May 2002, Tentative Text on Key Provisions for the Future an Explanatory Note on the Functioning of PRIMA within the Framework of Preliminary Draft Convention on the Law Applicable to Certain Right in Respect of Securities Held with an Intermediary, p. 4, http: //www. hcch. net/, (visited May 2, 2003) .

及抵押证券权利的适用法律将是账户或托管机构所在国法。①

另一方面，日益增长的证券跨国抵押交易，也迫使欧盟在此方面的立法有所作为。在海牙国际私法会议着手起草有关《经由中间人持有证券特定权利法律适用公约》的时候，欧盟委员会也起草了一个《抵押指令》（Collateral Directive），作为其金融服务立法计划的一个部分。《抵押指令》由欧盟委员会于2001年3月提出，它是以《最后清算指令》为基础起草的。《抵押指令》力图创造一种支配证券托管的统一法律框架以减少金融交易中的信用风险，它也对跨国交易中的证券抵押提供了更加确定的法律适用规则。2002年3月5日，欧盟部长会议一致通过了该《抵押指令》。②

该指令第11条第（2）款规定了一条冲突规则。该条规定，通常情况下，抵押证券的权利所适用的法律将是有关账户被保存国的法律，不管该国是否是欧盟成员国。③显然，《抵押指令》和海牙国际私法会议制定的《经由中间人持有证券特定权利法律适用公约》的法律适用规则是基本一致的，对于通过中间人进行的抵押证券权益问题，主要采纳的是有关中间人的账户所在地法（The law of PRIMA）规则。

（三）国际证券服务协会备忘录

为促进国际证券市场更加安全、透明、有效，国际证券服务协会（International Securities Services Association，简称ISSA）于2000年出版了一个备忘录。该备忘录涵盖了法律和政策的许多内容。备忘录指出，各国国内法必须能够保证投资者的财产与保管人的财产分离。在保管人破产时，任何人都不能主张对投资者的财产拥有权利。同时，为保护投资者的权利，一国应该做到以下几点：（1）对于证券跨国交易明确法律适用的规则；（2）对证券交易结算的法律问题订立国际协议；（3）保证国内法能够对所有人的受益权提供法律保护；（4）强化本国证券法对抵押权人权利的保护。④

而为提高交易安全、降低投资者的交易成本、增强证券交易和结算的效率，在国际金融领域久负盛名的30人集团（The Group 30，简称G30）也于2003年1月就全球证券市场的改革出版了名为《全球证券交易与结算：行动计划》的报告。报告对间接持有体制下的证券交易与结算提出了提高证券抵押交易的法律适用确定性的建议。报告还进一步提出，市场参与者必须能够预见可能的成本和后果，并知道什么法律将界定和支配间接持有体制下他们的证券、现金或抵押的权利，这些权利是什么以及如何保护他们等。而30人集团的报告还提出了各国证券市场改革的最终目标：（1）在法律适用方面各国能够完全赞同海牙公约所确定的“相关中间人所在地法原则”（PRIMA），并在国内立法中予以体现；（2）确定账户持有人享有优于中间人的债权人的权利并简化证券抵押的程序；（3）

---

① Kern Alexander, A Uniform Choice of Law Rule For The Taking of Collateral Interests: Using Private Law Approaches to Reduce Credit and Legal Risk in Financial System , September, 2001, http: //www. cbr. cam. ac. uk, (visited May 15, 2004) .

② EU Website, http: //www. europa. eu. int/comm/internal _ market/en/finances/mobil/collateral _ en. htm, (visited April 20, 2003) .

③ EU Website, http: //www. europa. eu. int/, (visited April 20, 2003) .

④ ISSA Recommendations 2000, http: : //www. isssanet. org, (visited March 15, 2006) .

为结算活动提供专门的法律规则。①

（四）国际律师协会报告

1993 年，在众多律师和专家的建议下，国际律师协会（The International Bar Association，简称 IBA）商法小组的银行法委员成立了一个附属委员会，委员会的领导人是 Guynn 教授。该附属委员会先后于 1993 年、1994 年在新奥尔良和墨尔本召开年会，并于 1995 年的巴黎年会上，正式成立了一个关于现代证券所有权、转让、抵押的特别委员会。特别委员会的主席也是 Guynn 教授，成员都是金融法领域的专家，绝大部分都是银行、经纪公司或国际证券托管机构的法律顾问。经过努力，1995 年委员会提出了名为《现代证券所有、抵押、转让的法律》的报告。报告首先指出，应该对各国支配证券所有权、抵押、转让的法律进行重新评估，同时应该修改各国的相关立法，以适应证券间接持有体制发展的需要。针对各国的法律改革，报告指出，在涉及被中间人持有的证券方面，各国国内法应该允许投资者和担保债权人能够提前预测支配其权利义务的实体法。这种立法应该使投资者确信，只要采取特定的、合理的行为，他们将能够获得或持有这种证券权益。此外，特别重要的是，一国国内法应该便利而不是阻碍证券中央托管制度的发展。报告还对各国立法的改革提出了以下四个基本原则：（1）被金融中间机构托管的证券应该被立法解释为对整个证券的按比例的权益，而不是一种可追索的权利或只是一种合同请求权；（2）被中间人持有的证券权益应该受到保护，并可对抗中间人的一般债权人。要么将这种权益定义为一种财产权利或共同财产权，要么修改各国已有的破产法，对中间人破产的效力作出明确限定，即中间人的破产财产不应该包括其托管的证券；（3）冲突规则应该被解释或现代化，以适应证券间接持有体制发展。通过金融中间人的账户上作记载来完成的证券权利的转让、抵押适用的法律，应首先由相关当事人选择的法律支配。如果当事人未选择法律，则适用的法律应为中间人办公机构所在地法；（4）创造或实施抵押证券利益的程序应该简化。②

（五）小结

从前述内容来看，不管是国际律师协会的报告，还是海牙国际私法会议所通过的公约，都没有采取传统的物之所在地法原则，而是采取 PRIMA 原则，由此可见，在涉及间接持有体制下证券跨国交易的冲突规则方面，“相关中间人所在地”已经逐渐取代传统的“物之所在地”，成为一个新的连结因素，并被各国所认同。而这些公约或备忘录等如能生效或被各国立法所采纳，将有利于统一间接持有体制下证券跨国交易的法律适用，从而推动全球证券市场一体化的发展。不过，另一方面，我们也应看到，这些公约或指令等所取得的成就毕竟是有限的，因为他们并没有涵盖所有的问题，如对破产问题，公约或指令

① Global Clearing and settlement : A Plan of Action, http:: //www. isssanet. org, (visited March 15, 2006).

② Modernizing Securities Ownership, Transfer and Pledging Laws, A Discussion Paper on the Need for International Harmonization , International Bar Association, 1996, www. dpw. com/iba/modernization. pdf/, (visited November 23, 2004).

等就都保持了沉默。此外，即便是有了统一的冲突规则，但由于各国对冲突规则的适用存在差异，所以也不能根本消除证券交易的法律冲突。而只有各国的实体法能够做到协调一致，才能彻底解决证券交易的法律冲突问题。值得欣慰的是，目前国际社会已经认识到了这一点，并且已有国际组织开始了这方面的工作。如早在 2002 年，国际统一私法协会（UNDROIT）就成立了专门的工作组，并召开了第一次会议，着手制定涉及间接持有体制下的统一实体法公约。经过 5 次会议以及与来自 20 多个国家的专家学者交流之后，2004 年 12 月，协会秘书处向各成员国政府递交了一个《中间人持有证券的统一实体法公约》的草案，供各国进一步讨论和修改。① 目前，该公约草案正在各国讨论之中，相信不久就形成最终的文本。

六、对中国的启示

（一）我国证券持有体制及冲突规则的现状

作为发展中国家，自改革开放以来，我国证券市场经历了从无到有、从封闭到开放，并逐渐与国际接轨的发展过程。在此过程中，大量中国企业成功进入国际金融市场，同时，随着中国加入 WTO，中国证券市场也正逐步对外资开放。2002 年 11 月 7 日，中国证监会和中国人民银行联合发布了《合格境外机构投资者境内证券投资管理暂行办法》，正式在中国推出 QFII（Qualified Foreign Institutional Investor，简称 QFII）制度。该办法已于 2002 年 12 月 1 日正式实施。根据该办法，我国将允许经中国证监会审核批准的中国境外基金管理机构、保险公司、证券公司以及其他资产管理机构投资中国证券市场。自此，我国证券市场在向国际化发展上又成功地迈出了一大步。

1. 我国的证券持有体制

从现阶段来看，我国的证券登记结算体系采取的是直接持有和间接持有相结合，而以直接持有为主的一种体制。目前，我国大陆有上海和深圳两家证券交易所，而证券的登记、结算则由 2001 年在北京成立的中国证券登记结算公司统一管理。中国证券登记结算公司在上海、深圳也设立有相应的分公司，其证券登记、结算业务主要包括：证券的开户、登记、托管、清算、交收、代发红利等。截至 2004 年，在中国证券登记结算公司登记、托管的证券共有 1640 只，登记存托证券总流通市值为 16643.74 亿元。②就证券持有体制而言，一方面，我国对境内投资者采取直接持有体制，要求境内投资者直接开户、直接登记结算，大部分证券也是直接登记在实际持有人名下，而不是登记在名义持有人名下的。但另一方面，我国要求境外 B 股投资者通过境外代理的中间商在中国结算开户，实行间接持有制度，这部分 B 股证券登记在名义持有人（主要是托管银行和境外结算会员）名下，而不是登记在实际持有人名下的。所以，我国同时对境内和境外 A 股和 B 股的不同投资者采取了直接和间接持有两种不同的登记结算制度。③ 不过，随着间接持有体制在

① UNDROIT website, http://www.unidroit.org/english/workprogramme/study078/item1/overview.htm,（visited March15, 2006）.

② 中国证券登记结算公司官方网站，http://www.chinaclear.com.cn，2006 年 3 月 15 日访问。

③ 参见吴志攀：《证券间接持有跨境的法律问题》，载《中国法学》2004 年第 1 期。

各国的日益普及，改革我国的证券持有体制，统一实行间接持有体制将是我国证券市场国际化的必然选择。

2. 冲突规则的现状及评价

目前，我国调整证券发行与交易的法规主要有：1998 年 12 月 29 日制定的《中华人民共和国证券法》（2004 年修订）及其他的一些行政法规和部门规章，具体包括：《股票发行和交易管理条例》（1993 年 4 月）、《外商投资企业投资者股权变更的若干规定》（1994 年 8 月）、《国务院关于股份有限公司境外募集股份及上市的特别规定》（1994 年 8 月）、《国务院关于股份公司境内上市外资股的规定》（1996 年 1 月）、《国务院关于进一步加强在境外发行股票和上市管理的通知》（1997 年 6 月）、《关于涉及境内权益的境外公司在境外发行股票和上市有关问题的通知》（1999 年）、《关于企业申请境外上市有关问题的通知》（1999 年 9 月）、《境内企业申请到香港创业板上市审批与监管指引》（2000 年）、《合格境外机构投资者境内证券投资管理暂行办法》（2002 年 12 月）等。①然而，综观我国现有立法，无论是证券法还是其他行政法规，关于证券跨国交易的法律适用条款屈指可数。我国现有的证券交易法律适用规则主要包括：

（1）在中华人民共和国境内从事股票发行、交易及其相关活动，必须遵守本条例。（1993 年 4 月 22 日《股票发行和交易管理条例》第 2 条）

（2）境外上市的外资股东与公司之间、境外上市外资股东与公司董事、监事和经理之间，境外上市外资股东与内资股东之间发生的与公司章程规定的内容及公司其他事务有关的争议适用于中华人民共和国法律。（1994 年 8 月 4 日颁布的《国务院关于股份有限公司境外募集股份及上市的特别规定》第 29 条）

（3）境内上市外资股的交易、保管、清算交割、过户和登记，应当遵守法律、行政法规以及国务院证券委员会的有关规定（1996 年 1 月《国务院关于股份有限公司境内上市外资股的规定》第 23 条）。

（4）合格投资者必须遵守中国的法律法规和其他有关规定。中国证监会和国家外汇局依法对合格投资者在中国境内进行的证券投资活动实施监督管理（2002 年 11 月 7 日颁布的《合格境外机构投资者境内证券投资管理暂行办法》第 4 条、第 5 条）。

从已有的规定可看出，我国现有的立法存在以下问题：首先，冲突规则立法层次不高，已有的冲突规则都是行政法规或规章的规定。而在《证券法》或其他法律中缺乏明确规定，不利于我国证券业的国际化发展。在这点上，1992 年制定的《海商法》、1995 年制定的《票据法》值得借鉴。这两部立法中有关涉外法律适用的规定堪称典范，既满足了现实的需要，又与国际相关立法保持了一致。其次，已有的规范内容存在局限性。现有的冲突规则内容主要限于中国企业境外上市、在中国境内的股票发行、交易的法律适用问题，而对中国公民购买外国股票、外国公民在国外购买中国公司发行的股票以及托管凭证交易等的法律适用则缺乏明确规定，对保护我国公司及投资者极为不利，也阻碍了我国证券市场国际化的发展。再次，已有的冲突规则内容缺乏科学性、合理性。检索已有的冲突规则，不难发现，现有立法几乎都是单边冲突规则，而且都指向适用中国法。如前述

① 以上法规均引自中国证券监督管理委员会官方网站，http：//www.csrc.gov.cn，2005 年 11 月 1 日访问。

1994年8月4日颁布的《国务院关于股份有限公司境外募集股份及上市的特别规定》第29条之规定，作为一条简单的单边冲突规范，把证券的发行、交易、章程规定的内容与公司其他业务有关事务的争议之法律适用均指向中华人民共和国法律。该规定不仅因自身封闭性而与世界各国立法趋势相背离，而且有些争议即使指向适用中国法，但是因为我国《证券交易法》的阙如，《合同法》中又无证券合同一类，适用时仅能参照。而《民法通则》中关于合同的规定又过于笼统，更多的情况下只能是徒具形式，不能解决典型的证券跨国交易法律冲突问题。

为了推动中国国际私法立法的发展，中国国际私法学会推出了《中华人民共和国国际私法示范法》（第六稿）（以下简称示范法）。该《示范法》开创学者立法之先河，对将来制定《国际私法典》及对于加强民众对国际私法的认识具有不可估量的价值。《示范法》对证券交易设计了一些法律适用规则。其第83条规定，商业证券适用证券指定的法律，没有指定的，适用证券签发机构营业场所所在地法。虽然《示范法》对证券跨国发行与交易的法律适用作了初步的规定。然而，该示范立法也存在概念含糊、指定不明、内容不全等问题，缺乏可操作性。如其第83条规定商业证券适用证券上指定的法律，规定过于模糊。一是对什么是商业证券缺乏明确限定；二是对适用指定的法适用商业证券的哪些方面问题也缺乏明确解释，因此很难操作。

（二）完善我国相关立法的建议

要建立一个有效的资本市场，法制是关键。我国证券法制已经滞后于证券业发展的需要，这不仅可能使我国境内外发行人、承销商的权利及我国证券市场稳定发展的法律保障落空，而且对于我国利用境外证券融资，吸引外资、消除外国投资者对我国证券业的疑虑，以及对我国证券市场的规范化、国际化都非常不利，亟待修改、完善现有的立法。要补足我国现有立法，笔者认为应注意以下几个方面：

首先，明确托管证券的权利性质。对于托管证券的权利性质，我国现有立法缺乏明确规定。2002年4月23日颁布的《中国证券登记结算有限公司证券账户管理规则》第3.14条规定："证券账户注册资料中注册的持有人为证券账户持有人。证券账户持有人依法对其账户中登记的证券享有权利。"但是对该权利的具体性质，该规则也没有明确的界定，这对我国证券市场的国际化发展来说是十分不利的，因此，亟需在将来的立法中对此予以明确。幸运的是，我国目前正在进行《物权法》的起草，而在学者起草的《物权法草案》中也提出了在我国设立"有价证券的所有权"的立法建议，① 不过，该草案指出，证券所有权仅仅适用于记名有价证券与指示有价证券的权利的取得，② 而对间接持有体制下的托管证券权利性质没有作出规定，显然，立法范围过于狭窄。笔者认为，我国应在将来制定的《物权法》或修改的《证券法》中将间接持有体制下的托管证券的权利界定为"证券所有权"，以此减少金融风险，促进我国证券市场的国际化发展。

---

① 参见梁彗星主编：《中国物权法草案建议稿》[M]，社会科学文献出版社2000年版，第415页。

② 参见梁彗星主编：《中国物权法草案建议稿》[M]，社会科学文献出版社2000年版，第415页。

其次，对于在间接持有体制下通过中间机构进行的证券交易的有关权利的法律适用问题，应该借鉴海牙《经由中间人持有证券特定权利法律适用公约》的规定，即首先允许当事人协议选择适用的法律，但当事人选择的法律限于中间人有分支机构所在国的法律。如当事人未选择或选择无效，则适用证券账户被保管的中间人所在地法。

另外，我国将来的立法中还应明确规定，根据上述冲突规则指向的一国法律，应为实体法，而不包括冲突法和程序法，即应该排除反致在证券跨国交易领域的适用。

论外国法的查明与适用

■ 郭玉军*

目　录

一、问题的提出
二、适用外国法的性质
三、外国法的证明
四、外国法的解释
五、错误外国法适用的救济
六、我国有关立法与实践的完善

应该说，外国法的查明问题虽然具有程序性，但在国际私法中，它至关重要，关系到冲突法的生死存亡。有学者指出，如果任何法律体系都不存在有效的适用外国法的方法，那么冲突法所追求的理想就会破灭。这意味着法院根本就不应该审理涉及外国法的案件，或者在一般情况下，法院应该适用法院地法，或者惟一的解决方法就是致力于制定统一实体私法规则。① 而且特别应该指出的是，外国法的查明不仅对于解决有关实体问题具有重要意义，而且对于许多程序事项也具有重要意义，例如对于法院是否方便的确定，平行诉讼的解决，司法协助的提供，甚至外国判决的执行等问题，有时也需要查明外国法。

关于外国法的查明与适用，各国立法与实践存在诸多分歧，本文拟在分析有关国家立法、实践与理论的基础上，对我国有关外国法查明与适用制度的完善提出初步建议。

一、问题的提出

在英美法系国家，外国法的查明一般称为外国法的证明（proof of foreign law），是指

---

* 武汉大学国际法研究所教授。

① *See Fentiman: English Private International Law at the End of the 20th Century: Progress or Regress?* In Symeon C. Symeonides. *Private International Law at the End of the 20th Century: Progress or Regress?* (2000). Kluwer Law International. pp. 187-188.

一国法院根据本国的冲突规范指定应适用外国法时，如何查明该应适用的外国法（the applicable foreign law）的存在和确定其内容。由于各国法律纷繁复杂，任何法官都不可能通晓世界各国的法律，因此当一国法官在根据本国冲突规范的指引本应适用外国法时，就必须通过一定的方法来确定外国法的内容。

外国法的适用、证明和解释是国际私法中的一个核心问题。需要回答的基本问题是：1. 外国法的适用是强制性的还是任意性的，即如果当事人未主张适用外国法，法官是否有义务依职权适用外国法？2. 外国法究竟应该被视为法律，像证明和解释本国法一样加以证明和解释，还是只是一个事实，只有当案件当事人主张适用外国法并证明其内容与效力时才被适用？3. 应该如何解释外国法？

二、适用外国法的性质

在外国法的适用中，基本问题是一国法官是否应该像适用内国法一样，按照同样的方式和条件适用外国法，即必须明确以下几个特殊问题：即使当事人未主张适用外国法，法官是否有义务依职权（is the judge obliged to apple foreign law ex officio）适用外国法？当对要适用的外国法有疑义时，谁负举证责任，是否应该由主张适用外国法的当事人证明外国法的内容？如果要证明外国法，按照什么方式证明，是否像证明事实一样的方式证明外国法？如果外国法适用发生错误是否可以上诉？

关于外国法是法律还是事实的争论，在外国法的适用中举足轻重，它在很大程度上决定了适用外国法的性质，即适用是强制性的还是任意性，或者是混合性的或折中性的。

但关于外国法是法律还是事实的争论，无论是在大陆法国家还是英美法国家都存在分歧。就欧洲大陆国家来看，在法国、意大利都曾有最高法院的一些判决很坦白地支持事实说，而多数欧洲大陆国家或通过明确的立法或一贯的判例法，确实将外国法视为法律。另一方面，英美一直赞成将外国法视为事实，英国仍继续保持外国法为事实的做法，然而美国已经发生了变化，近年来表现出了将外国法视为法律的倾向。目前我国学者对外国法性质的认识存在不同的观点，有的认为是法律或不同于内国法的法律，有的认为是事实。①

早在1879年，欧洲著名的国际私法学家阿瑟（Tobias Asser）就提出法官应该主动适用外国法，因为法官的职责是按照他认为应适用的法律处理每一案件，而如果应适用的法律为外国法，他就应适用外国法，即使任何一方当事人均未主张适用外国法。这一理论平等地对待外国成文法和内国成文法，认为无论是外国法还是内国法均是法庭必须遵守的强制性规则。每当国际私法的某一规则指定外国法适用于某一国际法律关系时，法庭必须遵守这一规则。在此后的一个多世纪中，他的理论对法国和其他欧洲学者产生了深远影响。

但法国的许多国际私法学者并未接受其观点，而是认为外国法是事实而非法律。1959年，法国最高法院的 Bisbal 案是法国现代有关外国法适用的一个著名典型案件，在该案中，法官认为法国的冲突规则，至少那些规定外国法适用的规则不具有公共政策的性质，所以应该由当事人主张适用，而且不能因法官未主动适用外国法而指责法官。在 1960 年的一个案中，最高法院认为法国法官可以适用法国冲突规则指定的外国法，如果他希望如

① 参见张磊：《外国法的查明之立法及司法问题探析》，载《法律适用》2003 年第 1 ~ 2 期，第 98 页；詹思敏：《外国法的查明与适用》，载《法律适用》2002 年第 11 期，第 48 页。

此（A French judge may, if he so wishes, apply the foreign law indicated by the French rule of conflicts）。这两个判决确立了如下原则：即如果当事人未请求适用外国法，法官无义务按照法国的冲突规则适用外国法，但如果法官希望适用外国法，他们可以适用外国法。近30年后，在1988年的两个判决中，法国最高法院改变了其观点，认为法国法院必须适用冲突规则指定的外国法，采纳了强制适用的观点。但1990年，法国最高法院又回到了其以前任意适用的观点，1992年，又重采强制适用的观点。到这一时期为止，法国的实践还处于波动状态，未形成定论。① 2005年6月28日，法国最高法院的第一民事庭和商事庭做出的两个判决（N° de pourvoi 00-15734 和 N° de pourvoi 02-14686）确认：法国法院的法官如果确认适用一项外国法，就必须查明该项外国法的内容，或者依职权，或者应依该外国法提出主张的一方当事人的请求。在必要的情况下，法官可以要求当事人协作并亲自查明。法官有义务根据该外国实体法对争议的问题作出决定。

意大利法院于1966年作出的判决中坚持外国法应该被视为法律，法官有义务运用所有手段确定外国的法律规则，包括与当事人合作。适用外国法的错误可以上诉到最高法院。这一判决采纳了意大利多数国际私法学者的意见，但意大利法院在此后的各种判决中并未坚持上述观点，而是认为了解外国法并不是意大利法官依职责所必备的知识，在适用外国法中享有利益的当事人必须主张和证明外国法。不过，1995年意大利《国际私法制度改革法》第14条已明确规定外国法应由法官依职权查明。

其他国家如希腊、奥地利、西班牙、葡萄牙、匈牙利、瑞士、罗马尼亚、俄罗斯、白俄罗斯、立陶宛、突尼斯、哈萨克斯坦、阿塞拜疆、蒙古、韩国等通过立法明确了法官应该依据职权调查和适用外国法，比利时、德国等则通过法院实践确立了法官主动适用外国法的原则。

英国著名国际私法学者戴西和莫里斯认为，每当适用外国法时，必须像证明事实一样，以专家证据或某些其他方式向法官主张和证明该法。在不存在令人满意的外国法证据时，应该适用英国法。美国的斯托里也在其著作中确立了相似的原则。在美国，外国法长期以来被视为事实，结果是如果适用有错误通常无法上诉到上级法院。②

但近年来，美国有关“司法认知”（judicial notice）的法规或规则已经改变了上述不合理的做法。例如联邦民事诉讼程序规则（Federal Civil Procedure Rule）第44.1条规定法院将把与外国法有关的问题视为一个可以上诉的法律问题。③

在确定外国法的内容时，法院可以考虑任何相关的资料或来源。统一外国法司法认知

---

① Jacob Dolinger. *Application, Proof, and Interpretation of Foreign Law: a Comparative Study in Private International Law*. 12 Ariz. J. Int'l & Comp. Law 225-232.

② William M. Richman and William L. Reynolds. *Understanding Conflict of Laws*. 3th. Ed.. LexisNexis. 2003. p. 175; Jacob Dolinger. *Application, Proof, and Interpretation of Foreign Law: A Comparative Study in Private International Law*. 12 Ariz. J. Int'l & Comp. Law 259.

③ Rule 44.1. Determination of Foreign Law: A party who intends to raise an issue concerning the law of a foreign country shall give notice by pleadings or other reasonable written notice. The court, in determining foreign law, may consider any relevant material or source, including testimony, whether or not submitted by a party or admissible under the Federal Rules of Evidence. The court's determination shall be treated as a ruling on a question of law.

法（Uniform Judicial Notice of Foreign Law Act 1966）和统一州际和国际程序法（Uniform Interstate and International Procedure Act 1962）为州法院规定了相似的程序，当然前一个法律只在当有关法律为另一州法律时才允许司法认知。司法认知程序非常有用，当对另一州的法律有疑义时，司法认知一般不会引起麻烦，但当某一外国法处于争议中时，对于那些表面与法院地法相似，仔细分析后实质相差甚远的法律制度，法院则必须谨慎行事。因此，在美国有关观点已经发生变化，上述规定并没有要求当当事人没有主张适用外国法时，法官必须适用外国法，而是规定由法官自由裁量。这些规定的确规定当法官决定要适用或者当事人主张适用时，外国法就必须被视为法律而非事实。只有当当事人没有主张适用外国法，而且当法官决定不主动适用时，外国法才被视为事实。所以美国的变革被认为是温和的变革，而且是采用了法官主动调查与要求代理人全面陈述外国法相结合的双重方法（dual approach）。

在当事人未引用或未确认应适用的外国法时，美国法院采取了两种做法，一是如果当事人不能提出有关应适用的外国法的证据，就驳回当事人的起诉，美国以及英国判例法中的另一方法是适用法院地法。① 有各种理论支持适用法院地法这一做法，如除非有相反的证据，推定外国法与内国法相同，但当应适用的法律是非普通法时，就很难推定内外法律相同，因此该理论受到了艾伦茨威格等的尖锐批评；当事人未主张适用外国法就意味着当事人默示地选择法院地法，等等。②

不过尽管联邦法院于20世纪60年代就已开始其诉讼程序的国际化，甚至实施了上述有关外国法查明的规则，但美国联邦法院的法官还是不太情愿适用外国法，而是经常选择适用自己更熟悉的法院地法。更不幸地是，这种不愿适用外国法的倾向并没有因为在当今互联网时代法官和当事人更容易获得外国法的内容而有所降低。③ 当要适用的法律为外国法时，许多联邦法院无论是在1966年（即增订第44.1规则）之前还是之后，做法均不同。实际上是要求外国法像事实问题一样被“证明”。④

虽然关于这一问题不同国家的立法与实践存在较大差异，但似乎近年的立法与实践中呈现出法官应依职权查明外国法的一种倾向，特别是英美法系的美国自20世纪60年代开始就出现了改革的倾向。虽然有人称之为温和的变革，有人称之为革命，而且实践中美国法院的做法也不尽一致，但无可否认的是，其立法与实践已开始发生变化。

三、外国法的证明

按照一些国家诉讼法的观点，了解法律和查明事实是截然不同的。法官应当知法，至于事实则应由当事人自己举证。由于各国对外国法的性质，即外国法究竟是法律还是事实

① See generally Eugene F. Scoles. Peter Hay. Patrick J. Borchers. & Symeon C. Symeonides. *Conflict of Laws* § 12.19 (3d ed. 2000).

② Louise Ellen Teitz. *From the Courthouse in Tobago to the Internet: the Increasing Need to, Prove Foreign Law in US Courts, Journal of Maritime Law and Commerce.* January, 2003. p. 102.

③ Louise Ellen Teitz. *From the Courthouse in Tobago to the Internet: the Increasing Need to, Prove Foreign Law in US Courts, Journal of Maritime Law and Commerce.* January, 2003. pp. 97-98.

④ Louise Ellen Teitz. *From the Courthouse in Tobago to the Internet: the Increasing Need to, Prove Foreign Law in US Courts, Journal of Maritime Law and Commerce.* January, 2003. pp. 99. 114-116.

有不同的主张，所以各国查明外国法的方法也有所不同。

（一）证明外国法的责任

1. 法官依职权查明，但当事人亦负有协助的义务。欧洲大陆占主导地位的规则是法官可以要求当事人协助其发现、确认应适用的外国法的内容和效力，在没有明确成文法规定的国家，也已确立了法院与当事人合作的原则。另外还有其他一些国家也采取此种做法。采取这种做法的国家主要有：葡萄牙、西班牙、希腊、瑞士、突尼斯、白俄罗斯、俄罗斯、罗马尼亚、哈萨克斯坦、韩国、德国等。这类国家主张对外国法内容的查明既不同于查明内国法的程序，也不同于查明事实的程序，原则上应由法官调查认定，但当事人也负有协助查明外国法的义务。在这种做法中，更重视法官的调查，法官对于外国法的查明具有最终的决定权。如 1987 年《瑞士国际私法法典》第 16 条规定，外国法内容的查明由法官依职权查明。为查明外国法的内容，可以要求当事人予以合作。应该说这种混合方法较为合理，原来一些将外国法看成是事实而要求当事人举证的国家也开始采取这种做法，如前述 1995 年意大利法。从近年的立法来看，有较多的国家都采取了这种方式，一些国家的司法实践也一改过去的做法而采取这种做法，可以说这种做法代表了这一问题上的发展趋势。①

2. 由当事人举证证明。英国等普通法系国家及部分拉丁美洲国家采取这种方法。这类国家不是将外国法看成法律，而是视为当事人用来主张自己权利的事实，因此应适用的外国法的内容，就须由当事人举证证明，法官没有依职权查明外国法内容的义务。在英国，如果当事人要援引外国法，他就得像提供其他事实一样提供外国法，否则英国法院就会把含有涉外因素的案件像审理纯粹的内国案件一样看待。

而在美国如前所述，情况已发生变化，法官也可以考虑有关资料，包括证词（testimony），无论是否由当事人提交也无论是否可以按照联邦证据法加以采纳。美国正在逐步发生变化，变得更愿意接受用不同的方法确定外国法，例如由政府出版的著作或发布的出版物中的法律的印刷品或其他明文法律，或通常可作为法律实施地司法机构（judicial tribunal）中实施的现行法的证据的著作或出版物中的法律或其他明文法律，法院自己所调查的外国法资料可能会好于代理人提供的。法院有时会愿意重新查看代理人当事人提交的不充分的资料。另一方面法院也可以坚持完全由代理人提供。因此在美国司法认知和专家证明并非互相排斥的两种方法。

在 1966 年规则之前，未证明外国法通常会被认为是举证不足，从而导致法院作出不利于引用外国法的当事人的判决。但 1966 年规则后，未证明外国法不再构成举证不足而是被视为法律选择的问题。在某些法院看来，未证明外国法可能意味着是导致自动适用法院地法。至于法院查明外国法的权力和确定外国法的义务问题，有学者认为，1966 年规则明确承认了法院有调查外国法的自由，同时也默示地表明：当被引证的外国法不充分时，法院有义务查明外国法。但实践中美国法院的做法并不统一，有的认为法院有权力和

① 参见李旺：《涉外案件所适用的外国法的查明方法初探》，载《政法论坛》2003 年第 1 期，第 182 页。

义务调查外国法的内容,① 而有的仍不愿将外国法视为法律。②

3. 法官依职权查明，无须当事人举证。欧洲大陆一些国家如荷兰等国采取这种做法。这类国家将外国法视为和内国法一样的法律，并认为法官应该知道法律，所以应由法官负责查明外国法的内容。

（二）证明外国法的方式

外国法查明有时是非常困难和令人畏惧的一件事，也是长期以来备受法学家关注的一个问题。早在 19 世纪末，国际法学会就提出通过各种决议，以满足国家间交换立法信息的需要，1880 和 1886 年一些国家在布鲁塞尔签署国际协议确立了成员国间互相交流官方公报以便成员国能及时了解其他国家的最新立法。但这并不能完全解决外国法适用的难题，因为法律不仅要看立法机构是如何制定的，还要看法院是如何解释与发展的，而且要了解一部法律是否仍然有效也不能仅凭官方公告就可以恰当地得以掌握。交流法律信息或许非常有助于学术研究，但当法院或律师需要了解有关某一特定问题的法律规定状况时，必须还得使用其他一些方法。

应当说，现代法官有多种途径可以查明外国法，通常而言，提交某一相关的外国法规本身就可能足以确定外国法的内容，尽管有时没有其他的帮助，仅凭法官阅读其完全不熟悉的国家的法规文本就认为法官能够确定该外国法的内容，难免不会被认为有点专横武断。人们现在很关注互联网上丰富的可资利用的材料，因为这可能会使法官误以为他们只需阅读互联网上的材料而无须借助专家证词或证明（expert testimony）就可以正确地理解外国法。应该说最常见的可依赖的有关外国法的信息来源就是专家证词。也有美国法院在参考非正式的信息来源时，运用了广泛的自由裁量权，如通过菲律宾法学杂志上的学生笔记或通过法院书记员与某香港贸易机构的电话交谈来解决有关外国法的含义。③

对于负有证明外国法内容和效力的举证责任的当事人来说，可以聘请某一特定领域的外国法专家出具专家证明。④ 有学者提出，如果由法院聘请中立的专家证人，如果专家证人能从一个相对稳定的团体中产生如德国马普外国法与国际私法研究所，那么外国法证明的费用就可以大大降低，诉讼程序就可以快捷许多，而且，中立的专家证人不受双方利益的牵制，能够更加客观地、科学地对待外国法。⑤ 应该说，在各种证明方式中，采用专家证人方式是一种比较好的选择。

在英国法院诉讼中，主张外国法规则的当事人必须主张和证明外国法规则。就这点而言，外国法规则与构成英国法一部分的国际公法规则不同。英国多数学者认为外国法规则是一种事实，但与一般事实不同，是一种特殊的事实，其证明只须满足法官的要求而不是陪审团的要求。根据英国普通法，外国法的某一特定规则必须在每次主张时都重新证明，

---

① 758 F. 2d 1193 (7th Cir. 1985); 990 F. 2d 827, 1993 AMC 2029 (5th Cir. 1993).

② 915 F. 2d 1000 (5th Cir. 1990).

③ Doug M. Keller. *Interpreting Foreign Law Through an Erie Lens: a Critical Look at United States v. MCNAB*. 40 Tex. Int'l L. J. 171.

④ Gregory S. Alexander. *The Application and Avoidance of Law in the Law of Conflicts*. 70 N W. U. L. Rev. 602, 637-638 (1976).

⑤ 参见宋晓著：《当代国际私法的实体取向》，武汉大学出版社 2004 年版，第 334 页。

因为在前一次证明后外国法有可能会发生改变。不过 1972 年民事证据法现在已经规定，除非有相反的证明，在以前的民事或刑事诉讼程序中所作的有关外国法问题的裁定或决定可以作为证明该外国法的证据。

证明的方式主要是专家证据，即外国法一般应由专家证据证实。证实外国法不仅仅是将外国的立法条文提交法院，也不仅仅是引用外国的判决或判例集。专家要发挥协助法院对上述证据资料进行评价或解释的作用。① 证明外国法的专家可以通过口头或书面形式对外国法进行证明。至于谁有资格担任证明外国法的专家并非一下就可说清楚。理论上，证明外国法的专家应该是有资格在相关的外国国家执业的法官或律师，但这从来不是惟一的要件。1972 年民事证据法已明确宣布，一个人只要具备相当的知识与经验就具有对外国法发表专家意见的资格，而不论其在该外国是否已经执业或有资格执业。②

当然，法官可以独立地调查外国法的内容。美国的一项研究表明，有 62% 的被调查的法官认为自己亲自调查外国法是最有效的确定外国法内容的方法，38% 的法官则认为是有一定作用的方法。③

（三）外国法不能查明时的法律适用

当经过一切可能的方法或途径，仍不能查明外国法的内容（fail to prove foreign law），或外国法中并无可适用的相关的法律规定时，应如何解决法律适用的问题呢？主要有以下几种不同的主张：

1. 直接适用内国法。发生外国法无法查明的情况时，一些国家的法律明确规定了应该适用法院地法，即使没有明文规定的国家也采取同样的解决方法，这是大多数国家采取的做法。④ 如 1978 年《奥地利联邦国际私法法规》第 4 条第 2 款规定：“如经充分努力，在适当时期内外国法仍不能查明时，应适用奥地利法。”法国、德国、荷兰、比利时和意大利的法院传统上在此种情形下也都适用法院地法。美国也有法院采用直接适用法院地法的做法。⑤

2. 推定外国法与内国法相同，适用内国法的规定。英国和美国的法院在有些案件中采用这种做法。如曾有美国法院在一离婚案件中推定中国法中的婚姻财产制与加利福尼亚州的共有财产制法（community property）相同。有学者批评此种方法过于武断。有些美国法院只在不能证明的外国法为普通法系国家的法律时，如英国、加拿大和澳大利亚等才作

① ［英］莫里斯主编：《戴西和莫里斯论冲突法》（下），李双元等译，中国大百科全书出版社 1998 年版，第 1752～1754 页。

② J. G. Collier. *Conflict of Laws*. 3rd ed.. Cambridge University Press. 2001. pp. 34-35.

③ Doug M. Keller. *Interpreting Foreign Law Through an Erie Lens: a Critical Look at United States v. MCNAB*. 40 Tex. Int'l L. J. 172.

④ 20 世纪 90 年代以后的立法中，绝大多数都明文规定在合理期限内外国法无法查明时，适用法院地法，如蒙古新国际私法第 540 条、阿塞拜疆国际私法第 2（2）条、立陶宛国际私法第 1.12 条、俄罗斯民法典第 119（3）条、白俄罗斯民法典第 1095（4）条、俄罗斯民法典第 1191（3）条、罗马尼亚国际私法第 7 条、列支敦士登国际私法第 4（2）条、哈萨克斯坦民法典第 1085（4）条、突尼斯国际私法第 332 条。

⑤ The Scotland National Steam Nav. Co. v Dyer (1882) 105 US 24, 26 L ed 1001.

这种推定。而有些美国法院不管应适用的外国法是哪一法系国家，均推定外国法与法院地法相似。① 这实际上与直接适用内国法并没有什么不同。以至莫里斯也认为，推定外国法与内国法相同，这种推理方法很不自然，最好还是放弃推定这个词，直接说若外国法未被证明，法院即适用英国法。

3. 驳回当事人的诉讼请求或抗辩。有学者主张当外国法不能查明时，就应驳回当事人的诉讼请求或抗辩。理由是：既然内国冲突规范指定应适用外国法，就意味着不允许用其他法律来代替。当外国法不能查明时，就应像对待当事人不能证明其诉讼请求或抗辩一样，法院得以当事人的诉讼请求或抗辩无根据为由，驳回其诉讼请求或抗辩。而普通法系和大陆法系国家都采用过驳回当事人的诉讼请求和抗辩的做法。例如美国、英国法院一般是在不能查明的外国法为非普通法系国家的法律时，就采取这种做法。②

4. 适用与本应适用的外国法相似的法律。德国、法国和日本曾有采取此种做法的判例。例如，在第一次世界大战后，德国法院无法得到本应适用的《厄瓜多尔民法典》，但德国法院知道《厄瓜多尔民法典》是以《智利民法典》为蓝本制定的。德国法院认为，适用与《厄瓜多尔民法典》相近似的《智利民法典》比适用法院地法更合适。

5. 适用一般法理。美国早期的判例有采用适用一般法律原则的做法的。③ 日本的学说和判例有采用此说的。但关于是适用一般原则上的法理，还是适用内国法上的法理或准据法所属国法律中的法理尚有不同意见。④

6. 辅助连结说。此说为日本少数学者所主张。他们提出，在作为准据法的外国法内容不明时，应再次进行法律选择。例如在家庭法领域，当本国法的内容不明时，可依次用惯常居所地法、居所地法和法院地法来代替本国法。⑤

四、外国法的解释

关于如何解释外国法的方式，受有关外国法并入的两种不同观点的影响，一种观点认为如果通过法院并入外国法（incorporation of foreign law）在性质上是实质接受（material reception）外国法，那么通过实质接受的外国法已被并入和内国化（nationalization），因此应该按照法院地法解释外国法。如果是形式接受（formal reception），则外国法只是被并入但未内国化，所以就必须按照制定该外国法的所属国的法律体系加以解释。⑥ 欧洲大陆学者多主张后一种做法，如法国的巴迪福就认为，如果应适用的外国法中无明确的成文

---

① Parmalat, 383 F. Supp. 2d 587 (S. D. N. Y. 2005); In re Parmalat Securities Litigation, 377 F. Supp. 2d 390 (S. D. N. Y. 2005); Feltham v. Bell Helicopter Textron, Inc., 41 S. W. 3d 384 (Tex. App. Fort Worth 2001).

② R. Fentiman. *Foreign Law in English Courts.* Oxford University Press. 1998. pp. 3-4.

③ Whitford v Panama R. Co. (1861) 23 NY 465.

④ 参见山田镣一、早田芳郎编：《演习国际私法新版》（日文版），日本有斐阁 1992 年版，第 57 页。

⑤ 参见山田镣一、早田芳郎编：《演习国际私法新版》（日文版），日本有斐阁 1992 年版，第 58 页。

⑥ Jacob Dolinger. *Application, Proof, and Interpretation of Foreign Law: a Comparative Study in Private International Law.* 12 Ariz. J. Int'l & Comp. Law 240.

规定，而是来源于或多或少确定的判例法时，法官不得不确定外国法院本身会做出什么判决。他特别强调法官在适用自己本国法时和适用外国法时其所能发挥的作用不同，在适用其自己本国的法律时他可以自由创制或改变已经赋予其法律的解释，只要他认为其解释将产生更好的公正（better justice），但在适用外国法时，外国法是在外国有效实施的法律，他无权判断外国法的价值和采纳创新性的不同解释。国际常设法院（Permanent International Court of Justice）和比利时法院都曾明确支持该主张，并认为外国法只有通过外国法判例加以解释，而别无其他的解释。① 一些国家的立法已经明确规定了相同的解释外国法的规则，如奥地利、葡萄牙、前南斯拉夫、意大利等。

英国法院在外国法证明方面已经确立的对自己的自动限制的做法也适用于外国法内容被证明后有关外国法的解释问题。因为外国法效力的证明主要是专家证明，所以在证明外国法规时同样也期望取得解释的证据，如果没有这样的证据或者当事人请求法院解释外国法时，英国法院就推定外国解释规则和英国法中的解释规则一致。结果是英国法院在很大程度上依赖专家对外国解释规则的知识和理解而不是由其自己研究并得出有关外国法的解释规则。外国判决也必须按照专家所赋予的外国判决的含义加以解释。

在美国，有一种倾向，即在解释外国法时，允许法院根据自己的理解，自由裁量。在 Wood & Selick, Inc. v. Compagnie Generale Transatlantique 案中，法官指出，令人窘迫的是，我们不得不按照对于某一法律制度来说是完全陌生的概念解释该法律制度，即以法院地法中的概念解释某一外国法。法院承认自己并未严格适用外国法（法国民法典），只是适用了法国民法典中有关取得时效的理念，而这可能与法国法的意图相差甚远。② 对此有学者批评道，适用外国法要求不仅仅只是参考该法，而是要求按照外国法中本身的术语解释外国法。事实上，在现代冲突法体系下，美国法院不太经常适用外国法作出判决，主要是因为法院总是倾向于寻找理由适用本地法。

总之，在外国法的解释问题上，有成文法规定的国家不太多，少数大陆法国家明确规定了应依据外国法进行解释，而英美的司法实践有依据法院地法进行解释的。而理论上，通说一般是认为应该依据外国法中的解释规则和解释方法解释外国法。③

五、错误外国法适用的救济

外国法的错误适用有两类：一是适用冲突规范的错误，即根据冲突规范本应适用某一外国法，却错误地适用了另一国的法律。如本应适用外国法却适用了内国法或另一外国的法律。一是适用外国法本身的错误，即虽然依内国冲突规范正确地选择了某一外国法为准据法，但对该外国法内容的解释发生错误，并据此作出了错误的判决。

---

① Jacob Dolinger. *Application, Proof, and Interpretation of Foreign Law: a Comparative Study in Private International Law*. 12 Ariz. J. Int'l & Comp. Law 241.

② Jacob Dolinger. *Application, Proof, and Interpretation of Foreign Law: a Comparative Study in Private International Law*. 12 Ariz. J. Int'l & Comp. Law 266-267.

③ 参见黄进、杜焕芳：《"外国法的查明和解释"的条文设计与论证》，载《求是学刊》2005 年第 2 期，第 73 页。

对于适用冲突规范的错误，各国一般认为，它直接违反了内国的冲突规范，具有错误适用内国法的性质。与错误适用内国其他法律规范的性质一样，可以由当事人依法上诉，以纠正这种错误。

至于对外国法内容的错误解释，是否允许当事人上诉予以纠正，各国的做法不一致，有两种不同的做法：

1. 不允许当事人上诉。这种做法与这些国家的诉讼制度有关。在这些国家，最高法院只是法律审的法院，它必须接受下级法院对事实的认定，其工作只限于审查从事实得出的法律结论是否正确，同时它们又将对外国法的认定视为是对事实的认定，因此，对外国法本身适用的错误便不能上诉到最高法院。另外，即使一些国家将外国法看成是法律，也不允许当事人上诉。其理由主要是：内国最高法院是为了使本国法律得到正确统一的解释而设置的，外国法解释正确与否的问题应由外国最高法院解决；如果内国最高法院对外国法的解释也有错误，会影响自己的声誉。

2. 允许当事人上诉。这些国家认为，对外国法内容解释的错误，就是对规定适用外国法的内国冲突规范的错误适用；当外国法被指定为准据法时，它与内国法并无区别，应平等对待两者；上级法院比下级法院更容易查明外国法。因此应允许当事人对外国法本身的适用错误进行上诉。欧洲大陆国家等将外国法看成法律的国家，一般允许就外国法适用错误进行上诉。另外，英国等国将外国法看成是事实，但它们也允许当事人上诉。这也与其诉讼制度有关。它们在诉讼程序上实行上诉审制度，上诉审法院对下级法院关于事实的认定和法律的适用均有权进行审查，所以对外国法适用的错误是允许当事人上诉的。美国原来一般是限制或排除当事人就外国法适用错误上诉，除非有明显的错误，但现在通常允许当事人进行完全的上诉。

六、我国有关立法与实践的完善

根据有关学者对近几年的涉外案件的抽样调查，虽然外国法在我国法院的适用比例较低，① 但涉外司法实践中反映出的与外国法查明与适用的问题却很多。其中最棘手和突出的问题是，由于中国目前缺乏具体明确的法律规范外国法的查明与适用，外国法查明与适用的本身的难度，导致在涉外审判中法官对适用外国法信心不足，有时会采取一些方法回避适用外国法，从而影响案件的结果，影响涉外案件当事人合法权益的保护。

我国立法对外国法的查明与适用没有明确规定，不过，最高人民法院《关于贯彻执行〈中华人民共和国民法通则〉若干问题的意见（试行）》第193条规定："可以通过下

---

① 2003年为6%，2002年为5.5%，2001年为6%，参见《中国国际私法与比较法年刊》（2004年卷、2003年卷，法律出版社）中《2003年中国国际私法司法实践述评》、《2002年中国国际私法司法实践述评》、《2001年中国国际私法司法实践述评》的相关内容。而由涉外审判人员提供的数据表明外国法的适用比例更低，如上海市第一中级人民法院2002年至2005年结审的496件涉外、涉港澳台商事案件中，适用外国法或香港特别行政区法律的案件共4件，其中香港法2件，美国法1件，新加坡法1件，所占比例不足1%。参见《涉外审判中外国法的查明与适用分析》，http：//www.a-court.gov.cn/infoplat/platformData/infoplat/pub/no1court_2802/docs/200609/d_456015.html，访问时间2006年11月10日。

列途径查明外国法的内容：（1）由当事人提供；（2）由与我国订立司法协助协定的缔约对方的中央机关提供；（3）由我国驻该国使领馆提供；（4）由该国驻我国使领馆提供；（5）由中外法律专家提供。通过以上途径仍不能查明时，适用中华人民共和国法律。”这条规定在当时还是有非常有益的，但现在看来其远不能适应我国法院适用外国法的需要。它只规定了查明的方法，和无法查明时的法律适用，对外国法查明与适用中的诸多问题未予以涉及，如法官是否负有查明的义务，五种方法是否是穷尽的，判断外国法无法查明的标准，是否要穷尽五种方法才可以说外国法无法查明，如何解释外国法，冲突规范的适用是强制性的还是任意性的，等等。法律上的不明确导致了司法实践上的困难与混乱。

从规定的具体查明途径来看，《意见》规定了多种途径的查明，但未明确规定法官有查明外国法的责任。有学者认为该规定间接地表明了法官负有查明的责任。与已经失效的最高人民法院《关于适用涉外经济合同法若干问题的解答》的规定相比，《意见》中未见“人民法院如果不能确定其内容时”的字眼，① 有学者认为这是有意之举，而有的则认为是无心之为。实践中的做法则比较混乱，并不统一。有的法官只要当事人未提供相关的外国法，就径直适用中国法，② 而有的则再通过其他途径如专家证人③等方法，加以查明，甚至有的判决在一方当事人提供有关域外法的情况下，对当事人提供的法律不置可否，却以域外法无法查明为由，适用法院地法。④ 从而可能导致类似的涉外案件，法律适用结果却大相径庭。

---

① 《解答》（十一）：在应适用的法律为外国法律时，人民法院如果不能确定其内容时，可以通过下列途径查明：1. 由当事人提供；2. 由我驻该国的使、领馆提供；3. 由该国驻华使、领馆提供；4. 由中外法律专家提供。通过上列途径仍不能查明的，可参照我国相应的法律处理。

② 中国银行（香港）有限公司与广东省湛江市第二轻工业联合公司、罗发、湛江市人民政府借款担保纠纷案，（2004）粤高法民四终字第 26 号。在该案判决中，二审法院认为罗发与中南银行香港分行签订的《担保契约》中约定适用香港法律，故罗发与香港中行之间的担保合同纠纷应适用香港特别行政区法律。但双方当事人均未举证证明香港特别行政区有关法律，香港特别行政区法律不能查明，依照最高人民法院《关于贯彻执行〈中华人民共和国民法通则〉若干问题的意见（试行）》第 193 条的规定，对罗发与中南银行香港分行之间的担保合同纠纷，应适用中华人民共和国内地法律。仅以双方当事人均未举证为由就认为香港法无法查明似乎有些过于武断。

③ 参见荷兰商业银行上海分行诉苏州工业园区壳牌燃气有限公司担保合同偿付纠纷案，江苏省高级人民法院（2000）苏经初字第 1 号一审判决。本案的事实问题比较清楚，争议的焦点在于根据双方合意选择的法律——英国法，保证人在履行义务后，是否获得向被保证人求偿的权利。从国际私法角度看，本案主要涉及外国法的查明问题，也就是英国法的查明问题。江苏省高级人民法院就本案的法律适用问题，要求双方当事人提供英国法律的相关规定。在双方当事人均表示无法提供的情况下，法院依照最高人民法院《关于贯彻执行〈中华人民共和国民法通则〉若干问题的意见》第 193 条第 5 项的规定，委托华东政法学院国际经济法专家陈治东教授书面提供了有关英格兰法律的规定，双方当事人对此均未表示异议。

④ 参见交通银行香港分行与丰懋国际有限公司、广东阳江纺织品进出口集团公司、李孔流、黄小江、阳江市人民政府借款担保纠纷案，（2004）粤高法民四终字第 137 号。

多数学者认为，国际上的趋势是混合方法，①《国际私法示范法》②、《民法典草案》③也均采用了混合方法。至于我国是像欧洲大陆国家那样的混合方法还是像美国那样的混合方法，无权威的意见。从《国际私法示范法》看，应该是采纳了当事人证明为主，法官查明为辅的方式，而《民法典草案》正好相反，采用的是法官为主，当事人为辅的模式。

在实践中，比较多的法官认为，我国对外国法内容的查明应当由当事人举证证明外国法的内容，主要以当事人提供为主，当事人不能提供时再由法官通过其他方法负责查明，法官查明的方式为辅。④ 也有部分法官认为，查明责任在于当事人，法官不应负查明的责任。从收集到的有关案例来看，各级法院在面对涉外案件的外国法查明问题时，使用较多的是第一种和第五种方法，其次有少量案件是通过其他方法查明。因为查明外国法的同时必须要对所涉案件的情况有基本的了解，对案件法律关系有初步的分析，这样才能比较准确地去查找外国法，而这样的要求对于我国驻外使领馆、外国驻我国使领馆和与我国订立司法协助协定的缔约对方的司法机关来说比较困难。相对来说，当事人或者法院委托的法律专家或者当事人本人比较容易深入案情，查找到案件所应适用的有关外国法。但是这两种查找外国法的方法也有不足之处，例如它不如其他三种官方的查找途径客观。在我国司

① 在查阅 57 个国家和地区，82 部成文法规和 3 部国际法法典后，我们发现：第一，有些国家的国际私法典或涉外民事法律关系法中，并没有对外国法查明的制度规定，如：日本、韩国等。第二，有些国家虽有外国法查明的规定，但在法典或法律法规所处地位不同。多数国家将其作为国际私法的一般问题，在总论或总则中加以规定，如泰国；但有些国家则将其认定为国际民事诉讼程序的一部分，放在国际民事诉讼编加以规定，如委内瑞拉。总体上而言，上述 57 个国家中，共有 35 个国家或地区和 1 部国际法典对外国法查明这项制度做了规定，有 10 个国家对查明方法未加规定，有 16 个国家采用法院与当事人相结合的混合查明方法，有 5 个规定了由法官而未规定由当事人查明，有 3 个规定不明，只规定其他查明方法如专家证人的国家 1 个。应该说多数国家均采用混合方法。

② 《国际私法示范法》第 12 条有关域外法查明的规定：“中华人民共和国法院和仲裁机构，审理国际民商事案件时或中华人民共和国行政机关处理国际民商事事项时，在法律规定应适用外国法律时，可以责成当事人提供或证明，也可以依职权查明。不能查明或经查明不存在有该法律规定时，适用与该外国法律类似的法律或中华人民共和国的法律。”

③ 《中华人民共和国民法典》（草案）第九编“涉外民事法律关系的法律适用法”第七条是关于域外法查明问题的规定。第七条规定“依照本法规定应当适用的法律为某外国法律，中华人民共和国法院、仲裁机构或者行政机关可以依职权查明该域外法律，也可以（1）由当事人提供；（2）由我驻该国的使、领馆提供；（3）由该国驻华使、领馆提供；（4）由于中国订立司法协助协定的缔约对方的中央机关提供；（5）由中外法律专家提供该外国法律。法院、仲裁机构、行政机关无法查明或者当事人、上述使领馆、中央机关和法律专家不能提供该外国法律的，可以适用与该外国法律相类似的法律、与当事人有最密切联系国家的法律或者中华人民共和国相应的法律。外国法的解释，依照其所属国家的法律及其解释规则”。

④ 例如武汉海事法院在外国法的查明上持积极态度，在确定外国法的内容时既尊重当事人提供的有关法律资料，也重视通过其他途径主动进行调查，而不是简单地将外国法作为事实问题由负有举证责任的当事人举证。在外国法查明后，该院还要求当事人在提供外国法时另行提供该国知名学者对其作出的法律意见书作为补充。《规范管理 积极探索 努力搞好涉外海事审判工作》，参见中国涉外商事审判网 http：//www.ccmt.org.cn/ss/news/show.php？cId =6360，访问时间 2006 年 11 月 18 日。

法实践中，随着司法实践的发展还出现了有法院委托外国律师行出具法律意见的做法，①这种做法可归入到“中外法律专家”的方法中，当然也有学者质疑外国律师行的法律意见是否构成专家意见。笔者认为，专家应做广义解释，不必局限于“专家”的字面。而且，从收集到的材料看，实践中由外国律师行出具外国法内容的做法多于由中国法律专家或律师证明外国法的方法。上海市第一中级人民法院还开创了当庭上网查明外国法的先例。② 当然对于互联网上的外国法的信息，不可盲目信任，应该考虑网站的权威性、专业性与可靠性，因此法庭还聘请了专家证人出庭，当庭见证查询过程，并发表专家意见。可见，我国外国法查明制度随着我国涉外民商事审判的发展，在实践中不断的创新和完善。

综上所述，笔者比较赞同当事人证明为主，法官查明为辅的方法。这样不仅符合当今世界有关外国法查明的一般趋势，也与我国司法改革的方向一致，从合理分配司法资源的角度出发，首先由当事人提供外国法，再辅之法官查明的方法也更为合适。完全由法官查明或完全由当事人举证的方法之不可取是不言而喻的。

而对于即使当事人未主张适用外国法，法官是否也必须按照冲突规则的指定适用外国法，有学者认为我国未见明确规定，但也有学者认为，《关于贯彻执行〈中华人民共和国民法通则〉若干问题的意见（试行）》第 178 条第 2 款已明确指出：“人民法院在审理民事关系的案件时，应当按照《民法通则》第八章的规定来确定应适用的实体法。”则依据该规定，我国法官是必须适用我国法律中的冲突规范来确定涉外案件的准据法的，一旦我国冲突法指引适用外国法，法官也是必须要适用该外国法的，而不是像英美普通法系国家和“任意性冲突法理论”所主张的那样，外国法的适用取决于当事人的请求。对于冲突规则在法院中的适用问题，有学者认为，我国法院应依职权适用冲突规范，如果认为冲突规则是非依职权适用的，国际私法在大量国际民商事案件中就会被冷落一旁，名存实亡；也有学者认为我国应适当采纳建立在当事人意思自治基础上的“任意性冲突法”理论，但要施加严格的限制条件。笔者赞同我国多数学者意见，认为应该采取折中的做法，即除了在法律规定可以选择法律的适用范围内接受当事人的明示主张外，法官应该依职权主动适用法律规定的冲突规范。

法院实践中，有法官认为，中国内地冲突规范对域外法适用的态度应该是强制性适用。当一个涉外民商事案件根据内地冲突规范的指引应适用域外法解决案件争议时，内地法官有责任也有义务适用该法律并告知当事人，而不论当事人是否提出适用申请。内地法律对冲突规范采取强制性适用，也体现在审判实践当中。如果内地法院像英国法院一样，

① 参见中国远洋运输（集团）总公司诉菱信租赁国际（巴拿马）有限公司借款合同纠纷案，北京市高级人民法院（2001）高经终字第 191 号二审判决，北京市第二中级人民法院（1999）二中经初字第 1795 号一审判决，本案所涉国际私法问题：解决本案的关键在于对当事人选择适用的准据法英国法内容的查明，上诉人及被上诉人对英国法有关合同的对价和胁迫提出了观点，法院最终采信了英国富尔德律师事务所的法律意见，驳回了中远运输公司的上诉。这是我国法院针对外国法查明，采用委托外国律师行或一方当事人自己委托外国律师行就某一争议问题出具法律意见的一个案件。本案中法院采纳了菱信租赁公司提供的英国富尔德律师事务所的法律意见作出了判决。但是以一个外国律师行出具的法律意见书作为适用法律和判决的主要依据，常常会引起当事人的质疑和反感。另见张磊：《外国法的查明之立法及司法问题探析》，载《法律适用》2003 年第 1 期，第 98 页。

② 参见谢军：《上海一中院首创当庭上网查明外国法》，载《光明日报》2006 年 1 月 15 日第 6 版。

在当事人不提出适用域外法申请时，法官就对案件的涉外因素视而不见直接适用中国法律裁判，则无疑是一个法律适用错误的案件，要么在二审诉讼程序中被改判，要么在审判监督程序中被纠正。① 内地法律对冲突规范实行强制适用的理念，也要求法官必须正确适用法律以保证冲突规范在审判实践中得以实现，而不允许当事人以沉默的方式选择回避域外法的适用。如果案件的准据法确定为域外法律，即使双方当事人都没有提出适用该域外法律的请求，根据内地冲突法规定，只要适用该域外法律没有违背内地的公共利益及内地法律强制性规定，法官就必须根据冲突规范的指引适用该域外法律解决争议。因此，在适用域外法时，法官必须在查明域外法律过程中起到积极作用才能完成其职责，确保法律适用的正确性。②

如何解释外国法的问题开始引起我国国际私法学界的关注，未有明确的立法与司法解释，学者对此亦未予以足够关注。不过，《中华人民共和国民法典》（草案）第九编“涉外民事法律关系的法律适用法”第 7 条规定，外国法的解释，依照其所属国家的法律及其解释规则。

另外，我国对于无法查明未规定适当期限限制，而其他国家立法一般明确规定在合理期限内无法查明外国法时，才适用法院地法。

我国对适用外国法本身的错误是否允许当事人上诉无明确规定。但从我国的民事诉讼制度以及有关实践来看，我国对民事案件实行两审终审制，且无法律审和事实审之分，因此，对外国法的适用无论发生什么性质的错误，都允许当事人依法上诉并加以纠正应该是没有问题的。实践中也有上级法院纠正下级法院适用冲突规范错误的案例。

总之，外国法的查明是正确适用外国法的前提，直接影响案件的审理和判决的结果，必须予以高度重视，我国有关外国法查明与适用的制度急需完善。我国在查明义务上应明确采取法官与当事人查明相结合的方式，而且应该明确规定，当事人未主张适用外国法时，法官也有义务按照冲突规则的指定适用外国法。对于外国法的解释，应该依照该外国法加以解释。对于外国法无法查明的判断应该施以合理期限的限制，并规定在无法查明时适用法院地法。

---

① 参见郑新俭、张磊：《中国内地域外法查明制度之研究》，中国涉外商事海事审判网，http://www.ccmt.org.cn/ss/explore/exploreDetial.php?sId=811，2006 年 11 月 8 日访问。

② 参见郑新俭、张磊：《中国内地域外法查明制度之研究》，中国涉外商事海事审判网，http://www.ccmt.org.cn/ss/explore/exploreDetial.php?sId=811，2006 年 11 月 8 日访问。

论《巴塞尔新资本协议》中的法律风险

■ 李仁真* 刘 轶**

目 录

一、法律风险的概念及类型
二、法律风险的特征
三、管理法律风险的组织结构
四、法律风险的管理程序
五、构建我国商业银行法律风险监管制度的几点建议

近十多年来，金融全球化进程极大地改变了整个国际金融市场的面貌。在新的市场环境中，国际活跃银行（internationally active banks）大规模地跨境和跨行业拓展业务，积极地利用外包（outsourcing）和互联网等方式提供金融服务，广泛地运用各种风险缓释技术（risk mitigation techniques）。于是，国际银行业的风险状况日益复杂，除了传统的信用风险（credit risk）和市场风险（market risk）外，法律风险（legal risk）在商业银行风险组合中的地位不断上升，对其风险总量的影响也越来越大。巴塞尔银行监管委员会（Basel Committee on Banking Supervision，以下简称巴塞尔委员会）在2004年6月公布的《统一资本计量和资本标准的国际协议：修订框架》（International Convergence of Capital Measurement and Capital Standards：A Revised Framework，以下简称《新资本协议》）① 中，首次将法律风险纳入了国际银行资本充足率监管框架，要求国际活跃银行采用规定的方法计量法律风险，并以此为基础确定其资本标准。该协议对商业银行全面风险管理体系的建立以及各国银行资本监管制度的完善都提出了更高的要求，并于2006年底开始在十国集团国家

* 武汉大学国际法研究所教授，博士生导师。

** 南开大学应用经济学博士后流动站研究人员，武汉大学法学博士。

① 2005年11月，巴塞尔委员会又对《新资本协议》进行了修订。该协议的前身是巴塞尔委员会于1988年制定的《统一资本计量和资本标准的国际协议》（International Convergence of Capital Measurement and Capital Standards，以下简称《1988年资本协议》）。

实施。因此，解读《新资本协议》和其他有关巴塞尔文件的规定,① 阐明“什么是法律风险”、“由谁来管理法律风险”和“如何管理法律风险”等问题，将有助于推动我国银行监管制度与国际银行监管惯例接轨，优化银行公司治理结构，提高银行业的风险管理水平和综合经营能力。

一、法律风险的概念及类型

众所周知，法律风险是银行业务中的固有风险。然而，对“什么是法律风险”，各国监管当局的理解并不一致。例如，英国金融服务局（FSA）侧重于从制度层面上来理解法律风险，认为这种风险是因“法律的效力未能认识到”、“对法律效力的认识存在偏差”或者“在法律效力不确定的情况下开展经营活动”而使“金融机构的利益或者目标与法律规定不一致而产生的风险”。② 而美国联邦储备委员会（FRB）则侧重于从交易层面上来认识法律风险，认为诉讼、客户基于规避法律或者避税的目的而与银行进行的交易，以及客户实施的其他违法或者不当行为都可能给银行带来法律风险。③ 芝加哥储备银行（Federal Reserve Bank of Chicago）也认为：“法律风险是不可执行的合同、诉讼或者不利判决等使银行的营业中断或者对银行的业务活动或者经营条件产生不利影响的可能性。”④

就“什么是法律风险”形成共识，无疑是建立统一的商业银行法律风险监管制度和管理体系的基础。为此，巴塞尔委员会在《有效银行监管核心原则》（以下简称《核心原则》）中首次以列举的方式对法律风险下了一个定义。《核心原则》指出，法律风险主要表现为因下列情形而引发的风险：（1）不完善或者不正确的法律意见或者业务文件；（2）现有法律可能无法解决与银行有关的法律问题；（3）法院针对特定银行作出的判决；（4）影响银行和其他商业机构的法律可能发生变化；（5）开拓新业务且交易对手的法律权利不明确。⑤ 为使各商业银行在建立和实施法律风险管理体系方面保有一定的主动性和灵活性，《新资本协议》在前述定义的基础上又作了概括性的说明，即“法律风险包括但不限于因监管措施和解决民商事争议而支付的罚款、罚金或者惩罚性赔偿所导致的风险敞口

---

① 本文涉及的其他巴塞尔文件主要包括：1.《有效银行监管核心原则》（Core Principles for Effective Banking Supervision, Sep. 1997）；2.《资本协议市场风险修正案》（Amendment to the Capital Accord to Incorporate Market Risks, Jan 1996, updated to Nov. 2005）；3.《信用风险管理原则》（Principles for the Management of Credit Risk, Sep. 2000）；4.《操作风险管理和监管的稳健做法》（Sound Practices for the Management and Supervision of Operational Risk, Feb. 2003）；5.《巴塞尔新资本协议概述》（Overview of the New Basel Capital Accord, Apr. 2003）；6.《合规与银行内部合规部门》（Compliance and the Compliance Function in Banks, Apr. 2005）。

② See Financial Services Authority（FSA）, The Interim Prudential Sourcebooks for Insurers and Friendly Societies and the Lloyd's Sourcebook: Guidance on Systems and Controls, CP 140, Appendix B, para. 14.

③ See OCC, OTS, Board, FDIC & SEC: Interagency Statement on Sound Practices Concerning Complex Structured Finance Activities, Federal Register, Vol. 69, No. 97, 2004, p. 289.

④ Federal Reserve Bank of Chicago, Legal/Reputation Risk, available at http: //www.chicagofed.org/banking_ information/legal_ reputational_ risk.cfm.

⑤ See Basel Committee, Core Principles for Effective Banking Supervision, Sep. 1997, Section IV, para. 11.

(risk exposure)”,① 并明确要求国际活跃银行采用规定的方法计量法律风险并为之配置相应的资本。

近年来，虽然许多国际活跃银行在法律风险的管理方面已开展了卓有成效的工作，但从整个国际银行业来看，法律风险的管理方法和技术仍然处于初期的开发阶段，“近期内还不可能达到像量化信用风险和市场风险那样的精确程度”。② 为了推动有关法律风险管理和监管惯例的尽早形成，国际律师联合会（IBA）专门成立了一个“法律风险工作组”(Working Party on Legal Risk)，负责对上述问题展开深入的研究。经过一段时期的努力，该工作组将“法律风险”界定为：法律风险是指银行因经营活动不符合法律规定或者外部法律事件导致风险敞口的可能性。这一定义，比较清楚地说明了法律风险这一特定现象的质的规定性，立即得到学界的广泛认同。

分析起来，法律风险又分为操作性法律风险（operational legal risk）和环境法律风险(environmental legal risk）两种类型。

所谓操作性法律风险，是指因银行自身的操作风险控制体系不充分或者无效，未能对法律问题作出反应而产生的风险。这种类型的法律风险与特定的银行相联系，并主要表现为以下三种情形：其一，有瑕疵的交易，包括：（1）进行一项交易，未能按照本来的意图分配权利义务和相关的风险；（2）进行一项交易，该交易整体上或者其主要部分是无效的或者不可执行的，或者可能被认定为无效或者不可强制执行（无论基于何种原因）；(3）进行一项交易，该交易赖以存在的陈述或者调查具有误导性或者是错误的，或者未能披露重要事实或者交易条件；（4）对一项或者多项交易的后果存在误解（例如，认为抵销权存在，但事实上并不存在；或者认为自己对破产的对方当事人享有某些权利，但事实上并不享有这些权利）；（5）缔结一项合同，该合同没有或者可能没有一种有效的或者公平的争议解决程序（或者执行判决/仲裁裁决的程序）可以适用；（6）轻率地缔结一项合同；（7）担保安排存在或者可能存在瑕疵（无论基于何种原因）。其二，导致该金融机构承担责任或者其他损失（例如合同终止的后果）的诉讼请求，包括对该诉讼请求的反驳或者反诉。其三，未能采取适当的措施保护该金融机构拥有的资产，例如知识产权。③

所谓环境法律风险，是指法律本身导致意外的、不利的后果的风险。④ 其主要表现为可能对所有商业银行的风险敞口产生不利影响的外部法律事件，即法律的变化。与前述操作性法律风险相比，环境法律风险不仅有着不同的风险来源和风险事件类型，而且还属于不可控风险，单个银行无法采取有效的措施阻止特定风险事件的发生。尽管如此，银行仍然可以运用风险缓释技术把环境法律风险的不利影响降低到可以接受的水平。因此，环境法律风险管理也是商业银行法律风险管理体系不可或缺的组成部分。

---

① Basel Committee, International Convergence of Capital Measurement and Capital Standard: a Revised Framework, updated Nov. 2005, para. 644, n. 97.

② Basel Committee, Overview of the New Basel Capital Accord, Apr. 2003, para. 41.

③ See R. McCormick. *The Management of Legal Risk by Financial Institutions.* RSM draft Discussion Paper, pp. 13-16, available at http://www.federalreserve.gov/SECRS/2005/August/20050818/OP-1189/OP-1109_2_1.pdf.

④ See A. M. Whittaker. Lawyers as Risk Managers. J. of Int'l B. & Fin. L.. Jan. 2003. p. 5.

二、法律风险的特征

银行业务的本质决定了它将面临各种类型的风险，比如信用风险、市场风险、操作风险、法律风险、战略风险、声誉风险等。银行监管者和管理者需要了解这些风险，并确保银行能够有效地管理这些风险。因此，准确把握法律风险的特征，厘清法律风险与其他风险类型的关系，是构建高效的风险监管框架和风险管理体系的前提，对于商业银行内部各风险管理部门职责的合理划分以及监管方法和风险管理技术的正确选用也具有重要意义。

首先，法律风险是一种特殊类型的操作风险。根据《新资本协议》的规定，操作风险（operational risk）是指“由不完善或者失效的内部程序、人员和系统或者外部事件造成损失的风险。本定义包含法律风险，但不包含战略风险（strategic risk）和声誉风险（reputational risk）”。① 从上述定义来分析，操作风险不仅包括一般性操作风险（general operational risk），也涵盖了操作性法律风险。归纳起来，操作风险事件主要有以下七种类型：（1）内部欺诈；（2）外部欺诈；（3）雇佣政策和工作场所安全；（4）客户、产品和业务操作；（5）实物资产的毁损；（6）业务中断和系统失灵；（7）执行、传递和业务流程管理。② 通常，前两种风险事件（内部欺诈和外部欺诈）不可能属于法律风险事件，尽管银行在这些风险事件中可能遭受损失，但这些损失与法律责任无关；后五种操作风险事件则都有可能引发法律风险。③ 由此可见，法律风险并不是操作风险的一种独立风险来源和风险事件类型，而是一种因内部程序、人员和系统或者外部事件造成的，具有一定法律特征并需要由法律人员（内部律师或者外聘律师）运用专业判断才能够有效地管理的操作风险。

其次，法律风险区别于信用风险和市场风险的一个重要特征，在于它与“法律”的紧密联系，且普遍地存在于商业银行业务活动和管理控制的各个方面。研究表明，信用风险是指“银行的借款人或者交易对手不能按照事先达成的协议履行义务的可能性”，④ 它与特定的某个或者多个交易对手相联系；市场风险是指“因市场价格变动而导致银行遭受损失的风险”，⑤ 它与特定的产品、资产组合或者资产类别相联系；而法律风险则是指银行因经营活动不符合法律规定或者外部法律事件导致风险敞口的可能性，它与特定的内部程序、人员、系统或者外部法律事件相联系，其信息来源异常分散。正因为如此，对信用风险和市场风险的管理强调统一和集中，风险管理活动主要由相应的风险管理部门来进行，而对法律风险的管理则强调分散化。除了法律风险管理部门，所有的业务部门以及与管理和控制有关的部门（如操作风险管理部门）都在法律风险管理程序中承担相应的责

---

① Basel Committee, International Convergence of Capital Measurement and Capital Standard: a Revised Framework, updated Nov. 2005, para. 644.

② See Basel Committee, Sound Practices for the Management and Supervision of Operational Risk, Feb. 2003, para. 5.

③ 参见［英］克瑞斯·汉德姆：《法律风险和欺诈：资本金分配、监控与保险》，载［英］卡罗尔·亚历山大编著：《商业银行操作风险》，陈林龙等译，中国金融出版社2005年版，第77～79页。

④ Basel Committee, Principles for the Management of Credit Risk, Sep 2000, para. 2.

⑤ Basel Committee, Amendment to the Capital Accord to Incorporate Market Risks, updated Nov. 2005, para. 1.

任。因此，法律风险管理体系应当独立于信用风险和市场风险管理体系，其管理程序和主要方法也不同于管理信用风险和市场风险的程序和方法。① 当然，法律风险与信用风险、市场风险也有一定的联系。商业银行常常使用各种风险缓释技术②来优化信用风险和市场风险，这很可能引发一些操作性法律风险。例如，用来降低信用风险的合同安排可能不符合法律的规定。值得注意的是，信用风险和市场风险事件也可能涉及某些法律问题，例如商业银行以违约的借款人为被告提起民事诉讼等，但是这些法律问题并不涉及法律风险，因为银行并未因此而承担法律责任。正如有的法律风险管理专家指出的那样，“《新资本协议》在有关操作风险的规定中提及法律风险，但不应误认为所有的法律问题都必须作为操作风险对待。与操作风险有关的法律问题属于操作风险，与其他类型风险有关的法律问题也应属于其他类型风险的范畴”。③

再次，法律风险也不同于合规风险，因为商业银行需要为之配置充足的资本。所谓合规风险（compliance risk)，是指“银行因未能遵守法律、监管规定、规则、自律性组织制定的有关准则，以及适用于银行自身业务活动的行为准则而可能受到法律制裁或者监管处罚、重大财务损失或者声誉损失的风险。……合规所涉及的法律、规则和准则不仅包括那些具有法律约束力的文件，还包括更广泛意义上的诚实守信和道德行为准则”。④ 显然，合规风险广泛涵盖了一般性操作风险、操作性法律风险和声誉风险，但不包括环境法律风险和其他的外部事件风险。虽然巴塞尔委员会一直强调商业银行应当有效地管理各种风险，但是《新资本协议》只对信用风险、市场风险和操作风险提出了资本要求。合规风险管理主要是针对内部控制体系的建立和实施情况，其目的在于确保银行遵循有效的合规政策和程序，并采取适当的措施纠正违规行为，计量风险并不是合规风险管理程序的重点。因此，对于属于合规风险但不属于操作风险和法律风险的声誉风险，商业银行只须审慎地管理而不必为之配置资本。但是，对于法律风险，商业银行不仅要采取措施予以控制，而且还应当为抵御这类风险而维持充足的资本。这是法律风险区别于合规风险的重要特征。

三、管理法律风险的组织结构

管理法律风险的组织结构是指商业银行的董事会、高级管理层、法律风险管理部门和其他有关部门在法律风险管理体系中的权责关系。只有在一个良好的组织环境中，法律风险管理体系才能够有效地运作。因此，管理法律风险的组织结构应当明确、合理地划分有关部门的管理职责，并通过在各部门之间建立报告或者协调机制来确保管理法律风险的措施能够被所有相关部门理解和有效实施。

---

① 根据《新资本协议》的有关规定，商业银行计算信用风险和市场风险资本的方法有标准法和内部评级法，计算法律风险资本的方法则包括基本指标法、标准法和高级计量法。

② 例如，接受担保、运用信用衍生工具、净额扎差安排和资产证券化等。

③ A. M. Whittaker, Legal Risks and the Basel Capital Accord, Presentation Given to the International Bar Association on 22 May, 2003, available at http://www.fsa.gov.uk/Pages/Library/Communication/Speeches/2003/sp144.shtml.

④ Basel Committee, Compliance and the Compliance Function in Banks, Apr. 2005, paras. 3-5.

（一）董事会和高级管理层

商业银行的董事会和高级管理层负有对法律风险管理体系实施有效监控的职责。正反两个方面的实践经验表明，当一家银行的文化以高标准的道德操守来严格要求其高级管理者时，法律风险管理体系才会发挥最大的作用。如果管理层不率先垂范，确保银行从良好的风险管理实践中获益，那么这家金融机构就难逃经营失败的厄运。董事会和高级管理层负责对银行的法律风险管理体系实施有效的监控，其首要任务就是营造一种适宜的法律风险管理环境。董事会和高级管理层应当通过各种行动和言语，努力创建这样一种企业文化，将有效的法律风险管理和保持稳健的操作控制作为重中之重。

首先，董事会应当对法律风险管理体系的建立和实施承担最终责任。董事会应当了解本行业的主要法律风险，并将其作为一种必须加以管理的主要风险类别，核准并定期审核本行业的法律风险管理体系。① 具体地讲，董事会应履行下列两项职责：（1）审批法律风险管理的战略、政策和程序，包括定义法律风险，确定可承受的法律风险水平、明确管理法律风险的方法并建立有效的执行法律风险管理体系的组织结构。（2）督促高级管理层采取必要的措施管理法律风险，定期获得法律风险管理报告，监控和评价法律风险管理的全面性、有效性以及高级管理层在管理法律风险方面履行职责的情况。

其次，高级管理层负责执行经董事会核准的法律风险管理体系。具体地讲，高级管理层应承担下列两项职责：（1）制定、定期审核并监督执行法律风险管理的政策和程序，及时了解法律风险管理水平及其管理状况；（2）是确保银行具备足够的人力、物力，建立合理的组织结构和管理信息系统来有效地管理法律风险。②

（二）法律风险管理部门

法律风险管理程序的各个环节都需要由法律人员作出专业判断。因此，商业银行应当指定专门的部门负责管理法律风险。如前所述，法律风险是操作风险的一种特殊表现形式，而其中的操作性法律风险又属于合规风险的范畴。因此，商业银行的法律风险管理体系应当成为操作风险管理体系的一部分，并与合规风险管理体系相互衔接。商业银行可以根据业务性质、规模和复杂程度，组建不同的部门分别管理操作风险、合规风险和法律风险；或者只设置合规风险管理部门和法律风险管理部门，由前者一并负责管理操作风险和合规风险，而后者专门负责管理法律风险；也可以合并设置法律与合规部门，统一管理操作风险、合规风险和法律风险，并在其内部分设相应的风险管理单元（unit）。③

无论法律风险管理部门的地位如何，它都应当与承担法律风险的业务经营部门保持相对独立，这是法律风险管理部门有效地履行职责的根本保证。为此，在管理法律风险的组织结构中，法律风险管理部门应当拥有独立的报告路线和调查权力，高级管理层应当对其

① See Basel Committee, Sound Practices for the Management and Supervision of Operational Risk, Feb. 2003, Principle I.

② See Basel Committee, Sound Practices for the Management and Supervision of Operational Risk, Feb. 2003, Principle II.

③ See Basel Committee, Compliance and the Compliance Function in Banks, Apr. 2005, para. 34.

进行独立于经营业绩的绩效考核，并且避免法律风险管理职责与其他职责之间可能存在的利益冲突。

在法律风险管理体系中，法律风险管理部门应承担下列职责：（1）拟定法律风险管理政策和程序，提交高级管理层和董事会审查批准；（2）识别、评估和监测法律风险；（3）参与操作风险管理程序，并及时向董事会和高级管理层提供独立的风险报告。

为了提高法律风险管理效率，法律风险管理部门可以将部分风险管理工作委托聘请律师进行，但应当对律师地位的独立性及其专业判断的客观性和准确性进行适当的监督。但无论如何，董事会和高级管理层以及法律风险管理部门在法律风险管理体系中的职责都不会发生变化。

（三）内部审计部门

法律风险管理体系应当受到内部审计部门全面、有效的监督。① 为了确保法律风险管理程序的可靠性、充分性和有效性，内部审计部门应当定期对法律风险管理体系的各个组成部分和环节进行独立的审查和评价。内部审计既针对法律风险管理部门，也针对业务经营部门进行，但内部审计报告应当直接提交董事会。董事会应当督促高级管理层对内部审计报告揭示的问题提出改进方案并采取改进措施。随后，内部审计部门还应当跟踪检查并向董事会报告改进方案和措施的实施情况。特别是，在推出可能涉及重大法律风险的新产品和新业务、在境外设立分支机构或者跨境直接提供金融服务、法律风险管理体系发生重大变化或者存在严重缺陷等情况下，内部审计部门应当扩大法律风险内部审计的范围或者增加审计频率。当然，为了提高审计结果的权威性和可接受性，董事会也可以聘请外部审计师进行部分或者全部法律风险审计工作。

四、法律风险的管理程序

（一）法律风险的识别

法律风险的识别（identification）是运用法律风险的定义对各种风险事件的法律性质进行分析判断的过程。商业银行应当能够识别所有重要的产品、活动、程序和系统中固有的法律风险，这是整个法律风险管理程序的基础性工作。为此，法律风险管理部门应当根据银行在提供有关金融产品和服务方面积累的经验等主观标准以及法律法规的有关规定等客观标准，对业务活动中使用的各种文件的合法性、导致风险敞口的潜在法律责任的性质以及立法、司法和行政执法实践对风险敞口的影响等因素进行全面的分析判断。这种分析判断应针对具体的金融产品和服务及其风险状况来进行，在已经或者准备跨境提供产品和服务的情况下，还应建立在国别的基础之上。

（二）法律风险的评估

法律风险的评估（assessment）是对已经识别出的法律风险进行量化的过程。根据量

① See Basel Committee, Sound Practices for the Management and Supervision of Operational Risk, Feb. 2003, Principle II.

化结果，银行能够确定可接受的和不可接受的法律风险敞口，并对后者采取适当的风险缓释措施。按照《新资本协议》的有关规定，商业银行可以根据业务性质、规模和复杂程度以及法律风险管理水平选取基本指标法（Basic Indicator Approach）、标准法（Standardised Approach）或者高级计量法（Advanced Measurement Approach）来计提法律风险资本。① 其中，高级计量法要求商业银行依据风险敞口指标（exposure indicator）、风险事件发生的概率（probability）和风险事件损失（loss given event）等三个方面的数据来计算各业务线（business line）② 的预计损失量（expected loss amount），并以此为基础汇总确定其法律风险资本标准。为此，商业银行必须建立并实施独立的法律风险评估程序。③ 基本指标法和标准法则对法律风险没有敏感性，不考虑不同商业银行在法律风险管理水平方面的差异，只要求商业银行根据年度业务总收入或者各业务线年度业务收入的一定比例来计提法律风险资本。④ 在这种情况下，独立的法律风险评估程序并不是法律风险管理的必经阶段。尽管如此，对法律风险进行有效的评估也会使商业银行更准确地掌握自身的风险状况。

巴塞尔委员会指出，对内部损失事件数据的跟踪记录是开发使用可靠的法律风险评估体系的前提。⑤ 因此，损失数据的获取是法律风险评估程序的重点和难点。按照《新资本协议》的有关规定，在采用高级计量法计提法律风险资本时，应当以至少五年的损失数据为基础计算确定法律风险事件发生的概率和法律风险事件损失。⑥ 为此，法律风险管理部门应当注意收集本行的法律风险损失数据，并按业务线、法律风险事件类型和法律责任的性质分类进行统计；如果内部损失数据不充分，或者商业银行的法律风险管理水平较高，没有发生“足够”的损失事件，就必须考虑利用相关的外部数据，即同业数据。这些数据可以是公开的数据，也可以是行业集合数据。

（三）法律风险的监测

法律风险的监测（monitoring）是及时地对已经识别出的法律风险进行重要性（signif-

---

① See Basel Committee, International Convergence of Capital Measurement and Capital Standard: A Revised Framework, updated Nov. 2005, para. 645.

② 《新资本协议》将商业银行的业务活动分为八个业务线，即公司金融（corporate finance）、交易和销售（trading & sales）、零售银行业务（retail banking）、商业银行业务（commercial banking）、支付和结算（payment and settlement）、代理服务（agency services）、资产管理（asset management）和零售经纪（retail brokerage）。See Basel Committee, International Convergence of Capital Measurement and Capital Standard: A Revised Framework, updated Nov. 2005, Annex 8.

③ 当然，因为法律风险是操作风险的一种特殊表现形式，所以法律风险的评估与其他类型的操作风险评估活动应当是同步进行的。

④ 在基本指标法下，这一比例为15%；在标准法下，这一比例有12%、15%和18%三档，分别适用于不同的业务线。See Basel Committee, International Convergence of Capital Measurement and Capital Standard: A Revised Framework, updated Nov. 2005, paras. 649 & 654.

⑤ See Basel Committee, International Convergence of Capital Measurement and Capital Standard: A Revised Framework, updated Nov. 2005, para. 670.

⑥ See Basel Committee, International Convergence of Capital Measurement and Capital Standard: A Revised Framework, updated Nov. 2005, para. 674.

icance）方面的判断和评价，并向董事会和高级管理层报告重要的法律风险信息的过程。巴塞尔委员会指出，商业银行应当建立一系列程序来定期监测法律风险状况和重大的法律风险事件。① 有效的法律风险监测程序对充分管理法律风险而言至关重要。定期监测行为有助于迅速发现并纠正法律风险管理政策、程序中的缺陷，从而大大降低法律风险事件发生的频率和重要性水平。

法律风险监测的对象是可能造成损失的法律风险事件。但是，这并不意味着法律风险管理部门的监测活动仅仅局限于那些已经发生的风险事件。除了监测法律风险事件，商业银行还应当明确适当的法律风险指标（legal risk indicators）及其临界值（threshold）并持续地对之进行监测，以便为法律风险事件的发生提供早期预警。这样的指标应该具有前瞻性，并能够反映法律风险的来源。② 根据法律风险工作组的建议，比较常见的法律风险指标包括：（1）法律的立、改、废；（2）市场惯例和标准合同文本等的重大变化；（3）关键人员的变化；（4）推出新的金融产品或者进入新的市场；（5）跨行业提供产品或者服务；（6）主管当局针对其他银行的监管行为或者其他法律制裁；（7）在重大问题上，外聘律师意见的重大变化；（8）聘任不熟悉的法律顾问；（9）正式法律意见中特别的条件或者假设等。③ 需要说明的是，法律风险在不同的商业银行、同一商业银行的不同业务线中的表现形式不可能完全相同。因此，穷尽地列举适用于所有银行的法律风险指标是不可能的。商业银行应当根据业务性质、规模和复杂程度建立自身的法律风险指标体系。随着法律风险管理水平的提高，法律风险指标体系也将不断地发展和完善。

（四）法律风险的控制和缓释

法律风险的控制和缓释（control and mitigation）是通过有效的授权审批和监督机制来防范法律风险并采取适当的措施降低重大法律风险的过程。如前所述，操作性法律风险属于既可以控制也可以缓释的风险，而环境法律风险则属于不能控制但可以缓释的风险。巴塞尔委员会强调，商业银行应当制定控制或者缓释重大法律风险的政策、程序和步骤。为了控制操作性法律风险，法律风险管理部门应当对业务活动中使用的文件进行全面的审查，并根据法律和交易惯例的发展和变化，定期更新标准合同文本等法律文件；法律风险管理部门还应当配备足够的应诉或者参与行政程序的法律专业人员，并对法律风险事件可能造成的财务影响进行分析。

对于上述可以控制的操作性法律风险，商业银行可以通过加强法律风险培训、改进产品设计、完善信息披露、明确划分客户群体和投保商业性责任保险等方式进行缓释。对于无法控制的环境法律风险，商业银行可以根据风险评估结果决定是否接受。如果特定环境法律风险的重要性水平难以接受，法律风险管理部门应当建议董事会或者高级管理层及时

---

① See Basel Committee, Sound Practices for the Management and Supervision of Operational Risk, Feb. 2003, Principle V.

② See Basel Committee, Sound Practices for the Management and Supervision of Operational Risk, Feb. 2003, para. 27.

③ See R. McCormick. *The Management of Legal Risk by Financial Institutions in the Context of "Basel II"*. J. of Int'l B. & Fin. L.. Sep. 2004. p. 308.

调整经营战略，包括缩减业务范围、停止某些业务活动或者裁撤某些海外分支机构。

五、构建我国商业银行法律风险监管制度的几点建议

《新资本协议》科学总结国际银行业风险管理和监管的成功经验，将法律风险纳入银行资本监管的制度框架，这是巴塞尔委员会在统一国际银行资本监管规则方面取得的又一重大突破。《新资本协议》已经成为各国银行资本监管制度变革的依据和重要动力，对国际银行体系的安全和稳健以及国际金融市场的竞争格局都将产生深远的影响。然而，我国现行的商业银行风险监管制度仍然是以《1988年资本协议》为基础的，尚未有要求商业银行建立并实施法律风险管理体系的系统性规定，更没有要求商业银行计量法律风险并为之配置资本。尽管从银行业的风险管理水平和银行监管制度的完善程度来看，我国在短期内还不具备全面实施《新资本协议》的条件，但出于推动我国银行监管制度国际化，提高我国银行业竞争力和风险管理水平的考虑，积极借鉴《新资本协议》体现的先进的风险监管理念和成熟的风险管理经验，构建我国商业银行法律风险监管制度却是非常必要的。为此，可行的做法是通过制定监管指南的方式，推动我国商业银行根据自身经营特点和风险环境初步建立起法律风险管理体系，并不断积累经验，提高其风险敏感度，从而为全面实施《新资本协议》、将法律风险纳入资本监管框架奠定良好的实践基础。

（一）明确法律风险的表现形式

目前，在我国商业银行的业务实践中，有相当多的风险管理专家和银行法律工作者对法律风险的表现形式还没有形成正确的认识。有的将法律风险等同于合规风险，认为法律风险是“金融机构的经营管理活动不符合所在地的法律和监管要求所导致的风险”；① 有的认为“只要风险的发生是由于法律变化引起的，就可以归为法律风险”，② 即法律风险仅仅表现为环境法律风险；更多的人则简单地认为法律风险就是涉及法律问题的风险，即诉讼风险。

有什么样的风险认识，就会有什么样的风险管理水平。明确法律风险的表现形式是提高我国商业银行法律风险管理水平、构建有效的法律风险监管体系的前提。根据《新资本协议》和其他有关巴塞尔文件以及我国有关法律、法规的规定，我国商业银行可能承担的操作性法律风险主要表现为：1. 合同可能依法撤销或者确认无效；2. 合同可能被依法变更，且变更的结果不利于银行；3. 因违约、侵权或者其他事由被提起诉讼或者申请仲裁，依法可能承担赔偿责任；4. 知识产权受到侵犯；5. 业务活动违反法律、法规等的规定，依法可能承担行政责任或者刑事责任。我国商业银行可能承担的环境法律风险主要表现为下列可能对银行的业务活动产生不利影响的外部法律事件：1. 有关法律、法规等的制定、修改或者废止；2. 有关国家机关依法作出的法律解释；3. 最高人民法院作出的

① 巴曙松著：《巴塞尔新资本协议研究》，中国金融出版社2003年版，第99页。

② 章彰著：《商业银行信用风险管理——兼论巴塞尔新资本协议》，中国人民大学出版社2002年版，第7页。

判决；① 4. 海外分支机构所在的国家或者地区法律制度不完善。

（二）引导商业银行完善管理法律风险的组织结构

如前所述，由董事会和高级管理层、法律风险管理部门以及向董事会负责的内部审计部门共同组成的组织结构是法律风险管理体系有效运作的基础，这种组织环境能够保证商业银行有关的管理部门和业务部门正确理解并有效执行法律风险管理战略、政策和程序。与上述要求相比，我国商业银行的组织结构是有其“形”而无其“实”。目前，我国四大国有商业银行普遍设立了独立于合规风险管理部门的法律事务部门，其他全国性的股份制商业银行也大多在法律与合规部内设立了负责法律事务的处（室），其主要职责是出具法律咨询意见、参与法律文件起草和谈判签约以及管理法律诉讼等。虽然这些职责都与法律风险管理有关，但并未全面覆盖法律风险管理程序的各个方面，法律事务部门系统地开展识别、评估、监测以及控制和缓释等法律风险管理工作还缺乏应有的组织保障。此外，内部审计部门的独立性不强也是制约法律风险管理体系建立和有效实施的重要因素。目前，我国商业银行的内部审计部门与操作风险管理部门和合规风险管理部门还没有分开，既负责管理操作风险和合规风险，又负责监督内部控制体系和各种风险管理程序的实施，既是“运动员”也是“裁判员”。并且，内部审计部门也不是直接向董事会负责，其地位与一般的管理部门并无二致，事实上也无法对其他风险管理部门实施有效的监督。因此，引导商业银行重新定位法律事务部门的职责、提高内部审计部门的独立性应当成为法律风险监管制度的重要内容。

（三）推动商业银行开发管理法律风险的技术和方法

法律风险管理的根本目标是将法律风险控制在可以接受的合理范围内，从而实现商业银行整体风险收益率和价值的最大化。因此，法律风险管理程序的实施将主要依赖准确的风险信息和能够有效地量化风险的方法和技术。法律风险管理人员不仅应具备法律专业知识，充分了解本行与法律风险有关的业务及其所承担的法律风险，而且还应掌握识别、评估、监测以及控制和缓释法律风险的方法和技术，而后者正是我国商业银行法律工作者普遍欠缺的技能。

可以说，《新资本协议》既对银行法律工作者提高综合业务水平提出了挑战，也为其参与风险管理程序开辟了广阔的天地。为此，法律风险监管制度应当推动商业银行加强法律风险管理部门的组织建设，提高法律风险管理人员的业务水平，拓展其视野和知识面，促使法律风险管理部门成为一个具备多方面专业知识的综合性风险管理团队。其次，银行业监管机构还应引导商业银行积极借鉴发达国家商业银行管理法律风险的先进技术和方法，从积累法律风险损失数据入手，尽早建立全面的、敏感性强的法律风险指标体系，并为逐步采用更加复杂的方法管理法律风险作充分的准备。

① 在我国，虽然判例不是正式的法律渊源，但是最高人民法院作出的判决对地方各级人民法院的审判活动有着重要的指导意义。

中国人民币汇率制度的国际法探讨

■ 林 念*

目 录

一、人民币汇率之争概述
二、中国汇率制度的国际法规则判断
三、中国货币主权的国际法理论分析
四、人民币汇率形成机制改革简评
五、结论

2005 年 7 月 21 日，中国人民银行宣布：自即日起，中国开始实行以市场供求为基础、参考一篮子货币进行调节、有管理的浮动汇率制度。人民币汇率结束了长达 11 年的钉住美元制度，从而形成更富弹性的人民币汇率机制。中国人民银行同时把美元对人民币的交易价格调整为 1 美元兑 8.11 元人民币。这是中国对持续了近 3 年的人民币汇率之争的行动回应。

弄清人民币汇率之争的孰是孰非，关键在于澄清人民币汇率制度在国际法上的合法性问题。从法理来看，合法性在于合乎法律规则与理论。规则是理论的体现，理论是规则的基础。要澄清人民币汇率制度在国际法上的合法性，需从国际法规则和国际法理论两方面来分析。

一、人民币汇率之争概述

（一）人民币汇率之争的来龙去脉

人民币汇率之争主要是指自 2002 年以来西方发达国家与中国在人民币汇率问题上的争论。以美国为代表的西方发达国家认为中国利用钉住美元的固定汇率制度操纵人民币币值，使人民币被人为低估，从而变向地给予中国出口商出口补贴以在国际市场上获得不公

* 武汉大学东湖分校法学院讲师。

平竞争优势，造成美国等西方发达国家对华巨额贸易逆差，严重影响了国际收支平衡。它们认为中国这种汇率制度违反了国际货币基金组织（以下简称 IMF）协定和世界贸易组织（以下简称 WTO）协定，应尽早改革汇率制度，让人民币升值。中国政府则坚持人民币汇率与西方国家贸易逆差并无直接联系，并始终坚持汇率制度是中国内政。保持人民币在合理均衡水平上基本稳定，既有利于中国经济的稳定与发展，也有利于地区和世界经济的稳定与发展。人民币汇率制度怎么改，何时改是国家主权问题，中国会根据自己的节奏、速度以及对中国经济与世界经济最有益的方式，逐步推进人民币汇率形成机制的改革。

要求人民币升值的较早言论发端于 2001 年 8 月 7 日英国《金融时报》上的文章《中国的廉价货币》和 2001 年 9 月 6 日《日本经济新闻》上的文章《对人民币升值的期望——中国威胁论的升级》。2002 年末以来，日本官方开始指责中国“输出通货紧缩”，要求人民币升值。一场有关人民币汇率的争论从那时起一直延续至今。

日本率先挑起了人民币升值的首次争论，引起国际社会的普遍关注。之后，随着美国的介入，美国朝野逐渐成为要求人民币升值的主力。表面上美国政府在逼迫人民币升值上扮演重要角色，但实际上是政府背后的利益集团的驱动。这群利益集团在政治上表现为美国民间组织和国会议员的声音。因此，在要求人民币升值的问题上，美国民间组织和国会议员最为活跃，态度比美国政府更加强硬，他们试图说服政府向中国施加压力。

与此同时，欧盟对中国汇率政策的不满情绪也日益高涨，七国集团会议成为美欧共同向中国施压的平台。

持续了近三年的人民币汇率之争以中国出其不意地推出汇率形成机制改革而暂告一段落。此次汇率形成机制的改革不是对升值压力的无奈顺从，而是独立自主行使国家货币主权的表现。从单一钉住美元到参考一篮子货币，实行以市场供求为基础的、有管理的浮动汇率，中国的汇率制度改革迈出了重要的一步，同时也得到国际社会的普遍认同和称赞。改革不是汇率水平的简单上升，而是汇率制度、汇率形成机制及汇率水平的系统改革。这也是本次人民币升值的实质意义。但是人民币 2% 左右的上调幅度，远远低于美国对人民币升值的预期。美国正急切等待人民币进一步升值。汇率之争缘起于美国对华贸易逆差，但是本次汇改是否能够化解潜在的中美贸易大战，现在得出结论为时尚早。

美国尝试调整策略，希望通过 IMF 来对中国施压，以避免与中国交恶。美国政府的最新举措是为了努力在其对华金融外交政策和来自国会及美国制造业的压力之间寻求平衡。①

目前，汇率之争仍在继续……

（二）指责中国汇率制度的主要观点

美国是国际社会攻击中国汇率制度的主力，其观点具有一定的代表性。由于本文主要从法律角度分析，所以这里主要列举美国指责中国汇率制度违反国际法的主要观点。美国朝野对中国汇率制度的观点是有区别的，一方是国会及民间组织所代表的强硬派，一方是美国政府所代表的缓和派。两派的观点及理由如下：

---

① 参见《IMF：人民币汇率应更具弹性》，载《东方早报》2005 年 11 月 23 日第 B8 版。

1. 美国国会及民间组织的观点

（1）中国低估货币的汇率制度构成货币操纵，违反 IMF 协定项下的义务，给美国造成不公平的贸易限制。

当一国将其货币钉住他国货币，不因市场的剧烈波动而调整汇率，使汇率维持在一个固定值，这个值与受市场影响而自然生成的值不同。这种现象称为货币操纵（Currency Manipulation），属于歧视性的货币安排。该国可以通过该货币操纵获益或损害他国。①

根据 IMF 协定第 4.1 条和第 8.3 条的规定，IMF 成员应避免操纵汇率或国际货币制度来妨碍国际收支有效的调整或取得对其他会员国不公平的竞争优势，不得施行歧视性货币措施或多种货币汇率制度，并努力通过创造有秩序的基本的经济和金融条件和不会产生反常混乱的货币制度去促进稳定。

中国维持固定汇率，对出口交易实施干预，构成操纵货币。中国维持人民币低估，提高了中国进口产品的价格，降低了出口产品的价格，使中国的制造业赢得了巨大的竞争优势，给中国出口商在与美国及其他 IMF 成员贸易中带来不公平的竞争优势，② 从而对美国出口产品与服务构成歧视。③ 此外，还造成金融秩序不稳定，扰乱了全球金融市场。

（2）中国低估货币的汇率制度构成禁止性出口补贴，违反 WTO 的基本原则和协定。

中国低估货币的汇率制度构成禁止性出口补贴，具体违反了 WTO 协定下面的关税与贸易总协定（以下简称 GATT），补贴与反补贴措施协定（以下简称 SCM 协定）。④

其一，出口补贴是 GATT 与 SCM 协定所禁止的。GATT 及其相关协定已经认识到出口补贴会对贸易造成扭曲，并因此禁止出口补贴。GATT 第 16 条特别指出：出口补贴“……可能对正常商业利益造成不当干扰，并可能阻止本协定目标的实现”。“自 1958 年 1 月 1 日或其后可能的尽早日期起，缔约方应停止对除初级产品外的任何产品的出口直接或间接地给予任何形式的补贴，此种补贴可使该种产品的出口价格低于国内市场同类产品的可比价格。” SCM 协定第 3.2 条要求 WTO 成员不得给予或维持出口补贴。⑤ GATT 第 6 条还允许针对该补贴可以采取反补贴措施。

其二，货币操纵是 SCM 协定明确禁止的出口补贴。GATT 第 6.2、6.3 条注释：“多种货币做法在特定情况下构成出口补贴，可采取反补贴措施。” SCM 协定附件 1 出口补贴示例清单中列明：（b）项货币保留计划和（j）项出口信贷计划为禁止性出口补贴。⑥ 可见 SCM 协定与 GATT 第 6 条明确禁止通过操纵汇率制度从而变相地提供出口补贴。

其三，中国汇率制度构成 SCM 协定项下的禁止性出口补贴。根据 SCM 协定，构成一

---

① See China Currency Coalition, Petition for Relief Under Secton301 (a) of The Trade Act of 1974, As Amended (Sep. 9, 2004) [hereinafter Petition], p. 77 , at http: //www. chinacurrencycoalition. org/newsarticles/090904_ 02. html. last visited Mar. 1, 2006.

② See Petition, pp. 77-84.

③ See The U. S. -China Economic and Security Review Commission, The China Currency Exchange Rate Problem: Facts and Policy Options (May 9, 2005), p. 9, at http: //www. uscc. gov/researchpapers/research_archive. htm. last visited Mar. 1, 2006.

④ See Petition, pp. 51-52.

⑤ See Petition, pp. 52-54.

⑥ See Petition, pp. 54-55.

项禁止性补贴需要满足：财政资助、授予利益和专向性的要求。

在财政资助方面：根据SCM协定第1.1（a）（1）（iii）条，政府提供除一般基础设施外的货物或服务，或购买货物是构成禁止性出口补贴的要件之一。中国政府实施的SCM协定第1.1（a）（1）（iii）条项下的财政资助，使中国产品以具有竞争优势的低价大量涌入美国市场，中国出口商因此获得在非货币操纵情况下所不能获得的额外利益。由于中国低估货币的汇率制度避免了人民币和美元间的汇率波动，出口商还因此减少了规避汇率风险的成本。

在授予利益方面：SCM协定第1.1条（b）项要求政府通过财政资助授予利益。中国政府低估货币的汇率制度使出口商的利益比没有财政资助时更大。

在专向性方面：根据SCM协定第2.3条，任何符合第3条的补贴应认定为专向性补贴。SCM协定第3条禁止法律上或事实上以出口实绩为惟一条件的补贴以及附件1所列举的补贴。

中国的汇率制度事实上与实际或预期出口或出口收益相联系。因为中国政府作为补贴给予机关，在给予补贴时施加了出口实绩条件。来自货币低估的补贴是通过出口实绩发生作用的。为了使汇率制度起到补贴的作用，产品必须出口，由此导致产品大量出口美国及其他国家。而中国汇率制度的受益人相应的是那些以出口为导向的制造企业。

中国操纵货币的行为满足SCM协定附件1中的禁止性出口补贴。SCM协定附件1（b）项认为："涉及出口奖励的货币保留计划①或任何类似做法构成禁止性出口补贴。"中国政府通过向某些出口商提供汇兑上的优惠以鼓励出口，而且中国的货币保留计划还对出口实绩优异的出口商提供额外奖励。（j）项认为："政府（或政府控制的特殊机构）提供的出口信贷担保或保险计划、针对出口产品成本增加或外汇风险计划的保险或担保计划，保险费率不足以弥补长期营业成本和计划的亏损时，该计划构成禁止性出口补贴。"中国政府严格的钉住汇率制度与货币的实质低估使中国出口商从汇率风险中获得补偿。②

其四，中国不能享受SCM协定的例外。SCM协定第27条允许发展中成员可以自WTO协定生效之日起8年内豁免SCM协定第3.1条（a）项下的禁止性出口补贴义务。发展中成员自WTO协定生效之日起5年内豁免SCM协定第3.1条（b）项下的义务。中国在入世谈判中明确声明只保留第27条项下的4项权利，即第27.10条，第27.11条，第27.12条，第27.15条。没有一项是关于豁免禁止性出口补贴义务的。在《中国加入工作组报告书》中，中国承诺在入世时清除所有第3.1条（a）项下的出口补贴。为此，中国自入世时起应停止所有现有的出口补贴计划，此项承诺涵盖各级政府部门所给予的法律上或事实上以出口实绩为条件的补贴。③ 由于中国已书面承诺清除出口补贴，因此无权援引该例外条款。SCM协定第28、29条还有2个关于出口补贴的例外。但两个例外均要求履行通知义务，即依第25条各成员应向WTO通知其所实施的补贴。而中国并未就货币补贴向WTO尽通知义务，也就无资格援引该例外条款。

① 所谓货币保留计划是指：允许出口商保留部分外汇收入，而不用遵守将外汇售与中央银行以兑换本币的一般规定。

② See Petition, pp. 67-70.

③ See Petition, pp. 55-58.

2. 美国政府的观点

美国政府认为中国汇率制度并非1997年以来影响美国制造业的最主要和直接的原因，中国的汇率制度及其运作方法符合WTO规定，① 并确认中国政府没有操纵人民币汇率以同美国进行不公平贸易，并且美国贸易代表办公室多次驳回了民间机构要求启动“301”条款和提交WTO争端解决机构的申请。可见美国政府的态度较为缓和，对民间组织和国会也并非言听计从。但是，美国政府试图通过外交途径说服中国政府向弹性汇率转变，态度也逐渐强硬。

二、中国汇率制度的国际法规则判断

美国指控中国汇率制度违反国际法的思路是：由于中国的汇率制度构成货币操纵；又因为货币操纵违反IMF协定；货币操纵构成出口补贴，违反WTO协定；因此中国汇率制度违反国际法。

针对上述指控，这里需要用国际法规则来判断的实体问题首先是中国的汇率制度是否造成人民币被操纵并导致不公平竞争；其次，是否由此构成了禁止性出口补贴。但程序上必须先确定：应该由谁行使管辖权并作出对当事国有法律约束力的裁定。②

（一）IMF与GATT/WTO管辖权的划分

由于汇率问题关系到国际货币体系和贸易秩序，人民币汇率之争必然涉及两大国际经济组织：IMF和WTO。二战后，布雷顿森林体系的创立者拟从金融、投资、贸易三个方面重建国际经济秩序。为此，建立IMF以管理国际金融体系；成立国际复兴开发银行（又称世界银行）以负责战后重建和发展；而负责贸易规则的任务后来落在GATT身上。③ 由此，分析IMF与WTO两大国际组织在外汇事务上的分工，必然要追溯到IMF与GATT的关系。

1. IMF和GATT的关系

GATT涉及外汇事务的实质性规定主要有国际收支平衡条款和外汇安排条款，分别是第12条、第18条、第15条。

（1）国际收支平衡条款

GATT第12条、第18条分别授权发达国家和发展中国家为维护国际收支平衡采取进口数量限制和征收关税附加税。为防止滥用国际收支平衡条款，GATT设定了严格的条件，其中最重要的是由IMF来认定该缔约方是否出现国际收支困难和储备下降及其威胁或储备处于低水平，GATT缔约方全体必须接受IMF的认定。

（2）外汇安排条款

---

① See The U. S. -China Economic and Security Review Commission, The China Currency Exchange Rate Problem: Facts and Policy Options (May 9, 2005), p. 15, at http: //www. uscc. gov/researchpapers/research_archive. htm. last visited Mar. 1, 2006.

② 参见［荷］艾利克·邓特著：《从国际法的角度分析人民币的汇率调控问题》，金铮译，载《广东省法学会国际法学研究会2005年年会论文集》。

③ 参见温建东：《人民币汇率的国际组织规则审视》，载《中国法律》2004年6月号。

GATT 第 15.1 条规定：缔约方全体应寻求与 IMF 进行合作，以便缔约方全体和 IMF 在 IMF 管辖范围内的外汇问题和缔约方全体管辖范围内的数量限制和其他贸易措施方面，可以推行一个协调的政策。第 15.2 条规定：在外汇问题上，缔约方全体应与 IMF 进行充分磋商，接受 IMF 的调查结论及裁定。第 15.4 条规定：缔约方不得通过外汇措施而使本协定各项条款的意图无效，也不得通过贸易行动而使 IMF 协定各项条款的意图无效。第 15.5 条规定：如果一缔约方的外汇限制与本协定对数量限制所规定的例外不一致，缔约方全体可以向 IMF 报告。第 15.9 条规定：本协定不得妨碍一缔约方依照 IMF 协定或该缔约方与缔约方全体订立的特殊外汇协定，使用外汇管制。

GATT 收支平衡委员会的报告在汇率措施问题上作了进一步说明：GATT 缔约方全体无权干涉外汇限制。① 另一个工作报告指出，当管辖发生重叠时，GATT 只可以处理贸易纠纷。② 虽然外汇纠纷与贸易纠纷很难区分，但如果外汇政策对贸易有影响，那么 GATT 成员可以向 IMF 咨询。③

从以前的案例来看，1971 年在美国宣布暂停以美元兑换黄金的同时，也宣布自 8 月 15 日至 12 月 20 日对进口产品征收临时附加税，但美国并未请求 GATT 豁免其在 GATT 第 12 条项下（为保障国际收支而实施的限制）的义务。有缔约方认为美国违反了义务，提起争端解决。在 GATT 的协调会上，IMF 的代表认为由于没有其他可供选择的合适措施，进口附加税的征收被认为是属于抑制美国国际收支地位严重下降的必要措施。④ 在此情形下，尽管有缔约方认为美国采取进口附加税解决收支平衡困难并不符合 GATT 的精神，但 GATT 缔约方全体不得不接受 IMF 的调查结果，承认美国的国际收支严重失衡，需要采取紧急措施。由此可见，IMF 对外汇问题的调查结果对 GATT 的裁定具有重要影响。

这表明：GATT 管辖关税和非关税措施，而外汇事务基本交由 IMF 管辖，但双方应当相互协调政策。GATT 缔约方有关货币储备、国际收支、外汇管制、汇率制度等方面的问题，应提交 IMF 裁决。⑤ GATT 缔约方可采取符合 IMF 协定的外汇管制，不受 GATT 管辖。

2. IMF 与 WTO 的关系

WTO 成立后，IMF 与 WTO 的关系也有进一步的发展，具体规定如下：

（1）货物贸易领域

WTO 成立后，《关于世界贸易组织与国际货币基金组织关系的宣言》重申，除非最后

---

① See GATT Analytical Index: Guide to GATT Law and Practice, 6th ed. (1994), [hereinafter GATT Analytical Index], art. XV (5).

② See GATT Working Paper, The Relationship between Trade Policy and the International Financial System (1983), microformed on L/5572 p. 2, paras. 9-11.

③ See GATT Working Paper, Distinguishing between Trade and Exchange Measures (1960), microformed on BOP/W/51 pp. 4-5 paras. 9-14.

④ 转引自纪文华、姜丽勇：《人民币汇率和 WTO 规则关系的法律分析》，载吴志攀主编：《金融法路径》，北京大学出版社 2004 年版。

⑤ 参见温建东：《人民币汇率的国际组织规则审视》，载《中国法律》2004 年 6 月号。

文件另有规定，WTO 与 IMF 的关系遵循规范 GATT1947 缔约方全体与 IMF 关系的条款。①这主要指第 15 条。因此，在货物贸易领域，WTO 与 IMF 关系遵循 GATT 与 IMF 的关系。

（2）服务贸易领域

服务贸易总协定（以下简称 GATS）涉及外汇安排的是第 11 条、第 12 条，《关于金融服务的附件》，此外还包括《关于金融服务承诺的谅解》和《金融服务协议》。其中 GATS 第 11 条明确了 IMF 和 WTO 在服务贸易领域外汇管制方面各自的管辖权。第 11 条指出，任何规定不得影响 IMF 成员在 IMF 协定项下的权利和义务，包括采取符合 IMF 协定的外汇行动；除在严重国际收支困难或其威胁的情况下外，一成员不得对与其具体承诺有关的经常项目交易的国际转移和收支实施限制。因此，GATS 在外汇事务上与 IMF 关系的规定，基本与 GATT 一致。根据 GATS 第 12 条，在对服务贸易采取国际收支保障措施时，是否发生严重国际收支和对外财政困难或其威胁，应由 IMF 裁定。但对阻碍具体服务贸易承诺实现的外汇管制，由 WTO 与 IMF 共同裁决。

（3）与贸易有关的投资领域

与贸易有关的投资措施协定（以下简称 TRIMs）附件第 2 条规定：不得要求企业自求全部或部分外汇平衡。因此，WTO 对发展中国家通常使用的经常项目外汇管制手段之一的外汇平衡条款享有管辖权。

综上所述，货物贸易领域，WTO 成员的外汇管制和汇率制度是 IMF 的管辖范围，WTO 必须接受 IMF 的裁定，即 IMF 对外汇管制和汇率制度享有专属管辖权。服务贸易和与贸易有关的投资方面，IMF 也享有对外汇管制和汇率制度的管辖权，但 WTO 对于成员的极少数具体服务开放承诺有关的经常性、资本性国际交易外汇限制和外汇平衡措施与 IMF 分享管辖权。

3. IMF 对汇率之争享有专属管辖权

在中国政府是否操纵汇率这一问题上，WTO 应与 IMF 进行磋商，并接受 IMF 提供的调查结果和决定。IMF 在此领域的权威不容质疑。如果 IMF 认定中国的汇率制度符合 IMF 协定，那么 WTO（包括争端解决机构）则无权判定人民币是否正在被操纵或其价值问题。

需要指出的是，WTO 争端解决机构仍可以根据美国对中国的起诉，设立专家组解决此争议。因为尽管汇率问题由 IMF 管辖，但 WTO 并未对成员的外汇行为和贸易行为作严格区分。GATT 秘书处 1981 年的一份背景文件指出：“与国际货币基金组织不同，成员从未正式决定如何区分贸易和外汇措施。一般做法是审查影响贸易的具体限制措施，而不管这些措施采取什么形式。”根据 GATT 第 23 条的规定，如一成员认为它在本协定项下直接或间接获得的利益正在丧失或减损，或本协定任何目标的实现正在受到阻碍，就可以提起争端解决。从上述规定来看，一成员甚至可以就其他成员的任何措施提起争端解决，而无论该措施是否直接属于 GATT 协定的范畴。即使其他成员对于起诉方提起的磋商请求或者设立专家组的请求有异议，也不妨碍专家组的成立，因为专家组的成立是反向一致

---

① 参见对外贸易经济合作部国际经贸关系司译：《世界贸易组织乌拉圭回合多边贸易谈判结果法律文本》，法律出版社 2000 年版，第 391 页。

原则。①

因此，即使汇率问题不属于 WTO 的管辖范围，美国也可以就该问题诉诸 WTO 争端解决机构，并要求设立专家组。一旦进入了争端解决程序后，争端解决机构须听从 IMF 对中国汇率制度的调查结果和裁定。

那么中国的汇率制度究竟是否违反 IMF 协定呢？笔者将对此进行详细分析。

（二）中国汇率制度的 IMF 规则审视

1. IMF 协定有关汇率制度的规定

布雷顿森林体系建立后近 40 年来，国际货币体系一直沿用可调整的固定汇率制度。1973 年 8 月 15 日，由于滥发货币，美国单方面宣布不再保证美元兑换黄金，布雷顿森林体系至此崩溃。应美国的要求，IMF 修改了协定，不再对成员的汇率制度进行统一规定。国际货币体系从钉住美元为主的固定汇率体系进入固定汇率与浮动汇率体系并行的时代。② 修订后的 IMF 协定有关汇率制度的规定主要体现在 IMF 协定第 4 条、第 8.4 条、第 14 条。

第 4.1 条规定了成员以下义务：努力以自己的经济和金融政策来达到促进有秩序的经济增长这个目标，既有合理的价格稳定，又适当照顾自身的情况；努力通过创造有秩序的基本的经济和金融条件和不会产生反常混乱的货币制度去促进稳定；避免操纵汇率或国际货币制度来妨碍国际收支的有效调整或取得对其他成员不公平的竞争优势。第 8 条规定成员应实行经常项目可兑换，避免限制经常项目支付，避免实行歧视性货币措施或多重货币汇率，兑换外国持有的本国货币。

由此可见，IMF 并不限制成员的汇率制度，各成员可以根据国情自主选择汇率制度。但汇率制度应尽可能便利国际支付，并促进价格稳定。未经 IMF 同意，不得采取多重汇率或者对某些成员实施歧视性汇率。此外，不能为了阻止国际收支的有效调整或者取得对其他成员不公平的竞争优势而操纵汇率。

2. IMF 对汇率制度的监督职能

20 世纪 30 年代各国货币竞相贬值、以邻为壑导致世界经济危机。为避免重蹈覆辙，IMF 被赋予了监督国际汇率制度的职权。IMF 协定第 4.3 条规定 IMF 有权监督指导成员汇率制度。第 26.2 条规定，如果成员拒不履行 IMF 的裁决，IMF 可以处予取消使用 IMF 普通基金的资格，乃至经 85% 的投票权表决逐出 IMF。但 IMF 对汇率的监督指导应尊重各成员的国情及社会和政治政策。

IMF 对成员的审查监督每年都进行（称为第 4 条磋商），重点是宏观经济政策（包括汇率制度），也审查第 8 条国家的外汇措施是否违反经常项目可兑换原则，第 14 条国家取消外汇限制的条件是否成熟。③ 在实际监督中，IMF 在汇率水平上态度灵活，更多地尊重东道国的意见，并不强加于人。甚至在危机前后，IMF 对汇率水平是否恰当多与东道国充

① 参见纪文华、姜丽勇：《人民币汇率和 WTO 规则关系的法律分析》，载吴志攀主编：《金融法路径》，北京大学出版社 2004 年版。

② 参见李仁真主编：《国际金融法》，武汉大学出版社 1999 年版，第 31 ~ 36 页。

③ 参见杨松著：《国际货币基金协定研究》，法律出版社 2000 年版，第 330 页。

分协商。例如1994年墨西哥货币危机，1997年泰国货币危机，1998年巴西金融危机中，IMF没有强求这些国家调整汇率水平，直到市场力量迫使政府放弃不现实的汇率水平。①

3. 中国的汇率制度完全符合IMF协定

（1）中国的汇率制度符合IMF协定有关汇率制度的规定

中国自1994年1月1日汇率并轨以来，实行以市场供求为基础、单一的、有管理的浮动汇率制度。自2005年7月21日起，中国改变原来钉住单一美元的做法，开始实行以市场供求为基础、参考一篮子货币进行调节、有管理的浮动汇率制度。根据IMF协定的规定，中国有权采取一种其认为适当的汇率制度。初步看来，中国的汇率制度是符合IMF协定的规定的，IMF或其他国家无权强求中国按其要求改变其汇率制度。

（2）中国没有操纵汇率以妨碍国际收支的有效调整或取得不公平竞争优势

IMF协定第4条要求成员不得通过操纵汇率来妨碍国际收支的有效调整或取得对其他成员不公平的竞争优势。理解这一规定需要厘清“操纵”行为以及这种行为的企图结果：“妨碍国际收支的有效调整或取得对其他成员不公平的竞争优势。”

①“操纵”的界定

在各国实行自由汇率后不久的1977年，IMF就制定了监督各成员汇率制度的原则，当出现“在外汇市场上长期、大规模、单一方向的干预”时，IMF有必要与加害国进行磋商。② 据此，操纵可以界定为在外汇市场上长期、大规模、单一方向的干预。③ 从IMF执行董事会关于外汇管制年报的决议中还可以分析出，是否构成操纵主要取决于该行为是否与外汇汇率、外汇情势直接相关。因此，目的在于阻止国际收支的有效调整的行为就构成操纵。可以说IMF协定使用该词规定成员的义务，这是对动机的约束，而非仅仅限制成员行为本身。④可见，带有故意企图的操纵行为是非法的。

然而，“操纵货币”对于经济分析师来说根本不是一个可操作的概念。美国财政部一份试图厘清“操纵货币”法定含义的报告也承认了这一点。⑤ 理论上，除了自由浮动汇率制度外，其他汇率制度都多少需要一定的干预。实际上，即使是采用浮动汇率制度的国家也不可能对汇率完全放任不管，只是在干预的方式、频率和力度上与采用其他汇率制度的国家有所差异而已。极少数发达国家（如美国）对汇率采取“善意的忽视”，但是偶尔通过官员“放风”来引导汇率走势。而另一些发达国家（如加拿大），采用了综合考虑利率和汇率的货币状况指数进行调控，有时（如在亚洲金融危机时期）也直接入市干预。还有些国家采取间接干预，如通过调控利率来调节汇率。总之，对外汇市场的干预是各国

---

① See IMF Working Paper, WP/99/104（C）.

② See Decisions of the Executive Board, No. 5392-77/63, Selected Decisions and Selected Documents of the International Monetary Fund, Twenty-first Issue, Washington, D. C. June. 30, 1996, p. 11，转引自杨松著：《国际货币基金协定研究》，法律出版社2000年版，第331页。

③ 参见韩龙：《一国汇率义务与IMF职权：寻求人民币汇率的国际法依据》，载《2005年中国国际经济法学会年会暨学术研讨会论文集》。

④ 参见杨松著：《国际货币基金协定研究》，法律出版社2000年版，第226页。

⑤ 参见《美报称要求人民币汇率调整侵犯中国主权》，载《中华工商时报》2005年5月11日第5版。

进行宏观调控和维护稳定的汇率制度的通用手段。①

中国汇率制度运行的基础是银行结售汇制度，即机构和个人都通过指定银行进行外汇买卖。指定银行又根据核定的结售汇周转头寸上下限，将多余或不足的外汇头寸在银行间外汇市场进行平补，进而生成单一的人民币汇率。由于中国银行间的外汇市场主要遵循公开、公平、公正的原则，按照价格优先、时间优先方式撮合成交，人民银行又依靠法律和市场手段对外汇供求关系加以调控，② 所以并无歧视性的汇率安排。再者，人民银行调控银行间外汇市场的行为类同中央银行的公开市场业务，本质上仍属于一国政府对内合法行使货币主权的表现，是一种调节市场的灵活手段。可以预见，即使以后汇率完全自由浮动，这种手段仍将成为维护中国经济安全和金融秩序正常运转的有效方法。因此，人民银行干预汇市，既是出于保持币值稳定的需要，更是维护汇率制度使然，不应视为操纵汇率。事实上，美国政府后来也多次公开承认了这一点。③

②“妨碍国际收支的有效调整”和“不公平竞争优势”的界定

“妨碍国际收支的有效调整”的含义是什么？它是否意味着国际收支盈余或赤字的调整？可是并没有证据显示，大笔的国际收支盈余依据 IMF 协定是非法的。操纵所导致的什么样的结果才是“不公平”的？的确，“不公平竞争优势”有可能是汇率操纵的结果，但问题是对于“不公平”的认定常常出于主观理解。④ 将人民币与美元挂钩并不必然是操纵。正如激烈的竞争并不必然是不公平竞争一样。

从中国目前情况看，人民币汇率制度虽然是有管理的，但这种管理的目的并不在于妨碍国际收支的有效调整或获得出口贸易上的不公平竞争优势，而是为了中国宏观经济的稳定和全球金融市场的健康发展。而且人民币汇价每天都在变动，有涨有落，总体上向着升值的方向变动。这说明人民币汇率不构成操纵。⑤

并且中国外汇储备的大量增加也不是通过汇率操纵获得的。美国认为，中国的外汇储备超过了世界银行的标准，目的是为了获得对他国不公平竞争优势。⑥ 这是没有道理的。因为世界银行并不管辖外汇储备标准，而且外汇储备是否充足并没有一个统一的标准。⑦ 此外，储备水平还要考虑如资本流动、偿还外债和维持对金融体系的信心等因素。而目前

---

① 参见温建东：《从 IMF 和 WTO 规定看人民币汇率》，来自 http：//www. lunwennet. com/thesis/2004/6357. html. 2006 年 4 月 4 日访问。

② 参见《中国加入工作组报告书》，第 31～32 段。

③ 参见《美国政府再次承认中国没有操纵人民币汇率》，来自 http：//news. xinhuanet. com/world/2004-12/04/content-. 2293923. html. 2005 年 8 月 22 日访问。

④ See Joseph Gold. *Exchange Rate in International Law and Organization*, *American Bar Association*. 1988. pp. 108-112.

⑤ 参见韩龙：《一国汇率义务与 IMF 职权：寻求人民币汇率的国际法依据》，载《2005 年中国国际经济法学会年会暨学术研讨会论文集》。

⑥ 美国制造商协会称，根据世界银行标准，一国持有外汇储备的数量应为当年进口总量的 25% 左右。而中国却为 81%～104%，中国持有大量超额外汇储备，目的是为获得对他国不公平竞争优势，违反 IMF 对各成员汇率制度规定的义务。

⑦ 世界银行所谓的外汇储备占进口的 25%，只是一个最低要求。世界银行专家认为，低于这一标准，容易发生金融危机。

中国银行体系，尤其是四大国有商业银行的不良资产比例高达20.39%，约4万亿人民币，① 这些都需由政府负担。因此，中国的外汇储备需要维持较高水平。而且从20世纪90年代起，中国吸引国际直接投资在发展中国家中名列前茅。这些资本流入中有许多最后反映为外汇储备的增加。② 所以，中国外汇储备相当一部分来源于资本流入而非贸易逆差。

（3）IMF的磋商报告不认为中国操纵汇率

自中国恢复在IMF的席位之后，IMF每年与中国进行磋商，③ 但从未认为人民币汇率存在被操纵或低估。IMF所发表的磋商报告也表明，难以找到有说服力的证据证明人民币被严重低估。④ 因此，对中国违反IMF协定项下汇率义务的任何指控都是难以成立的，也得不到IMF的支持。

综上，中国实行的是单一汇率，没有采取多重汇率制度和歧视性汇率制度，也未操纵人民币汇率。汇率水平是人民银行通过市场手段进行宏观经济调控的结果。在每年第4条款磋商中，IMF从未对中国汇率制度提出异议。这说明中国汇率制度是符合IMF协定的。

4. 汇率之争在IMF内的解决方法

中美这场人民币汇率之争如前所述，应由IMF行使管辖权，但IMF并没有提供类似WTO强制性的争端解决机制。不过IMF协定第24条规定，执行董事会有权解决“因成员与IMF之间或成员之间就本协定条款解释的任何问题……”。该规定的目的不在于解决成员的争端，却可以产生权威解释，以认定中国的汇率制度是符合IMF协定的。⑤

（三）中国汇率制度的WTO规则审视

汇率之争应由IMF裁决，而与WTO实体规则无关。需要指出的是，美国认为中国实施固定汇率制度操纵了货币，从而构成SCM协定所禁止的出口补贴。其实从IMF规则来看，中国并未操纵货币，也就没有构成禁止性出口补贴。但是为了对该问题全面阐述，在此特意对中国汇率制度进行WTO规则分析。

1. 中国汇率制度并非多种货币做法（multiple currency practices）

GATT第6.3条的注释：“多种货币做法在某些情况下可以构成一种出口补贴，对此可根据第3款征收反补贴税予以抵消。”

---

① 参见《建行打响上市攻坚战》，来自 http://news.xinhuanet.com/fortune/2004-03/16/content_1368121.htm. 2005年8月21日访问。

② 参见温建东：《人民币汇率的国际组织规则审视》，载《中国法律》2004年6月号。

③ 由于IMF监督各成员国汇率政策的需要，在IMF提出要求时，各成员国应就汇率政策问题同IMF进行磋商，该磋商分为定期磋商、特别磋商和补充磋商三种。IMF第4条第3款规定了这一内容，故这种磋商又称为“第4条磋商”。参见李国安主编：《国际货币金融法学》，北京大学出版社1999年版，第53页。

④ Public Information Notice: IMF Concludes 2005 Article IV Consultation with the People's Republic of China September 12, 2005, at http://www.imf.org/external/np/sec/pn/2005/pn05122.htm. last visited Mar. 1, 2006.

⑤ 参见［荷］艾利克·邓特著：《从国际法的角度分析人民币的汇率调控问题》，金铮译，载《广东省法学会国际法学研究会2005年年会论文集》。

美国认为 GATT 第 6.3 条关于多种货币做法的注释表明 GATT 关注并禁止具有出口补贴作用的汇率制度。并认为多种货币做法条款为在汇率制度与贸易妨害之间建立联系提供了基础，即实施多种货币做法是对 GATT 条款的违反，这表明有利于出口的汇率制度也就相应地违反了 GATT。而中国汇率制度有利于出口，因此，中国这种汇率制度不符合 GATT 规定。① 但这一观点经不起详细推敲。

一般来说，多种货币做法是一项针对某类出口产品适用优惠汇率以促进该产品出口的政府措施。② 虽然多种货币做法在特定情况下可以构成一项出口补贴，但中国的汇率制度与多种货币做法之间并无联系。首先，多种货币做法是一种被严格界定的政府实施双汇率的行为。而中国早在 1994 年便废除了双轨汇率制度，采取单一汇率制度，即对所有出口商品一律实行同一种汇率，并不对某类出口商品实施优于其他出口商品的汇率。而且并无证据证明中国对某种出口商品实施了优惠汇率。③ 其次，多种汇率做法是以鼓励特定行业的出口实绩为目的。而中国的汇率制度是一个宏观的货币政策，旨在确保中国整体经济稳定而非专注于扩大出口实绩。④ 即使中国因采取这样一种汇率制度而客观上对出口具有促进效果，但中国政府实施这种汇率制度并非出于或完全出于鼓励出口的考虑，而是更加注重国家经济全局的稳定。不能因为中国的汇率制度客观上促进了出口，而认为中国政府是为了促进出口而实施这种汇率制度。

如果说多种货币做法条款是禁止像中国这样有利于出口的汇率制度，那么就曲解了多种货币做法条款的原意，恣意扩大了该条款的适用范围。⑤ 多种货币做法可以构成一项出口补贴，但并不意味着所有有利于出口的汇率制度都是多种货币做法，都能构成出口补贴。

因此，中国的汇率制度并非多种货币做法，该条的存在并不能使中国的汇率制度满足出口补贴的要件。

2. 中国汇率制度并非禁止性出口补贴

SCM 协定规定了政府措施构成禁止性出口补贴的几个要件。此外，SCM 协定附件 1 专门列举了几种禁止性出口补贴。SCM 协定还规定了对发展中国家、现有计划、向市场经济发展国家的例外。

---

① See Petition, p. 54, at http://www.chinacurrencycoalition.org/petition.html. last visited Mar. 1, 2006.

② See GATT Sub-Committee Meeting, Negotiations on Ad Art. VI para. 2 and 3 microformed on E/PC/T/A/PV/20 pp. 34-36.

③ See Evolution of renminbi exchange rate regime, CHINA DAILY, Oct. 11, 2004, at http://www.chinadaily.com.cn/english/doc/2004-10/11/content_381264.htm. last visited Oct. 29, 2005.

④ See Dai Gen-you, China's Monetary Policy: Retrospect and Prospect (Nov. 3, 2001), at http://unpan1.un.org/intradoc/groups/public/documents/APCITY/UNPAN002817.pdf. last visited Oct. 22, 2005.

⑤ See GATT Sub-Committee Meeting, Negotiations on Ad Art. VI para. 2 and 3 microformed on E/PC/T/A/PV/20 pp. 34-36.

根据 SCM 协定，一项禁止性出口补贴的构成要件有：① 其一，财政资助；其中政府提供 SCM 协定项下的财政资助包括以下方式：资金直接转移，政府提供货物或服务，政府向金融机构直接支付。② 其二，利益随财政资助而转移。③ 其三，补贴必须具备专向性。④ 在 SCM 协定第 2.3 条中有一个关于专向性要求的重要说明：一项补贴如果以出口实绩为条件，则自动视为专向性补贴。一项补贴可以是法律上以出口实绩为条件或事实上以出口实绩为条件。事实上以出口实绩为条件的补贴比法律上以出口实绩为条件的补贴更难证明。因为，前者从现有立法上无法发现。⑤ 在判断一项补贴是否为事实上以出口实绩为条件的补贴，上诉机构采用过一个标准：所给予的补贴与事实或预期的出口收益有联系，或以此为条件。如果满足以上标准，那么该补贴的事实上的出口条件存在并且满足了专向性的要求。⑥

附件 1 列举了被 SCM 协定认定为具有专项性的出口补贴行为，美国指控中国违反附件 1 的（b）项和（j）项。⑦（b）项是外汇留成计划；（j）项是政府出口信贷保证计划。

SCM 协定第 27.3 条规定的例外适用于发展中国家成员，并且允许在一段时间内为促进经济发展而存在的补贴。第 28.1（b）条是对现有计划的例外，允许已存在补贴的国家逐渐清除补贴。第 29 条规定的例外是针对向市场经济转变的国家。

美国断定中国实施了一项禁止性出口补贴，通过将美元以高价兑换成人民币，从而向出口商转移财政资助，使出口商的产品和劳动与美国竞争者比起来相对廉价。⑧ 还认为中国这种汇率制度向中国出口商转移了利益，否则这些出口商根本无力在公开市场上获得价格优势。⑨ 并宣称中国的汇率制度事实上以出口实绩为条件，因此满足专项性的要求。⑩ 然而，在对 SCM 协定进行审查后，却得出不同的结论。

（1）财政资助

SCM 协定第 1.1（a）（1）（iii）条："政府提供除一般基础设施外的货物或服务，或购买货物"是美国所援引的指控中国政府向出口商提供所谓财政资助的形式。⑪ 第 1.1（a）（1）（iii）条表明政府须以货物或服务形式向私人实体提供财政资助。

---

① 根据 SCM 协定的规定，出口补贴首先必须是第 1 条范围内的补贴，因此必须满足财政资助和利益要件。而出口补贴之所以受到禁止，还因为具备专向性，即补贴"在法律上或事实上以出口实绩为条件"。参见甘瑛著：《国际货物贸易中的补贴与反补贴法律问题研究》，法律出版社 2005 年版，第 109 页。

② See SCM Agreement art. 1.1 (a) (1).

③ See WTO Analytical Index: Guide to WTO Law and Practice, 1st ed. (2001), SCM Agreement art. 1.1 (b) [hereinafter WTO Analytical Index], at http://www.wto.org/english/tratop_e/dispu_e/dispu_subjects_index_e.htm#bkmk2 last visited Nov. 1, 2005.

④ See SCM Agreement art. 2.

⑤ See WTO Analytical Index, SCM Agreement art. 3.1 (a) para. 38.

⑥ See WTO Analytical Index, SCM Agreement art. 3.1 (a) para. 41.

⑦ See Petition, pp. 66-69.

⑧ See Petition, pp. 58-61.

⑨ See Petition, p. 61.

⑩ See Petition, pp. 62-66.

⑪ See Petition, pp. 60-61.

中国的汇率制度有利于出口的事实并不意味着中国政府给予了出口商 SCM 协定所界定的财政资助。① 中国的汇率制度普遍适用于出口行业的所有出口产品，而非局限于特殊企业的出口产品。为维持人民币与美元间的固定汇率，人民银行必须以人民币购买出口商手中获得的美元以控制人民币的波动。在这种情况下，国有资金并未向私人出口商转移。② 将实施固定汇率等同于中国政府向所有中国出口商提供财政资助，其实是过度地扩大了财政资助条款的适用范围。

（2）利益随财政资助而转移

与关注政府活动的财政资助不同的是，利益要件将注意力转向利益接受者。利益转移要求接受者在公开市场上获得比原先更有利的地位。③ 美国认为由于中国的汇率制度，美国的消费者可以购买比美国同类产品更便宜的中国产品，中国出口商拥有比美国生产者更多的成本优势。

中国的汇率制度有利于出口的事实并不能推导出中国出口商获得了中国政府随财政资助而转移的利益。虽然中国的汇率制度在某种程度上对出口有促进作用，但是中国汇率制度对出口影响不大，导致这一结果根本上是由于中国低廉的劳动力价格和制造成本以及美国内部经济需求。即使中国采取自由浮动汇率制度，中美贸易逆差也不会因此而得到根本缓解。需要指出的是，私人实体所获得的利益也并非来自于中国政府为实现出口而向私人实体转移的货币、商品或服务。④ 因为，如前所述，并不存在所谓的财政资助又何来的随财政资助而转移的“利益”？

（3）专向性

中国的汇率制度如果是一项专向性的补贴，则必须满足以出口实绩为条件的要求并符合附件 1 所列举的补贴形式。⑤ 美国已经承认：中国法律条文没有明确显示中国的汇率制度是以出口实绩为条件的。⑥ 因此，中国的汇率制度不可能是一项法律上以出口实绩为条件的补贴。那么是否是一项事实上以出口实绩为条件的补贴呢？下面分三步来分析：

第一步是确定是否存在一个出口实绩条件。与判断法律上以出口实绩为条件的补贴（可以直接从法律文本上看出）不同的是，判断事实上以出口实绩为条件的补贴必须考虑到与补贴相关的所有事实情况。⑦

既然中国的汇率制度并不满足第一条财政资助，那么很难断言中国给予了事实上以出口实绩为条件的补贴。确保经济稳定对于中国政府来说是头等大事。中国政府一直致力于避免经济过热与抑制通货膨胀。中国为了抑制 20 世纪 80 年代因经济迅速增长导致的通货

---

① See Matthew R. Leviton, Is It a Subsidy? An Evaluation of China's Currency Regime and Its Compliance With the WTO, at http: //law. bepress. com/expresso/eps/660. last visited Mar. 1, 2006.

② See Matthew R. Leviton, Is It a Subsidy? An Evaluation of China's Currency Regime and Its Compliance With the WTO, at http: //law. bepress. com/expresso/eps/660. last visited Mar. 1, 2006.

③ See WTO Analytical Index, SCM Agreement art. 1. 1 (b), para. 16.

④ See U. S. Dept. of State, Background Note: China (Oct. 2004), at http: //www. state. gov/r/pa/ei/bgn/18902. htm last visited Nov. 10, 2005.

⑤ See SCM Agreement, art. 2-3.

⑥ See Petition p. 58.

⑦ See WTO Analytical Index, SCM Agreement art. 3. 1 (a) para. 41.

膨胀，曾于1994年采用了固定汇率。20世纪90年代后期，当大多数亚洲货币急剧贬值时，中国仍努力保持汇率稳定。现在中国正在进行银行业和金融部门的改革，并逐步向市场经济转变。

虽然中国汇率制度客观上鼓励了出口以及其他一些以市场为导向的活动，但是汇率制度仅是一个宏观上的推动器，与出口实绩并无直接条件关系。①

第二步是给予补贴是否取决于预期出口实绩或与预期出口实绩相联系。② 由于通货膨胀的频繁发生，20世纪90年代后期发生的金融危机以及正处于向市场经济转变的时期，中国继续保持固定汇率是出于阻止金融危机，促进经济稳定的考虑。全球经济是互相依赖的，中国市场是全球经济正常运行不可或缺的关键一环。那些认为中国的汇率制度以出口实绩为条件的观点，忽视了对全球经济有至关重要作用的中国。③

既然出口是中国经济的一个重要组成部分，肯定对经济稳定具有十分重要的影响。同理，像国际直接投资这样的中国其他经济部门也对经济稳定具有重要作用，因为国际直接投资有助于将亏损的国有企业转变为现代化管理的企业，从而减少坏账，增加产值。创造一个稳定的货币环境可以避免汇率剧烈波动，有助于吸引外资，而汇率的剧烈波动往往会妨碍外商投资。因此，中国汇率制度的稳定，为中国经济的发展奠定了基础。④

第三步是在给予补贴时是否对出口有预期。⑤ 如前所述，中国实施了包括固定汇率在内的严格的货币管制以实现经济稳定。在加拿大民用飞机案中："预期的出口收益以期从（补贴）中获得……"⑥ 表明对出口实绩的预期是构成禁止性出口补贴的条件之一。与加拿大民用飞机案不同的是，中国维持固定汇率出于对宏观经济的考虑，而非对具体行业出口实绩的预期。虽然中国可能希望其汇率制度会增加出口，但仅此并不足以证明构成一项禁止性出口补贴，因为中国的汇率制度是与整体经济稳定相联系的，而非出口实绩。⑦ 因此，在汇率制度与出口之间缺乏明显条件性时，对中国通过维持固定汇率来增加出口的指责是毫无意义的。

由于中国汇率制度的目的是经济稳定而非出口实绩。⑧ 因此，中国的汇率制度并不符合事实上以出口实绩为条件的补贴的要求。

专向性的最后一个要件是必须满足附件1出口补贴示例清单所列举的行为。⑨ 第（b）

---

① See Matthew R. Leviton, Is It a Subsidy? An Evaluation of China's Currency Regime and Its Compliance With the WTO, at http://law.bepress.com/expresso/eps/660. last visited Mar. 1, 2006.

② See GATT Analytical Index art. 3.1 (a) para. 39.

③ See Neil King Jr. & Charles Hutzler. *China Tells U.S. Yuan Flexibility Is on the Horizon. The Wall Street Journal.* September 9, 2004.

④ See People's Bank of China, Macro-control Policies Proved Effective and Financial Industry Performance Remained Healthy and Stable, (July 23, 2004), at http://www.pbc.gov.cn/english/detail.asp? col = 6620&ID = 3, last visited Nov. 2, 2005.

⑤ See WTO Analytical Index, SCM Agreement art. 3.1 (a) para. 40.

⑥ See WTO Analytical Index, SCM Agreement art. 3.1 (a) para. 40.

⑦ See WTO Analytical Index, SCM Agreement art. 3.1 (a) para. 39.

⑧ See Dai Gen-you, China's Monetary Policy: Retrospect and Prospect (Nov. 3, 2001) at http://unpan1.un.org/intradoc/groups/public/documents/APCITY/UNPAN002817.pdf. Last visited Oct. 22, 2005.

⑨ See SCM Agreement art. 3.1 (a).

项列举了货币保留计划，即允许出口商保留一部分外汇收入，豁免其将外汇售与中央银行以兑换本币的义务。① 货币保留计划所涉及的是政府允许那些在正常情况下有义务将其外汇收入兑换成人民币的出口商保留外汇。很显然，中国汇率制度与货币保留计划并无相似之处，也就不构成补贴。②

第（j）项列举了保障出口商免遭汇率风险的政府信贷计划。美国认为既然中国人民币与美元的比值保持在一个相对固定的汇率之上，那么中国出口商无需规避汇率风险，从而获得了间接的利益。

关于该项所提到的政府在实施该计划时的财政支出问题，虽然中国的出口商由于无需避免汇率波动而获得了利益，中国政府在规避汇率风险上并没有财政拨款或财政预算。③ 由于中国的汇率制度使得中国政府在避免汇率风险方面无需财政支出，因此中国的汇率制度不符合（j）项。

至于中国是否可以援引 SCM 协定的例外条款，讨论此问题必须满足一个前提条件，即中国汇率制度构成禁止性出口补贴。虽然美国认为中国没有权利援引 SCM 协定的例外，但是经过上述分析，已经足以证明中国汇率制度并不符合构成禁止性出口补贴的要件，因而不是禁止性出口补贴，也就没有必要再援引禁止性出口补贴的例外。因此，这里再对中国能否援引 SCM 协定的例外进行论证的意义不大。

综上所述，SCM 协定对被视为补贴的政府行为作了严格限制，将宏观的汇率制度排除在禁止性出口补贴之外。由于不存在公共财政或服务向私有实体转移，所以中国的汇率制度不符合政府财政资助的要件。此外，中国的汇率制度旨在实现宏观经济稳定而非出口实绩，④ 所以该汇率制度事实上不以出口实绩为条件。而且很明显，多种货币做法、货币保留计划、出口信贷计划与中国的宏观汇率制度无关。因此，中国汇率制度并不符合 SCM 协定对禁止性出口补贴的要求，也就不构成禁止性出口补贴。

三、中国货币主权的国际法理论分析

汇率的升与降，汇率制度的固定与弹性，都应属于国家货币主权的决策范围。国家货币主权是国家主权在货币金融领域的自然延伸。下文将从国家货币主权的角度对汇率之争进行宏观国际法理论层面的分析。

（一）国家货币主权的定义

国家主权是指国家有独立自主地处理其内外事务的权力。国家主权具有对内最高权和对外独立权两个方面。⑤ 国家货币主权是国家在其国内有发行和管理本国货币的最高权

---

① See Deborah E. Siegel, Legal Aspects of the IMF/WTO Relationship: The Fund's Articles of Agreement and the WTO Agreements (Jul. 2002), 96 American Journal of International Law, p. 561, 596.

② See SCM Agreement article 3. 1 (a).

③ See People's Bank of China, Monetary Instruments, at http: //www. pbc. gov. cn/english/huobizhengce/instruments. asp. last visited Nov. 1, 2005.

④ See People's Bank of China, Objective of the Monetary Policy, at http: //www. pbc. gov. cn/english/huobizhengce/objective. asp. last visited Nov. 1, 2005.

⑤ 参见梁西主编：《国际法》，武汉大学出版社 2002 年版，第 56 页。

力，在国际上有独立执行其对外货币政策、平等参与处理国际货币金融事务的权利。①

国家货币主权作为国家主权不可分割的组成部分表现在：对内，国家有权指定发行、管理货币的专门机构，颁布有关货币的法律和法规，确立货币制度，划分货币层次，调节货币供给与需求以维护币值稳定和流通秩序，保障货币政策传导机制流畅；对外，通过法定平价建立外汇行市，选择并实施适合本国的汇率制度，协调本币的国际流动，协商解决货币纠纷，维持国际货币秩序，遵守条约规定的国际义务和货币规则等。

（二）传统国际法中国家货币主权的行使方式

按照传统的国际法，主权国家可独立自主地行使本国的货币主权，原则上他国不得干涉。② 在汇率制度方面，一方面国家有权根据本国的经济制度和经济发展水平自由地选择汇率制度；另一方面，国家有权根据本国经济发展现状和需要来确定本国汇率。当一国经济呈现过快增长，贸易顺差过大时，国家可通过调高汇率（即本币升值）来控制本国经济对出口的依赖，抑制通货膨胀。反之，当经济呈萧条状态时，国家则可调低汇率（即本币贬值）来拉动本国的对外出口。传统国际法并没有禁止国家处理这些事务的自主权，也没有将国家采取或实施这些行为作为国际违法行为对待。

（三）经济全球化时代国家货币主权的行使方式

在经济全球化时代，随着国家间经济相互依赖程度的不断提高，金融活动和金融市场的相互关联性日益增强，金融创新和新的金融工具的频频出现，使得国家在行使本国货币主权时不仅要综合考虑本国的各种因素，还要考虑到对周边国家和世界经济的影响。汇率制度方面，各国在通过其国内立法程序确定本国货币对外汇率，维持本币同外币的合理比价，建立和管理本国外汇市场，繁荣与稳定本国经济的同时，也应“公平与诚信”地协调货币的国际流动，维护国际货币金融秩序的稳定发展。③ 不能再随心所欲地通过复汇率或配给制来惩罚或阻止某些贸易方式以达到保护本国市场的目的或转嫁本国货币升值或贬值的损失，从而对拥有本国货币的他国财富造成任意的侵蚀和影响。④

因此，为了在国际经济交往中进行充分合作，为了跨地区、跨国乃至全球有一个稳定和可预见的金融环境，避免全球金融危机的再次爆发，更好地推进世界贸易自由化的发展，各国在行使自身的货币主权时就需要在一定范围内寻求相互间的妥协和让步，如签订国际货币条约相互协调利益，适当地限制和让渡自身的部分货币主权。IMF 就是限制和协调各国对外行使货币主权的国际组织。⑤ 因为加入 IMF 就意味着各成员已经一致同意授权 IMF 行使原只属于本国的部分货币主权，从而使成员原有的货币主权在一定程度上受到限制，即要接受 IMF 宗旨和章程的约束，承担 IMF 协定中关于外汇安排、汇兑措施、国际

---

① 参见李仁真主编：《国际金融法》，武汉大学出版社 1999 年版，第 37 页。

② 参见张庆麟：《论汇率的国际法律问题》，载《中国法学》2004 年第 6 期。

③ 参见余劲松主编：《国际经济交往法律问题研究》，人民法院出版社 2002 年版，第 218 页。

④ 参见杨松著：《国际法与国际货币新秩序研究》，北京大学出版社 2002 年版，第 233 页。

⑤ 目前 IMF 的成员国达 187 个，几乎包括世界范围内的所有国家和地区。参见 International Monetary Fund Annual Report, 2003。

收支和划拨等方面的义务。

可见，经济全球化已经使国家行使货币主权时出现“让渡”的现象。表面上，这种让渡会使国家的货币主权遭到一定的限制与削弱，但实际上，国家在让渡自身部分货币主权的同时却又能对等地享有和获得来自他国相应的货币主权的补充。只要这种让渡是以平等互利为前提和基础，国家就不会丧失本国货币主权的自主性。①

（四）中国行使货币主权的正当性

经济全球化时代，国家仍然可以独立自主地行使本国的货币主权，只要这种自主性是在其所加入的国际条约或国际组织允许的框架内，不违背该国对外所作的承诺或其所应承担的国际义务。中国政府现阶段实施的汇率制度是在综合考虑国内外经济形势的基础上灵活行使货币主权的表现，完全符合经济全球化时代下国家行使货币主权的要求。保持人民币汇率的稳定不仅能维护中国当前经济的繁荣与稳定，而且也有利于维护周边的亚太国家乃至世界经济的繁荣与稳定。

主权国家让渡部分货币主权，但这种让渡必须以平等互利为前提条件。国家对外协调汇率制度就应先保障将本国货币的汇率控制在有利于或至少不伤害本国经济发展的水平范围内，因为这是一国实现经济健康增长和发展国际贸易的基础。否则，本国的货币主权会因此遭到削弱、损害甚至否定。美国等西方国家对中国汇率制度的指责缺乏国际法理论上的依据。在人民币汇率自由浮动条件还未成熟的情况下，只要中国履行了相应的条约义务，那么中国完全可以独立自主地行使汇率方面的货币主权，对那些逼迫人民币升值的国际舆论大胆地说“不”。因为这是中国的货币主权，是中国的内政，任何国家和国际组织都无权干涉。

四、人民币汇率形成机制改革简评

人民币汇率之争的焦点在于中国汇率制度。而2005年7月21日人民币汇率形成机制改革是中国政府处理人民币汇率之争的标志性事件，也是中国汇率制度改革的重要步骤。② 深入分析中国汇率制度改革，有助于正确理解中国政府在汇率之争中所拥有的冷静、独立、沉着的态度和处理方式，进一步说明中国汇率制度改革是中国政府独立行使货币主权的表现，符合国际法。

（一）中国本次汇率形成机制改革是独立自主地完善人民币汇率制度

其实，中国的汇率制度改革早在十几年前就已经开始酝酿。1993年11月党的十四届三中全会通过的《中共中央关于建立社会主义市场经济体制若干问题的决定》要求，“改

---

① 参见陈斌彬：《在经济全球化下坚持国家经济主权》，载《山东工商学院学报》2003年第4期。

② 请注意笔者对汇率形成机制改革和汇率制度改革的区分。汇率形成机制和汇率水平（升值或贬值）是汇率制度的两大部分，汇率形成机制是指“以什么样的市场供求为基础”，“如何管理”，“浮动幅度如何”等具体问题。汇率形成机制是汇率制度的实现方式和重要组成部分。1994年实行以市场供求为基础的、有管理的浮动汇率制度以来，人民币汇率制度的基调就已确定。本次改革是对以市场供求为基础的、有管理的浮动汇率制度的回归。因此，本次汇率形成机制改革是中国汇率制度改革的重要组成部分，汇率制度的改革今后仍将继续。

革外汇体制，建立以市场供求为基础、有管理的浮动汇率制度和统一规范的外汇市场，逐步使人民币成为可兑换货币”。① 人民币汇率制度改革的目标和任务跃然纸上。1994 年 1 月 1 日，中国对外汇管理体制进行了重大的改革，人民币汇率制度实行以市场供求为基础的、单一的、有管理的浮动汇率制度，确立了汇率市场化的改革方向。遗憾的是，1997 年亚洲金融危机的爆发阻碍了人民币汇率制度改革的进程，人民币遭遇了强烈的贬值压力。② 为维持汇率的稳定，防止危机深化，中国承诺人民币不贬值并主动收窄了汇率浮动区间，但实行有管理的浮动汇率制度这一目标并没有改变。③ 2001 年，随着亚洲金融危机的平息，我国开始研究增强汇率弹性的问题。然而，随之而来的是 2001 年的“9 · 11”事件、2002 年的美元大幅贬值、2003 年的伊拉克战争和非典疫情，大大增加了汇率改革的不确定性，汇率改革步伐再度放缓。2003 年以后，由于国际上汇率之争的日益升级，这场改革变得复杂。面对美日欧等国越来越强大的人民币升值压力，中国表现出了十分冷静的处理策略，是否有利于中国的国家利益与经济安全是中国政府处理人民币汇率之争的首要标准。

十年磨一剑。本次改革决不是迫于某种国际压力，而是从中国改革发展的实际需要出发独立自主地作出的重要决策。

（二）中国本次汇率形成机制改革是灵活行使国家货币主权的表现

从国际法角度看，由于汇率制度的选择属于国家货币主权的范畴，任何一个国家的汇率制度都应由该国的货币当局自主决定。这一原则也得到 IMF 的认可。在现实中各国都是根据自身经济发展水平和经济运行情况自主选择汇率制度的。因此，在汇率改革问题上，中国自主安排人民币汇率制度改革的时机、方式和进程，正是灵活行使国家货币主权的表现，也是符合国际法的理论和规则。

中国政府在处理人民币汇率之争中始终坚持独立自主、高度负责的态度，坚持从中国的根本利益和经济社会发展的现实出发，自主决定改革的方式、内容和时机并积极主动地推动改革。在改革过程中充分考虑了对宏观经济的稳定、经济增长、就业、金融体系状况、金融监管水平、企业承受能力、对外贸易状况、周边国家和地区的影响以及对世界经济金融的影响等诸多因素。中国这种负责任的态度和做法，不仅有利于中国宏观经济的稳定和发展，也有利于周边国家以及世界经济的稳定和发展。既符合中国国家利益，又肩负了一个大国的国际责任。

汇率之争的存在与继续对中国汇率制度改革来说的确是一个重大阻力，但是汇率之争不会阻碍中国汇率制度改革独立而稳健的步伐。

五、结　　论

美国等西方发达国家对中国汇率制度的指责，无论在国际法规则上，还是在国际法理

① 来自 http://www.pbc.gov.cn/huobizhengce/huobizhengcegongju/huilvzhengce/renminbihuilvtizhi.asp（中国人民银行网站），2006 年 5 月 10 日访问。

② 参见安岗：《人民币汇率需要缓慢而稳定的升值》，载《中国外汇管理》2005 年第 8 期。

③ 参见田俊荣：《人民币改革是自身需要自主决定——透视人民币汇率改革》，载《人民日报》2005 年 7 月 26 日第 2 版。

论上都是不能成立的。

其一，中国实行的是单一汇率，没有采取所谓的多重汇率制度和歧视性汇率制度，也未操纵人民币汇率。汇率水平是人民银行通过市场手段进行宏观经济调控的结果。在每年第4条款磋商中，IMF从未对中国汇率制度提出异议，这说明中国汇率制度是符合IMF协定的。

其二，由于不存在公共财政或服务向私有实体转移，所以中国的汇率制度不符合SCM协定下出口补贴的政府财政资助要件。此外，中国的汇率制度旨在实现宏观经济稳定而非出口实绩，所以该汇率制度事实上不以出口实绩为条件。而且很明显，多种货币做法、货币保留计划、出口信贷计划与中国的宏观汇率制度无关。因此，中国的汇率制度不构成禁止性出口补贴。

其三，中国政府现阶段实施的汇率制度是在综合考虑国内外经济形势的基础上灵活行使货币主权的表现，完全符合经济全球化时代下国家行使货币主权的要求。只要中国履行了相应的条约义务，那么中国完全可以独立自主地行使汇率方面的货币主权，对那些逼迫人民币升值的国际舆论大胆地说“不”。

人民币汇率之争的焦点在于中国汇率制度。而2005年7月21日人民币汇率形成机制改革是中国政府处理人民币汇率之争的标志性事件，也是中国汇率制度改革的重要步骤。本次改革不是对国际上人民币升值压力的无奈顺从，而是中国独立行使货币主权的表现。中国政府从中国国情出发，综合考虑了地区与世界经济的稳定，肩负起一个大国的国际责任，符合国际法。

后 TRIPS 时代知识产权保护的国际协调

——兼论对中国和平发展的启示

■ 古祖雪*

目 录

一、TRIPS 的局限与不足：
后 TRIPS 时代知识产权保护国际协调的缘由
二、传统资源的保护：
后 TRIPS 时代知识产权保护国际协调的主题
三、“新”“旧”世界的矛盾：
后 TRIPS 时代知识产权保护协调的国际格局
四、众多国际组织的参与：
后 TRIPS 时代知识产权保护国际协调的多元化
五、针对 TRIPS 的制度改革与创新：
后 TRIPS 时代知识产权保护国际协调的进展
六、中国和平发展战略的思考：
后 TRIPS 时代知识产权保护国际协调的启示

知识产权保护的国际协调兴起于 19 世纪的 80 年代，其标志是《保护工业产权巴黎公约》和《保护文学艺术作品伯尔尼公约》的相继缔结。一个多世纪后的 1995 年 1 月 1 日，关贸总协定乌拉圭回合谈判达成的《与贸易有关的知识产权协定》（TRIPS 正式生效，知识产权保护的国际协调进入到一个新的阶段。① 但是，TRIPS 的生效并不意味着知识产权保护国际协调的终结。自 TRIPS 实施以来，即进入后 TRIPS 时代以来，知识产权保护的国际协调不仅没有停止，相反还有明显加快的趋势，并呈现出许多不同于前 TRIPS 时代的新特点。分析和把握这种趋势与特点，对于参与后 TRIPS 时代知识产权保护的国

* 法学博士，厦门大学法学院教授。

① 参见古祖雪：《国际知识产权法》，法律出版社 2002 年版，第 36～46 页。

际协调，实现我国和平发展的战略目标，无疑具有重要的理论和实践意义。

一、TRIPS 的局限与不足：后 TRIPS 时代知识产权保护国际协调的缘由

TRIPS 作为世界贸易组织法律体系的组成部分，对知识产权保护的国际协调作了新的制度安排，是迄今为止知识产权保护范围最广、保护标准最高、执行效力最强的国际公约，堪称“知识产权保护的法典”。① 但是，与任何其他事物一样，TRIPS 自它产生之日起就包含了否定其自身的因素。这些否定性因素作为 TRIPS 本身所固有的局限与不足，在其实施过程中逐步显现出来，从而成为推动后 TRIPS 时代知识产权保护国际协调的动力。

首先，TRIPS 作为发达国家主导、发展中国家被动接受的一种制度安排，其利益平衡的天平严重倾斜：

一方面，TRIPS 对知识产权的高水平保护和强力实施，反映的是发达国家在现代科学技术方面的优势和利用这种优势获取更大利益的要求，在很多方面超越了发展中国家的科技、经济和社会发展水平，发展中国家被迫接受的知识产权保护规则，实际上是对发达国家具有优势的知识产权给予高水平的保护。虽然在 TRIPS 的谈判过程中，发达国家也对发展中国家做出了一系列让步，给予发展中国家在执行 TRIPS 方面的一定过渡期（发展中国家享有自 WTO 成立之日起的 5 年过渡期，最不发达国家享有 11 年的过渡期），并且承诺对发展中国家提供必要的经济与技术援助，似乎达到了发达国家与发展中国家之间的利益平衡。但是，这种平衡只是一种字面上的平衡。因为，与发达国家相比，发展中国家经济和技术水平低下，尚未形成本国的技术与文化创新体系，它们不可能通过这种“字面上”平衡的协定，在国际贸易中获得“事实上”平衡的利益。一旦按照 TRIPS 的规定对外国知识产权提供高水平的保护，很可能导致本国的民族工业和社会公众的利益承受巨大的损失。

另一方面，TRIPS 在为发达国家具有优势的知识产权提供高水平保护的同时，却忽视了对发展中国家具有相对优势的遗传资源、传统知识和民族民间文学艺术等传统资源的保护。相对于发达国家，特别是相对于美国等新兴的发达国家来说，发展中国家，特别是一些历史悠久的发展中国家，一般都是在遗传资源、传统知识和民族民间文学艺术等传统资源方面具有比较优势的国家。把这些传统资源排除在的 TRIPS 的保护范围之外，结果只能是：发达国家通过日益密切的国际交往和发达的科学技术手段，从这些传统资源中提取出所需要的文化素材或技术素材，即可创造出为 TRIPS 所保护的知识产权，并从中获取相当可观的经济利益，而那些拥有或创造了传统资源的国家和群体却因为其持有的资源不受 TRIPS 的保护而得不到任何的利益补偿。

于是，在 TRIPS 这里，我们看到了这样一种极其不公平的结果：发展中国家被迫对发达国家具有优势的知识产权给予强保护，而自身具有优势的传统资源却因为被排除在 TRIPS 的保护范围之外而被发达国家无偿地使用。如果说 TRIPS 对知识产权的“强保护”，是一种在“形式上”平等掩盖下的“事实上”的不平等的话，那么，TRIPS 对传统资源的“不保护”则是一种在“形式上”应当平等但没有实现的“事实上”的不平等。

① 曹建明等：《世界贸易组织》，法律出版社 1999 年版，第 312 页。

这两种“不平等”加在一起，加剧了 TRIPS 对利益平衡这一法律核心价值的背离，从而引发了广大发展中国家的严重不满和改变与突破 TRIPS 规则的强烈愿望。

其次，TRIPS 作为在 WTO 体制内确立的知识产权保护规则，与 WTO 和 WIPO 之外的其他国际组织和条约所确立的国际规则之间存在冲突。这种冲突主要表现在两个方面：

一是 TRIPS 与国际人权法之间的冲突。正如联合国人权委员会促进与保护人权分委员会于 2000 年 8 月通过的题为《知识产权与人权》的决议中所指出的那样：“由于 TRIPS 的履行没有充分反映所有人权的基本性质和整体性，包括人人享有获得科学进步及其产生利益的权利，享受卫生保健的权利，享受食物的权利和自我决策的权利，所以，TRIPS 中的知识产权制度作为一方与另一方的国际人权法之间存在着明显的冲突。”① 其中，最为突出的是：

（1）知识产权与健康权的冲突。按照 1948 年《世界人权宣言》和 1966 年《经济、社会、文化权利国际公约》的规定，知识产权与健康权均属于受国际人权法保护的人权。② 但二者在人权体系中的价值位阶却有高低之别：健康权属于基本人权中的生命权，具有至高无上的人格价值，是其他人权实现的前提。当健康权与包括专利权在内的知识产权发生冲突时，法律无疑应选择优先保护健康权。应该说，TRIPS 在原则上体现了这种“人本主义”的价值取向。协定第 8（1）条规定，WTO 成员方在制定或修改其法律或法规时，可以采取必要措施，用以保护公共健康和营养，促进对其社会经济和技术发展至关重要部门的公共利益。但是，这种正当的价值取向却在协定的具体条款中被架空。首先，按照协定第 27 条第 1 款的规定，药品被纳入专利“一体保护”的范围，药品的价格大大提高，发展中国家的贫穷患者面对艾滋病等传染病的生命威胁，根本无力购买发达国家生产并出口的昂贵药物。如果此类药物的生产不受专利保护，其价格将下降很多。根据联合国的报告，印度不对治疗艾滋病的药物进行专利保护，在当地生产 150 毫克的药品只需要 55 美元，而在受专利保护的马来西亚和菲律宾则分别是 697 美元和 817 美元。③ 其次，协定第 31 条规定，获强制许可生产的专利药品只限于国内市场销售，而不能销往国外。这样一来，那些不具有药品生产能力的国家就不能从其他国家低价进口强制许可生产的药品，面对国内的公共健康危机，它们只能看着自己的患者因为缺医少药而走向死亡。据世界卫生组织的报告，发展中国家每年有 110 万人死于疟疾，220 万人死于腹泻，170 万人死于结核病，390 万人死于肺炎，260 万人死于艾滋病。如果他们能够得到及时医治，估计有 1100 万人可以康复或活得更长久。④

（2）知识产权与发展权的冲突。发展权是第三代人权即集体人权的重要内容，是所

① UN Commission in Human Rights, Intellectual Property and Human Rights, 2000, E/CN. 4/Sub. 2/2000/7.

② 1966 年《经济、社会、文化权利国际公约》第 12（1）条规定：“本公约缔约国确认人人有权享受能达到的最高标准的身体和心理健康。”第 15（1）条规定：“本公约缔约国确认人人有权：（1）参加文化生活；（2）享受科学进步及其应用之惠；（3）对其本人之任何科学、文学或艺术作品所获得之精神与物质利益，享受保护之惠。”

③ 参见艾伦·赛克斯：《公共健康与国际法：知识产权协定、药品、发展中国家及多哈解决方案》，载《芝加哥国际法期刊》第 3 卷，2002 年，第 47～48 页。

④ 资料来源：《“药品专利”严重影响人类健康》，载《参考消息》2005 年 10 月 30 日第 6 版。

有人民“自由谋求他们的经济、社会和文化的发展”的权利。1974年《各国经济权利和义务宪章》规定，发展权是普遍的权利，每个国家有权分享科学技术进步和发展的利益，以加速其经济与社会发展。考虑到发展中国家的迫切需要，该宪章特别要求“所有国家应促进发展中国家取得现代科学和技术成果”，“帮助发展和改造发展中国家的经济”。然而，与发展权密切相关的TRIPS却没有为实现发展中国家的发展权提供切实有效的机制，相反，它倒是实现了发达国家为进一步维系其在国际贸易中的技术优势而建立一个较高标准和有力保障的知识产权制度的战略目标。协定虽然对促进“技术的转让与传播”作了原则规定，并强调发达国家应向其企业和研究机构提供动力，以促进向最不发达国家的技术转让，但并没有建立起有效的国际机制来确保这种技术转让在合理的条件下进行，因此，原则规定只能是一块好看不能吃的“馅饼”，发达国家才是协定实施的最大受益者。据世界银行统计，美国从协定实施中所获得的受益估计每年为190亿美元。在1991～2001年间，美国在知识产权提成费方面的净顺差从140亿美元增加到220亿美元，而在1999年，发展中国家在知识产权提成费方面的逆差为75亿美元。①

二是TRIPS与《生物多样性公约》之间的冲突。1992年，由联合国环境规划署主持缔结的《生物多样性公约》（以下简称为“CBD”），是涉及保护遗传资源及其相关传统知识的第一个有约束力的国际条约。② 关于遗传资源的保护，CBD第15条确立了二项基本原则：（1）确认各国对其遗传资源拥有主权权利，因而可否获得遗传资源的决定权属于国家政府，并依照国家法律行使：（2）除非缔约国另有约定，遗传资源的取得须经提供这种资源的缔约国事先知情同意；（3）每一缔约国应按共同商定的条件，与提供遗传资源的缔约国公平分享研究和开发此种资源的成果以及商业和其他方面利用此种资源所获的利益。关于与遗传资源利用相关的传统知识的保护，CBD第8（j）条规定，各缔约国应依照国家立法，尊重、保存和维持土著和地方社区体现传统生活方式而与生物多样性的保护和持续利用相关的知识、创新和实践，促进其在此等知识、创新和实践的拥有者的认可和参与下的广泛应用，鼓励公平地分享因利用此等知识、创新和实践而获得的惠益。但是，以TRIPS为核心的现行知识产权制度并没有提供确保CBD上述原则实现的相关机制，例如，知识产权申请中对遗传资源和传统知识来源的披露要求，以及利用遗传资源及其相关传统知识所获利益的公平分享机制等，从而影响了CBD上述原则的实施。正如中国和77国集团代表在CBD第1次缔约国大会上所指出的那样，“知识产权保护否认了发展中国家因保护和可持续利用生物多样性资源而应当享有的便利获取生物技术以及分享利益的权利。如果CBD想要实现其真正的意义和作用，就必须防止知识产权保护对上述权利的剥夺”。③ 因此，CBD第16条第5款特别规定：“缔约国认识到专利和其他知识产权可能影响到本公约的实施，因而应在这方面遵照国家立法和国际法进行合作，以确保此种权利

① 参见英国知识产权委员会报告：《知识产权与发展政策的整合》，国家知识产权局条法司编译，第45～47页。

② 到2005年11月15日为止，该公约的成员已达到188个，但美国至今还没有批准该公约。资料来源：http：//www. biodiv. org/world/parties，asp. 2005. 11. 15.

③ See para98 Of Report of first Meeting of the Conference of the Parties to the Convention on Biological Diversity，UNEP/CBD/COP/1/17，February 28，1995.

有助于而不是违反本公约的目标。”

由上可见，TRIPS 对知识产权大国（发达国家）及其知识产权权利人利益的明显偏袒，不仅造成发达国家与发展中国家之间利益的失衡，引起了发展中国家及其人民的严重不满；而且导致 WTO 与其他国际组织之间在规则取向上的深层冲突，遭到许多国际组织和论坛的批评与质疑。正如西方学者赫尔夫指出的那样，美欧为 TRIPS 辩护的各种理由已经开始遭到质疑，诸多发展中国家、政府间组织和非政府组织已经开始将火力集中对准 TRIPS 以及比 TRIPS 所确立的知识产权保护标准更高的双边知识产权协议。① 从某种意义上说，后 TRIPS 时代知识产权保护的国际协调，其实就是针对 TRIPS 的制度缺陷和它与其他国际规则之间的冲突所进行的一种制度改革与创新。

二、传统资源的保护：后 TRIPS 时代知识产权保护国际协调的主题

TRIPS 生效后，世界上出现了两个主导知识产权保护协调的国际组织：一个是 1967 年成立的世界知识产权组织（WIPO），另一个是 1995 年建立的世界贸易组织（WTO）。尽管两个国际组织管辖的知识产权条约，在保护标准、协调机制和执行效力等方面均有很大的差别，但有一点却是相同的，那就是：它们在保护新近的智力成果这些创造之“流”时，却忽视了对遗传资源、传统知识及民间文学艺术这些创造之“源”的知识产权保护，从而导致了一些国家或地区、一些民族或种族应有权利的丧失，也给发达国家与发展中国家、现代社会和传统社会之间的关系增加了一个新的紧张因素。

这种情况引起了国际社会的高度关切和重视，也促使当下主导知识产权保护国际协调的两个国际组织在协调主题方面的同时转移。2000 年 8 月，世界知识产权组织成立了知识产权与遗传资源、传统知识和民间文学政府间委员会（Intergovernmental Committee on Intellectual Property and Genetic Resources，Traditional Knowledge and Folklore，IGC）（以下简称为“WIPO-IGC”），开始就遗传资源、传统知识和民间文学保护的制度安排进行讨论。2001 年 11 月 9 日至 14 日，世界贸易组织第 4 次部长级会议在卡塔尔首都多哈举行，决定启动新一轮多边贸易谈判。会议通过的《部长宣言》（又称“多哈宣言”），列举了一系列新一轮多边贸易谈判的议题，以及各分理事会应当优先审议的问题。其中，宣言第 17～19 段所列举的三个与知识产权保护有关的问题中，有一个与 WIPO 讨论的主题相同，即 TRIPS 与《生物多样性公约》、传统知识和民间文学保护的关系。② 这种相同的关注表明，遗传资源、传统知识及民间文学艺术这些曾经被忽视的保护对象，在后 TRIPS 时代已经正式被纳入知识产权保护国际协调的范围。

遗传资源是一个与生物多样性既有关联又相互区别的专门术语。按照《生物多样性公约》的规定，“生物多样性”是指所有来源的活的生物体的变异性，这些来源包括陆地、海洋及其他水生生态系统和由这些生态系统构成的生态群落。这种多样性包括物种内

① Laurence R. Helfer. *Regime Shifting: the TRIPS Agreement and New Dynamics of International Lawmaking. The Yale Journal of International Law.* Vol. 29. 2004. pp. 5-6.

② 另外两个问题是：(1) TRIPS 与公共健康的关系；(2) 地理标志的保护。See para17-19 of the Doha Ministerial Declaration，WT/MIN (01) /DEC/I，2001，http：//www. wto. org/English/thewto-e/minist-e/min01-e/mindecl-e. htm

部、物种之间以及生态系统的多样性。“遗传资源”是指具有实际或潜在价值的遗传材料，包括来自植物、动物、微生物或其他来源的任何含有遗传功能单位的材料。它作为一种“人类自然遗产”，往往与传统部族或社区所拥有的传统知识有关，是传统部族或社区在长期的生活实践中进行培育和维系的结果，属于传统部族或社区独有的、具有稀缺性的物质资源。从生物学的角度看，遗传资源是生物多样性的物质基础，保护生物多样性实际上就是保护遗传资源。

传统知识是传统部族或社区在长期的生产、生活实践中创造出来的知识、技术、经验的总称。根据世界知识产权组织的定义，传统知识是指基于传统产生的文学、艺术或科学作品，表演，发明，科学发现，外观设计，标志、名称和符号，未披露信息，以及其他一切在工业、科学、文学或艺术领域由智力活动产生的基于传统的创新和创造。所谓基于传统，意思是说上述知识体系、创造、创新和文化表达，通常为特定民族或地区所固有，世代相传，并且随生存环境的变化而不断演化。按照该定义，传统知识包括农业知识，科学知识，技术知识，生态知识，医药知识，与生物多样性相关的知识，民间文学艺术表达，名称、标记及符号，以及其他未固定的文化财产，① 其范围几乎囊括《建立世界知识产权组织公约》所规定的一切知识财产形式，包括知识产权法所保护的作品、发明、标记等各种类型。

民间文学艺术是传统知识的重要组成部分。按照世界知识产权组织的解释，民间文学艺术是指由具有传统艺术遗产特征的要素构成，并由（某一国家）一个群落或者某些个人创造并维系，反映该群落传统艺术取向的产品。②

上述三类对象，有着各自的特质和内容，但更存在内在属性上的一致性：

首先，从其存续时间来看，它们都是“传统”的而不是新近的，都是特定民族或地区所固有并经过其长期的维系所保存的，属于某种意义上的“人类遗产”。重要的是，随着现代科学技术的应用，这些遗产往往成为新的创造性成果赖以产生的基础，具有巨大的开发价值，并给这些遗产的使用者带来可成为私权对象的“知识产权”。然而，从现行知识产权制度的时效理论来看，这些遗产都已处于公共领域，属于人人可以免费使用的对象。

其次，从其持有主体来看，它们都属于群体智慧与贡献的结果，超越了以个人智力成果为主要保护对象的现行知识产权制度的保护范围。传统知识一般是传统群体通过一代又一代与自然息息相关的生活建立起来的，即使某些传统知识的最初创造者可能是某一特定个人，但随着自然与社会环境的历史变化，该特定个人的贡献可能被逐渐淹没，成为整个群体传统的一个部分，而且不可剥离。遗传资源属于自身可复制的有机资源，即使是在培育和保存遗传资源的过程中，某一部落的某一特定个人做出了贡献，但这种贡献也早已被遗传资源变化的自然过程所覆盖。因此，对传统知识、遗传资源主张权利的一般不可能是

---

① WIPO, Intellectual Property Needs and Expectations of Taditional Knowledge Holders, WIPO Report on Fact- Finding Missions on Intellectual Property and Traditional Knowledge (1998-1999), Geneva, April 2001, p. 25.

② 参见唐广良：《遗传资源、传统知识及民间文学艺术表达国际保护概述》，载《知识产权文丛》第8卷，中国方正出版社2002年版，第14页。

特定的自然人，通常是传统群体，包括社区、民族，甚至是国家，这些资源所有者的权利通常是一种集体权利。按照现行知识产权“私权”理论的个人主义解释，以激励个人创新为目的的现行知识产权制度，不可能为传统群体所持有的上述“资源”提供保护。

第三，从其演变过程来看，它们都是在特有的自然与社会环境中产生，同时又是在特有的自然与社会环境中发展的，是传统群体在应对生存环境日新月异变化的过程中不断调适和创造的结果。在这种创造过程中，既有正规革新（formal innovations），也有非正规革新（informal innovations），而且，二者往往相互交替、相互促进。但是，那些在本地层面上作为的国家、群体或个人（非正规革新者），通过代代相传的努力发展并保存的当地技术与产品，包括植物遗传资源，却未获得正规的认可，也未得到什么权利；而那些正规的革新者，即开发新技术与新产品的自然人或法律拟制人格者，他们所作的发明却可以通过现行的知识产权制度而获得正规的承认，并从中得到可观的经济利益。”①

可见，上述三类对象都与“传统”有关，在主体的确定性、客体的新颖性、保护期限的可预计性等方面，都与现行知识产权制度所保护的对象不同。因此，有的学者将它们称为知识产权的“新客体”，② 国际社会把这类“新客体”统一称之为“传统资源”。③

事实上，《多哈宣言》中确立的另外一个谈判主题，即“地理标志的保护”也可以归于上述主题的范围。因为，作为地理标志核心构成要素的“地理名称”，也具有上述主题所涉及对象的“传统性”，也属于一种非正规的革新，而且，地理标志权也是一种集体权利，其保护期限具有永久性。不同的是，地理标志早在100多年前就已经被纳入到知识产权保护体系，而与之具有相同或相似特点的传统知识、遗传资源却至今还被排除知识产权保护的大门之外。这种情况说明，以现行知识产权保护的所谓“正统”理论作为反对为传统知识、遗传资源提供知识产权保护的理由，是值得怀疑的。同时，《多哈宣言》继续把“地理标志的保护”作为WTO新一轮多边贸易谈判的议题，也提示着这样一个基本的事实，即地理标志作为与“传统”有关的对象，它与TRIPS所保护的其他对象之间的确有着很大的不同，从而在制度设计上无疑会面临更多的困难和不确定性。

三、“新”“旧”世界的矛盾：后TRIPS时代知识产权保护协调的国际格局

随着后TRIPS时代知识产权保护国际协调主题的变化，知识产权保护国际协调的利益格局呈现出更加复杂的特点：在现代知识（包括基因技术和网络技术等）的知识产权保护问题上，以发达国家为一方、发展中国家为另一方的“南北矛盾”仍然存在，但是，在“传统资源”保护的问题上，却不再是以往的南北矛盾，而是所谓的“新世界”国家与“旧世界”国家之间的利益分歧。在这里，“新世界”国家是指那些新兴的国家，它们历史不长，传统资源相对贫乏，因此，一般不主张强化对传统资源的保护。与此不同，那些“旧世界”国家，一般都是历史悠久、传统资源相对丰富的国家，在传统资源保护的问题上都持比较积极的态度。事实上，这种“新”“旧”世界的矛盾，在关贸总协定乌拉

① See WIPO, Matters Concerning Intellectual Property and Genetic Resources, Traditional Knowledge and Folklore-an Overview, WIPO/GRTKF/IC/1/3, 2001, p. 5.

② 郑成思：《传统知识与两类知识产权的保护》，载《知识产权》2002年第4期。

③ 吴汉东：《知识产权国际保护制度的变革与发展》，载《法学研究》2005年第3期，第139页。

圭回合关于 TRIPS 地理标志部分的谈判中就已产生，只不过在后 TRIPS 时代，因为传统资源的保护已经成为知识产权保护国际协调的主要议题，它表现得更加突出。

在关贸总协定乌拉圭回合关于 TRIPS 的谈判中，有关地理标志部分的谈判是最困难的谈判之一。这是因为，发达国家作为 TRIPS 谈判的共同推动者，虽然它们在谈判中形成了联合起来向发展中国家施加压力的“共同体”，但是，在保护地理标志的问题上，却存在着明显分歧。以欧盟国家为代表的一些历史较为悠久的发达国家，基于自身在传统产业和传统产品方面的优势，倾向于对地理标志，特别是对葡萄酒和烈性酒地理标志的严格保护，而以美国、加拿大、澳大利亚为代表的新兴发达国家，则因为在其经济发展中没有太多的传统地理和人文因素，不主张强化对地理标志的保护。因此，作为发达国家两大利益集团讨价还价的结果，TRIPS 虽然对地理标志的保护，特别是对葡萄酒和烈性酒地理标志的附加保护做出了规定，但并没有解决地理标志保护的所有问题，尤其是没有解决在一些缔约方已被作为通用名称使用的葡萄酒和烈性酒地理标志的保护问题。为此，TRIPS 要求在 TRIPS 理事会内启动关于建立葡萄酒地理标志的通告与注册多边制度的谈判，以为葡萄酒地理标志的特别保护提供法律便利。但是，这样一来，又产生一个新问题，即拟谈判建立的通告与注册多边制度，仅仅限于葡萄酒地理标志的特别保护，其范围显然过于狭窄，在很大程度上忽视了许多发展中国家和最不发达国家的利益。因为，恰好是这些国家，由于历史传统悠久，传统产业和传统产品相对发达，因而也有很多应当受到保护的地理标志。为此，早在多哈会议前，印度等国家就已经提出，加强地理标志的保护，不应当仅仅局限于葡萄酒，而应该延及于其他类别的产品，如手工艺品、农产品和饮料等。虽然在 TRIPS 生效后的第二年，即 1996 年，在新加坡召开的 WTO 第一次部长级会议将白酒地理标志也纳入到了谈判的范围，但这仍然满足不了发展中国家的要求。在这种情况下，《多哈宣言》第 18 段确立了地理标志保护谈判的两个议题：一是建立葡萄酒和白酒地理标志的多边通告与注册制度；二是扩大关于葡萄酒和白酒地理标志特别保护的适用范围。对第一个议题，美国和欧盟的立场明显不同：欧盟主张建立一种对所有成员方都有约束力国际注册制度，在发生侵权行为时，权利人可以通过诉讼途径实施其权利，而美国、加拿大、澳大利亚等国家则不赞同建立这样一种多边注册制度，并提出即使建立这种制度也应只具有信息通报功能。对第二个议题，欧盟为了获取许多发展中国家对其在第一个议题上的立场的支持，赞同扩大葡萄酒和白酒地理标志特别保护的适用范围，但强调受保护的产品，在质量方面应当与特定的地域相关联。对此，美国等国家则持不赞同态度。由于美欧之间存在的严重分歧，直至 WTO 第五次部长会议（坎昆会议）召开之前，各成员方关于地理标志保护问题的谈判依然没有取得实质性进展，这也成为 2003 年 9 月坎昆会议无果而终的重要原因之一。

在 TRIPS 理事会近两年的讨论议题中，TRIPS 与 CBD 的关系是重点议题之一，而有关遗传资源来源的公开问题，又是这个重点议题中的重点。由于这个问题与各方的利益密切相关，目前分歧较大。以巴西、印度为代表的发展中国家主张应通过对 TRIPS 现有相关规定的修改，要求专利申请人公开发明中使用的遗传资源和传统知识来源以及知情同意和利益分享的证据，并明确提出，如果违反上述公开要求，将导致专利的驳回、无效等影响专利效力的后果。美国则坚持通过国内立法和合同安排实现 CBD 的目标，认为不需要修改 TRIPS，在合同安排中即可以满足遗传资源来源的公开要求。值得注意的是，欧盟在这个问题上采取了比较中立的立场，同意对专利申请人公开遗传资源来源问题加以审视，并建立有国际约束力的机制，但对于如何建立这种机制，却没有明确的态度。因此，于2005年6月14日至17日在瑞士日内瓦召开的TRIPS理事会，只是延续了以往的讨论，并未取得实质性的进展。①

传统知识的保护，是知识产权保护的国际协调在后TRIPS时代面临的新问题。从WIPO和WTO目前进行的国际协调来看，发达国家对各国保护传统知识的可能性和权利没有争议，但对于以下三个问题：（1）对传统知识是进行知识产权保护，还是以合同法或其他法律手段进行保护；（2）对传统知识是进行国内保护，还是进行国际保护；（3）对传统知识的国际保护是在WIPO的框架下进行，还是在TRIPS的框架下进行，却存在着严重的分歧。美国反对建立保护传统知识的国际制度，特别是反对在TRIPS框架内处理传统知识保护问题，主张通过制定国家或地方的法律和法规，为传统知识的提供者和接受者提供“合同解决”问题的基础。② 相反，欧共体及其成员国支持建立传统知识法律保护的国际模式，建议世界知识产权组织与生物多样性公约合作，处理这个新议题，认为，一旦模式形成后，注意力将会集中到怎样和在何种程度上可把传统知识的保护纳入TRIPS中。③ 在发展中国家中，非洲国家集团和委内瑞拉认为有约束力的保护传统知识的国际规则应该建立在TRIPS的框架下，主张按照解决TRIPS与公共健康问题的模式，解决传统知识的保护问题。④ 而巴西、印度等发展中国家主张根据《生物多样性公约》的目标和原则修改TRIPS，从而使WTO成员能够同时履行TRIPS和《生物多样性公约》的义务，⑤但对于怎样处理传统知识这个主题，“其保护的性质和范围，以及它在什么程度上应当纳入TRIPS之中还存在着很多犹豫和不定”，认为，把传统知识引入TRIPS框架下会遇到概念上和操作上的困难。⑥

从上不难看出，国际社会在传统资源保护方面所形成的利益格局，实际上是在地理标志保护问题上的“新”“旧”世界矛盾的延续。这说明，在与“传统”有关的知识产权保护中，决定各国立场的关键因素，已不是各国的科技与经济发展水平，而是各国经济发展与“传统”的关联程度。这是后TRIPS时代知识产权保护国际协调的一个重要特点，值得引起我们足够的注意。

---

① 参见杨红菊：《2005年6月WTO TRIPS理事会会议情况》，http://www.sipo.gov.cn/sipo/ztxx/.

② Carlos M Correa，《传统知识与知识产权：与传统知识保护有关的问题与意见》，日内瓦Quaker联合国办公室，2001年11月，第37页。

③ WTO，Communication from the European Communities and Their Member States，IP/C/W/383，2002，pp. 13-14.

④ WTO，Taking forward the Review of Article 27.3（b）of the TRIPS Agreement，IP/C/W/404，2003，p. 3.

⑤ WTO，The Relationship between the TRIPS Agreement and the Convention on Biological Diversity and the Protection of Traditional Knowledge，IP/C/W/403，2003，p. 6.

⑥ Carlos M Correa，《传统知识与知识产权：与传统知识保护有关的问题与意见》，日内瓦Quaker联合国办公室，2001年11月，第37页。

四、众多国际组织的参与：后 TRIPS 时代知识产权保护国际协调的多元化

如上所述，以 TRIPS 为核心的现行国际知识产权法律制度，对 WTO 与 WIPO 之外的其他国际组织所关切的社会价值造成了严重的冲击。为了维护自身的价值取向，并在知识产权领域争夺自身的国际空间，这些国际组织利用自身已有的国际资源，积极寻求平衡知识产权与其他社会权利的方式与方法，试图通过对现行知识产权保护规则的批判，促使知识产权制度的改革和突破。因此，在后 TRIPS 时代，知识产权保护的国际协调已经不再局限于在 WTO 与 WIPO 内进行，其他国际组织，如，联合国人权机构、联合国教科文组织、CBD 缔约国大会及其特设工作组、联合国粮农组织、联合国贸易与发展会议、联合国开发计划署、世界卫生组织、世界粮食计划署等政府间组织，也围绕着与知识产权保护有关的人权、文化、贸易、粮农、土著权利、劳工标准、可持续发展、环境以及生物多样性等方面的问题进行了广泛的讨论，呈现出知识产权保护国际协调的多元化趋势。

（一）联合国人权机构

根据“主权国家在人权方面承担的国际义务应当优先于其在经济政策或经济条约下承担的义务”① 的理念，联合国人权委员会及保护与促进人权分委员会、联合国人权高级专员、经济、社会和文化权利委员会等联合国的人权机构，先后发表了一系列宣言、决议和报告，对 TRIPS 的实施给公共健康带来的负面影响进行抨击，表现出对抗 TRIPS 的鲜明特色。这些宣言、决议和报告认为，TRIPS 限制了获取专利药品的机会和健康权的合理有效享有，与公共健康安全存在着现实的冲突，② 它们要求就 TRIPS 的某些条款的含义和范围进行澄清，并做出适当的修改，以使知识产权的保护与人权国际保护的义务相一致。③ 它们反对采纳“TRIPS 附加协议”④ 提高知识产权保护标准，强调各国有义务通过放宽获取治疗艾滋病等传染性疾病的药品的条件来促进健康权利的实现。⑤

自从 1990 年第 45 届联合国大会宣布 1993 年为世界土著人国际年并成立人权委员会下的土著人工作组以来，土著人的权利开始被联合国人权委员会纳入少数人权利保护的范围。土著民族是一些人口极少并且远离现代文明的民族。土著人的权利十分广泛，其中，与知识产权联系密切的是他们对其创造的传统知识所拥有的权利。根据土著人工作组于 1993 年起草的《联合国土著人权利宣言草案》的规定，土著人对这些传统知识拥有完全

---

① Laurence R. Helfer. *Regime Shifting*: *the TRIPS Agreement and New Dynamics of International Lawmaking. The Yale Journal of International Law*. Vol. 29. 2004. p. 50.

② UN Commission in Human Rights, Intellectual Property and Human Rights, 2000, E/CN. 4/Sub. 2/2000/7.

③ U. N. ESCOR Sub-Comm'n on The Promotion and Protection of Human Rights, Intellectual Property and Human Rights, 26 th mtg, 2001/21.

④ “TRIPS 附加协议”（TRIPS-plus agreements），是指 TRIPS 生效后，由美国等发达国家与发展中国家签订的知识产权保护双边协议。这类协议因为确立了比 TRIPS 更高的知识产权保护标准，已经成为西方发达国家借助双边谈判的形式迫使发展中国家承担保护他们知识产权的更多义务。

⑤ U. N. ESCOR Comm'n on Human Rights, Report of the High Commissioner-The Impact of the Agreement on Trade-Related Aspects of Intellectual Property Rights, E/CN. 4/Sub. 2/2001.

的所有权、控制权和保护权，对于这些传统知识的未经事先同意的使用或以违反土著人法律、传统或习俗的方式进行的使用，必须对土著人做出补偿。① 但是，以 TRIPS 为核心的现代知识产权制度并没有认识到土著知识的任何价值，也不承认与其使用有关的任何义务，结果是，土著知识在被研究者和商业企业以知识产权的形式盗用享受时，创造或拥有这些知识的土著民族不能得到任何补偿。因此，联合国人权高官委员会的专员在题为《经济、社会和文化权——TRIPS 对人权的影响》的报告中指出，在知识产权保护和土著及本土社区知识的保护之间存在的紧张关系，要求对现存的知识产权制度进行修改、改变和补充。②

（二）世界卫生组织

世界卫生组织（WHO）是联合国负责在公共健康方面制定政策和制度的专门机构。自 20 世纪 70 年代以来，该组织开始关注药品问题，提出了“重要药品”（essential drugs）概念，要求各国实施“国家药品政策”，以确保其规定的若干重要药品的有效充分供应和获取。③ 但是，TRIPS 的实施使 WHO 的目标难以实现，不少发展中国家在重要药品的供应和获取方面遇到了 TRIPS 所设置的制度障碍，并由此引发了严重的公共健康危机。他们要求 WHO 对 TRIPS 给公共健康带来的消极影响进行评估和干预，并采取切实的办法缓解药品专利权保护与公共健康之间的冲突。在发展中国家的要求下，WHO 从 1996 年开始着手对 TRIPS 进行评审，并于 1998 年发布了评审的结果——“关于 TRIPS 对公共健康之影响”的指南，2001 年发布了一个关于健康政策的通告。指南和通告确认，执行 TRIPS 与 WHO 的政策目标之间存在着差距，呼吁其成员利用 TRIPS 中的灵活性规则，尽可能地将药品专利制度对重要药品的供应与获取所带来的不利影响减小到最低程度，鼓励成员国采取不与 TRIPS 相冲突的机制和方法，降低药品的价格并使药品的获取更加便利。④

WHO 也十分重视传统医药的知识产权保护。2000 年，WHO 成立了研究关于传统医药知识产权保护地区间工作组。2003 年，WHO 执行委员会曾建议世界卫生大会通过决议“敦促各会员国按照符合国际义务的国家法规的规定，采取措施保护和维持传统医药知识及药用植物资源以便持续地发展传统医药，包括传统医药行医者的知识产权”。⑤

① See Draft United Nations Declaration on the Rights of Indigenous Peoples. Res. 1993/46, Sub-Comm'n Hum, Rts. 35th mtg, 1993.

② 参见 Carlos M Correa：《传统知识与知识产权：与传统知识保护有关的问题与意见》，日内瓦 Quaker 联合国办公室，2001 年 11 月，第 36 页。

③ 依据 WHO 关于 2000 ~ 2003 年重要药品的行动框架，“重要药品”是指在一个设定的健康环境中维系质量、安全、有效性和成本之间最佳平衡的那些药品。See WHO, WHO Medicines Strategy: Framework for Action in Essential Drugs and Medicines Policy 2000-2003, p. 7, WHO/EDM/2000.

④ See WHO, Globalization, TRIPS and Access to Pharmaceuticals, WHO Policy Perspectives on Medicines, No. 3, WHO/EDM/2001.

⑤ WHO, Resolution of the Executive Board of the World Health Organization, Document EB111. R12.

（三）CBD缔约国大会及其特设工作组

1998年4月，CBD第4次缔约国大会决定成立一个“遗传资源获取和惠益分享特设工作组”，研究CBD与TRIPS之间的协调问题。1999年，该工作组召开第1次会议，集中讨论了获取遗传资源的途径、利益分享的机制、知情同意的概念、知识产权以及相关能力建设等问题。2000年5月，CBD第5次缔约国大会就遗传资源的获取通过了一个决定，涉及的内容包括遗传资源获取及利益分享机制、知识产权与TRIPS的关系等。会议决定邀请WIPO等其他国际组织就知识产权制度对遗传资源取得所发挥的作用，特别是要求在知识产权申请中提供遗传资源来源信息等方面的问题进行共同研究，并提请WTO认可CBD的相关条款，关注CBD与TRIPS之间的相互关系。2001年10月，CBD特设工作组发布了《关于获取遗传资源并公正和公平分享其利用所产生惠益的波恩指南》，2002年4月，CBD第6次缔约国大会通过了该指南。按照该指南的建议，如果知识产权申请中的主题涉及遗传资源及其相关传统知识的开发和利用，各国应通过其国内法律鼓励申请人公开它们的原始来源地，并运用上述披露制度对知识产权申请进行审查，以确定申请者在利用遗传资源及其相关传统知识之前是否已经获得这些资源提供者的事先同意并遵守了相互约定的条件。2005年2月14日至18日，该特设工作组在CBD第7次缔约国大会的授权下，在泰国曼谷举行第3次会议，就遗传资源的获取和公平公正地分享其利用所产生的惠益的国际制度进行谈判。作为实质性谈判的第一步，本次会议由于各方的分歧较大，并没有取得预期效果。

（四）联合国粮农组织

2001年11月3日，联合国粮农组织第31届大会在多年艰苦谈判的基础上正式通过了《粮食和农业植物遗传资源国际条约》（以下简称“条约”），取代了1983年联合国粮农组织第21届大会通过的《关于植物遗传资源的国际约定》，成为植物遗传资源保护领域具有国际法效力的规范。该条约作为在植物遗传资源领域与CBD相协调的国际法律文件，重申了各国对于植物遗传资源所拥有的主权权利，并以条约的形式，正式提出了“农民权”的概念和有关规定，承认农民在保护和可持续利用植物遗传资源方面的贡献，要求各缔约方政府根据其国家法律采取措施，保护并促进农民的权利，包括（1）保护与粮食和农业植物遗传资源有关的传统知识；（2）平等地分享因利用粮食和农业植物遗传资源所获利益的权利；（3）在国家层面上参与对与粮食和农业植物遗传资源保护和可持续利用有关问题的决策的权利。① 为方便粮食与农业植物遗传资源的获取，条约规定建立一套多边制度，由各国及国际基因库拥有的涵盖35种食品和29种农作物的种子基因共同构建一个国际基因库。② 虽然条约并未禁止对来源于国际基因库而经改良的遗传资源主张知识产权，但同时也规定，上述基因库的使用者，不得对以基因库形式存在的遗传资源或这些遗传资源的部分或组成成分主张任何知识产权或其他权利。③

---

① See Article 9 of International Treaty on Plant Genetic Resources for Fodd and Agriculture.

② See Article 11 of International Treaty on Plant Genetic Resources for Food and Agriculture.

③ See Article 12 of International Treaty on Plant Genetic Resources for Food and Agriculture.

（五）联合国贸发会议

2000年10月30日至11月1日，联合国贸发会议召开了一个“保护传统知识、革新和实践的制度和国家经验专家会”，作为成果，会议对政府、国际社会和联合国贸发会议提出了如下建议：提高对传统知识保护的关注程度、支持当地和土著社会的创新潜力、方便传统知识的文献化、促进以传统知识为基础的产品的商业化。

（六）联合国教科文组织

早在1982年，联合国教科文组织（UNESCO）就和WIPO联合起草并颁布了《保护民间文学艺术表现形式，防止不正当利用及其他损害性行为国内示范法条》。从20世纪80年代末期开始，联合国教科文组织为保护包括传统知识在内的非物质文化遗产进行了一系列的努力：1989年，第25届大会通过了“关于保护传统和民间文化的建议案”，正式要求缔约国必须采取措施保护传统和民间文化免遭人为和自然破坏，提出了保护的指导原则。1998年，制定了《联合国教科文组织宣布人类口头和非物质遗产代表作条例》，并于2001年5月首次公布第一批“人类口头和非物质文化遗产代表作”名单。2003年10月17日，第32届大会通过了《保护非物质文化遗产公约》。截至2004年10月已经有26个缔约国。根据该公约第2条第1款和第2款的规定，“非物质文化遗产”涵盖了相当部分的传统知识。2005年10月20日，第33届大会通过了《保护和促进文化表现形式多样性公约》。该公约的通过无疑对日益势微的非主流文化及其中包含的传统知识的保护和发展具有重要意义。

以上各个国际组织对知识产权保护国际协调的关切和努力，其原因是多方面的。分析起来，主要有：（1）这些国际组织所追求的价值目标均需要知识产权保护制度的支撑。但是，对于主导知识产权保护国际协调的WIPO和WTO来说，它们所关注的只是自身职能范围内的问题，它们没有精力也不宜处理其他国际组织的价值诉求，这就在客观上为上述其他国际组织参与知识产权保护的国际协调既留下了适当的空间，又提供了内在的动力。（2）在现有的主导知识产权保护协调的国际机构中，特别是在WTO体制中，由于发达国家在科技和经济实力方面的明显优势，发展中国家的关切因为它们并没有取得实质意义上的平等立法权而很难得到应有的重视。在这种情况下，发展中国家不得不转移知识产权保护国际协调的场所，希望借助于其他国际组织，以实现它们维护自己利益的目标。推动WIPO和WTO之外的其他国际组织参与知识产权保护的国际协调，正是发展中国家在后TRIPS时代的知识产权国际立法方面争取平等话语权的一种策略选择。

应当肯定，众多国际组织在知识产权保护国际协调方面所作的努力和取得的成果，包括具有“软法”性质的宣言、决议、报告、指南和具有“硬法”性质的条约、协定，都在一定程度上构成了对WIPO和WTO所确立的现行知识产权保护规则的挑战和冲击，对推动知识产权领域的国际立法具有重要影响。但是，我们也应当承认，由于发达国家在当今世界政治经济领域的优势地位，为发达国家所控制的两大国际组织——WIPO和WTO所确立的知识产权保护规则将继续在知识产权领域发挥着主导作用，WTO和WIPO之间的分工与合作、优势的互补与协调，仍将是后TRIPS时代知识产权保护国际协调的主要形式。

五、针对 TRIPS 的制度改革与创新：后 TRIPS 时代知识产权保护国际协调的进展

从上可知，后 TRIPS 时代知识产权保护的国际协调是以解决 TRIPS 存在的不足和局限为主要目标的。应当说，TRIPS 本身的规定已经为这种目标的实现提供了程序上的制度保障。按照 TRIPS 第 71 条第 1 款的规定，TRIPS 理事会应在 2000 年后，审议该协定的实施情况；理事会应注意实施过程中获得的经验，在该日期后 2 年内进行审议，此后依此类推；理事会还可根据任何可能导致该协定改变或修正的新发展进行审议。事实上，《多哈宣言》列举的与知识产权有关的三个议题就是根据该条规定而使之进入谈判或审议程序的。但是，仅有程序上的进入是不够的。从国际社会目前围绕上述三个议题的谈判和审议情况来看，以 TRIPS 为核心的现行知识产权保护制度能否在新一轮知识产权保护的国际协调中有所改革与创新，既有希望又任重道远。

（一）关于知识产权与公共健康的关系

知识产权与公共健康的关系，是 TRIPS 实施后国际社会最为关注的问题。面对发展中国家和最不发达国家日益严重的公共健康危机，是维持 TRIPS 对药品专利的高标准保护而漠视人的生命健康权，还是修改 TRIPS 的规则为维护公共健康提供法律便利，这是 WTO 在 TRIPS 实施后所面临的艰难选择。值得庆幸的是，在 WTO 于 2001 年 11 月 9 日至 14 日在卡塔尔首都多哈召开的第四次部长级会议上，以南非为代表的发展中国家提出的关于知识产权协议与公共健康，特别是药品专利的强制许可与公共健康的问题，得到了发达国家的善意回应，被会议通过的《部长宣言》纳入优先谈判的议题，并于 14 日通过了《关于 TRIPS 和公共健康的多哈宣言》（以下简称“公共健康宣言”）。该宣言承认使许多发展中国家和最不发达国家遭受痛苦的公共健康问题，尤其是艾滋病、肺结核、痢疾和其他流行性疾病引起的公共健康问题的严重性，将最不发达国家在医药产品方面履行 TRIPS 有关义务的过渡期延长至 2016 年，并在第 6 段中要求 TRIPS 理事会寻求快速解决那些在药物领域生产能力不足或没有生产能力的 WTO 成员依 TRIPS 在有效利用强制许可方面所面临困难的方案，于 2002 年底以前报告给 WTO 总理事会。但是，由于发展中国家成员与发达国家成员之间在这一议题上存在严重分歧，根据上述要求所进行的谈判并没有按预定计划完成，一直拖到 2003 年 8 月 30 日，才一致通过了关于实施专利药品强制许可制度的最后文件，达成了在法律上具有约束力的《关于 TRIPS 协议和公共健康的多哈宣言第六段的执行决议》（简称“总理事会决议”或“决议”）。

根据该决议，凡生产符合《决议》和《公共健康宣言》规定的医药产品，可以豁免 TRIPS 第 31 条第 6 款和第 8 款项下的义务，即实施强制许可生产的医药产品在符合《决议》规定的条件下免除禁止出口的义务，① 合格进口方实施强制许可时免除向专利持有人

① See para2 of Implementation of Paragraph 6 of the Doha Declaration on the TRIPS Agreement and Public Health. WT/L/540, 2003, http://www.wto.org/English/tratop_e/trips_e/implem_para6_e.htm.

支付适当报酬的义务。① 这也就是说，对于那些没有药品生产能力或药品生产能力不足的贫穷国家，不仅可以进口其他成员方通过强制许可生产的廉价仿制药品，而且还可以免费地对进口的同一药品实施强制许可。

此外，《总理事会决议》还规定，合格进口方应在力所能及的范围内采取所有合理措施防止根据《决议》规定进口其境内的医药产品转出口。② 但《决议》又规定，如果发展中或最不发达国家成员方是符合 1994 年 GATT 第 24 条规定的区域性贸易协定的缔约方，且又符合 1979 年 11 月 28 日 GATT 制定的《关于发展中国家的差别与更优惠待遇、对等性和更充分参加的决议》（L/4903）规定条件的，则该成员方可以免除 TRIPS 第 31 条第 6 款和本《决议》规定的禁止依强制许可生产的医药产品转出口的义务，将在强制许可下生产或进口的医药产品出口到属于同一区域贸易协定成员方，且面临同一健康问题的发展中或最不发达国家成员方。③

《总理事会决议》的上述规定是对 TRIPS 第 31 条第 6 款和第 8 款的重要发展，但并不意味着知识产权与公共健康问题的最终解决，它只是通向最后解决问题时必要程序，是缓解发展中国家和最不发达国家国内公共健康危机的临时性措施，《决议》涉及的对 TRIPS 第 31 条第 6 款和第 8 款的修改，究竟以什么样的法律形式来实现，还是一个有待谈判解决的问题。根据《决议》规定，TRIPS 理事会将于 2003 年底启动修改 TRIPS 的准备工作，争取在其后 6 个月内提出建立在《决议》基础上的 TRIPS 修改案。④ 但是，在寻求 TRIPS 最终修改案的问题上，由于各成员方的分歧较大，TRIPS 理事会一直没有取得实质性的进展。直到 WTO 第 6 次部长级会议，即香港会议召开前的 2005 年 12 月 6 日，各成员方才一致通过了关于修改 TRIPS 的议定书。根据该议定书，2003 年 8 月 30 日《总理事会决议》所确立的药品专利制度，将作为 TRIPS 第 31 条的例外条款（Article 31bis)，以永久修正的形式纳入 TRIPS。此外，总理事会还一致同意，将最不发达国家实施 TRIPS 的过渡期延长至 2013 年 7 月 1 日，而针对药品专利的实施过渡期则延长到 2016 年。至此，WTO 为解决公共健康危机而修改 TRIPS 的谈判终于结束。

TRIPS 的上述修正，是 WTO 核心协定的首次修正。它不仅为发展中国家和最不发达国家缓解国内的公共健康危机提供了法律便利，体现了对生命健康权优先于知识产权这一“人本主义”价值取向的回归：而且突破了专利“一体保护”模式，⑤ 提供了一种在知识产权与其他人权之间、发达国家利益与发展中国家利益之间寻求平衡的“差别保护”方

① See para3 of Implementation of Paragraph 6 of the Doha Declaration on the TRIPS Agreement and Public Heflth. WT/L/540, 2003, http: //www. wto. org/English/tratop_ e/trips_ e/implem_ para6 e. htm.

② See para4 of Implementation of Paragraph 6 of the Doha Declaration on the TRIPS Agreement and Public Health. WT/L/540, 2003, http: //www. wto. org/English/tratop_ e/trips_ e/implem_ para6_ e. htm.

③ See para6 of Implementation of Paragraph 6 of the Doha Declaration on the TRIPS Agreement and Public Health. WT/L/540, 2003, http: //www. wto. org/English/tratop_ e/trips e/implem_ para6_ e. htm.

④ See para11 of lmplementation of Paragraph 6 of the Doha Declaration on the TRIPS Agreement and PublicHealth. WT/L/540, 2003, http: //www. wto. org/English/tratop_ e/trips_ e/implem_ para6_ e. htm.

⑤ TRIPS 第 27 条第 1 款规定：“专利权的获得和专利权的享有应当不因发明地点、技术领域、产品是进口还是当地生产的而受到歧视。”该规定被称为“一体保护”的模式。《多哈公共健康宣言》和《总理事会决议》给予了药品专利的“差别保护”，实际上是对上述模式的突破。

法：更预示着一种在多种力量作用下改革现行知识产权制度的可能性。

（二）关于遗传资源的保护

TRIPS 第 27 条第 3 款允许成员将动植物品种及其生物生产方法排除在专利的保护范围之外，实际上又意味着协定并不禁止成员对动植物品种及其生物生产方法提供专利制度的保护。在这种情况下，一些生物技术发达的国家或者以国家立法的方式，或者通过与其他国家，特别是一些发展中国家签署双边知识产权保护协议的形式，逐步加强了对与生物技术相关的发明的专利保护，与生物技术相关的发明的专利授权数量不断增加。这些与生物技术相关的发明，往往与遗传资源的利用有关，正如 WIPO 在《关于与遗传资源和传统知识有关的公开要求问题的技术研究报告》所指出的那样，“遗传资源及相关传统知识作为原材料对某些生物技术发明具有潜在的价值；然而，有大量技术可用遗传资源作为投入，并可对传统知识加以利用，因此其重要性和价值不仅限于生物技术本身”。① 因此，如何平衡生物发明专利权人与遗传资源提供者之间的利益关系，防止和制裁“生物剽窃”行为，就成为国际社会近年来高度关切的问题。CBD 的实施，《粮食和农业植物遗传资源国际条约》的通过，表明国际社会对这个问题的解决取得了一些进展。

但是，正如前面所述，这些进展与现行的知识产权制度，特别是专利制度中的公开性要求是存在冲突的。按照 CBD 缔约国大会第 6 次会议的决定，为了实施该公约所确立的三项原则，即遗传资源归属的国家主权原则、遗传资源取得的事先知情同意原则，以及遗传资源利用的利益分享原则，各国应鼓励在涉及或在开发中使用了遗传资源的知识产权申请中，公开或标明所使用遗传资源的来源国或社区的名称。但是，按照 TRIPS 和各国专利法的现行规定，专利申请中应当公开的，只有发明的内容和实施发明的方式，而不包括发明的来源。因此，《多哈宣言》所列举的 TRIPS 与 CBD 的关系问题，其核心是一个能否通过修改 TRIPS 和各国专利法关于专利申请的公开性要求，以实现 CBD 保护遗传资源目标的问题，也就是一个能否在生物技术领域对生物发明实行“差别保护”的问题。

应 CBD 缔约国大会的邀请，WIPO-IGC 从 2002 年开始就有关遗传资源来源的公开问题进行研究，2003 年 9 月 22 日至 10 月 1 日召开的 WIPO 大会第 30 届会议批准了该委员会向 CBD 缔约国大会提交的《关于与遗传资源和传统知识有关的公开要求问题的技术研究报告》。CBD 缔约国大会第 7 次会议在审议了这个报告之后，再次请求 WIPO 就在知识产权制度中要求公开遗传资源来源的相关问题进行审查。WIPO 大会第 31 届会议对此请求做出了积极回应，并在 2005 年 3 月底之前拿出了关于遗传资源来源公开问题的审查报告（Draft Examination of Issues Regarding the Interrelation of Access to Genetic Resources and Disclosure Requirements in Intellectual Property Rights Applications）初稿，2005 年 9 月 26 日至 10 月 5 日，WIPO 大会第 32 届会议讨论通过了上述报告的第 3 稿。这份报告对专利制度中涉及遗传资源公开的规定进行了梳理，通过罗列各国提交的建议和观点，表明了遗传资源的公开要求在专利申请中的意义和可能存在的问题及障碍。报告将公开要求扩展到相关的传统知识，对在现有专利法中可以适用的公开机制进行了概括：（1）传统知识作为

① 世界知识产权组织秘书处：《关于与遗传资源和传统知识有关公开要求问题》，载国家知识产权局条法司编：《专利法研究》，知识产权出版社 2004 年版，第 468 页。

相关现有技术的公开：（2）传统知识持有人作为发明人的公开；（3）当遗传资源的获取为发明的实施要求时，公开遗传资源的来源或起源；（4）当遗传资源为发明的实施要求时，公开实际的遗传资源；（5）作为申请权的证据，公开遗传资源和传统知识获取的同意证明和利益分享协议；（6）作为来自合同或获取规则的其他法律义务，公开相关传统知识和遗传资源。报告对上述机制的功能进行了分析，认为它们具有三个方面的功能：一是关于遗传资源和传统知识本身及其与发明关系的说明性或透明性功能；二是关于遗传资源和传统知识在何处取得的公开起源功能；三是关于遗传资源和传统知识获取行为合法性的证据功能。报告认为，与遗传资源有关的公开要求是一个联结的纽带，纽带的一头是CBD关于传统知识和遗传资源的获取、使用和利益分享的规则，另一头则是TRIPS关于符合要求的发明被授予专利权的法律。实现这种联结，可以有以下多种途径：（1）对现有专利法进行修改；（2）扩展专利法的原则；（3）在专利法中建立新的原则；（4）将专利程序作为间接实施有关遗传资源获取和利益分享规则的手段。报告还针对CBD缔约国大会请求中提出的5个专门问题：关于示范条款的选择；公开要求的引发；鼓励性措施；对于WIPO条约的意义；国际证明书，进行了有关的说明。① 虽然报告没有表明任何立场和态度，但它对有关遗传资源公开要求的技术分析和对各国意见、观点的综合，却为各国的立法和实践提供了较为全面的思路，也为未来相关的国际立法奠定了基础。

从CBD关于遗传资源保护的规定到WIPO和WTO对遗传资源来源公开要求的讨论，目前国际社会意图建立的遗传资源保护制度，实际上是一种制止知识产权权利人对遗传资源不当占有的国际制度。这种制度所保护的遗传资源权或农民权，就其产权链接来说，一般是知识产权的在先权利，所调整的往往是知识产权权利人与遗传资源及相关传统知识提供者之间的利益关系。换言之，这种制度所保护的并不是作为知识产权的遗传资源权或农民权，它并不能制止除知识产权权利人以外的任何其他人对遗传资源的不当占有与利用。因此，即使是通过改革现行的知识产权制度，引入公开遗传资源来源的要求，那也只是一种暂时的权宜之计。只有将遗传资源权改造成为一种新型的知识产权，创制一种新的有别于现行知识产权制度的保护机制，才能实现对遗传资源的真正有效保护，才能全面实现CBD保护生物多样性的目标。

（三）关于传统知识的保护

传统知识与遗传资源是两个既相互区别又互相联系的概念。“与生物多样性的保护和持续利用相关的知识、创新和实践”，是传统知识的重要组成部分，但传统知识又不仅仅是与遗传资源利用相关的知识。由于二者之间的密切联系，国际社会在探索建立遗传资源保护制度的时候，实际上已经扩展到传统知识的保护；由于二者之间的区别，国际社会对传统知识保护的制度安排，又显然不同于遗传资源的保护：

一是“防御性保护”。“防御性保护”的目的不在于确立传统知识的知识产权，而在于制止知识产权权利人对传统知识的不当占有和利用。“防御性保护”的措施包括：（1）

① See the International Bureau of WIPO, Draft Examination of Issues Regarding the Interrelation of Access to Genetic Resources and Disclosure Requirements in Intellectual Property Rights Applications, WO/GA/32/8, Geneva, August 24, 2005.

在现行知识产权制度中引入承认与公开机制，以确保传统知识的持有者公平地分享在其许可和参与下利用其传统知识所产生的惠益；（2）建立传统知识的数据信息库，供知识产权相关评审机构在确定授予知识产权时使用，以制止他人对传统知识主张知识产权。第一种措施是目前国际社会正在探索的遗传资源保护措施的扩展，涉及对现行知识产权制度，包括对 TRIPS 的重大修改。采取第二种措施，可以在国际（如 WIPO）和国内两个层面上进行，但工作量大，而且容易导致未曾公开的传统知识进入公共领域，使传统知识的持有者丧失主张知识产权的权利，也不利于传统知识的开发和利用。

二是“积极保护”。与“防御性保护”不同，“积极保护”则是通过确立传统知识的知识产权，确保传统知识的持有者享有对抗任何第三人使用其传统知识的权利。采取这种形式保护传统知识，又有两种模式：

第一，采用现行知识产权制度保护传统知识，即对于那些符合现行知识产权制度保护条件的传统知识，按现行的制度提供保护。据世界知识产权组织调查，目前许多国家，包括北美和欧洲的一些发达国家，已经采取现行知识产权体制来积极保护传统知识，采用的知识产权形式包括：著作权及邻接权（以民间文学艺术表达为主的传统知识为保护对象）、专利权（以遗传资源的利用、开发有关的产品和方法为保护对象）、商标权（以含有传统知识的商品或服务所采用的个体或团体标记为保护对象）、地理标志权（以各类天然、传统和工艺品所采用的社区标记为保护对象）、外观设计权（以传统的手工艺产品为保护对象）以及商业秘密权（以未公开的传统知识为保护对象）。① 但是，符合现行知识产权制度保护条件的传统知识，毕竟不是传统知识的全部，有大量的传统知识都与现行知识产权制度所保护的对象不同。因此，采用现行知识产权制度保护传统知识存在着较大的局限性，只能是一种应急之策。

第二，采用专门知识产权制度（或特别法）保护。一些学者和非政府间组织强烈建议的方法是建立一种专门的知识产权制度，即为适应传统知识的本质和特点而创制一种专门法律制度。通过专门法保护传统知识，有两种制度选择：（1）多种保护制度，即建立一系列不同的，适用各自保护主题的特殊性的专门制度。这种制度以传统知识的分类为基础，对传统知识中的易限定部分（如，民间文艺创作、传统医药、食品、农业及相关领域中的植物遗传资源等），先行给予专门保护。例如，1996 年，《WIPO 表演与录音制品条约》将民间文艺列入受保护的表演范畴，2000 年 10 月欧洲委员会提出“关于知识产权法下民间文化表现形式的国际保护报告”，以及泰国制定的《传统泰药知识法》等。“这种制度保护对象明确，权利界定清楚，其立法有可资借鉴之处”，② 但对于传统知识的整体保护来说，立法成本较高，保护的周全性和规则之间的协调性较差，又有其一定的局限性。（2）统一（或单一）保护制度，即建立一种涵盖传统知识保护各个方面的综合性制度。例如，安第斯组织正在起草的《保护传统知识的共同制度》，非洲联盟组织制定的《保护社区、农民和育种者权利的示范法》，巴西、巴拿马、葡萄牙和秘鲁等国建立的保

① WIPO, Composite Study on the Protection of Traditional Knowledge, WIPO/GRTKF/IC/5/8, Genera, 2003, pp. 30-31. 同时参见吴汉东：《知识产权国际保护制度的变革与发展》，载《法学研究》2005 年第 3 期，第 135 页。

② 吴汉东：《知识产权国际保护制度的变革与发展》，载《法学研究》2005 年第 3 期，第 135 页。

护传统知识的专门法（或特别法）。① 值得特别注意的是，WIPO-IGC 在经过几年的研究和讨论后，也倾向于建立一种传统知识保护的统一国际制度。经过该委员会于 2004 年 10 月 31 日至 11 月 4 日举行的第 7 次会议和 2005 年 6 月 6 日至 10 日举行的第 8 次会议讨论通过的文件——《传统知识的保护：政策目标与核心原则》(The Protection of Traditional Knowledge：Policy Objectives and Core Principles)，就是 WIPO-IGC 为建立这种统一国际制度所作努力的标志。从该文件来看，WIPO-IGC 意图建立的传统知识保护统一国际制度，是一种结合了知识产权法、反不正当竞争法、合同法、债权法、刑法等多个法律部门的综合法律制度，其核心是赋予传统知识持有者的权利，以对抗任何通过不公平或非法手段取得、占有或利用其传统知识的不当行为。② 与上述多种保护制度相比，这种统一保护制度因为需要在一个共同规则下处理许多不同的传统知识主题、协调各种不同的利益关系而在立法上具有更大的难度，因此实际的立法进展缓慢。正因为如此，WIPO 建立传统知识保护统一国际制度的努力，至今也没有取得太大的进展。2005 年 6 月 6 日至 10 日，WIPO-IGC 在日内瓦召开第 8 次会议，原打算通过一个关于保护传统知识的有约束力的国际文件，但由于美国、加拿大、澳大利亚和日本的极力反对，直至会议结束，也没有达成实质性的结论，最后，委员会决定将矛盾提交到 2005 年 9 月召开的 WIPO 成员国大会。然而，遗憾的是，2005 年 9 月 26 日至 10 月 5 日召开的世界知识产权组织大会第 32 届会议，也是无果而终。

显然，国际社会为建立保护传统知识的专门知识产权制度所作的上述探索和努力，立足点不在于对以 TRIPS 为核心的现行知识产权制度的修改或改革，它所期望解决的是现行制度对传统知识保护的供给不足问题。但是，这种探索与努力既要突破现有制度在学理基础和规范方法方面所带来的羁绊，又要涉及既定秩序中的重大利益关系调整，因此在短期内似乎不可能取得太大的进展。

六、中国和平发展战略的思考：后 TRIPS 时代知识产权保护国际协调的启示

中国的和平发展战略包括两个方面的要义：一是指中国发展的道路是和平的道路，即在和平的国际环境下依靠自身的资源和努力，并通过平等互惠的国际合作而实现发展的道路；二是指中国发展的意义具有和平的意义，即中国发展起来后，不仅不会对世界和平构成威胁，相反，还可以为维持世界和平做出更大的贡献。如果从国际法的角度来诠释，上述两个方面的要义又可以表述为：一是指中国的发展是一种在国际法律框架内依靠自力更生与国际合作而实现的发展；二是指中国的发展更有助于推动建立公正、合理的国际法律秩序，更有助于促进和维护世界的和平与安全。因此，以这种国际法诠释来分析后 TRIPS 时代知识产权保护的国际协调，就不难得出以下两个重要的结论。

---

① See WIPO-IGC, Composite Study on the Protection of Traditional Knowledge, WIPO/GRTKF/IC/5/8, Geneva, April 28, 2003, pp. 33-39.

② See WIPO-IGC, The Protection of Traditional Knowledge: Revised Objectives and Principles, WIPO/GRTKF/IC/8/5, Geneva, April 8, 2005.

（一）后 TRIPS 时代知识产权保护的国际协调：中国和平发展的重要机遇

人类发展到今天，已经进入“以知识为基础”的知识经济时代。在这个时代，一个国家所拥有的知识产权数量与质量，已经成为决定该国经济发展速度和效益的核心要素；利用知识产权保护的国际规则，最大限度地发挥本国知识产权的资源优势，已经成为各国实现其经济发展和社会进步目标的重要手段。中国是一个在科技与经济发展水平方面相对落后的发展中国家，在现代知识方面所拥有和利用的知识产权，特别是“自主知识产权”，从总体上看不占有优势，现行知识产权制度所保护的发明专利、驰名商标、软件和视听作品的版权等知识产权，主要掌握在少数发达国家手中。但是，中国又是一个历史悠久、民族众多、地大物博的发展中国家。中国是世界上生物多样性最丰富、最独特的国家之一，具有遗传资源方面的独特优势：（1）物种丰富。中国有高等植物 3 万余种，其中在全世界裸子植物 15 科 850 种中，中国就有 10 科，约 250 种，是世界上裸子植物最多的国家。中国有脊椎动物 6347 种，占世界种数近 14%。（2）特有属、种繁多。高等植物中特有种最多，约 17300 种，占中国高等植物总种数的 57% 以上。6347 种脊椎动物中，特有种 667 种，占 10.5%。（3）区系起源古老。由于中生代末中国大部分地区已上升为陆地，第四纪冰期又未遭受大陆冰川的影响，许多地区都不同程度保留了白垩纪、第三纪的古老残遗部分。如松杉类世界现存 7 个科中，中国有 6 个科。动物中大熊猫、白鳍豚、扬子鳄等都是古老孑遗物种。（4）栽培植物、家养动物及其野生亲缘的种质资源非常丰富。中国是水稻和大豆的原产地，品种分别达 5 万个和 2 万个。中国有药用植物 11000 多种，牧草 4215 种，原产中国的重要观赏花卉超过 30 属 2238 种。中国是世界上家养动物品种和类群最丰富的国家，共有 1938 个品种和类群。（5）生态系统丰富多彩。中国具有地球陆生生态系统，如森林、灌丛、草原和稀树草原、草甸、荒漠、高山冻原等各种类型，由于不同的气候和土壤条件，又分各种亚类型 599 种。① 中国有 12 亿人口，56 个民族，有 5000 年的文明历史，具有极为丰富的传统知识和民间文学艺术，民族服饰、传统烹调、传统名居、传统医药、针灸、地方戏剧、民间工艺品、陶瓷、武术等，构成了中国丰富的传统知识宝库。这些在传统知识方面所具有的独特优势，即使在科学技术取得飞速发展的今天，也仍然具有重要的经济价值。应当说，中国在遗传资源和传统知识方面所具有的优势地位，是中国自力更生，和平发展的重要条件和资源保障。

但是，中国在加入世界贸易组织之后，一方面要按照 TRIPS 确立的规则为发达国家占有优势的知识产权提供高水平的保护，另一方面，自己具有优势的遗传资源和传统知识因为尚未得到国际知识产权制度的保护，往往成为发达国家不当占有和利用的对象。改变这种不利的国际法律环境，中国只有两条道路可走：一是努力进行知识创新，增加 TRIPS 保护的知识产权拥有量，同时利用国际协调机制对抗发达国家通过双边协定推行的超越 TRIPS 标准、超出我国科技经济发展水平的知识产权强保护要求；二是力争把中国具有优势而在国际上还不保护或者多数国家尚不保护的有关客体（如传统知识和遗传资源）纳入国际知识产权保护的范围，提高那些现有知识产权制度仅仅给予弱保护而中国占优势的

① 资料来源：中国生物多样性知识产权信息网，2005 年 11 月 23 日。

某些客体（如地理标志）的保护水平。①

值得高兴的是，后 TRIPS 时代知识产权保护的国际协调为实现中国和平发展的上述利益关切提供了重要的机遇。如前所述，遗传资源、传统知识等现有知识产权制度不保护的客体，在 TRIPS 实施后，已经成为 WIPO 和 WTO 进行知识产权保护国际协调的主题，地理标志的扩大保护也已成为 WTO 新一轮多边贸易谈判的议题。这些主题和议题都是中国的"强项"和"长项"，也是许多发展中国家和一些历史悠久的发达国家的共同关切。虽然在这些主题或议题上的进展目前还不能达到我们所期望的要求，但它们能够进入知识产权保护国际协调的范围，这本身就已经是通向保护这些主题的一种重要进展。

（二）促进后 TRIPS 时代知识产权保护的国际协调：中国和平发展的必然要求

后 TRIPS 时代知识产权保护的国际协调，既为中国的和平发展提供了争取有利国际法律环境的机遇，又给和平发展的中国提出了在知识产权领域促进国际法变革与发展的任务。在此，后 TRIPS 时代知识产权保护的国际协调为我们提供了诸多有益的启示：

1. TRIPS 作为发达国家主导制定、发展中国家被动接受的一种制度安排，的确存在着利益失衡的不足和局限。从某种意义上说，后 TRIPS 时代知识产权保护的国际协调实际上是一个利益再平衡的过程。从前面的分析来看，TRIPS 本身的不足包括两个方面：一是在知识产权权利人与作为知识产权使用者和资源提供者的社会公众之间，存在着利益的天平向前者倾斜的问题；二是在以现代知识为核心构成要素的知识产权与以传统资源为核心构成要素的知识产权之间，存在着忽视后者的局限。对于第一方面的不足，通过修改 TRIPS 即能够解决，如，为了满足公共健康的需要，可以引入药品专利的差别保护规定；为了制止知识产权权利人对遗传资源和传统知识的不当占有和利用，可以增加公开遗传资源和传统知识来源的要求。但是，对于第二方面的不足，则不是通过修改现行的 TRIPS 规则可以解决的，它需要制度上的创新。如果将传统资源的保护强行纳入现行的 TRIPS 规则体系，则可能导致倾覆整个现行知识产权制度根基的严重后果。因此，中国在参与和促进后 TRIPS 时代知识产权保护国际协调的过程中，应该严格区分 TRIPS 存在的两种不足，分别采取不同的解决方式。对于包括传统知识和遗传资源在内的传统资源的知识产权保护，中国和其他发展中国家应致力于制度创新，采用有别于 TRIPS 的保护体制，避免出现将 TRIPS 推倒重来的局面。在这种新的国际体制建立之前，应积极推动 TRIPS 的制度调整和改革，以满足中国和其他发展中国家的其他利益关切。正如新自由主义学派的代表——美国学者基欧汉所说，"由于构造国际机制的困难，尽可能地调整现有机制，而不是推倒重来，才是真正的理性行为"。②

2. 如前所述，在后 TRIPS 时代，知识产权保护的国际协调呈现出两种不同的利益格局：在生物技术、网络技术等现代技术的知识产权保护问题上，继续表现为发达国家与发展中国家之间的南北斗争；而在传统知识、遗传资源等传统资源的知识产权保护问题上，则延续着 TRIPS 谈判过程中在地理标志保护问题上所形成的"新""旧"世界之间的矛

---

① 参见郑成思：《传统知识与两类知识产权的保护》，载《知识产权》2002 年第 4 期。

② 罗伯特·基欧汉：《霸权之后：世界政治经济中的合作与纷争》，苏长河等译，上海人民出版社 2001 年版，第 130 页。

盾。因此，中国在后 TRIPS 时代的知识产权保护国际协调中，应基于自身利益的考量，灵活采用谈判战略，充分利用上述两种不同的矛盾，争取更多国家的理解和支持，在达成共识的基础上，促进国际知识产权法律制度的变革与发展。

3. 众多国际组织（包括政府间和非政府间组织）参与知识产权保护的国际协调，是后 TRIPS 时代的一个重要特点，也是中国在推动国际知识产权法律制度变革与发展过程中可资利用的重要国际资源。虽然这些 WTO 与 WIPO 之外的国际组织，因为自身的职能缺位，不能直接制定知识产权保护的国际规则，但 WTO《多哈宣言》的达成和公共健康问题的初步解决，已经证明，它们为协调知识产权保护制度与自身所制定规则而进行的造法（主要是软法）努力，可以对 WTO 与 WIPO 的知识产权保护国际立法形成一种强大的国际压力，并提供进一步协调的基础。中国是众多国际组织的成员，随着其经济实力的增长，在这些国际组织中的地位日益提高。为了实现自身的特殊利益和国际社会的共同利益，中国应当而且可以进一步推动这些国际组织在知识产权保护的国际协调中发挥更加积极的作用。

另外，在处理 WTO 与 WIPO 之间关系的问题上，应考虑二者由于分工与职能不同而在形成知识产权保护国际规则方面所存在的难易程度，首先致力于有关规则在 WIPO 体制内的形成，同时也不放弃在 WTO 体制内的努力。像非洲国家集团所强调的那样，把建立传统资源保护国际规则的努力首先放在 WTO 体制内，不一定是好的办法，甚至可能产生“欲速则不达”的后果。当然，这样做的最终目的，是要在 WTO 体制内建立传统资源知识产权利用与保护的法律制度。因为只有这样，才能够实现在世界范围内对传统资源的真正有效保护。

4. 传统资源知识产权保护制度的建立，可以有两条不同的路径：一是从国内法到国际法的路径，即在国内立法的基础上形成相关的国际规则；二是从国际法到国内法的路径，即直接构建国际规则而为国家层面的法律提供框架。实践中对上述两条路径的选择，取决于有关国际协调机制的运作。从目前传统资源保护的国际协调观之，近期内在国际层面上形成传统资源知识产权保护规则的可能性不大。在这种情况下，中国应当借鉴其他国家的立法实践，首先通过国内立法将它们保护起来。

总之，国际知识产权法律制度的变革与发展，既涉及各国自身利益的考量，又事关国际协调机制的运作。发挥传统文化和资源大国的优势，争取制定知识产权保护国际规则的话语权，促进国际知识产权法律制度的变革与发展，这是后 TRIPS 时代知识产权保护的国际协调赋予中国及其政府的使命，也是中国和平发展战略的必然要求。

外国法译评

英国法上的允诺禁反悔

■ 朱广新*

目　录

一、允诺禁反悔之渊源
二、允诺禁反悔的确立缘由
三、允诺禁反悔的适用范围
四、允诺禁反悔的构成要素
五、允诺禁反悔的法律效果

允诺禁反悔为 Promissory Estoppel 之意译，是英美现代禁反悔法的一个重要组成部分。在西法东渐日益深入的今天，我国私法学者虽早已不再陌生于该概念，但有关此概念的系统知识至今仍未进入我国私法文化体系中，其译名的杂乱一定程度上也反映了此种状况。①

概括地讲，保护合理信赖尽管是现代允诺禁反悔法的一个普遍特征，但英美法至今并未形成统一的允诺禁反悔制度。仅就英国、美国、澳大利亚法上的允诺禁反悔而言，它们在产生原由、确立时间、适用前提以及法律效果等方面皆存在诸多显著差异。因此，抽象

* 朱广新，《中国法学》杂志社编辑，民商法学博士。

① 我国大陆及台湾地区的学者对“Promissory Estoppel”的翻译主要有：允诺禁反言、不得自食其言、允诺后不得否认原则、约定禁止翻约、允诺禁止反悔；等等，参见杨桢著：《英美契约法论》，第三版，北京大学出版社 2003 年版，第 87 页；王军编著：《美国合同法判例选评》，中国政法大学出版社 1995 年版，第 39～41 页；何宝玉著：《英国合同法》，中国政法大学出版社 1999 年版，第 160 页；《英汉法律词典》，法律出版社 1985 年版，第 664 页；［英］丹宁勋爵著：《法律的训诫》，杨百揆等译，法律出版社 1999 年版，第 226 页。

“Estoppel”的本意是禁止推翻自己已作出的言行，它不但可由言辞引起，也可源于特定的行为；本文认为采用“允诺禁反悔”之译名比较恰当。

地谈论允诺禁反悔制度，在认识上，不但无益于扩大共识反而会更加模糊于问题。

本文旨在，在特定时空维度下，系统探讨英国合同法上的允诺禁反悔制度，其所涉及的主要问题包括：允诺禁反悔的渊源、确立缘由、适用范围、构成要素、法律效果等。

一、允诺禁反悔之渊源

英国学者经常提及的允诺禁反悔制度（规则或学说）是由该国著名法官丹宁在 Central London Property Trust Ltd. v. High Trees House Ltd（1947）案（以下简称 High Trees 案）中确立的。英国当代合同法学者乔治·阿普尔比（George Applebey）认为，“在现代英国合同法上，信赖理论的最为清楚的范例是允诺禁反悔规则。当允诺禁反悔于 1946 年（于 1947 年被报告）在丹宁里程碑式的 High Trees 案判决中呈现于世人时，合同法进入了一个崭新的时代”。①

阿普尔比之所以给予允诺禁反悔规则如此高的评价，原因在于，允诺禁反悔规则之确立对英国传统的合同法结构或观念造成了深远影响与巨大冲击。质言之，允诺禁反悔规则解决了英国普通法上一个明显的结构性缺陷，即在不需要新对价的情况下，赋予合同变更一个有限的法律效果。在有些学者看来，允诺禁反悔学说的一个更为深远的意义为，它是英国私法上信赖保护原则的一个范例，而信赖保护在将来的某一天也许可发展成为英国合同法上的一种指导性理论，② 从而取代对价原则在传统合同法上的核心地位。由此略知，研究允诺禁反悔不但可以触知英国合同法的传统结构，而且也能让我们从一侧面窥知英国合同法应对现代社会发展需要的堂奥。这对于比较法之开展、借鉴不乏深意。

在英国法上，丹宁法官以勇于革新彪炳史册，但就允诺禁反悔规则而言，它的确立虽为丹宁开创了美好的法官前程、赢得了无上的社会赞誉，但它其实并不是一个全新的事物，丹宁充其量只是在前人的基础上使英国合同法规则向前移动了一小步。具体来说，允诺禁反悔学说渊源于英国法上的两个制度：禁反悔（estoppel）与弃权（waiver）。丹宁法官以其魄力将这两种制度聚合在一起创造了后来广为人所知的允诺禁反悔制度。

（一）禁反悔

“estoppel”（禁反悔）一词首次出现在爱德华·科克公爵于 1628 年出版的《英国法概要》中。据科克所言，“estoppe” 来自于法语词 “estoupe” 和英语词 “stopped”，它之所以被称为 “estoppel” 或 “conclusion”，是因为一方当事人因自己的行为或承诺使其难以再开口主张或辩解事实的真实性。③

禁反悔原理其实抑制了案情的真实性，法官只能依据已被对方当事人理解或接受的事实来处理案件。基于此，在禁反悔使用之初，一些主张应依据客观真实裁断案件的法官比

① George Applebey. *Contract Law*. London：Sweet & Maxwell. 2001. p. 131.

② 阿狄亚在回溯合同自由原则在英美法上的兴衰之后提出：英国债务法已到了一个新的理论结构应当产生的年代了。新理论结构必须建立在债务法的三个基本支柱之上，即，偿还受益的观念（recompense for benefit）、保护合理信赖的观念（protection of reasonable reliance）和权利和责任自愿创设与消灭的观念（voluntary creation and extinction of rights and liabilities）。See P. S. Atiyah. *The Rise and Fall of Freedom of Contract*. Oxford：Clarendon Press. 1979. pp. 778-779.

③ *Black's Law Dictionary*. 7th ed.. West Group. 1999. p. 570.

较憎它在司法上的应用。① 即使遭到一些人的反对，禁反悔原理还是逐渐被英国法承认为一个例外的、有用的法律设计，被看作一个简单的、完全非技术性的概念，被认为是英美法上被发现的最强大、灵活的法律工具。②

经过相当长时间的演化，禁反悔已成为英国法上一项比较复杂的法律制度，时至今日，人们对它的理解仍存在很大分歧。③

在其初始阶段，禁反悔规则曾被划分为三个类型：记录在案的事实禁反悔（estoppel by record）、契据禁反悔（estoppel by deed）和行为或事实的禁反悔（estoppel in pais）。记录在案的事实禁反悔现在时常被称为禁止再诉（per rem judictam estoppel），其大意为：因法院已经判过，因而禁止反悔。当问题一旦被提起诉讼，当事人事实上不能把该问题拿回让法院再行审理。这种禁反悔不同于禁反悔类型中的其他部分，因为它由司法判决引起，并非源于被禁反悔的当事人的陈述。而且，它由明显不同于可适用于其他禁反悔类型的规则或因素所主导。出于实践的原因，per rem judictam estoppel 应归入证据法的著作中。

事实或行为的禁反悔可包括两类，即惯例禁反悔（estoppel by convention）和陈述禁反悔（estoppel by representation），前者起源于普通法；后者起源于衡平法，其发展较晚，后来被普通法所承认。虽然存在一些怀疑，行为或事实的禁反悔现在也普遍被认为包括衡平法上的允诺禁反悔规则和财产权禁反悔规则（proprietary estoppel）。为了与陈述禁反悔相区别，允诺禁反悔和财产权禁反悔有时被称为衡平法上的禁反悔。然而，既然陈述禁反悔也被衡平法所承认，衡平法上的禁反悔之术语在使用上就不再具有区别意义。因此，以普通法和衡平法为标准来划分禁反悔法并不能起到多大的作用。④ 从禁反悔法的目前发展情况看，《牛津现代法律用语词典》根据当事人的陈述是涉及现在的事实、还是涉及将来的事实而划分禁反悔类型的做法比较可取，其避免使用“衡平法上的禁反悔”之术语的

---

① 例如，在 Baxendale v. Bennet（1878）案件中，法官认为，“禁止反悔是令人憎恶的，如果非出于必要，它应从不被适用”。参见 Baxendale v. Bennet（1878）3 QBD 578 per Bramwell L. J. at 529.

② See Sean Wilken. *Theresa Villiers*, *Waiver*, *Variation and Estoppel*. Chichester：John Wiley & Sons. 1998. p. 103.

③ 《朗文法律词典》把禁反悔划分为四大类型：1. 事实或行为禁反悔（Estoppel in pais（or by conduct））；2. 契据禁反悔（Estoppel by deed），契据的一方当事人“在一个法院中禁止否认说，在契据中陈述的事实是被不真实陈述的”；3. 记录在案的事实禁反悔（Estoppel by record），当事人不能否认法官已经作出的反对他的事实；4. 衡平法上的禁反悔（Equitable estopple）。其又分两类：（1）允诺禁反悔（Promissory estoppel），（2）财产所有人的禁反悔（Proprietary estoppel）。参见 L·B·科尔森：《朗文法律词典》第六版，法律出版社 2003 年版，第 159 页。

《牛津现代法律用语词典》认为，传统上，在各种禁止反悔的制度之间惟一真实的区分是，当事人的陈述是涉及现在的事实，还是涉及将来的事实。禁反悔（Estoppel）、陈述禁反悔（Estoppel by Representation）、事实或行为禁反悔（Estoppel in pais）全部涉及当事人对现存事实的陈述。今天最为通常的术语仅仅是禁反悔——陈述禁反悔的简便形式。允诺禁反悔（Promissory estoppel）和衡平法上的禁反悔（Equitable estopple）都涉及当事人将来打算做的某事。允诺禁反悔之短语已经逐渐取代以前频繁被使用的“衡平法上的禁反悔”。事实上衡平法上的禁反悔非常模糊，因此应当被避免使用。参见《牛津现代法律用语词典》，法律出版社 2003 年版，第 328 页。

④ See Sean Wilken. *Theresa Villiers*, *Waiver*, *Variation and Estoppel*. Chichester：John Wiley & Sons. 1998. p. 104.

建议也相当合理。①

除了上述两类禁反悔外，英国法上还存在一种已逐渐被现代的禁反悔法所遗弃的禁反悔制度，有学者将该类禁反悔统称为“形式的禁反悔”（formal estoppel），它又可被分为三种：第一，契据中事实陈述的禁反悔（estoppel by statement of fact in a deed），它主要是指，当事人被禁止否认其在一个契据中已经作出的事实陈述，当诉讼程序根据该契据已经被提起时，一个古老的例子是 Roberts v. Karr（1809）案，② Davis v. Stone（1992）是最近的一个案件；第二，权利资格的禁反悔（estoppel as to title），这种禁反悔产生于涉及授予一项对财产的法定权利的关系，这种法定关系一旦被创设，任何一方当事人均不允许否认对方的权利，或他自己的权利，它主要适用于租赁与抵押；第三，禁反悔的权利资格（title by estoppel），这种禁反悔是权利资格禁反悔的发展结果，一旦构成权利资格的禁反悔，承租人或抵押人对财产就享有权利。

契据中事实陈述的禁反悔和权利资格禁反悔不同于 per rem judictam estoppel，因为它们均由一方当事人的言辞或行为引起。但是，它们也不同于现代的禁反悔。它们无须证明陈述或事件已被信赖（在许多案件中，很可能存在信赖，但根本无须证明这种信赖），相关当事人的精神状况也无关紧要。法官在适用这种禁反悔时，无自由裁量的余地。然而，信赖要件是现代禁反悔法的一个显著特点，对一方当事人背弃其陈述或假定是否公平而言，当事人的精神状况是重要的。现代禁反悔法因在传统上源于衡平法，法院根据需要享有自由裁量的权利。契据中的事实陈述的禁反悔与权利资格禁反悔不能并入统一的禁反悔学说中，它们应被看作一种独立的禁反悔制度。③ 关于形式的禁反悔的详细规则要参考证据法和财产法的著作。现代禁反悔法虽然已成独立的系统，但是，形式的禁反悔是现代禁反悔法成长的基础的事实是不能否认的。④

多年来，“契据禁反悔”（estoppel by deed）已经被用来指产生于契据的禁反悔，无论它是源自于契据中事实陈述的禁反悔，还是来自于契据的不动产的授予。它不再属于现代禁反悔法关注的对象。

除了 per rem judictam estoppel 和形式的禁反悔之外，因信赖是现代禁反悔法的一个普遍深入的特征，有人因而建议使用“信赖为基础的禁反悔”概念。然而，人们更习惯于使用简化的“禁反悔”概念以代替“信赖为基础的禁反悔”概念。⑤ 今天，对于不了解“禁反悔”之内核的人来说，他们通常难以通由禁反悔概念知道信赖因素在禁反悔制度中的必要性、重要性。

学者伊丽莎白·库克指出，多年来，为满足不断变化的人类和商业需要，禁反悔的许多分支或类型以不同的起源和不一致的规则形式被发展，由此造成发展结果的混乱。该评论真实描画了禁反悔的发展状况，同时，也提醒人们，在理解英国法上的禁反悔学说时，

① 参见《牛津现代法律用语词典》，法律出版社 2003 年版，第 328 页。

② 租约把所有物描述为毗邻一道路，人们因此认为，地主被禁止否认横靠所有物的土地是一道路，并且不能主张说，道路是他的保留土地。

③ See Elizabeth Cooke. *The Modern Law of Estoppel*. Oxford University Press. 2000. p. 13.

④ See A. M. Pritchard. *Tenancy by Estoppel*. 80 L. Q. R. 370. 393（1964）.

⑤ See Elizabeth Cooke. *The Modern Law of Estoppel*. Oxford University Press. 2000. p. 14.

须避免一概而论的述事方式，应分门别类地对各种禁反悔规则予以探讨。

今天为大家所熟知的普通法上的禁反悔由 estoppel in pais 发展而来。Denman C. J. 法官在 Pickard v. Sears（1837）案中将禁反悔案件描述如下：

……当一方以其言辞或行为故意使对方相信存在一个确定的事实状态，并引诱对方依对该事实的信任行事，以至于改变了他自己先前的地位时，前者不得向后者主张同时存在一种不同的事实状态。①

到 19 世纪初期，禁反悔不再是契据中陈述的自动结果，或是一些正式诉讼的自动结果，它已演化成一种非常广义的观念：在任何情况下，只要当某人的言辞或行为已对其他人产生影响，禁反悔就成为该言辞或行为的结果。在此情况下，禁反悔也不再以 estoppel in pais 相称，而是慢慢转化为一个新的法律概念：陈述禁反悔（estoppel by representation）。陈述（representation）也就是声明（statement），陈述禁反悔意味着这种禁反悔产生于明示的陈述，而不是来自于默示的行为，因此它也被称为“行为禁反悔”（estoppel by conduct）。

禁反悔制度因刚开始被用于一种证据规则，其与合同规则基本相安无事；但是，当禁反悔发展到可由一方当事人的言辞或行为引起时，禁反悔与合同之间逐渐发生正面冲突（总体看，合同和禁反悔均涉及特定人应恪守诺言这个问题）。

在 19 世纪中期，合同与禁反悔之间的冲突主要发生于传统的结婚财产赠与（marriage settlement）案件中。结婚财产赠与案件导源于婚前的财产磋商，即在同意结婚之前，新娘的家庭往往希望能被对方担保说，新郎的财产状况是可靠的；或者，在新娘的父亲未保证作出某些财产安排的情况下，新郎的父亲不愿意为新婚当事人作出财产安排。在 Montefiori v. Montefiori（1762）案中，Joseph Montefiori 正商量着结婚，并使其兄长 Moses 向他作出一个陈述，即 Moses 答应为 Joseph 保有一笔相当大的资金。结婚提前进行了，但 Moses 想收回其作出的陈述。Joseph 拒绝把财产还给 Moses，Moses 因此提起诉讼。大多数结婚财产赠与案件是在衡平法院被审理的，Montefiori 案却被王座法院受理了，该案被认为是曼斯菲尔德法官将陈述禁反悔思想导入普通法院的案件。Montefiori 案的判决效果为：授予 Joseph 一项要求 Moses 支付其所应允的资金的权利。此后的其他类似案件遵循了该案的判决结果：既然婚姻已基于对陈述的信赖而发生了，答应对新郎在财产上予以支持的当事人应当按其陈述去做。这样，结婚财产赠与案件就意味着可以信赖为基础执行非正式协议（口头协议）。此类案件适用的原则被称为“衡平法原则”、“欺诈”，甚至为“合同原则”；然而，这些原则通常都不能按照传统的对价学说来理解。

当合同自由观念处于主导地位时，在强制执行结婚财产赠与案中的陈述时，法院开始面临合同法施加的压力。克兰沃斯在担任大法官期间（1852～1858 年）时认为，允诺只

① 在这个案件中，抵押人被允许保持和使用机械，当抵押人向另外一个债权人偿债，而机械被 Sheriff 带走时，而机械的抵押权人袖手旁观地未提及其自己对机械的权利。人们认为，抵押权人其后不能对机械主张权利，他被禁止否认他已经导致其他债权人相信的事实状态，即，他对机械不享有权利。See Elizabeth Cooke. *The Modern Law of Estoppel*. Oxford University Press. 2000. p. 16.

有作为合同时才可被执行，该观点在著名的Jordon v. Money（1854）案中得到充分反映。

Jordon v. Money案的事实为：威廉·玛尼（William Money）向查尔斯·马乃尔（Charles Marnell）借了一笔钱，并以一个债券作为偿还该金钱之债的担保。查尔斯死后，担保债券转给了其妹路易莎·马乃尔（Louisa Marnell）。路易莎多次向威姆和威廉的家人说，她将不执行债券。当威姆·玛尼打算结婚时，新娘的家庭想知道，债务是否已被废除。威姆、其父亲和兄长向新娘的母亲保证，债务已被废除。威姆的母亲和路易莎-马乃尔交谈了一次，马乃尔小姐保证说，她将不执行债券；只是，她不愿意毁坏或抛弃债券。后来，路易莎出嫁了，成为了乔丹夫人（Mrs Jorden），她改变主意，要求执行债券。威廉以禁反悔为由，主张乔丹不得再改变注意，索要债务。上议院以多数票拒绝了威廉的请求。克兰沃斯法官参考了一些结婚财产赠与案和禁反悔案后认为：

> 该学说（禁反悔）不适用于这样的案件：陈述不是一个事实的陈述，而是当事人想做或不想做某事的声明。

马乃尔小姐所说的一切是，她将不执行债务。这样的允诺本属于合同法的规范对象，但因不符合《防止欺诈条例》的要求，① 它却被排除在合同法之外；因此，马乃尔的言辞只是一种不能强制执行的“裸约”（bare promise）。根据Jorden v. Money案以及其他类似案件的判决，克兰沃斯法官将结婚财产赠与案的处理方法总结为：它要么建立在纯粹的事实陈述上，要么可作为合同看待。从此，普通法上的禁反悔制度就不再适用于对允诺的执行，而只能适用于对事实的陈述。

有学者认为，普通法的禁反悔案件以及一些衡平法上执行允诺的案件本会形成一个以信赖为基础执行允诺的一般原理，该原理以通过赔偿信赖损失而不是期待损失的方式可区别于以对价为基础的合同。② 然而，“Jorden v. Money案确保了，面临《防止欺诈条例》与对价学说的发展压力，普通法上的禁反悔和由Montefiori案以来的结婚财产赠与案中发展出的原则无法形成合力以建构一个以信赖为基础的执行允诺的一般原理”。③ 因此，仅仅强调保护当事人信赖损失的法律政策在19世纪并未出现。

在商业快速扩展的19世纪，Jorden案遗留下一个重要问题：一方作出事实陈述并被对方信赖后，如陈述事后被发现为虚假时，这样的陈述何时能够成为责任的基础？在Derry v. Peek（1889）案中，法官对此作了一个非常有限的回答：陈述者仅在下列情况下作出时才会赔偿被陈述者所遭受的信赖损失：明知，或不相信其真实性，或出于鲁莽、不在乎其是真是假。也就是说，只有在构成欺诈性虚假陈述时，陈述者才须承担赔偿责任。

Derry v. Peek案其实进一步缩小了传承于中世纪的以信赖为基础的欺骗之诉的适用范

---

① 《防止欺诈条例》（An Act for the Prevention of Frauds and Perjuries）通常简称为《欺诈条例》（Statute of Frauds），英国国会于1677年制定，共有25个条文，其重点条文（第4条至第17条）规定，一些契约如只由口头允诺而无书面而成立时，无强制执行力。《防止欺诈条例》对英国契约法的发展作出了突出贡献，除了保证与土地契约条款部分外，《防止欺诈条例》的内容均于1954年被废除。

② See Luney, in “Jorden v. Money – A time for Reappraisal” 68 ALJ 559, 573（1994）.

③ See Elizabeth Cooke. *The Modern Law of Estoppel*. Oxford University Press. 2000. p.23.

围，该判决虽然可以限制虚假陈述引起的赔偿责任，从而鼓励商业的自由发展；但是，它对19世纪初期以来逐渐形成的普通法上的禁反悔案也造成了很大冲击。禁反悔制度应当拥有怎样的法律地位？该问题在Low v. Bouverie（1891）案中被进一步澄清。在该案中，以受益人在信托基金中的人身利益作保证，原告准备出借金钱于信托受益人。他因此要求受托人确认，受益人仍然享有权利，并且他的利益是不受限制的。受托人披露了存在于财产利益上的一些小额抵押，但受托人忘记了其他几笔抵押，而这些抵押使剩余的财产利益不足于担保贷款。当受益人不能偿还债务时，发现担保不充分的出借者要求受托人为债务承担责任，因为他已经信赖了受托人的虚假事实陈述。根据早于Derry v. Peek案的许多判决，原告在初审胜诉了；但是上诉法院认为，既然受托人不存在欺诈，应排除虚假陈述的损害赔偿责任。法院借此机会将禁反悔解释为：①

> 禁反悔仅仅是一个证据规则，你不能提起关于禁反悔的诉讼。在被告被禁止否认他曾说过的事情的真实性的前提下，作为救济的一个办法，禁反悔仅仅是重要的。

这意味着，禁反悔不能被适用为诉因：被告被禁止否认其陈述的真实性不能成为请求损害赔偿的一个法律基础。有学者认为，禁反悔不得作为诉因的思想不新奇，它在Seton, Laing & Co. v. Lafone（1887）案之前的一些年就被陈述过，并且，它与禁反悔的主体是一致的。② 上诉法院在Low v. Bouverie案中的考虑是，对于建立在信赖基础上的虚假陈述的早期案件，在Derry v. Peek案之后，一些必须理性化为禁反悔，一些必须视为被推翻了。

有一种不太可靠的说法是，与作为债法之核心的合同法相伴随，禁反悔法自19世纪可能就已经出现了，合同法后来成为市场交易的典型法律形式，而禁反悔则成为执行被信赖的陈述或允诺的一种原则。然而，Jorden案与Bouverie案的判决却从根本上奠定了英国法的基本结构，合同与欺诈性虚假陈述成为合同上损害赔偿责任的基础；而禁反悔却沦落为不得作为诉因只能被看作证据规则被使用的命运。

禁反悔成为一种证据规则意味着，其构成要素一旦被建立，法院将不允许陈述者提出与他已作出的陈述相抵触的证据。当事人之间的法律关系接下来应根据陈述的事实来评价，而不是根据事件的真实状态去判别。换言之，陈述禁反悔只能被用来建立一种事实状态，案件的结果将根据被建立的事实状态来决定；因此，是被建立的事实而不是禁反悔，构成实体法上债务的源泉。但是，从案件的结果来看，禁反悔其实具有至关重要的间接效果，它是建立诉因过程中的一个重要步骤。如果被建立的事实状态决定了诉讼成败，禁反悔具有决定性的效果。

未来意图的允诺既然是英国合同法的一个基本特征，事实陈述与一项未来意图的允诺之间既然具有长期固定的区别，Jorden案的判决也许是不可避免的。但是，Jorden案的判决在很长一段时间内也封锁了英国合同法的发展之道，这种情况一直持续到允诺禁反悔学说于1947年被建立之时。但是，Bouverie案所确立的原则直到今天在英国法上也没有大

---

① See Elizabeth Cooke. *The Modern Law of Estoppel*. Oxford University Press. 2000. p. 24.

② See Elizabeth Cooke. *The Modern Law of Estoppel*. Oxford University Press. 2000. p. 25.

的改变，以信赖为基础的损害赔偿责任，在英国法上受到很大的限制。

（二）弃权

允诺禁反悔规则的另外一个渊源是弃权规则。弃权规则是英美法上一项比较复杂的法律制度，如一位学者所言，“弃权几乎出现于每一个法律领域并几乎与每一类型的法律权利有关”。① 适用范围的广泛性使许多著述者与法官感觉到，界定弃权之含义是件相当不容易的事。英国当代著名合同法学者特雷特尔（Treitel）认为，在普通法上，弃权这个词涉及性质不同的诸多权利，其至少有三个意义值得讨论。② 第一，弃权意味着废除（rescission），即一些案件谈到的弃权，其意义为在整体上抛弃和解除合同；在此情况下，废除是由对价加以支持的，无对价支持的废除在司法上已受到批判。第二，弃权意味着变更（variation），在英国法上，合同的变更须得到对价的支持，否则不具有合同法上的约束力。该用法并不普遍。第三，弃权意味着容忍（forbearance），因缺乏对价或合同意图，或因它不符法定的书面形式要件，一项变更通常不具有合同上的约束力；然而，在一些情况下，当一方当事人被认为已经“放弃”了其原有的合同权利时，弃权则被赋予一些有限的法律效果。为了将这种情况与合同法上具有约束力的合同变更区别开来，人们通常将它称为“容忍”。容忍的法律效果是，请求容忍的当事人不能拒绝接受改变了的履行，如果改变了的履行实际上被作出并被接受，任何当事人不能以不符合原来的合同为由要求赔偿。英国合同法在大多数情况下将弃权理解为一种“容忍”。

人们对弃权虽然在认识上仍然存在这样那样的差异，但大多数人承认，普通法上的弃权规则是源于著名的 Hughes v. Metropolitan Railway（1877）案（以下简称 Hughes 案）。该案的不同寻常之处是，法官不是通过强调合同一方当事人的意图，而是通过强调一方当事人的行为以及该行为对对方当事人所产生的具体后果的方式，为衡平法设计了一个相当令人满意的解决合同上权利是否发生变更之问题的方法。Hughes 案的基本情况是：原告托马斯·休斯将自己的不动产租给了位于伦敦 Euston 路的一个铁路公司。休斯要求被告们在六个月内修理该不动产；否则，他就收回租赁物。在接下来的时间里，原、被告之间因租赁物之购买事宜发生了相互磋商，但该磋商最终却失败了。六个月的期限届满后，休斯即刻要求收回租赁物，理由是租户未修理租赁物。铁路公司辩称，当磋商正在进行时，他们不能做什么，因为在他们看来，磋商意味着修理租赁物的通知处于中止中。上议院适用弃权学说给予被告一种对抗租赁物被收回的救济权。主审法官 Cairns 宣告了如下法律规则，该规则自该案以后被遵为先例：

> 它是所有衡平法院据此进行诉讼程序的第一原则，即已经磋商了确定、清楚的包含某种法律效果的条款的当事人……其后，根据他们自己的行为或者依据他们自己的同意，开始一磋商过程，该磋商具有导致当事人一方假定，产生于合同的严格权利将不被执行，或将被中止（暂不实施）执行，本可执行这些权利的当事人将被禁止执行这些权利，对在当事人之间已经发生的交易而言，它将是不公平的。

---

① See Edward L. Rubin. *Towards a General Theory of Waiver*. UCLA Law Review 28 (1981) p. 478.

② See Guenter Treitel. *The law of Contract*. 9th edition. London: Sweet & Maxwell. 1995. pp. 88-89.

地主已经以其行为导致租户认为，在磋商期间，他将不执行收回租赁物的权利。因此，他不能在磋商刚一破裂就收回租赁物：从期限届满之日起，他必须给予租户一个合理的期限。

Hughes 案所确立的规则，有以下两点值得特别指出：一是它必须以当事人之间已经存在合同关系为前提（之后，被拓宽至可适用于法定权利与义务关系），这是它与普通法上的禁反悔显著不同之处；二是它无须对价的支持，只要一方的行为使对方产生了信赖，合同关系就可被改变，这一点使它显然不同于普通法上的合同变更规则。上述两点决定了 Hughes 案在英国法上具有的重要变革意义。

Hughes 案所确立的规则具有延缓执行原合同上权利的效果，该法律观念为现代允诺禁反悔的产生埋下了种子。

与弃权规则相关的另外一个值得一提的案例是 Birmingham and District Land Co. v. London & NW Railway（1888）案（以下简称 Birmingham 案），① 解决该案的法律原则其实已被 Hughes 案确立了，但是，19 世纪英国上诉法院的一位伟大法官 Bowen 并没有完全因循 Hughes 案的原则。为使案件获得一种更加公平的结果，他宣告了一个更接近允诺禁反悔学说的比 Hughes 案更为宽松的规则：

> 在我看来，等于这种情况：如果对他人享有合同上权利的当事人以他们的行为引诱权利的对方当事人相信，这样的权利在一些特定的期间内将不被执行或者将被延缓执行或者效力待定，直到该期间已经届满，衡平法院才允许这些人执行这些权利，无论如何无须将当事人置于如同他以前一样的地位。

之所以说 Birmingham 案确立了一项比 Hughes 案更宽泛的规则标准，主要在于，在规则适用前提上，它不再局限于合同一方当事人以默示方式表示放弃合同上的权利，而是认为，当合同一方当事人答应延缓执行合同权利时，如对方当事人对之产生了合理信赖，其不得再主张执行原有的合同权利。

Bowen 法官的意见其实已相当接近于允诺禁反悔规则。

二、允诺禁反悔的确立缘由

我们首先了解一下 High Trees 案的事实：原告在 1934 年将位于伦敦的一套公寓楼出租于被告，从 1937 年 9 月起算，租期为 99 年，租金为每年 2500 英镑。租约签订后，被告将房屋转租于他人。1939 年，第一次世界大战爆发后，很多人为躲避轰炸离开了伦敦，租住公寓的房客很少，大部分公寓房都空着。被告无力支付房租，原、被告因此于 1940 年 11 月协商将租金减少一半，但当时未说明期限。此后，双方一直按 1940 年的协议履

① 这是一个租约纠纷案件。根据当事人的约定，承租人直到 1885 年才可对建筑物进行施工。地主同意延缓执行建筑物进行施工的债务，但是，在 1886 年，当延缓执行之变更约定仍然有效时，土地却被铁路公司强制性收购；承租人修建建筑物的债务因而不能再加以履行。承租人以租约仍然有效为由，从铁路公司获得了法定赔偿。

行。等到1945年战争结束时，客源大增，原告希望恢复原先确定的房租价格。为了向法院了解他们是否有权这样做，原告起诉，要求被告从1945年下半年起，改按1937年的租约履行，理由是，被告并没有为降低房租的协议提供对价。

这是丹宁勋爵担任高等法院法官后碰到的第一个案件。面对激烈的争议，丹宁认为，“不应对公寓空着的那段时间恢复原来的租金”。① 其实，丹宁作出那样的决定并不容易，他自己事后也承认，在走向 High Trees 案时，他发现前行的路上有很多过去留下的障碍，其中的两个路障已有70年了，它们是：禁反悔只能适用于事实陈述而不能适用于允诺的 Jorden 案；为了造成禁反悔，陈述必须是事实的陈述而不能是法律的陈述。② 其实，丹宁还遗漏了另外一个障碍，即，Foakes v. Beer（1884）案的判决。

根据 Jorden 案，普通法上的禁反悔只适用于对事实的陈述，而不能应用于对未来行为的陈述（允诺）。在 High Trees 案中，原告答应减少一半租金的陈述显然不是事实陈述，而是一种典型的允诺。Foakes v. Beer 案确立的规则是，③ 债务的部分支付不能作为了结全部债务的对价。Foakes v. Beer 案的判决其实是遵循了一个更加古老的先例：1602年英国高等法院关于 Pinnel's Case 的判决。Pinnel's Case 的判决所建立的规则为：在给付期限届满前所为的部分金钱支付，不得视为对全部债权清偿的给付。法院如此判决的理由为：缺乏对价的支持。因为支付全部债务是债务人的义务，在没有新对价或事项的情况时，当然不得以部分的金钱给付抵消全部债务。但是，债务人提前支付债务，或以实物代履行，或在他地为部分金钱给付的，法律则允许以部分给付抵消全部债权；这主要因为此类物品之给付可能对债权人更有用途。这就是英国合同法史上著名的“屏乃尔规则”（rule in Pinnel' Case）。④

丹宁说，“为了越过这些障碍，我需要一匹好马”，而1937年公布的法律修改委员会关于对价学说的报告“正是使我越过障碍的那匹马”。法律委员会的报告揭露了下述两个法规的不公正性：第一，禁反悔只适用于事实陈述，第二，部分欠款不是抵消全部欠款的对价。法律修改委员会建议废除这两条法规，他们提出了如下建议：

> 因此我们建议，如果受约人已经改变了由于依靠某一承诺而给自己带来损害的地

---

① ［英］丹宁勋爵著：《法律的训诫》，杨百揆等译，法律出版社1999年版，第226～227页。

② 参见［英］丹宁勋爵著：《法律的训诫》，杨百揆等译，法律出版社1999年版，第224～225页。

③ Foakes v. Beer 案的事实是：朱莉娅·比尔（Julia Beer）小姐在1875年对约翰·福克斯（John Foakes）博士胜诉了一个2090-19s英镑的判决，根据制定法，债务每年的利息是4%。十六个月后，福克斯几乎未为支付，并请求延期支付。1876年，当事人达成一个协议，协议由福克斯的律师起草，并规定福克斯已经“要求比尔给予延期支付的时间”，“考虑到”福克斯已支付的500英镑“部分满足了判决的债务”，他可在每年的7月1日和1月1日向比尔或由比尔指定的人分期支付150英镑，直到总的2090-19s英镑支付完为止。比尔保证并同意，她将不对上述决定提起诉讼。到1882年6月，福克斯已经支付2090-19s英镑，而在此时，比尔主张360英镑的利息。在初审，福克斯根据对1876年协议的信赖胜诉了，但是上诉法院和上议院却维护了比尔的主张，理由为，因福克斯对1876年协议未提供对价，比尔不受到她放弃利息的允诺的约束。

④ 参见杨桢著：《英美契约法》，第三版，北京大学出版社2003年版，第87～88页。

位，那么，立约人知道或理应知道受约人所依靠的那项承诺应该是可以兑现的。①

法律修改委员会的报告揭示了英国合同法的落伍与僵化，变革法律已是大势所趋，丹宁敏锐地觉察到了法律的发展趋势，并巧妙地将自己改革法律的雄心与法律发展的大趋势结合在一起。除此之外，Hughes 案与 Birmingham 案所确立的“按照衡平法不许允诺方违背已被信赖的允诺之原则”，给丹宁革新旧规则的决心以强有力的制度支持。在以上两种因素的影响下，对 High Trees 案进行仔细分析后，丹宁自信地发表了如下意见：

> 依我看来，承认这种承诺（允诺）的合法性的时候已经到了。毫无疑问，这种逻辑的结果是，尽管没有约因（对价），但偿还部分欠款可以抵消全部欠款的承诺（允诺）是有约束力的，而且如果普通法和衡平法的融合能产生这种结果，那就更好了。在《福克斯诉比尔案》（Foakes v. Beer）中没有考虑到这方面。但是在今天，当普通法和衡平法已经融合了70多年的时候，由于它们融合在一起所产生的影响，必须重新考虑这些原则。②

丹宁判原告败诉，但原告并未提出上诉。该案所确立的规则很快以允诺禁反悔出了名。③ 半个多世纪后，特雷特尔（Treitel）在总结英国合同法在20世纪的发展状况时认为，“High Trees 案肯定是20世纪合同法之里程碑中最突出的一个”。④ 特雷特尔的言论是中肯的，毕竟，High Trees 案破除了 Jorden 案和 Foakes v. Beer 案长久以来所形成的制

① 参见［英］丹宁勋爵著：《法律的训诫》，杨百揆等译，法律出版社 1999 年版，第 225～226 页。

② 参见［英］丹宁勋爵著：《法律的训诫》，杨百揆等译，法律出版社 1999 年版，第 228～229 页。

③ High Trees 案只是一个一审判决。其实，案件的辩论和判决发生于一天，即 1946 年 7 月 18 日；如果有任何思考的时间，最大可能是午宴休息时间。法律报告（Law Reports）中关于此判决的报告只有三页。当他判决该案时，丹宁成为王座法院的法官不到九个月，成为高等法院的法官不到两年半。特雷特尔先生回忆说，案件几乎立即成为学术和司法界强烈争论的主题，案件立即在几乎所有的司法区被承认。全英法律报告（All English Law Reports）的编辑认为该案件不值得报告，它未出现在另一个十年的系列中。同时，它在法律报告、法律期刊报告、法律时报报告中也得到了足够的展示。See Guenter Treitel. *Some Landmarks of Twentith Century Contract Law*. Oxford：Clarendon Press. 2002. pp. 29-30；High Trees 案虽只在非常短暂的时间内就完成了判决，但也决不意味着它缺乏必要的考虑，更不可推断出它是任意行事的产物。据丹宁勋爵自己回忆，当他还是法学院的一名学生时，他对合同的形式要件与允诺无对价支持就无约束力这两个规则所造成的各种各样的不公正后果就感受很深，在一个被多数人忽视的《哈特利诉海曼斯案》中，它就写下了“建议禁反悔”。后来的 Hughes 案以及法律修改委员会关于对价主义的报告均对他产生了重大影响。另外，必须注意的一点是，丹宁是一位革新意识非常强烈的法官，如他自己在《派克诉派克案》中所言：“如果我们不做任何前人没有做过的事情，我们就会永远呆在一个地方，法律会停止不前，而世界上其他一切事情仍继续前进。这种状况对双方都是不利的。”也许这些方面的因素综合在一起，成就了丹宁对 High Trees 案的快速、果断的判决。参见［英］丹宁勋爵著：《法律的训诫》，杨百揆等译，法律出版社 1999 年版，扉页及第 223～230 页。

④ See Guenter Treitel. *Some Landmarks of Twentith Century Contract Law*. Oxford：Clarendon Press. 2002. p. 29.

度藩篱，使禁反悔规则超越事实陈述的狭小空间，扩及于减少债务的允诺，从而使英国合同法一扫因循守旧之气，为现代市场交易的发展开辟了一条崭新的道路。

三、允诺禁反悔的适用范围

High Trees 案的判决受到普遍赞许，但由该案引发的争议自 1946 年以来一直未有停息。初始几年的问题是：它是否废除了对价学说？而后，法官与学者又陆续提出下列问题：允诺禁反悔在多大程度上可用于变更支付金钱的债务？禁反悔能否适用于合同债务之外？等等。这些问题牵涉到英国合同法的结构或体系，它们其实反映了学者或法官对允诺禁反悔对英国合同法造成的深远影响的思考。

（一）Combe v. Combe 案——允诺禁反悔不能作为诉因

允诺禁反悔是否废除了对价学说，这是允诺禁反悔规则确立后被学者或法官激烈讨论的首要问题。丹宁在 Combe v. Combe（1951）案中回答了该问题。Combe v. Combe 的事实为：原、被告是夫妻关系。妻子接到法院的一份离婚判决，如果她在指定日期内不提出反对理由，该判决即行生效。丈夫答应每年向妻子支付 100 英镑的免税津贴，作为她长期的抚养费；妻子因此没有向法院诉请给付抚养费（但这并非出于丈夫的请求），结果离婚判决如期生效。事实情况是，妻子的收入比丈夫还多，丈夫也一直未支付许诺的抚养费。妻子等了六年后，以丈夫不守诺言为由提起诉讼，要求丈夫支付 600 英镑的抚养费。理由是，她没有向法院请求抚养费，是信赖了丈夫的许诺；所以，这项许诺应当是可以强制履行的。初审法院认为本案适用 High Trees 案所确立的规则，判决妻子胜诉。上诉法院认为，妻子不能执行其前夫每年向她支付 100 英镑（免税）的允诺，因为允诺禁反悔不能创设一项诉因。丹宁以警告语开始其判决：

> 我虽然赞同 High Trees 案所确立的原则，但重要的一点是，它不应被适用得过宽，以免造成危害。该原则不创设以前不存在的新诉因。就当事人之间已经发生的交易而言，它仅仅阻止一方当事人坚决主张其严格的法定权利，当允许他执行权利将不公平时。①

丹宁还指出：

> 明白了，该原则本身从不单独用来引起一项诉因，它从不离开对价而发挥作用，当对价是诉因的核心内容时。对价原则是如此地坚固，以至于不能被不正当地推翻。它的副作用最近已很大程度上被减轻了，但是它仍然是合同成立的一个必要条件，因此，没有必要修改或废弃它。②

自此，允诺禁反悔不废除对价——只能作为抗辩事由、不能作为诉因——被确定下

---

① George Applebey. *Contract Law*. London: Sweet & Maxwell. 2001. p. 139.

② Paul A. McDermott. *Contract Law*. Butterworth Ltd. . 2001. p. 137.

来。但该规则进而引发出一个新的话题：允诺禁反悔与合同之间有什么不同？质言之，对合同而言，对价是一个核心要素；而产生一项允诺禁反悔主张无须对价之存在，允诺禁反悔规则关注的重点为，允诺是否引起了受损的信赖（detrimental reliance）。具体来讲，允诺禁反悔与合同间存在下列四个基本区别：

第一，在允诺禁反悔案件中，不存在在法律上有约束力的允诺。如果存在这样的允诺，为执行该允诺，原告必须借助于合同法，衡平法在于弥补法律的功能缺失，而不是在取代法律。

第二，引起允诺禁反悔规则的不是允诺本身，而是允诺所引致的受损的信赖。不是一项未被履行的允诺之存在引起衡平法的介入，而是原告在对允诺引起的期待中所采取的信赖行为引起衡平法的介入。

第三，允诺禁反悔一般以合同关系（或其他法律关系）的存在为前提，在一项合同关系中，当原告的义务仍然为全部待履行时，无允诺禁反悔适用之机会。

第四，有必要指出，即使一项允诺根据允诺禁反悔被执行了，它通常不是像它被对价支持的范围内已得到全部执行那样。在违约诉讼中，承诺者可要求对其未得到实现的期待利益予以赔偿。当允诺禁反悔被看作授予一项诉因时，承诺者通常可要求允诺者赔偿其在对允诺的信赖中招致的损失，而不是对在违约情况下可请求的受挫的期待利益请求全部的赔偿。

（二）允诺禁反悔只适用于减少债务的合同变更案件

允诺禁反悔规则是否可适用于所有的合同变更案件？从 High Trees 案以来的案件看，允诺禁反悔规则不适用于取消整个债务的合同变更，也不适用于直接减少非继续性债务的债务数量的合同变更，更不适用于减少或变更定期债务的合同变更。增加债务的合同变更案例在允诺禁反悔案例集中一个也找不到。

在经典合同法处于主导地位的 19 世纪，以缺乏对价为由，债务的变更（增加、减少）协议的效力在英国合同法上几乎无一例外地遭到否定。进入 20 世纪后，关于债务变更之问题，英国合同法出现两个重大的方法变化：减少债务的变更协议在 High Trees 案中被执行，增加债务的变更协议在 Williams v. Roffey Bros & Nicholls（Contractor）Ltd.（1991）（以下简称 Williams 案）中被解决。合同法的这些发展向人们提出这样的问题：High Trees 案的推理能适用于增加债务的合同变更案件？为弄清该问题，我们须先行解答一个重要问题：增加债务的合同变更协议能否强制执行？

Stilk v. Myrick（1809）案是涉及该问题的一个著名案例。该案事实是：英国一艘轮船的两位船员在柏尔提克港（Baltic port）逃跑了。船主向其他九位船员允诺说，在缺员的情况下，他们如果将船开往伦敦，逃走两位船员的工资将分给他们。船员们同意并将船开到了伦敦。然而，船主却不愿遵守其诺言，原告（船员之一）根据在柏尔提克港达成的协议向法院提起诉讼。该案被埃伦伯勒法官裁定为诉讼不成立，于是原告及其同伴只获得了他们原有的工资份额。

案件之所以被驳回，理由在于，九船员没有对船主的允诺提供对价，也有法官认为，执行这样的允诺将违背公共政策，即可能会促使经济欺诈（economic duress）。① 之所以说船员未提供对价，在于他们未遭受损害。但是，法官们忽视了另一种推理：船员们按船主的允诺行事后，船主是否得到了任何额外收益？这种推理上的缺陷为合同法在20世纪的发展提供了空间。

以缺乏对价为由拒绝执行债务增加的合同变更一直延续到1991年的Williams案。该案事实和结果是：被告是一家建筑公司，他们已经和住宅供应协会达成协议，翻修住宅协会拥有的一栋28层房屋中的27层。为履行该合同，被告与Williams先生达成一个从合同，根据该从合同，威廉斯应当做楼层的木工工作，代价是20000英镑，分期支付。从合同未规定分期支付的数额，或规定它们何时应当被支付，但初审法院发现，从合同存在一项默示条款，即报酬支付的间歇应当与完成的工作相关，报酬应在合理的间隔内被支付。威廉斯先生在所有的楼层做了相当大的工作，有9层实质上已经被完成，16200英镑已支付给他。在这个阶段，他陷入了经济困难（看起来，部分源于他未能充分监督他的工人，部分是因为原初的价格太过于低廉），当每层的工作被完成时，被告允诺以剩余的18层每层575英镑的比率额外支付给原告10300英镑。他们作出这样的允诺，部分因为他们害怕威廉斯将不能准时完工（这样的话，根据他们与住宅协会的约定，他们将受惩罚），部分因为他们自已的测量员认为，原初议定的价格太低了。在测量员看来，那种工作的合理价格是23783英镑（比原初议定的多19%）——虽然那不是允诺总的支付给威廉斯30300英镑的充分理由（比原初议定的价格大约多51.5%）。在允诺额外支付10300英镑之后，威廉斯继续工作，但随后仅收到1500英镑的支付；他接着停止了工作，在实质上已经完成8层多楼层的工作之后。法院认为，原告拒绝继续工作是合理的，因为被告拒绝作出更进一步的支付。被告雇佣其他工匠完成了工作，并因拖延一周遭受的相应的惩罚。初审法官认为，威廉斯有权利对完成的8层楼层以575英镑的比率执行被告的额外支付的允诺，上诉法院确认了这个判决。

威廉斯案之判决的主要理由是，威廉斯继续进行他根据原初合同应当履行的工作，使被告获得了受益，因而存在对价。这当然也符合将对价界定为“对承诺者的损害或对允诺者的受益”的传统观点。但是，该判决也遗留了诸多问题：最重要的是，如何将它与Stilk案以及Stilk案以来的案件区别开来？在Stilk案中，船主也得到了受益（他使他的船按期返回），但当时却无人指出该受益满足了对价要件。特雷特尔认为，对此问题的最好解释也许是，在Stilk案中，对价的保护功能其实得到更多的强调；而至Williams案时，由于胁迫，尤其是经济欺诈制度的建立，对价的保护功能已不像过去显得那么必要了。②

债务增加的合同变更协议可得到执行的规则由Williams案被确立起来，但Williams案

① 经济欺诈在当时尚未被法律承认。以经济欺诈为由拒绝执行债务增加的合同变更可追溯到1791年的Harris v. Watson案。在该案中，当轮船在海上陷入危险时，为引诱船员竭尽全力，船主允诺给予一个相当大的额外的支付。凯尼恩法官（Kenyon）根据公共政策判决了此案，他说：“这种诉讼如果应被支持，它将对英国的航海业造成重大影响。这种规则建立在政策之上，船员如果在任何情况下应享有他们的工资，在危险的时刻根据船主的允诺被授予坚决主张额外费用的权利，在许多案件中，他们会使轮船沉没，除非船长向他们支付任何额外的费用。”

② See Guenter Treitel. *Some Landmarks of Twentith Century Contract Law*. Oxford: Clarendon Press. 2002. pp. 22-23.

之判决明显不是建立在允诺禁反悔规则之上，而是根据是否满足了对价要件进行严格推理的结果。不可否认，在 Williams 案之判决过程中，确实有人提到 Amalgamated Investment & Property（1982）案——一个关于惯例禁反悔（estoppel by convention）的著名案件。但是，在 Amalgamated Investment & Property 案中被讨论的禁反悔问题在 Williams 案件中没有对应物。惯例禁反悔之关键在于，阻止一方否认已经作出一项允诺或对允诺的内容发生争议。而在 Williams 案中，不存在这样的问题：增加付款的允诺毫无疑义被作出了，而且对该允诺的真正意思也不存在疑问。因此，Amalgamated Investment & Property 案与 Williams 案是否相关非常值得怀疑。

总之，允诺禁反悔规则不适用于债务增加的合同变更协议案件，此类案件应受 Williams 案所确立的规则的约束。

四、允诺禁反悔的构成要素

允诺禁反悔规则须满足下列构成要素：

（一）当事人间事先须存在一项法律关系

当事人间事先须存在一项法律关系在 Combe v. Combe（1951）案中被阐明。该要件与允诺禁反悔不创设新的权利、仅能提出一个防御用的公平思想相连接。

在 Ajayi v. Brisco（1964）案中，霍德森勋爵（Lord Hodson）认为，允诺禁反悔适用于“在缺乏新对价的情况下，合同当事人一方不同意对方执行其权利”，在这样的案件中，“为支持对方，衡平法将被提出”。在 Evenden v. Guildford City AFCLtd（1975）案中，丹宁认为，允诺禁反悔规则并不局限于当事人间存在一个合同上的关系：

> 我不认为它受这样的限制。只要一项陈述被作出，关于现在或未来的事实的、法律的陈述，它旨在被约束，打算引诱一方当事人信赖它，并且它被信赖了，它就可适用。①

他引用 Durham Fancy Goods Ltd v. Michael Jackson Ltd（1968）作为先例，在该案中，原告草拟了一张应由被告在 90 天内支付的汇票。原告因疏忽大意错误地将被告公司的名称写成了 M. Jackson（Fancy Goods）Ltd.，被告公司的 Mr Jackson 经理，没有注意到该错误就签了字。支付期届至时，被告公司陷入了清算。原告主张，Mr Jackson 在汇票上的签字行为其实是实施了刑事犯罪（根据 1948 年的公司法案），他个人应对汇票承担责任。Donaldson J. 认为，第三人（Mr Jackson）虽然会承担责任，但允诺禁反悔规则将阻止原告这样主张，因为责任产生于原告的错误。Donaldson J. 引用 Lord Cairns L. C. 在 Hughes 案中的话，并解释道，在起草汇票时，原告已经暗示，他们将接受该汇票。他解释道，当事人不必处于合同上的关系中，仅仅一个“先前存在的法律关系，它能够在某种情况下引起责任和惩罚”。这种关系在下列情况下被创造：第一，根据 1948 年公司法案第 108 条；第二，Mr Jackson 是 Jacksons 的经理的事实；第三，无论怎样，原告与 Jacksons 之间

---

① George Applebey. *Contract Law*. London：Sweet & Maxwell. 2001. p. 141.

存在合同上的安排，该安排导致原告草拟了一张对 Jacksons 的有 90 天期限的汇票。结果显然是公平的，原告给人留下了这样的印象：他非常满意汇票的言辞。在 Mr Jackson 已信赖了该汇票之后，再允许原告回心转意是不恰当的，使他个人承担责任也是不恰当的。

在英联邦的其他一些司法管辖区，放松须有先前法律关系要件的趋势在逐渐加强。在著名的 Waltons Stores v. Maher 案中，澳大利亚的高级法院适用禁反悔于合同缔结阶段；在新西兰，在缺乏先前存在的合同关系时，允诺禁反悔也可被适用。

（二）须有明确、肯定的允诺

在 Jordon v. Money 案中，克兰沃斯勋爵明确指出，禁反悔规则应只适用于事实的陈述，而不是意图的陈述。然而，High Trees 案以后的案件表明，当一方以不合理的方式否认未来意图陈述的真实性或者精确性时，允诺禁反悔规则可被适用。此外，如 Ellis J. 在 Keegan v. Comhairle Chontae Atha Cliath（1981）案中所言，允诺禁反悔欲产生法律效力，一项允诺必须清楚、肯定。所谓“清楚、明确”是指从对允诺的解释上考虑，该允诺在所有情况下能得到一般、确定的理解。相似地，在 Folens v. Minister for Education（1984）案中，McWilliam J. 也明确指出，为了主张允诺禁反悔，须具备确定的许诺或陈述。之所以对允诺在形式上作这样的要求，完全源于一种真实的社会观察，模棱两可、含糊其辞的言论除了徒增人们对某种事物的怀疑、猜测之外，不可能增强人们之间的任何信任；而斩钉截铁、干脆利落的言行能立即拉近人们之间的距离，使一方对对方产生信任或依赖。一项允诺可以言辞或者行为的方式被作出。

（三）须有信赖或损害

信赖因素在允诺禁反悔规则中具有十分重要的地位。允诺必须是旨在被承诺者依赖，并事实上被承诺者依赖了。比较麻烦的问题是，信赖是否须已造成了实际的损害。对此存在相互冲突的司法观点。在 W. J. Alan and Co. v. El Nasr Expport and Import Co.（1972）案中，丹宁认为，除了信赖之外，不需要损害。在该案中，丹宁提出以下主流观点：

> 我知道，在一些地区，人们已经提出，必须有损害。但是，在被法院引用的先例中，我可以发现不支持这种观点的先例。与此相关的最近方法由 Viscount Simonds 在 Tool Metal（1955）案中提出：对方必须已经被导致改变其地位（alter his position）……但是这仅仅意味着，他必须已经被导致以与他本会采取的行为不同的方式行为了。如果你研究允诺禁反悔被适用的案件，你将看到，所需要一切是，一方当事人应已基于由对方引诱的确信（belief）行为了。这就是 Lord Cohen 在 Tool Metal 案件所表达的，这也就是我将提出的。①

英国法律委员会在他们关于合同相对性的报告中指出：

> 一个有用的类比是允诺禁反悔规则……对此，为构成允诺禁反悔，关于承诺者是

① George Applebey. *Contract Law*. London: Sweet & Maxwell. 2001. p. 138.

仅需要已经信赖了允诺，还是必须已经受损地信赖了允诺，争论已经存在很多年。虽然，不能认为问题已得到完全解决；但是，看起来大家的意见在逐渐趋于一致，即，仅仅有信赖就足够了。①

在许多案件中，信赖和损害时常交织在一起。上诉法院在 Goldsworthy v. Brickell (1987) 案中表达了不同的观点，在回顾了允诺禁反悔的要件后，Nourse L. J. 在判决之附带意见（obiter dicta）中认为，损害是允诺禁反悔的一个要件，即，在对陈述的信赖中，被告以对其有害的方式行为了，或者以他种允许原告背弃这样的陈述将不公平的方式行为了。但是，Nourse L. J. 也进一步指出，在证据上，发现被告事实上的确以对其有害的方式或以其他重要的方式行为了，是非常困难的。

总之，比较合理的观点是，仅有信赖就足够了，无须证明损害之存在。但须指出的是，此种情况下所谓的损害（detriment）不同于在对价定义中所使用的损害，它仅意味着地位的改变。

信赖之要素实质上在强调，一方当事人的允诺对他方当事人造成了某种影响。在允诺作出之后，如对方当事人已经以此为由改变了原有的地位，主流观点认为，这种情况可构成信赖；但是，在一方当事人的允诺发出之后，根据合理的通知（不必是正式的通知），允诺者可以撤回其允诺。如承诺者不能恢复其地位，允诺成为最终的、不可撤销的允诺。

从实际上观察，损害和信赖之间的区别可能更多停留于语义上，其实际的意义不大。之所以如此，在于，当事人提起允诺禁反悔的最终根据为，允许允诺者背弃其允诺将是不公平的。如 Lord Cairns 在 Hughes 案中所提出的，禁反悔学说仅适用于：当事人之间现已达成的交易，以至于使他们再执行原初的债务会不太公平。

（四）背弃允诺是不公平的

作为衡平法上的一种学说，允诺禁反悔规则旨在避免不公平性结果的发生：允诺者背弃其允诺、执行他严格的法定权利也是不公平的。允诺禁反悔虽然是建立在不公平性为核心的衡平法之上；但严格地讲，它并不与不公平性原则有同样的范围。承诺者信赖允诺须是公平的，在此基础上，法官可自由裁量允诺者背弃允诺之行为是否是公平的。在 D & C Builders v. Rees (1965) 案中，② 上诉法院认为，原告公司得到被告所负的债务的余额，被告不能适用允诺禁反悔，因被告妻子的行为是不公平的。在 Societe Italo-Belge pour le Commerce et l'industrie SA v. Palm and Vegetable Oils (Malaysia) Sdn, The Post Chaser (1982) 案中，法院认为，允诺禁反悔的主要要件是，背弃允诺会使案件产生不公平的结果。Goff J. 认为：

① George Applebey. *Contract Law*. London: Sweet & Maxwell. 2001. p. 138.

② 该案的事实是：原告是一家小型建筑公司，曾经为被告完成了一些建筑工作，被告因此欠原告 482 英镑。后原告公司陷入严重的财务困难，债主逼债很急。被告的妻子得知原告的困境后，便与原告联系，提出以 300 英镑了结全部债务，并且警告说，如果原告公司拒绝这一要求，原告公司以后连一个子也得不到。原告公司说自己“别无选择”，不太情愿地接受了被告的一张 300 英镑的支票，以了结整个债务。后来原告起诉，要求被告支付余下的 182 英镑。官司打到上诉法院。判决结果是，根据 Foakes v. Beer (1884) 的规则，原告公司有权获得余下的 182 英镑。

基本原则是 Lord Cairns 在 Hughes 案中所陈述的。不能允许陈述者执行其严格的权利，‘当它将是不公平的，对于已经发生于当事人之间的交易而言’。为建立这样的不公平，无须证明损害；事实上，受陈述者也许已经从陈述中受益，然而，陈述者没有合理的通知就执行其法定权利将是不公平的……①

之所以要求允诺禁反悔之提出者必须具备公平的行为，在于衡平法的两个基本规则：一是求助于衡平法者，自身必须行事公正；二是求助于衡平法者，必须自身清白。这种理解在一些判决中也被表达为“合理的信赖”：承诺者的信赖行为必须具备一个理性人的合理性。不公平性也时常在另外一种意义上被适用，即，允许允诺者执行其严格的法定权利，或者允许允诺者撤回其已被对方信赖的允诺，将是不公平的。这种意义上的不公平性要件与信赖的观念紧密相连。

五、允诺禁反悔的法律效果

允诺禁反悔的法律效果涉及两方面的问题：它是消灭一项债务还是中止一项债务？它能否作为一项诉因？

（一）允诺禁反悔只是中止一项债务

允诺禁反悔是终结一项债务，还是仅中止一项债务？多年来，对此一直存在争议。现在通行的观点认为，允诺禁反悔仅具有中止债务的效力。丹宁勋爵的观点是，允诺禁反悔的通常效力是，当事人一方严格的合同权利至少被中止，只要弃权持续存在。

（二）允诺禁反悔不能作为诉因

如前所述，允诺禁反悔不能建立一个诉因。这个规则通过说“禁反悔必须用作盾而不是用作矛”（shield but not a sword）或者“禁反悔可以被用作一个扫雷艇或布雷舰而不是作为大型军舰”被多次表达。近些年，允诺禁反悔规则这种限制虽然受到持续不断的攻击，但以它作为一项诉因的案件在英国仍未发生。

然而，在英美法系的其他国家，允诺禁反悔作为一个诉因的规则却得到了确认。在美国，根据《合同法重述》第 90 条的规定，允诺禁反悔可以用作诉因。在著名的 Waltons Stores v. Maher（1988）案中，澳大利亚高等法院将允诺禁反悔用作诉因适用于下列情况，即，如果无禁反悔的话，当事人之间本不会有一项法律关系。在 McDonald v. Attorney General（1991）案中，新西兰高等法院将允诺禁反悔用作了一个诉因。

允诺禁反悔作为诉因的规则之所以在英国难以建立起来，根本的原因在于，它将产生不确定性的结果，这显然难以符合追求可预测性、安全性的商业社会的需要。

① George Applebey. *Contract Law*. London: Sweet & Maxwell. 2001. p. 138.

美国联邦税务诉讼的特色与启示

■ 熊 伟*

目 录

一、纳税人何时可以向法院起诉
二、纳税人如何选择诉讼法院
三、方便快捷的小额税务诉讼
四、作为判案基础的当事人合意
五、中国是否有必要建立税务法院?
六、中国从美国经验中能学到什么?

学过税法或者到过美国的人，一般都知道美国税法的复杂与繁琐。美国人常说的一句话就是，人生只有纳税和死亡无法逃避。由于美国税法确实非常复杂，加上美国人好讼的传统，税务纠纷也就显得稀松平常。按照美国宪法的规定，美国实行联邦制，联邦、州和地方都享有课税权，法院体制也存在联邦和州的区分。有关州税和地方税的争讼由州法院受理，有关联邦税的争讼则由联邦法院受理。另外，诉讼中如果涉及宪法争议，纳税人一直可以上诉到最高法院。为了突出主题，本文的内容只限于联邦税务诉讼。总体来说，美国联邦税务诉讼确实有自己的特色，如建立单独的联邦税务法院，允许当事人选择不同的法院和诉讼形式，简化小额诉讼的审理程序，诉讼过程中嵌入调解和仲裁，等等。应该说，这些制度以及其背后的理念，有许多值得中国学习的地方，尽管它们不可以简单地被复制。比如，小额税务诉讼具有明显的可借鉴性，但税务法院的设想就不太现实，暂时没有必要考虑。因此，本文写作的目的，除了介绍域外的法律制度之外，更关心中国如何从中得到启示。

---

* 熊伟，法学博士，武汉大学法学院副教授，武汉大学税法研究中心主任。本文的写作得到美国密歇根大学法学院 Avi-Yonah 教授的指导，以及武汉大学法学院硕士研究生陈静的帮助，在此表示谢意。但一切可能的错误和责任都由我本人承担。

一、纳税人何时可以向法院起诉

为了说明纳税人何时可以提起诉讼，有必要先简要介绍美国的税收程序。在美国，联邦税务局（Internal Revenue Service，简称 IRS）负责征收各种联邦税，其行使三项主要职能：稽查（Examination）、核定（Assessment）和征收（Collection）。正常情况下，“核定”和“征收”在纳税人申报纳税后，通过电脑系统自动完成。但是为了纠正申报中的错误，以及制止税收欺诈、过失欠税等违法行为，保护纳税人自动申报的积极性，税务“稽查”仍是必不可少的。相对于每年庞大的纳税申报（Tax Returns）而言，尽管实际上被稽查的比例非常低，而且越来越低，但是其威慑作用是无可替代的。①

一般情况下，纳税申报完成后，纳税信息首先经过电脑系统核对。如果没有发现问题，电脑就会自动核定税款，并且划转纳税人支付的税款，记录在纳税人的欠税账户。如果经过核对之后，发现各种信息不能互相吻合，电脑就会自动生成一份 30 日函（30-day letter），相当于税收核定预告书。纳税人收到函件之后 30 天之内，首先可以向专办人员或者其上司申诉，指出函件中的错误。如果问题得以纠正，纠纷也就得以解决。如果稽查人员不接受纳税人的申诉，纳税人可以向复议部（Appeals Office）申请复议。

复议部虽然隶属于联邦税务局，但是职能和人员都是独立的，不受稽查及征收部门的影响。复议部主任直接向联邦税务局局长负责。复议完毕之后，如果纳税人的申请得到支持，复议部有权撤销 30 日函。如果纳税人的申请被否定，复议部则会直接向纳税人发出欠税通知书（Notice of Deficiency），又称 90 日函（90-day letter）。纳税人收到通知书之后，有权在 90 天之内向税务法院（ United States Tax Court）起诉。

另一种可能性是，纳税人收到 30 日函之后置之不理。在这种情况下，稽查部不能直接核定税款，它必须在发出 30 日函之后 45 ~ 60 天内，向纳税人发出正式的欠税通知书。纳税人收到通知书之后，有权在 90 天之内向税务法院起诉。纳税人在收到通知书之后 90 天之内，如果仍然不向税务法院起诉，一旦期限届满，税务局就会立刻核定税收。② 由此可知，90 日函是纳税人通向税务法院的门票。如果纳税人只是接到了 30 日函，而不是 90 日函，由于欠税尚未正式决定，所以欠税之诉不成立，税务法院没有管辖权。

当然，即便纳税人接到了 90 日函，也不一定必须向税务法院起诉。由于税务利息方面的考虑，纳税人也有可能按照要求缴清税款，然后选择向联邦地区法院（Federal District Court）或者索赔法院（Court of Federal Claims）起诉，要求税务局返还自己缴纳的款

---

① Syracuse University 的研究报告显示，1997 年联邦税务局对个人申报的稽查比例为 12.8‰，1999 年为 9.0‰，2001 年为 5.8‰，2004 年为 7.7‰。同期对非个人纳税申报的稽查比例为 1997 年 5.6‰，1999 年 3.3‰，2001 年 2.2‰，2004 年 1.9‰。http：//trac. syr. edu/tracirs/highlights/current/indvsbusG. html

② 欠税通知书并不具有核定税收的效果。只有等到 90 天期限届满后，税务局正式将欠税记入纳税人名下，税收核定才算完成。之所以在此特别交待，是因为税收核定自动触发税收留置权（Tax Lien）。税收留置权及于纳税人的所有财产以及与财产有关的权益。对被留置的财产，税务局享有一定程度的优先权。如果税务局认为必要，将留置权登记并公告，其所对应的税收就会成为担保之债，从而享受特别优先权。而欠税通知书即使送达，也不具有这样的效果。See Michael I. Saltzman, IRS Practice and Procedure, Research Institute of America Inc. 1991, Boston, U. S. P. 14-23 to 14-34.

项。这类诉讼即为返还之诉，只有地区法院和索赔法院才有管辖权，税务法院对此无能为力。因此，如果青睐给予税务法院审理，就必须拿到90日函，并且不能缴清税款。值得注意的是，税务法院立案之后，稽查部一般会把材料转到复议部。这样，纳税人仍然有机会通过行政协商解决纠纷。一旦双方达成解决方案，税务法院只须予以认可，诉讼程序即可宣告结束。

由此可知，当纳税人对联邦税务局的税收核定不服时，可以在三个法院中选择一个起诉：税务法院、联邦地区法院和联邦索赔法院。不同的法院有不同的管辖权，同时也就形成不同的诉因，有不同的程序要求。当然，在美国联邦税收程序中，纳税人起诉的案由不限于税收核定，对税务民事处罚（Civil Penalties），税收留置权的登记，查封、扣押、拍卖等强制执行措施，如果纳税人不服，都有可能向法院起诉。某些特定情况下，税务法院对此有管辖权，但大部分情形是，纳税人只能向地区法院或者索赔法院起诉。由于本文的篇幅所限，我们谨以欠税核定为例，对税务局其他行为的起诉，有机会另文再述。

还需要指出的是，除了上述三个法院之外，纳税人申请破产，也是一种可能的选择，联邦破产法院（United States Bankruptcy Court）对此有管辖权。不过，破产有很严格的要求，而且大部分税收无法豁免，同时会导致纳税人丧失信用，因此，不到万不得已，纳税人不会轻易使用。

应该注意的是，美国税务诉讼之所以有多个法院受理，这与其继受普通法令状（Writ）传统有很大关系。除此之外，这也经过了很长时间的历史演变，不是权威人士一次性设计的结果。因此，他国借鉴美国税务司法经验时，应该根据自身情况区别对待，不能不顾实际照搬照抄。不过，就美国纳税人而言，由于已经形成这种局面，他们可以考虑充分予以利用，以求最大限度地保护自己的利益。

二、纳税人如何选择诉讼法院

纳税人选择诉讼法院时，有许多因素需要加以考虑。从制度设计的角度看，没有一种因素是绝对有利的，也没有一种因素是绝对不利的。就像一枚硬币的两面，不利总是和有利交错在一起。例如，向税务法院起诉时，纳税人虽然不需要完纳税款，但是利息并不因此停止计算。诉讼拖延的时间越长，利息累积的数额就越多。而向地区法院或索赔法院起诉则没有这种顾虑，相反，税收返还时还会附加利息，以弥补纳税人的损失。可见，纳税人需要综合考虑各种因素，才能做出对自己最有利的决定。

1. 法院的受案范围

税务法院的受案范围是有限的，它不仅受到管辖权的限制，而且只能审理特定类型的税务案件。管辖权的限制前面已经提及，简要来说，就是只限于欠税案件，而且纳税人必须取得90日函。它所审理的案件也只限于所得税、遗产与赠与税的欠税，以及正当征收程序（Collection Due Process）、连带责任的救济（Relief from Joint and Several Liability）、利息减免（Interest Abatement）、工人身份确认（Worker Classification）等方面的案件。

相比而言，联邦地区法院、索赔法院除了不能审理欠税案件，以及与所得税、遗产与赠与税有关的正当征收程序之外，其他任何类型的案件都可以受理。例如，税收返还案件，雇佣税及相关处罚案件，就只有这两个法院才有权管辖。至于破产法院，它并不专门处理税务争讼，而只是在按破产程序分配财产时，必然涉及如何处理纳税人的欠税，以及其他各种涉税事宜。

2. 纳税人的支付能力

如前所述，纳税人收到90日函之后，不需要支付所要求的税款，可以直接向税务法院起诉。在税款数额巨大，纳税人支付能力有限的情况下，这至少可以保证纳税人的诉权，使其获得一个公正的救济机会。不利的一面是，如果欠税最终得以确立，纳税人需要为此支付利息。利息从税款缴纳期限届满之后开始起算，一直计算到税款实际缴清之日。个人纳税人的利息按联邦短期利率计算，另加三个百分点。公司纳税人的利息也是按联邦短期利率计算，一般的公司另加三个百分点，大公司则另加五个百分点。美国税务诉讼的过程经常旷日持久，在此过程中，除非出现紧急情况，税务机关不能采取征收措施，但是利息却在不断地增加。不难想象，除非纳税人有十足把握胜诉，否则，利息负担就可能将纳税人压垮。

正因为如此，纳税人也可能情愿先筹足并缴清税款，以解决利息的问题，然后再向地区法院和索赔法院索还。当然，如果纳税人确实是资不抵债，完全丧失了偿还债务的能力，这时倒不妨考虑到破产法院申请破产。虽然纳税人的信用会受到影响，消费和投资也会受到一些限制，但是可以豁免大部分的债务，至少可以获得一个东山再起的机会。需要注意的是，由于税收留置权（Tax Lien）被登记后，其对欠税的担保效力得以强化。此后，只要担保物仍然保留在纳税人手中，税收就不会被豁免。一旦条件成熟，税务局在破产程序终结之后，照样可以强制执行担保财产（Tax Levy）。

3. 法官的专业化程度

在以上四个法院中，税务法院的19名法官对税法最为精通，他们不仅具有很好的法律教育背景，而且由于长年审理税务案件，积累了非常宝贵的经验。如果纳税人的证据非常有利，希望法院对每个细节进行准确的法律判断，不妨考虑到税务法院起诉。税务法院审理案件时，一般由一名法官独任审理。如果首席法官认为有必要，可以将承审法官的报告提交全体法官审查，并据此做出最终判决。

地区法院是惟一可以提供陪审团的法院。如果纳税人的证据经不起显微镜一样的法律审查，但从公平的角度看有许多地方在理，就不妨考虑向地区法院起诉。毕竟，陪审团成员都不是专业人士，不可能对税法的每一个细节了如指掌，而只是按照生活常识对事实进行判断，所以，只要言之成理，并且能打动陪审员，就有可能胜诉。

联邦索赔法院和税务法院一样，也没有陪审团制度，也实行法官独任审理，但索赔法院更愿意考虑各种衡平（Equity）情节。这主要是因为，索赔法院具有衡平法管辖权（Equitable Jurisdiction），除此之外，它的法官也都不是税法方面的专家。至于破产法院，由于它存在的目的在于帮助债务人获得新生，因此它也是一个具有衡平法取向的法院。

4. 诉讼费用与开支

税务法院总部坐落在华盛顿特区，可以受理来自全国各地的案件。但在实践中，法官经常到不同的城市巡回办案，实际上形成了相对固定的分支。地区法院和破产法院都是按照地域设定的，纳税人只能向管辖自己地域的法院起诉。而联邦索赔法院的特色在于，它坐落在华盛顿特区，尽管法官也可能巡回到外地开庭审案，但这种情况并不多见，大部分诉讼都是在总部审理完成的。由于律师和证人都需要到华盛顿出庭，这笔费用十分可观。因此，相对于其他法院而言，索赔法院诉讼费用的开支最大。

除此之外，由于一些程序上的原因，税务法院成为成本最低的诉讼途径。例如，税务法院不过分依赖正式的证据开示（Discovery）。在许多情况下，它会要求当事人在正式的证据开示之前，先举行非正式的讨论（Discussion）。这种讨论费用相对小得多。如果能够达成共识，则可以免掉正式的开示程序。另外，税务法院要求当事人尽可能协商，力求就事实问题达成书面协议（Stipulation），避免通过费时费力的审理去证明事实。最后，由于在税务法院出庭支持税务局的代表，只是税务局地区法律顾问室（Area Counsel）的律师，而不是坐落于华盛顿的司法部的检察官，这也使得费用降低不少。

5. 是否存在有利于自己的先例

美国实行判例法制度，法院必须遵循先例。具有约束力的先例包括本院和上级法院的生效判决。其他法院的判决没有约束力（Binding Effect），只具有说服力（Persuasive Effect）。由于不同的法院有不同的先例，因此，纳税人在决定起诉之前，应该先考察一下先例，再决定向哪个法院起诉。例如，如果税务法院曾经作出过对纳税人有利的判决，而联邦索赔法院以及其上诉法院没有，那么，就应该考虑到税务法院起诉。这种判例的检索过程虽然很繁琐，但是非常有效，值得引起纳税人及其律师的重视。

6. 其他需要考虑的因素

如果纳税人非常重视自己的形象，最好不要到地区法院起诉。地区法院的诉讼最容易被本地媒体报道，而其他法院的案例则不太容易被提起。另外，地区法院的案件累积太多，从起诉到开庭经常需要数月到几年。相对而言，税务法院的审理就要快得多。不过，地区法院有固定的管辖区域，其对州法的熟悉程度自然高过其他法院。因此，如果州法对纳税人更为有利，从而影响诉讼的结果，纳税人还是应该考虑地区法院。不利的是，税务法院、破产法院和索赔法院的权力及于全国，可以在全国范围内传唤任何人，而地区法院只能传唤其辖区内的人。因此可以说，没有绝对的万全之策，任何选择都意味着权衡。纳税人只有综合考虑各种因素，才能决定应该去哪个法院起诉。

三、方便快捷的小额税务诉讼（Small Tax Case）

如前所述，和其他管辖法院相比，税务法院的诉讼成本是最低的，同时也是最为快捷便利的。这种评价不仅来自于它的巡回审理制度，法官的专业化水平，对当事人合意的推崇，诉讼周期的相对较短，同时也来自于它所采纳的小额诉讼制度。顾名思义，小额诉讼就是争议金额不大的诉讼。如果达到了法院规定的起诉标准，而且当事人愿意选择这种形式，那么法院可以按照特别程序进行审理。总体来说，就是简化程序，缩短期限，便利当事人，提高诉讼效率。在本文提到的其他法院系统中，都不存在这种特别的税务诉讼程序。因此，这也是税务法院吸引纳税人的原因之一。

小额税务诉讼的法律依据是《美国联邦税法典》第7463条，以及《税务法院规则》第170条到第175条。纳税人对欠税核定、工作身份识别、连带责任救济，以及税务留置①、税务强制执行的争议，都可以按照小额税务诉讼程序审理。不过，除了案件类别之

① 对Tax Lien的理解和翻译，我主要从两个角度进行。一方面，我把Tax Lien理解为一种法定的措施，所以翻译为“税务留置”。另一方面，从Tax Lien中，确实又会产生一种权利，其目的是维护税收安全，因此我又把它翻译成“税收留置权”。就像人们对抵押的理解一样，有时候是指抵押行为，有时候是指基于抵押行为而产生的抵押权。

外，和正常的审理程序相比，小额诉讼必须满足“小额”这个要求。1998年之前，凡是年度欠税争议额不超过1万美元的诉讼，纳税人都可以申请小额诉讼程序。这种对欠税数额的要求不仅包括本税，也包括各种民事罚金，但是不包括利息。1998年《联邦税务局重组与改革法案》通过之后，小额税务诉讼的标准提高到了5万美元。

设立小额税务诉讼程序的主要目的，主要是为争议较小的欠税案件提供一条方便快捷的通道。一般来说，由于争议金额比较小，纳税人一般不愿意聘请律师。虽然在普通税务诉讼程序中，纳税人也可以自己代表自己，请律师并不是硬性的要求，但是由于普通审理程序比较复杂，纳税人不仅需要遵守严格的证据规则，同时还要求递交规范的法律文书，如果不聘请律师，非常容易因一些细节问题而落败。小额诉讼本身就是为门外汉设计的，由于程序的宽松，加上特别审判官和书记官的帮助，纳税人不必借助律师的专业知识，只凭借常识一般都可以完成诉讼。

例如，在起诉的时候，纳税人必须递交诉状（Petition）。尽管标准化的诉状范本可以从法院获得，但是，在小额诉讼中，不管纳税人的诉状采取何种形式，只要能够阐明诉讼的基本内容，法院的书记官都会接受。不仅如此，税务局对于起诉不需要答辩（Answer）。即便答辩了，纳税人也可以不必回复（Reply），除非法院认为有必要。在普通诉讼程序中，如果税务局对起诉不予答辩，即被推定为承认纳税人的请求。如果纳税人对税务局的答辩不予回复，也被推定为认可税务机关的答辩。但在小额诉讼程序中，不答辩或者不回复，都被视为否定对方的全部指控。

除此之外，在小额税务诉讼中，口头辩论（Oral Argument）和案情摘要（Brief）也可以免去。纳税人也不必做法庭审理笔录（Transcript），除非对方当事人或者法院要求。这可以省掉纳税人大笔的费用。而这些在普通诉讼程序中是不可或缺的。更令人称奇的是，对于复杂的法庭程序和证据规则，纳税人大可不必惊慌失措。特别审判官会经常向纳税人和证人提问，以帮助纳税人逐步开示证据，阐述事实。可见，庭审的程序确实非常宽松，纳税人即便没有律师帮助，也应该可以应对自如。正是因为如此，小额诉讼对纳税人是一个很大的诱惑。如果可能的话，纳税人一般都愿意选择这种形式。

达到小额诉讼的标准之后，选择小额诉讼还是普通诉讼，取决于当事人的决定。尽管税务局一方也有选择权，但大多数情况下，都是纳税人一方主动选择。法院总是倾向于同意纳税人的选择，也愿意按照小额诉讼程序进行审理。不过，如果案件本身的影响较大，或者比较具有典型性，具有作为判例被人引用的价值，法院可能不会同意按照小额诉讼立案。另外，如果税务局反对选择小额诉讼程序，法院也必须进行权衡。如果案件的事实和法律适用，与该院已经受理的其他案件具有相通性，或者其中某个情节对纳税人的意义延续多年，例如所得税法上的财产的原值（Basis），纳税人的请求就可能被拒绝。

就审判地点而言，由于税务法院可以在全国一些大城市巡回审理，因此，当纳税人递交起诉状的时候，可以选择最适合自己的开庭地点。如果纳税人不作选择，税务局收到起诉状之后30天之内，也可以指定最适合自己的地点开庭。虽然按照普通程序审理时，也存在双方选择开庭地点的问题，但税务局享有的选择期限相对较长，因此实际上拖延了诉讼进程。不仅如此，按照《税务法院规则》第174条的规定，对于小额税务诉讼，如果条件允许的话，税务法院应当尽一切努力，在最便利当事人的地点进行审判。而第140条对普通诉讼却没有这样的要求，只是规定当事人作出选择之后，法院会将开庭地点通知各方。可见，尽量便利当事人，是小额税务诉讼的重要考量。

小额诉讼通常由特别审判官（Special Trial Judge）进行审理。税务法院除了19名法官之外，还有7名特别审判官。正式的法官由总统任命，并经过参议院确认。但特别审判官不需要经过这些程序，他们由首席法官任命，任期无限制。特别审判官按照首席法官的指定，主要审理一些争议额较小的案件，小额税务诉讼就是其中的一种。特别审判官可以独立作出判决，但是如果首席法官认为必要，可以将其提交全体法官审查。若审查结果与特别审判官的意见不一致，特别审判官必须按照审查结果重新起草判决书。可见，特别审判官的职能与小额诉讼的特点是相契合的。而对于相对复杂的普通诉讼，一般都是由正式法官进行审理的。

小额诉讼的判决一般不到一年就可做出，这比普通程序的经常超过两年要快得多。需要指出的是，小额诉讼的判决不能作为先例，其效力只能限于本案。其法律意见被称为简易法律意见（Summary Opinion），原来只提供给纳税人和税务局，不向社会公开出版。但2001年1月1日之后，小额诉讼的判决开始在税务法院的网站上公布。而普通税务诉讼的法律意见，不管是普通型的（Regular Opinion）还是摘要型的（Memorandum Opinion），① 都具有判例的作用，对以后的类似案例具有约束力。同时，这些判决还会被税务法院或者商业公司作为汇集出版。对纳税人影响最为根本的是，小额诉讼的判决不能上诉，税务法院的判决即为终审判决。因此，纳税人在选择小额诉讼程序时，必须对此有充分的思想准备。

总体来说，尽管小额诉讼程序本身也有一些限制，但是这与其快速、便捷、简化、节省的特点息息相关，对纳税人，特别是低收入的纳税人仍然是非常有利的。加上这种程序不是建立在强制的基础上，而是来自双方当事人的自愿选择，因此，即便有些限制也可以理解。毕竟，正常情况下，纳税人应该知道如何选择。如果选择了小额诉讼程序，一定是经过权衡之后认为对自己有利。从程序设计的角度看，如果严格执行程序，如果允许纳税人上诉，如果必须作出正式判决，那么，诉讼过程必然拉长，成本也会由此加大，小额诉讼的意义也就会不复存在。

四、作为判案基础的当事人合意

按照中国法律的思维，税务诉讼属于行政诉讼，法院有义务审查行政行为的合法性及合理性，纠正违法行政，维护行政相对人的合法权益。但美国没有行政诉讼的称谓，行政相对人对行政机关的诉讼，都归入民事诉讼（Civil Litigation），适用民事诉讼法的相关规定。导致这种现象的原因，主要是因为美国继受普通法传统，不重视公法和私法的分类，特别是不认为行政机关有多大的特殊性，因此应该与普通的当事人平等对待。由此带来的另一个结果是，法院并没有义务监督行政机关依法行政，它只是通过诉讼解决当事人之间的纠纷。这一点与中国法律的定位也是不一样的。

税务诉讼虽然发生在税务局与纳税人之间，受到具有强制效力的税法的约束，但是，

① 法院最后采用 Regular opinion 还是 memorandum opinion，由首席法官决定。前者一般用于适用法律比较复杂的重大案件，具有更为重要的先例价值。后者出现的问题，在以前的 regular opinion 中大多出现过，只是事实部分有所变化而已，因此其先例价值远远比不上前者。

由于被归入民事诉讼类型，难免受到民事诉讼程序的影响，只是不同的法院受影响的程度不一样而已。例如，在可以受理税务诉讼的美国联邦法院系统中，当事人合意对诉讼进程都能发挥一定作用，但是这一点在税务法院中表现得特别明显。在税务法院受理的案件中，真正进入审理程序的少之又少，绝大多数案件在开庭前就已经解决，而其基础正是当事人达成的协议。即便需要开庭，当事人对事实部分的共识，以及基于合意对案件事实的仲裁，或者自愿接受的调解协议，都会对程序加速起到很大的作用。

在诉讼进程中，与当事人合意有很大关联的，主要有以下类型：

1. 行政协商程序

前面已经提到，当纳税人向税务法院起诉之后，通过行政程序解决问题的过程并不会结束。相反，正因为纳税人的起诉，税务局可能更希望双方和解，通过协商的方式解决问题，而不必借助法院开庭审理和判决。实际上，法院对此是非常鼓励的，因此它对协商的过程几乎不加干预。如果双方能够达成协议（Settlement），法院乐享其成，这样至少可以节省诉讼成本，而且提高了诉讼效率。至于协议的内容，法院一般不予审查。不管是案件事实，还是法律适用，既然税务局能够接受，法院自然不愿意节外生枝。即便开庭前没有达成协议，在法官作出裁决之前，对当事人的协商成果，法官通常都会接受。

从程序可能性的角度看，协商实际上贯穿于税收行政。协商的结果或者是分期付款，或者是减免税收。分期付款无关事实或法律的争议，因此本文不予讨论。减免税收意味着税务局的妥协，因此法律有比较严格的规定。首先，必须由纳税人发出要约（Offer in Compromise），税务局可以接受，也可以拒绝。其次，减免的理由要么基于对税收本身的存疑（Doubt as to Liability），要么是基于对纳税人纳税能力的存疑（Doubt as to Collectability）。前者主要由稽查部门审查，后者主要由征收部门审查。再次，税务局考虑是否接受要约时，除了考虑以上两种理由之外，还必须综合考虑相关的各种因素，如证据情况、社会效果等。最后，如果要约被接受，纳税人和税务机关需要签一个案件终结协议（Closing Agreement）。协议对双方都具有约束力，纳税人不得上诉，税务局以后不能重新审查此案。

通常情况下，只有复议部能够与纳税人协商，或者接受纳税人的要约。但是，争议一旦在税务法院立案，税务局的地区法律顾问则拥有排他的管辖权。不过，如果纳税人起诉之前案件没有经过复议，地区法律顾问一般会把材料转到复议部，由复议部先行处理。复议部尽其所能处理问题，不能解决的问题则交还地区法律顾问。地区法律顾问接回案件之后，恢复排他的与纳税人协商的权力。此时，除代表联邦税务局出庭应诉之外，地区法律顾问会不断探索协商结案的可能性。如果成功，双方签署结案协议（Settlement Stipulation）。法院根据双方呈交的协议作出裁决，无需进行实质审查。需要指出的是，就像中国的民事调解书一样，这种根据结案协议作出的裁决，双方当事人不能上诉。

2. 诉讼协商程序

如果纳税人和税务局不能通过行政程序达成协议，税务法院仍会要求他们在开庭之前尽量协商，就案件的事实部分达成协议，以提交法院作为判决的基础。在其他几个可能受案的联邦法院中，尽管不排除个别法官也会这样要求，但税务法院的程序最为鲜明独特。这里所谓的“事实”，既包括某件事实是否发生或者发生经过，也包括证明这些事实的文件是否存在，是否真实。如果双方认可事实的发生，或者认可相关文件的真实性，对于这些没有争议的事实，必须达成事实协议（Stipulation of Facts），并提交法院。

事实协议对简化诉讼程序有很大的帮助。比如，如果证人证言已经被双方认可，证人就不必出庭作证。如果一方提交的文件已经被对方所认可，那么，开庭的时候也就不需要再行质证。对于因各种原因而很难查清的事实，如果双方能够达成协议，同样可以省去在法庭上不必要的争辩。达成协议意味着对相关事实的最终认可，在案件审理过程中对双方具有约束力，对其他案件则完全不起作用。一般情况下，当事人可能就部分事实达成协议，剩余部分需要经过法庭审理才能确定。但是，也不排除当案件本身清楚明晰时，双方能够协议解决了所有的事实争议。在这种情况下，开庭审理已经成为不必要，当事人可以请求法院直接判决。

任何一方都可以提出事实协议的要约，对方既可能承诺，也可能反要约。正是通过这样一个互动的过程，案件事实方面的共识才会越积越多，最终形成比较全面的事实协议。谈判的过程一般是通过协商会议进行的。此外，在法院开庭之前举行的审前会议中，事实协议通常也是一项非常重要的议程。在实践中，如果一方提出合理的事实协议草案，希望与对方协商，而对方拒绝或者毫不理睬，或者对于协议的内容毫无道理地拒绝，那么，他可以向法院提出申请，强制对方与自己达成协议。法院接到申请后，会命令对方提供理由。如果对方置之不理，就会被推定承认协议的内容。只要对方提出反驳，法院一般不会强行要求双方达成协议，除非对方的反驳理由明显不能成立。

3. 诉讼仲裁程序

美国《税务法院规则》第124条提供了一种对事实进行仲裁的机制。这种仲裁是在诉讼过程中由法院主持的，因此我将其称之为诉讼仲裁。必须重申的是，和前面的事实协议一样，仲裁的内容不涉及法律，而只限于事实。如何根据裁定的事实适用法律，这是法院的职责，不能通过仲裁来解决。这与行政协商程序有很大的不同。

和普通的仲裁一样，税务诉讼中的仲裁也必须有一个仲裁协议。仲裁协议的内容主要包括：（1）需要通过仲裁解决的争议事项；（2）双方愿意接受仲裁结果约束的合意；（3）仲裁员的身份或者选择仲裁员的程序；（4）双方如何分摊仲裁员的报酬以及其他任何开支、费用、花销；（5）禁止任何一方单方面与仲裁员接触。当事人向法院提出仲裁申请时，必须附上已经达成的仲裁协议。

法院接到仲裁申请后，由首席法官安排一名法官或者特别审判官，负责处理仲裁事宜以及监督仲裁的过程。然后法院会下一道指令，其内容除任命仲裁员之外，如果法官或特别审判官认为必要，还可以对仲裁员以及当事人作一些指示。仲裁员作出裁决之后，纳税人和税务局应当立即向法院报告。仲裁的结果对双方当事人都具有约束力，可以作为法院判案的依据。

4. 诉讼调解程序

《税务法院规则》第124条还提到，除了行政协商、事实协议以及仲裁之外，不排除其他可能的自愿形式解决纠纷，包括采用调解。调解人虽然不能像仲裁一样进行裁决，但是可以促成当事人达成调解协议。尽管调解协议对双方不具有拘束力，但至少可以使当事人明了对方的立场，为下一步的协商创造条件。除此之外，调解可以营造一种宽松的气氛，并且不用担心公众的关注，因此，对解决纠纷还是有利的。如果当事人自愿接受调解协议的约束，其实就已经相当于事实协议，法院当然可以作为判案依据。

五、中国是否有必要建立税务法院？

有关中国建立税务法院的主张，很早以前就已经有人提出。之所以会有人提出这个想法，主要是因为观察到美国等国家，已经建立了独立的税务法院，并且发挥了比较好的作用，因此希望借税务法院的建立，带动中国税法建设的进步。确实，中国目前税收执法存在很大的问题，纳税人权利受到侵犯之后，未必能够得到合理的救济。其中，司法不独立，法官缺乏必要的税法素养，法院缺乏独立的税法视角，片面依赖税务总局及财政部的解释，都可能是导致这种现象的原因。不过，上述问题的产生有很复杂的背景，远非建立税务法院就能够解决。相反，在目前中国的现实条件下，税务法院还可能劳民伤财，难以发挥应有的作用，而纯粹成为一种摆设。

不错，在解决税务纠纷的过程中，美国税务法院确实发挥了很大的作用，但是美国并不只有税务法院，就联邦税收而言，它还有索赔法院和地区法院；就州税和地方税而言，则有各州的初审法院（Trial Court）。所以，对于税务诉讼而言，美国实际上存在一个多元的法院系统，而不仅限于税务法院。正因为如此，税务法院所起的作用其实只是局部的。最明显的例子就是，它的受案范围受到限制，一般只能受理与联邦所得税、遗产与赠与税有关的欠税案件，以及正当征收程序、连带责任的救济、利息减免、工人身份确认等方面的案件。实践中发生更为普遍的税收返还案件，就只能选择联邦地区法院或者索赔法院。

期望中国建立税务法院的人大多主张，税务法院受理所有与税收争议有关的案件，包括行政诉讼、刑事诉讼，甚至包括税收代位权之类的民事诉讼。在他们看来，这正是税务法院设想最吸引人的地方。然而我认为，这种想法是不切实际的。主要原因在于，行政诉讼与刑事诉讼有很大的不同，行政诉讼主要解决是否存在纳税义务，以及相关行政措施是否合法的问题。而刑事诉讼主要解决税务犯罪的定罪量刑。二者的程序要件和实体标准都是不一样的。如果税务法院受理税务刑事诉讼，就必须培养刑事审判方面的专家，这样做只会降低税务法官的专业化程度，使得法院的人员和机构越来越臃冗。我以为，即便将来有必要建立税务法院，至少刑事诉讼应当排除在外，仍然由普通法院刑事法庭管辖。

主张建立税务法院的人也没有考虑到，法院本身的组织结构如何安排。是作为初审法院还是上诉法院？如果是初审法院，是上诉于高级法院还是中级法院？是各个地方都建立税务法院，还是建立一个法院，全国巡回审理？如果是上诉法院，是受理基层法院的上诉，还是受理中级法院或者高级法院的上诉？是全国只建一个，还是分大区建立？对于这些问题，学者们并没有认真地思考过。目前，美国的税务法院只是初审法院，并且只有一个总部，全国巡回审理。对税务法院判决不服时，只能到联邦上诉法院上诉。加拿大的税务法院本身就是一个上诉法院，而不是初审法院。① 如果中国要建立税务法院，会是一种什么样的结构模式呢？

最有可能的结果是，将税务法院设计为基层法院，像美国税务法院一样直接受理一审诉讼。由于在考虑设立税务法院时，是假设税务案件非常多，已经或者即将超出普通法院的承受能力，所以，为了保障纳税人的诉权，每个县区都有必要设立税务法院。这样至少会带来三方面的问题。首先，中国目前的基层法院，特别是农村地区的基层法院，能够培

---

① 参见《加拿大税务法院法》第 12 节。http：//www. tcc-cci. gc. ca/juris_ e. htm。

养和容纳优秀的税务法官吗？其次，如果每个县区都建立税务法院，其规模和人员必然空前庞大，中国目前的财政能够承受吗？最后，对基层法院的判决只能上诉于中级法院，而中级法院独立于税务法院系统。如果现在的中级法院不能很好地发挥审判作用，建立税务法院之后就能够自动改观吗？

美国之所以只有一个税务法院，并且仅凭 19 名法官和 7 名特别审判官的力量，可以做到全国巡回审理，主要因为税务案件通过各种途径被分散，最后需要开庭审理的属于极少数。首先，税务法院的管辖本来就有限，许多案件只能由州法院、联邦地区法院或者索赔法院审理。其次，税务法院主要只负责欠税民事诉讼，税务刑事诉讼不在其管辖范围内。再次，美国的税务复议职能独立，不受征收稽查部门干预，容易取得纳税人的信任，可以分流很大一部分税务争议。最后，对于已经起诉的案件，税务局仍然可以和纳税人协商，只要能够达成协议，就不再进入审理程序。如果没有这些机制，美国税务法院必然不堪重负。而这些条件中国都不具备，所以同样的制度不可能达到同样的效果。

也许会有人主张，税务法院可以仿效海事法院的模式，全国分大区建立，虽然直接受理一审税务案件，但是上诉于各省高级法院。但是我认为，这种想法违背了建立税务法院的基本假设，因而也是不切实际的。海事法院之所以能够做到沿江沿海建立，这与它受理船舶案件的特点有关。在内陆地区，不太可能会出现海事案件。但税务诉讼不一样，不管内陆还是沿海，不管是高原地区还是湖泊地区，不管是农村还是城市，只要有人居住，就可能发生税务争议。之所以需要建立税务法院，一个最基本的理由应该是，税务诉讼太多，现行法院体制无法妥善处理。但是既然是这样，就不可能分大区建立税务法院，至少应该按县区行政区划设立，对地域广阔的县，甚至还有必要考虑设立派出法庭，以便利纳税人诉讼。可是如前所述，这种想法目前是不切实际的。

其实，每个国家都是建立在传统上的。美国之所以有多元的法院系统，与其继受英国的普通法有很大的关系。中国自从 1949 年之后，已经建立统一的法院系统，即便是存在林业法院、海事法院、铁路法院等特殊法院，也主要是考虑行业方面的特殊性。正因为如此，对于税务诉讼的未来发展，我觉得完全可以在现行的法院体制之内予以考虑。目前从基层法院到最高法院，都已经有行政法庭和刑事法庭。税务行政案件由法院行政庭负责审理，税务刑事案件由法院刑事庭负责审理，二者的分工不仅已经相对固定，而且本身具有内在的合理性。尽管税务诉讼专业性比较强，但是还没有到高不可攀的地步。任何经过系统专业训练的法官，只要善于学习、勤于学习，都应该具备审理税务案件的素质。如果说法官的素质需要提高，也应该是指，在新的形势下，所有的法官素质都有待提高，而不仅仅是税务法官。

当然，如果建立了税务法院，通过长年累月处理税务案件，法官确实可以积累很多的经验，从而越来越专业化。但是，除了这一点之外，我们还不得不考虑其他的因素。况且，就目前的情况来看，每年法院受理的税务诉讼非常有限，法院现在的能力应付起来绰绰有余，根本不需要另行建立一个法院。（见表 1）如果不顾实际建立税务法院，明显是一个巨大的浪费。而造成税务诉讼少的原因是多方面的，除了中国人厌讼的传统心理外，税务机关权力太大，难以受到有效制约，是一个最主要的原因。纳税人也许在一场诉讼中胜诉，但是其后可能受遭到无休止的报复。从个体效率的角度看，纳税人情愿与税务人员非法交易，通过拉关系、走后门的方式达到目的，也不愿意走向法庭。这些问题即使建立了税务法院，也不可能完全得到根除，因此，税务法院的作用非常有限，贸然建立弊大于利。

有的学者主张，在现行法院体制内建立税务法庭，以替代税务法院的设想。① 在一些专业性的网络论坛中，这种主张也能够不时见到。② 我自己虽然也曾经考虑过税务法庭，但只是从将来时的角度切入的。③ 就目前的情形而言，即便建立税务法庭的条件也不具备。所以，维持现状应该是比较理想的选择。如果将来税务诉讼增多，超出了行政庭的承受能力，到时再考虑建立税务法庭也不迟。不过，我还是坚持，税务法庭只需审理税务行政诉讼，税务刑事诉讼还是应该交由刑事庭审理。至于中国将来是否需要税务法院，我现在不敢随便下结论，这需要根据形势发展进行衡量。至少目前我的想法是，这个问题暂时不需要考虑。

表 1 **1998 年至 2004 年一审税务案件统计资料**

年份	收案	结案	维持	撤销	驳回	撤诉	单独赔偿	其他
1998	2 069	1 939	96	123	140	1 466	33	81
1999	761	1 930	273	195	135	1 150	129	48
2000	2 055	2 025	157	183	164	1 200	54	267
2001	1 237	1 270	159	71	147	515	82	296
2002	1 496	1 482	91	73	125	733	7	453
2003	803	816	126	60	90	225	3	312
2004	1 032	1 041	124	70	88	338	5	416

资料来源：《中国统计年鉴》1998～2004。

注：结案中含上年结存。

六、中国从美国经验中能学到什么？

中国不能学习美国建立税务法院，这是我对上述问题的第一个回答。但是，这并不代表我在其他方面也持否定态度。事实上，就美国的税务诉讼制度而言，无论是其内在理念还是规则设计，都有值得中国好好学习的地方。受篇幅的限制，我不能全面展开论述，只能就上面提到的内容作一些总结。我以为，以美国的经验作为借鉴，中国应该在以下方面进行改进：（1）提高行政复议的公信度，降低税务诉讼的发生率。（2）降低税务诉讼门槛，保障纳税人的诉权。（3）引入小额诉讼机制，便利纳税人诉讼。（4）承认庭前协议的效力，提高税务诉讼的效率。

---

① 参见翟继光：《财政宪政的实现机制——兼论中国财政立宪的路径选择》，北京大学 2006 年博士学位论文，第 125 页。

② 参见武汉大学研究生财税法研究会在“中国财税法网”举办的论坛。http://www.cftl.cn/forum/showtopic.asp? TOPIC_ ID = 712&Forum_ ID = 18

③ 参见刘剑文、熊伟：《税法基础理论》，北京大学出版社 2004 年版，第 43 页。

（一）提高行政复议的公信度，降低税务诉讼的发生率

主张建立税务法院的人大多认为，税务案件的专业性非常强，所以应该由非常专门的法官审理。我的看法是，税务案件专业性强固然是事实，专业化的税务法官也非常必要，但是，如果没有一个过滤和分流程序，所有税务案件都径直冲向法院，法院可能会不堪重负，最终导致降低税务诉讼的效率。而在这一点上，税务行政复议可以发挥很大作用。现在需要解决的问题是，如何提高税务行政复议的公信度，吸引纳税人主动采纳复议程序。如果税务行政复议能够发挥作用，不仅可以给税务机关改正错误的机会，同时可以很大程度降低法院的诉讼负担，此外，还可以提高解决争议的效率，降低纳税人的争讼成本。因此，确实是一个多赢的选择。

在美国，行政复议并不是起诉的前置条件。不过，法律从各个方面鼓励纳税人穷尽行政救济。首先，在联邦税务局里面，复议权独立于稽查权和征收权，复议部独立行使复议职能，可以保证程序的公正性，取得纳税人的信任。其次，复议的程序简便，周期短，效率高，有利于快速便捷解决纠纷。再次，复议部有权力与纳税人达成妥协，根据情况减免部分税收。最后，和向法院起诉一样，复议也具有某些程序方面的中止功能，如税收核定与征收都应当暂停。这样，纳税人同样可以享受到期限利益。通过这些诱导措施，大部分的争议都被吸引到行政复议，税务法院的负担自然大大降低。

中国虽然也有行政复议程序，但是由于其缺乏独立性，隶属于地方各级税务机关，与征收、稽查部分有千丝万缕的联系，因此难以做到独立公正，不能取信于纳税人。可能也正是考虑到这一点，对于欠税案件，法律强制纳税人先行复议，然后才能向法院起诉。这种做法没有抓到问题的根本，因而是不可取的。我仍然主张，取消复议前置，建立独立的税务法制部，行使行政复议权，并就其他法律问题独立提出意见，直接隶属于国家税务总局。① 这种做法简单易行，比建立税务法院的主张切合实际。如果税务复议能够做到高效廉洁、客观公正，纳税人自然会选择先行复议，而不会直接去法院提取诉讼。

（二）降低税务诉讼门槛，保障纳税人的诉权

按照我国2001年修订的《税收征收管理法》第88条的规定，纳税人与税务机关发生欠税争议时，必须先缴纳税款及滞纳金，或者提供相应的担保，然后可以申请行政复议；对行政复议决定不服的，才能向人民法院起诉。我认为，这种做法过于严苛，对于缺乏资力的纳税人而言，相当于剥夺了他的诉权，不利于保护纳税人的合法权益。尽管相对于法律修订前而言，由于允许纳税人提供担保，一定程度上缓和了问题的严峻性，但是我认为这样仍然不够，应该取消税务诉讼的这道门槛，允许纳税人不需交纳欠税，就可以向法院起诉。

法律之所以如此强硬地要求，当事人只有在缴纳税款及滞纳金后才能申请复议，主要是考虑税款的及时安全入库。如果当事人直接申请复议，按照现行的税务争讼程序，从复议到诉讼，从一审到二审，至少要经历半年以上的时间。在这段时期内，税款可能面临各种各样的风险，对政府利益可能会构成损害。不仅如此，如果当期的税收不能当期入库，

---

① 参见刘剑文、熊伟：《税法基础理论》，北京大学出版社2004年版，第486页。

必须等争讼程序结束才能实现，这还会增加税收管理的难度。不过我仍然认为，仅仅因为这些理由就限制当事人申请复议，其手段和目的之间实在缺乏必要的平衡，因而严重违背了法治国家所要求的比例原则。①

实际上，如果税务机关认真履行服务纳税人的职责，文明执法，严格遵守法律规定的标准和程序，尊重纳税人的各种权利，对于税务处理决定，纳税人没有理由动辄起诉。对纳税人而言，与行政机关争讼，大多是迫不得已的选择。就此而言，我们不难得出结论，税务争讼毕竟不是常数，而只是税务程序中的个别现象。既然纳税人愿意承担风险和成本申请救济，一般都可能存在正当合法的理由，滥讼在中国绝不是普遍现象。更何况按照《行政复议法》第21条和《行政诉讼法》第44条的规定，在行政复议和行政诉讼期间，原则上不停止具体行政行为的执行。这足以说明，税收的安全与税收争讼没有必然的联系。

正因为如此，我主张学习美国税务法院的欠税诉讼，取消起诉的前置条件，允许纳税人拿到税务决定之后，直接向法院起诉，不需要缴清税收及滞纳金。至于防止滥讼以及维护税收利益，利息制度是一个不错的选择。我国目前只有对退税适用利息，对欠税没有关于利息的规定，这是一个应该弥补的缺陷。尽管滞纳金很大程度上起了替代作用，但是二者的法律性质存在区别，所以还是应该正本清源，各得其所。如果纳税人毫无道理地拖延诉讼，最后的结果一定导致债务缠身。对于理性的纳税人而言，何去何从，自然会妥善衡量，无需司法机关多加干涉。

（三）引入小额诉讼机制，便利纳税人诉讼

美国税法上的小额诉讼类似于我国《民事诉讼法》上的简易程序，具有简便易行、高效快捷的特点，有利于维护纳税人的权利，也有利于妥善圆满地解决纠纷。这种制度在我国《行政诉讼法》中没有，因此我建议向美国学习，在《行政诉讼法》之外，制定小额税务诉讼的特别程序规则。

如果我国引入小额税务诉讼，可以考虑的问题包括：第一，简化起诉状的形式。纳税人任何形式的起诉，甚至包括口诉，只要能够包括诉的基本要素，法院都不能予以拒绝。第二，实行独任审理，无需组成合议庭。第三，鼓励当事人和解，尝试由法庭主持调解。调解的内容只涉及事实，如何适用法律由法官决定。第四，作为立案标准的争议标的，可以考虑个人纳税人10万元，企业纳税人50万元，其他纳税人20万元。超过这个标准的仍然适用普通程序。第五，是否采用小额税务诉讼由原告选择。如果被告反对，则由法院裁决。第六，对小额税务诉讼的判决不允许上诉。

当然，这些只是我的初步构想，许多问题还有待详细的论证。不过，随着税务诉讼的增多，简化程序、提高效率，应该是一条主旋律。不管是纳税人、税务机关还是法院，对此都会持欢迎态度。因此，小额税务诉讼从整体上来说，应该具有可行性。至于具体的细节如何设计，欢迎来自各方面的意见和批评。

---

① 参见刘剑文、熊伟：《税法基础理论》，北京大学出版社2004年版，第492页。

（四）承认庭前协议的效力，提高税务诉讼的效率

所谓庭前协议，是指在税务诉讼过程中，纳税人和税务机关就事实问题达成的协议，类似于美国税法上的事实协议（Stipulation of Facts）。之所以协议的内容只限于事实，主要是因为税法必须遵循税收法定原则。税务机关必须依法征税，应收尽收，不能违法减免税。不过，对于案件的事实部分，如纳税人是否发生了交易，交易的金额为多少，纳税人是否发生了费用，费用的金额是多少，等等，如果确实无法证实，不排除双方协商的余地。至于交易所得是否属于应税所得，交易费用是否可以扣除，这属于法律适用问题，只能根据法律规定进行判断，不容当事人协商。

我认为，为了提高诉讼效率，中国不妨学习美国的税务诉讼经验，允许当事人就事实和证据进行协商，只要能够达成协议，法院无需进行实质审查，就可以作为判决的依据。这种协商的过程可以由当事人自主进行，也可以在法院的主持下进行。如果当事人自主协商，达成协议，对于如何适用法律，法院应尽量尊重税务机关的自由裁量权。既然纳税人接受税务机关的处理结果，法院没有必要进行合法性审查。①

在我国学界中，由于机械地理解税收法定主义，大多数人对税收协议持排斥态度。这种观点主要源于德国学者的见解。例如，Tipke/Lang 就认为，如果允许纳税人与稽征机关订立契约，或允许税务法院进行调解，则将无法达到课税的公平。合法性和公平性禁止稽征机关与人民订立违背法律的协定，或进行非法的同谋与合作，所以反对任何形态的税收协议。② 不过我主张，在不改变法定义务的前提下，税收协议可以在一定范围内予以承认。③ 例如，这里所提到的庭前协议，由于只涉及事实，不涉及法律效果，应该不至于违反税收法定主义。

① 按照我国《行政诉讼法》第1条的规定，行政诉讼具有监督行政机关依法行政的职能。所以，在诉讼过程中，如果行政机关改变具体行政行为，而行政相对人申请撤诉，法院可以裁定不准。不过，我认为，法院能够起到解决纠纷的作用就不错了，监督行政机关依法行政，可能有些不切实际。所以，如果税务机关改变税务处理决定，纳税人申请撤诉，法院没有多少理由不准。

② 转引自陈清秀：《税法之基本原理》，台湾三民书局1994年版，第70、71页。

③ 参见刘剑文、熊伟：《税法基础理论》，北京大学出版社2004年版，第487页。

法学杂谈

法律与文学初论

■ 张万洪*

目 录

一、法律与文学运动的发展
二、法律与文学研究的可能与意义
三、法律与文学研究举隅

一、法律与文学运动的发展

（一）法律与文学运动的兴起

1900年，美国法学教授约翰·魏格摩（John H. Wigmore）开列了一个《法律小说书单》（A List of Legal Novels），指出有四类小说可被视做法律小说：（A）小说中有审判场景，或许还描写了一个技巧性很强的交叉询问场景；（B）小说刻画了一个典型的律师，或者他们的职业生涯；（C）小说中描写了一个刑事案件侦查、追捕和惩罚中的法律方法和程序；（D）法律影响了小说中人物角色的权利和行为。① 这个书单影响很大，后来人们又将其上述分类进一步运用于戏剧与史诗，更为全面。1925年，美国联邦最高法院大法官本杰明·卡多佐在《耶鲁评论》上发表了著名的《法律与文学》② 一文，讨论了司法判决与文学风格的关系，脍炙人口，被后世认为是法律与文学领域一篇重要的文献。但在20世纪70年代以前，这些关于法律与文学的研究是偶然的、零星的、自发的，主要研究对象是经典文学名著中有关法律的故事。研究者们效仿魏格摩，探讨在狄更斯、卡夫

* 武汉大学法学院副教授，法学博士。

① John H. Wigmore. *A List of Legal Novels*. The Brief. Vol. 2. January 1900. p. 124.

② 中译本见［美］本杰明·内森·卡多佐著：《法律的生长》，刘培峰等译，贵州人民出版社2003年版，第83页。

卡、麦尔维尔的文学名著中法律是如何被运用的，同时检视这些作品以及其他文学作品中的法律内容。这种研究法律与文学的“名著方法”建立在这样一个信念之上，即对文学的研究是非常必要的，它可以给法律人以文学敏感性。

作为一场运动，法律与文学（Law and Literature）却发轫颇晚。该运动产生的缘由或初衷是为了反击法律经济学。法律经济学，又称经济分析法学、法律与经济，① 是当下美国最流行、影响最大的一个法学流派。② 经济学高举科学主义和理性主义的大旗，试图用公式、数学、科学来解释世界，以其“霸权主义”或“帝国主义”横扫学界，来营造一个“经济学帝国”，法学也未能幸免（尽管有人说“未能幸免”，不知是法学的幸运或者不幸）。面对此情此景，一些有人文背景的法学家③认为，“经济学家被自然科学的模型所迷惑，趋于把经历了数千年争论磨练的伦理学理论看得无关紧要”，会导致“语言笨拙和论点浅薄”；④ 同时，大量经济学思维、术语、方法的引入，会使法律人都变成斤斤计较、唯利是图的人。于是他们就倡导、发起了法律与文学的运动。

通常认为，法律与文学运动滥觞于时任密歇根大学法学院英语和法学教授詹姆斯·怀特（James B. White）所著《法律的想象：法律思想和属性的本质研究》一书的出版。⑤ 该书向人们展示了文学研究与法律解释间惊人的相似之处，指出文学应当成为法学教育的一部分，主张对法律和判决进行文学研究。按布鲁克林法学院加里·闵达的说法，自怀特的著作出版后，法律和文学运动就逐渐“正式”成为法理学的一个独特的分支与流派。该流派基本的法学主张是：第一，文学研究有助于研究法律的伦理特征，文学理论与实践可以使我们洞察作为法律主体的人；第二，法律与文学是紧密相关的，它们都依赖语言，

---

① “Law and Economics”，从这个名字我们就可以看出“法律与文学”与经济分析法学之间关系的一些端倪：他们的英文都是“Law and *”。后来又有了法律与美学、法律与音乐等课程或者说学科。

② 参见朱苏力：《可别成了“等待戈多”——关于中国“后现代法学研究”的一点感想或提醒》，载朱景文主编：《当代西方后现代法学》，法律出版社 2002 年版。

③ 美国的法学院教育是研究生教育，学生在进入法学院前至少要拥有学士学位，专业背景不限。参见苏力：《法学本科教育的研究与思考》之附录《美国的法学教育和研究对我们的启发》，载苏力：《法治及其本土资源》，中国政法大学出版社 1996 年版。这种制度吸纳了大量不同学科背景的精英加入法学院，极大地促进了与法学相关的跨学科研究，如“法律与经济”“法律与文学”等；甚至产生了一些看起来“另类”、但发人深省的学术成果，如有数理功底的学者试图用相对论和量子力学等近代物理学原理来昭示司法过程的性质及其社会作用，见劳伦斯·H·却伯：《弯曲的宪法空间：法律人能够从现代物理学中学到什么》（Laurence H. Tribe, The Curvature of Constitutional Space: What Lawyers Can Learn from Modern Physics），原载《哈佛法律评论》第 103 卷（1989 年），中译文载张千帆组织编译：《哈佛法律评论·宪法学精粹》，法律出版社 2005 年版。

④ ［美］罗伯特·考特、托马斯·尤伦著：《法和经济学》，张军等译，上海三联出版社、上海人民出版社 1994 年版，第 15 页。

⑤ James B. White, The Legal Imagination: Studies in the Nature of Legal Thought and Expression, Little, Brown & Co., 1973. 朱景文教授认为怀特教授为法律与文学运动的产生奠定了基础，见朱景文：《当代美国法理学的后现代转向》，载朱景文主编：《当代西方后现代法学》，法律出版社 2002 年版；朱苏力教授认为该书的出版“标志着法律与文学运动的正式起步”，见《孪生兄弟的不同命运》，载《比较法研究》2002 年第 2 期；胡水君博士等认为该书是法律与文学运动的“最早渊源”，见《法律与文学：文本、权力与语言，》载朱景文主编：《当代西方后现代法学》，法律出版社 2002 年版。

都依赖一种解读、书写和言说的方式，都牵涉类似的解释问题；第三，在很大程度上作为对20世纪80年代初期传统法学“解释学转向”的回应，法律与文学研究代表了法律解释学的发展，可以帮助我们通过解释法律来增进对法律的理解。凡此种种，均使法律与文学运动与朗德尔和霍姆斯为代表的陈旧的法学流派相比，显得卓尔不群。该运动的参与者们认为，法律和文学这两个学科经由一个观点而统一，即语言是特定文化世界对话的共同体。他们称文学世界“将法律人约束在一个更大的共同体上，文学世界也是该共同体的一部分”。

（二）法律与文学运动的研究路径与现状①

到目前为止，法律与文学运动，细致分来，可以有四个分支，一是作为文学的法律（Law as literature），将法律文本以及司法实践当做文学文本来研究其修辞和叙事，从这一进路看来，法律不过是另一种应当予以解释和理解的故事；二是近年来甚至有一些作者用文学方法讲述法律，这就是通过文学的法律（law through literature），同时还研究文学理论和文化，研究对法律分析其他可能的贡献，特别是解释；三是有关文学的法律（law of literature），研究各种规制文学艺术产品（包括著作权、版权、出版自由、制裁淫秽文学书刊、以文学作品侵犯他人名誉权）的法律；四是文学中的法律（law in literature），研究文学作品所反映表现出来的法律。但一般说来前两者可以且常常被归为一类，第三分支与传统的法律研究特别是知识产权的研究没有多大差别。因此，更多学者认为，法律与文学运动主要有两大分支，即作为文学的法律，以及文学中的法律。当然，这种区分只是为了研究的方便，事实上，这两个方面是互相纠结互相补充的，其划分并没有看上去那么严格，因为两者都重视文本的意义以及文学理论的运用，要将两者截然分开是不可能的。下面我们简单介绍一下法律与文学运动这两个基本的分支。

“文学中的法律”脱胎于文学法理学的名著方法，即研究西方文学经典中的法律问题。文学法理学的倡导者认为文学经典有助于理解复仇、犯罪等典型的法律主题。他们认为对国际主义、形式主义和客观性等法律概念从文学角度予以解释，是有启发意义的。在他们看来，文学经典，如卡夫卡的《审判》或麦尔维尔的《漂亮水手》，是律师和法官重要的法律教材。卡多佐法学院的理查德·卫思伯教授（Richard Weisberg）是当今该流派的主要代表。他所著的《失语》一书是“文学中的法律”的代表作之一。

“作为文学的法律”使用了更多的方法和文学批评理论作为媒介来分析法律文本，探讨法律的本质和法律修辞。该流派源于这样一个理念，即讲故事和法学研究是相关的。正如已故的耶鲁大学法学教授罗伯特·卡佛所言，法律只不过是另外一个需要解释的故事。“作为文学的法律”的一个分支流派还非常倚重讲故事和叙事的技巧，以新的形式质疑传统解释法律的原则。新近女权主义法学家和种族批判法学家利用讲故事，开辟了一条基于个人或虚构的经验来批判法律的新路子。这些学者运用讲故事的手法在他们的作品中发出了“不同的声音”，他们称这些声音在传统的法律叙事中被遗忘了。他们深信讲故事能够描述个人的被歧视的经历，揭示出法律叙事是如何忽视了受害者的故事。

---

① 本标题下部分文字编译自 Gray Minda. *Postmodern Legal Movements : Law and Jurisprudence at Century's End*. New York University Press. 1995。已获作者授权，特此说明。

"作为文学的法律"的另一个分支运用文学批评方法来构建解释的策略，来适用和揭示法律文本的含义。这种法律解释的解释学路径"与其说与文学本身相关，不如说关乎解释学的更宽广的话题，其兴趣几乎横跨包括法学、哲学、社会科学的所有学科"。这种方法运用解释学批评的方法，将法律看做一个解释的过程来审视。斯坦利·费什、欧文·费斯、桑福得·列文森等学者运用这种方法发展出了解释法学。这种方法在当今美国宪法学界相当流行。

也许正如卫思伯说的那样，"文学中的法律和作为文学的法律的两分法已经过时了"。在卫思伯看来，那些"作为文学的法律"的信徒用"文学中的法律"的材料就足以完成教学计划了。因此，19、20世纪的文学经典就构成了所谓的"解释学传统……完全响应了我们［当下法律解释的］后现代关注"。其他反对法律与文学两分法的人则注意到法律批评和文学批评在方法和气质上是高度一致的。罗纳德·德沃金、斯坦利·费什、欧文·费斯等法学家也通过从文学角度来探讨法律解释和含义，极大地推进了对法律和法庭判决的概念的研究。

法律与文学的研究者们在一些重要的问题上还不能达成一致，比如文学批评在法律分析中的运用问题（例如，法律解释者能否超越立法者的原意?）。尽管如此，他们还是拥有一个共同的信念，即法律解释是文学解释的一个特殊类型。詹姆斯·怀特将学者们的意见最清晰地表达为："［今天］法律的生命就是艺术的生命，就是使语言对他人产生意义的艺术。"如此看待法律就意味着文学和语言研究对理解法律中的人性、理解法律是如何影响人性发展，是至关重要的。在怀特看来，法律与文学必须被看做创造性的艺术，它"能够使人获得同情心，它使人的人生观和世界观变得丰富，它使在我们文化中占主导地位的工具主义的、斤斤计较的理性变得为人所不齿"。另一方面，卫思伯强烈地声称对于法律人而言，文学经典中的法律故事和文学批评理论一样重要。然而，尽管有上述种种凿枘，所有法律与文学运动的参与者都认为"法律是一个故事"，应当像所有其他文学故事一样来解释。在这个意义上，批判法学家罗纳德·德沃金、斯坦利·费什也是法律与文学运动的支持者。

关于有无必要区分法律中的文学性比喻和文学作品的文学性叙事这一问题上，学者们也有不同看法。理查德·波斯纳认为虽然在判决中使用比喻并无不妥，但文学中的叙事方式却毫无法律意义。但是文学批评家保罗·赖肖尔却反对这种区分，他说比喻和叙述只是不同的"讲故事"的方法。赖肖尔认为法律本身就是一种特殊的讲故事的形式，因此比喻和叙事在进行法律叙述的分析时是相关的。在过去的几年中，法律与文学学者出版了大量在法律分析中运用文学叙事技巧的作品。比如詹姆斯·爱尔金和托马斯·夏佛率先为法学教育和法律事务提出了一种全新的"叙事法学"。斯坦利·费什声称："法律课本可以用诗或寓言的形式来写。"波斯纳认为文学叙事来充当法律的媒介是不适合的或不可信的，对此法律与文学学者们难以苟同。

文学、解释和叙事是法律与文学运动的基本要素，它们在不同的方向上推动该运动向前发展。卫思伯，作为文学法理学的主要代言人，声称我们可以通过研究法律是如何在经典文学作品中使用的而洞察法律规范和法学的真义。他认为在法律文化应当创造的人类价值类型上，经典文学作品的作者为我们提供了最好的合乎伦理的描述。他还坚信文学作品给我们上了重要的一课，即暴政可以具有冠冕堂皇的形式。例如，卫思伯向我们展示了通过细读麦尔维尔的《漂亮水手》，可以多么有助于理解书写和言说的概念，多么有助于探讨道德责任问题。在1982年的一篇论文《法官是怎样言说的：由〈漂亮水手〉得出的几点教训，兼谈兰奎斯特大法官》中，卫思伯分析了麦尔维尔《漂亮水手》中的一个“场景”，给读者了一个关于文学叙事的重要的教训。他通过大量的深入而细致的分析，指出法律修辞在叙述过去发生的事件时，可以通过省略甚至篡改事实，进而使结果变得正当却不让听众和观众感到不快；法官可以通过遣词造句省略或歪曲对于理解法律至关重要的事实和程序，进而使法庭推理的过程“微妙地非中立化”了。在后来的研究中，卫思伯考察了二战期间维希政府治下的法国，这种弄舌之辞是如何助纣为虐，被用来迫害犹太人的。

目前，法律与文学运动在西方已经蔚然成风，生机勃勃：许多法学院已经开出相关课程，文学评论却频频出现于法律课堂和法律期刊上，① 冠名“法律与文学”或“法律与人文”的学术期刊影响日渐扩大；从美东到美西，从欧洲到澳洲，法律与文学的研讨会时时举办；相关的学会成员日增，包括法官、剧作家、小说家和从业律师；作为一个庞大而充满活力的群体，参与法律与文学运动的文学学者们致力于法律技术领域的研究，法学学者们撰写有关解释学、风格学方面的文章甚至小说，他们一起讨论，营造了一种将艺术创作和社会政策及公正要求相联系的氛围……可以说，作为一种理念和方法，法律与文学以其独特的魅力，吸引了越来越多人的视线，整个运动业已取得令人瞩目的成果。② 观察家和法律思想史学者已经将法律与文学与批判法学研究、女权和种族批判理论以及法律和经济一起视为上个世纪后25年最主要的法学运动，并称为后现代四大法学流派。

（三）法律与文学运动在中国③

在中国文学的海洋中，也有不少与法律有关的作品，如元代公案戏、包公戏和清官戏，其中也不乏经典之作。通过文学来研究法律的学者，也可谓大有人在。这些自觉或不自觉的学术先锋及其作品，朱苏力教授在其《在中国思考法律与文学》一文中已有列举和批评，本章不再详述。但相比法律与文学运动在西方的方兴未艾之势，法律与文学在中国的发展却堪称步履维艰、困难重重。

1. 法律和文学运动在中国的发展障碍

首先，当今中国的法律制度，与古代中国文学作品所记载或反映的古代法律有着巨大的差别。中国法律的历史可以上溯到公元前3 000年左右，形成了特色鲜明的法律传统。费正清这样对比中国和西方的法律：

---

① Richard H. Weisberg, “Three Lessons from Law and Literature（法律与文学三讲）”. 27 Loyola of Los Angeles Law Review 285.

② Richard H. Weisberg. “Literature's Twenty-Year Crossing into the Domain of Law: Continuing Trespass or Right by Adverse Possession?” in Freeman & Lewis. eds. Law and Literature (Oxford University Press, 1999). p. 47-61.

③ 本部分内容原系本文作者参加“《失语》与‘法律与文学’的兴起”国际研讨会（本杰明·卡多佐法学院、耶鲁大学出版社、美国法律与人文学会主办，2004年4月18日，纽约）的大会发言，讲稿全文《中国孤儿：当代中国的法律与文学》（*The Orphan of China: Law and Literature in Contemporary China*），见于《卡多佐法律评论》第26卷第6期（26 Cardozo L. Rev. 2497）。

> 法律的概念是西方文明的荣耀之一，而在中国，法家学说虽然深深影响了中国人对所有法律的态度，但是，二千余年来，它一直不受重视。这是因为法家的法律概念与罗马的法律概念相比，有着较大的缺陷。西方的法律一直被认为是上帝或者自然的某种更高级命令在人间的体现，而法家的法律只代表了统治者的命令，中国很少甚至没有发展出民法保护公民；法律大部分是行政性的和形式的，是民众避之犹恐不及的东西。①

一些学者也许不同意费正清这种韦伯式的评价，但他们几乎都承认中国古代的法律是相当不同于基于法治的"西式"法律文化的。② 在中国法制现代化的过程中，中国法的传统几乎丧失殆尽了。③ 布迪和莫里斯所著《中华帝国的法律》④中讨论的那些法律典籍和现象，都已经成了博物馆中陈列和人们心中的记忆。那么，大量存在的古代文学作品，即使谈到了法律，与当今的社会是格格不入的。一些学者担心，在几乎西化的法律体系下，对这些文学作品分析，不会有太大意义。

其次，现当代中国文学作品有其固有缺陷，妨碍了对其进行研究。这些缺陷包括文学作品的"一体化"问题与涉法表达的错误等。文学批评家在谈到中国 20 世纪 50 年代至 70 年代的文学时，都使用了"一体化"这个概念。⑤ 这是指，在相当长时间内，根据毛泽东《在延安文艺座谈会上的讲话》，为工农兵服务的"工农兵文学"在全国性范围内成为支配地位的文学规范，甚至几乎是唯一的文学形态。"一体化"还指的是这一时期文学组织方式、生产方式的特征。包括文学机构、文学报刊、写作、出版、传播、阅读、评价等环节的高度"一体化"的组织方式，和因此建立的高度组织化的文学世界。"一体化"又是这个时期文学形态的主要特征，具体表现为题材、主题、艺术风格、方法等的趋同倾向。对这些高度一体化的文学作品，恐难进行真正有效的法学解读。

影响对现当代中国文学作品进行法学解读的另一个障碍在于，这些文学作品中涉及法律时常有错误的表达。命运多舛的中国法学教育没有能够培养出像雪莱、巴尔扎克、卡夫卡、麦尔维尔、格雷森姆这样的拥有法学学位或受过法学教育的作家。

第三，西方的相当一部分文学作品，对中国人，尤其是法律人而言是陌生的。产生这种现象的原因，相当程度上是因为政治。著名诗人冯至（1905～1993）曾在《人民日报》发表文章，称一些"右派分子"在"向党进攻"时，会借用文学作为"武器"。⑥ 比如，中央戏剧学院教授孙家琇，引用了莎士比亚的十四行诗；萧乾在当时名噪一时的文章

---

① John King Fairbank. East Asia: The Great Tradition. Boston: Houghton Mifflin. 1960. p. 84. 本处译文采高道蕴等编《美国学者论中国法律传统》"导言"中的译文。中国政法大学出版社 1994 年版，"导言"第 2 页。

② 参见高道蕴等编《美国学者论中国法律传统》，中国政法大学出版社 1994 年版，"导言"。

③ 参见张晋藩著：《中国法律的传统与近代转型》，法律出版社 1997 年版。

④ Derk Bodde and Clarence Morris. *Law in Imperial China*. Cambridge: Harvard University Press. 1973. 中译本见［美］D·布迪、C·莫里斯：《中华帝国的法律》，朱勇译，江苏人民出版社 1995 年版。

⑤ 参见洪子诚著：《问题与方法：中国当代文学史研究讲稿》，三联书店 2002 年版，第 187 页。

⑥ 冯至：《从右派分子窃取的一种"武器"谈起》，载《人民日报》1957 年 11 月 21 日。

《放心、容忍、人事工作》（《人民日报》1957年6月1日）中，引用了伏尔泰的话——“我完全不同意你的看法，但是我情愿牺牲我的生命，来维护你说出这个看法的权利”；北京大学学生中的“右派”，在大字报中也引用西方文学中的一些名句，像拜伦、雪莱的诗句（“天上和人间的暴风雨，怎能摧毁你的果敢和坚忍”等）。冯至说，“值得注意的是，从中国古典文学、苏联文学、以及中国现代文学中窃取武器的，则非常稀少”。另外，冯至还说到，一些作品，一些人物形象，像罗曼·罗兰的《约翰·克里斯朵夫》，梅里美的《卡门》，司汤达的《红与黑》等，都曾经对青年起过“迷惑作用”：“这些富于反抗精神、追求绝对的自由和爱、倡导超人式的个人英雄主义的作品”，凭借它们“艺术上的成功和感人的艺术形象”，使一些青年有一个时期“竟忘记了自己是社会主义时代的青年，而一度丧失了立场”。冯至是从文学作品对一些青年学生的思想影响上，来指出西方古典文学在当代的“严重”意义的。1958年底，人民文学出版社出版了批判《简·爱》、《红与黑》、《苔丝》、《牛虻》等作品的小册子，原因也由于“整风和反右斗争中，有些右派分子在向党、向社会主义猖狂进攻的时候，曾经引用某些外国古典作品中的片言只语”，因而“如何分析、研究和批判外国古典文学遗产，在今天仍然是我们的一个战斗任务”。① 在上述背景下，上个世纪解放后相当长时间内我国没有正式出版西方经典文学作品。

除政治、历史的原因使中国人无法深入、广泛地阅读西方文学经典外，中国法学院的学生组成，与美国也不尽相同，法学教育的绝大多数对象是本科生，他们刚刚结束高中的学业，就开始接触繁重的法律学习，换句话说，中国法律人没有机会接受博雅（Liberal arts）教育，对西方文学经典知之甚少。一部分在美国接受过法学教育的人，回到中国后，希望推进法律和文学在中国的发展；而上述现状是他们最大的顾虑。“在一个对西方文学经典并不熟悉的社会中，你很难甚至无法引入在美国发生的法律与文学运动，并让它在中国生根。你总不能为了引进法律与文学运动，先给中国或中国法学界来一个西方文学的普及补课吧?!”②

第四，“作为文学的法律”在中国的发展也不容乐观。法律文本，应当是“作为文学的法律”的研究对象，可在中国，却是另一幅图景。当代中国立法走过了50多年的历程。这50多年，是中国数千年旧式立法逐渐走向终结并向新的立法逐渐过渡的年代。中华人民共和国成立初期，立法较为活跃，却马上走向萧条、变态、停滞直至几乎废弃的命运。这一命运一直持续到1979年前后，中国立法才获得转机，揭开走向繁荣时代的帷幕。这以后，法律的数量在总体上呈直线上升的趋势，稳定地、较快地、较大规模地发展着。差不多每年都有一大批法律、法规、规章产生。这些法律、法规、规章所调整的范围已相当广泛，社会生活的各个主要方面或基本方面已在不同程度上有法可依。可这些法律，很多是在“宜粗不宜细”的立法原则下制定出来的，立法法、立法程序法或立法标准法这类法律，在相当长时间内既不存在，也根本无人问津。立法工作存在许多问题：立法不讲方略、不讲质量；立法决策与政治决策、行政决策几无区别；法的内部结构不科学、不完善；名称、形式过多、过杂、过乱；法的规范不完整，缺少后果模式，只知规定有权如

① 黎之著：《文坛风云录》，河南人民出版社1999年版，第188～189页。

② 苏力：《在中国思考法律和文学》，载《法学前沿》第5卷，法律出版社2003年版，第70页。

何、应当如何、不应当如何，不注意规定违反这些规定应当承担怎样的责任；法的整理、汇编和编纂都很落后；立法规划未能及时予以注意，立法往往不分轻重缓急；立法预测、立法协调、立法信息反馈等手段的应用，还远远谈不上。雪莱的名句说，诗人乃世界未予承认的立法者。① 反过来说，立法者也应如诗人般斟词酌句，可中国的立法者却是蹩脚的诗人，或者说，他们太忙了，他们没有时间去写一部像诗一样的法律。

在判决书方面，中国法院的判决书往往表现为一套令人费解的自说自话。现实当中许多法官根本就不愿在法律推理的舞台上"装腔作势"、展示所谓的推理过程，许多的判决书——尤其是基层法院的判决书——"查明"、"根据"、"认为"、"判决"的模式，的确给人们造成法院判决不够讲理甚至"不讲理"的印象。

与一般人相比，法官应在学识、人格、社会阅历等方面有更为卓越的资质，这本来应该是一个精英群体。可是，在文化水平上，现有的法官与理想状态的法官相距甚远。就法律专业训练状况而言，基层法院的法官有相当一部分没有经过正规法律本科以上的法学教育。我们姑且不论这样的法官们能否胜任工作、正确适用法律、合理解决纠纷，而是说他们难以作出论点和论据严密、逻辑性强、层次分明、分析透彻、情理法浑然一体的判决书来。法院判决书的严肃性、权威性和抽象性的特殊要求与基层法院的法官们在长期实践中形成的知识体系并不具有天然的相容性。换言之，上述基层法院法官难以用一套规范的法言法语来占据判决书的有效空间。在事关重大事项的判决书中，在谈到判决理由时，也只是用一句模糊的"鉴于本案的具体情况"搪塞过去，让人哭笑不得。② 想从这样的判决书中找出卫思伯所谓的"诗伦理学"，无异于缘木求鱼。

2. 法律与文学运动在中国发展的机遇

在汉语中，"危机"一词同时含有危险和机遇的含义。上述种种法律与文学在中国发展的——似乎是先天的——缺陷，换一种视角来看，未必不是其机遇。近些年来，情况有了变化。

第一，对法律解释等问题的关注。原始的立法碰到转型期多变芜杂的现实时，在如何对法律解释这一问题上就产生了各种重要争论，比如法律解释是否能够超出作者原意？基本的文学解释方法是否能够用来发现法律研究的最好解释框架？为了发现法律文本的复杂性，是否需要解释的目的开放的道德准则？一些人相信法律意义的客观来源镶嵌在法律文本、或者法律制度和文化之中；而另外一些人则认为文本和文化都是相当含糊的，因而阅读者可以对其作任意解释。③ 在这些争论中，西方法律与文学研究者的著作、观点，就进入了中国学者的视野。此外，人们逐渐开始强调立法质量和判决书的写作，那么人们也开始关心文学文本的写作、解释和批判技术，对法律文本的制作、分析和法律规则的操作有何用处。

---

① "*Poets are the unacknowledged legislators of the world.*" *See Percy Bysshe Shelley*, *A Defense of Poetry*, *in Essays*, *Letters from Abroad*, *Translations and Fragments.* Mrs. Shelley ed., Edward Moxan. London. 1840. p. 57.

② 对我国法院判决书制作的一个简短的批评，见许章润：《天下士人不服》，载学术批评网http://www.acriticism.com/article.asp?Newsid=8534&type=1000，2007年1月16日最后访问。

③ 我国学者对法律解释问题的讨论，见梁治平编：《法律解释问题》，法律出版社1998年版。

第二，对法学教学改革的吁求。我国的法学本科教育，究竟应为职业教育，还是通识教育，一直是困扰法学教育者的一个问题。毋庸置疑的是，我国法学院的学生绝大多数来自高中，于是素质教育、通识教育在法学教育中是必不可少的。人们只有具备了融会贯通的综合知识结构，才能透彻地研究高深的学问和顺利地开展有效的工作。清华大学前著名校长梅贻琦指出："今日而言学问，不能出自然科学、社会科学与人文科学三大部类。曰通识者，亦曰学子对此三大部门均有相当准备而已，分而言之，则于三者之间能识其会通之所在，而恍然于宇宙之大，品类之多，历史之久，文教之繁，要必有其一以贯之之道，要必有其相当为因缘与依倚之理，此则所谓通也。"①特别是在当今学科发展不断分化而又不断综合的趋势下，实施通识教育具有更为现实的意义。在对法学院课程进行改革中，在对中国本科法学生同时进行专业教育和博雅教育时，法律与文学课程成了最好的选择。

而且，学生从文学文本中得到的法律体验要比从那些干巴巴的法律文本为多。法是文化构体中属于最为僵化的一种，而艺术则是变动的时代精神最为灵动的表达形式，两者处在自然的敌视状态。就其本性而言，法学是与一切展现浪漫趣味和别出心裁的思想方式相抵牾的。至少就近现代的所谓"法学家的法"而言，它们表面上愈来愈丧失了令普通人感到亲和愉悦的直观的趣味，这亦无形中遮蔽了它自己独特的审美的性质和价值。② 法学院的课程由此也变得枯燥乏味，而"法律与文学强调的，首先是法律故事的伦理意义；……阅读优秀的文学作品能够迫使法学院的学生和法律家意识到并且思考法律问题的伦理意义和思考者本身的政治立场……换言之，文学之所以能抵法律的不足，乃是因为它上演的是具体、生动而典型的，直接诉诸读者的伦理意识和同情心的一幕幕'人间喜剧'"。③

第三，实践中已有一些成功尝试。目前已有越来越多的人开始发表有关法律和文学的文章，比如一个文学批评家就言及20世纪80年代以来几部流行的文学作品是人治的反映，并非依赖体制、法律和制度。④ 事实上至少在20世纪90年代以来，中国法学界就有一些学者的研究涉及法律与文学领域了。⑤ 如一些学者从中国古代的判词（真实的或文学作品中）出发，讨论古代司法的风格、精神，并由此来研究中国古代司法制度；⑥ 一篇有

① 梅贻琦：《大学一解》，载《清华学刊》，1941年第13期。

② 参见舒国滢：《从美学的观点看法律——法美学散论》，载《北大法律评论》（2000）第3卷，第2辑，第301～302页。

③ 冯象：《法律与文学（〈木腿正义：法律与文学论集〉代序）》，载《北大法律评论》（1999）第2卷，第4辑，第692～693页。

④ 参见张杨：《文艺创作与"人治"问题》，载《法学家茶座》第2辑，山东人民出版社2003年版，第130页。

⑤ 一些文学研究者和文学批评家也触及了法律与文学，但这些研究主要是文学的或史料学的，本文暂不讨论。同时，我这里也只涉及大陆的法学界，在台海对岸，也有一些人在从事法律与文学研究的尝试。

⑥ 参见贺卫方：《中国古代司法判决的风格与精神：以宋代为基本依据兼与英国比较》，载《中国社会科学》1990年第6期，第203～219页。汪世荣：《中国古代判词研究》，中国政法大学出版社1997年版。

关女权主义的文章讨论了中外三部经典文学作品中的女性形象。① 但这些作者当时并无法律与文学的理论自觉。另外遗憾的是，一位也许是最早在中国写长篇文章系统介绍美国法律与文学的冯象教授没有继续他在法律与文学领域的写作。② 冯象在北京大学获得文学硕士学位，在哈佛大学获得英国文学博士，并在耶鲁获得法律博士学位。由于其学术训练背景、敏感的艺术感觉和娴熟的叙事技巧，使得他有关法律和文学的写作的视野相当开阔和深入，③ 但现在他却专门从事知识产权研究——也算是法律与文学吧。如果读者有兴趣，还可以阅读朱苏力、余宗其、徐忠明等人的相关著述。

在教学中也有很成功的尝试。朱苏力教授在北京大学法学院就曾数个学期开设法律与文学课程。欧洲人权与民主项目（European Human Rights and Democracy Initiative）在中国举办死刑辩护律师培训时，也通过“法律与文学”的途径，利用文学作品，向律师展示死刑的荒谬与不人道，鼓励律师以超乎寻常的热情，不顾及较低的收入、“机会成本”的支出和来自各方面的压力与危险，去为自己的当事人寻求活命的机会，收到了良好的效果。

第四，国外学者的推动。1999 年到 2000 年，作为富布赖特访问教授的朱迪·柯芙勒在武汉大学法学院讲授美国宪法、破产法的同时，就在讲座上向武汉大学的学生们讲授了以狄更斯小说开展有关研究的可能；2002 年到 2003 年，卫思伯教授在南京大学—约翰斯·霍普金斯大学中美文化研究中心开设了一门课程，“通过故事的法律”（law through stories）。这些法律与文学运动先驱的工作，使上课的学生受益匪浅，他们在中国的土地上播下了法律与文学的种子。

最后但并不是最不重要的，中国的法律与文学研究也许可以从不同的角度，对法律与文学作出独特的贡献。中国是一个诗歌与文学的国度。夫子曾言：“何莫学夫诗？诗可以兴，可以观，可以群，可以怨。迩之事父，远之事君。”④中国人没有理由不喜欢文学，在中国研究法律与文学，也许会有丰富的成果。我们可以期待法律与文学运动在中国的“远大前程”，而且这种期待不会是朱苏力教授所担心的“等待戈多”式的期待。

二、法律与文学研究的可能与意义

（一）为什么可以通过文学研究法律——法律与文学的互通性

文学与法律的“联姻”由来已久。法律一直是与正义联系在一起的，而英国剧作家爱德华·邦德（Edward Bond）评论道：“所有剧院、所有戏剧和其他许多形式的目标都是正义。我认为，这正是人性所追寻的。后现代作家的任务……应当是重述当今的世界，

① 参见强世功：《安提戈涅、窦娥与鲍西娅：文学中的法律——女权主义视角及其批评》，载《比较法研究》，1995 年第 2 期。

② 参见冯象：《法律与文学》，载《北大法律评论》，第 2 卷第 4 辑，第 687 ~ 711 页。

③ 参见冯象：《木腿正义》，中山大学出版社 1999 年版。

④ 《论语·阳货》。

重塑我们所处环境下正义的含义。"① 的确，千百年来，文学一直醉心于各种法律事件，纠纷、法庭、律师、审判，频频成为文学家笔下的素材或主题。以致有些人说事实上分辨文学艺术家和法律人经常显得很困难。② 对文学史略作回顾，我们会注意到，目前所知最早的希腊悲剧是埃斯库罗斯的《俄瑞斯忒亚》，它在法庭上通过陪审团的审判终结了对阿特柔斯的房子的历世诅咒。三幕剧《欧墨尼得斯》的最后一部分是一个法庭场景，欧墨尼得斯的辩词更像一篇报告或论文而非台词。国内最广为流传的一本法理学译著，也是甫一开篇，就从荷马史诗、海希奥德（Hesiod）的诗歌以及索福克勒斯（Sophocles）的戏剧《安提戈涅》（Antigone），来开始其论证的。古罗马时期最伟大的"律师文学家"西塞罗，将古希腊知识和文化改造为古罗马的思想、制度，无论是作为法学还是作为文学，都保持着其永恒的价值，除了我们熟悉的《共和国》、《法律篇》、《官吏篇》等他最有影响力的几篇论文，在另外一些作品中他还以文学颂词的形式记叙委托人的案例。在弗朗西斯·培根那里，文学和法律同样结合在一起。他的一篇文章就来自于他自己的一份法律文书（《论高利贷》收录于1625年版《培根论说文集》，本是为詹姆士一世所起草的议案）。这一名单（或者书单）可以很长很长，比如莫里哀笔下滑稽的律师们（如《没病找病》中的公证人彭乃法），塞万提斯笔下公正的总督桑丘·潘萨(《唐·吉柯德》)，弗朗索瓦·拉伯雷笔下可笑的法官（《高康大与庞大固埃》），狄更斯笔下好笑的道孙和福格（《匹克威克外传》），以及《红与黑》中安杜杨枪杀市长夫人案、《包法利夫人》中的德拉马尔自杀案、《苔丝》中的杀夫案等，不一而足。③ 文学总能在法律的园地里找到肥沃的土壤。

尽管波斯纳认为文学的方法与法律的方法有所不同，但他也照样承认法与文学的重要联系。他把这种重要联系归纳为以下五点：（1）虽然作为文学题材的法与诸如爱、人生诸阶段、谋杀、宗教、战争、家庭、出人头地以及艺术和文学本身相比总是显得渺小无比，但仍有数量惊人的文学作品是与法律诉讼有关的，这些诉讼在作品中又往往发挥着中心的或者高潮性的作用。(2）法学与文学艺术都把文本的意义作为中心的问题加以关注。在法的情形之下，它们是宪法、成文法、司法与行政规则、司法意见等。解释由此成为两个领域的中心问题。(3）很多法律文本，特别是判决意见高度强调修辞甚于冷静的说明和阐述。法官和律师也与文学家一样，精心于选词造句，对明喻和隐喻喜爱有加。（4）文学从来都是法律管制的对象，而文学作品也时常成为诉讼的标的。（5）诉讼，尤其是英美民法和刑法中有陪审团的对抗制诉讼，有其戏剧式的方面。这些正是审判成为文学素材的原因所在。

笔者认为，法律与文学的联系的最基本的一点在于"人"，对"人"的关注构成了法律与文学联结的纽带。法律和文学都是整个社会生活的一部分，而绝不存在于真空之中。

---

① Interview by Ulrich Koppen with Edward Bond, in Modern and Postmodern Theatres, 13 New Theatre Quart. 103 (1997). 转引自 Daniel Larner, "Teaching Justice: The Idea of Justice in The Structure of Drama", in 23 Legal Stud. Forum 201 (1999).

② See Richard Weisberg and Jean-Pierre Barricelli, "Literature and Law", in Interrelations of Literature (Jean-Pierre Barricelli & Joseph Gibaldi eds., 1982).

③ 有兴趣的读者可参见余宗其：《外国文学与外国法律》，中国政法大学出版社 2003 年版；李学阳：《从案件到名著》，武汉出版社 2004 年版。

而它们都关注着社会生活中的“人”。

“法是关于正义的学说”——这是一句刻在古老智慧之树的箴言，包容了关于法律的永恒真理。法将永远同特定的精神价值同在；特定的精神价值是特定的实际法律体系的灵魂。而文学是人学，是关注人，关注社会生活的；法律保障人的权利，也是关注人，关注社会生活。它们有着同样一种终极关怀，都是在尊重人性，均有着相同的价值取向。古希腊思想家早已说过一个哲学箴言——“人是万物的尺度”，人以万物尺度的资格成为主体，成为一切精神的来源和承受者，所以，以人为本的法律——良法与至美的文学都遵从人性，这既是两者的深层关系，也是法律成为诗性正义的基础。

文学和法律从本质上都是个人人生和民族生活的表现，两者的庄园里都是活生生的人的行动、思索和感受，而且，他们都以语言作为自己不可或缺的手段，都以语言为自己的存在方式。

我们必须要指出，尽管法律与文学之间有着紧密的联系，它们之间又存在明显而又极大的区别。这些差距主要有：法的理性本质和文学的感性气质，法律中充斥的是逻辑和算计，而文学则诉诸形象和想象；法的现实性品格和文学追求完美与理想主义的倾向；法致力于利益的平衡和协调，不得已时就诉诸压制，而文学则主要是激情和梦想的王国；法律属于社会科学的范畴，文学属于艺术（广泛意义上的）；法律关注现实社会问题的解决，文学则注重艺术的真实，源于生活而高于生活是对文学的归纳，也是对文学的要求；法律是抽象的，死板的，文学是形象的，生动的；法律的价值取向在于追求社会公正，文学的价值取向则在于愉悦（文以载道的功能是次要的）；法律是社会作品，源于集体理性所形成的“公意”，反映民族的精神，而文学则是个人作品，源于个人创作的灵感冲动，反映的是作者的个性；等等，不一而足。

如波斯纳在寻找法律与文学之间客观存在的相关性的同时，也深刻的理解着两者之间巨大的差别。他强调文学和法律的区别。他认为法律与文学之间有一些肤浅而误导人的关联，分别是：(1) 法律写作中充满作为一种隐喻（metaphor）形式的“法律拟制”（legal fictions)，但这不过是反映了法官和律师力图产生法律连续性表象的愿望，不足以使这些拟制成为文学性的方式。(2) 法律家在类比推理中也使用明喻，但这与文学家是不同的。诗歌中的明喻意在创造吸引人的形象，意在追求新奇、生动的效果，为此它常常拿非常不同的事物作比。法律家则与此相反。他们极力要使不同事物的相同点显示出来，以使之显得尽可能地相似。(3) 有时候法官和律师也使用和文学比喻性语言相同的语言，但在阅读时的态度是不同的。(4) 法律拟制并非法中唯一的拟制，有时候，法中也会讲述一个惟妙惟肖的故事，即便这故事是假的，但也照样有可能被织进法律之网。

（二）法律与文学的意义

第一，法律与文学可以使法律人回归人文。《大学》曰：“一是皆以修身为本，其本乱而末治者否矣。其所厚者薄，而其所薄者厚，未之有也。”① 要“培养高素质的法律家”（借用贺卫方先生一篇文章的题目），除了必要的职业训练之外，在某种意义上也许更加需要那种基于对人的关怀而来的人文教育。人文教育不等于文学、历史、伦理、哲学

① 《礼记·大学》第四十二。

等人文学科知识的教育。① 人文教育最根本的价值在于培养人的人格和精神，唤起人对自由精神的追求，使受教育者获得一种对于人类尊严和生活意义的信念，同时具有“幽黯意识”,② 了解人类自身尤其是个体存在的不完满性和缺欠，洞悉人类经验的阴暗和恶的种种面相。回顾法学的发展历程，正是由于人文主义思潮的兴起以及人文主义法学派诸法学家的努力，才使法学从注释法学、评论法学的桎梏中解放出来，法学界才开始重视法律的公平、正义和理性，才开始强调个人在法律下的平等、自由和权利，才开始探讨法律中的人性。③ 的确，法学知识如果不与真正的人文精神联系在一起，只是死背教条，脱离实际的感性生活，那只能有一种后果：学生把法学知识的因素都接受了，但人性的因素却越来越遮蔽了，这并不是法学教育的理想结果。由于缺乏人文教育所形塑的自由精神，司法沦为专制的工具，就如李猛在《爱与正义》所洞悉的：法律遗弃了爱，守着冷冰冰的正义的法律就是一尊邪神；亦如托克维尔所言，“专制在法律人士手中将会具有公正和依法办事的外貌”。而这些，正是我们所不愿意看到的。因此，有人便指出，要使法律重新学会爱，必须要重拾法律的文学传统，即在冰冷的逻辑中重温文学的旧梦，重温那比法典的笔划要细腻千倍的情感，使法律人重归人文。

在汉语语境中，“人文”与“天文”相对。人文是别于自然现象及其规律的人与社会的事物，核心是贯穿在人的思维言行中的信仰、理想、价值、人格和审美情趣。人文主义者的观点很多，影响很大。但在对待文学的态度上，人文主义者则基本都认为，文学的根本价值在于能塑造人的灵魂。医学只能“修理”人们的身体，而“塑造人的灵魂则要依靠文学和哲学”。但同哲学相比，文学能用虚构的故事引人入胜，教育更多的公众。因此，把文学视为“人性之学”，它可以使人“受牵引而向上”。它“敲开人们的心扉，唤醒沉睡的精神，指出智慧之路”。在时间的流逝中，文学保存了人类的精神财富，成为沟通人们思想感情的“纽带”。文学的目的在于激发人的精神力量，以不断更新的方式教育人们。伟大的作家是“生活的尺度和不幸中的安慰”。优秀作品反映出生活的充实和和谐，告诉人们什么是真善美和假恶丑，培养人们的高尚感情和坚强的毅力，对人产生“润物细无声”的影响。

上述种种，恰恰都是法律与文学的主张。在“通过文学的法律”中，法学家们主张，应当对律师进行文学教育。一些法律与文学运动的倡导者将“文学作品带入法律课堂，让人们活生生地看到受蔑视的人、受忽视的人、受压迫的人，并通过培养对这些人的同情来促进沿着平均主义的甚或是革命的方向进行法律改革”。④ 玛莎·努斯鲍姆也说，阅读小说“能发展道德的官能，没有它，公民们就不会成功地从任何优秀的道德或政治理论的规范性结论中看到现实”。⑤

第二，法律与文学可以使法律人获得对文字的敏感，帮助其提高语言驾驭能力。公认

---

① 参见陈思和、郑克进主编：《人文知识读本》，《序言——人文教育：将理想坚持到未来》，海南出版社 2001 年版。

② 张灏：《幽黯意识与民主传统》，载刘军宁等编：《市场逻辑与国家观念》（公共论丛第一卷），三联书店 1995 年版。

③ 参见何勤华：《西方法学史》，中国政法大学出版社 1996 年版，第 109 页。

④ 波斯纳：《法律与文学》，导论，中国政法大学出版社，第 7 页。

⑤ Nussbaum. *Poetic Justice: The Literary Imagination and Public Life.* p. 12.

法律和文学的在语言修辞上会给法律人以莫大的帮助。西塞罗认为，修辞学应当是“智慧的声音”，人们听到它时能从“历史的经验”中获得“财富”。“枯燥无味的说教使人厌倦”，要在盛着“良药”的杯子边上要“涂上一层香甜的醇酒”。从文艺复兴时期开始，修辞学便具有了广泛的实用价值，各国君主争相聘请人文主义者担任文书长，据说佛罗伦萨文书长萨卢塔蒂起草的文书，可以“抵得上一千名长枪手的力量”。人们把驾驭语言的能力，视做文化素质的综合表现，法律人则更需要高超的语言驾驭能力和修辞学素养。一些优秀的立法文件，在语言风格、遣词造句等方面都是登峰造极的，这显示了其起草者非凡的文学素养。如《拿破仑法典》文字优美，行文晓白，“一个普通农民在油灯下能够阅读”。① 以至于法国文学家司汤达每天早饭前都要读几节《拿破仑法典》，因其觉得该法典是“完美风格的楷模”，需要表达之事得到了“确切而完整的表达”。在论及美国《独立宣言》时，后人也不吝溢美之辞，盛赞其“论述清晰，文理通畅，措词巧妙”，因起草者杰弗逊独具匠心而使其“具有一种高度的庄严感、一种高尚的情操”。② 今天法律人要想获得震撼人心的语言的力量，当不妨从法律与文学的角度去寻觅修炼法门。

第三，法律与文学为法律人理解正义提供一个新的路径。首先，每个人的经验、阅历是有限的，而法律与文学的视角与方法，可以大大突破上述限制。其次，“从方法论上看，围绕故事进行分析研究问题的最大优点之一也许是故事的开放性、可解释性。与传统的理性思辩分析方法不同，故事提供了一个人们从不同视角考察问题、自由进入对话的场域，故事的解释是无法、至少是难以垄断的，是一个更具包容力的空间”。③最后，文学对于正义的崇尚、对邪恶的贬斥与法律是相通的，在这一点上，文学的感性与法律的理性殊途同归。文学具有包括法学在内的其他学科所不具有的亲和力和渗透力，用文学形式来彰显抽象的法律正义比用其他方式更能为受众所认同、所理解。

（三）法律与文学在法学教育中的作用

法学教育的目的，是为了培养国家的法学人才。法律是社会组织的纤维，所以法律的事业，是公益的事业，是社会的事业。④ 研究法律，要能为社会服务，为公众谋利益。法律人才的培养，一定要具备下列三要件：即要有法律的学问，要有社会的常识，还须有法律的道德。只有法律学问和知识，而缺少社会常识，则不能适应时代的需要，而有了法律学问和知识，社会常识，而缺少了法律道德，那就不免流于腐化恶化的官僚政客，也不能算做法律人才。一定要有法律学问、法律道德和社会常识，三者具备，然后可称为法律人才。⑤ 而法律与文学对与法学教育中的这三个方面都可起到积极的作用。

1. 对法学知识学习的促进作用

在许多法学家（现在的或将来的）眼中，文学文本从内容到形式都是浅薄的，是幻

① 纪坡民著：《商品社会的世界性法律》，经济管理出版社 1996 年版，第 132 页。

② ［美］卡尔·贝克尔：《论独立宣言——政治思想史研究》，载贝克尔著：《18 世纪哲学家的天城》，何兆武译，三联书店 2001 年版，第 308 页。

③ 苏力：《从文学艺术作品来研究法律与社会?》，《法治及其本土资源》，中国政法大学出版社 1996 年版，第 40 页。在书中，此文作为正文《秋菊的困惑和山杠爷的悲剧》的附录登出。

④ John Hanna. *A Modern Approach to Legal Education. the American Law School Review*. No. 12. p. 750.

⑤ 参见孙晓楼等原著，王健编：《法律教育》，中国政法大学出版社 2004 年版，第 9 页。

想与盲目的感情的衍生物，大量阅读会有损于法律理性的纯洁度。法律教师向学生推荐的书目中几乎很少有文学作品，而总喜欢在法律法规条文和学术专著之间徘徊游荡。

这样的现象极为普遍，因为，我们中国现在的法学教育沿袭的是大陆法系的教学传统，注重成文法典，法律条文的学习，而成文法典以及浩瀚的法律条文，这些本来就是严肃和庄重的象征，它们与文学的差异太大了，因此，文学在法学教育中基本上不扮演什么重要的角色。

然而，随着法律与文学运动的兴起和发展，西方很多国家的法学院都纷纷开设了法律与文学的课程，将文学作为一个促进法学学习的重要途径，就像给法学教育开了一扇别致的窗口，让学生通过这一扇窗，透过一个全新的视角来促进法学的学习。这自然与英美法系的传统有关系。但是，对于先进的教育方法，我们应该加以借鉴。

文学中的艺术性对法学教育有帮助。我们知道文学是艺术的一个部门或分支，有诗歌、散文、小说和剧本四个体裁样式。其中，文学中的一部分（例如一些重在艺术表达的文艺作品）对于陶冶我们的情操和增长我们的艺术和审美的修为有很大的帮助。当然，法学的教育并不以此为必须课程。对于法律家来说，这种艺术欣赏能力并不非常重要，最重要的可能还是判断力和权衡的能力。但是，对于文字的敏感，对于细节之意义的把握，仍然是法律家必备的能力之一。事实上，英美法先例制度中的“区分技术”，在很大程度上，需要的就是对细节的把握，对细节之意义的阐明；至于英美式判决书之写作，更要求对文字的驾驭。而对文学作品的研读，在训练一个人内心的敏感度以及对细节的捕捉能力上都是有帮助的。至少，具备艺术能力不是一件坏事；“艺多不压身”，就是这个道理。而作为法律人，也许不应仅仅关注法律本身，不应把条文视为一种简单符号，不应使思维机械与平面化，不应让自己的思想停留在技术层面。“文学的”法官是应该比不具文学性的法官更好。

除了上面提到的文学的艺术性对法学教育的作用，文学对法律知识的学习也有帮助和促进作用。因为，文学中的很大一部分，会有对整个社会的深沉关怀，而且很多的文学作品中都会关注到法治问题，一些小说、剧本等文学形式在这方面尤其关注得多。例如，在西方，有很多的戏剧都关注到法律诉讼、而其高潮部分则正是由法律纠纷冲突的各方的对抗的形式推动的。如狄更斯的《远大前程》、《荒凉山庄》，卡夫卡的《诉讼》（中译又名《审判》），加谬的《局外人》，莎士比亚的《威尼斯商人》，巴尔扎克的《人间喜剧》，陀思妥耶夫斯基的《罪与罚》、《卡拉马佐夫兄弟》等，都成为很多法学院师生们用来分析法律问题的典型故事。而在我国，在一些传统文化中也有这样的资源可以加以利用，而且，在现在的法学研究和教育中已经有越来越多的人开始在这方面进行关注和探讨。例如，对元剧《窦娥冤》中的法律问题的探讨就涉及我国古代关于刑事证据、债务问题、酷刑、清官以及法律思想观念问题等多方面的法律问题。而这些问题不正包容于我们法学教育中的教学的范围之内吗？

卡夫卡曾经把学习法律比做啃锯木屑，以此来表达法律学习的枯燥乏味。单纯法律条文、法律理论的学习不是一件轻松、有趣的事情。法律与文学相结合，则能使法律教学研究成为一种轻松而有意思的事情。通过对文学进行法学教育能起到的收效，是单一的法律规则教育所难以比拟的。因而我们在分析了文学对法学教育的积极作用之后，应该不难把法学教育与文学的辅助作用联系起来。而我国现在的法学教育中，也有一些学校在做这方面的尝试。这是一种生动的教学法，往往给人留下深刻而形象的印象，有助于对抽象的法律术语，法律程式的理解和掌握，对法学教育的法学知识的学习方面有很好的促进作用。

文学视角给予了法学学习一种新的方法论，即叙事与解释。文学是故事，故事是可解释的文学世界。通过以法律人的视角对文学作品或文学形象进行重新解读，法律与文学研究呈现给人们的文学中的法律，不再是教科书上抽象化概念化的法律，而是社会和生活中的法律，是具体直观的法律，是某种整体语境里的法律，这样的法律存在拉近了法律与普通人生活的距离。

2. 对社会常识积累的促进作用

法律是整个社会生活的一部分，它绝不是存在于真空之中的。法学并不是社会生活中的一个自给自足的独立的领域，能够被封闭起来或者可以与人类努力的其他分支学科相分离。“他山之玉，可以攻石。”因此，诸如政治学、哲学、社会学、经济学等与法学紧密相连学科的知识，应当成为一个合格的法律工作者的知识库的一部分。霍姆斯大法官在他的代表作《习惯法》（The Common Law）一书中开宗明义地指出：“法律的生命并非逻辑，而是经验。”“一个只懂得法律的人，只是一个十足的傻瓜而已。”由此可见，学习法律并不能仅仅着眼于法律，还要放开眼界，去了解整个社会。只有具备相当的社会常识和经验才能更深入地理解法律现象、法律问题，也才能真正学好法律知识。一个与社会脱节的人是不可能学好法律的。

我国的法学教育是从本科开始的，也就是说，法学院的学生是通过高考进入大学后直接进入法学教育的。由于法律职业接触的是社会上各个阶层、各类不同职业和不同文化程度的人，工作对象十分复杂，加上由于工作原因，他们还广泛接触到社会上的各种问题，包括政治、经济、科技、思想、伦理、历史、文化、民族、宗教等。而对一个高中刚毕业的十八九岁的法学院学生来说，处于一种对整个社会中各种经验都有待了解和积累的状态，这是一个极为浩大的工程。学生在刚接触法学教育时如果得不到好的引导，对纷繁的课业往往感到辛苦甚至失去兴趣。正如贺卫方教授在谈到我国法学本科教育时说的：“高中毕业，在 18 岁左右便开始法律专业知识的学习。学生们对于他们所学习的这门知识所对应的社会关系几乎没有多少认真的观察和系统的思考，对于法律与社会生活的关联性没有多少体验，因此，在学习过程中就只能从书本到书本，满足于教师的灌输，将法律变成为一种记诵之学。”这一点正是我们现在法学本科教育的现实状况。因此我们需要通过其他途径了解社会，当然，我们可以直接参与社会体验以获得社会经验和认识，但是，要我们这些课业本来很重的学生去一一尝试社会现实生活的种种，这是不太现实可行的。而文学作品却向我们提供了这样一种了解社会，积累社会常识和经验的很好途径。

文学作品本来就是根植于社会常识和社会经验的，它是作者个性化的体验和对社会的看法和理解。在文学作品中，我们可以进入自己从未进入过的世界。而对于刚刚开始法学学习的学生来说，很多社会常识的具备并不是亲身体验得来，而是通过很多间接媒体的作用领会的。当然，在这里，笔者并不是说，文学作品的阅读可以替代亲身体验社会实践生活，如果是这样，那就成了本末倒置了。“纸上得来终觉浅”，通过文学作品得来的经验是间接的，因而，它只是一种可能的方式，一种途径，一种有可取之处的学习方法。这一点对于法学初学者尤其显得重要。

3. 对法学教育中法律伦理教育的作用

在孙晓楼等原著之《法律教育》一书的第五章中，作者提到了法律学校应该添设的几种学科中，第一门就是法律伦理学。法律伦理教育在法学教育中起到了极为重要的作用由此可见一斑。波斯纳在《法律与文学》一书中提到对法律人的文学教育问题，理由在于文学能够造就道德感强的人，能够造就富有洞察力和敏感的人，文学能够使人深刻，使人高贵。“而这些仅仅通过法律专业训练是无法得到的。”

作为法学的学习者，法律伦理教育起着极为重要的作用。法律掌控着社会正义的天平，掌管着社会正义之剑。其实，法律本身并不能主动地维护社会的正义，而这个任务最终将落实到人，也就是说，最终是人在操纵着法律。从某种角度来说，法学教育其实就是一种职业教育，因为与社会正义息息相关，这样的法律工作者们就必须具备良好的职业道德和操守，否则，越是精通法律的人越危险，因为他们越容易操纵法律牟取私利，破坏社会正义，对社会的危害越大。

真、善、美是无数文学作品的共同追求和主旨。文学作品处处体现着对社会生活的关照，因此，文学作品中反映了作者很多关于伦理道德、价值取向的关注和思考，而阅读和学习文学作品，更能让我们用心思考关于这些伦理道德、价值取向方面的问题。尤其是很多的涉法文学作品几乎都体现着对正义的崇尚和张扬，都体现着激浊扬清的追求。这些对于法学教育中学生的法律伦理和职业道德的形成和坚守有着重要的意义。

另外，文学作品有其自身的特性，它能让伦理道德、价值取向和正义的张扬更富有生活化，更具有亲和力，更能激励起人们心中的共鸣。用文学的方式来彰显抽象的法律正义比用法学和哲学的形式表现更容易让人们理解和认同，并激发高尚的灵魂和情操。因为文学化的法律正义更加社会化、生活化，更富有人情味。而这一点，对于我们的法学教育是有借鉴意义的。

因此，文学不仅可帮助法律人更充分地理解和把握人性，更重要的是其对法学教育中的法律伦理的教育也有促进作用。文学可以塑造法律人的灵魂，在潜移默化中促进法律伦理的形成和维持，并最终将影响司法的价值观。与文学一样，法律最终体现为对人的关怀，尤其是对弱者的关怀；而正义也正是法律的价值追求，法律也是对人的生活意义的寻求和理解。在这些方面，法律与文学有着相同的价值取向，可谓殊途同归。

三、法律与文学研究举隅

（一）《威尼斯商人》的法学解读①

威廉·莎士比亚的《威尼斯商人》讲的是一个威尼斯商人安东尼奥的故事。他的朋

① 对此话题更详尽的讨论，可见安尼塔·艾伦、迈克尔·赛德：《国际经济法的跨学科研究——莎剧〈威尼斯商人〉中的跨文化贸易》，张万洪、乔婧译，载《武大国际法评论》第三卷，武汉大学出版社 2005 年版。英文原著见《美国大学国际法律与政策学报》（The American University Journal of International Law & Policy）1995 年冬季号。此处有关《威尼斯商人》的译文参考了［英］莎士比亚：《威尼斯商人》，朱生豪译、方平校，人民文学出版社 1977 年版。《圣经》译文参考了中国基督教协会印发：《新旧约全书》（和合本）。

友巴萨尼奥要借钱去贝尔蒙德向鲍西娅求婚，而他的钱却投资在了海外船舶冒险上，于是便向犹太人夏洛克借钱，特别条件是如果他违约将付给夏洛克一磅肉。巴萨尼奥到达贝尔蒙德后，发现鲍西娅已故的父亲为求婚者设计了一道测试题：鲍西娅将嫁的人必须能够从一组金、银、铅制的匣子里选出装有其肖像的匣子。巴萨尼奥成功地选出了铅制匣子，准备结婚时，却得知安东尼奥意外地不能偿还夏洛克的债务。

在威尼斯公爵的法庭上，夏洛克试图执行“一磅肉”的罚金。鲍西娅化装成一名法律学者出庭，使安东尼奥获释，并使夏洛克受到了毁灭性的惩罚。未除伪装，鲍西娅向巴萨尼奥索取了她送给他的戒指，作为打败夏洛克的奖励，而那枚戒指是巴萨尼奥承诺永远保存的。不久，鲍西娅承认了她的恶作剧，归还了戒指，筹备婚礼。除巴萨尼奥和鲍西娅之外的两桩婚姻也体现了戏剧的商业、文化和法律主题：夏洛克的女儿杰西卡带走了其父的大宗财产与罗兰佐私奔；鲍西娅的侍女尼莉莎嫁给了巴萨尼奥的伙伴葛莱西安诺。处于这个交易、买卖与兼并的市场中心的是信奉基督教的商人和犹太高利贷者之间的跨文化关系。

《威尼斯商人》是一个关于跨文化交易陷阱的案例研究。同样，该剧也反映了现今文化差异和文化对立对商业的影响。该剧中市民和“异邦人”间互相藐视、商人通常缺乏是非观念、许多有吸引力的贸易充满了无法预见的危险。《威尼斯商人》对于个人从国际贸易和其他跨文化贸易中获取满足极度悲观；对于外国人依赖外国法定机构解决其与该国公民私人贸易纠纷时，能够获得正义的可能性也同样悲观。

律师们将《威尼斯商人》视做是一个关于显失公平合同或者附高额赔偿金或附惩罚条款的合同的故事，①法律女权主义者将其视做是形式正义与仁慈相互影响的例子。②除这些特别研究路径之外，剧中与法律相关主题还广泛地包括合同法、正当程序、外国人身份法、法律歧视和国际经济正义等问题。在这里，我们简单讨论一下剧中反映的种族主义、反犹太主义和内国法对寻求正义的外国人的影响。

不少学者称《威尼斯商人》是一个“有问题的戏剧”，之所以这样说是因为其中有一些不那么光彩的成分，比如反犹太主义，又如对惩罚的强调冲击了传统的“有情人终成眷属”的喜剧结尾。③ 正如许多评论家所言，萨翁未过分奉承基督徒，从而缓解了该剧中

---

① See Richard A. Posner, Law and Literature: A Relation Reargued, 72 Va. L. Rev. 1351, 1357 (1986)（解释了“在一个层面该剧是关于一个包含有惩罚条款的合同的执行，但被被告技术性地避免了”）。But see John Denvir, William Shakespeare and the Jurisprudence of Comedy, 39 Stan. L. Rev. 825 (1987)（指出《威尼斯商人》阐明了法律的情感因素和支配功能）。

② See Carrie Menkel-meadow, Portia in a Different Voice: Speculation on a Woman's Lawyering Process, 1 Berkeley Women's L. J. 39, 42 n. 23 (1985)（认为鲍西娅代表了一种典型的女性解决争端的方法，当其他人仅要求正义时，她却要求仁慈）。But see Carrie Menkel-meadow, Portia Redux: Another Look at Gender, Feminism and Legal Ethics, Va. J. Soc. Pol'y & L. (1994)（认为鲍西娅的行为在性格上更像男人：“仁慈胜过正义了吗？没有，鲍西娅玩了一个精明的律师游戏，同时展示了她可以和任何她的男性同胞一样聪明，将语言和法律玩弄于股掌之上”）。

③ See John Denvir, William Shakespeare and the Jurisprudence of Comedy, 39 Stan. L. Rev. 825, 826 nn. 5&7 (1987)。（引用了诺思罗普·弗赖伊的观点，“喜剧描写了从受压迫到解放的运动”，和苏珊·兰格的见解：“喜剧……迎合的是社会再生的需要”。）

明显的反犹太主义。该剧公然贬低犹太人，但也谴责了基督徒。基督徒是利己主义的伪君子。安东尼奥对夏洛克的心理打击，鲍西娅在审理开始时所要求的“仁慈”，均由于剧末对夏洛克的残酷惩罚而受到质疑。一些更深入的线索证明，尽管该剧描写了反犹太主义，但其本身并不是完全反犹太主义的。夏洛克的“难道犹太人没有眼睛吗”言论使其人性化了；在法庭上，当巴萨尼奥和葛莱西安诺愿以他们妻子的生命换取安东尼奥的安全时，夏洛克讽刺性的旁白得到了鲍西娅和尼莉莎的支持。即使安东尼奥是主人公，但当代研究成果已使夏洛克成为一种悲剧英雄。粗看之下，那些表面上看似仅为反犹太主义的东西，经细细品味，事实上代表了更广泛的控诉。

仔细研读，不难发现剧中流露出一点的种族主义倾向。在摩洛哥亲王选择失败后，鲍西娅说：“但愿像他一样肤色的人，都像他一样选不中。”尽管她曾贬低所有的求婚者，但此举显然并非没有过错。

种族主义和反犹太主义将表面公正的法律和交易推向恶的极致。求婚者在选匣子一幕中的待遇清楚地揭示出暗含的偏见对一场公正测试的影响，而这场测试被视作是客观的。鲍西娅的父亲与潜在求婚者订立的合同在理论上是公正的：任何人选出了正确的匣子均可娶鲍西娅为妻。① 巴萨尼奥、摩洛哥亲王和阿拉贡亲王应当拥有平等的与鲍西娅结婚的机会，而且每个人都信以为真。他们每个人都经过逻辑、合理的深思熟虑，却得出了不同的结论。三个求婚者来自不同的地方，选择了不同的匣子，不只是一个情节设置，它体现了主观对客观的影响。

当代现实主义法学派和批判法学派的观点强调审判中个人偏好和政治优待的作用，《威尼斯商人》同样强调了这一点，指明鲍西娅对巴萨尼奥的偏爱是其获胜的真正原因。鲍西娅声称将遵从其父的遗嘱，但不难看出她不喜欢巴萨尼奥以外的求婚者。鲍西娅当然不会帮助不折不扣地遵循合同的摩洛哥亲王或阿拉贡亲王，但一些评论家指出她给巴萨尼奥提供了身体上和音乐上的暗示。② 她对求婚者的帮助是否会使原本客观的过程不客观呢？莎士比亚没有直接回答，但第四幕法庭那一场中法律的运用给出了肯定的回答。

公爵和法庭为他们信仰基督的安东尼奥从合同中解救出来而大费周章。第四幕一开始，他们就派使者去帕度亚找法律学者培拉里奥，以寻求解救安东尼奥的方法。公爵威胁说如果培拉里奥不到则延期庭审。作为法官的公爵，代表了安东尼奥的诉求。尽管其声称将维护法律，但事实上想方设法不这么做，正如鲍西娅最终答应或假装答应其父的安排，却仍希望逃脱。不过，当鲍西娅击败夏洛克时，法庭和公爵马上谴责夏洛克，并未经质证，毫不拖延地对其实施惩罚。③

---

① 该合同实际上是一个要约，实际履行则构成承诺。

② See Alice N. Benston, Portia, the Law, and the Tripartite Structure of the Merchant of Venice, in Critical Essays supra note 37, at 163（注意到当巴萨尼奥在考虑选择匣子时，乐队的歌声中有几句歌词的结尾与“铅”［lead］是押韵的）；Denvir, supra note, at 829（同前）。

③ See Richard A. Posner, Law and Literature: A Misunderstood Relation 94 (1988)（发现了许多不规范的程序，特别是民事案件转化成了刑事案件）。But see Henry Saunders, Staples Court in The Merchant of Venice, 31 Notes and Queries 190-191 (1984)（解释说公爵法庭特别是在程序上仿效的是英国文艺复兴时期的“贸易中心”法庭，融合了民事和刑事、普通法和衡平法诉讼）。

从一开始，法律面前的平等就是伪装的。① 公爵不惜几乎一切代价以期安东尼奥的获救。鲍西娅到达时问，“这儿哪一个是那商人，哪一个是犹太人？”虽然夏洛克手中持刀，安东尼奥由鲍西娅未婚夫陪伴，鲍西娅仍须搞清楚谁是谁。夏洛克从开始就注定失败，因为整个法庭都反对他，他的犹太人身份和明白的“罪行”使其不能获得与安东尼奥相同的程序保障。

作为法庭的领导，公爵是无用的、不可依赖的。在鲍西娅挽救了安东尼奥，并使夏洛克有性命之虞时，公爵首先饶了夏洛克一命：“让你瞧瞧我们基督徒的精神，你虽然没有向我开口，我自动饶恕了你的死罪。”当安东尼奥建议夏洛克转信基督教时，公爵威胁说若其不允将撤销赦令。公爵赦免了夏洛克，但条件是基于安东尼奥的建议强迫夏洛克皈依基督教，并将财产赠给那个曾偷了他的钱并嫁给了一个基督徒的女儿。② 在威尼斯公民面前，正义（以公爵的名义）几乎从没有如此地飘忽不定过。

具有讽刺意味的是，法庭的“正义”规定了市场上的观念。夏洛克要求获得一磅肉，既揭示了其文化差异，也揭示了未被认可的市场矛盾。其为重新取得其适量的余额财产而被迫成为基督徒。剧中的正义要求在威尼斯经商的外国人回避文化差异，那些差异使得他们试图与统治集团一较高低。法庭对夏洛克的判决确定了互相依存的外国人的从属地位。这个故事使我们清楚地看到，当国际商业往来的纠纷诉诸法庭时谁赢谁输。

因此，在匣子测试中和法庭上，法律均得到了维护，但是维护的严格程度不同，结果也迥然不同。如果法庭允许夏洛克在答辩中获得一半安东尼奥的力量，或者法庭给予其真正平等的正义，那么结果将大相径庭。这些均昭示，即使互相独立的文化都希望法律的公正执行，这种公正也仅是表面的，在文艺复兴时期的威尼斯和伦敦这样的重商主义社会中也不例外。通过以上分析，该剧至少可以告诉我们三点：首先，绝对的认识分歧，使得商业和交流成为不能；其次，市场和社会平等的共识与理解，使得交易成为可能；最后，虚假平等的运行会使主流民族走向狭隘。

（二）法律与文学方法在死刑案件辩护律师培训中的运用

调查显示，中国大多数律师是不愿意担任刑事辩护律师的，这里面的原因很多，包括较低的收入、控辩地位不平等和来自我国刑法第 306 条的危险。

在死刑案件辩护问题上，尽管死刑案件的辩护十分重要，然而，中国的许多律师也许并不是废除死刑主义者，他们在进行死刑辩护时，由于他们也许相信被告人是有罪的，甚至是应当被判处死刑的，这样的情况下，有时候辩护就是走过场（比如不得不进行的法

① See Eric L. Muller. *The Virtue of Mercy in Criminal Sentencing*, 24 *Seton Hall L. Rev.* 288, 310 (1993)（质问道：“当一群愤怒的、反犹太的暴徒分配代表他们的仁慈时，一个犹太人能获得真正的仁慈吗？”）。

② See Denvir, supra note, at 832（“我们可以总结道，夏洛克的残忍和安东尼奥的残忍之间惟一的区别是夏洛克是不加掩饰的、公开的，而安东尼奥则是深藏不露的、掩盖在法律和社会文化之下的”）。

律援助），结果往往不会令人满意。① 所以，使死刑辩护律师具有人文关怀，进而成为一个死刑废除主义者非常重要。这样，律师才会以超乎寻常的热情，不顾及较低的收入、“机会成本”的支出和来自各方面的压力与危险，去为自己的当事人寻求活命的机会。

2004～2005 年，作为欧洲一中国法律合作大型项目“加强中华人民共和国死刑案件的辩护”（Strengthening the defence of death penalty cases in the People's Republic of China）的一部分，欧洲人权与民主项目（European Human Rights and Democracy Initiative）委托武汉大学法学院对湖北省从事死刑案件辩护的律师进行了数期培训。② 在培训的过程中，为使辩护人成为死刑废除主义者，我们想到也许可以通过“法律与文学”的途径，利用文学作品，向律师展示死刑的荒谬与不人道。死刑是有荒谬性的，通过人文主义熏陶，有了人文关怀，我们就能认识到死刑的荒谬性。

下面是我们在培训中曾使用的两个例子。

第一个是一部电影，《黑暗中的舞者》（Dancer in the Dark）。塞尔玛是个来自捷克的美国移民。如同千千万万的单身母亲一样，她依靠在工厂里做工得到的微薄工资艰难度日。塞尔玛对音乐的钟爱，特别是那种载歌载舞的好莱坞经典音乐片成了她生活中不可或缺的精神支柱。清贫而又艰辛的生活之外，塞尔玛的心中还默默承受着一个痛苦的秘密：她的视力正在慢慢地消失，而更令她伤心的是，因为遗传原因，她的儿子吉纳的命运将会跟她一样，除非她能攒足够的钱给儿子做手术。可是塞尔玛的血汗积蓄被她的警察房东偷去，在讨要的过程枪走火将警察房东打死。因为不愿意动用为儿子治病的积蓄来为自己请一名优秀的律师，塞尔玛被判死刑。观众永远无法忘怀塞尔玛上绞刑架时的一幕，她在死神面前平静地清唱出自己的声音，歌曲在平缓进入高潮时展现了巨大的力量，她无辜的面庞上浮现着坚定与满足，一个柔弱的生命在最后一刻竟然像黑夜里的焰火那样恣意盛开。塞尔玛脚底的木板突然抽去，无情的死刑使歌声在最饱满的时候戛然而止，银幕下的心灵随着她的死猛然跌入无边的寒冷。该片曾获第五十三届戛纳电影节最佳影片金棕榈奖、最佳女演员（2000 年）和第十三届欧洲电影奖最佳影片、最佳女演员（2000 年）。这部影片以直观的方式反映了法律援助制度质量低下、死刑的不人道性等问题。

第二个是近年来被广泛关注的一本书，即著名作家潘军最新长篇小说《死刑报告》。

---

① 下面几段美国学者的观察也许能给我们展示美国刑事辩护律师的心态：

关于所有的法律人员，即使是最优秀的法律人员，包括法官、律师、侦探和警察，可怕的一点不在于他们良心败坏（他们之中也有善良者），也不在于他们愚不可及（他们之中也有明智者），而在于他们对法律太过习以为常了。——G·K·切斯特顿

任何时候只要有人观察一下整个法律系统，他们就会发现为众多被告处理案件的都是些焦头烂额、疲于奔命的法律人员。……辩护律师们总显得时间不够，而与委托人匆匆而谈。——小爱德华·L·巴内特，加州大学法学院院长

全美犯罪调查委员会主席詹姆斯·渥伦伯格在谈到刑事司法时说：“作为刑事犯罪的辩护人就好像一直生活在失败之中，因为你的委托人大多被送进了监狱。”即使在美国，无罪推定也不像人们想象地那样作用深远。有律师说：“除了他的朋友和亲戚外，不会有人真的‘假设’一个被指控或正式起诉的人是清白的。”以上皆引自［美］马丁·梅耶著：《美国律师》，胡显耀译，江苏人民出版社 2001 年版，第 149、154 页。

② 对培训内容及反馈更详尽的介绍，可见莫洪宪主编：《死刑辩护——加强中国死刑案件辩护技能培训》，法律出版社 2006 年版。

该书作为人民文学出版社 2004 年重点书目隆重推出之后，已经在国内外引起了强烈反响。目前，包括《北京晨报》、《新闻午报》、《武汉晨报》、《都市快报》、《华商报》、《华西都市报》等近 30 家报纸正在连载。《北京晚报》以整版的篇幅介绍了《死刑报告》，指出：《死刑报告》第一次以文学的方式对当代中国的死刑制度进行了拷问。作家娴熟的叙述方式，使作品洋溢着人类终极关怀的精神，而显示的思辨色彩和思想深度，更让人心灵震撼。《南方日报》指出，《死刑报告》以文学的形式近距离地探讨死刑课题，这在中国文学史上是绝无仅有的。北京大学法学院副院长、著名法学家陈兴良教授致信作家潘军赞扬《死刑报告》，“作为一个学者，我要感谢你在死刑问题上作出的独特的贡献”。中国人民大学程光炜教授撰文评价《死刑报告》时这样说：死刑如何判断，它的终极价值又意味着什么？这是一个世界性的问题。而《死刑报告》就此展开了中国与世界的“对话”。潘军在北京接受了美国《华盛顿邮报》驻京记者的专访，该报记者认为，《死刑报告》作为当代中国文学史上第一部关注死刑的小说，同时也是第一次以文学的形式向社会发出“废除死刑”的呼吁，这是需要勇气的。这部可能会引起争议的作品能够顺利出版并为社会重视，说明中国作家的创作空间受到了充分尊重，也证明作家触及了一个大众最为敏感的话题。

在培训班上，我们通过上述文学作品，达到了预期的效果，引发了学员们激烈的讨论，他们甚至引用本土资源，比如恕道，己之不欲，勿施于人；仁道，仁者爱人；“亲”的概念，亲亲，老吾老以及人之老；冤魂、良心；等等，对死刑问题进行了全方位反思。总之，这再一次验证，法律人可以通过文学作品，丰富生命，提升视野，使自己对于人性和社会现状的认识更加敏锐、准确，获得感动人心的力量和悲悯情怀，正如诺贝尔文学奖获得者高行健所言：“文学让人保持人的意识。”

图书在版编目(CIP)数据

珞珈法学论坛．第6卷/武汉大学法学院；本刊顾问：韩德培，马克昌，李龙．—武汉：武汉大学出版社，2007.7

ISBN 978-7-307-05647-3

Ⅰ．珞…　Ⅱ．①韩…　②马…　③李…　Ⅲ．法学—文集

Ⅳ．D90-53

中国版本图书馆CIP数据核字(2007)第080863号

责任编辑：田红恩　　责任校对：程小宜　　版式设计：支　笛

出版发行：**武汉大学出版社**　（430072　武昌　珞珈山）

（电子邮件：wdp4@whu.edu.cn　网址：www.wdp.com.cn）

印刷：湖北新华印务有限责任公司

开本：787×1092　1/16　　印张：23　字数：552千字

版次：2007年7月第1版　　2007年7月第1次印刷

ISBN 978-7-307-05647-3/D·739　　定价：32.00元
